ISBN 978-0-483-86673-7
PIBN 10622935

Einleitung.

Das älteste grammatische Lehrbuch, welches vollständig auf uns herabgekommen ist, sind die sûtra's des Pâńini. Alle frühern grammatischen Werke scheinen durch sein Werk allmählig verdrängt und in Vergessenheit gerathen zu sein. Pâńini selbst erwähnt folgende ältere Grammatiker: A'piçali[1], Kâçyapa[2], Gârgya[3], Gâlava[4], K'âkravarmańa[5], Bhâradvâġa[6], Çâkaťâyana[7], Çâkalya[8], Se-

1) VI. 1. 92. - 2) VIII. 4. 67. - 3) VII. 3. 99. - VIII. 3. 20. - VIII. 4. 67. - 4) VI. 3. 61. - VII. 1. 74. - VII. 3. 99. - VIII. 4. 67. - 5) VI. 1. 130. - 6) VII. 2. 63. - 7) III. 4. 111. - VIII. 3. 18. - VIII. 4. 50. Dieser Grammatiker wird im Eingange des Gańaratnamahodadhi Çakaťângaġa genannt. Çâkaťâyana ist ein Enkel oder ein entfernterer Nachkomme des Çakaťa; vgl. IV. 1. 99. und den gańa नडादि 1). - 8) I. 1. 16. - VI. 1. 127. - VIII. 3. 19. - VIII. 4. 51. - Dieser Name kommt auch in den Upanishad's vor; s. Burnouf, Commentaire sur le Yaçna, S. 343.

naka[1]) und Sphoṭâyana[2]). Colebrooke[3]) lässt den Senaka aus und nennt statt seiner den A'çvalâyana. Gewöhnlich sind diese Grammatiker anderer Meinung, als Pâṅini; bisweilen werden sie jedoch nur aus dem Grunde genannt, weil sie die Begrunder einer Regel sind. Im erstern Falle werden sie, wie die Commentatoren sagen, विकल्पार्थं (um anzudeuten, dass die Regel facultativ sei), im letztern Falle पूजार्थं (Ehren halber) erwähnt. Niemals verwirft unser Grammatiker ihre Aussprüche. Die Werke der Grammatiker A'piçali und Bhâradvâġa scheinen zu Vâmana's und Bhaṭṭoġi's Zeiten noch vorhanden gewesen zu sein, da diese Grammatiker[4]) ihre Anhänger, die A'piçala's und die Bhâradvâġîya's, und deren Lehren anführen. Ausserdem erwähnt unser Commentator[5]) 2 Mal die Bhâradvâġîya's, ohne dabei zu sagen, aus welchem Werke er ihre Lehren entlehnt habe. Aus der Vergleichung dieser Stellen ersieht man zweierlei: ein Mal, dass die grammatische Terminologie bei den beiden Vorgängern unsers Grammatikers, zum Theil wenigstens, dieselbe gewesen ist; das andere Mal, dass die ursprünglichen Werke derselben mit der Zeit ähnliche Verbesserungen und Zusätze erhalten haben, wie die Grammatik des Pâṅini.

---

1) V. 4. 112. - 2) VI. 1. 123. - 3) A Grammar of the Sanscrit language, S. XV. Miscellaneous Essays, II. S. 48. - 4) Siddh. K. Bl. 170. a. Vgl. zu III. 1. 89. - VII. 3. 95. - 5) Calc. Ausg. S. 853. und S. 886; vgl. zu VI. 4. 155.

Ausserdem werden von Pâṅini noch zwei Schulen erwähnt: die östlichen [1]) und die nördlichen [2]) Grammatiker. Diese Namen rühren höchst wahrscheinlich vom Wohnsitze dieser Grammatiker her. Die östliche (प्राच्य) Gegend heisst nach Amara-Sinha [3]) das Land im Osten oder Süden vom Flusse Çarâvatî, die nördliche (उदीच्य) Gegend das Land im Westen oder Norden vom selben Flusse. Pâṅini giebt mehre Regeln [4]), wie man Ableitungen von den Namen der Oerter und der Bewohner der östlichen Gegend zu machen habe; die nördlichen Bewohner dagegen erwähnt er nur in einer einzigen Regel [5]). Diese stehen nicht in demselben Ansehen, wie die östlichen; dieses wird in einer kârikâ [6]) ziemlich klar angedeutet:

प्रागुदञ्चौ विभजते हंसः क्षीरोदकं यथा ।
विदुषां शब्दसिद्ध्यर्थं सा नः पातु सरस्वती ॥

„Die Sarasvatî, welche die östlichen Bewohner von den nördlichen so scheidet, wie der Flamingo die Milch vom Wasser [7]), möge uns schützen, damit die Gelehrten zur Vollendung der Wörter gelangen.“ Wenn die Sarasvatî hier nicht die Göttinn

1) III. 4. 18. - IV. 1. 17, 43, 160. - V. 3. 80, 94. - V. 4. 101. - VIII. 2. 86. - 2) III. 4. 19. - IV. 1. 153, 157. - VI. 3. 32. - VII. 3. 46. - 3) Amara-Kosha S. 66. 7. in der Ausgabe von Colebr. S. 68. 7-9. in der von Loiseleur. - 4) I. 1. 75. - II. 4. 60, 61, 66. - IV. 1. 178. - IV. 2. 76, 113, 120, 123, 139. - VI. 2. 74. - VI. 3. 10. - VII. 3. 14, 24. - VIII. 3. 75. - 5) IV. 2. 109. - 6) Calc. Ausg. S. 32. - 7) Ueber diese Geschicklichkeit des Flamingo s. Çakuntalâ S. 143. Z. 6.

der Beredtsamkeit, sondern der Fluss gleiches Namens ist, woran ich kaum zweifeln mochte, so konnte man aus dieser Stelle vermuthen, dass die Çarâvatì, der man bis jetzt noch keinen Platz auf der Karte hat anweisen können, wenn nicht die Sarasvati selbst, so doch ein in derselben Richtung fliessender Fluss sei.

Aelter als Pâńini ist ohne Zweifel auch Yâska, der bekannte Erklärer des Veda-Dialekts. Der Name ist, wie wir aus Pâńini[1]) ersehen, patronymisch und bedeutet einen Abkömmling des Yaska. Yâska[2]) kennt vier Redetheile: die Nomina (नामन्), die Verba (आख्यात), die Präpositionen (उपसर्ग) und die Partikeln (निपात). Die Casus führt er in derselben Ordnung, wie die spätern Grammatiker, auf[3]). Die Grammatiker Çâkaťâyana und Gârgya, die Pâńini erwähnt, kommen auch im Nirukta vor. Yâska berichtet uns, dass der Erstere alle Nomina von Wurzeln ableite, dass aber Gârgya damit nicht ganz einverstanden sei. Denn, sagt dieser, wenn alle Nomina von Wurzeln stammten, dann müsste jedes Ding, welches dieselbe Handlung verübte, auch denselben Namen führen. Wenn das Wort अश्व von der Wurzel अश् herkäme, dann

---

1) II. 4. 63. Vgl. den gańa शिवादि. - 2) Meine Notizen über Yâska habe ich aus dem Anfange des Nirukta geschöpft, in dessen Besitz ich durch die Gefälligkeit meines Freundes Westergaard gekommen bin. Demselben Freunde verdanke ich eine Abschrift von den ersten Büchern des weissen Yağur-Veda, den ich bisweilen in meinem Commentare citirt habe. - 3) Vgl. Rosen zu Rig-Veda IX. 8.

müsste Jeder, der einen Weg durchliefe, अश्व heissen (यः कश्चाध्वानमश्नुवीताश्वः सः वचनीयः स्यात्); und wenn तृण von der Wurzel तृह् abstammte, dann müsste Alles, was wüchse, तृण heissen (यत् किंचित् तुंद्यात् तृणं तत्). Auf der andern Seite, fährt Gârgya fort, würde, wenn alle Nomina von Wurzeln kämen, jedes Ding so viele Namen haben, als es Handlungen giebt, mit denen es in Verbindung treten könnte (अथापि चेत् सर्वाण्याख्यातजानि नामानि स्युर्यावद्भिः भावैः संप्रयुज्येत तावद्भ्यो नामधेयप्रतिलम्भः स्यात्). Ferner wirft Gârgya dem Çâkaṫâyana vor, dass dieser einfache Wörter zertheilt und auf 2 Wurzeln zurückführt; so unter andern das Wort सत्य auf die Wurzeln अस् und या. Der Scholiast des Nirukta lässt bei dieser Gelegenheit seinen Aerger über Çâkaṫâyana in folgenden Worten aus: को हि नाम पदं विभज्यानेकधातुजं कुर्यात्। तदेतदकृतपूर्वमन्यैर्विद्वद्भिः शाकटायनो ऽतिपाण्डित्याभिमानादकरोद्यदभिनत् पदानि। „Wer wohl möchte ein Wort zertheilen und es von mehr als einer Wurzel herstammen lassen? Dieses, was frühere Gelehrte nicht gethan haben, hat Çâkaṫâyana aus zu grossem Vertrauen auf seine Gelehrsamkeit gethan, dass er nämlich die Wörter zertheilte.“ Yâska nimmt den Çâkaṫâyana in Schutz und bemerkt unter andern, dass Çâkaṫâyana das Wort nicht gemacht habe, und dass daher Gârgya seinen Tadel schicklicher gegen diejenigen richten würde, welche das Wort gebrauchten.

Ich kehre wieder zu unserm Grammatiker zurück. Pâṅini ist nach Bhaṫṫogi[1]) ein Nachkomme des

1) Siddh. K. Bl. 73. b.

Pâṅina[1]), der wieder ein Enkel oder fernerer Nachkomme (गोत्रापत्य) des Paṅin ist. Vom Eigennamen Paṅin giebt Bhaṫṫogi folgende Etymologie: पणनं पणः । घञर्थे कविधानमिति (ein vârtika) कः । सो ऽस्यास्तीति पणी । Der Verfasser des Gaṅaratnamahodadhi leitet den Namen Pâṅini unmittelbar von Paṅin ab, indem er den letztern Namen im gaṅa बाह्वादि aufführt; vgl. Colebrooke, Misc. Ess. II. S. 5. Am selben Orte bemerkt Colebrooke, dass Pâṅini, nach den Purâṅa-Legenden, ein Enkel von Devala, einem inspirirten Gesetzgeber, gewesen sei. Die Mutter unsers Grammatikers hiess Dàxi; nach ihr wird er Dàxìputra und Dàxeya[2]) genannt. Nach dem Wohnorte seiner Vorfahren[3]), dem Dorfe Çalâtura, heisst Pâṅini auch Çàlàturìya. Unser Grammatiker lehrt uns selbst[4]) diese Ableitung zu bilden, aber weder Bhaṫṫogi noch unser Commentator bemerken in ihren Erklärungen zu dieser Regel, wer dieser Çàlàturìya sei. Dass darunter unser Grammatiker verstanden ist, schliesse ich aus dem Gaṅaratnamahodadhi. Am Eingange dieses Werkes werden mehre ältere Grammatiker erwähnt, und an ihrer Spitze der Çàlàturiya.

---

1) Nach Wilson (vgl. d. Lexicon u. d. W.) heisst unser Grammatiker sowohl Pâṅina als auch Pâṅini. Paṅin und sein Abkömmling Pâṅina kommen VI. 4. 165. vor. – 2) Vgl. Wilson u. d. W., die kàrikâ in der Calc. Ausg. S. 10. und in Betreff der Ableitung Dàxeya IV. 1. 120. – 3) अभिजन; vgl. zu IV. 3. 90. – 4) IV. 3. 94.

Im Commentar, der von demselben Verfasser herrührt, wird über diesen Namen Folgendes bemerkt: शलातुरो नाम ग्रामः । सो ऽभिजनो ऽस्यास्तीति शालातुरीयः पाणिनिः । Diese Entdeckung ist von einigem Interesse, da wir jetzt mit grösserer Bestimmtheit die Nachrichten eines Chinesischen Buddhisten, des Hiuan thsang, der in der 1ten Hälfte des 7ten Jahrhunderts unserer Zeitrechnung Indien besuchte, auf unsern Grammatiker beziehen dürfen und dadurch in den Stand gesetzt werden, genau die Lage von Çalâtura zu bestimmen. Die hierher gehörige Stelle lautet in der französischen Uebersetzung[1], wie folgt: „Kian to lo (Gandhara) [Inde du nord]. A l'est, il touche au fleuve Sind. La capitale s'appelle Pou lou cha pou lo. Arbre Pipala. Kia lan du roi Kia ni sse kia (400 ans après le Nirvâṅa de Foe). Au nord-est de ce dernier, à 50 li, en passant le grand fleuve, on vient à la ville de Pou se ko lo fa ti. Au sud-est de Chang mou kia Phou sa, ville de Pa lou cha. Au nord-est, à 50 li de Pau lou cha, temple de Pi ma, femme d'Iswara. De là au sud-est, à 150 li, ville de Ou to kia han tchha, qui touche au sud à l'Indus. De là au nord-ouest, à 20 li, cité de Pho lo tou lo, lieu de la naissance de l'ermite Pho ni ni, fondateur de la musique.“ Der verstorbene Jacquet hat, wenn ich nicht irre, zuerst die Vermuthung ausgesprochen, dass hier die Rede von Pâṅini sei. Dass in der Chinesische Reisende

1) Foe koue ki ou Relation des royaumes bouddhiques. S. 379.

den Erfinder der Musik nennt, macht keine Schwierigkeit. Die Chinesiche Sprache, die keinen Ausdruck für „Grammatik“ hat, weil sie selbst der Grammatik entbehrt, konnte wohl kaum ein passenderes Wort, als „Musik“, an dessen Stelle setzen. Die Ortsnamen sind schon von Herrn Lassen [1]) bestimmt worden. Kian to lo ist die Gandaritis der Alten, das Gândhâra der Inder; Pou se ko lo fa ti das Gebiet der Stadt Penkela am Indus, die Peukelaotis der Alten, die Stadt Pushkalâvatì [2]), die nach Pushkala, dem Sohne des Bharata, ihren Namen erhalten haben soll. Pa lou cha hält Herr Lassen für identisch mit Pou lou cha pou lo (पुरुषपुर), welche Stadt auch Foe leou cha genannt wird, und erkennt darin das Peshawer. Ou to kia han tchha (उदकसंस्य ?) ist zweifelsohne die Stadt Attock am Indus, da der Name, die Lage und die Entfernung von Peshawer (100 li sind etwas über 7½ geographische Meilen) ziemlich übereinstimmend sind. In Pho lo tou lo erkenne ich dass oben erwähnte Dorf Çalâtura. Der Laut *r* fehlt bei den Chinesen und wird immer durch *l* wiedergegeben; es stimmt demnach bloss der erste Consonant nicht. Ich vermuthe, dass der erste Chinesische Charakter

---

1) Zur Geschichte der Griech. und Indosk. Könige, S. 145, 146. - 2) Raghu-Vança XV. 89. - Stenzler schreibt पुष्कलवती, die Calc. Ausgabe richtiger पुष्कलावती; vgl. VI. 1. 219. - VI. 3. 119. Das daselbst in den Scholien vorkommende पुष्करावती ist vielleicht dieselbe Stadt.

falsch gelesen worden ist. Dass die Chinesen Çalâtura zum Geburtsorte unsres Grammatikers machen, während die Inder nur seine Vorfahren dort wohnen lassen, ist von keinem Belange.

Im Kathâ-Sarit-Sâgara[1]), einer Mährchensammlung aus dem Anfange des 12ten Jahrhunderts n. Chr., erzählt Vararuḱi dem Kâṅabhûti, einem durch den Fluch des Kuvera, zum Piçâḱa gewordenen Yaxa, dass Pâṅini ein mit wenig Geist (जडबुद्धितर) begabter Schüler des Brahmanen Varsha gewesen sei. Der Erzähler fährt folgendermassen fort: „Da er des Dienstes überdrüssig war, wurde er von der Frau des Varsha fortgeschickt, und ging betrübt zum Himâlaya, nach Wissenschaft sich sehnend. Dort erlangte er von dem über seine strenge Busse erfreuten Çiva eine neue Grammatik, alles Wissens Quell. Darauf kehrte er zurück, und foderte mich zu einem Wettstreite auf, und sieben Tage gingen hin, seit unser Streit begonnen hatte; als er am achten Tage von mir besiegt war, erschien plötzlich Çiva in den Wolken stehend, und erhob ein furchtbares Geschrei. So wurde meine Aindra-Grammatik hier auf der Erde vernichtet, und wir Alle bethört, wurden vom Pâṅini besiegt.“ An einer andern Stelle [2]) desselben Werkes

---

1) Katha Sarit Sagara. Die Mährchensammlung des Sri Somadeva Bhatta aus Kashmir. Sanskrit und Deutsch herausgegeben von Dr. Hermann Brockhaus. Taranga IV. Çloka 20—24. - 2) II. 45, 46. - IV. 116.

wird gesagt, dass Varsha in der Stadt Pâťaliputra (dem Palibothra der Alten), unter der Regierung des Königs Nanda, des Vaters von K'andragupta, also ungefähr um die Mitte des 4ten Jahrhunderts v. Chr., gelebt habe.

So wenig man auch sonst geneigt sein möchte, einer Erzählung in einem Werke dieser Art einen grossen historischen Werth beizumessen, so wollte ich dieselbe hier doch keinesweges mit Stillschweigen übergehen, weil mir zwei Punkte derselben eine besondere Berücksichtigung zu verdienen scheinen.

Ganz unwahrscheinlich ist es nicht, dass Pâńini in Pâťaliputra, der Hauptstadt der östlichen Völker, also wohl auch dem Hauptsitze der östlichen Grammatiker, seinen Unterricht erhalten hat. Es kommen nämlich in seinem Werke für mehre grammatische Elemente doppelte Kunstausdrücke vor, von denen der eine ihm selbst eigen ist, der andre dagegen, nach dem Zeugnisse seiner Commentatoren, von den östlichen Grammatikern entlehnt ist.

Was das Zeitalter unsres Grammatikers betrifft, so will ich sogleich Einiges anführen, das der Annahme, dass Pâńini im 4ten Jahrhundert vor unsrer Zeitrechnung gelebt habe, einiges Gewicht geben wird.

Amara-Sinha, der älteste noch vorhandene Lexicograph, lebte, wie allgemein angenommen wird, um die Mitte des ersten Jahrhunderts v. Chr. In seinem Werke treffen wir eine Menge von grammatischen Ausdrucken und Affixen an, die auch bei Pâńini vorkommen. Aus diesem Umstande allein dürfte man durchaus nicht auf das höhere Alter von Pâṅini schliessen, da, wie wir schon früher bemerkt haben, Pâṅini's grammatische Terminologie sich zum Theil schon bei seinen Vorgängern vorfindet. Durch die hier folgenden Stellen glaube ich mich jedoch zu jenem Schlusse berechtigt.

Amara-Kosha S. **363.** Z. **1.** und S. **367.** Z. **1.** (S. **378.** **12.** und S. **384.** **25.** der Colebrooke'schen Ausgabe) wird gesagt, dass das Wort रात्र am Ende eines Compositums ein Masc. sei, ausgenommen, wenn ein Zahlwort vorhergehe; in diesem Falle sei es ein Neutrum. Nach Pâṅini (II. 4. 29.) ist रात्र am Ende eines Compositums immer ein Masc.; Kâtyâyana scheint die Regel auch noch nicht beschränkt zu haben; vgl. zu II. 4. 29. — S. 363. Z. 4. (S. 384. 26. Colebr.) पथः संख्याव्ययात् परः । „पथ, auf ein Zahlwort oder auf ein Indeclinabile folgend, (ist am Ende eines Compositums ein Neutrum)." Pâṅini (II. 4. 30.) lässt nur अपथ ein Neutrum sein; Kâtyâyana erweitert auf dieselbe Weise, wie Amara-Sinha, die Regel; vgl. zu II. 4. 30. — S. 368. Z. 4. (S. 385. 15. C.) पुण्यसुदिनाभ्यां त्वहः परः । „अह, auf पुण्य und सुदिन folgend, (ist ein Neutrum)." Bei Pâṅini (II. 4. 29.) ist अह am Ende eines jeden Compositums ein Neutrum; die beiden Ausnahmen werden von Kâtyâyana (vgl. zu II. 4. 29.) angegeben. Am entscheidendsten ist die jetzt folgende Stelle, da sie, ohne Zuratheziehung unsres Grammatikers, nur halb verständlich ist. S. 374. Z. 3. (S. 393. 45. C.) अणाद्यन्तास्तेनरक्ताद्यर्थे । „Die auf अण् u. s. w. ausgehenden (Derivativa), in der Bedeutung von „„damit gefärbt““ u. s. w., (haben alle 3 Geschlechter).“ अण् ist in dem Theile der Grammatik, wo von den *taddhita's* und deren Bedeutungen gehandelt wird, das erste Affix; vgl. IV. 1. 83. Die erste Bedeutung dieses Affixes, wenn es Adjectiva bildet, ist तेन रक्तं; vgl. IV. 2. 1.

Hiermit ist freilich noch keineswegs erwiesen, dass *Pâṅini* drei Jahrhunderte vor *Amara-Sinha* gelebt hat. Diese Annahme wird erst dann eine Wahrscheinlichkeit für sich gewinnen, wenn es sich herausstellt, dass *Amara-Sinha* auch jünger als *Patanǵali* ist. In diesem Falle würden wir zwischen *Pâṅini* und *Amara-Sinha* noch 4 Grammatiker haben: *Kâtyâyana*, den Verfasser der *paribâshâ's*, den der *kârikâ's* und *Patanǵali*.

Die Tradition macht *Bhartṛihari*, den Bruder des *Vikramâditya*, zum Verfasser der *kârikâ's*[1]. Wäre diese gegründet, so könnte *Patanǵali* höchstens ein Zeitgenosse von *Amara-Sinha* sein. Dieser Tradition widerspricht eine andere, nach welcher *Patanǵali* sehr hoch hinaufgerückt wird, indem er zu einem mythologischen Wesen, in Gestalt einer Schlange, gemacht wird.[2] Wir brauchen indess unsere Zuflucht nicht zu einer Sage zu nehmen, um die Nichtigkeit einer andern Sage darzuthun, da uns ein historisches Zeugniss in den Annalen von *Kaçmira*

1) *Colebr.* Misc. Ess. II. S. 6. — 2) Ebend. S. 7.

zu diesem Berufe zu Gebote steht. Die Stelle enthält eine grammatische Schwierigkeit, die indess durch eine kleine Veränderung gehoben werden kann. Der Vers lautet in der Calcuttaer Ausgabe (I. 176.) folgendermassen:

चन्द्राचार्यादिभिर्लब्धादेशं तस्मात् तदागमं ।
प्रवर्तितं महाभाष्यं स्वं च व्याकरणं कृतं ॥

Hr. Troyer liest (in seiner so eben erschienenen Ausgabe dieser Chronik[1]) चन्द्र व्याकरणं (sic) für स्वं च व्या°, und übersetzt: „Tchandrâtchârya et autres, après en avoir reçu les ordres, expliquèrent son (des Königs Abhimanyu) Çâstra, et composèrent un grand commentaire et une grammaire portant le nom de Tchandra." Abgesehen davon, dass, meines Wissens, nirgends gesagt wird, dass Abhimanyu ein Çâstra verfasst habe, kann प्रवर्तितं auch grammatisch nicht auf तदागमं bezogen werden, da dieses Wort nothwendig ein Masculinum ist. तदागमं als Adjectiv mit लब्धादेशं zu verbinden und „nach von ihm erhaltenen Befehle, dorthin (nach Abhimanyupura) oder zu ihm zu kommen" zu übersetzen, wäre sehr gezwungen. Lesen wir लब्ध्वादेशं, dann lässt sich तदागमं leichter mit आदेशं verbinden. Hr. Professor Lassen, bei dem ich mich über diese Stelle Raths erholte, schlägt mir vor, तदागमे zu lesen, wodurch jede Schwierigkeit gehoben wird. Das Causal von प्रवृत् hat hier gewiss keine andre Bedeu-

1) Râdjataranginî. Histoire des rois du Kachmîr, traduite et commentée par M. A. Troyer, etc. Paris 1840. 2 Bände.

tung, als: Etwas in Gang bringen, einer Sache Eingang verschaffen. Der Sinn des ganzen Verses wird demnach folgender sein: „Nachdem der Lehrer K'andra und andere von ihm (dem Könige Abhimanyu) den Befehl erhalten hatten, dorthin (oder zu ihm) zu kommen, führten sie das Mahâbhâshya ein und verfassten eine eigene Grammatik.“ Zur Bestätigung dieser Uebersetzung setze ich hier eine ganz ähnliche Stelle aus demselben Werke (IV. 487.) her:

देशान्तरादागमय्य व्याचक्षणान् क्षमापतिः ।
प्रावर्तयत विच्छिन्नं महाभाष्यं स्वमण्डले ॥

„Nachdem der König (G'ayâpîḋa) aus einem andern Lande Erklärer hatte kommen lassen, führte er in seinem Lande das aufgeriebene (nicht mehr vollständig vorhandene?) Mahâbhâshya wieder ein“. Hr. Troyer giebt विच्छिन्नं महाभाष्यं durch „la grande grammaire bien divisée“ wieder, und bemerkt in Klammern, dass dies die Grammatik des Pâṅini (sic) sei. Im erstern Verse hat derselbe Gelehrte महाभाष्य ganz allgemein mit „un grand commentaire“ übersetzt, wie ich vermuthe, aus dem Grunde, weil es ihm unwahrscheinlich vorkam, dass das Studium der Grammatik schon im 12ten Jahrhundert vor unserer Zeitrechnung (nach der Chronik von Kaçmîra, an deren Chronologie Hr. Troyer sich sehr streng hält) betrieben worden wäre. Hieraus können wir uns auch nur seine Anmerkung [1]) zu

1) Bd. 1. S. 373.

jener Stelle erklären: Les titres des livres „vyâkarana“ et „upadêsa“ paraissent, parmi les buddhistes, être équivalents a ceux de „puranas“ et „tantras.“ (Voyez le Mémoire de M. Hodgson dans les Transact. of the R. As. Soc. of Great Br. and Irel. vol. II, part. 1 et 2.)

K'andra kommt in einem versus memorialis [1]) in Verbindung mit folgenden alten Grammatikern vor: Indra, Kâçakṛitsna, A'piçali, Çâkaṭâyana, Pâṅini, Amara und G'inendra. Bhaṭṭogi [2]) erwähnt ihn und seine Anhänger, die K'ândra's, öfters.

Das Zeitalter des Königs Abhimanyu, unter dessen Regierung K'andra lebte, lässt sich auf verschiedenen Wegen, die alle zum nämlichen Resultate führen, bestimmen. Unter Abhimanyu erscheint in Kaçmîra der Bodhisattva Nagârǵuna, dessen Geburt die Tibeter [3]) 400 Jahre nach Buddha's Tode, also in das Jahr 143 oder 144 v. Chr. setzen. Seine Wirksamkeit, sowie die Regierung des Abhimanyu würde demnach um das Jahr 100 zu setzen sein. Dieselbe Zahl erhalten wir, wenn wir uns an die Chronik von Kaçmîra halten. Açoka, der 48te König der 2ten Periode, ist zweifelsohne der Enkel des K'andragupta [4]). Açoka ist 49 oder 62 Jahre [5]) von

---

1) Misc. Ess. II. 6. - 2) S. weiter unten. - 3) Csoma Körösi, Tibet. gr. S. 182. - 4) Lassen, Zeitschrift u. s. w. I. S. 236. - 5) Troyer a. a. O. II. S. 412.

seinem Grossvater entfernt; der Anfang seiner Regierung wird also ungefähr in das Jahr 250 v. Chr. fallen.
5 Könige trennen, nach den Annalen von Kaçmîra[1]),
Açoka von Abhimanyu; lassen wir jeden derselben,
so wie den Açoka, nach einer Durchschnittszahl 25
Jahre regieren, so erhalten wir die gewünschte Jahreszahl für Abhimanyu. Fast zu demselben Resultate
gelangen wir, wenn wir den Chinesischen Berichten
folgen. Diese[2]) setzen den Kanishka, den letzten der
Turushka-Fürsten und den unmittelbaren Vorgänger
des Abhimanyu, 400 Jahre nach Buddha's Tode,
d. n. in das Jahr 143—144 v. Chr.

Jetzt, da wir gefunden haben, dass Patanǵali's Mahâbhâshya schon um das Jahr 100 v. Chr.
durch K'andra in Kaçmira in allgemeinen Gebrauch
kam, werden wir wohl befugt sein, die Abfassung
dieses grossen Commentars zu den sûtra's von Pâñini in's Jahr 150 hinaufzurücken. Zwischen Patanǵali und Pâñini sind, wie wir oben (S. XIV.)

---

1) Hr. Troyer lässt 6 Könige zwischen Açoka
und Abhimanyu regieren, indem er auch den Bodhisattva Nagârǵuna zu einem König macht. एकभूमीश्वर,
worauf sich Hr. Troyer bei seiner Annahme stützt
(a. a. O. I. S. 372.), braucht indess nicht nothwendig König zu bedeuten; der Ausdruck kann eben
so gut besagen, dass Nagârǵuna das einzige geist-
liche Oberhaupt zu der Zeit gewesen sei; vgl. Lassen a. a. O. S. 237. Die Chronik selbst (I. 20.) sagt
ausdrücklich, dass zwischen den beiden Königen nur 5
Könige regiert hätten. - 2) Foe koue ki, S. 248.

bemerkt haben, uns noch 3 Grammatiker bekannt, die Beiträge zu der Grammatik von Pâńini lieferten. Wir brauchen demnach die Entfernung zwischen je 2 bloss auf 50 Jahre zu setzen, um auf das Jahr 350 zu kommen, in welches, nach dem Kathâ-Sarit-Sâgara, unser Grammatiker ungefähr zu setzen ist.

Seinen Tod hat Pâńini, wie das Pańkatantra[1]) erzählt, durch einen Löwen gefunden.

Pâńini ist der Verfasser der grammatischen sûtra's (daher schlechtweg Sûtrakâra genannt; vgl. zu VIII. 3. 5.), oder kurz gefassten Regeln, die, weil sie in 8 Bücher eingetheilt werden, Asht́âdhyâya oder Asht́aka heissen. Zur Unterscheidung vom Rig-Veda, welcher auch Asht́aka heisst, wird Pâńini's Werk Asht́akam Pâńinîyam genannt; vgl. die Scholien zu V. 1. 58. Die Zahl dieser grammatischen Regeln beläuft sich, nach einer gewöhnlichen Annahme, auf 3996[2]). Unsere Ausgabe enthält, wie die Calcuttaer, nur 3983 Regeln. Fügen wir die 14 Çiva-sûtra's hinzu, so erhalten wir eine Regel zu viel, die wieder abgeht, wenn wir die 3 vorletzten Regeln im 3ten Kapitel des 7ten Buchs in 2 sûtra's zu-

---

1) Wilson, Analytical Account of the Pancha Tantra in den „Transactions of the Royal Asiatic Society of Great Britain and Ireland." Vol. 1. Pag. 171. – 2) Colebrooke, A Grammar etc. S. IX. Am Ende der Handschrift, die ich B. benannt habe, wird gesagt: सूत्रसंख्या त्रीणि सूत्रसहस्राणि तथा नव शतानि च षण्णवतिसूत्राणि पाणिनिः कृतवान् स्वयं ॥

sammenziehen; vgl. zu VII. 3. 117-119. Unter diesen 3996 Regeln sind indess 7[1]), die ursprünglich vârtika's sind und erst später in die Sammlung aufgenommen wurden.

Pâṅini führt alle Wörter der Sprache auf Verbal-Wurzeln zurück. Wenn bisweilen[2]) gesagt wird, dass die mit den sogenannten uṅâdi-Affixen gebildeten Wörter Primitiva (अव्युत्पन्नानि प्रातिपदिकानि) seien, so soll dieses weiter nichts sagen, als dass diese Wörter sich in diesem oder jenem Falle nicht in die Regeln, welche für die übrigen Derivativa gelten, fügen wollen. Die Wurzeln erscheinen in der Sprache niemals ohne Affix. Wörter, wie छिद्, भिद् u. s. w., die wir für nackte Wurzeln ansehen, sind mit Affixen versehen, die wieder abgefallen sind, oder, nach Indischer Art zu reden, für welche eine Niete substituirt worden ist. Jedes fertige Wort ist mit einer Personal- (तिङ्) oder mit einer Casusendung (सुप्) versehen. Indeclinabilia und Themata am Anfange oder in der Mitte eines Compositums gehen ebenfalls auf eine Casusendung aus; es wird jedoch für dieselbe eine Niete substituirt[3]). Von der Wurzel wird das Verbum finitum durch Anfügung von Personalendungen, und das Nomen[4]) durch Anfugung von Affixen, die kṛit genannt werden, gebildet. Das Verbum finitum (mit Ausnahme des reduplicirten Perfectums) besteht immer

---

1) IV. 1. 166, 167. - IV. 3. 132. - V. 1. 36. - VI. 1. 62, 100, 136. - 2) Vgl. zu VII. 2. 8. - VII. 4. 13. - VIII. 3. 59. - 3) II. 4. 71, 82. - 3) Der Kürze wegen bediene ich mich dieses Ausdrucks für alle Wörter, die nicht Verba finita sind.

aus 3 Theilen: aus der Wurzel, aus der Personalendung und einem Affixe, welches zwischen beiden eingefügt wird und vikaraṅa (s. d. erkl. Ind. u. d. W.) heisst. Formen, wo die Personalendung an die Wurzel selbst gefügt wird, wie in den Special-Temporibus bei den Wurzeln der zweiten und dritten Klasse, und in einigen Aorist-Bildungen, werden auf die oben erwähnte Art erklärt: man sagt, dass in diesem Falle eine Niete für den gangbaren vikaraṅa substituirt worden sei. Das unmittelbar von einer Wurzel abgeleitete Nomen (कृदन्त) ist ebenfalls aus 3 Theilen zusammengesetzt; gewöhnlicher indessen aus 2: aus der Wurzel und einem kṛit. Die kṛit's zerfallen in 2 Hauptklassen: in die uṅadi-Affixe und in die kṛit's in der engern Bedeutung. Ueber den Unterschied derselben s. d. erkl. Index u. d. W. उणादि. Die Lehre von den uṅâdi-Affixen wird von Pâṅini nicht behandelt. Sie muss zu seiner Zeit schon abgeschlossen vorhanden gewesen sein, da er diese Affixe erwähnt, aber nur im Vorbeigehen, indem er in ganz allgemeinen Ausdrücken einige Bedeutungen derselben angiebt. Ob der Abschnitt über die uṅâdi-Affixe, der sich in der Siddhânta-Kaumudî von Blatt 189 b. bis 205 b. erstreckt und, wegen seiner Eintheilung in 5 pâda's oder Abschnitte, Pankapâdî heisst, alt oder jung sei, wage ich nicht zu bestimmen. Dem Nomen kommen 3 Arten von Affixen zu: die taddhita's, die Femininaffixe (स्त्रीप्रत्यय) [1]) und die

---

1) Ein Femininaffix, ति in युवति, ist zu gleicher Zeit ein taddhita.

Casusendungen (सुप्). Jeder andere Zuwachs, den ein Wort erhalt, geschieht durch Anfügung eines Augments (आगम), das bedeutungslos ist, während die Affixe immer eine bestimmte Bedeutung haben. Alle übrigen Veranderungen, die mit einem Worte oder Affixe vorgenommen werden, sind Substitutionen. Sogar der Ausfall eines Buchstabens, einer Silbe oder eines ganzen Wortes (im Compositum) wird als die Substition einer Niete erklärt. Nur selten besteht ein Affix oder ein Subsitut (आदेश), ein Augment aber niemals, bloss aus den Buchstaben, die wirklich angefügt oder an die Stelle eines andern Elements gesetzt werden. Gewöhnlich sind sie noch mit andern Buchstaben, die wir, nach Colebrooke's Vorgange, stumme Buchstaben[1]), die Inder aber it oder anubandha benannt haben, versehen, die die Art und Weise der Anfügung, der Bildung des Femininums, der Declination, den Accent des Wortes u. s. w. bezeichnen und sehr zur Vereinfachung der Regeln dienen. Ein Beispiel wird die Sache klar machen. Ein Affix hat in der Regel den Acut auf dem ersten Vocale; eine Ausnahme machen: तर । तम । मत् । आ u. ई als Femininaffixe, u. s. w. Diese werden mit dem Gravis ausgesprochen. Anstatt diese

---

1) Die Bedeutung eines stummen Buchstabens erfährt man im erkl. Ind. nicht u. d. B. selbst, sondern u. d. Compositum, welches durch Anfügung des Wortes इत् gebildet wird. Man suche demnach क् u. कित्, ञि u. ञीत्, u. s. w. Einzelne Vocale erhalten in einem solchen Compositum ein त् zur Stutze: die Bedeutung von इ z. B. wird man u. इदित् finden.

Affixe alle einzeln in der Ausnahme aufzuzählen, wird ihnen von Haus aus ein stummes प् beigegeben und in der Ausnahme gesagt, dass alle Affixe, die ein stummes प् hätten, mit dem Gravis auszusprechen seien. Die Indische Grammatik bedient sich noch eines andern sinnigen Mittels, viele, in irgend einer Beziehung mit einander verwandte Elemente, die in einer bestimmten Ordnung aufgeführt zu werden pflegen, unter eine Benennung zu bringen. Man fügt nämlich an das erste Element den stummen Consonanten des letzten; das auf diese Weise entstandene Wort heisst **pratyâhâra** (Zusammenziehung) und bezeichnet das erste Element, so wie jedes andre, welches zwischen jenem und dem stummen Consonanten befindlich ist.

Man findet in der Indischen Grammatik überhaupt ein Bestreben, zusammengehörige Elemente unter einen gemeinschaftlichen Namen zu bringen. Bei Erwähnung des Namens denkt der Inder sogleich an alle Regeln, die sich an denselben knüpfen; man vgl. nur die Beispiele zu den Regeln, wo ein technischer Ausdruck erklärt wird. Fügt sich ein Glied der Klasse ausnahmsweise nicht in die allgemein geltenden Regeln, dann wird dieses Glied nicht aus der Regel selbst ausgeschlossen, sondern es wird ihm für den besondern Fall der Klassenname abgesprochen.

Ein Hauptziel, das sich die Indische Grammatik gesetzt hat, ist das Streben nach Kürze. Betrachten wir **Pâṅini's** Regeln aus diesem Gesichtspunkte, so wird uns Manches klar werden, was uns für den ersten Augenblick widernatürlich und abgeschmackt erschien, und wir werden nicht umhin können, ein System zu bewundern, das, einem untergeordnetern Zwecke zu Liebe, welchen es im höchsten Maasse erreicht, die Wissenschaftlichkeit aufgeopfert hat. Aus demselben Gesichtspunkte betrachten auch die ältesten Commentatoren das Werk: sie unterlassen es niemals, es als Fehler an ihrem Lehrer zu rügen, wenn er nur ein Wörtchen beifügt, welches füglich hätte wegbleiben können. Jeder einzelnen Regel sieht man das Gepräge der Kürze an. Das Prädicat fehlt beständig; aus der Natur des Subjects und aus den Casus, in denen die übrigen Wörter der Regel stehen, ersieht man sogleich, welche Operation mit dem Subject vorgenommen werden soll.

Der Anordnung der Regeln liegt dasselbe Princip zu Grunde. Die Stellung jeder einzelnen Regel zu rechtfertigen, wird wohl kaum möglich sein. Viele Regeln stehen offenbar nicht nothwendig an ihrem Platze; es sind indess solche Regeln, die an jeder andern Stelle auch ausser allem Zusammenhange stehen würden. In dem hier folgenden Inhaltsverzeichnisse will ich versuchen, den Faden anzugeben, der die Regeln zusammenhält.

BUCH I.

Kapitel 1. Erklärung grammatischer Kunstausdrücke nebst einigen Regeln, paribhâshâ genannt, die das Verständniss der sûtra's erleichtern. Nach der Erklärung eines Kunstausdrucks sind bisweilen einige dahin gehörige Regeln beigefügt.

Kapitel 2. Fortsetzung des 1ten Kapitels, 1—57. - Ueber den unregelmässigen Gebrauch des Numerus, 58—63. - Ueber den ekaçesha, einen elliptischen Numerus, 64—73.

Kapitel 3. Erklärung des Wortes dhâtu, 1. - Wenn ein Buchstabe oder eine Silbe stumm ist (stumme Buchstaben kommen bei Wurzeln am häufigsten vor), 2—8. - Der stumme Buchstabe wird abgeworfen, 9. - Interpretationsregeln, 10, 11. - Ueber den Gebrauch des âtmanepadam (an stummen Buchstaben erkennt man häufig, ob das parasm. oder das âtm. im Gebrauch ist), 12—77. - Ueber den Gebrauch des parasmaipadam, 78—93.

Kapitel 4. Interpretationsregeln, 1, 2. - Erklärung grammatischer Kunstausdrücke nebst einigen dahin gehörigen Regeln, 3—110.

BUCH II.

Kapitel 1. Eine allgemeine Bemerkung, die der Lehre von den Compositis vorausgeschickt wird, 1. - Eine Regel, die ausser allem Zusammenhange zu stehen scheint, 2. Wann componirt wird, 3. bis II. 2. 29. - Vom avyayibhâva, 5—21. - Vom tatpurusha in seiner weitesten Bedeutung, wenn er den karmadhâraya und den dvandva in sich fasst, 21. bis II. 2. 22.

Kapitel 2. Vom tatp., 1—22. - Vom bahuvrîhi, 23—28. - Vom dvandva, 29. - Wie die Glieder im Compositum angeordnet werden, 30—38.

Kapitel 3. Handelt über den Gebrauch der Casus.

Kapitel 4. Der dvigu und der dvandva im Singular, 1—16. - Ueber das Geschlecht der Composita, 17—31. - Ueber Substitute, 32—85. - Ein anderes Pronominal-Thema wird substituirt, 32—34. - Eine andere Wurzel vor Affixen, die ârdhadhâtuka heissen, 35—57. - Für verschiedene Affixe wird eine Niete oder ein anderes Affix substituirt, 58—85.

BUCH III. IV. V.

Aufzählung der Affixe nebst Angabe ihrer Bedeutung.

BUCH III.

Von den Affixen, die den Wurzeln zukommen, oder nach deren Anfügung das Thema Wurzel heisst.

Kapitel 1. Regeln, die alle Affixe betreffen, 1—4. - Affixe, nach deren Anfügung das Thema Wurzel heisst, 5—32. - Affixe, die zwischen Wurzel und Personalendung angefügt werden, 33—90. - Affixe, die bloss Wurzeln zukommen, 91. bis III. 4. 117. - Kṛit's und Personalendungen, 93. bis III. 4. 117. - Die kṛitya's, 95—132. - Affixe, die den kartṛi bezeichnen, 133—150.

Kapitel 2. Affixe, die den kartṛi (45, 56. drückt das Affix das Instrument oder die Handlung selbst aus) bezeichnen und am Ende des letzten Gliedes im Compositum vorkommen, 1—83. - Affixe, die die vergangene Zeit ausdrücken, 84—122. - Affixe der gegenwärtigen Zeit, 123. bis III. 3. 1. - Affixe in der Bedeutung von तच्छील u. s. w., 134—178. - Affixe mit verschiedenen Bedeutungen, 179—186. - Ein Affix der Vergangenheit, welches ausnahmsweise die Gegenwart ausdrückt, 187, 188.

Kapitel 3. Die uṅâdi-Affixe bezeichnen die Gegenwart, die Vergangenheit und die Zukunft, 1—3. - Affixe der zukünftigen Zeit, 3—15. - Ueber den Gebrauch des Affixes घञ्, 16—55. - Affixe, die den Zustand der Handlung oder irgend ein kâraka, den kartṛi ausgenommen, bezeichnen, 18—130. - Ueber die Tempora, wenn sie ihre gangbare Bedeutung nicht beibehalten; über die Modi und einige kṛit's, wenn diese die Stelle eines Modus vertreten, 131-176.

Kapitel 4. Affixe bekommen in Verbindung mit einem Verbum finitum eine andere Bedeutung, 1. — Der Imperativ mit frequentativer und intensiver Bedeutung, 2—5. - Ueber den Gebrauch des लुङ् । लङ् । लिट् und लेट् im Veda, 6—8. - Affixe in der Bedeutung des Infinitivs und des Partic. fut. pass. im Veda, 9—17. - Ueber das Gerundium und das flexionslose Nomen auf अम्, 18—64. - Ueber den Gebrauch des Infinitivs, 65, 66. - Ueber die Bedeutung der kṛit's und der Personalendungen, 67—76. - Ueber die Entstehung der Personalendungen und über deren Namen, 77—117.

BUCH IV. V.

Affixe, die an Feminina und prâtipadika's gefügt werden.

BUCH IV.

Kapitel 1. Ueberschrift für das 4te und 5te Buch, 1. - Die Casusendungen in ihrer primitiven Gestalt, 2. - Bildung des Femininums, 3—81. - Die taddhita's, 76. bis V. 4. 160. - Das Affix अण् mit seinen verschiedenen Bedeutungen, 83. bis IV. 3. 168. - Es werden damit Patronymica gebildet, 92—178. - Erklärung der Kunstausdrucke gotra und yuvan, 162—167. - Die tadrâǵa's, 168—178. Die Bedeutungen des Affixes अण् werden in besondern Regeln angegeben; auf diese folgen die Ausnahmen, d. h. die Fälle, wo ein anderes Affix, als अण्, in derselben Geltung gebraucht wird.

Kapitel 2. 3. Das Affix अण्. Seine Bedeutungen werden in folgenden Regeln angegeben: 1, 3, 7, 10, 14—16, 21, 24, 37, 52, 55– 59, 67—70. Die Bedeutungen der Affixe von 92. bis IV. 3. 24. lehren folgende Regeln des 3ten Kapitels: 25, 38, 39, 41, 43, 44, 47, 51—53, 66, 74, 83, 85—87, 89, 90, 95, 101, 112, 115, 116, 120, 134, 135.

Kapitel 4. Das Affix ठक् mit seinen verschiedenen Bedeutungen (2, 3, 5, 8, 12, 15, 19, 22, 26, 27, 30, 32—37, 39, 41—43, 46, 47, 50, 51, 55, 57, 60, 61, 63, 65, 66, 69, 71—73.), 1—74. - Das Affix यत् mit seinen Bedeutungen (76, 83, 84, 86—93, 95—98, 107, 108, 110, 119—123, 125, 128, 133—138, 140, 141, 143, 144.), 75—144.

BUCH V.

Kapitel 1. Das Affix छ mit seinen Bedeutungen

(5, 12, 16.), 1—17. - Die Affixe ठञ् und ठक् mit i. B. (37, 38, 42, 43, 45, 47, 50, 52, 56, 57, 63, 72—74, 77, 79, 80, 93—96, 99, 101, 104, 108, 109, 114.), 18—114. - Bedeutungen des Affixes वति, 115—118. - Affixe in der Bedeutung: तस्य भावः und तस्य कर्मन्, 119—136.

Kapitel 2. Verschiedene Affixe mit verschiedenen Bedeutungen, 1—93. - मतुप् und andere Affixe mit derselben Geltung, 94—140.

Kapitel 3. Taddhita's, die die Stelle einer Casusendung vertreten, 1—41. - Verschiedene Affixe mit verschiedenen Bedeutungen, 42—54. - Comparativ- und Superlativ-Affixe, nebst Regeln über die Art und Weise der Anfügung, 55—65. - Verschiedene Affixe, 66—69. - Das Affix क mit seinen Bedeutungen (73, 74, 76, 77, 85, 86, 91—93, 95.), 70—95. - Affixe in der Bedeutung von इव, 96—111. - Tadrâǵa-Affixe, 112—119.

Kapitel 4. Verschiedene Affixe, 1—67. - Affixe, die bei der Bildung eines Compositums an's Ende des letzten Gliedes gefügt werden, 68—160.

BUCH VI.

Kapitel 1. Ueber Substitute und Augmente, 1—157. - Wie eine Wurzel reduplicirt (die Reduplication ist ein Substitut von 2 *a* für 1 *a*) wird und welche Affixe die Reduplication bewirken, 1—12. - Wann ein samprasâraṅa substituirt wird, 13—44. - Wann für den Wurzelvocal आ subst. wird, 45—57. - Eine Wurzel erhält das Augment अम्, 58, 59. - Vor taddhita's und Casusaffixen wird ein anderes Thema subst., 60—63. - Für die Initialen ष् und ण् einer Wurzel wird स् und न् subst., 64, 65. - Für einen Buchstaben wird eine Niete subst., 66—70. - Das Augment तुक्, 71—76. - Substitutionen für Vocale und Consonanten, 77—134. - Das Augment sut́, 135—157. - Ueber den Accent eines nicht componirten Wortes, 158—222. - Accent eines Compositums, 223.

Kapitel 2. Accent eines Compositums, 1—199. - Das Compositum erhält den Accent des vordern Gliedes, 1—63. - Hat den Acut auf dem ersten Vocale des vordern Gliedes, 64—91. - Auf dem letzten Vocale, 92—110. - Auf dem ersten Vocale des hintern Gliedes, 111—136. - Das Compositum erhält den Accent des hintern Gliedes, 137—139. - Beide Glieder behalten ihren ursprünglichen Accent, 140—142. - Der Acut auf dem letzten Vocale des hintern Gliedes, 143—199.

Kapitel 3. Für die Casusendung im vordern Gliede eines Compositums wird keine Niete substituirt, 1—22. - Andre Unregelmässigkeiten im vordern Gliede, die durch Substitutionen erklärt werden, 23—33. - Behandlung des Femininums im vordern Gliede und vor taddhita's, 34—45. - Fernere Veränderungen eines Wortes am Anfange (97, 98, 110. betreffen eine Veränderung des hintern Gliedes) eines Compositums und vor taddh., 46—110. - Für einen kurzen Vocal wird eine Länge substituirt, wenn ein ढ् oder ein र् ausgefallen ist, 111—113. - Dieselbe Operation findet Statt in der sanhitâ, 114—139.

Kapitel 4. Hier und im ganzen 7ten Buche muss, wenn man nicht weiss, in welchem Elemente irgend eine Veränderung vorgeht, das Wort anga im 6ten Casus ergänzt werden, 1. - Für den kurzen Vocal eines anga wird eine Länge substituirt, 2—18. - Behandlung von छ् und व् in einem anga, 19—21. - Eine Form, die ihr Entstehen einer der folgenden Regeln dieses Kapitels verdankt, ist als nicht verändert zu betrachten, wenn eine Regel aus demselben Abschnitte an ihr angewendet werden soll, 22. - Vgl. d. erkl. Index u. d. W. सिध् - Für न् in einem anga wird eine Niete substituirt, 23—33. - Die Wurzel erleidet vor verschiedenen Affixen eine Veränderung, 34—45. - Veränderungen der Wurzel vor ârdhadhâtuka's, 46—70. - Das Augment अ und आ am Anfange von Wurzeln, 71—75. - Die Stellung der folgenden Regel erklärt sich durch 22. - Veränderungen, die mit dem Endvocale eines anga vorgehen, 77—88. - Der Wurzelvocal erleidet eine Veränderung, wenn er der vorletzte Buchstabe ist, 89—100. - Für हि im Imperativ wird धि substituirt, 101—103. - Für 2 Personalendungen wird eine Niete substituirt, 104—106. - Veränderungen, die mit dem उ von श्नु und उ (der 8ten Klasse) vorgehen, 107—109. - Veränderungen des anga vor sârvadhâtuka's, 110—119. - Vor liṭ, 120—126. - Für den Finalen von अर्वन् und मघवन् wird तृ substituirt, 127, 128. - Veränderungen eines Themas, wenn es bha heisst, 129—175.

BUCH VII.

Kapitel 1. Vocalisch anfangende Affixe, die in der Grammatik, theils der Kürze wegen, theils um den euphonischen Veränderungen nicht unterworfen zu sein, eine andere Gestalt angenommen hatten, werden in ihre ursprüngliche Form aufgelöst, 1—5. - Diese erhält bisweilen ein Augment, 6—8. - Für die primitiven (s. IV. 1. 2.) Casusendungen werden andere substituirt, 9—33. - Wurzelaffixe erleiden eine Veränderung, 34—38. - Veränderungen der Casusendungen und Wurzelaffixe im Veda, 39—50. - अस् (1ter Cas. Pl.) erhält im Veda das Augment असुक्, 50. - Wann dieses Augment sonst vorkommt, 51. - आम् (6ter Cas. Pl.) erhält das Augment suṭ und nuṭ, und das Thema erleidet davor eine Veränderung, 52-57. - Ueber das Augment नुम्, 58-83. - Veränderungen des anga vor verschiedenen Affixen, 84-103.- Einzelne Werter einer Regel, die in der Folge ergänzt werden müssen, verbinden hier, wie an andern Orten, die Regeln mit einander.

Kapitel 2. Für den Wurzelvocal wird vor सिच् vṛiddhi substituirt, 1—7. - Ueber das Augment इट् bei Wurzelaffixen, 8—78. - Veränderungen, denen die Augmente des लिट् unterworfen sind, 79, 80. - Dieselbe Veränderung findet auch anderwärts Statt, 81. - Anfügung und Veränderung des Affixes आन, 82, 83. - Veränderungen des anga vor vibhakti's, 84—113. - Fur den Vocal des anga wird vṛiddhi substituirt, 114—118.

Kapitel 3. Unregelmässige Veränderungen eines anga vor taddhita's, die ein stummes ञ् n ण् oder

क् haben, und die in der Regel die Substitution der vṛiddhi erfordern, 1—31. - Einfluss eines mit einem stummen ञ् oder ण् versehenen Wurzelaffixes auf das anga, 32—35. - Veränderungen der Wurzel vor णि, 36—43. - Anfügung eines mit क् anfangenden taddh. an ein auf अ oder आ ausgehendes anga, 44—49. - Für das ठ् eines Affixes wird इक (in den vorhergehenden Regeln ging die neue Form auf इक aus) oder क substituirt, 50, 51. - Für च्, ज् und ह् in einer Wurzel wird क्, ग् und घ् substituirt, 52—69. - Für den Endvocal eines anga wird eine Niete substituirt, 70, 71. - Für den Endvocal von क्स, 72. - Für das ganze Affix क्स, 73. - Anfügung eines Wurzelaffixes mit einem stummen ङ्, 74—82. - Vor einem solchen Affixe wird guńa substituirt, 82. - Wann guńa ferner substituirt wird, 83. - Guńa wird vor einem sârvadhâtuka und einem ârdhadhâtuka substituirt, 84—86. - Ausnahmen und fernerer Einfluss eines sârvadh., 87—92. - Ein sârvadh. erhält das Augment îṫ und aṫ, 93—100. - Anfügung eines mit यञ् anfangenden sârvadh., 101. - Einer mit यञ् anfangenden Casusendung, 102. - Anfügung anderer Casusendungen, 103—111. - Die Casusendungen erhalten verschiedene Augmente, 112—115. - Es wird eine neue Casusendung substituirt, 116—120.

Kapitel 4. Einfluss eines auf णि folgenden चङ् auf das anga, 1—8. - Einfluss des liṫ, 9—12. - Es wird vor liṫ eine Kürze substituirt, 12. - Wann ferner eine Kürze substituirt wird, 13—15. - Anfügung des Affixes चङ्, 16—20. - Veränderung des

Wurzelvocals in शीङ् vor verschiedenen Affixen, 21, 22. - Einfluss eines mit य् anfangenden Wurzelaffixes, welches कित् oder ङित् ist, auf ein anga, 22—25. - Vor einem solchen Affixe wird eine Länge für den letzten Vocal des anga substituirt, 25. - Vor च्वि wird auch eine Länge substituirt, 26. - Anfügung von च्वि an ein auf ऋ ausgehendes anga, 27. - Anfügung anderer Affixe an ein solches anga, 28—30. - Einfluss von यङ् auf ein solches anga, 30. - Vor यङ् wird ई für den Finalen आ eines anga substituirt, 31. - ई wird ferner vor च्वि und क्यच् für den Finalen अ eines anga substituirt, 32, 33. - Unregelmässigkeiten vor क्यच्, 34—39. - Anfügung eines mit त् anfangenden कित्, 40—47. - Vor einem solchen Affixe wird त् für den Finalen des anga substituirt, 47. - Wann त् ferner für den Finalen substituirt wird, 48, 49. - त् wird für स् substituirt, 49. - Andere Substitute für स्, 50—52. - Für स् wird eine Niete substituirt, 50, 51. - Wann ferner eine Niete für den Finalen eines anga substituirt wird, 53. - Anfügung von सन्, 54—58. - Einfluss von सन् auf die Reduplication, 58. - Veränderungen und Unregelmässigkeiten in der Reduplicationssilbe, 59—97.

BUCH VIII.

Kapitel 1. Ein ganzes Wort wird verdoppelt, 1—15. - पदस्य und पदात् müssen in der Folge ergänzt werden, 16, 17. - Wann ein Wort im Satze anudâtta wird, 18—74.

Kapitel 2. Bei einer Form, die in den 3 letzten Kapiteln dieses Buchs gebildet wird, darf man nie eine vorhergehende Regel anwenden, 1. - Ein Beispiel diene, den Vortheil dieser Einrichtung darzuthun. Nach VIII. 3. 19. kann das व् in वृक्षाविह ausfallen. Dass nach diesem Ausfall die Vocale अ und इ nicht zusammengezogen werden dürfen, braucht der Grammatiker nicht in einer besondern Regel zu bemerken, da die Regeln über die Zusammenziehung der Vocale sich im 6ten Buche befinden. - Eine Beschränkung und eine Ausnahme der vorhergehenden Regel, 2, 3. - Regeln über den Accent bei euphonischen Veränderungen, 4—6. - Das finale न् eines prâtipadika fällt ab, 6, 7. - Für das म् des Affixes मतुप् wird व् substituirt, 8—15. - मतुप् erhält das Augment नुट्, 16. - Ein anderes Affix erhält dasselbe Augment, 17. - Für र् wird ल् substituirt, 18—22. - Wenn ein pada auf 2 Consonanten ausgeht, fällt der letzte ab, 23. - Nach र् fällt bloss ein स् ab, 24. - Wann ein स् ferner ausfällt, 25—29. - Für verschiedene Consonanten werden andere Consonanten substituirt, 30—41. - Veränderungen, denen das त् der Affixe क्त und क्तवतु unterworfen ist, 42—61. - कु wird für verschiedene Consonanten substituirt, 62, 63. - न् für म्, 64, 65. - रु und र् für verschiedene Consonanten, 66—71. - द्, 72, 73. - द् oder रु, 74, 75. - Für eine Kürze wird vor र् und व् eine Länge substituirt, 76—79. - Veränderungen von अदस् in der Declination, 80, 81. - Für den letzten Vocal eines Satzes wird ein gedehnter mit dem Acut versehener Vocal substituirt, 82—99. - Ein gedehnter Vocal mit dem Gravis, 100—

105. - Euphonische Regeln über gedehnte Diphthonge, 106—108.

Kapitel 3. रु wird für verschiedene Consonanten substituirt, 1—12. - ढ् und र् fallen vor ढ् und र् aus, 13, 14. - Substitute für र्, 15—17. - Für व् und य्, 18—22. - Für म् und न्, 23—27. - Augmente, die an Consonanten und Vocale am Anfange oder am Ende eines pada gefügt werden, 28—32. - Euphonische Regeln über die Partikel उञ्, 33. - Substitute für den visarganîya, 34—54. - Für einen Dentalen wird ein Cerebraler substituirt, 55—119.

Kapitel 4. ण् wird für न् substituirt, 1—39. - Euphonische Regeln über andre Consonanten (57. betrifft Vocale), 40—65. - Veränderungen des Accents, die zuletzt vorgenommen werden müssen, 66, 67. - Das kurze अ, welches in der Sprache immer sanvṛita ist, hat Pâṅini in der Grammatik, zur Vereinfachung der Regeln, als vivṛita behandelt, 68.

Im Verlauf des ganzen Werkes bemerkt Pâṅini nur bei einer Gelegenheit (I. 1. 53—57.), dass er von seinen Vorgängern abweiche. Dies ist zugleich das einzige Mal, dass er seine Behauptungen mit Gründen unterstützt.

Pâṅini's Grammatik, nebst Scholien und Auszügen aus verschiedenen Commentaren, erschien im Jahre 1809 in Calcutta unter folgendem Titel:

देशे श्रीमति वङ्गनाम्नि नगरे श्रीकालिकत्ताभिधे
श्रीमन्नामसहेन्रुक:कुलब्रुकसाहेबदत्ताज्ञया ।
प्रारब्धं धरणीधरेण विदुषा व्याख्यानकं पाणिनेः
सूत्राणां समनुक्रमेण च महाभाष्येण तट्टीकया ॥ १ ॥

कौमुद्यापि च काशिकासहितया संयुक्तकं वार्तिकैस्
तद्वत् सर्वगणैः सहैव च परीभाषेष्टिभिर्मिश्रितं ।
मूढानां द्रुतबोधदं च सुमहासर्वोपकारक्षमं
काशीनाथ इतीरितो बुधवरः पूर्णीचकाराय तत् ॥ २ ॥
गौरीपुत्रमुखर्तुनागधरणीसंवत्सरे १८६६ वैक्रमे
भूवैश्वानरसप्तचन्द्रकमिते शाके १७३१ तपस्ये सिते ।
पक्षे सूर्यतिथौ ७ विधौ सुदिवसे विप्रस्तु सारस्वतो
बाबूरामसमाख्ययातिविदितो मुद्राक्षरैर्न्यस्तवान् ॥ ३ ॥

„Im gepriesenen Lande, Bengalen mit Namen, in der berühmten Stadt, Calcutta benannt, wurde, auf den Befehl des Herrn[1]) Thomas Henric Colebrooke, vom gelehrten Dharanîdhara die Erklärung des Pâṅini begonnen, begleitet vom Mahâbhâsya, einem nach der Reihe der sûtra's fortlaufenden Commentare, von der Kaumudî und von der Kâçikâ, untermischt mit vârtika's, sowie mit allen gaṅa's, mit parîbhâshâ's und mit kârikâ's[2]) — eine Erklärung, die den Ungelehrten eine schnelle Einsicht verschafft und Allen zu grossem Nutzen gereicht. Ein ausgezeichneter Gelehrter, Kâçînâtha mit Namen, hat diese Erklärung vollendet. Gesetzt hat dieselbe der unterrichtete und sehr gelehrte Brahmane, Bâburâma mit Namen, nach der Aera des Vikrama im Jahre, welches besteht aus den Gesichtern des Kârttikeya (6), aus den Jahreszeiten (6), aus den Weltelephanten (8) und aus der Erde (1) (1866); nach der

1) साहेब ist das Arabische صاحب. – 2) Ich fasse परीभाषेष्टिभिः als dvandva und इष्टि als gleichbedeutend mit कारिका, weil ich diese nicht gern auf dem Titel vermissen möchte.

Aera des Çâlivâhana im Jahre, welches gemessen wird durch die Erde (1), durch die Feuer (3), durch die Zahl 7 und durch den Mond (1)(1731)[1]; im Monat Tapasya (Februar—März), in der lichten Hälfte desselben, am Sonntage, an einem schönen Tage."

Der 1te Band meiner Ausgabe enthält die sûtra's und die Erklärungen der beiden eben genannten Pańdit's. Es ist schwer zu sagen, wo die Scholien des Dharańîdhara aufhören und die des Kâçînâtha anfangen. Die Beispiele sind häufig von der Kâçikâ und der Kaumudî entlehnt.

Die Calcuttaer Ausgabe ist sehr correct, so dass ich nur äusserst selten in den Fall gekommen bin, eine Lesart der Handschriften vorzuziehen. Die Bibliothek des East-India House besitzt deren 5, die sämmtlich in Devanâgarî-Schrift die sûtra's allein enthalten:

A. Früher Nr. 492, jetzt 686. Enthält 48 Blätter, mit 9 Zeilen auf der Seite. Samvat 1834.

B. Früher Nr. 684, jetzt 1680. Hat 85 Blätter, mit 7 Zeilen auf der Seite. Samvat 1851.

C. Früher Nr. 2140, jetzt 2139. Gr. Folio. Hat dem Obersten Martin gehört, oder wie er am Ende der Handschrift genannt wird: कर्नेलमार्तीनसाहिब.

D. Fruher Nr. 2169, jetzt 2451. 36 Blatter

---

1) Ueber diese Art, die Zahlen durch Worte zu bezeichnen, s. A. W. de Schlegel, Reflexions sur l'etude etc. S. 197.

gr. 4., mit 14 Zeilen auf der Seite. Ohne Jahreszahl.

E. Nr. 2822. Eine junge Handschrift aus der Bibliothek von Sir Charles Wilkins.

Die gańa's oder die Sammlungen von Wörtern, die zu einer Regel gehören, und in dieser immer nur mit dem Anfangsworte erwähnt werden, finden sich in der Calcuttaer Ausgabe immer am Ende der Regel selbst. Ich habe dieselben an's Ende des 2ten Bandes verlegt und sie alphabetisch geordnet, weil in Commentaren häufig bei der Erklärung einer Form nicht auf die Regel selbst, sondern auf den, nach seinem Anfangsworte benannten gańa verwiesen wird. Die abweichenden Lesarten, welche den gańa's beigefügt sind, rühren von einem handschriftlichen Gańapâṭha (G. P.) her, den Colebrooke der Bibliothek des East-India House zum Geschenk gemacht hat. Die Handschrift ist mit Nr. 768. (früher 1215.) bezeichnet. Die gańa's in der Kâçikâ sind so abweichend von den unsrigen, und die beiden Handschriften zuweilen so incorrect, dass ich es für gerathener hielt, die abweichenden Lesarten gar nicht anzugeben. Ein drittes Werk, worin sich die gańa's vorfinden, ist der Gańaratnamahodadhi (der grosse Ocean der gańa-Perlen.) In London sind 2 Handschriften von diesem Werke vorhanden: die eine in der Bibliothek der Royal Asiatic Society, die andere in der des East-India House. Die erstere hatte, ihres Alters wegen, schon die Aufmerksamkeit des Herrn von Schlegel[1])

1) S. d. Einleitung zum Râmâyańa, S. XLVIII.

auf sich gezogen. Am Ende derselben findet sich die Jahreszahl Samvat (oder vielmehr संवक्) 1151. Es ist jedoch Grund vorhanden, an der Richtigkeit dieser Zahl zu zweifeln oder Samvat hier für eine andre Aera, als die des Vikramâditya, zu halten, da nach der jüngern Handschrift (Samvat 1863), die Abfassung des Werkes in's Jahr 1538, nach der Aera des Çâlivâhana (1616 nach unserer Zeitrechnung), zu setzen ist.

गतहुताशतिथिप्रमिते शके . . . . मधुमासि सिते तथा ।
अथ भुजंगतिथौ गुरुवासरे शुभदिने पठनाय विपश्चितां ॥

Das Werk besteht aus 8 Kapiteln (अध्याय) und etwa 450 Doppelversen. Es hat den Çrî-Vardhamâna, einen Schüler des Çrî-Govinda, zum Verfasser, und verdankt, wie es in den einleitenden Versen bemerkt wird, sein Entstehen den Bitten der Schüler von jenem. Drei derselben nennt der Verfasser im Commentare zu seinem Werke, sie heissen: Kumârapâla, Haripâla und Munik'andra. Text und Scholien sind in beiden Handschriften so verderbt, dass man nur mit genauer Noth einen erträglichen Text würde zu Stande bringen können.

Zudem ist diese Sammlung nicht zu Pâńini's Werke, sondern zu irgend einer neuern Grammatik bestimmt gewesen. Es kommen darin gańa's vor, die weder in den sûtra's, noch in den vârtika's erwähnt werden. Ein anderes Mal finden wir zwei in unserer Sammlung für sich bestehende gańa's in einen verschmolzen, wenn die nach zwei verschiedenen Regeln gebildeten Ableitungen bloss durch den Accent von einander verschieden sind. Die abweichenden Lesarten des **Gaṅaratnamahodadhi** (G. R. M.) habe ich bloss beim **gaṅa** कण्ड्वादि angegeben.

Die Wurzeln fehlen in allen **Gaṅapâṫha's**, mit Ausnahme der कण्ड्वादयः, die sowohl im **Gaṅapâṫha** als auch im **Dhâtupâṫha**[1]) aufgeführt werden. Man findet sie in einem besondern Werke, **Dhâtupâṫha** genannt, gesammelt. Ein solcher muss schon vor **Pâṅini** bestanden haben, oder von ihm selbst[2]) verfasst worden sein, da dieser die Bekanntschaft mit demselben voraussetzt, indem er die Wurzeln, die zu einer Regel gehören, wie die Nomina und Partikeln, bloss mit dem Anfangsworte der ganzen Reihe erwähnt und das Wort आदि (u. s. w.) hinzufügt. Der **Dhâtupâṫha** wird in 10 Klassen getheilt. Die einzelnen Klassen erhalten ihren Namen von der ersten Wurzel: so heisst die 1te Klasse भ्वादयः, die 2te अदादयः, die 3te जुहोत्यादयः, die 4te दिवादयः, die 5te स्वादयः, die 6te तुदादयः, die 7te रुधादयः, die 8te तनादयः, die 9te क्र्यादयः und die 10te चुरादयः. Das Ende einer kleinern Reihe oder einer ganzen Klasse wird im **Dhâtupâṫha** durch das Wörtchen वृत् (s. d. erkl. Ind. u. d. W.) angedeutet.

Die Wurzeln werden hier selten in ihrer eigentlichen

1) Die Handschrift des **Dhâtupâṫha** (Dh. P.), dem die Varianten beim कण्ड्वादि in unserm **Gaṅapâṫha** entnommen sind, befindet sich in der Bibliothek des East-India House, in demselben Bande, der auch den **Gaṅapâṫha** enthält. 2) **Colebrooke** (Gr. S. XI.) macht **Pâṅini** geradezu zum Verfasser des **Dhâtupâṫha**.

Gestalt aufgeführt; meistentheils sind sie vorn oder hinten, oder an beiden Orten zugleich mit stummen Buchstaben oder Silben versehen, über deren Bedeutung d. erkl. Ind. nachzusehen ist. Consonantisch ausgehenden Wurzeln wird immer ein stummer Vocal beigegeben, der, je nachdem er den Acut, den Gravis oder den Circumflex hat, anzeigt, ob die Wurzel im parasmaipadam, im âtmanepadam oder in beiden Formen zugleich gebraucht wird; vgl. den erkl. Ind. u. अनुदात्तेत् und स्वरितेत्. Ueber die Bedeutung des Accents auf dem Wurzelvocale s. d. erkl. Ind. u. अनुदात्त und उदात्त. Anders verhält es sich mit der Schreibart der Wurzeln in den sûtra's [1]). Hier war es dem Grammatiker nicht darum zu thun, dieselben mit allen stummen Buchstaben zu versehen, da diese aus dem Dhâtupâṫha ersehen werden konnten; es genügte ihm, diejenigen stummen Buchstaben beizufügen, die nothwendig zur Unterscheidung der Form nach gleicher, der Conjugation und der Derivation nach aber verschiedener Wurzeln dienten. Reichte zu diesem Endzweck ein stummer Buchstabe hin, so wurde bloss dieser angefügt. So schreibt Pâṅini auch immer स् und न् am Anfange von Wurzeln, wenn im Dhâtupâṫha dafür ष् und ण् gesetzt wird. Consonantisch ausgehende Wurzeln, die keine stummen Buchstaben haben oder ohne solche in der Grammatik vorkommen, werden auf vier verschiedene Arten geschrieben: ohne Hinzufügung ir-

---

1) Vgl. Colebr. Gr. S. 129.

gend eines fremden Buchstabens, mit einem ञ am Ende, mit einem इ[1]) (इक्), mit der Endung ति (श्तिप्). Die letzte Form kommt häufig mit der 1ten Sg. Praes. parasm. überein, wenn vor jener Endung noch der vikarańa des Praesens an die Wurzel gefügt wird. Wird eine Wurzel im sûtra einsilbig, mit einem stummen Buchstaben, mit der Endung ति, mit dem Affix शप् (das oben erwähnte ञ wird häufig als Affix शप् gedeutet) oder fünftens, in einer nach der Anfangswurzel benannten Reihe, aufgeführt, so betrifft die Regel nur das Simplex; in jedem andern Falle das Simplex und das Intensivum ohne यङ् (यङ्लुक्). Vgl. zu VII. 1. 6.

Wenn ich mein früheres Vorhaben, den Dhâtupât́ha, der ein nothwendiges Supplement zu Pâńini's Grammatik bildet, in diesem 2ten Bande meines Werkes abzudrucken, aufgegeben habe, so ist dieses bloss aus dem Grunde geschehen, weil ein anderer Gelehrter, der mit mehr kritischem Material ausgestattet ist, sich zu dessen Herausgabe entschlossen hat, und zwar in einem Werke, wo man jene Sammlung ebenso ungern vermissen würde — ich meine die „Radices linguae Sanscritae," mit deren Herausgabe Hr. Westergaard in Kopenhagen so eben beschäftigt ist.

Ich gehe jetzt zu den Grammatikern über, die Erläuterungen und Verbesserungen zu Pâńini's Werke gegeben haben; erwähne unter ihnen aber nur diejeni-

---

1) Dieses इ ist nicht zu verwechseln mit dem bedeutsamen इ (s. d. erkl. Ind. u. इङित्) im Dhâtupât́ha.

gen, die im Verlauf des Werkes genannt worden sind. Ein vollständigeres Verzeichniss der Grammatiker und ihrer Werke wird man in der Einleitung zu Colebrooke's Grammatik finden, die im 2ten Bande der „Miscellaneous Essays" wieder abgedruckt ist.

Der älteste unter ihnen ist Kâtyâyana. Denselben Namen führt ein alter Heiliger, der in den Upanishad's[1] vorkommt und als der Verfasser von sûtra's[2] über religiöse Ceremonien, sowie von einem Index zum weissen Yaǵur-Veda[3] genannt wird. Beide haben vielleicht einen gemeinschaftlichen Stammvater. Der Name ist patronymisch und bedeutet einen Abkömmling des Kâtya[4], der wieder ein Nachkomme des Kata[5] ist. Nach dem Kathâ-Sarit-Sâgara ist Kâtyâyana göttlichen Ursprungs. In seiner frühern Geburt hiess er Pushpadanta und gehörte zum Gefolge des Çiva[6]. Seiner Neugierde und Schwatzhaftigkeit wegen sprach die Gemahlin des Çiva den Fluch über ihn aus, dass er als Mensch wiedergeboren werden sollte. Als solcher wurde er in Kauçâmbî, der Hauptstadt von Vatsa[7], unter dem Namen Vararuk̔i[8] oder Kâtyâyana[9] geboren. Sein Vater hiess Somadatta oder Agniçikha, seine Mutter

---

1) Colebr. Misc. Ess. I. S. 95. - 2) Ebend. S. 100. - 3) Ebend. S. 23. - 4) IV. 1. 101. - 5) IV. 1. 105. - Vgl. IV. 1. 17. - 6) I. 49. - 7) IX. 4, 5. - Kauçâmbî lag in der Nähe der Vereinigung der Yamunâ mit der Gangâ; vgl. Wilson, The Vishńu Purâńa, S. 186. Note 12. - Foe koue ki, S. 385. - 8) I. 64. - 9) II. 1.

Vasudattâ[1]. Er wird als ein Mann von einem ausserordentlichen Gedächtnisse geschildert, der beim ersten Male Alles behielt, was sein Lehrer Varsha ihm über den Veda und dessen Glieder (अङ्ग) vortrug[2]. In einem Wettstreite[3], den er mit Pâṅini, einem andern Schüler des Varsha hatte, siegte er; aber Çiva wurde darüber so erzürnt, dass er seine Aindra-Grammatik vernichtete, und dadurch Pâṅini zum Siege verhalf. Hierauf ging Kâtyâyana zum Himâlaya, um den Çiva durch Bussen und Fasten sich zu gewinnen. Hier offenbarte ihm der Gott Pâṅini's Lehrbuch, welches er nach dessen Wunsche vervollständigte[4]. In Pâṫaliputra stand Kâtyâyana in grossem Ansehen: er war Minister beim Könige Nanda[5]) und bei dessen Nachfolger Yogananda[6].

Nach der Rechnung, die ich oben (S. XVIII. XIX.) über das Zeitalter von Pâṅini angestellt habe, erhalten wir für Kâtyâyana, der durch den Verfasser der paribhâshâ's[7] von Pâṅini getrennt wird, das Jahr 250 vor Chr. Um dieselbe Zeit setzt ihn der Chinesische Reisende Hiuan thsang – eine Notiz, auf die ich erst beim Druck der Einleitung gestossen bin. Der Reisebericht lautet in der französischen Uebersetzung[8]: „Tchi na pou ti (érigé par les Chinois). Au sud-est de la grande ville, a 500 li, monastère de

---

1) II. 30. – 2) II. 79, 80. – 3) Vgl. oben S. XI. – 4) IV. 88. – 5) II. 2. – 6) IV. 118. – 7) S. S. LI. Note 5. – 8) Foe koue ki, S. 382.

Tha ma sou fa na (forêt obscure[1])). Là a vécu le docteur Kia to yan na, 300 ans après le Nirvâna (d. i. 243-244 v. Chr.)." Das Land चीन° lag, wie ich von Hrn. Professor Lassen, der diesen Gegenstand nächstens näher besprechen wird, erfahre, S. W. von G'âlandhara (Djulundur auf der Karte von Berghaus) im Duab der Çatadru (Sutludj) und der Vipâçâ (Hypasis, Beah).

Kâtyâyana trägt seine Bemerkungen in vârtika's[2]) vor. Die Definition, die Hr. Wilson (s. d. Lex. u. d. W.) von diesem Worte giebt, scheint nicht ganz genau zu sein. Die vârtika's des Kâtyâyana und anderer Grammatiker beschränken eine zu weite Regel, erweitern eine zu sehr beschränkte und geben das Verhältniss der sûtra's zu einander an, ob diese nämlich eine Regel oder eine Ausnahme bilden[3]). Der Name Vârtikakâra[4]) kommt Kâtyâyana, als dem ältesten Verfasser von vârtika's, zu. Die vârtika's der Saunâga's[5]) scheinen einer ganzen Schule anzugehören. Die vârtika's in der Kâçikâ und in der Siddhânta-Kaumudi lehren häufig nichts Neues: sie wiederholen die Bemerkungen Kâtyâyana's mit veränderten Worten. Wieder andere vârtika's scheinen unbekannten Ursprungs zu sein; die Her-

1) Also तामसवन. - 2) Die Schreibart vârttika ist vorzuziehen, da das Wort von vṛitti abstammt. - 3) Vgl. Misc. Ess. II. S. 6. - 4) Vgl. zu VII. 3. 59. - VIII. 3. 5. - 5) Vgl. zu II. 2. 18. - VI. 3. 44. - VII. 2. 17.

ausgeber der Calcuttaer Ausgabe fügen nach Erwähnung derselben die Worte: इत्यपरस्य । इत्यन्यस्य । इत्यपरमतं । इत्यपरे oder इत्येके hinzu. Ich habe dieselben in meinem Commentare mit den Worten „ein Andrer lehrt oder sagt, Andre oder Einige lehren oder sagen" eingeführt [1]).

Die vârtika's folgen in der Calc. Ausg. unmittelbar auf die Erklärung der Regel selbst oder auf den gaṅa, wenn ein solcher beigefügt ist. Sie sind numerirt und häufig mit einer Erklärung und mit Beispielen versehen, die wahrscheinlich ebenfalls von den beiden oben erwähnten Paṅdit's herrühren. Kommt ein vârtika von Kâtyâyana auch in der Kâçikâ oder in der Siddhânta-Kaumudî vor, so wird dieses von den Calc. Herausgebern bemerkt: sie fügen alsdann „इति काशिका" oder den abgekürzten Namen des Abschnittes aus der Kaumudî hinzu. Ist das vârtika in den beiden genannten Werken abweichend, so wird es unter das ältere vârtika gesetzt und unabhängig von diesem numerirt. Dasselbe Verfahren wird bei den vârtika's der Saunâga's und der unbekannten Verfasser beobachtet. Bisweilen scheint eine Verbesserung von Patanǵali unter die vârtika's aufgenommen zu sein; vgl. unter andern vârtika 2. zu I. 3. 64. - v. 2. zu II. 3. 17. - v. 5. zu IV. 2. 43. - v. 3. zu

1) Vgl. zu II. 1. 37. - II. 2. 24, 34. - II. 4. 58. - III. 1. 8, 11, 14. - III. 2. 48. - IV. 2. 8. - IV. 4. 20. - V. 2. 109. - V. 3. 93. - VI. 1. 3. - VI. 3. 97. - VII. 3. 15. - VIII. 2. 83, 92. - VIII. 4. 8.

VI. 3. 61. - v. 3. zu VI. 3. 95. - v. 2. zu VII. 4. 48. - v. 2. zu VIII. 2. 55. - Ein andres Mal finden wir eine kârikâ in mehre Theile zerlegt und in der Form von vârtika's aufgeführt; vgl. zu V. 2. 37, 115. - VI. 2. 199. - Die Calc. Ausg. giebt die vârtika's nicht vollständig; ich habe unter der Auswahl eine neue Auswahl getroffen, indem ich diejenigen wegliess, von denen ich glaubte, dass sie erst dann recht verständlich und von einigem Interesse sein würden, wenn wir sie in Verbindung mit den noch fehlenden und mit dem vollständigen Commentare von Patanǵali würden vergleichen können.

Der Grammatiker Paushkarasâdi, ein Abkömmling des Pushkarasad, den Kâtyâyana 1) erwähnt, scheint auch älter als Pâńini zu sein, da der Name im gańa बाह्वादि und अनुशतिकादि vorkommt; er kann jedoch hier später hinzugefügt worden sein.

Schon früh wurden die vârtika's des Kâtyâyana in Verse gebracht. Diese führen den Namen kârikâ - ein Name, der auch bei andern Wissenschaften vorkommt und sehr passend mit „versus memorialis" 2) wiedergegeben werden kann. Einige kârikâ's entfernen sich ihrem Inhalte nach von den vârtika's, indem sie auch Definitionen von verschiedenen mit der Grammatik in Verbindung stehenden Begriffen enthalten. Diese Verse bilden kein für sich bestehendes

---

1) Vgl. zu VIII. 4. 48 - 2) Vgl. Misc. Ess I. S. 263. - II. S. 6. - Lassen, Gymnosophista, S. VII.

Werk; man findet sie einzeln und zerstreut in verschiedenen Grammatiken, wie im Mahâbhâshya[1], in der Kâçikâ[2], in der Padamangarî[3] und in der Kaumudi[4]. Bei vielen kârikâ's in der Calc. Ausgabe wird das Werk nicht angegeben, aus welchem sie entlehnt sind. Die kârikâ's rühren ohne Zweifel nicht alle von einem Verfasser her, da bisweilen derselbe Gegenstand in 2 verschiedenen kârikâ's auf eine ganz abweichende Weise behandelt wird; vgl. zu VI. 3. 109. - VII. 2. 10. und die Calc. Ausg. S. 274. Alt kann man mit Bestimmtheit nur diejenigen kârikâ's nennen, die das Mahâbhâshya citirt. Diese müssen auch einen Andern, als Bhartṛihari[5], den Bruder des Vikramâditya, zum Verfasser haben, da, wie wir oben (S. XVIII.) bemerkt haben, schon die Abfassung des Mahâbhâshya zum Mindesten um ein Jahrhundert dem Zeitalter Vikramâditya's vorhergeht. Entschieden jünger, als die eben besprochenen, sind die letztern 11 kârikâ's zu VII. 2. 10., da sie das Mahâbhâshya erwähnen. Ausserdem geden-

---

1) Vgl. zu I. 1. 14. - III. 1. 7. - VI. 1. 14. (Die aus dem Bhâshya angeführte Verbesserung ist ein halber epischer Çloka) und Colebrooke, Gr. S. X. - 2) Vgl. zu IV. 1. 54. - V. 3. 116. - VI. 1. 144. - VI. 3. 99, 109. - VII. 1. 1, 94. - VII. 2. 10. - VIII. 2. 1, 56. - 3) Vgl. die Calc. Ausg. S. 1061. - 4) Vgl. zu I. 4. 51, 110. - II. 3. 2. - IV. 1. 54. - V. 3. 116. - VI. 3. 109. - VII. 2. 10, 90. - VII. 4. 47. - VIII. 2. 82. - VIII. 3. 31. - 5) Vgl. oben S. XIV.

ken sie des Vyâghrabhûti [1]) und der Schüler oder Anhänger des K'andra und Durga. In einer andern kârikâ [2]) aus der Kâçikâ kommt ein Grammatiker Mâdhyandini vor, der als der vorzüglichste Schüler des Vyâghrapâd [3]) gerühmt wird.

Der älteste uns bekannte Commentar zu Pâńini's Regeln, der zugleich die vârtika's des Kâtyâyana einer strengen Prüfung unterwirft, sie bestätigt, verwirft oder verbessert, heisst Mahâbhâshya (grosser Commentar) oder schlechtweg Bhâshya. Als Verfasser desselben wird Patańgali genannt, eine mythologische Person, in Gestalt einer Schlange, dem auch das Yoga-Çâstra und die sûtra's über Prosodie, deren Verfasser auch Pingalanâga [4]) heisst, beigeschrieben werden. Bei den Grammatikern führt er beständig den Namen Bhâshyakâra [5]) oder Bhâshyakṛit [6]), d. i. Verfasser des Bhâshya. Da man aus den wenigen Stellen, die die Calc. Ausgabe aus dem Bhâshya anführt, sich nur eine sehr unvollkommene Vorstellung vom eigentlichen Charakter dieses Werkes machen kann, so kommt uns das Urtheil eines gewichtigen Mannes dar-

---

1) Vyâghrabhûti ist Verfasser von vârtika's; vgl. Colebrooke, Gr. S. XVI. - 2) Vgl. zu VII. 1. 94. - 3) Vyâghrapâda (sic) wird, wie Colebrooke (Gr. S. XVI.) bemerkt, öfters als Verfasser von vârtika's erwähnt. - 4) Celebr. Misc. Ess. II. S. 63. - 5) Vgl. zu VI. 3. 35, 68. - 6) Vgl. zu III. 2. 89. - VII. 2. 101. - Der Name wird auch im Plural gebraucht; vgl. die Scholien zu VIII. 1. 73.

über hier sehr zu Statten. Colebrooke[1]) spricht sich über das Werk folgendermassen aus: „In this commentary almost every rule is examined at greath length. All possible interpretations are proposed: and the true sense and import of the rule are deduced through a tedious train of argument, in which all foreseen objections are considered and refuted, and the wrong interpretations of the text, with all the arguments which can be invented to support them, are obviated or exploded.“ Ueber das Alter des Werkes habe ich schon oben (S. XVIII.) gesprochen. Patańgali erwähnt folgende ältere Grammatiker: Bâdava[2]), Kuńarabâdava[3]) und Sauryabhagavat[2]) aus der Stadt Saurya. Pâńini nennt er schlechtweg âkârya[4]), den Lehrer.

Das Bhâshya[5]) citirt ferner häufig Regeln, die den Namen paribhâshâ oder parîbhâshâ führen. Das Wort ist ein Appellativum und bedeutet „Erklärung, Definition“[6]). Diese Regeln erklären die Einrichtung der sûtra's und geben Bestimmungen an, wie und wann dieselben angewendet werden müssen. In Pâńini's Grammatik sind eine Menge sûtra's[7]), die die

---

1) Misc. Ess. II. S. 7. - 2) Vgl. zu VIII. 2. 106. - 3) Vgl. zu VII. 3. 1. - 4) Vgl. zu VIII. 2. 3. - 5) Vgl. zu I. 4. 108. - VII. 1. 36. - VII. 2. 8. - VII. 4. 13. - Nach Colebrooke (Gr. S. X.) werden die paribhâshâ's auch in den vârtika's citirt. - 6) Vgl. zu I. 2. 57. - 7) I. I. 3, 46-50, 52-55, 66, 67. - I. 2. 28. - I. 3. 10. - II. 1. 1. - III. 1. 2, 3, 94. - VI. 1. 158.

Commentatoren, ihres Inhalts wegen, paribhâshâ nennen. Ich habe sie in meinem Commentare[1] für später eingeschoben erklärt, wäre aber jetzt sehr geneigt, sie Pâṅini selbst zuzuschreiben. Ausser diesen giebt es noch eine bedeutende Anzahl von paribhâshâ's von andern unbekannten Verfassern, die meistentheils so dunkel sind, dass sie ohne Scholien wohl kaum verstanden werden möchten. Man findet dieselben in einem besondern Werke gesammelt. Die Bibliothek des East-India House besitzt eine Handschrift (Nr. 1236.) davon, sowie von 2 Commentaren: vom Paribhâshârthasangraha (Nr. 74. 574.) und von der Paribhâshâvṛitti (Nr. 198. 718.).

Desselben Inhalts, als die paribhâshâ, und daher mit dieser bisweilen verwechselt[2], ist der nyâya[3] (Syllogismus), eine aus der Vergleichung der sûtra's selbst gezogene Regel. Den Verfasser der nyâya's finde ich nirgends genannt.

Zum Bhâshya sind verschiedene Commentare vorhanden; der am meisten bekannte ist der Mahâbhâshya-Pradîpa (die Lampe des M.) von Kaiyyaṫa[4] aus Kaçmira. Die Bibliothek des East-India House ist im Besitz einer Handschrift von diesen beiden Werken, die aus 3 Bänden (Nro. 32, 247, 242.) besteht. Mein kurzer Aufenthalt in London gestattete mir nicht, das Werk genauer zu untersuchen. Die in diesem Ban-

1) Vgl. zu I. 1. 4. - 2) Vgl. zu VI. 3. 68. - 3) Vgl. zu VII. 2. 63. - VIII. 3. 37, 112. - VIII. 4. 22. - 4) Colebr. Misc. Ess. II. S. 7. - Gr. S. IX.

de aus den beiden eben genannten Werken angeführten Stellen sind aus der Calc. Ausgabe entlehnt.

Pâńini, Kâtyâyana und Patanǵali sind die 3 heilig gesprochenen Grammatiker der Inder [1]). Einen höhern Schiedsrichter, als diese, giebt es nicht. Ihre Werke bilden den Grundpfeiler der Sanskrit-Grammatik. Andre Autoritäten können zugelassen werden, wo jene schweigen; aber eine Entfernung sogar eines klassischen oder alten Schriftstellers von einer Regel, in welcher jene mit einander übereinstimmen, wird für eine poetische Freiheit [2]) oder für einen privilegirten Barbarismus gehalten [3]).

Einer spätern Zeit, vielleicht dem 8ten [4]) Jahrhunderte n. Chr., gehört die Kâçikâ Vṛitti [5]) oder der zu Kâçi oder Varâńasî (Benares) verfasste Commentar an. Iedenfalls ist das Werk älter als der Gańa-ratnamahodadhi und die Siddhânta-Kaumudî, da diese dasselbe erwähnen. Der Verfasser derselben wird bald Vâmana, bald Vâmanâḱârya, bald G'ayâditya, bald, mit seinem ganzen Namen,

---

1) Bhaťťoǵi beginnt sein Werk mit den Worten: श्रीगणेशाय नमः । पाणिनये नमः । मुनित्रयं नमस्कृत्य u. s. w. – 2) Bhaťťoǵi sagt: निरङ्कुशाः कवयः । Vgl. zu III. 2. 138. – 3) Vgl. Colebr. Gr. S. VI. – Misc. Ess. II. S. 38. – 4) Wenn der Vâmana in der Chronik von Kaçmîra (IV. 496.) der Grammatiker gleiches Namens ist. – 5) Oder schlechtweg Kâçikâ (vgl. zu VI. 1. 63.) oder Vṛitti (vgl. zu VI. 1. 150.). Der Verfasser wird, nach seinem Werke, Kâçikâkâra (vgl. zu VI. 3. 83.) oder Vṛittikâra (vgl. zu III. 1. 96.) genannt.

Vâmana-G'ayâditya genannt. Nach Colebrooke's[1] Urtheil ist die Kâçikâ der beste unter den noch vorhandenen kürzern Commentaren. Sie erklart in einer verständlichen Sprache den Sinn und die Anwendung einer jeden Regel; giebt Beispiele und citirt an ihren Orte die nothwendigen Verbesserungen aus den Vârtika's und dem Bhâshya. Niemals verirrt sie sich in kleinliche Untersuchungen oder in ein lästiges Raisonnement, sondern erklärt den Text so gedrängt, als es, unbeschadet der Deutlichkeit, nur irgend möglich war. Der Verfasser erreicht das Ziel, das er sich im Eingange seines Werkes gesetzt hat: „zusammenzustellen das Wesentliche einer Wissenschaft, die in den ältern Commentaren zerstreut war, im Bhâshya, in den vielen Sammlungen von Wurzeln und Nominibus und in andern Werken."

Die Bibliothek des East-India House besitzt 2 Handschriften von der Kâçikâ. Die eine (A.) besteht aus 3 Banden (Nr. 829—31, früher 898, 901, 902.), ist sehr hübsch geschrieben und ziemlich correct dabei. Einige Stellen tragen die Jahreszahl Samvat 1687—89. Die andre (B.) nicht so correcte Handschrift bildet 2 Bände, die mit Nr. 2440—41 (früher 2272—73) bezeichnet sind. Die in diesem Bande aus der Kâçikâ angeführten Stellen sind theils den beiden Handschriften, theils der Calc. Ausgabe des Pâṅini entnommen. Alles, was rein erklärend ist, gehört den Handschriften an.

---

1) Misc. Ess. II. S. 9.

Unter den Commentaren zu der Kâçikâ wird die Padamangarî des Haradatta-Miçra, die die Herausgeber der Calc. Ausgabe bisweilen citiren, am höchsten geschätzt. Der Verfasser geniesst dieselbe Autorität, wie Vâmana[1]).

Die Art und Weise, wie die sûtra's von Pâṅini angeordnet worden sind, hat den Fehler, dass Regeln, die Veränderungen eines und desselben Wortes, ja eines und desselben Buchstabens betreffen, häufig so weit von einander getrennt sind, dass der Ueberblick ausserordentlich erschwert wird. Diesem Uebel hat Râmak̓andra in seiner Prakriyâ-Kaumudî abzuhelfen gesucht, indem er die sûtra's auf eine theoretische Weise anordnete[2]). Hieraus entstand ein neues Uebel: die sûtra's mussten häufig aus ihrem Zusammenhange gerissen werden, wodurch sie, sogar mit Beihülfe eines Commentars, ziemlich unverständlich wurden. Durch eine neue Revision, die Bhaṫṫogi-Dîxita[3]) mit der Prakriyâ-Kaumudî veranstaltete, entstand die Siddhânta-Kaumudî. Bhaṫṫogi hat manche nützliche Veränderungen in der Anordnung der Prakriyâ vorgenommen, einige Erklärungen von den sûtra's, wo sie unrichtig und unvollständig waren, verbessert; das Fehlende ergänzt, die Beispiele erwei-

---

1) Vgl. Colebr. Misc. Ess. II. S. 10. - 2) Vgl. Ebend. - 3) Nachkommen von Bhaṫṫogi im 5ten oder 6ten Gliede lebten noch am Ende des vorigen Jahrhunderts in Benares; vgl. Colebr. l. l. S. 12. in der Note.

tert und die wichtigsten Fälle notirt, wo die ältern Grammatiker unter einander uneins sind, oder wo classische Dichter sich von den strengen Regeln der Grammatik entfernt haben [1]. Ich habe bei der Ausarbeitung meines Commentars beständig auf die Siddh. K. Rücksicht genommen und alles Bemerkenswerthe aus diesem Werke aufgenommen, in der Voraussetzung, dass es auch denjenigen, die das Werk besitzen sollten, eine Annehmlichkeit sein würde, das Zusammengehörige auch wirklich beisammen zu haben. Die Calc. Herausgeber des Pâńini citiren häufig die Siddh. K. und merken ausserdem bei jedem sûtra an, in welchem Abschnitte jenes Werkes sich dasselbe befindet. Ich lasse hier die Unterschriften der einzelnen Abschnitte folgen, um den Leser mit dem grammatischen System von Bhaṫṫoǵi bekannt zu machen. Die in der Calc. Ausg. gebrauchten Abkürzungen von den Namen der Abschnitte habe ich in Klammern beigefügt. Für das Werk selbst wird die Abkürzung कौ gebraucht.

1te Hälfte.

Vom Nomen im Gegensatz der Wurzel (सु d. i. सुप्).

इति संज्ञाप्रकरणं (सं) । Die grammatischen Kunstausdrücke, Bl. 2. b. - इति परिभाषाप्र° (प) । Die paribhâshâ's, Bl. 3. a. - इत्यच्संधिः (अ oder अ । सं) । Euphoni-

---

1) Colebr. l. l.

sche Regeln über Vocale, Bl. 6. a. - इति हलसंधिः (ह oder ह । सं) । Euphonische Regeln über Consonanten, Bl. 7. b. - इति विसर्गसंधिः (वि) । Ueber den visarga, Bl. 8. b. - इति स्वादिसंधिः (स्वा) । Euphonische Regeln über die Casusendungen, Bl. 9. b. - इत्यजन्ताः पुंलिङ्गाः (अ । पु) । Declination der vocalisch endigenden Masculina, Bl. 16. a. - इत्यजन्ताः स्त्रीलिङ्गाः (अ । स्त्री) । Decl. d. voc. end. Feminina, Bl. 18. a. - इत्यजन्ता नपुंसकलिङ्गाः (अ । न) । Decl. d. voc. end. Neutra, Bl. 19. a. - इति हलन्ताः पुंलिङ्गाः (ह । पु) । Decl. d. consonantisch end. Masc., Bl. 27. a. - इति हलन्ताः स्त्रीलिङ्गाः (ह । स्त्री) । Decl. d. cons. end. Fem., Bl. 27. b. - इति हलन्ता नपुंसकलिङ्गाः (ह । न) । Decl. d. cons. end. Neutra. Bl. 28. b. - इत्यव्ययानि (अव्य) । Die Indeclinabilia, Bl. 29. a. - इति स्त्रीप्रत्ययाः (स्त्री) । Feminin-Affixe, Bl. 34. b. - इति विभक्त्यर्थाः (का d. i. कारक) । Ueber den Gebrauch der Casus, Bl. 41. b. - इत्यव्ययीभावः (स [d. i. समास] । अ) । Bl. 43. b. - इति तत्पुरुषः (स । त) । Bl. 51. a. - इति बहुव्रीहिः (स । ब) । Bl. 55. b. - इति द्वन्द्वः (स । द्वं) । Bl. 57. a. - इत्येकशेषः (स । ए) । Das elliptische Compositum, Bl. 57. b. - सर्वसमासशेषः । Ueber die Composita im Allgemeinen Bl. 58. a. - इमि समासान्ताः (स । स) । Affixe am Ende eines Compositums, Bl. 59. a. - इत्यलुक्समासः (स । अलु oder स । अ) । Composita, in denen für die Casusendung des vordern Gliedes kein लुक् substituirt wird Bl. 60. b. - इति समासाश्रया विधयः (स । स) । Regeln über die Composita im Allgemeinen Bl. 64. b. - इत्यपत्याधिकारः (त [d. i. तद्धित] । अ) । Die Patronymica Bl. 70. b. - इति चातुरर्थिकाः (त । चा) । taddhita's mit 4 (vgl. IV. 2. 67-70.) Bedeutungen, Bl. 75. a. - समाप्ताः शैषिकाः (त । शै) । taddh. शेषे ऽर्थे (vgl. IV. 2.

92.) Bl. 82. a. - प्राग्दीव्यतीयाः समाप्ताः (त । प्राग्दी) । Die taddh. vor dem sûtra तेन दीव्यति u. s. w. (IV. 4. 2.), Bl. 83. a. - ठको ऽवधिः समाप्तः (त । ठ) । Das Affix ठक् Bl. 85. b. - इति प्राग्घितीयाः (त । प्राग्घि) । Die taddh. vor dem sûtra तस्मै हितं (V. 1. 5.) । Bl. 86. b. - छयतोः पूर्णो ऽवधिः (त । छ) । Die Affixe छ und यत् । Bl. 87. a. - आर्हीयाणां ठगादीनां द्वादशानां पूर्णो ऽवधिः (त । आ) । Die 12 Affixe ठक् u. s. w. in der Bedeutung von तदर्हति (V. 1. 63.) । Bl. 89. b. - कालाधिकारस्य संपूर्णो ऽवधिः (त । का oder त । ठ [d. i. ठञ्]) । taddhita's, die an ein Wort, welches einen Zeitabschnitt bedeutet, gefügt werden, Bl. 90. b. - ठञः पूर्णो ऽवधिः (त । ठञो) । Das Affix ठञ् । Bl. 89. b. bis 91. b. - नञ्स्नञोरधिकारः समाप्तः (त । न) । Die Affixe नञ् und स्नञ् । Bl. 92. b. - इति मत्वर्थीयाः (त । म) Affixe in der Bedeutung von मतु (मतुप्) । Bl. 98. a. - प्राग्दिशीयानां विभक्तिसंज्ञादीनां पूर्णो ऽवधिः (त । प्रा-ग्दि) । Affixe vor dem sûtra दिक्छब्देभ्यः u. s. w. (V. 3. 27.), die vibhakti heissen, u. s. w. Bl. 99. a. - प्राग्दिशीयानां (lies: प्रागिवीयानां) पूर्णो ऽवधिः (त । प्रागि) । Die taddhita's vor dem sûtra इवे प्रतिकृतौ (V. 3. 96.) । Bl. 101. b. - इति तद्धितप्रक्रिया समाप्ता (त । त) Ueber verschiedene taddhita's Bl. 105. b. - इति द्विरुक्तप्रक्रिया (द्वि) । Von den Verdoppelungen eines ganzen Wortes, Bl. 107. a.

2te Hälfte.

Von den Affixen, die der Wurzel zukommen.

1te Abtheilung.

Vom Verbum finitum, तिङ् (ति).

Bl. 107. b. beginnt der Dhâtupât'ha und erstreckt sich bis Bl. 152. a. - Die Regeln von Pâńini stehen bei den Wurzeln, welche sie betreffen. - इति भ्वादयः (भ्वा) । Die Wurzeln der 1ten Klasse, Bl. 131. a. - इत्यदादयः (अ) । - der 2ten Klasse, Bl. 136. a. - इति जुहोत्यादयः (जु) । - der 3ten Klasse, Bl. 137. a. - इति दिवादयः (दि) । - der 4ten Klasse, Bl. 140. b. - इति स्वादयः (स्वा) । - der 5ten Klasse, Bl. 141. b. - इति तुदादयः (तु) । - der 6ten Klasse, Bl. 144. a. - इति रुधादयः (रु) । - der 7ten Klasse, Bl. 144. b. - इति तनादयः (त) । - der 8ten Klasse, Bl. 145. b. - इति क्र्यादयः (क्र्या) । - der 9ten Klasse, Bl. 147. a. - इति चुरादिः (चु) । - der 10ten Klasse, Bl. 152. a. - इति ण्यन्तप्रक्रिया (णि) । Die Causativa, Bl. 154. a. - इति सन्प्रक्रिया (स) । die Desiderativa, Bl. 156. a. - इति यङन्तप्रक्रिया (य) । Die Frequentativa mit य । Bl. 157. a. - इति यङ्लुगन्तप्रक्रिया (यङ्लु oder य । लु) । Die Frequentativa ohne य । Bl. 159. a. - इति नामधातुप्रक्रिया (ना) । Die Denominativa, Bl. 162. b. - इति कण्ड्वादयः (क) । Bl. 163. a. - इत्यात्मनेपदं (आ) । Bl. 167. a. - समाप्ता पदव्यवस्था (प) Das parasmaipadam; Ende des Abschnittes über die beiden pad̤a's, Bl. 167. b. - इति भावकर्मप्रक्रिया (भा) । Bl. 169. a. - इति कर्मकर्तृप्रक्रिया (कर्म) । Bl. 170. b. - इति लकारार्थप्रक्रिया (ल) । Ueber den Gebrauch der Tempora und Modi, Bl. 173. a.

2te Abtheilung.

Von den kṛit-Affixen.

इति कृत्यप्रक्रिया (कृ) । Bl. 176. b. - Andre kṛit's

(कृ) । Bl. 189. b. - Fünf Abschnitte über die uṅâdi-Affixe, Bl. 205. b. - Andre kṛit's (कृ । उ) Bl. 215. a.

1tes Supplement.

Ueber den Veda-Dialekt, वैदिकप्रक्रिया (वै [1])) । Bl. 215. b. bis 247. a.

इति प्रथमो ऽध्यायः (अ । प्र) । Regeln aus dem 1ten Buche von Pâṅini, Bl. 215. b. - इति द्वितीयो ऽध्यायः(अ । द्वि) । Bl. 216. a. - इति तृतीयो ऽध्यायः (अ । तृ) । Bl. 218. a. - इति चतुर्थो ऽध्यायः (अ । च) । Bl. 219. b. - इति पञ्चमो ऽध्यायः (अ । प) । Bl. 220. a. - इति षष्ठो ऽध्यायः (अ । ष) । Bl. 222. a. - इति सप्तमो ऽध्यायः (अ । स) । Bl. 225. a. - इत्यष्टमो ऽध्यायः (अ । अ) । Bl. 227. a. - Vom Accent, svara (स्व), Bl. 228. b. bis 247. a. - इति साधरणास्वराः (स्व । सा) । Allgemeine Regeln über den Accent, Bl. 228. b. - इति धातुस्वराः (स्व । धा) । Vom Accent der Wurzeln, Bl. 229. a. - Vom Accent anderer Wörter (स्व), Bl. 230. a. - Die फिट्सूत्राणि des Çântanâkârya in 4 pâda's; Regeln über den Accent des prâtipadika (फिष्), Bl. 232. b. - इति प्रत्ययस्वराः (स्व । प्र) । Vom Accent der Affixe, Bl. 233. b. - इति समासस्वराः (स्व । स) । Vom Accent der Composita, Bl. 244. b. - इति तिङन्तस्वराः (स्व । ति) । Vom Accent des Verbi finiti, Bl. 246. b. - Analyse des Accents im 1ten Verse der 1ten Hymne des Rig-Veda, Bl. 247. a.

---

1) Dieses Zeichen fehlt bei den Regeln, die über den Accent handeln.

2tes Supplement.

Die Lehre vom Geschlecht der Wörter (लिङ्गानुशासन), nach dem System von Pâṅini, Bl. **247**. a. bis **251**. b.

In der Sidd. K. werden unter andern folgende Grammatiker citirt: Kaiyyaṫa [1]), K'andra [2]) und seine Anhänger (die K'ândra's [3])), die Daurga's [4]) (die Anhänger des Durga), der Nyâsakâra [5]), Bhâguri [6]), Mâdhava [7]), Murâri [8]), Raxita [9]),

---

1) Vgl. zu VI. 1. 63. - Ueber Kaiyyaṫa s. oben S. LII. - 2) Vgl. Note 2. zum gaṅa कण्ड्वादि. - Ueber K'andra s. oben S. XVII. - 3) Vgl. zu III. 2. 26. - S. 318. kârikâ 10. - 4) Vgl. S. 318. kârikâ 10. - 5) Vgl. zu III. 1. 15. G'inendra ist der Verfasser des Nyâsa, der wahrscheinlich ein Commentar zur Kâçikâ Vṛitti ist; vgl. Colebr. Gr. S. IX. - 6) Vgl. Bl. 29. a. - 7) Vgl. zu I. 2. 6. - III. 1. 82. - V. 1. 126. - VII. 2. 18 (Verfasser des Vedabhâshya; vergl. Lassen in der Zeitschr. f. d. K. d. M. III. S. 481.), 19. - VII. 4. 95. Mâdhava A'k'ârya, der Bruder des Sâyaṅa A'k'ârya, ist Verfasser der Mâdhavìya-vṛitti, eines Commentars zum Dhâtupâṫha; vgl. Colebr. l. l. S. IX. - 8) Vgl. zu III. 2. 26. - Ist Verfasser eines Commentars zum Kâtantra oder Kâlâpa; vgl. Colebr. l. l. S. XII. - 9) Vgl. zu II. 2. 11. - Erklärende Anmerkungen von Raxita kommen im Nyâsa vor; vgl. Colebr. l. l. S. IX.

Vâmana oder Vṛittikâra[1], Viçva[2], Vyâghrabhûti[3], Çântanâćârya[4], Sudhâkara[5] und Haradatta[6]. Ausserdem findet man noch folgende Werke erwähnt: das Kavi-Rahasya[7], den Kumâra-Sambhava[8], den Nyâsa[9], das Prâtiçâkhya[10], die Bhâgavṛitti[11], den Raghu-Vança[12], die Vṛitti[13], den Çiçupâla-Badha von Mâgha[14] uud das Werk der östlichen Grammatiker[15].

---

1) Vgl. zu VI. 1. 134. - III. 1. 96. - Ueber Vâmana s. oben S. LIII. - 2) Vgl. zu V. 4. 136. - Viçva scheint der Verfasser des Viçva-Kosha zu sein. - 3) Vgl. S. 318. kârikâ 10. und oben S. L. Note 1. - 4) Vgl. oben S LX. Z. 18. - 5) Vgl. zu I. 2. 6. - 6) Vgl. zu III. 1. 15, 137. - V. 1. 94. - VII. 2. 19. - VII. 3. 37. - VII. 4. 38, 48. - Note 1. zum gaṅa सर्वादि. - Haradatta-Miçra ist Verfasser der Padamanġarî; s. oben S. LV. - 7) Vgl. zu VII. 3. 37. - 8) Vgl. zu II. 3. 1. - 9) Vgl. zu VII. 4. 3. und S. LXI. Note 5. - 10) Vgl. zu VI. 1. 116. und die Scholien zu I. 1. 9. - VIII. 3. 61. (प्रातिशाख्यकृत: Pl.). - VIII. 4. 67. (प्रातिशाख्येषु). Nach dem „Mackenzie Collection“ Vol. 1. P. 7. Nr. XXXII. ist das Prâtiçâkhya ein Werk über die grammatischen Veränderungen der Buchstaben und Accente, die den verschiedenen Theilen des Yaġur-Veda eigen sind. Im Kathâ-S. S. (II. 38.) übersetzt Hr. Brockhaus das Wort durch „ein Abschnitt aus den Vedas.“ - 11) Vgl. zu VI. 4. 126. - 12) Vgl. zu VIII. 3. 67. - 13) D. i. Kâçikâ Vṛitti. Vgl. zu VII. 2. 19. u. s. w. - 14) Vgl. zu VIII. 2. 44. - 15) प्राचां ग्रन्थ: । S. Bl. 152. a.

Eine Abkürzung der **Siddh. K.** ist die zu Calcutta erschienene **Laghu-Kaumudî** von **Varada-Râǵa**[1]. Das Werk ist, seiner Unvollständigkeit wegen, für uns ohne alle Bedeutung. Unter Anderm fehlt auch der Abschnitt über den **Veda**-Dialekt und über das Geschlecht der Nomina.

Der **Mugdha-Bodha** des **Vopadeva** gehört einem andern grammatischen System an. Die Terminologie von **Pâṅini** ist verändert worden. Das Werk ist besonders in Bengalen in Gebrauch und erschien zu Calcutta, 1826.

Ueber die euphonischen Veränderungen der finalen Consonanten grammatischer Elemente habe ich Folgendes zu bemerken. Die Calc. Ausg. und die Handschriften sind in der Schreibung nichts weniger als consequent; vollkommene Consequenz war überhaupt nicht möglich, wenn nicht die Deutlichkeit ganz geopfert werden sollte. So werden die Endconsonanten der nackten und bisweilen auch der mit stummen Buchstaben versehenen Wurzeln nicht verändert. Ich würde demnach besser gethan haben, wenn ich II. 4. 79. und III. 1. 79. mit der Calc. Ausg. तनादि geschrieben hätte. Der 1te Casus consonantisch ausgehender Affixe, Substitute und Augmente ist immer gleichlautend mit dem Thema. Ein auf einen kurzen Vocal folgendes ङ्, ण् oder न् wird vor einem Vocale in der Calc. Ausg. und in den Handschriften bald verdoppelt, bald nicht; ich habe sie im-

1) Auf dem Titel heisst der Verfasser **Vadaraja**.

mer verdoppelt [1]). Das न् wird niemals abgeworfen, sondern als Inlaut behandelt. म् habe ich bloss bei zwei- und mehrsilbigen Elementen in den anusvâra verwandelt. Die Palatalen bleiben immer in ihrer Klasse. Ein स् ist der Verwandlung in श्, ष् und in den visarga unterworfen; der 1te Casus eines solchen Elements geht indess immer der Deutlichkeit wegen (युः z. B. würde auch der 1te Cas. von यु sein können) auf स् aus. Die übrigen Consonanten sind den allgemeinen Regeln der Euphonie unterworfen.

Die nothwendige Verdoppelung des छ [2]) (vgl. VI. 1. 73-76.) ist in den 2 ersten Büchern aus Versehen unterblieben. In den Scholien zu III. 1. 129—132, 139, 142. - III. 2. 177, 181-183. - III. 3. 24, 26-42, 45, 46, 48, 49, 51-55, 58, 72-75, 154-156. - IV. 1. 149. ist, aus Mangel an sogenannten unterschnittenen ड und ञ, ड । ञ und ड statt ङ् und ञ् gebraucht worden.

Hiermit übergebe ich den Freunden der Sanskrit-Literatur ein Werk, das, ungeachtet der Mühe und Anstrengung, die es mir gekostet hat, der Mängel und Unvollkommenheiten viele enthält. Es war ein erster Versuch auf einem bisher wenig bearbeiteten

1) Die Verdoppelung scheint nicht nothwendig zu sein; vgl. die kârikâ zu III. 1. 7, 85. - Amara-K. III. 6. 24. wird अन्नन्त, III. 6. 45, 46. dagegen अपाद्दि und तिङ्व्ययं geschrieben. - 2) Die Calcuttaer Ausgabe schreibt nur im Innern eines Wortes च्छ्; चच्छन्दसि (II. 4. 28.) wird im Druckfehlerverzeichniss wieder in च छन्दसि verbessert.

Felde; denn ausser der vortrefflichen Grammatik von Colebrooke stand mir keine andre Quelle, als die Indischen Grammatiker selbst, zum Verständniss des Textes zu Gebote. So mangelhaft der Versuch auch sein sollte, übergebe ich ihn getrost dem Publicum, in der Voraussetzung, dass auch das Wenige, was ich geleistet, das Studium des alten Grammatikers, der noch viel Neues und Schätzenswerthes enthält, was aber leider bis jetzt nur von Wenigen erkannt worden ist, erleichtern und fördern wird.

Beim Schluss der Einleitung kann ich nicht umhin, des Verlegers rühmlich zu gedenken, der keine Kosten gescheut hat, das Werk so elegant als möglich auszustatten. Die Bekanntmachung dieses und andrer bedeutenderer Werke wird bei den Freunden des Sanskrit gewiss die verdiente Anerkennung finden.

Commentar zum Pâṇini.

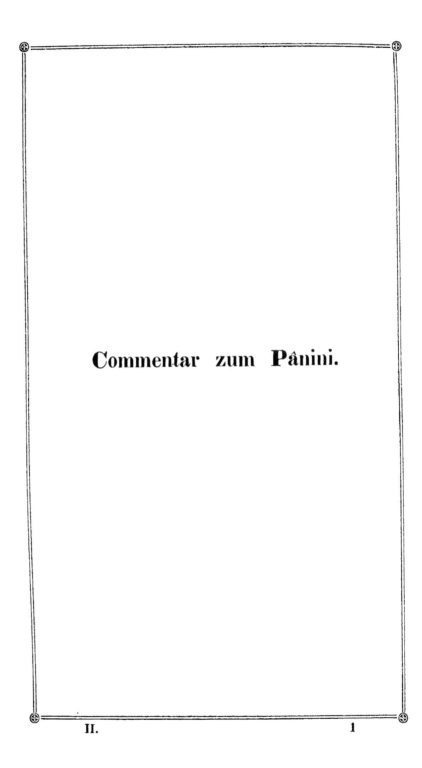

Erstes Buch.

Da die Grammatik des Pâṅini zu den heiligen Gliedern des Veda gehört, wird man ungern das Wörtchen ओं im Beginne derselben vermissen. A. C. und D. schalten es nach श्रीगणेशाय नमः ein; B. setzt dafür हरिः ओं. Bei C. fehlt der zweite einleitende Vers. Die beiden Çloka's sind dem Schlusse der Çixâ*) entnommen; es folgt daselbst noch dieser dritte Vers:

अज्ञानान्धस्य लोकस्य ज्ञानाञ्जनशलाकया ।
चक्षुरुन्मीलितं येन तस्मै पाणिनये नमः ॥

Die Çivasûtra's.

Die vierzehn sûtra's, mit denen Pâṅini seine Grammatik eröffnet, und welche die Buchstaben des Indischen Alphabets enthalten, sind in Indien unter dem Namen der शिवसूत्राणि oder माहेश्वराणि सूत्राणि bekannt.

---

*) Die handschriftliche Mittheilung derselben verdanke ich der Güte des Herrn Professor Lassen

Çiva soll dem Pâṅini diese als Grundlage seiner künftigen Grammatik mitgetheilt haben; daher der Name derselben. Die Reihenfolge der Buchstaben in diesen sûtra's ist dem System der Grammatik angepasst; die Consonanten sind nicht nach den Organen, mit denen sie ausgesprochen werden, geordnet. Die Reihe beginnt mit ह्, es folgen die Halbvocale, die Nasale, die weichen aspirirten, die weichen nicht aspirirten, die harten aspirirten, die harten nicht aspirirten Consonanten, die Sibilanten und zuletzt wiederum ह्. Diese Ordnung war nothwendig zur Bildung von pratyâhâra's oder Zusammenziehungen (über ihre Bildung s. I. 1. 71.) der Buchstaben, die in dieser Beziehung unter einander verwandt waren. Zur Bezeichnung der Consonanten, die mit denselben Organen ausgesprochen werden, wurde ein andres Hülfsmittel ersonnen: कु oder कवर्ग bezeichnet die 5 Gutturalen, चु oder चवर्ग die Palatalen, टु oder टवर्ग die Cerebralen, तु oder तवर्ग die Dentalen, पु oder पवर्ग die Labialen. य्, र्, ल् und व् sind in यवर्ग; die Sibilanten und ह् in शवर्ग enthalten. Die Bezeichnung mit वर्ग gebraucht unser Grammatiker selbst niemals, scheint sie aber zu kennen, wie man aus IV. 3. 63. schliessen darf. Am Ende eines jeden sûtra steht ein mit einem virâma versehener Consonant; dieser gehört an dieser Stelle nicht mit in die Reihe der aufzuzählenden Buchstaben, sondern ist lediglich ein stummer Buchstabe (अनुबन्ध oder इत्), der zur Bildung von Zusammenziehungen gebraucht wird. Eine kârikâ in der Kâçikâ-vritti bildet aus den 14 Çivasûtra's 41 verschiedene pratyâhâra's nach folgender Regel:

एकस्मान्ङञणवटा द्वाभ्यां षस्त्रिभ्य एव कणमाः स्युः ।
ज्ञेयौ चयौ चतुर्भ्यो रः पञ्चभ्यः शलौ षड्भ्यः ॥

„ङ्, ञ्, ण् (anubandha des 1ten sûtra), व् und ट् folgen auf einen; ष् auf zwei; क्, ण् (anubandha des 6ten sûtra) und म् auf drei; च् und य् auf vier; र् auf fünf; श् uud ल् auf sechs Buchstaben." Es werden hiernach folgende pratyâhâra's gebildet: एङ् ॥ यञ् ॥ अण् ॥ छव् ॥ अट् ॥ झष् । भष् ॥ अक् । इक् । उक् ॥ अण् । इण् । यण् ॥- अम् । यम् । ङम् ॥ अच् । इच् । एच् । ऐच् ॥ यय् । मय् । झय् । खय् ॥ यर् । झर् । खर् । चर् । शर् ॥ अश् । हश् । वश् । झश् । जश् । बश् ॥ अल् । हल् । वल् । रल् । झल् । शल् ॥ In einem vârtika zu VIII. 4. 48. wird noch ein 42ter pratyâhâra चय् gebraucht. Den Buchstaben ह् finden wir zweimal in den Çivasûtra's: zuerst zwischen den Vocalen und Halbvocalen, hierauf nach den Sibilanten; und zunächst aus dem Grunde, weil dieser Buchstabe in den grammatischen Regeln sowohl in Verbindung mit den Vocalen und Halbvocalen, als auch mit den Sibilanten vorkommt. Die Längen der fünf einfachen Vocale vermissen wir in der Aufzählung der Buchstaben. Pâṅini lehrt I. 1. 69. अणुदित् सवर्णस्य चाप्रत्ययः ॥ d. h. wenn die Vocale, die Halbvocale य्, व् und ल् (im pratyâhâra अण् ist auch das ह् und das र् enthalten, die jedoch nicht hierher gehören; hiebei bemerkt man einen Nachtheil der Zusammenziehungen, wenn man die Kürze des Ausdrucks nicht opfern will), und ein Consonant, der उ zum इत्*) hat, in einer grammatischen Regel

*) Dieses sind die oben erwähnten कु । चु । टु । तु । पु ॥

vorkommen, und dabei nicht Affixe (प्रत्यय) sind, dann bezeichnen dieselben nicht nur sich selbst, sondern auch ihre homogenen Elemente. Die homogenen Elemente eines kurzen Vocals sind nicht nur die verschiedenen Längen (ह्रस्व kurzer Vocal, eine m â t r â oder mora haltend; दीर्घ langer Vocal mit zwei m â t r â's; प्लुत gedehnter Vocal mit drei m â t r â's) und Accente (उदात्त mit dem Acutus, अनुदात्त mit dem Gravis, स्वरित mit dem Circumflex versehen) desselben, sondern auch seine Nasalität. य्, व् und ल् können auch nasal sein, und demnach enthalten nach obiger Regel diese Halbvocale auch ihre nasalen Homogenen.*) Aus dem bisher Gesagten folgt nun, dass das kurze अ 18 homogene Elemente bezeichnet, und zwar das k u r z e nasale und unnasale (अननुनासिक oder निरनुनासिक) अ mit den 3 Accenten; dieses gibt uns 6 अ; ebenso viel gewinnen wir für das l a n g e und g e d e h n t e; also zusammen 18. Gleichermassen verhält sich die Sache beim इ, उ und ऋ. Da ऌ keine Länge, sondern nur eine Kürze und eine Dehnung hat, fasst es bloss 12 Elemente in sich. Die Commentatoren des P â ṅ i n i statuiren auch eine Homogeneität (सावर्ण्य) der Vocale ऋ und ऌ im Widerspruch zu I. 1. 9.; dadurch werden diese beiden Vocale Bezeichner von 30 homogenen Elementen. Die Diphthonge ए und ऐ, und ओ und औ sind nicht homogen**) unter einander, und da ihnen die Kürze abgeht,

---

*) Ueber die Bezeichnung nasaler Vocale und Halbvocale s. zu I. 1. 8.

**) Nach I. 1. 9. ist ए homogen mit ऐ, und ओ mit औ; es läugnen jedoch die Commentatoren des P â n i n i diese Homogeneität

fasst jeder von ihnen nur 12 Elemente in sich. Ein Vocal mit einem darauf folgenden stummen त् bezeichnet immer nur 6 Elemente: seine jedesmalige Länge, nasal oder unnasal, mit den 3 Accenten; vgl. I. 1. 70. Die Erklärer unsers Grammatikers sagen, dass das अ den Consonanten in den Çivasûtra's bloss zur Erleichterung der Aussprache (उच्चारणार्थं oder मुखसुखार्थं) angefügt sei, dass es aber im sûtra लण् ein nasales und demnach nach I. 3. 2. ein इत् sei, und dass damit ein pratyâhâra र gebildet werde, welcher die beiden Buchstaben र् und ल् bezeichne.* Die oben angeführte kârikâ bildet nicht den pratyâhâra रण्, ebenso wenig bedient sich aber auch unser Grammatiker der eben erwähnten Zusammenziehung र, obgleich sich ihm VII. 2. 2. eine Gelegenheit dazu darbot. Pâṅini gebraucht die Zusammenziehung रण् nicht, weil ihm ऌ ebenso einfach erschien. Der pratyâhâra र ist lediglich dem sûtra उरण् रपरः (I. 1. 51.) zu Gefallen von den Commentatoren auf eine höchst spitzfindige Art erfunden worden, und zu demselben Endzwecke haben sie auch eine Homogeneität zwischen den Vocalen ऋ und ऌ aufstellen wollen. Nach ihrer Meinung sollte die Regel auch auf das ऌ ausgedehnt werden, und folgendermassen erklärt werden: „wenn gesagt werden wird, dass für ऋ oder ऌ, अ (guṅa), इ oder उ substituirt werden

---

indem sie sagen, dass der Grammatiker, um dieses anzudeuten, im 4ten Çivasûtra die Diphthonge ऐ und औ besonders angeführt habe; vgl. unsern Commentator zu I. 1. 9., Siddh. K. Bl. 2. a. und Bl. 16. a.

soll, dann füge man an diese Substitute र् oder ल् (र्, wenn der Vocal an die Stelle von ऋ; ल्, wenn derselbe an die von ऌ gesetzt wird)." Pâṅini hat unter ऋ gewiss nur ऋ (vgl. jedoch I. 1. 69.) und unter र् nur र् verstanden, und giebt für क्लृप् oder vielmehr कृप् eine besondere Regel (VIII. 2. 18.), wodurch die Anwendung des sûtra उरण् रपरः auf das ऌ überflüssig wird. Auf die Contractionen होतॄकारः und तवल्कारः aus होतृ + ऌकारः und तव + ऌकारः, so wie auf die Bildung des 2ten Cas. Pl. गमॄन् von गम्ऌ (die Wurzel गम् mit dem anubandha ऌ) sind gewiss erst die spätern Erklärer verfallen.

Erstes Kapitel.

1. Beispiele zu VII. 2. 117.

2. Beispiele zu VII. 3. 84, 86. — अर्ति ist die in den sûtra's gebräuchliche Bezeichnung der Wurzel ऋ durch Anfügung der blossen Personalendung ति (welche die Substitution von guṅa für den Wurzelvocal erfordert) an die Wurzel.

3. Eine pâribhâshâ, in der bei Gelegenheit der Erklärung von guṅa und vṛiddhi bemerkt wird, dass, wenn Pâṅini in einem sûtra die Substitution (durch den 1ten Casus angedeutet) von guṅa oder vṛiddhi lehrt, इकः (als das, wofür substituirt wird, im 6ten Casus

stehend) zu ergänzen sei. Soll vṛiddhi an die Stelle von अ oder von einem Diphthongen gesetzt werden, dann fügt der Grammatiker immer अत: oder अच: hinzu; so z. B. VII. 2. 115, 116. — Auch bei der Substitution von guṅa und vṛiddhi muss nach I. 1. 50. das verwandteste Element gesucht werden, und die Verwandtschaft der Organe (स्थान) hat hierbei vor allen andern den Vorzug. Für इ und उ werden demnach in solchem Falle ए, ऐ und ओ, औ substituirt; ऋ hat weder unter dem guṅa, noch unter der vṛiddhi ein durch die Organe verwandtes Element; das अ steht ihm am nächsten durch seine prosodische Länge (प्रमाण), und dieses tritt auch als guṅa an dessen Stelle; die dem ऋ entsprechende vṛiddhi ist das, dem अ am nächsten verwandte, आ. Dem ऌ entspricht weder ein guṅa noch eine vṛiddhi, da dieser Vocal vom Grammatiker als secundär betrachtet wird. Die Wurzel कॢप् wird im Dhâtupâṫha कृप् geschrieben, und auch so behandelt als wenn der Wurzelvocal ऋ wäre; erst nach Vollendung des Worts wird ein l-Element für das r-Element substituirt; s. VIII. 2. 18. — Beispiele zu VII. 3. 84. — VII. 2. 114.

4—6. Ausnahmen zu VII. 2. 114. — VII. 3. 84, 86.

4. Dieses und die beiden folgenden sûtra's schliessen sich an die vorhergehenden dadurch an, dass Pâṅini bei der Erwähnung von guṅa und vṛiddhi die Fälle anführt, wo diese niemals substituirt werden dürfen. Da das vorhergehende 3te sûtra eine pâribhâshâ, also ein später eingeschobenes ist, dürfen wir nicht daraus

गुणवृद्धी in die folgenden hinüberziehen, sondern müssen diese Worte aus 1 und 2 entlehnen. धातुलोप ist ein bahuvrihi, den die Kâçikâ folgendermassen auflöst: धात्वेकदेशो धातुः। तस्य लोपो यस्मिन्नार्धधातुके तदार्धधातुकं धातुलोपं ॥ Nach II. 4. 74. findet vor dem Affixe अच् die Substitution von लुक् für यङ् des Intensivums Statt. Die anga's लोलू und पोपू müssten nach VII. 3. 84. guṅa für den Endvocal substituiren; मरीमृज् vṛiddhi für ऋ nach VII. 2. 114. Ueber das Affix अच् bei Intensivis s. Siddh. K. Bl. 177. a. — Ein vârtika: यङ्यक्क्यवलोपे प्रतिषेधः ॥ यङ् । बेभिदिता ॥ यक् (III. 1. 27.) । कुषुभिता ॥ क्य । समिधिता ॥ वलोपे । जीरदानुः (s. zu VI. 1. 66.) ॥

5. Die Handschriften haben क्ङिति, wie auch Kâtyâyana gelesen hat; s. zu III. 2. 139. Unser Commentator, Bhaṭṭogi und der Verfasser der Kâçikâ-vṛitti sagen, dass das erste क् in क्क्ङित् ein assimilirtes (चर्त्वभूत) ग् sei. Wenn wir dieser Erklärung beistimmen, müssen wir den Grammatiker der grössten Inconsequenz beschuldigen: warum ist denn nicht auch das क् vor ङ् euphonisch verändert worden? Wenn Pâṅini auch das गित् hätte erwähnen wollen, würde er gewiss ग्ङिति oder ohne irgend eine euphonische Veränderung ग्क्ङिति geschrieben haben. Das stumme ग् kommt in unsrer Grammatik nur einmal vor, und zwar beim Affixe ग्स्नु III. 2. 139.; es ist aber daselbst die Lesart क्स्नु: vorzuziehen. क्क्ङिति ist deshalb doch nicht zu verwerfen, man halte das 1te क् nur nicht für ein assimilirtes ग्, sondern das 2te क् für einen yama; s. d. erkl. Ind. u. d. W. — जिष्णु ist nach III. 2. 139. von der Wurzel जि durch ग्स्नु oder क्स्नु abzuleiten; भिन्नु ist ein Partic.

auf क्त von भिद्; चिनुतः und मृष्टः sind 1te Du. Praes. von चि und मृज्, und die Endung तस् ist ङित् nach I. 2. 4.; मृष्टात् ist eine Imperativ-Form mit तातङ्; s. VII. 1. 35. Es ist in unserm sûtra nur die Rede von Wurzelaffixen (vikaraṅa, तिङ् und kṛit); bei taddhita's, âgama's und âdeça's haben die Buchstaben क् und ङ् eine ganz andre Bedeutung.

6. Aus der Wurzel भू mit dem pratyaya तासि, welcher sich mit dem Augment इट् anfügt, entsteht vor der Anfügung der Personalendung das anga भावितास्; आस् fällt vor डा (Endung der 1ten Sg. im लुट्) ab; dadurch wird das Augment इट् zur penultima des anga, es findet aber die VII. 3. 86. gelehrte Substitution von guṅa vor dem ârdhadhâtuka डा nicht Statt. Patanǵali tadelt unser sûtra, indem er sagt: दीधीवेव्योश्छान्दसविषयत्वादप्रतिषेधः ॥

8. Die nasalen Consonanten sind ञ्, म्, ङ्, ण्, न् und die Halbvocale य्, व् und ल्, wenn sie für anusvâra (VIII. 4. 58.) oder für न् (VIII. 4. 60.) substituirt worden sind. Die Halbvocale sind in der Tabelle zu I. 1. 9. nicht mit unter den Buchstaben aufgeführt, die durch die Nase ausgesprochen werden, wir müssen ihnen aber dessenungeachtet doch die Nasalität zuerkennen, da sie, wie Pâṅini I. 1. 69. lehrt, doppelter Art sein können, und wir ihnen keine andre zweite Eigenschaft, als eben die Nasalität, zuschreiben können. Die Zwillinge (yama) und der anusvâra sind keine Nasale, da sie bloss mit der Nase ausgesprochen werden (das Bhâshya: नासिकावचन इतीयत्युच्यमाने यमानुस्वाराणामेव स्यात् ॥ die Kâçikâ: मुखग्रहणं किं । अनुस्वारस्यैव हि

स्यात् ॥ नासिकाग्रहणं किं । कचटतपानां मा भूत् ॥). Die Vocale können alle nasal sein; in diesem Falle haben sie das Zeichen ँ über sich, welches nie*) eine andre Function hat, als eben die Nasalität eines Vocals oder der Halbvocale य्, व् und ल् zu bezeichnen; vgl. VIII. 3. 2. und Yates's Sunscrit Grammar S. 16. Die im sogenannten upadeça (s. d. erkl. Ind. u. d. W. und vgl. I. 3. 2.) vorkommenden nasalen Vocale werden, heut zu Tage wenigstens, nicht mit jenem Zeichen geschrieben, und man kann sie in der Schrift nicht von den reinen Vocalen unterscheiden. Die Grammatiker haben ihnen die Nasalität zuertheilt, damit man sie für इत्'s anerkenne. Für uns wird das umgekehrte Verfahren leichter sein: von der Stummheit (इत्व) eines Vocals auf seine Nasalität zu schliessen.

9. Kâçikâ-vṛitti: आस्ये भवमास्यं ताल्वादिस्थानं ॥ Ueber die Natur des kurzen अ s. VIII. 4. 68.; über das kaum hörbare (लघुप्रयत्नतर) य् und व् VIII. 3. 18. — Der anusvâra, wie bei den Indischen Grammatikern nur der einfache Punkt über der Linie ं (von seiner Gestalt auch बिन्दु genannt) heisst, nicht etwa auch das Zeichen ँ, wie Herr Bopp meint, ist entweder ein Substitut für म् oder न् (VIII. 3. 23, 24.; vgl. VIII. 4. 58, 59.), oder ein Augment (आगम) vor रु, wenn dieses für म् oder न् substituirt worden ist; so ist z. B. in भवांश्चरति für das ursprüngliche न् रु und für dieses श् vor च् substituirt worden; zuletzt ist noch ein anusvâra

*) Im Veda und in den Upanischad's dagegen steht vor den Halbvocalen, den Sibilanten und ह् fast immer dieses Zeichen und nicht der anusvâra.

als Augment nach dem अ eingeschoben worden. Der anusvâra, visarǵanîya, ǵihvâmûlîya und upadhmânîya werden zuweilen als Vocale betrachtet. Sie werden für Consonanten, und namentlich für Sibilanten, gehalten, weil sie, wie Bhaťťoǵi (s. zu VIII. 3. 5.) bemerkt, bei den Sibilanten (s. d. Tabelle der बाह्यप्रयत्नाः) stehen; für Vocale, weil sie in der Grammatik in Verbindung mit dem Vocale अ geschrieben werden. Ein andres Mal sagt Bhaťťoǵi, dass sie im upadeça im pratyâhâra अट् enthalten seien. Der allgemeine Name für alle vier ist अयोगवाह्; je nachdem man sie für einen Vocal oder einen Consonanten ansieht, kann der darauf folgende Consonant in gewissen Fällen verdoppelt oder nicht verdoppelt werden; der anusvâra selbst kann sogar verdoppelt werden; s. VIII. 4. 47., das 2te vârtika in m. Comm. zu jenem sûtra und m. Comm. zu VIII. 3. 5.

10. नाज्झलौ löst unser Commentator nach dem Vorgange von Bhaťťoǵi in न आज्झलौ auf, und erklärt आच् durch आकारसहितो ऽच्; nach ihrer Erklärung heisst आज्झलौ sowohl „ein Vocal und ein Consonant" als auch „der Vocal आ und der Consonant ह्" (हल् als letztes Çivasûtra betrachtet, kann den Consonanten ह् ganz allein bezeichnen). Mir ist der Grund nicht einleuchtend, warum Bhaťťoǵi das आ und ह् besonders erwähnt haben will, und fürchtet, dass man ohne diese Auffassung der Regel z. B. beim Thema विश्ववाह् nach VIII. 2. 31. versucht sein könnte, ढ् für den Finalen zu substituiren, wenn das Wort pada wird. Das Verständniss unsrer Regel bietet keine beson-

dere Schwierigkeit dar: sie ist eine Beschränkung der vorhergehenden. Ein Vocal ist mit einem Consonanten nie homogen, wenn er auch mit demselben तुल्यास्यप्रयत्न sein sollte; so einfach nimmt auch die Kâçikâ die Sache: अच् च हल् च अज्झलौ । अज्झलौ तुल्यास्यप्रयत्नावपि परस्परं सवर्णसंज्ञौ न भवतः ॥ दण्डहस्तः । दधि शीतं ॥ Obgleich अ und ह्, und इ und श् तुल्यास्यप्रयत्न sind, so sind sie doch nicht homogen und deshalb kann die Regel VI. 1. 101. nicht angewendet werden. Zur Verständniss der Beispiele दधि हरति । दधि षष्ठं und दधि सान्द्रं diene folgende Stelle aus Siddh. K. Bl. 2. a.: तेन (weil ein Vocal mit einem Consonanten nicht homogen ist) दधीत्यस्य हरति शीतलं षष्ठं सान्द्रमित्येतेषु यणादिकं (VI. 1. 77.) न । अन्यथा दीर्घादीनामिव हकारादीनामपि ग्रहणकशास्त्रबलादच्त्वं स्यात् । तथा हि । अणुदित् सवर्णस्य चाप्रत्ययः (I. 1. 69.) ॥

11. Die Kâçikâ beschränkt unser sûtra: मणीवादीनां प्रतिषेधो वक्तव्यः ॥ मणीव । रोदसीव । दंपतीव । जंपतीव ॥ इति गणः ॥ Siddh. K. Bl. 5. b. मणीवोष्ट्रस्येति (Mahâ-Bh. XII. 6597.) तु इवार्थे वशब्दो (vgl. Raghuvança IV. 42. Calc. Ausg.) वाशब्दो (vgl. Râm. I. 10. 37.) वा बोध्यः ॥

14. एकाच् bedeutet hier nicht einsilbig, sondern lediglich aus einem Vocale bestehend. Es gibt 2 Partikeln आ, wovon die eine mit einem stummen ङ् am Ende bezeichnet ist, und daher ङित् heisst. Eine kârikâ im Bhâshya bestimmt die Bedeutung der beiden Partikeln folgendermassen:

ईषदर्थे क्रियायोगे मर्यादाभिविधौ च यः ।
एतमातं ङितं विद्याद्वाक्यस्मरणयोरङित् ॥

Aehnlich Amara Kôsha S. 362. 1.

आङीषदर्थे ऽभिव्याप्तौ सीमार्थे धातुयोगजे ।
आ प्रगृह्यः स्मृतौ वाक्ये ऽपि

15. Ein vârtika: श्रोतश्च्विप्रतिषेधः ॥ अनदः अदः समभवत् । अदोभवत् ॥ Die mit च्वि gebildeten Formen sind avyaya's; vgl. I. 1. 37. — I. 4. 56, 60, 61.

16. Die seltneren Formen विष्णो इति und विष्ण इति gehören beide dem Grammatiker Çâkalya; vgl. VIII. 3. 19., wohin eigentlich die letztere Form gehört, da hier nur von einem Voc. Sg. auf ओ die Rede ist. In विष्ण इति darf nicht ए für अ + इ substituirt werden, weil die Form विष्ण in den letzten 3 Kapiteln des 8ten Buchs gebildet wird, und demnach nicht den euphonischen Regeln, die in den vorhergehenden Büchern gegeben werden, unterworfen ist; vgl. VIII. 2. 1.

17. Das stumme ञ् bei der Partikel उञ् scheint keine andre Function zu haben, als den vorhergehenden Vocal zu schützen. Ueber उञ् wird noch VIII. 3. 21, 33. gehandelt.

18. Vgl. zu I. 1. 8., wo ich über die Bezeichnung nasaler Vocale gesprochen habe.

19. Man trenne सोमो गौरी अधि श्रितः und तनू इति. अर्थे steht dem समासे entgegen; dadurch können wir uns nur unser Gegenbeispiel वाप्यश्वः (वापी + अश्वः) und das in der Kâçikâ angeführte नद्यातिः (नदी + आतिः) erklären. Es ist in गौरी und तनू ein लुक् für das Affix des 7ten Casus substituirt worden; vgl. VII. 1. 39. — Kâçikâvritti; अध्यस्यां मामकी तनू । मामक्यां । तन्वामिति प्राप्ते । मामक्यां मामकी इति । तन्वां तनू इति ॥ Das Beispiel सोमो गौरी अधि श्रितः ist aus dem Veda; wir finden es bei VI. 1. 36. wieder.

20. **Pâṅini** lässt die mit Diphthongen sich endigenden Wurzeln in seinen **sûtra**'s stets auf आ ausgehen, da sie in der Conjugation viele Verwandtschaft mit hiermit schliessenden Wurzeln zeigen. In दा und धा sind demnach auch दो, देङ् und धेट् mit einbegriffen. दाप् ist die Wurzel दा der 2ten Klasse; दैप्, welches unser Commentator zusetzt, ist vielleicht in दाप् enthalten nach dem, was ich so eben bemerkt habe. दीङ् (दी der 4ten Klasse), welches der Scholiast nach dem Vorgange eines **vârtika** hinzufügt, kann auch unter दा mitbegriffen sein, da diese Wurzel in einigen Fällen आ für finales ई substituirt; s. VI. 1. 50. — Die angefügten Beispiele gehören zu VIII. 4. 17. und VII. 4. 46.

21. Interpretationsregel. — Ein Wort oder Affix, das lediglich aus einem Buchstaben besteht, betrachte man als mit diesem anfangend und auf diesen ausgehend, und wende daher sowohl die Regeln, die für Initiale, als auch die, die für Finale gegeben werden, darauf an. Das **aṅga** von इदं ist vor einigen Casusaffixen अ (VII. 2. 113.); bei diesem अ müssen nach I. 1. 56. und nach unserm **sûtra** alle Regeln, die für den Finalen eines **aṅga** auf अ gelten, angewendet werden, und man bildet daher von diesem substituirten **aṅga** अ nach VII. 3. 102. आभ्यां, und nach VII. 3. 103. एभि:. Ich fuhre noch ein Beispiel für den Initialen aus der **Kâçikâ** an: यथा कर्तव्यमित्यत्र प्रत्ययाद्युदात्तत्वं (III. 1. 3.) भवति । एवमौपगव (mit अण् von उपगु nach IV. 1. 92.) इत्यत्र यथा स्यात् ॥ Ueber das वत् im **sûtra** bemerkt die **Kâçikâ**: सप्तम्यर्थे वतिः ॥

22. Beispiele zu VI. 3. 43.

23. संख्या muss im Compositum aus der संज्ञा ergänzt werden: „die Zahlwörter, बहु, गण und Wörter, die mit den Affixen वतु und डति gebildet sind, heissen संख्या.“ — Beispiele zu V. 1. 22. — V. 4. 17, 43. — V. 3. 42. — Hierzu folgende vârtika's: संख्यासंज्ञायां संख्याग्रहणं संख्यासंप्रत्ययार्थं ॥ १ ॥ अध्यर्धग्रहणं च समासकन्विध्यर्थं ॥ २ ॥ अध्यर्धशूर्पं । (V. 1. 28.) । अध्यर्धकं (V. 1. 22.) ॥ अर्धपूर्वपदश्च पूरणप्रत्ययान्तः ॥ ३ ॥ अर्धपञ्चमशूर्पं (V. 1. 28.) । अर्धपञ्चमकं (V. 1. 22.) ॥ अधिकग्रहणं चालुकि समासोत्तरपदवृद्ध्यर्थं ॥ ४ ॥ अधिकषाष्टिकः । अधिकसाप्ततिकः ॥ Vgl. VII. 3. 15.

24. Im Indischen Comm. zu VIII. 2. 22., wo dieses sûtra citirt wird, finde ich in der Calc. Ausg. die Lesart ष्णान्ताः षट् ; der Plur. ist hier unstatthaft; wir müssen aus dem vorhergehenden sûtra संख्या ergänzen. — Die Substitution von ण् für न् erfolgt nach VIII. 4. 41. — Die Beispiele zu diesem und zum folgenden sûtra gehören zu VIII. 1. 22, 55.

27. Die Beispiele zu diesem und zu den folgenden sûtra's sind aus der Declination der sârvanâmâni; vgl. VII. 1. 14, 15, 17, 52. — V. 3. 10. — परमसर्वत्र darf nach V. 3. 10. gebildet werden, da die सर्वादीनि bloss in einer Art von bahuvrîhi's und im dvandva nicht sarvanâmâni sind. — Ein vârtika: संज्ञोपसर्जनप्रतिषेधः ॥ सर्वो नाम कश्चित् तस्मै सर्वाय देहि । अतिसर्वाय देहि ॥

28. Ueber diesen bahuvrîhi vgl. II. 2. 26. Unsre Regel ist eine Beschränkung der folgenden. Siddh. K. Bl. 16. b. दिङ्नामान्यन्तराले (II. 2. 26.) इति प्रतिपदोक्तस्य दिक्समासस्य ग्रहणान्नेह । योत्तरा सा पूर्वा यस्या उन्मुग्धायास्तस्यै उत्तरपूर्वायै ॥

29. Wäre त्वत् hier sarvanâman, dann müsste es nach V. 3. 71. त्वकत् bilden. Anders das Bhâshya: अकच्स्वरौ तु कर्तव्यौ प्रत्यङ्गं मुक्तसंशयौ । त्वकत्पितृको मकत्पितृक इत्येव भवितव्यं ॥

30. Die Regel fehlt bei D. — Vgl. II. 1. 31. über den tatpurusha मासपूर्व. Siddh. K. Bl. 11. b. तृतीयासमासार्थवाक्ये ऽपि न । मासेन पूर्वाय ॥

33. त्यद im sûtra bezeichnet nach I. 1. 72. die Wörter, die auf त्यद endigen.

34. Warum in diesem sûtra die sarvanâmâni im Neutro stehen, während sie im vorhergehenden im Masc. waren, weiss ich keinen Grund. Siddh. K. Bl. 11. b. erklärt व्यवस्था durch: स्वाभिधेयापेक्षो ऽवधिनियमः ॥ Es wird unter व्यवस्था die verschiedene (वि) örtliche und zeitliche Bedeutung gemeint. दक्षिणा गाथकाः sind geschickte Sänger; als Gegenbeispiel zu असंज्ञायां hat Siddh. K. उत्तराः कुरवः „die im Norden Wohnenden, die Kuru's.“ — Vgl. VII. 1. 16.

35. Vgl. VII. 1. 16.

36. Vgl. VII. 1. 16. — Kâçikâ: अन्तरे गृहाः । अन्तरा गृहाः । नगरबाह्याश्चाण्डालादिगृहा उच्यन्ते ॥ अन्तरे शाटकाः । अन्तराः शाटकाः ॥ उपसंव्यानं परिधानीयमुच्यते न प्रावरणीयमिति ॥ Ein vârtika: अपुरीति वक्तव्यं ॥ इह मा भूत् । अन्तरायां पुरि ॥ Ein andres: विभाषाप्रकरणे तीयस्य ङित्सूपसंख्यानं ॥ द्वितीयस्मै । द्वितीयाय । तृतीयस्मै । तृतीयाय ॥ Vgl. VII. 3. 115.

38. Patañgali zählt die hierher gehörenden taddhita's alle auf: तसिलादयः (V. 3. 7.) प्राक् पाशपः (V. 3. 47.) । शस्प्रभृतयः (V. 4. 42.) प्राक् समासान्तेभ्यः (V. 4. 68.) । अमाम्कृत्वोर्थाः (V. 4. 11, 12, 17—20.) । तसिवती (IV. 3. 113, 114. — V. 1. 115—117.) । नानाञौ (V. 2. 27.) ॥

39. Der Indische Commentator macht कृत् auf seine Gefahr hin zum Neutrum. जीवसे und पिबध्यै sind Veda-Infinitive; s. III. 4. 9.

42. सन्ति und पश्य dienen im Indischen Scholion zur Unterscheidung der beiden gleichlautenden Casus. — Beispiele zu VII. 1. 72.

43. Das Bhâshya tadelt mit Recht die Ausdrucksweise अनपुंसकस्य mit folgenden Worten: असमर्थसमासश्चायं द्रष्टव्यः । अनपुंसकस्येति । न हि नञो नपुंसकेन सामर्थ्यं । केन तर्हि । भवतिना । न भवति नपुंसकस्येति ॥ Man verdeutliche sich in der Folge ähnliche Zusammensetzungen mit dem alpha privativum durch die Auflösung desselben in न भवति. Bloss das Streben nach Kürze konnte Pâṅini und seine Commentatoren zu einer solchen unlogischen Zusammensetzung verleiten. — Beispiele zu VI. 4. 8.

44. Beispiele zu VI. 1. 30.

45. Vgl. hierzu VI. 1. 108.

46. 47. Zwei paribhâshâ's zur Erklärung 3 stummer Buchstaben bei Augmenten; s. d. erkl. Ind. u. d. W. आगम. — In टकित् dient das अ bloss zur Erleichterung der Aussprache. — Beispiele zu VII. 2. 35. — VII. 3. 40. — III. 1. 78. — VII. 1. 59, 72. — अचो im 47ten sûtra ist der 5te Casus und nicht etwa ein partitiver 6ter Casus (षष्ठी निर्धारणे; vgl. II. 3. 41.). — Hierzu 2 vârtika's: अन्त्यात् पूर्वो मस्जेरनुषङ्गसंयोगादिलोपार्थं ॥ १ ॥ मग्नः । मग्नवात् । मङ्क्ता । मङ्क्तुं । मङ्क्तव्यं ॥ भर्जिमर्च्योश्च (?) ॥ २ ॥ Bei der Wurzel मस्ज् wird नुम् (VII. 1. 60.) nicht nach dem letzten Vocale, sondern vor dem Endconsonanten eingeschaltet; da das न् dadurch zur upadhâ der Wurzel wird, fällt es vor क्त und क्तवतु nach VI. 4. 24. aus;

hierauf wird auch ein **lopa** für स् substituirt nach VIII. 2. 29. In मद्गुक्ता u. s. w. ist für den Ausfall des न् kein Grund vorhanden.

48—50. Drei **paribhâshâ's**, die sich den folgenden Regeln von Substitutionen anschliessen.

48. Wenn **Pâńini** für die **Diphthonge** (एच्) eine Kürze zu substituiren lehrt, dann setze man an die Stelle von ए und ऐ, das diesen durch die Organe am nächsten verwandte इ, für ओ und औ, das diesen entsprechende उ. Der Verfasser der **paribhâshâ** hätte besser gethan den ungebräuchlichen **pratyâhâra** इण् (d. h. इ und उ) für इक् zu setzen, zumal da wir hier nach I. 3. 10. der Reihe nach substituiren müssen; d. h. für ए इ, für ओ उ, für ऐ ऋ und endlich für औ ऌ; doch geht dieses nicht, da ऋ und ऌ gar keine Verwandtschaft mit den Diphthongen haben. – Beispiele zu I. 2. 47—49.

49. Im 6ten Casus steht in den **sûtra's** des **Pâńini** das, wofür etwas substituirt werden soll. — स्थानेयोगा ist ein unregelmässiger **bahuvrîhi**, wo sich der 7te Casus im 1ten Gliede erhalten hat. — Beispiele zu VI. 4. 36. — II. 4. 52.

50. Wo eine Substitution gelehrt wird, muss immer das allerähnlichste, das am nächsten verwandte Element an die Stelle gesetzt werden. स्थानतः सादृश्यं ist die Aehnlichkeit der Buchstaben, die mit denselben Organen ausgesprochen werden; hierzu das Beispiel दण्डाग्रं aus दण्ड + अग्रं. VI. 1. 101. heisst es: अकः सवर्णे दीर्घः; die स्थानतः nächste Länge von अ ist आ, daher दण्डाग्रं. — अर्थतः सादृश्यं ist die Verwandtschaft in der Bedeutung der Worte. VI. 1. 63. wird gelehrt, dass vor शस् und den fol-

genden Casusaffixen षट् u. s. w. substituirt werden könnte; es wird aber nicht dabei gesagt wofür; aus unsrer Regel ersehen wir, dass die Wörter an die Stelle von षाद् u. s. w. gesetzt werden. Ein andres Beispiel entlehne ich aus der Kâçikâ: वातण्डी युवतिः । वातण्ड्ययुवतिः । पुंवद्भावेनान्तरतमः पुंशब्दो ऽतिदिश्यते ॥ Zur Verständniss dieses Beispiels vgl. VI. 3. 34.; zu वातण्डी und वातण्ड्यः IV. 1. 16, 105. — गुणतः सादृश्यं ist die Aehnlichkeit der Buchstaben, die in den बाह्यप्रयत्नाः (s. die 4te Tabelle bei I. 1. 9.) liegt. Nach VII. 3. 52. wird für das finale च् und ज् von Wurzeln vor einem घित् kṛit und vor dem Affixe ण्यत् कु (ein gutturaler Consonant) substituirt. Nach dieser Regel wird von पच् mit dem Affixe घञ् पाक gebildet; es wird hier für च् क् und kein anderer Gutturale substituirt, weil dieser die grösste Verwandtschaft mit च् hat: sie werden beide mit अल्पप्राण, विवार, श्वास und अघोष ausgesprochen. — प्रमाणतः सादृश्यं ist die Verwandtschaft der Vocale, die in ihrer prosodischen Länge begründet ist. VIII. 2. 80. wird bei der Declination von अदस् die Substitution von म् für द् und von उ für den auf das द् folgenden Buchstaben gelehrt. Das hier substituirte kurze उ enthält nach I. 1. 69. auch die homogene Länge in sich. Die Kürze wird substituirt, wo diese erforderlich ist, wie in अमुष्मै (तस्मै entsprechend); die Länge, wo diese verlangt wird, wie in अमूभ्यां (तेभ्यां entsprechend). Die Kâçikâ urgirt das स्थाने und den Superlativ auf folgende Weise: स्थान इति वर्तमाने (aus der vorhergehenden Regel) पुनः स्थानग्रहणं किं । यत्रानेकमान्तर्यं संभवति तत्र स्थानत एवान्तर्यं बलीयो यथा स्यात् (eine paribhâshâ: यत्रानेकविधमान्तर्यं तत्र स्थानत आन्तर्यं बलीयः) । चेता । स्तोता (vgl. VII. 3. 84.) । प्रमाणतो ऽकारो गुणः प्राप्तः । तत्र

स्थानत आन्तर्यादेकारौकारौ भवतः ॥ तमब्ग्रहणं किं । वाग्घसति । त्रिदुब्भसति । झयो होऽन्यतरस्यामिति (VIII. 4. 62.) हकारस्य पूर्वसवर्णे क्रियमाणे सोष्मणः सोष्मण इति द्वितीया (ख् und फ्) प्रसक्ताः । नादवतो नादवन्त इति तृतीयाः (ग् und ब्) । तमब्ग्रहणाच्च सोष्माणो नादवन्तश्च ते भवन्ति चतुर्थाः (घ् und भ्) ॥ ऊष्माणः heissen sonst nur die Sibilanten und ह्; (s. Siddh. K. Bl. 1. b. Laghu-K. S. 7.); bei dem Verfasser der Kâçikâ ist सोष्माणः = महाप्राणवन्तः, wie man aus der Laghu-K. S. 15. bei VIII. 4. 62. ersieht: नादस्य घोषस्य संवारस्य महाप्राणस्य तादृशो वर्गचतुर्थः ॥

51. Unser Grammatiker substituirt immer nur einen blossen Vocal für ऋ; in solchem Falle muss man dem substituirten Vocale stets ein र् nachfolgen lassen. Vgl. was ich über dieses sûtra bei den Çivasûtra's bemerkt habe. — Beispiele zu VII. 3. 84. — VII. 1. 100. — IV. 1. 115.

52—55. Vier paribhâshâ's über Substitutionen. — Das, wofür substituirt wird, steht in den sûtra's immer im 6ten Casus; es wird aber nie näher angedeutet, ob die Substitution für's Ganze oder bloss für einen Theil des im 6ten Casus stehenden Worts Statt finden soll; hier werden nun die Regeln angegeben, nach denen die Substitution angestellt werden muss. Besteht das Substitut lediglich aus einem Buchstaben oder aus mehreren mit finalem stummen ङ्, dann muss es bloss für den Endbuchstaben des im 6ten Casus stehenden Worts substituirt werden. Ist das Substitut aber mehrbuchstabig oder einbuchstabig mit finalem stummen श्, dann wird es an die Stelle des ganzen Worts gesetzt. Befindet sich in einem sûtra, wo eine Substitution gelehrt wird, noch ein Wort im 5ten Casus, dann muss nach I. 1. 67. an dem unmittelbar hierauf folgenden Worte die Substitution vorgenommen werden, und zwar am Anfangsbuchstaben desselben nach I. 1. 54. Regel 53. ist eine Ausnahme zu dem अनेकाल् सर्वस्य im 55ten sûtra, und steht des vorhergehenden अन्त्यस्य wegen an dieser Stelle. — Beispiele zu I. 2. 50. — VII. 1. 93. — VI. 3. 25. (aus den Scholien zu dieser Regel und aus der Kâçikâ-vṛitti habe ich होतापोतारौ gesetzt; die Calc. Ausg. hat होतापोता) — VIII. 4. 61. — VI. 4. 36. — VII. 1. 20. Vgl. noch VI. 3. 97. — VI. 4. 139, 158, 160. — VII. 2. 83.

56. स्थानिन् ist das, wofür substituirt wird. Kâçikâ: स्थान्यादेशयोः पृथक्त्वात् स्थान्याश्रयं कार्यमादेशे न प्राप्नोतीत्ययमतिदेश आरभ्यते । स्थानिना तुल्यं वर्तत इति स्थानिवत् । स्थानिवदादेशो भवति स्थान्याश्रयेषु कार्येषु । अनलाश्रयेषु सत्सु । स्थान्यलाश्रयाणि वर्जयित्वा । किमुदाहरणं । धात्वङ्गकृत्तद्धिताव्ययसुप्तिङ्पदादेशाः प्रयोजनं ॥ धात्वादेशो धातुवद्भवति । अस्तेर्भूः (II. 4. 52.) । ब्रुवो वचिः (II. 4. 53.) । आर्धधातुकविषये (II. 4. 35.) प्रागेवादेशेषु कृतेषु धातोरिति (III. 1. 91.) तव्यादयो (III. 1. 96. flgnde) भवन्ति । भविता । भवितुं । भवितव्यं । वक्ता । वक्तुं । वक्तव्यं ॥ अङ्गादेशो ऽङ्गवद्भवति । केन । काभ्यां । कैः । किमः कादेशे (VII. 2. 103.) ऽङ्गाश्रया इनदीर्घत्वैस्भावा (VII. 1. 12. — VII. 3. 102. — VII. 1. 9.) भवन्ति ॥ कृदादेशाः कृद्वत् । प्रकृत्य । प्रहृत्य । ल्यबादेशे (VII. 1. 37.) ह्रस्वस्य पिति कृति तुगिति (VI. 1. 71.) तुग्भवति ॥ तद्धितादेशस्तद्धितवद्भवति । दाधिकं । अद्यतनं (IV. 2. 18. — IV. 3. 23.) । कृत्तद्धितसमासाश्चेति (I. 2. 46.) प्रातिपदिकसंज्ञा भवति ॥ अव्ययादेशो ऽव्ययवद्भवति । प्रस्तुत्य । उपस्तुत्य (I. 1. 40. — VII. 1. 37.) । अव्ययादिति (II. 4. 82.) सुपो लुग्भवति ॥ सुबादेशः सुब्वद्भवति । वृक्षाय (VII. 1. 13.) । सुपि चेति (VII. 3. 102.) दीर्घत्वं भवति ॥ तिङादेशस्तिङ्वद्भवति । अपुराताां (III. 4. 101.) । सुप्तिङन्तं पदमिति (I. 4. 14.) पदसंज्ञा भवति ॥ पदादेशाः पदवद्भवन्ति ।

ग्रामो नः स्वं । जनपदो नः स्वं (VIII. 1. 21.) । पदस्येति (VIII. 1. 16.) रुत्वं (VIII. 2. 66.) भवति ॥ वत्करणं किं । स्थानी आदेशस्य संज्ञा मा विज्ञायि इति स्वाश्रयमपि यथा स्यात् । आङो यमहनः (I. 3. 28.) । आहत आवधिष्टेति । आत्मनेपदमुभयत्रापि भवति ॥ आदेशग्रहणं किं । आनुमानिकस्यापि आदेशस्य स्थानिवद्भावो यथा स्यात् । एरुः (III. 4. 86.) । पचतु ॥ अनल्विधाविति किं । द्युपथितदादेशा (VII. 1. 84, 85. — VII. 2. 102.) न स्थानिवद्भवन्ति । द्यौः पन्थाः स इति हल्ङ्याब्भिति (VI. 1. 68.) सुलोपो न भवति ॥

57. Die vorige Regel war durch das अनल्विधौ zu sehr beschränkt worden; es ist dieses sûtra eine Beschränkung der vorhergehenden Beschränkung, also eine Rückkehr zur allgemeinen Regel: स्थानिवदादेशः. Wenn die Substitution eines Vocals durch etwas Folgendes bedingt wird, dann ist das Substitut des Vocals स्थानिवत्, insofern eine Regel auf ein diesem Substitute vorangehendes Element angewendet werden soll. Kâçikâ: आदेशः स्थानिवदिति वर्तते । अच इति स्थानिनिर्देशः । परस्मिन्निति निमित्तसप्तमी । पूर्वविधाविति विषयसप्तमी ॥ पटु und मृदु fügen im Femin. nach VI. 1. 44. ई (ङीष्) an; für das finale उ muss vor ई व् substituirt werden nach VI. 1. 77.; wird nun टा (आ des 3ten Casus) angefügt, so wird य् für ई substituirt nach VI. 1. 77., und dieses Substitut ist स्थानिवत्, sonst müsste das ursprüngliche उ von पटु und मृदु in पट्व्या und मृद्व्या wieder hervortreten. — पटयति und लघयति sind Denominative von पटु und लघु mit णिच्. Im Dhâtupâtha heisst es: प्रातिपदिकाद्धात्वर्थे बहुलमिष्ठवच्च ॥ (man ergänze णिच्) „an ein prâtipadika wird öfters णिच् in der Bedeutung einer Wurzel angefügt; das prâtipâdika erleidet vor diesem Affixe dieselben Veränderungen, wie vor dem Superlativ-Affixe इष्ठ.“ Bei der

Anfügung von णिच् findet bei पटु und लघु ein lopa des letzten Vocals (टि) Statt; vgl. VI. 4. 155. Dieses Substitut ist स्थानिवत्, sonst wäre das अ in पटु und लघु der vorletzte Buchstabe, und es müsste an seine Stelle nach VII. 2. 116. die entsprechende vṛiddhi gesetzt werden. Bei der Substitution eines Consonanten hingegen ist der âdeça nicht स्थानिवत्; so wird, wenn das म् von der Wurzel गम् vor ल्यप् nach VI. 4. 38. wegfällt, die Regel VI. 1. 71. angewendet werden müssen; man bildet mit dem Augmente तुक् आगत्य und अधिगत्य. — Für जाया wird nach V. 4. 134. im bahuvrîhi निङ् d. h. नि für den Endbuchstaben von जाया (vgl. I. 1. 53.) substituirt; da dieses Substitut nicht durch etwas Folgendes bedingt wird, ist es nicht स्थानिवत्, und daher fällt das य् von जाया vor नि aus nach VI. 1. 66. — Von der Wurzel धा in Verbindung mit नि wird mit dem Affixe कि (इ) nach III. 3. 92. निधि gebildet; hierbei findet nach VI. 4. 64. ein lopa des Wurzelvocals Statt, und dieses Substitut ist nicht स्थानिवत् in Bezug auf etwas Folgendes (परविधौ), und wir können demnach von निधि nach IV. 1. 122. das Patronymicum नैधेय mit ढ bilden.

58. Beschränkung der vorhergehenden Regel. 1) पदान्तविधौ; der lopa des अ bei der Wurzel अस् ist nach VI. 4. 111. durch etwas Folgendes bedingt (परनिमित्त) und müsste, wenn er nach voriger Regel स्थानिवत् wäre, die Substitution von य् für इ in कानि, und von आव् für औ in कौ nach VI. 1. 77, 78. nach sich ziehen. 2) द्विर्वचनविधौ; wäre die Substitution von य् für ई in सुधी vor उपास्य स्थानिवत्, dann könnte nach VIII. 4. 47. die Verdoppelung von ध् nicht Statt finden. 3) वरेविधौ; वरे ist निमि-

त्रसापुगी und hat sich deshalb im Compositum erhalten; man löse dieses so auf: वरे यो ऽल्लादेशः स पूर्वविधिं प्रति न स्थानिवत् ॥ Die Wurzel या nimmt nach III. 2. 176. im Intensivum das Affix वर (वरच्) तच्छीलादिष्वर्थेषु an; davor fällt das अ vom यङ् (य des Intensivums) nach VI. 4. 48. aus; dieser lopa zieht nach der hierauf folgenden Bestimmung den Ausfall des vorhergehenden य् nach sich, und dieser letztere lopa ist nach I. 1. 56. nicht स्थानिवत्; wäre nun der Ausfall des अ स्थानिवत्, dann würde das Affix des Intensivums, als mit einem Vocale anfangend, angesehen werden, und da es ङित् ist, müsste es nach VI. 4. 64. den Ausfall des radicalen आ der Wurzel या hervorbringen. 4) यलोपविधौ; याति ist entstanden aus यायायति; vor ति fiel nach VI. 4. 48. das अ von यङ् aus; dieses Substitut war nicht स्थानिवत् यलोपे; es fiel demnach das य् nach VI. 1. 66. vor त् aus; der lopa des य् ist nicht स्थानिवत्, wohl aber der von अ, daher beginnt jetzt das Affix des Intensivums mit einem Vocale, und da es ङित् ist, bringt es nach VI. 4. 64. den lopa vom आ der Wurzel hervor. Dieser letzte lopa ist wiederum nicht स्थानिवत् यलोपे, und so verschwindet auch die letzte Spur der eigentlichen Wurzel, und es erhält sich nur die Reduplicationssilbe mit dem Affixe ति. Ein andres Beispiel aus der Kâçikâ-vṛitti ist कण्डूतिः; कण्डू (कण्डूञ्) gehört zu den Wurzeln, die य (यक्) anfügen; das अ dieser Silbe fällt vor ति (क्तिन्) nach VI. 4. 48. ab, und zieht, da dieser lopa nicht स्थानिवत् ist, den Ausfall des य् nach VI. 1. 66. nach sich. 5) स्वरविधौ; an das aṅga des Desiderativs चिकीर्ष wird ण्वुल् (अक) gefügt; davor ist nach VI. 4. 48. ein lopa des अ vom स des Desiderativs; da dieser

â d e ç a bei der Setzung des Accents nicht स्थानिवत् ist, ist चिकीर्षक nach VI. 1. 193. ein Proparoxytonon. 6) सवर्णविधौ und 7) अनुस्वारविधौ; शिष् zum रुधादि gehörend, fügt श्नम् vor den Personalendungen an; nach VI. 4. 111. ist ein **l o p a** des अ von श्नम् vor einem **s â r v a d h â t u k a**, welcher कित् oder ङित् ist (हि und सि sind ङित् nach I. 2. 4.; vgl. III. 4. 87.); wäre dieser **â d e ç a** स्थानिवत्, dann dürfte man nicht nach VIII. 4. 58. und VIII. 3. 24. शिण्ढि und शिंषन्ति für शिन्ढि und शिन्षन्ति schreiben. 8) दीर्घविधौ; प्रतिदिवन्, wenn es भ ist, erleidet einen **l o p a** seines अ nach VI. 4. 129, 134., bildet also z. B. im 6ten Casus Sg. प्रतिदीव्नः; wäre der **l o p a** स्थानिवत्, dann dürfte die VIII. 2. 77. über die Substitution von ई gegebene Regel nicht angewendet werden. 9) जश्विधौ; für die Wurzel अद् wird im **V e d a** öfters घस् (II. 4. 39.) substituirt, nach VI. 4. 100. ist ein **l o p a** des अ in घस् vor क्तिन् (ति); das स् fällt nach VIII. 2. 26. vor त् aus, und für dieses wird nach VIII. 2. 40. ध् substituirt. Wäre nun der **l o p a** von अ in घस् स्थानिवत्, dann dürfte die Substitution von ग् (जश्) für घ् nach VIII. 4. 53. nicht vor sich gehen. 10) चर्विधौ; die Wurzel घस् erleidet einen **l o p a** ihres Wurzelvocals unter andern auch vor der 1ten Du. Perf. nach VI. 4. 98.; da dieses Substitut nicht स्थानिवत् ist, wird nach VIII. 4. 55. क् (चर्) für ग् vor स्, und nach VIII. 3. 60. ष् für स् nach क् substituirt. — Hierzu folgende **v â r t i k a**'s: स्वरदीर्घयलोपेषु लोपाजादेशो न स्थानिवत् ॥ १ ॥ पञ्चारत्न्यः । दशारत्न्यः ॥ किर्योः । गिर्योः (ई wird nicht substituirt nach VIII. 2. 77.) ॥ वाय्वोः । अध्वर्य्वोः (das य् fällt nicht aus nach VI. 1. 66.) ॥ क्विलुगुपधात्वचङ्परनिर्ह्रासकुत्वेषूपसंख्यानं ॥ २ ॥ क्वि । क्वौ लुप्तं न स्थानिवत् । देवयतेर्द्यूः (die

Wurzel ist देवि (देव+णिच्); इ fällt nach VI. 4. 51. vor क्वि ab; für व् wird ऊ (ऊठ्) nach VI. 4. 19., für ए अय् substituirt nach VI. 1. 78.; wäre der Ausfall des इ स्थानिवत् gewesen, dann hätte die Substitution von ऊ nicht Statt finden dürfen.) ॥ क्वौ विधिं प्रति न स्थानिवत् । लवमाचष्टे लवयति । ततः क्विप् । टिलोपणिलोपौ । लौः । पौः । स्थानिवद्भावाण्णिलोपस्योपध (ऊठ् + न) स्यात् (vgl. VI. 4. 19.) ॥ लुक् । पञ्चभिः पट्वीभिः क्रीतः । पञ्चपटुः । दशपटुः (V. 1. 28, 37.) । पञ्चेन्द्राण्यो देवतास्य । पञ्चेन्द्रः । दशेन्द्रः (s. I. 2. 49.) ॥ उपधात्वे । पारिखीयः (IV. 2. 141.) । उपधात्वनिमित्तकप्रत्ययविधावेव । नेह । पटयति ॥ चङ्परनिर्ह्रासे । अवीवदद्वीणां परिवादकेन (s. zu VII. 4. 1, 93.) ॥ कुत्व । अर्चयतेरर्कः । मर्चयतेर्मर्कः ॥

59. Unsre Regel ist schon im 57ten sûtra enthalten; Pâṅini hat aber im vorhergehenden sûtra gelehrt, dass die Substitution eines Vocals durch etwas Folgendes bedingt द्विर्वचने न स्थानिवत् sei. Unser sûtra belehrt uns eigentlich nur darüber, wie das द्विर्वचन im vorhergehenden sûtra zu fassen sei. Vor consonantisch anfangenden Endungen erleidet der Vocal der Wurzel oder des Themas nie eine solche Veränderung, dass man dadurch bei der Wahl des Vocals in der Reduplicationssilbe in Verlegenheit kommen könnte. — Das आ der Wurzeln पा und स्था fällt vor den Endungen अतुस् und उस् nach VI. 4. 64. aus. Diese Personalendungen, als Substitute von तिप् u. s. w. im लिट् (vgl. III. 4. 82.), erfordern nach VI. 1. 8. die Reduplication der Wurzel. Diese wird nach VI. 1. 1. — VII. 4. 59, 61. — VIII. 4. 54. gebildet, als wenn das आ nicht ausgefallen wäre. — Bei गम् fällt nach VI. 4. 98. der Wurzelvocal vor अतुस् und उस् aus; die Reduplication wird aber nach VI.

1. 1. — VII. 4. 60. (vgl. VIII. 4. 54.) gebildet, als wenn der lopa nicht Statt gefunden hätte. — Aus den Wurzeln अट् und अश् entstehen nach Anfügung von णि die anga's आटि und आशि; vor dem Affixe चङ् fällt das इ des Causals ab; es werden aber dessenungeachtet nach VI. 1. 2. die Silben टि und शि reduplicirt. — Es wird für ऋ in कृ vor den Endungen अतुस् und उस् र् (यण्) substituirt; die Reduplication wird nichtsdestoweniger von कृ nach VII. 4. 66. (vgl. VI. 1. 1. — VII. 4. 60. — VIII. 4. 54.) gebildet, als wenn die Substitution von र् nicht Statt gefunden hätte.

60. प्रसक्त im Commentar ist aus folgendem vârtika zu unsrer Regel entnommen: प्रसक्तादर्शनं लोपसंज्ञं भवतीति वक्तव्यं ॥ गौधेर् ist mit dem Affixe ढ्रक् von गोधा (IV. 1. 129.) gebildet; für ढ् am Anfange von taddhita's wird एय् substituirt; das य् fällt vor र् ab nach VI. 1. 66. — पच (पच् mit शप्) ist das anga vor sârvadhâtuka's; es wird im Potentialis nach VII. 2. 80. इय् für या (या ist noch das vom Augmente यासुट् im लिङ् Uebriggebliebene; स् ist nach VII. 2. 79. ausgefallen) substituirt, und das य् fällt von dem र् der Endung रन् nach VI. 1. 66. ab. — Da der lopa ein âdeça ist, gelten bei ihm auch die Regeln I. 1. 52, 54.

61. Zu den Beispielen vgl. VII. 1. 23. — II. 4. 75. — IV. 2. 82.

62. Ein vârtika: लुक्युपसंख्यानं ॥ Bei अग्निचित् ist ein lopa von सु (स् des 1ten Casus) und bei अहन् (1te oder 2te Sg. im लङ्) ein lopa von त् (तिप्) oder स् (सिप्) nach VI. 1. 68.; dessenungeachtet werden diese Wörter angesehen, als wenn sie sich auf einen सुप् oder

तिङ् endigten, und heissen demnach pada nach I. 4. 14. — सुदृषद्ब्राह्मणाः ist ein falsches Beispiel; es ist hier im 1ten Gliede des Compositums nicht ein lopa, sondern ein लुक् für सु substituirt worden (vgl. II. 4. 71.), und dann endigt sich das Wort nicht auf अतु, sondern auf अद् (दृषद् ist mit dem Uṅâdi-Affixe अदि und dem Augmente षुक् von der Wurzel दॄ der 9ten Klasse abgeleitet; s. Siddh. K. Bl. 193. a.); also durfte die VI. 4. 14. gegebene Regel auf keinen Fall angewendet werden. Beachtenswerth ist Patanǵali's Bemerkung zu unserm sûtra: प्रत्ययग्रहणं किमर्थं । कृत्स्नलोपे प्रत्ययलक्षणं यथा स्यात् । एकदेशलोपे मा भूत् । आघ्नीय । संगमीय ॥ पूर्वस्मिन्नपि योगे प्रत्ययग्रहणस्यैतत् प्रयोजनमुक्तं । अन्यतरच्छक्यमकर्तुं ॥ अथ द्वितीयं प्रत्ययग्रहणं किमर्थं । प्रत्ययलक्षणं यथा स्याद्वर्णलक्षणं मा भूत् । गवे हितं । गोहितं ॥ आघ्नीय und संगमीय sind 3te Sg. im sârvadhâtuka लिङ् von den Wurzeln हन् und गम्; das स् von सीयुट् ist nach VII. 2. 79. ausgefallen; da also kein lopa des ganzen Affixes Statt gefunden hat, fällt der Nasal der Wurzeln nach VI. 4. 37. nicht aus. In गोहितं ist ein lopa (oder vielmehr लुक्) von ङे (Endung des 4ten Cas. Sg.) im 1ten Gliede des Compositums nach II. 4. 71.; es findet aber bei diesem Ausfalle nicht die Substitution von अव् für ओ in गो Statt, welche bei der Anfügung der Casusendung erforderlich war.

63. Das Patronymicum von गर्ग wird nach IV. 1. 105. mit यञ् gebildet; im Pl. wird nach II. 4. 64. लुक् für dieses यञ् substituirt. Das ञ् in यञ् erfordert die Substitution von vṛiddhi für den ersten Vocal des aṅga; da aber das Affix durch die Substitution von लुक् verschwindet, geht auch die Wirkung des stummen ञ्

im Plural verloren. — Die Wurzel मृज् substituirt vor sârvadhâtuka's लुक् für शप् nach II. 4. 72.; die Wurzel हु श्लु für dasselbe Affix nach II. 4. 75. Da das Affix शप् durch einen लुमत् verschwindet, kann das stumme प् nicht die Substitution von guṅa für den Wurzelvocal hervorbringen; vgl. I. 2. 4. — VII. 3. 84, 86. — Kâçikâ-vṛitti: लुमतेति किं । कार्यते । हार्यते (das इ vom णि des Causals ist vor dem य des Passivs durch die Substitution eines lopa verschwunden nach VI. 4. 51.; daher findet die durch das stumme ण् in णि bedingte Substitution von vṛiddhi für den Wurzelvocal nach VII. 2. 115. Statt. Zu अनाङ्गे im Indischen Scholion vgl. folgende Stelle der Kâçikâ-vṛitti, die bloss bei A. vorhanden ist: अनङ्गाधिकारविहितमपि । गर्गाः । विदाः । उष्ट्रग्रीवाः । आद्युदात्तत्वं (VI. 1. 197.) न भवति । अनय (lies अत्रय und s. II. 4. 65.) इति कित (VI. 1. 165.) इत्यन्तोदात्तत्वं न भवति ॥

64. अचः ist als partitiver 6ter Casus zu fassen, wie ihn der Commentator auch erklärt; der Singular erklärt sich durch die collective Bedeutung von अच्. — Beispiele zu III. 4. 79.

65. Beispiele zu VII. 3. 86.

66 67. Zwei paribhâshâ's über die Bedeutung des 7ten und 5ten Casus in den sûtra's von Pâṅini.

66. Beispiel zu der Regel इको यणचि (VI. 1. 77.); in दधि अत्र muss nach unserm sûtra an dem, dem अ (अच्) unmittelbar vorhergehenden इ (इक्) die Substitution von य् (यण्) ausgeführt werden.

67. VIII. 4. 61. heisst es: उदः स्थास्तम्भोः पूर्वस्य (ergänze सवर्णः) ॥ Die Substitution des homogenen Consonanten muss an den unmittelbar auf das उद् (im 5ten

Casus im sûtra stehend) folgenden Wurzeln स्था und स्तम्भ्, und nach I. 1. 54. am Initialen derselben, am स् vollzogen werden. Das Beispiel ओदनं पचति beziehe ich auf die Regel तिङ्ङतिङः (VIII. 1. 28.); man ergänze im sûtra पदात् aus VIII. 1. 17. und अनुदात्तं aus VIII. 1. 18. Hier steht तिङः im 5ten Casus, also muss das unmittelbar vorhergehende अतिङ् (in unserm Beispiele ओदनं) anudâtta sein.

68. Wenn in der Grammatik eine Regel über irgend ein Wort gegeben wird, so wird eben nur dieses Wort darunter verstanden; nicht etwa seine Synonyme oder andre Wörter mit speciellerer Bedeutung, in denen der allgemeine Begriff des im sûtra stehenden Worts aufgeht. Ist aber das Wort eine in der Grammatik angenommene technische Bezeichnung (संज्ञा), dann wird nicht dieses Wort selbst, sondern das, was es bezeichnet (संज्ञिन्), damit gemeint. — IV. 1. 137. heisst es: राजश्वशुराद्यत् (तस्यापत्यमित्यर्थे); hier soll यत् nur von राजन् und श्वशुर, nicht etwa von ihren Synonymen, (wie महीपाल u. s. w. von राजन् ist) gebildet werden. Ebenso ist in der Regel अग्नेर्ढक् (IV. 2. 33.) nur अग्नि allein gemeint und keineswegs seine Synonyme अङ्गार u. s. w. Wenn aber auf der andern Seite III. 3. 92. gesagt wird: उपसर्गे घोः किः, dann füge man कि nicht an das Wort घु, sondern an die Wurzeln, die I. 1. 20. mit dieser Benennung belegt worden sind. — Hierzu folgende vârtika's: सित् तद्विशेषाणां वृक्षाद्यर्थं ॥ १ ॥ प्लक्षन्यग्रोधौ (II. 4. 12.) ॥ पित् पर्यायवचनस्य च स्वाद्यर्थं ॥ २ ॥ चात् तद्विशेषाणां स्वरूपस्य च । स्वे पुषः (III. 4. 40.) । स्वपोषं पुष्यति । रैपोषं । धनपोषं । विद्यापोषं । अश्वपोषं । गोपोषं ॥ झित् पर्यायवचनस्यैव राजाद्यर्थं ॥ ३ ॥ सभा राजा (II. 4. 23.) ।

इनसभं । ईश्वरसभं ॥ तस्य तद्विशेषाणां च न भवति । राजसभा । पुष्पमित्रसभा ॥ कित् तस्य तद्विशेषाणां च मत्स्यार्थं ॥ ४ ॥ किन्निर्देशः कर्तव्यस्ततो वक्तव्यं तस्य च तद्विशेषाणां च ग्रहणं भवतीति । किं प्रयोजनं । मत्स्यार्थं । पक्षिमत्स्यमृगान् (IV. 4. 35.) । मात्स्यिकः । शाफरिकः । शाकुलिकः । पर्यायस्य न । अजिह्मान् हन्ति । अनिमिषान् हन्ति ॥ **Patangali** berichtigt das letzte **vârtika** folgendermassen: अस्यैकपर्यायवचनस्येष्यते ॥ Das hier gemeinte Synonym ist मीन, wovon man nach IV. 4. 35. मैनिक bildet. Der Verfasser der **vârtika**'s scheint in den **sûtra**'s die Bezeichnung mit सित्, पित्, ङित् und कित् vorschlagen zu wollen, damit man jedesmal wisse, wie ein Wort zu fassen sei.

69. S. 12. Z. 7. Calc. Ausg. संज्ञा. Man ergänze in diesem und im folgenden **sûtra** संज्ञा, wovon der 6te Casus regiert wird. — Zu unsrer Regel vgl. oben die **Çivasûtra**'s. — Beispiele zu VI. 1. 88. — VII. 4. 32. — VI. 4. 148. — III. 2. 168. — Ein **vârtika** verbessert: अप्रत्ययादेशटित्किन्मित इति वक्तव्यं ॥

70. S. 12. Z. 12. Calc. Ausg. संज्ञा. — तः परो यस्मात् und तात् परः sind 2 Auflösungen für das zweideutige तपरः, welches im 1ten Falle als **bahuvrihi**, im 2ten als **tatpurusha** gefasst wird. Bloss die 1te Erklärung ist in unserm **sûtra** statthaft; vgl. रपरः I. 1. 51. Was die Erklärer mit तात् परश्च वर्णः wollen, ist mir nicht ganz klar. — Zu unsrer Regel s. oben die **Çivasûtra**'s. — Beispiele zu VII. 3. 102.

71. Regel für die Bildung von **pratyâhâra**'s. — Ein **vârtika** zu diesem **sûtra** verbessert: तन्मध्यानां चेति वक्तव्यं; daher die Erklärung unsers Commentators. — Wenn man eine Zusammenziehung bilden will, füge man an

das erste von den zu umfassenden Gliedern den finalen इत् des letzten zu umfassenden; das Produkt ist alsdann eine Bezeichnung sowohl des ersten Elements als auch aller dazwischenliegenden. Man ersieht aus dieser Bestimmung, dass man zwar mit jedem Elemente bei der Bildung der pratyâhâra's beginnen, aber nur mit einem solchen schliessen darf, das einen इत् zum Endbuchstaben hat. Die Zusammenziehung von Buchstaben nach der Ordnung in den Çivasûtra's bietet nach dem so eben Gesagten keine Schwierigkeit dar. Es werden aber nicht nur hier, sondern auch bei Affixen und namentlich bei den Casus- und Personalaffixen pratyâhâra's gebildet. Die von Casusaffixen vorkommenden Zusammenziehungen sind folgende: सुट्, सुप् und आप्. सुट्, gebildet von सु, der Endung des 1ten Cas. Sg., und ट्, dem finalen इत् der Endung औट् im 2ten Cas. Du., begreift die 5 ersten Casusendungen (in der Ordnung, wie sie IV. 1. 2. aufgeführt werden) in sich; सुप्, entstanden aus सु und प्, dem finalen इत् der Endung सुप् im 7ten Cas. Pl., bezeichnet alle Casusaffixe; आप् heissen die letzten 15 Endungen; der pratyâhâra besteht aus dem आ (आङ्) des 3ten Cas. Sg. und प्, dem finalen इत् des 7ten Cas. Pl. — Bei den Personalaffixen haben wir nur 2 pratyâhâra's: तिङ् und तङ्; ersterer, entstanden aus ति (तिप्), der 1ten Sg., und ङ्, dem finalen इत् von महिङ् (3te Pl.), bezeichnet ursprünglich die III. 4. 78. in ihrer Ordnung angeführten 18 Endungen; spater wurde diese Bezeichnung auf alle, für die ursprunglichen 18 Affixe substituirten Verbalendungen übertragen. तङ् heissen die 9 letzten Personalaffixe und die dafür substituirten Endungen; die Zusammenziehung ist aus त (1te Sg. **â t m a n e p.**) und इ, dem finalen इत् von महिङ् entstanden. Der इत्, womit ein **p r a t y â h â r a** schliesst, muss final sein; daher ist सुट् nicht etwa eine Bezeichnung für die 7 ersten Casusaffixe, da mit dem ट्, initialen इत् von टा, keine Zusammenziehung gebildet werden darf. Ueber andre **p r a t y â h â r a**'s oder vielmehr einfache Elemente, die aber die Commentatoren für Zusammenziehungen auslegen, um dadurch eine Regel des **P â ṅ i n i** allgemeiner zu fassen, werde ich an seinem Orte reden.

72. Diejenigen Theile in einer Regel, welche eine Aussage zu Stande bringen, bezeichnen nicht nur sich selbst, sondern auch Alles, was darauf endigt. Das Beispiel im Indischen Commentar ist aus der Regel अचो यत् (III. 1. 97.). यत् ist das, was ausgesagt wird: यत् soll an अच् gefügt werden. Da in dem Abschnitte der Grammatik, wo diese Regel gelehrt wird, von Wurzeln die Rede ist, bezeichnet अच् nicht nur alle Vocale, sondern auch alle vocalisch endigenden Wurzeln. Unsre Regel so allgemein ausgesprochen, lässt in den einfachen Wörtern auch hierauf endigende Zusammensetzungen enthalten sein. Folgende **v â r t i k a**'s mögen zur Berichtigung unsers **s û t r a**'s dienen: समासप्रत्ययविधौ प्रतिषेधः ॥ १ ॥ द्वितीया श्रितादिभिः (II. 1. 24.) समस्यते । कष्टश्रितः । नेह । कष्टं परमश्रितः । नडादिभ्यः फक् (IV. 1. 99.) । नाडायनः । नेह । सौत्रनाडिः ॥ उगिद्वर्णग्रहणवर्जं ॥ २ ॥ उगितश्च (IV. 1. 6.) । भवती । अतिभवती । अत इञ् (IV. 1. 95.) । दाक्षिः । प्लाक्षिः ॥ अकच्चूग्नम्वतः सर्वनामाव्ययधातुविधावुपसंख्यानं ॥ ३ ॥ तदन्तान्तस्येति वक्तव्यं ॥ ४ ॥ प्रयोजनं सर्वनामाव्ययसंज्ञायां ॥ ५ ॥ परमसर्वे । परमोच्चैः ॥ उपपदविधौ भयाढ्यादिग्रहणं प्रयोजनं ॥ ६ ॥ अभयंकरः । स्वाढ्यंकरणं ॥ Vgl. III.

2. 43, 56. — इतिग्रहणं च प्रयोजनं ॥ ७ ॥ Vgl. IV. 1. 85. — रोण्या अण्ग्रहणं च प्रयोजनं ॥ ८ ॥ आजकरोणाः ॥ Vgl. IV. 2. 78. — तस्य चेति वक्तव्यं ॥ ९ ॥ रौणाः ॥ (Patangali: यच्चानुक्रान्तं यच्चानुक्रंस्यते तस्य सर्वस्य शेषस्तस्य चेति ॥) रथसीताहलेभ्यो यद्विधौ प्रयोजनं ॥ १० ॥ परमरथ्यः । परमसीत्यं । परमहल्या ॥ Vgl. IV. 3. 121. — IV. 4. 76, 91, 97. — सुसर्वार्धदिक्शब्देभ्यो जनपदस्य प्रयोजनं ॥ ११ ॥ सुपाञ्चालकः । सर्वपाञ्चालकः । अर्धपाञ्चालकः । पूर्वपाञ्चालकः ॥ Vgl. IV. 2. 124. — VII. 3. 12. — ऋतोर्वृद्धिमद्विधाववयवानां प्रयोजनं ॥ १२ ॥ पूर्वशारदं ॥ Vgl. VII. 3. 11. — ठञ्विधौ संख्यायाः प्रयोजनं ॥ १३ ॥ द्विषाष्टिकं ॥ Vgl. V. 1. 19. — पदाङ्गाधिकारे तस्य च तदुत्तरपदस्य च ॥ १४ ॥ Man beachte noch folgende paribhâshâ: यस्मिन् विधिस्तदादावल्ग्रहणे ॥ d. h. Der Locativ eines einzelnen Buchstaben bei einer Aussage, bezeichnet nicht ein Wort, welches hiermit schliesst, sondern eins, was damit beginnt. So bedeutet z. B. अचि in der Regel इको यणचि (VI. 1. 77.) nicht: „vor einem vocalisch endigenden Worte," sondern „vor einem vocalisch anfangenden Worte." Vgl. unsern Commentator zu VII. 3. 91.

73. Beispiele zu IV. 2. 114. — Hierzu folgende vârtika's: वा नामधेयस्य ॥ १ ॥ देवदत्तीयाः । दैवदत्ताः ॥ गोत्रोत्तरपदस्य च ॥ २ ॥ कम्बलचारायणीयाः । ओदनपाणिनीयाः । घृतरौढीयाः ॥ गोत्रान्ताद्वासमस्तवत् ॥ ३ ॥ प्रत्ययो भवतीत्यर्थः । पैङ्गलकाण्वाः ॥ (Patangali: किं पुनरत्र ज्यायः । असमस्तवदित्येव ज्यायः ॥) जिह्वाकात्यहरितकात्यवर्जं ॥ ४ ॥ जैह्वाकाताः । हारितकाताः ॥

74. Beispiele zu IV. 2. 114.

75. Beispiele zu IV. 2. 114. — Bhaṭṭogi erklärt das sûtra, als wenn es ein वा enthielte, und bildet auch die Ableitungen ऐणीपचनः । गोनर्दः । भौजकटः mit dem Affixe अण्; s. Siddh. K. Bl. 76. a. — Ein vârtika

beschränkt unsre Regel folgendermassen: एङ् प्राचां देशे शैषिकेष्विति वक्तव्यं ॥ Vgl. IV. 2. 92.

Zweites Kapitel.

1. In diesem so wie in den 3 folgenden **sûtra**'s werden die Affixe aufgezählt, welche, obgleich sie selbst kein wirkliches stummes ङ् in sich halten, doch den Regeln eines ङित् unterworfen sind. गाङ् ist die für इङ् substituirte Wurzel गा; vgl. II. 4. 49—51. — Die कुटादयः sind Wurzeln der 6ten Klasse von कुट कौटिल्ये bis कुङ् शब्दे; das Ende der Reihe (गण) ist im **Dhâtupât'ha** durch das वृत् angedeutet, welches unmittelbar auf die Wurzel कुङ् folgt. — Beispiele zu VI. 4. 66. — I. 1. 5. उत्कोटयति ist णिच् (ein णित्) von कुट; उत्क्रोटः ist mit dem Affixe घञ् (einem ञित्) gebildet. — **Siddh.** K. Bl. 142. a. व्यच व्याजीकरणे ॥ विचति । विव्याच । विविचतुः । व्यचिता । व्यचिष्यति । विच्यात् । अव्याचीत् । अव्यचीत् । व्यचेः कुटादित्वमनसीति (ein **vârtika** zu unserm **sûtra**) तु नेह प्रवर्तते । अनसीति पर्युदासेन कृन्मात्रविषयत्वात् ॥

2. इट् der Kürze wegen für इडादिः प्रत्ययः, wie es der Commentator umschreibt. — Beispiele zu I. 1. 5.

3. Beispiele zu I. 1. 5. — Vgl. VII. 2. 6.

4. Beispiele zu I. 1. 5.

5. In diesem und im folgenden **sûtra** wird gelehrt, wenn die Affixe des लिट्, die von Hause aus nicht कित्

sind, die Eigenschaften eines कित् theilen. — Beispiele zu I. 1. 5. — Wäre der लिट् von der Wurzel स्रंस् कित्, dann müsste nach VI. 4. 24. ein lopa des Wurzelnasals Statt finden.

6. Die Wurzel इन्ध् bildet eine Ausnahme zu der vorhergehenden Beschränkung असंयोगात्; पृ zu अपित्. Der लिट् von इन्ध् ist कित्; daher der Ausfall des Nasals nach VI. 4. 24. — Zu बभूव vgl. I. 1. 5. णल् (1te und 3te Sg. im लिट्) ist ein Substitut für तिप् und मिप्; daher auch पित्. — बभूवतुः gehört nicht hierher, da diese Endung nicht पित् ist. — Das Bhâshya tadelt das ganze sûtra: इन्धेश्छन्दोविषयत्वाद्भुवो वुको (VI. 4. 88.) नित्यत्वात् ताभ्यां लिटः किद्वचनानर्थक्यं ॥ Die Kâçikâ führt folgende alte Verbesserung an: श्रन्थिग्रन्थिदम्भिस्वञ्जीनामिति वक्तव्यं ॥ Siddh. K. Bl. 141. a. श्रन्थिग्रन्थिदम्भिस्वञ्जीनां लिटि कित्त्वं वेति व्याकरणान्तरं । इहाप्याश्रीयत इत्युक्तं । अनिदितामिति (VI. 4. 24.) नलोपः । तस्याभीयत्वादसिद्धत्वेन (VI. 4. 22.) एत्वाभ्यासलोपयोरप्राप्तौ (VI. 4. 120.) । दम्भेश्च एत्वाभ्यासलोपौ वक्तव्यौ ॥ देभतुः । ददम्भतुः । इदं कित्त्वं पिदपिद्विषयकमिति सुधाकरादयः । तन्मते तिप्सिप्मिप्सु । देभ । देभिथ । देभेति रूपान्तरं बोध्यं । अपिद्विषयकमिति न्यासकारादिमते तु । ददम्भ । ददम्भिथ । ददम्भेत्येव ॥ Bl. 146. b. श्रन्थग्रन्थीत्यादिना कित्त्वपक्षे एत्वाभ्यासलोपावप्यत्र (bei der Wurzel श्रन्थ) वक्तव्यौ । इति हरदत्तादयः । श्रेथतुः । श्रेथुः । इदं कित्त्वं पितामपीति सुधाकरमते । श्रेथिथ । अस्मिन्नपि पक्षे णलि । शश्राथ । उत्तमे तु शश्राथ । शश्रथेति माधवः । तत्र मूलं मृग्यं ॥ Vgl. noch zu VIII. 3. 118.

7. क्त्वा ist an und für sich कित्, ihm wird aber I. 2. 18. das कित्त्व förmlich und I. 2. 26. beliebig abgesprochen werden. क्त्वा von मृड्, मृद्, वद् und वस ist कित् als Ausnahme zu I. 2. 18.; von गुध्, कुष und क्लिश als Ausnahme zu I. 2. 26.; von diesen letztern Wurzeln muss nach

unsrer Regel क्त्वा कित् sein, während I. 2. 26. das कित्त्व freigestellt wird. Die Ausnahmen stehen hier voran, weil erst die Affixe, die कित् sind, aufgeführt werden; hierauf werden erst die Fälle aufgezählt, wo Affixe, die eigentlich कित् sein sollten, weil sie ein stummes क् enthalten, doch nicht कित् sind. — Beispiele zu I. 1. 5. — VI. 1. 15.

8. क्त्वा und सन् von रुद्, विद् und मुष könnten nach I. 2. 26. कित् sein, nach unsrer Regel müssen sie es sein. — Von ग्रह् darf क्त्वा nicht कित् sein nach I. 2. 18. Das Augment ई, als blosses Substitut für इ bei ग्रह् nach VII. 2. 37., ist den Regeln von इट् unterworfen. — Die Wurzeln स्वप् und प्रच्छ् gehören bloss zu सन्; denn, dass क्त्वा von diesen Wurzeln कित् ist, versteht sich von selbst. — Beispiele zu I. 1. 5. — VI. 1. 15, 16.

9. Zu इको vgl. I. 1. 72. झल् der Kürze wegen für झलादिः. Um bei den folgenden sûtra's nicht einen neuen pratyâhâra zu gebrauchen, ist in diesem sûtra ein pratyâhâra von solcher Ausdehnung gewählt worden. Ein झलादिः सन् will nichts weiter sagen, als ein सन् (स des Desiderativs) mit स् oder ष् beginnend (ein सन् mit dem Bindevocale इट् soll ausgeschlossen werden). In चि und स्तु wird nach VI. 4. 16. die homogene Länge für den Wurzelvocal substituirt; in कॄ zuerst इर् (vgl. I. 1. 51.) nach VII. 1. 100., hierauf ई für इ nach VIII. 2. 77. Wenn सन् nicht कित् wäre, dann müsste die VII. 3. 84. über die Substitution von guṅa gegebene Regel die Regeln VI. 4. 16. und VII. 1. 100. (vgl. VIII. 2. 77.), wo die Substitution der homogenen Länge und des Vocals इ für ऋ gelehrt wird, aufheben, da sie auf

diese folgt (परत्वात्); vgl. I. 4. 2. — Zu ज्ञीप्सति vgl. VII. 4. 55.

10. Das च wiederholt das ganze vorhergehende sûtra; इक् bestimmt hier die penultima, da die Wurzel auf einen Consonanten ausgehen soll. सन् ist कित् von einer Wurzel, die auf einen Consonanten ausgeht, wenn dieser auf इक् folgt. — Beispiele zu I. 1. 5. — Wäre सन् von यज् कित्, dann müsste nach VI. 1. 15. das य् der Wurzel ein samprasâraṅa erleiden. — Siddh. K. Bl. 154. b. हल्ग्रहणं जातिपरं । तृन्हू । तितृक्षति । तितृंहिषति ॥ Patanǵali: दम्भेर्हल्ग्रहणस्य जातिवाचकत्वात् सिद्धं ॥ धिप्सति । धीप्सति ॥ Vgl. VII. 4. 56. Der Nasal fällt in तृन्हू und दम्भ् nach VI. 4. 24. aus.

11. Beispiele zu I. 1. 5.

12. उस् ist der 5te Casus von ऋ, welches nach I. 1. 69. auch die Länge enthält; vgl. ausserdem I. 1. 72. — In वरिषीष्ट beginnt der सिच् mit इ (इट्), was nicht im pratyâhâra झल् enthalten ist.

13—16. Ausfall des Nasals der Wurzel vor कित् nach VI. 4. 37.

15. Siddh. K. Bl. 164. b. गन्धनं सूचनं परदोषाविष्करणं ॥

17. Für das substituirte इ wird kein guṅa substituirt nach I. 1. 5.

18—26. Es werden die Fälle aufgezählt, wo ein pratyaya, obgleich er mit einem stummen क् bezeichnet ist, doch nicht कित् ist.

18. क्त्वा ist nicht कित्, sonst dürfte kein guṅa Statt finden nach I. 1. 5.; es findet aber Statt nach VII. 3. 86. — Eine Ausnahme zu unsrer Regel ist I. 2. 7, 8.

19—22. Es wird guṅa substituirt nach VII. 3. 84, 86.

20. Bhaṫṫogi erklärt अपमृषितं durch अविस्पष्टं.

21. Patangali verbessert: शब्विकरणेभ्य एवेष्यते ॥ Man bildet demnach गुधितं von गुध्यति; s. Siddh. K. Bl. 184. b.

23. Das कित्त्व des Affixes zieht den Ausfall des Nasals der Wurzel nach sich nach VI. 4. 24. — Das न् von गुम्फ् ist auch ein न् (नुम्), wofür nach VIII. 3. 24. anusvâra substituirt wird. Für den anusvâra kann nach VIII. 4. 58. ein mit dem folgenden Consonanten homogener Nasal substituirt werden.

24. Ausfall des Nasals nach VI. 4. 24. — Zu ऋतित्वा vgl. I. 1. 5.; zu अर्तित्वा VII. 3. 86.

25. Vgl. I. 1. 5. und VII. 3. 86. Der Indische Commentator hätte besser verfahren, wenn er im Scholion zu dieser und der folgenden Regel वा न statt des einfachen वा gesetzt hätte; vgl. das Scholion zu Bhaṫṫi-K. VII. 107.

26. Vgl. I. 1. 5. und VII. 3. 86. — Eine Beschränkung unsrer Regel ist I. 2. 7, 8.

27. Die Calc. Ausg. hat ऊकालो ; ich habe aus der Laghu-K. (S. 4.) das gedehnte ऊ३ hergestellt. Es ist dieses gedehnte ऊ३ eine Zusammenziehung dreier उ: des kurzen, langen und gedehnten; und diesen entsprechen der Reihe nach die Benennungen von ह्रस्व, दीर्घ und प्लुत nach I. 3. 10. Das उ ist bloss des Beispiels wegen gewählt worden; der Grammatiker hätte ebenso gut das अ, इ oder ऋ wählen können; so sagt z. B. Vopadeva (Mugdha-B. S. 3.) आवत् स्व घं प्लु ॥

28. Eine paribhâshâ, die uns lehrt, dass in den sûtra's, wo die Substitution einer Kürze, einer Länge oder einer Dehnung vorgeschrieben wird, jedesmal अचः zu

ergänzen sei. — Beispiele zu I. 2. 47. — VII. 4. 25. — VIII. 2. 84.

29. Das अ der Themata य und क ist udâtta; die Endung ई anudâtta; das für beide substituirte ए ist wieder udâtta nach VIII. 2. 5.

30. Çântanâćârya giebt in seinen Phiťsûtra's pâda 4., sûtra 10. (s. Siddh. K. Bl. 232. a.) über den Accent von त्व folgende Bestimmung: त्वत् त्व सम सिमे- त्यनुच्चानि ॥

31. क्व ist nach V. 3. 12. mit dem Affixe अत् von किं abgeleitet; demnach ein Perispomenon nach VI. 1. 185. — कर्तव्यं, von कृ mit तव्यत्, ist ein Properispomenon nach VI. 1. 185.

32. ह्रस्व ist hier gleichbedeutend mit मात्रा; eine kurze Silbe fasst eine mâtrâ. माणवका३ ist ein Perispomenon nach VIII. 2. 103. — Am Ende der Erklärung zu diesem sûtra bemerkt der Indische Commentator: तस्यादित इत्यादिनव सूत्राण्यष्टमाध्याय उदात्तादनुदात्तस्य स्वरित (VIII. 4. 66.) इति सूत्रस्याग्रे कर्तव्यानीति भाष्ये स्पष्टं ॥ Mit Recht verlegt auch Bhaťťogi die folgenden 8 sûtra's in das 8te Buch, und lässt sie auf die 67te Regel des 4ten Kapitels folgen.

33. Kâçikâ: त्रैस्वर्ये पदानां प्राप्ते दूरात् संबुद्धावैकश्रुत्यं विधीयते । एकश्रुतिर्यस्य तदिदमेकश्रुति । एकश्रुति वाक्यं भवति । दूरात् संबोधयति येन वाक्येन तत् संबोधनं संबुद्धिः । नैकवचनं (vgl. II. 3. 49.) संबुद्धिः ॥ स्वराणामुदात्तादीनामविभागो भेदतिरोधानमेकश्रुतिः ॥ Der ganze Satz आगच्छ भो माणवक देवदत्ता३ wird ohne Unterscheidung der Accente gesprochen, bis auf die letzte Silbe desselben, welche nach VIII. 2. 84. auch udâtta sein kann.

34. Das Beispiel अग्निर्मूर्धा u. s. w. ist aus dem weis-

sehn Yaǵur-Veda III. 12. Es lautet im Zusammenhange: अग्निर्मूर्धा दिवः ककुत्पतिः पृथिव्या अयं। अपां रेताँसि जिन्वति ॥ Dieser Agni, das Haupt der Lichtwelt, der Herr der Berggipfel der Erde, liebt den fruchtbaren Regen.“ Zu विश्वं समत्रिणं दह vgl. Rig-Veda XXXVI. 14, 20.

35. Kâçikâ: वषट्शब्देनात्र वौषट्शब्दो लक्ष्यते। वौषडित्यस्यैवेदं स्वरविधानं। यद्येवं वौषड्ग्रहणमेव कस्मान्न कृतं। विचित्रा हि सूत्रस्य कृतिः पाणिनेः ॥

36. Zu वीतये vgl. III. 3. 96. — Kâçikâ: छन्दसि विषये विभाषा एकश्रुतिर्भवति। पक्षान्तरे त्रैस्वर्यमेव भवति। वेति प्रकृते विभाषाग्रहणं यज्ञकर्मणीत्यस्य निवृत्त्यर्थं। तेनायं स्वाध्यायकाले (A. स्वाध्यायाध्ययनकालो) ऽपि पाक्षिक ऐकश्रुत्यविधिर्न भवति ॥ Siddh. K. Bl. 228. b. व्यवस्थितविभाषेयं। संहितायां त्रैस्वर्यं। ब्राह्मण एकश्रुतिर्बह्वृचानां। अन्येषामपि यथासंप्रदायं व्यवस्था ॥

37. सुब्रह्मण्योम्३ (Siddh. K. hat सुब्रह्मण्यो ऽयं) ist entstanden aus सुब्रह्मण्य + ओं (s. VIII. 2. 89.); सुब्रह्मण्य ist nach IV. 4. 98. mit यत् von सुब्रह्मन् abgeleitet, und ist nach VI. 1. 185. ein Perispomenon. इन्द्र आगच्छ scheint nach der Kâçikâ nicht zusammengezogen werden zu müssen, da sie ausdrücklich bemerkt, dass die 4 ersten Silben udâtta seien, die letzte hingegen anudâtta. Die 1te Silbe in इन्द्र ist udâtta nach VI. 1. 198.; die letzte ist anudâtta nach VI. 1. 158., wird aber svarita nach VIII. 4. 66. und udâtta nach unserm sûtra. Die Präposition आ ist udâtta (Çântanâćârya in Siddh. K. Bl. 232. b. निपाता आद्युदात्ताः ॥ उपसर्गाश्चाभिवर्जं ॥); गच्छ ist anudâtta nach VIII. 1. 28.; die 1te Silbe wird aber svarita nach VIII. 4. 66., und udâtta nach unsrer Regel. — In हरिव (Voc. Sg. von हरिवत्; s. VIII. 3. 1.) आगच्छ sind nach denselben Bestim-

mungen die Silben इ, रि, आ und ग udâtta. — Hierzu folgende vârtika's: असावित्यन्तः ॥ १ ॥ तस्मिन्नेव निगदे प्रथमान्तस्यान्त उदात्तः स्यात् । गार्ग्यो यजते (Siddh. K. Bl. 228. b. ञित्वात् प्राप्त आद्युदात्तो ऽनेन बाध्यते ॥ Vgl. IV. 1. 105. — VI. 1. 197.) ॥ अनुव्येत्यन्तः ॥ २ ॥ षष्ठ्यन्तस्यापि प्राग्वत् । दाक्षेः पिता यजते ॥ स्यान्तस्योपोत्तमं च ॥ ३ ॥ चादन्तः । तेन द्वावुदात्तौ । गार्ग्यस्य पिता यजते । अन्त्यस्य समीपमुपोत्तमं ॥ वा नामधेयस्य ॥ ४ ॥ स्यान्तस्य नामधेयस्योपोत्तममुदात्तं वा स्यात् । देवदत्तस्य पिता यजते ॥

38. Die 1te Silbe in den Vocativis देवाः und ब्रह्माणः ist udâtta nach VI. 1. 198.; die hierauf folgende, ursprünglich anudâtta, wird svarita nach VIII. 4. 66., und wiederum anudâtta nach unserm sûtra.

39. Kâçikâ: एकश्रुतिरिति वर्तते ॥ इमं lässt die Kâçikâ ein Oxytonon sein (vgl. jedoch VI. 1. 171.); मे ist anudâtta nach VIII. 1. 22., wird aber svarita nach VIII. 4. 66. Die hierauf folgenden Vocative sind alle anudâtta nach VIII. 1. 19.

40. Die beiden Vocative sind âdyudâtta nach VI. 1. 198.; die letzte Silbe in सरस्वति ist anudâtta, und wird vor der Silbe शु, welche udâtta ist, anudâttatara. Der Vocativ अध्यापक ist âdyudâtta; die letzte Silbe desselben ist anudâtta, steht aber vor einem svarita (क्व), und wird demnach anudâttatara.

41. Beispiele zu VI. 1. 67, 68.

42. Ein vârtika zu unsrer Regel: तत्पुरुषः समानाधिकरणपदः कर्मधारय इति वक्तव्यं; daher die Erklärung des Indischen Commentators. Beispiele zu VI. 3. 42. — Wenn Pâṅini den karmadhâraya im 1ten Kapitel des 2ten Buchs, wo ausschliesslich von Zusammensetzungen gehandelt wird, definirt hätte, dann wäre nach I. 4. 1. aus-

drücklich damit gesagt, dass ein Compositum in dem in unserm sûtra näher bezeichneten Falle nur karmadhâraya heisse. Durch die jetzige Stellung ergiebt sich aber, dass jeder karmadhâraya zugleich ein tatpurusha ist.

43. Upasargana heisst dasjenige Wort, welches in den Regeln der Grammatik, wo die Zusammensetzungen gebildet werden, durch den 1ten Casus bezeichnet wird. — Beispiele zu II. 1. 24, 30, 36, 37, 40.— II. 2. 8, 30.

44. Upasargana heisst ferner dasjenige Wort, welches bei der Auflösung des Compositums immer in einem und demselben Casus erscheint. So sind z. B. in den Compositis प्राप्तजीविक und आपन्नजीविक nicht प्राप्त und आपन्न (obgleich sie II. 2. 4. im 1ten Casus stehen) upasargana's, sondern जीविका ist upasargana, weil dieses bei der Auflösung immer in einem und demselben Casus stehen bleibt; vgl. II. 2. 4. Ebenso verhält sich die Sache bei अलंकुमारि und निष्कौशाम्बि, wo die Indeclinabilia अलं und निस् für 1te Casus mit abgeworfener Casusendung angesehen werden. In पञ्चगु sind beide Glieder upasargana's, da bei der Auflösung immer nur der 1te Casus erscheint; die Indischen Grammatiker lösen nämlich das Compositum durch पञ्च गावो यस्य सः (2ter Casus तं u. s. w.) auf. Bei dieser Art von upasargana's gilt aber nicht die II. 2. 30. gegebene Regel, dass nämlich das upasargana im Compositum voranstehen muss. — Beispiele zu I. 2. 48. Ein vârtika verbessert: एकविभक्तावषष्ठ्यन्तवचनं ॥ अर्धं पिप्पल्या (vgl. II. 2. 4.) अर्धपिप्पली ॥ Wäre पिप्पली hier upasargana, dann müsste nach I. 2. 48. eine Kürze für das ई in पिप्पली substituirt werden.

45. Das अप्रत्यय fasst unser Commentator so wie auch Bhat́t́oǵi auf zweifache Art: einmal als tatpurusha, das andre Mal als bahuvrîhi. — धन ist ein bedeutsames Wort; wäre es auch noch धन्, dann müsste dieses, als prâtipadika und pada zugleich, sein न् nach VIII. 2. 7. abwerfen. अहन् ist 1te oder 2te Sg. im लङ् von der Wurzel हन्.

46. Zu कृत् und तद्धित vgl. I. 1. 72. — लिट् ist mit dem Affixe क्विप् von der Wurzel लिह् abgeleitet.

47. Vgl. zu ह्रस्वः I. 1. 48. — Die Beispiele अतिरि und अतिनु passen besser zur folgenden Regel. Bhat́t́oǵi's Beispiel अोपं ist vorzuziehen; s. Siddh. K. Bl. 18. b.

48. Vgl. I. 2. 44. — Dass unser Commentator das ई von स्त्री zum svarita macht, ist vielleicht eine Spitzfindigkeit; man vgl. jedoch I. 3. 11. — Ein vârtika: ईयसो बहुव्रीहौ पुंवद्वचनं ॥ बहुश्रेयसी (d. h. बह्व्यः श्रेयस्यो यस्य सः; s. Siddh. K. Bl. 14. a.) । विद्यमानश्रेयसी । रूपातिदेशो ऽयं । तेनात्र ह्रस्वो न ॥

49. Der तद्धितलुक् in den angeführten Beispielen findet Statt nach IV. 1. 88. — IV. 3. 163. — IV. 1. 176. — Der Indische Commentator scheint आमलकं in आमलक्याः फलं (vgl. IV. 3. 163.) auflösen zu wollen, um ein upasarǵana herauszubringen; er vergisst aber dabei, dass Pâńini bloss im Compositum von einem upasarǵana spricht. Wenn wir mit dem Verfasser der vârtika's nicht उपसर्जनस्य im sûtra ergänzen wollen (was ich vorziehe), dann ist आमलकं erklärt; wir müssen aber alsdann auch folgende Verbesserung von ihm annehmen: तद्धितलुक्यवन्त्यादीनां प्रतिषेधः ॥ Vgl. IV. 1. 176. — Bei गार्गीकुलं

ist nach II. 4. 71. ein लुक् für सुप् im 1ten Gliede des Compositums substituirt worden.

50. Vgl. IV. 1. 88. zu पञ्चगोणिः und दशगोणिः. Um das इ in पञ्चसूचिः zu erklären, nimmt unser Commentator seine Zuflucht zu einer Spitzfindigkeit: er will das sûtra in 2 Theile theilen. इत् würde eine ganz allgemeine Regel bilden: इत् wird substituirt. Hierauf folgt eine ganz specielle: इत् wird in गोणी substituirt.

51. Dieses und das folgende sûtra gehört Pâṅini's Vorgängern; unser Grammatiker wird sie sogleich verwerfen. Beispiele zu IV. 2. 81. — Die Kâçikâ erklärt युक्तवत् auf zweierlei Weise: युक्तवदिति निष्ठाप्रत्ययेन क्तवतुना प्रकृत्यर्थ उच्यते । स हि प्रत्ययार्थमात्मना युनक्ति । तस्य युक्तवतो व्यक्तिवचने लुबर्थे विधीयेते । अथवा युक्तः प्रकृत्यर्थः । प्रत्ययार्थेन संबद्धः (A. संबन्धः) । तस्मिन्निव व्यक्तिवचने लुबर्थे भवतः । सप्तम्यर्थे वतिः ॥ Man lese mit der Calc. Ausg. शिरीषवनं, und vgl. VIII. 4. 6.

52. Hierzu folgende vârtika's: हरीतक्यादिषु (IV. 3. 167.) व्यक्तिः ॥ १ ॥ हरीतक्यादिषु लिङ्गमेव प्रकृतिवत् । हरीतक्यः फलानि ॥ खलतिकादिषु वचनं ॥ २ ॥ खलतिकादिषु संख्यैव प्रकृतिवत् । खलतिकस्य पर्वतस्यादूरभवानि खलतिकं वनानि ॥ मनुष्यलुपि प्रतिषेधः ॥ ३ ॥ मनुष्यलक्षणे लुबर्थे विशेषणानां प्रकृतिवल्लिङ्गसंख्ये न स्तः । लुबन्तस्य तु भवति । चञ्चा अभिरूपः । वध्रिका दर्शनीयः ॥ Vgl. V. 3. 98.

53—57. Pâṅini zieht gegen seine Vorgänger zu Felde. Das Ganze wird hinreichend klar durch einen vorzüglichen Commentar, ich meine die Kâçikâ-vṛitti, die jede andre Erklärung vollkommen ersetzen wird.

53. तदिति प्रकृतं युक्तवद्भावलक्षणं प्रतिनिर्दिश्यते (A. निर्दिश्यते) । तदशिष्यं न वक्तव्यं । कुतः (A. कस्मात्) । संज्ञाप्रमाणत्वात् । संज्ञाशब्दा हि नानालिङ्गसंख्याः प्रमाणं । पञ्चाला वरणा (A. fügt वर hinzu)

इति च नैते योगशब्दाः किं तर्हि जनपदादीनां संज्ञा एताः । तत्र लिङ्गं वचनं च (A. लिङ्गवचनं ohne च) स्वभावसिद्धमेव न यत्नप्रतिपाद्यं । यथा (A. fügt च hinzu) आपो दाराः सिकता वर्षा गृहा इति ॥

54. लुबप्यशिष्यः । यो ऽयं जनपदे लुप् । वरणादिभ्यश्चेति (IV. 2. 82.) लुबुच्यते । अयं न वक्तव्यः । किं कारणं । योगाप्रख्यानात् । न हि पञ्चाला वरणा इति योगः संबन्धः प्रख्यायते । नैतदुपलभामहे वृक्षयोगं नगरे वरणाः शब्द (fehlt bei A.) इति । किं तर्हि संज्ञा एतास्तस्मादत्र तस्य निवासः (IV. 2. 69.) । अदूरभवश्चेति (IV. 2. 70.) तद्धितो नैवोत्पद्यते । किं लुपो विधानेन ॥

55. यदि (fehlt bei A.) पञ्चालादयः संज्ञाशब्दा न योगनिमित्ता इत्युक्तं । तच्चावश्यमभ्युपगन्तव्यं । योगप्रमाणे हि तदभावे ऽदर्शनं स्यात् । यदि पञ्चालादिशब्दो योगस्य प्रमाणं योगस्य वाचकः स्यात् ततस्तदभावे योगाभावे तस्य (fehlt bei A.) अदर्शनमप्रयोगः स्यात् । दृश्यते च संप्रति विनैव क्षत्रियसंबन्धेन जनपदेषु पञ्चालादिशब्दस्ततो (B. क्षत्रियसंबन्धं जनपदं पञ्चालशब्दः । ततो°) ऽवसीयते नायं निमित्तकः । किं तर्हि रूढिरूपेणैव प्रवृत्त इति ॥

56. अशिष्यमिति वर्तते । प्रधानं समासे किंचित् पदं । प्रत्ययस्तव्यदादिः (III. 1. 96.) । ताभ्यामर्थवचनमर्थाभिधानमनेन प्रकारेण भवति इति (fehlt bei B.) पूर्वाचार्यैः परिभाषितं । प्रधानोपसर्जने प्रधानार्थं सह ब्रूतः । प्रकृतिप्रत्ययौ प्रत्ययार्थं सह ब्रूत इति । तत् (fehlt bei A.) पाणिनिराचार्यः प्रत्याचष्टे । अशिष्यमेतत् । अर्थान्यप्रमाणत्वात् । अन्य इति शास्त्रापेक्षया लोको व्यपदिश्यते । शब्दैरर्थाभिधानं स्वाभाविकं न परिभाषितव्यमशक्यत्वात् । लोकत एवार्थगतेः । यैरपि व्याकरणं न श्रुतं ते ऽपि राजपुरुषमानयेत्युक्ता राजविशिष्टं पुरुषमानयन्ति । न राजानं नापि पुरुषमात्रं । औपगवमानयेत्युक्ता उपगुविशिष्टमपत्यमानयन्ति । नोपगुं नाप्यपत्यमात्रं । यश्च लोकतो ऽर्थ[ः] सिद्धस्तत्र किं यत्नेन ॥

57. अशिष्यमित्यनुवर्तते । कालोपसर्जने चाशिष्ये । कस्मात् । अर्थस्यान्यप्रमाणत्वात् । तुल्यशब्दो ह्यत्वनुकर्षणार्थः । अशिष्यविशेषणं चैतत् । कालोपसर्जने च तुल्यमशिष्ये भवतः (अशिष्य — भवतः fehlt bei A.) । इहान्ये वैयाकरणाः कालोपसर्जनयोः परिभाषां कुर्वन्ति । आ न्याय्यादुत्थानादा न्याय्याच्च संवेशनादेषो ऽद्यतनः कालः । अपरे पुनराहुः । अहरुभयतो ऽर्धरात्रमेषो

ऽद्यतनः काल इति । तयोपसर्जनपरिभाषां कुर्वन्ति । अप्रधानमुपसर्जनमिति । तत् पाणिनिराचार्यः प्रत्याचष्टे । लोकतो ऽर्थगतेः । यैरपि व्याकरणं न श्रुतं ते ऽप्याहुः । इदमस्माभिरद्य कर्तव्यं । इदं श्वः कर्तव्यं । इदं ह्यः कृतमिति । न चैवं व्युत्पाद्यन्ते । तयोपसर्जनमप्रधानमिति गम्यते । यश्च लोकतो ऽर्थः सिद्धः किं तत्र यत्नेन । यद्येवं पूर्वसूत्र एव कालोपसर्जनग्रहणं कस्मान्न क्रियते । किमर्थो योगविभागः । प्रदर्शनार्थः । अन्यदप्येवंजातीयकमशिष्यमिति । तथा च (B. हि) पूर्वाचार्याः परिभाषन्ते (B. परिभाषन्तः) । अन्यपदार्थो (B. मत्वर्थे) बहुव्रीहिः । पूर्वपदार्थप्रधानो ऽव्ययीभावः । उत्तरपदार्थप्रधानस्तत्पुरुषः । उभयपदार्थप्रधानो द्वन्द्वः । इत्येवमादिः । तदशिष्यमिति ॥

58. Ein **vârtika**: संख्याप्रयोगे प्रतिषेधः ॥ एको व्रीहिः संपन्नः सुभिक्षं करोति ॥ Ein andres: अस्मदो नाम युवप्रत्यययोश्च ॥

59. **Kâçikâ**: सविशेषणस्य प्रतिषेधो वक्तव्यः ॥ अहं देवदत्तो ब्रवीमि । अहं पटुर्ब्रवीमि ॥ युष्मदि गुरावेकेषां ॥ त्वं मे गुरुः । यूयं मे गुरवः ॥

60. फल्गुनी und प्रोष्ठपदा müssten eigentlich immer nur im Dual gebraucht werden, da jedes von diesen Mondhäusern aus **2** Sternen besteht. Aus demselben Grunde sagt man auch ऐचौ (es ist jedoch auch der Singular gestattet), da der **pratyâhâra** ऐच् **2** Buchstaben bezeichnet. — Vgl. Colebrooke Essays II. S. **335**, **336**, **343**, **344**.

61. Vgl. **Wilson's** Lexicon u. d. W. पुनर्वसु und Colebrooke Essays II. S. **333.**, wo auf unser sûtra (bei Colebrooke irrthümlich als **63**tes bezeichnet) verwiesen wird.

62. Bei **Pâṅini** scheint es eine ausgemachte Sache zu sein, dass विशाखा aus **2** Sternen besteht; Colebrooke giebt diesem Mondhause **4** (Essays II. S. **338.**); Wilson (im Lexicon u. d. W.) **4** und **2** Sterne.

63. Der Dual lässt sich leicht erklären: es wird die Gruppe von Sternen, die ein Mondhaus bildet, als

Einheit gefasst. In dem Beispiele तिष्यपुनर्वसवो माणवकाः suche man einen mit Namen तिष्य und 2 mit Namen पुनर्वसु, wegen des gebräuchlichen Duals पुनर्वसू. — Das बहुवचनस्य im sûtra sollte den sogenannten द्वन्द्वः समाहारे, welcher stets im Neutro Sg. steht, ausschliessen; vgl. II. 4. 17. Es lässt sich zwar die Form इदं तिष्यपुनर्वसु nach keiner der II. 4. 2—16. gegebenen Regeln bilden, aber eine paribhâshâ zu unserm sûtra bemerkt: सर्वो द्वन्द्वो विभाषैकवद्भवति ॥

64. Man bemerke den in andern Sprachen ungewöhnlichen Plural अक्षाः. Ein vârtika verbietet ihn zu bilden: समानार्थानामेकशेषो भवतीति वक्तव्यं; während ein andres ihn gestattet: नानार्थानामपि सरूपाणां.

65. Vgl. den erkl. Ind. u. d. W. वृद्ध und युवन्. — Das तल्लक्षणश्चेदेव विशेषः erklärt Bhaṫṫogi, deutlicher und genauer wie unser Commentator, folgendermassen: गोत्रयुवप्रत्ययमात्रकृतं चेत् तयोः कृत्स्नं वैरूप्यं स्यात् ॥ S. Siddh. K. Bl. 57. a. — Zu den Beispielen vgl. IV. 1. 95, 101, 105, 148.

66. गार्गी ist das Femininum von गार्ग्य nach IV. 1. 16. — दाक्षी Fem. von दाक्षि (vṛiddha von दक्ष nach IV. 1. 95.) mit ङीष् nach IV. 1. 65. — दाक्षायण ist yuvan von दाक्षि nach IV. 1. 101. Das 2te दाक्षी ist der Dual vom Masculinum दाक्षि.

68. Vgl. I. 3. 10.

72. Patanǵali: पूर्वशेषो ऽपि दृश्यते ॥ स च यश्च तौ ॥ Ein vârtika zu unserm sûtra: त्यदादितः शेषे पुंनपुंसकतो लिङ्गवचनानि ॥ सा च देवदत्तश्च तौ । तच्च देवदत्ता च यज्ञदत्ता च तानि । पुंनपुंसकयोस्तु परत्वान्नपुंसकं शिष्यते । तच्च देवदत्तश्च ते ॥ Ein andres: अद्वन्द्वतत्पुरुषविशेषणानां ॥ कुक्कुटमयूर्याविमे । मयूरीकुक्कुटाविमौ । तच्च सा च अर्धपिप्पल्यौ ते ॥

73. Ausnahme zu 67. Ein **vârtika**: अनेकशफेष्विति वक्तव्यं ॥ इह मा भूत् । अश्वा इमे । गर्दभा इमे ॥

Drittes Kapitel.

1. Durch भूवादयः sind alle Wurzeln, die im Dhâtupât'ha aufgeführt werden, bezeichnet; das Wurzelverzeichniss beginnt mit भू. भ्वादयः, wie der Commentator hat, ist die regelrechtere Form; doch hat Pâńini absichtlich भूवादयः gesagt, um anzuzeigen, dass die Wurzel भू durch den âgama वुक् so häufig zu भूव् wird; vgl. VI. 4. 88. Wir werden in der Folge öfters die Gelegenheit haben zu bemerken, dass der Grammatiker in den sûtra's die Wurzel schon modificirt anführt. Man könnte vielleicht auch vermuthen, dass भूवादयः alle Wurzeln, भ्वादयः dagegen nur die der 1ten Klasse bezeichnen; ich möchte jedoch die erstere Erklärung vorziehen.

2. Ueber nasale Vocale s. zu I. 1. 8. — In एध ist das nasale अ Träger eines Accentes und zwar des Gravis; daher das âtmanep. nach I. 3. 12.

3. Die Erklärung, dass der Endconsonant im sûtra हल् (14tes Çivasûtra) इत् sei, ist sehr einseitig; man übersetze: „jeder Endconsonant im upadeça ist इत्.“ Das hierauf folgende sûtra ist eine Ausnahme zu unsrer Regel. Ein vârtika: व्यवसितान्त्ये हलित्संज्ञो भवतीति वक्तव्यं (Patanǵali: के पुनर्व्यवसिताः । धातुप्रातिपदिकप्रत्ययनिपातादेशाः) ॥

Ein andres: लकारश्चेति वक्तव्यं ॥ Ein drittes: प्रातिपदिकप्रतिषेधो ऽकृत्तद्धितान्तानां ॥

4. Unsre Regel ist einigen Ausnahmen unterworfen; ein **vârtika** verbessert treffend: विभक्तौ तवर्गप्रतिषेधो ऽतद्धिते ॥ Das त् in अत् (**taddhita** und **vibhakti**; vgl. IV. 1. 76. — V. 3. 1, 12.), wodurch कुत् von किं gebildet wird, ist इत्. Auf der andern Seite fürchtete der Grammatiker, dass im **taddhita** und **vibhakti** थमु्, womit इत्थं von इदं gebildet wird (V. 3. 24.), das म् als Endconsonant für einen इत् angesehen würde, und fügte deshalb an das Affix ein nasales उ, welches das म् vom Ende wegrückte und ihm dadurch die Stummheit (इत्त्व) benahm. Die übrigen bei dieser Regel als Beispiele angeführten Wörter sind durch folgende **pratyaya's** gebildet: आत् । स्मिन् । जस् । थस् । ताम् । तम् ॥ चेय ist mit यत् von der Wurzel चि, und अहँयु mit युस् von अहं abgeleitet.

5. Zum Singular आदि: vgl. IV. 2. 16.—ञि, टु und डु kommen nur am Anfange von Wurzeln im **Dhâtupâtha** vor; über ihre Bedeutung, wodurch auch die Beispiele erklärt werden, s. III. 2. 187. — III. 3. 88, 89.

6. गार्ग्यायणी ist mit ष्फ von गार्ग्य gebildet nach IV. 1. 17. — नर्तकी mit ष्वुन् von der Wurzel नृत् nach III. 1. 145. — षडिक ist der verkürzte Eigenname षडङ्गुलीदत्त; s. zu V. 3. 84. — अविष und महिष sind mit dem **Uńâdi**-Affixe टिषच् von den Wurzeln अव् und मह् gebildet; vgl. **Siddh. K.** Bl. 191. a.

7. रामाः ist जस् von राम. कौञ्जायनाः ist nach IV. 1. 98. regelrecht von कुञ्ज mit च्फञ् gebildet. Diese Form ist jedoch ungebräuchlich: an das Affix च्फञ् wird noch ञ्य angefügt; vgl. V. 3. 113. — अजा ist mit टाप् von

अज gebildet nach IV. 1. 4.; सीमा mit डाप् nach IV. 1. 13. — Zu den Ausnahmen vgl. V. 2. 26, 31. Ein **vârtika** verbessert: चुञ्चुप्चणपोश्चकारस्य प्रतिषेधो वक्तव्यः ॥ Ein andres: इर उपसंख्यानं ॥

8. भवति ist लट् von भू mit शप्; द in गोद von der Wurzel दा mit क nach III. 2. 3. Für das stumme ऌ giebt der Indische Commentator kein Beispiel, denn das ऌ in लट् ist kein इत्; vgl. III. 4. 77.

9. Die im Commentar citirte **paribhâshâ** ist unter die **sûtra's** (s. I. 1. 52.) aufgenommen.

10. Eine **paribhâshâ**. — Die nachfolgenden Glieder in einem **sûtra**, wenn sie von gleicher Anzahl mit den vorhergehenden sind, entsprechen diesen der Reihe nach. — **Kâçikâ**: संख्याशब्देन क्रमो लक्ष्यते । अनुदिश्यत इत्यनुदेशः । पश्चादुच्चार्यत इत्यर्थः ॥ Beispiele zu IV. 3. 94.

11. **Kâçikâ**: स्वरितेनेति इत्थंभूतलक्षणे तृतीया (s. II. 3. 21.) । स्वरितो नाम स्वरविशेषो वर्णधर्मः । तेन चिह्नेनाधिकारो वेदितव्यः । अधिकारो विनियोगः । स्वरितगुणयुक्तं शब्दरूपमधिकृतत्वादुत्तरत्रोपतिष्ठते । प्रतिज्ञा[ः] स्वरिताः पाणिनीयाः । प्रत्ययः (III. 1. 1.) । धातोः (III. 1. 91.) । ङ्याप्प्रातिपदिकात् (IV. 1. 1.) । अङ्गस्य (VI. 4. 1.) । भस्य (VI. 4. 129.) । पदस्य (VIII. 1. 16.) ॥ Wo der Circumflex gestanden hat, will ich nicht entscheiden; wenn zu **Pâṅini's** Zeiten die Accente in der gewöhnlichen Schrift nicht gebraucht wurden, konnte der Circumflex über einen beliebigen Buchstaben des **adhikâra** gesetzt werden, ohne Verwirrung hervorzubringen. Die Handschriften unsers Grammatikers, die ich verglichen habe, sind alle aus der neusten Zeit und bezeichnen diesen Accent ebenso wenig wie die nasalen Vocale im **upadeça**. Wenn ich 2 **vârtika's** zu unsrer Regel recht

verstehe, so wurde bei einem **adhikâra** ein Buchstabe angefügt (der vielleicht der Träger des Circumflex war) und zwar so oft, als der **adhikâra** in der Folge ergänzt werden musste; konnte er nicht so weit ergänzt werden, dann musste man ihn die fehlenden Male bei den vorhergehenden (?) Regeln ergänzen. Hier die beiden **vârtika's** selbst: यावतिथो ऽलनुबध्यते तावतो योगानधिकारो ऽनुवर्तत इति वक्तव्यं ॥ १ ॥ भूयसि प्रागमुत इति वक्तव्यं ॥ २ ॥

12. Das इत् am Ende des Compositums gehört zu beiden vorhergehenden Gliedern: zu अनुदात्त und zu इ; vgl. I. 3. 72.

13. S. d. erkl. Ind. u. भाव und कर्मन्. — Vgl. II. 3. 2, 18, 46.

14. Im Scholion zu Bhaṭṭi-K. VIII. 3. finde ich die Lesart कर्मव्यतीहारे. — Ein **vârtika** verbessert: क्रियाव्यतिहार इति वक्तव्यं ॥

15. Hierzu folgende 2 **vârtika's**: हसादीनामुपसंख्यानं ॥ १ ॥ व्यतिहसन्ति । व्यतिजल्पन्ति । व्यतिपठन्ति ॥ हृवहोरप्रतिषेधः ॥ २ ॥ हृञ् । संप्रहरन्ते राजानः ॥ **Patangali**: न वहिर्गत्यर्थः ॥

16. Die Gegenseitigkeit der Handlung ist schon durch den Zusatz इतरेतर und अन्योन्य hinlänglich bezeichnet; vgl. I. 3. 77. — परस्पर gehört auch hierher; ein **vârtika** sagt es ausdrücklich: परस्परोपपदाच्चेति वक्तव्यं ॥

17. विश als उदात्तेत् müsste nach I. 3. 78. immer **parasmaip.** haben. Die im Indischen Scholion citirten **paribhâshâ's** lauten vollständig folgendermassen: यदागमास्तद्गुणीभूतास्तद्ग्रहणेन गृह्यन्ते ॥ (d. h. In den einfachen Wörtern sind auch alle augmentirten Formen enthalten) und अर्थवद्ग्रहणे नानर्थकस्य ग्रहणं. Die erstere wird in der Calc. Ausg. bei I. 1. 20., die letztere bei I. 1. 68. angeführt.

18. Die Wurzel उक्रीञ् dürfte nach I. 3. 72. nur dann im **âtmanep.** gebraucht werden, wenn für den Agens ein Vortheil der Handlung erwüchse. बहुवि वनं ist ein Wald mit vielen Vögeln. Eine **paribhâshâ** zu unsrer Regel: सहचरितासहचरितयोः सहचरितस्यैव ग्रहणं ॥

20. Vgl. I. 3. 72. Hierzu folgende **vârtika's**: आङो दो ऽव्यसनक्रियस्य ॥ १ ॥ स्वाङ्गकर्मकाच्च ॥ २ ॥ नेह । व्याददते पिपीलिकाः पतंगस्य मुखं ॥

21. Ausnahme zu I. 3. 78. — Hierzu folgende **vârtika's**: समो ऽकूजने ॥ १ ॥ नेह । संक्रीडति चक्रं ॥ आगमेः क्षमायां ॥ २ ॥ गम्लृ । आगमयस्व तावत् । क्षमस्वेत्यर्थः (**Siddh.** K. Bl. 163. b. मा त्वरिष्ठा इत्यर्थः) ॥ शिक्षेर्जिज्ञासायां ॥ ३ ॥ शिक्ष । विद्यासु शिक्षते ॥ किरतेर्हर्षजीविकाकुलायकरणेषु ॥ ४ ॥ अपस्किरते वृषभो हृष्टः । अपस्किरते कुक्कुटो भक्षार्थी । अपस्किरते श्वाश्रयार्थी । हर्षेत्यादि किं । अपकिरति कुसुमं ॥ Vgl. zu VI. 1. 142. हरतेर्गतताच्छील्ये ॥ ५ ॥ गतं प्रकारः । ताच्छील्यं नियततत्स्वभावता । हृञ् । पैतृकमश्वा अनुहरन्ते । मातृकं गावः । ताच्छील्ये किं । मानमनुहरति ॥ आङि नुप्रच्छ्योः ॥ ६ ॥ णु । आनुते । प्रच्छ । आपृच्छते ॥ आशिषि नाथः ॥ ७ ॥ सर्पिषा नाथते ॥ शप उपालम्भने ॥ ८ ॥ देवदत्ताय शपते ॥ Vgl. I. 4. 34.

22. Ausnahme zu I. 3. 78. — Ein **vârtika**: आङः प्रतिज्ञायां ॥ शब्दं नित्यमातिष्ठते । नित्यत्वेन प्रतिजानीत इत्यर्थः ॥

23. Vgl. I. 4. 34.

24. Ein **vârtika**: ईहायामिति वक्तव्यं ॥ नेह । ग्रामाच्छतमुत्तिष्ठति ॥

25. Hierzu folgende **vârtika's**: उपाद्देवपूजासंगतकरणमित्रकरणपथिष्विति (**Siddh.** K. Bl. 64. a. संगति statt संगत; so auch im Scholion zu **Bhatti**-K. I. 3., wo ausserdem मित्रकरण fehlt) वक्तव्यं ॥ १ ॥ आदित्यमुपतिष्ठते । गङ्गा यमुनामुपतिष्ठते । उपश्लिष्यतीत्यर्थः । रथिकानुपतिष्ठते । मित्रीकरोतीत्यर्थः । पन्थाः स्रुघ्नमुपतिष्ठते ॥ वा लिप्सायामिति वक्तव्यं ॥ २ ॥ भिक्षुकः प्रभुमुपतिष्ठते । उपतिष्ठति

वा । लाभेच्छया गच्छतीत्यर्थः ॥ Vgl. Rosen's **Rig-Veda** Adnotatt. S. XXXIII.

27. Ausnahme zu I. 3. 78., da तप उदात्तेत् ist. — Ein **vârtika:** स्वाङ्गकर्मकाच्च ॥ उत्तपते पाणिं । वितपते पाणिं । अकर्मकादेव । नेह । सुवर्णमुत्तपति । मैत्रस्य पाणिमुत्तपति । संतापयतीत्यर्थः ॥

28. यम und हन sind उदात्तेत्. Unser **sûtra** ist eine Ausnahme zu I. 3. 78. — Ein **vârtika:** स्वाङ्गकर्मकाच्च ॥ आयच्छते पाणिं । आहते शिरः । नेह । परस्य शिर आहन्ति ॥

29. A. B. C. E. und die **Kâçikâ:** समो गम्यृच्छिप्रच्छि-स्वरत्यर्तिश्रुविदिभ्यः ॥ Die hinzugefügten Wurzeln sind folgenden **vârtika's** zu unsrer Regel entnommen: समो गमादिषु विदिप्रच्छिस्वरतीनामुपसंख्यानं ॥ १ ॥ विद ज्ञान इत्येव गृह्यते परस्मैपदिभिः साहचर्यात् । विद । संवित्ते । संविदाते । प्रच्छ । संपृच्छति । स्वृ । संस्वरते ॥ अर्तिश्रुदृशिभ्यश्च ॥ २ ॥ ऋ । मा समृत । समार्त । इति भ्वादेः । जुहोत्यादेस्तु । मा समरत । समारत । इति । अर्तीति द्वयोरप्यत्र ग्रहणं । अर्तिर्धातु जुहोत्यादेरेवेति (vgl. III. 1. 56.) वक्ष्यते । श्रु । संशृणुते । दृश । संपश्यते । अकर्मकादित्येव । नेह । वेदं संशृणोति ॥ उपसर्गादस्यत्यूह्योर्वा ॥ ३ ॥ अस । बन्धं निरस्यति । निरस्यते । ऊह । समूहति । समूहते । अत्राकर्मकादिति न संबध्यते ॥ Unsre Regel ist eine Ausnahme zu I. 3. 78.

30—37. ह्वेञ्, डुकृञ् und णीञ् dürften nach I. 3. 72. bloss dann **âtmanep.** haben, wenn der Vortheil der Handlung auf den Agens fiele.

32. Vgl. VI. 1. 139. zu उपस्कुरुते.

38—43. Ausnahmen zu I. 3. 78., da क्रम उदात्तेत् ist.

40. Ein **vârtika:** ज्योतिरुद्गमन इति वक्तव्यं ॥ नेह । आक्रामति धूमो हर्म्यतलं ॥

42. **Kâçikâ:** क्रु चानयोस्तुल्यार्थता । आदिकर्मणि । प्रक्रमते भोक्तुं । उपक्रमते भोक्तुं ॥

45. Vgl. II. 3. 51.

46. **Siddh. K. Bl. 165.** b. अनाध्यान इति योगो विभज्यते । तत्सामर्थ्यादकर्मकाच्चेति (s. die vorhergehende Regel) प्राप्तिरपि वार्यते। मातरं मातुर्वा संजानाति। कर्मणः शेषत्वविवक्षायां षष्ठी (vgl. II. 3. 51.) ॥

47. S. 32. Z. 5. ist विभान्ते gewiss falsch; die Kâçikâ erklärt das Beispiel durch: विमतिं प्रतिपन्ना विचित्रं भाषन्ते.

51. Ein vârtika: गिरतेरिति वक्तव्यं ॥ Patangali: गृणातिस्त्ववपूर्वो न प्रयुज्यत एव ॥

53. Calc. Ausg. वाष्पमुच्चरति; Siddh. K. Bl. 166. a. wie unsre Ausgabe.

55. Ausnahme zu I. 3. 78. Für दाण् wird nach VII. 3. 78. vor einem Affixe, das शित् ist, यच्छ् substituirt. Unser Commentator sagt, dass दाण् auch in Verbindung mit सं+प्र im âtmanep. gebraucht werde. Er sucht dieses dadurch zu begründen, dass er समः im vorhergehenden sûtra als 6ten Casus fasst. समः ist nichtsdestoweniger der 5te Casus, und es darf demnach nach I. 1. 67. keine andre Präposition zwischen सं und die Wurzel treten. Wir müssen annehmen, dass Pâṅini die Verbindung mit सं+प्र übersehen hat. Auch Bhaṫṫoġi hält समः für den 6ten Casus und führt bei der vorhergehenden Regel noch das Beispiel रथेन समुदाचरते an; s. Siddh. K. Bl. 166. a.

57. Ausnahme zu I. 3. 62.

58. Ein vârtika: अनोर्ज्ञः प्रतिषेधे सकर्मकवचनं ॥ Der Indische Commentator und Bhaṫṫoġi sagen, dass unsre Regel eine Ausnahme zu der vorhergehenden bilde, (nach dem nyâya: अनन्तरस्य विधिर्वा प्रतिषेधो वा) und अनुज्ञा wäre hier transitiv, weil in der vorhergehenden Regel die Verba transitiv seien. — Zum 6ten Casus सर्पिषो vgl. II. 3. 51.; zum âtmanep. I. 3. 45, 62.

59. Ausnahme zu I. 3. 62.

60. Ausnahme zu I. 3. 78. — Für शद्ऌ wird vor einem Affixe, das शित् ist, शीय substituirt; s. VII. 3. 78.

61. Die Wurzel मृङ् müsste nach I. 3. 12. immer âtmanep. haben.

62. Die Wurzeln गुप्, तिज्, कित्, मान्, बध्, दान् und शान् werden bloss mit सन् gebraucht; s. III. 1. 5, 6. Unter ihnen sind गुप, तिज, मान und बध im Dhâtupâṭha mit einem Gravis auf dem stummen Endvocale bezeichnet; daher haben diese Wurzeln immer âtmanep. nach I. 3. 12., obgleich es kein पूर्व giebt, nach dem sie sich richten müssten. Zu den andern Beispielen vgl. I. 3. 17, 40.

63. उम्भांचक्रे kann nicht gebildet werden, wenn auch ein Vortheil der Handlung für den Agens erwüchse, da उम्भ उदात्तेत् ist, und demnach nicht in der Regel I. 3. 72. enthalten ist.

64. युजिर् ist स्वरितेत्; vgl. I. 3. 72. Zu द्वन्द्व s. VIII. 1. 15. Hierzu folgende vârtika's: स्वराद्युपसृष्टादिति वक्तव्यं ॥ १ ॥ उद्युङ्क्ते । अनुयुङ्क्ते ॥ स्वराद्यन्तोपसृष्टादिति वक्तव्यं ॥ २ ॥ अनुयुङ्क्ते । प्रयुङ्क्ते । विनियुङ्क्ते ॥ Das 2te vârtika scheint eine Verbesserung des 1ten zu sein, und von einem andern Verfasser herzustammen.

65. Ausnahme zu I. 3. 78.

66. भुज der 7ten Klasse hat 2 Bedeutungen: schützen und essen; भुजो der 6ten Klasse heisst „in Krümmungen gehen.“ Beide Wurzeln sind उदात्तेत्, und müssten daher parasmaip. haben nach I. 3. 78. — Ein vârtika verbessert: अनवनकौटिल्ययोरिति वक्तव्यं ॥

68. हेतु ist hier ein grammatischer Kunstausdruck; s. 1. 4. 55. — भी und स्मि haben im Causal âtmanep.,

wenn die Furcht oder das Staunen unmittelbar vom Agens im Causal herrührt. In den Beispielen कुञ्चिकयैनं भाययति und रूपेण विस्माययति rührt die Furcht und das Staunen nicht unmittelbar vom hetu ner, sondern vom Bambusrohr und von der Gestalt. Wenn das âtmanep. Statt findet, nimmt भी das Augment षुक् an, oder substituirt आ für ई und fügt प् an dieses; die Wurzel स्मि substituirt beim âtmanep. आ für इ und nimmt das Augment षुक् an; vgl. VII. 3. 36, 40. — VI. 1. 56, 57.

69. Die beiden Wurzeln sind उदात्तेत्; vgl. I. 3. 74.

70. Vgl. zur Form des Causals VI. 1. 51. und VII. 3. 36.

72. Zu स्वरितञितः s. zu I. 3. 12.

73. वद् ist उदात्तेत् und daher nicht in voriger Regel enthalten. — Die Calc. Ausg. hat. अपवदते धनकामो ऽन्यायं.

75. यम ist उदात्तेत् und müsste nach I. 3. 78. immer parasmaip. haben. Vgl. I. 3. 28.

76. Ausnahme zu I. 3. 78.

77. Vgl. I. 3. 16. — Man ergänze im sûtra कर्त्रभिप्राये क्रियाफले zu प्रतीयमाने; der Commentator umschreibt Letzteres durch द्योतिते; vgl. Wilson im Lex. unter प्रतीत.

78. In allen andern Fällen als den ebengenannten steht das parasmaip.; wenn wir von den einzelnen Ausnahmen absehen, bleiben für diese Form folgende Wurzeln: 1) alle vocalisch endigenden, diejenigen ausgenommen, welche mit einem stummen ङ् (diese haben immer âtmanep.) oder ञ् (solche Wurzeln haben nur dann parasmaip., wenn der Vortheil der Handlung nicht auf den Agens zurückgeht) im Dhâtupâtha verzeichnet sind. 2) Consonantisch endigende Wurzeln, die im Verzeichnisse einen Acut auf

dem stummen Endvocale haben (Wurzeln mit dem Gravis auf der stummen Silbe haben âtmanep.; Wurzeln mit dem Circumflex haben parasmaip. nur in dem Falle, wenn kein Vortheil der Handlung für den Agens erwächst). In den folgenden Regeln werden noch einzelne Fälle aufgeführt, wo das parasmaip. ausnahmsweise Statt findet. Der Indische Commentator will noch von I. 3. 14. ein कर्त्तरि herbeiholen, um das reflexive Passiv (पच्यत ओदनः स्वयमेव) aus unsrer Regel auszuschliessen.

79. Ausnahme zu I. 3. 32, 72.

80—82. Ausnahmen zu I. 3. 72.

83—85. Ausnahmen zu I. 3. 12.

87. Siddh. K. Bl. 167. b. अदेः प्रतिषेधः ॥ आदयते देवदत्तेन । गतिबुद्धीति (I. 4. 52.) कर्मत्वमदिखाद्योर्नेति (s. zu. I. 4. 52.) प्रतिषिद्धं निगरणाचलनेति सूत्रेण प्राप्तस्यैवायं निषेधः । प्रेषादित्यकर्त्रभिप्राये परस्मैपदं स्यादेव । आदयत्यन्नं बटुना ॥ Vgl. I. 3. 78.

89. Zu यमो ऽपरिवेषणे im Ind. Comm. s. d. 1te Klasse im Dhâtupâṭha. Ein vârtika: पादिषु धेट उपसंख्यानं ॥ धापयेते शिशुमेकं समीची ॥

90. Eine अप्राप्तविभाषा.

91—93. Ausnahmen zu I. 3. 12.

91. Die Reihe beginnt im Dhâtupâṭha mit der Wurzel द्युत दीप्तौ (1te Klasse). Das Ende der Reihe bestimmt das वृत्, welches auf die Wurzel कृपू सामर्थ्ये folgt.

92. Von diesen Wurzeln gilt auch die vorhergehende Regel, da die वृतः in den द्युतः enthalten sind. Das वृत् nach कृपू bezeichnet auch das Ende der वृतः. वृद्भ्यः ist zweideutig; es konnte auch der 5te Casus von वृध् sein; es sind indessen die Erklärer darin einig, dass die Reihe mit der Wurzel वृत् beginnt.

93. कृप् verwandelt sein r-Element (ऋ oder ॠ) in ein l-Element (लृ oder ॡ) nach VIII. 2. 18.; im sûtra hat Pâṅini die veränderte Wurzel, wie häufig, gewählt; vgl. III. 1. 110.—Kâçikâ und Siddh. K. कृपः; vgl. jedoch das Scholion zu Bhaṭṭi-K. XVI. 12.

Viertes Kapitel.

1. Pâṅini verbietet in dem Theile der Grammatik von I. 4. 1. bis II. 3. 38. einem grammatischen Elemente oder Begriffe mehr als eine Benennung zu geben, den Fall ausgenommen, wo ausdrücklich bemerkt wird, dass mehre Benennungen zu gleicher Zeit neben einander bestehen können. Hieraus kann man schliessen, dass in den andern Theilen der Grammatik mehre Benennungen für ein Element Statt finden dürfen; so heisst z. B. पञ्चन् sowohl saṅkhyâ (I. 1. 23.) als auch shash (I. 1. 24.). Dieses bemerkt auch folgendes vârtika zu unserm sûtra: अन्यत्र संज्ञासमावेशान्नियमार्थं वचनं ॥ Wenn nun in dem oben bestimmten Abschnitte der Grammatik der Fall eintritt, dass ein Element scheinbar 2 Benennungen erhält, dann muss man nach dem folgenden sûtra für den specielleren Fall die nachfolgende Benennung wählen. I. 4. 10. wird gelehrt, dass ein kurzer Vocal leicht (लघु) heisse; im darauf folgenden 11ten sûtra wird gesagt, dass ein kurzer Vocal, wenn zwei oder mehre Consonanten ohne dazwischen-

tretenden Vocal auf ihn folgen, *schwer* sei. Nach diesen beiden Bestimmungen heisst ein kurzer Vocal vor einem *saṁyoga* sowohl *leicht* als *schwer*; nach unserm und dem folgenden *sûtra* dürfen wir ihn aber nur *schwer* benennen. Beispiele zu I. 4. 10, 11. — VII. 4. 93. — Hierzu folgende *vârtika's*: अन्यत्र संज्ञासमावेशान्नियमार्थं वचनं ॥ १ ॥ गुणवचनं च ॥ २ ॥ अर्थवच्छब्दस्वरूपं गुणवचनसंज्ञं स्यात् । मार्दवं । मृदुता । मृद्वी । चकारः प्रातिपदिकसंज्ञासमावेशार्थः ॥ Vgl. IV. 1. 1, 44. — V. 1. 119, 131. — समासकृत्तद्धिताव्ययसर्वनामासर्वलिङ्गा जातिः (sic) ॥ ३ ॥ इत्येताः संज्ञा गुणवचनसंज्ञाया बाधिकाः स्युः । अत्र प्रातिपदिकमित्यस्यानुवर्तनात् (es scheint in der Calc. Ausg. ein *vârtika* zu fehlen) तया समावेशः । समास । चित्रगुत्वं । कृत् । कारकत्वं । तद्धित । औपगवत्वं । तद्धितः श्रूयमाण एव । तेन शुक्लादीनामपि गुणवचनत्वं (vgl. zu V. 3. 94.) । अव्यय । उच्चैस्त्वं । सर्वनामन् । सर्वत्वं । असर्वलिङ्गा जातिः । वृषलीत्वं । गुणवचनसंज्ञायाः समासादिसंज्ञाभिर्बाधात् ष्यञ् (vgl. V. 1. 124.) न । अन्योदाहरणे पुंवद्भावश्च न (vgl. zu VI. 3. 35.) ॥ संख्या ॥ ४ ॥ प्रातिपदिकमित्यनुवर्तते । तेन तया समावेशः । बहुत्वं ॥ डु च ॥ ५ ॥ प्रातिपदिकमिति वर्तते । का पुनर्डुसंज्ञा षट्संज्ञा । पञ्चत्वं ॥ एकद्रव्योपनिवेशिनी संज्ञा ॥ ६ ॥ प्रातिपदिकमित्येव । डित्यत्वं (Vgl. zu diesem und zu den vorhergehenden Beispielen IV. 1. 1. — V. 1. 119.) । एवं चात्र शास्त्रे समासादिसंज्ञारहितत्वं गुणवचनत्वं फलितं ॥

2. *Kâçikâ*: विरोधो विप्रतिषेधः । यत्र द्वौ प्रसङ्गावन्यार्थावेकस्मिन् प्राप्नुतः स विप्रतिषेधः ॥ Beispiele zu VII. 3. 102, 103. — Wenn unser *sûtra* bloss für den in der vorhergehenden Regel bestimmten Theil der Grammatik gelten soll, dann ist es keiner Beschränkung unterworfen; soll aber die Regel, wie es die Commentatoren wollen, auf das ganze Werk ausgedehnt werden, so erliegt sie vielfachen Ausnahmen. Nicht selten steht die speciellere Regel oder die Ausnahme vor der allgemeinen Regel.

3. यू steht als Thema für den 1ten Cas. Du. Zum नित्यस्त्रीलिङ्गौ des Indischen Commentators vgl. man folgende Erklärung der Kâçikâ: पदान्तरं विना स्त्रियां वर्तमानत्वं नित्यस्त्रीलिङ्गत्वं ॥ Wäre ग्रामणी nadî, dann müsste nach VII. 3. 112. der 4te Casus ग्रामण्यै heissen. 2 vârtika's zu unsrem sûtra geben der Regel eine grössere Ausdehnung: प्रथमलिङ्गग्रहणं च ॥ १ ॥ वृत्तिः प्राग्नित्यस्त्रीलिङ्गस्य पश्चादर्थान्तरलिङ्गान्तरबोधकत्वेऽपि नदीत्वं वक्तव्यमित्यर्थः ॥ बहुश्रेयस्यै (s. zu I. 2. 48.) राज्ञे । कुमार्यै (von कुमारी, einem क्विप् eines Denominativs von कुमारी Jungfrau) ब्राह्मणाय ॥ ह्रस्वेयुवस्थाने प्रवृत्तौ च स्त्रीवचने ॥ २ ॥ ह्रस्वेयुवङ्स्थानानामर्थान्तरसंक्रान्तौ सत्यां स्त्रीवचन एव नदीसंज्ञा भवति । न लिङ्गान्तरवचने । नेह । अतिप्राकटये ब्राह्मणाय । अतिधेनवे ब्राह्मणाय । अतिश्रिये ब्राह्मणाय । अतिभ्रुवे ब्राह्मणाय ॥

4. VI. 4. 77, 79, 80. wird gelehrt werden, wenn Themata auf ई und ऊ इयङ् und उवङ् substituiren. Wären श्री und भ्रू nadî, dann müsste man im Vocativ Sg. für ihren Endvocal eine Kürze substituiren nach VII. 3. 107.

5. Vgl. VII. 1. 54.

6. Wenn die Themata nicht nadî sind, heissen sie घि nach der hierauf folgenden Regel. Vgl. VI. 4. 77, 79. — VII. 3. 111, 112.

7. Siddh. K. Bl. 13. a. अनदीसंज्ञौ ह्रस्वौ याविवर्णोवर्णौ तदन्तं सखिवर्जं घिसंज्ञं स्यात् । शेषः किं । मत्यै । एकसंज्ञाधिकारात् सिद्धे शेषग्रहणं स्पष्टार्थं ॥

9. Siddh. K. Bl. 215. b. इह वेति योगं विभज्य छन्दसीत्यनुवर्तते । तेन सर्वे विधयश्छन्दसि वैकल्पिकाः । बहुलं छन्दसीत्यादिरस्यैव प्रपञ्चः ॥

10. Beispiel zu VII. 3. 86.

11. Beispiele zu VIII. 2. 86. — III. 3. 103.

12. Beispiele zu III. 1. 36.

13. Die Form eines Wortes, an welche ein Affix gefügt werden soll, heisst in Beziehung zu diesem unmittelbar folgenden Affixe a ṅ g a. In स्त्री इयती folgt auf स्त्री auch ein p r a t y a y a, d. h. ein mit einem Affixe gebildetes Wort, (I. 1. 72.) aber dieses wird nicht von स्त्री ausgesagt (विधीयते). Es kann sich treffen, dass ein Wort vor seiner Vollendung mehr als einmal a ṅ g a war; den Fall haben wir bei करिष्यावः. An das a ṅ g a कृ wurde zuerst das Affix स्य angefügt, dabei fand nach VII. 3. 84. eine Substitution von g u ṅ a für den Endvocal Statt, und das Affix स्य erhielt nach VII. 2. 70. das Augment इट्. Vor dem Personal-Affixe वस् enstand ein neues Thema करिष्य, wobei für den Finalen अ nach VII. 3. 101. die homogene Länge substituirt wurde. Dies ist das स्यार्थं unsers Commentators; zum नुमर्थं verweise ich auf VII. 1. 72.— Die Regeln I. 4. 15—18. sind Ausnahmen zu unserm s û t r a.

14. Ehe der Grammatiker die Fälle aufzählt, wo das Thema nicht a ṅ g a, sondern p a d a heisst, bestimmt er zuerst die gangbarere Bedeutung von p a d a. Man hüte sich unser s û t r a in einer andern Verbindung zum vorhergehenden aufzufassen; als wenn etwa P â ṅ i n i sagen wollte, dass ein सुबन्त oder तिङन्त vor einem neu anzufügenden Affixe (z. B. तरां) p a d a heisse; dieser Fall ist schon im 17ten s û t r a enthalten.

15. राजन् und वर्मन् sind p a d a's vor क्य, und werfen demnach ihr न् ab nach VIII. 2. 7.; hierauf werden राज und वर्म auf अ ausgehende a ṅ g a's vor dem Affixe क्य. Für dieses अ wird vor क्यच् ई (VII. 4. 33.), vor क्यङ् und क्यप् langes आ (VII. 4. 25.) substituirt. Wären स्रुच् und वाच् vor क्य p a d a's dann müsste für das finale च् क्

(VIII. 2. 30.), und für dieses ग् (VIII. 2. 39.) substituirt werden.

16. भवदीय ist mit ईयस् von भवत् (भवतु) gebildet nach IV. 2. 115.; da भवत् vor ईयस् pada ist, wird für das finale त् nach VIII. 3. 39. द् substituirt. ऊर्णायु ist ऊर्णा mit dem Affixe युस् (V. 2. 123.); wäre ऊर्णा vor यु nach I. 4. 18. भ, dann müsste vor dieser Endung ein lopa für आ in ऊर्णा substituirt werden nach VI. 4. 148.

17. Die स्वादयः sind alle Affixe von सु (IV. 1. 2.) bis क (V. 3. 70.), wie wir aus dem Ind. Comm. ersehen. राजन् verliert als pada sein न् vor den स्वादि-Affixen nach VIII. 2. 7. (vgl. VIII. 2. 2.). Da असर्वनामस्थाने auch noch im folgenden sûtra zu ergänzen ist, heisst das Thema vor den sarvanâmasthâna's aṅga nach der allgemeinen Regel I. 4. 13., und die Substitution der Länge für den vorletzten Vocal findet Statt nach VI. 4. 8. — Ein vârtika: भुवद्भ्यो धारयद्भ्यः पदसंज्ञा वक्तव्या ॥ भुवद्भ्यः । धारयद्भ्यः । तसौ मत्वर्थे (I. 4. 19.) इति भत्वं न ॥

18. Beispiele zu VI. 4. 148. — Hierzu folgende vârtika's: भसंज्ञायामुत्तरपदलोपे षषः प्रतिषेधः ॥ १ ॥ (Vgl. zu V. 3. 84.) नभोऽङ्गिरोमनुषां वत्युपसंख्यानं ॥ २ ॥ वृषण् वस्वश्वयोः (Siddh. K. वृषन् व°; beides ist gleich gut; in वृषण् व° ist die Substitution von ण् schon bewerkstelligt) ॥ ३ ॥ Siddh. K. Bl. 215. b. नभसा तुल्यं । नभस्वत् । भत्वाद्रुत्वाभावः (VIII. 2. 66.) । अङ्गिरस्वदङ्गिरः (Rig-Veda XXXI. 17.) । मनुष्वदग्ने (ebend.) । जनेरुसीति (ein Uṅâdi-sûtra; s. Siddh. K. Bl. 196. b., wonach जनेरुसिरिति zu lesen wäre) विहित उसिप्रत्यय मनेरपि बाहुलकात् (s. zu III. 3. 1.) ॥ वृषन् वस्त्रश्वयोः । वृष वर्षकं वसु यस्य स वृषणवसुः । वृषा अश्वो यस्य [स] वृषणाश्वः । इहान्तर्वर्तिनीं (Calc. Ausg. °नी) विभक्तिमाश्रित्य पदत्वे सति नलोपः (VIII. 2. 7.) प्राप्तो भत्वाद्वार्यते । अत एव पदान्तस्येति (VIII.

4. 37.) णत्वनिषेधो ऽपि न । अल्लोपो ऽन (VI. 4. 134.) इत्यल्लोपो न अनङ्गत्वात् (genauer wäre zu sagen: अप्रत्ययपरत्वात्) ॥ Da वृषन् nicht pada ist, findet auch keine Verdoppelung von ण् in वृषणश्वः Statt nach VIII. 3. 32.

19. Vgl. zu den Beispielen VIII. 2. 10. — V. 2. 121. — Wären विद्युत्, यशस् und पयस् pada's vor den Affixen वत् und विन्, dann müssten sie den euphonischen Regeln VIII. 2. 39. und VI. 1. 114. unterworfen sein, wie es तक्षन् vor वत् ist nach VIII. 2. 7.

20. Ich finde den mit dem Anfangsworte angeführten gaṇa sonst nicht weiter erwähnt; es werden hier im Veda vorkommende Wortbildungen gemeint, wobei vor dem Affixe die beim pada Statt findenden euphonischen Veränderungen am Thema nicht ausgeführt werden. Das Affix मय (मयट्) gehört auch zu den स्वादयः (vgl. IV. 3. 82.), und da es nicht मत्वर्थे steht, müsste das Thema nach I. 4. 17. vor diesem Affixe pada heissen, und den euphonischen Regeln VIII. 2. 66. und VI. 1. 114. unterworfen sein. — Ein vârtika zu unserm sûtra: उभयसंज्ञान्यपीति वक्तव्यं ॥ Daher auch अयोमयं (hier ist अयस् pada) चर्म. — Siddh. K. Bl. 215. b. wird eine merkwürdige Form aus dem Veda angeführt, wo gegen I. 4. 1. das Thema sowohl als pada als auch als भ behandelt wird; es ist das Wort ऋक्वत् in folgendem Beispiele: स सुष्टुभा स ऋक्वता गणेन. ऋच् ist zuerst als pada behandelt worden vor वत्, daher क् für च् (VIII. 2. 30.); hierauf als भ, daher wird nicht ग् für क् nach VIII. 2. 39. substituirt.

21. Vgl. IV. 1. 1, 2. und III. 4. 77, 78.

23. कारके ist als ein locativus absolutus zu fassen: was jetzt benannt werden wird, muss कारक sein. — Ein vârtika: साधकं निर्वर्तकं कारकसंज्ञं भवतीति वक्तव्यं ॥ Kâçi-

kâ: कारकं हेतुरित्यनर्थान्तरं । कस्य हेतुः । क्रियायाः । वक्ष्यति ध्रुवमपाये । ... । कारक इति किं । वृक्षस्य पर्णं पतति ॥ Der Grammatiker zählt in den folgenden Regeln die verschiedenen Beziehungen auf, in die ein Nomen treten kann, um eine Handlung näher zu bestimmen. Es werden 6 Hauptbegriffe definirt, denen in der Folge ein entsprechender Casus zugetheilt werden wird. Diese Casus finden aber nur dann Statt, wenn das Nomen nicht als Subjekt im Satz erscheint. Die technischen Ausdrücke für die Nomina in ihrem verschiedenen Verhältnisse zur Handlung sind folgende: 1) अपादान heisst dasjenige, was am Orte verharrt, während ein andrer Gegenstand sich davon trennt. Um diese Beziehung zur Handlung zu bezeichnen, wird der 5te Casus gebraucht. 2) संप्रदान wird derjenige genannt, für den die Handlung geschieht; dabei der 4te Casus. 3) करण ist dasjenige, was die Handlung unmittelbar zu Stande bringt; dabei der 3te Casus. 4) अधिकरण heisst das, worin oder wobei die Handlung Statt findet; es entspricht diesem Begriffe der 7te Casus. 5) कर्मन् ist das Objekt, das nächste Ziel des Agens; dabei der 2te Casus. 6) कर्तृ (Agens) wird derjenige genannt, der aus freiem Willen die Handlung zu Stande bringt; dabei der 3te Casus. Der 1te und 6te Casus entsprechen keinem eigenthümlichen Begriffe, der die Handlung näher bezeichnete.

24—31. Beispiele zu II. 3. 28. Die Nebenbegriffe werden unter den allgemeinen Begriff अपादान gefasst, um den Gebrauch des 5ten Casus festzustellen; dasselbe Verfahren herrscht bei der Definition der übrigen Begriffe. Man vgl. hiermit, wie der Grammatiker die सर्वनामानि behandelt hat.

24. Ein vârtika: जुगुप्साविरामप्रमादार्थानामुपसंख्यानं ॥ धर्माज्जुगुप्सते । पापाद्विरमति । धर्मात् प्रमाद्यति ॥

26. D. असोढः. — Bei पराजि heisst das कारक apâdâna, wenn es nicht ertragen oder besiegt wird; oder auf eine uns geläufigere Art zu reden: पराजि regiert den 5ten Casus, den Fall ausgenommen, wenn es ertragen oder besiegen bedeutet. Vgl. Bhaṫṫi-K. VIII. 71. — Ueber das âtmanep. bei पराजि s. I. 3. 19.

27. In Verbindung mit Wurzeln, die abhalten bedeuten, heisst das (oder vielmehr der), wovon man jemanden abhalten will, apâdâna.

29. आख्याता ist der 1te Casus von आख्यातृ. Kâçikâ: आख्याता प्रतिपादयिता. Vgl. Bhaṫṫi-K. VIII. 72.

30. जनि ist die nackte Wurzel; das इ dient bloss zur leichtern Verbindung. Kâçikâ: जनेः कर्ता । जनिकर्ता । ... । प्रकृतिः कारणं हेतुः ॥

31. भुवः fasse ich als 6ten Casus von der Wurzel भू. Unser Commentator und Bhaṫṫoǵi halten भू für einen कृदन्त.

32—37. Beispiele zu II. 3. 13.

32. Hierzu folgende vârtika's: क्रियाग्रहणमपि कर्तव्यं ॥ १ ॥ पत्ये शेते ॥ कर्मणः करणसंज्ञा वक्तव्या संप्रदानस्य च कर्मसंज्ञा ॥ २ ॥ पशुना रुद्रं यजते । पशुं रुद्राय ददातीत्यर्थः ॥

34. Bei श्लाघ् sich brüsten, schmeicheln, bei ह्नु verbergen, verhehlen, dissimulare, bei स्था seine Gesinnung kund thun und bei शप् eidlich versichern heisst derjenige, den man etwas glauben machen will, sampradâna. Vgl. Bhaṫṫi-K. IV. 15.—VIII. 12, 73, 74. Zum âtmanep. bei स्था und शप् s. I. 3. 23. und das 8te vârtika zu I. 3. 21.

36. **Siddh. K. Bl. 37.** b. ईप्सितमात्र इयं संज्ञा । प्रकर्षविवक्षायां तु परत्वात् कर्मसंज्ञा । पुष्पाणि स्पृहयति ॥

38. Beispiele zu II. 3. 2.

39. Calc. Ausg. विप्रष्णाः. **Kâçikâ:** विविधः प्रश्नो विप्रश्नः ॥ Vgl. Bhaṭṭi-K. VIII. 76.

40. Der Brahmane ist insofern kartṛi, als er zuvor dem andern gesagt hat: „gieb mir eine Kuh“, worauf ihm dieser dies zu thun verspricht. Auf dieselbe Weise erscheint होतृ im folgenden sûtra als kartṛi.

45. **Kâçikâ:** आध्रियन्ते ऽस्मिन् क्रिया इति आधारः ॥ **Siddh. K. Bl. 40.** b. औपश्लेषिको वैषयिको ऽभिव्यापकश्चेत्याधारस्त्रिधा । कटे आस्ते । स्थाल्यां पचति । मोक्ष इच्छास्ति । सर्वस्मिन्नात्मास्ति ॥ Vgl. Wilson's Lex. u. d. W. अधिकरण, wo 4 Arten von Oertlichkeiten aufgezählt werden, indem der औपश्लेषिक आधारः zweifach getheilt wird.

47. Auch Bhaṭṭogi nimmt den Froschsprung an.

48. Ein vârtika: वसेरश्यर्थस्य प्रतिषेधः ॥ ग्राम उपवसति । न भुङ्क्त इत्यर्थः ॥

49—53. Beispiele zu II. 3. 2.

50. **Kâçikâ:** येन प्रकारेण कर्तुरीप्सितं क्रियया युज्यते तेनैव चेत् प्रकारेण यदनीप्सितमपि युक्तं भवतीति । तस्य कर्मसंज्ञा विधीयते ॥

51. Hierzu folgende vârtika's: कालभावाध्वगन्तव्या (man bemerke die unregelmässige Zusammensetzung अध्वगन्तव्य für गन्तव्याध्वन्) अकर्मणां धातूनां कर्मसंज्ञा भवन्तीति वक्तव्यं ॥ १ ॥ कालश्चात्र लोके कालवाचित्वेन प्रसिद्धो मासादिरेव । मासमास्ते । भावः क्रिया । गोदोहमास्ते । गन्तव्यत्वेन लोके प्रसिद्धः क्रोशयोजनादिर्नियतपरिमाणो ऽध्वा । क्रोशमास्ते ॥ देशश्चाकर्मणां कर्मसंज्ञो भवतीति वक्तव्यं ॥ २ ॥ देशश्चात्र कुरुपञ्चालादिः संज्ञाविशेष एव । कुरूनास्ते । पञ्चालान् स्वपिति ॥ **Siddh. K. Bl. 35.** a.

दुह्याच्पच्दण्ड्रुधिप्रच्छिचिब्रूशासुजिमथ्मुषां ।
कर्मयुक् स्यादकथितं तथा स्यान्नीहृकृष्वहां ॥

(Die Calc. Ausg. hat दण्ड für दण्ड्, मन्थ für मन्थ्; Laghu-K. S. 166. दुह्याचपचदण्ड°, शाशु für शासु und मन्थ für मन्थ्) दुहादीनां द्वादशानां तथा नीप्रभृतीनां चतुर्णां कर्मणा यद्युज्यते तदेवाकथितं कर्मेति परिगणनं कर्तव्यं ॥ Es folgen hierauf ausser den in unsrer Ausgabe angeführten Beispielen noch folgende: तण्डुलानोदनं पचति । गर्गान् शतं दण्डयति । शतं जयति देवदत्तं । सुधां क्षीरनिधिं मथ्नाति । देवदत्तं शतं मुष्णाति । ग्राममजां नयति । हरति । कर्षति । वहति वा ॥

52. Hierzu folgende **vârtika's**: शब्दक्रियाणामिति चेत् ह्वयत्यादीनां प्रतिषेधः ॥ १ ॥ ह्वेञ् । क्रदि । शब्दाय । एते ह्वयत्यादयः ॥ शृणोत्यादीनां चोपसंख्यानं ॥ २ ॥ शृणोति । विजानाति । उपलभते । एते शृणोत्यादयः ॥ शब्दकर्मण इति चेत् जल्पतिप्रभृतीनामुपसंख्यानं ॥ ३ ॥ जल्पयति देवदत्तं । विलापयति देवदत्तं । भाषयति देवदत्तं ॥ दृशेः सर्वत्र ॥ ४ ॥ पश्यति रूपतर्कः कार्षापणं । दर्शयति रूपतर्कं कार्षापणं ॥ अदिखादिनीवहीनां प्रतिषेधः ॥ ५ ॥ आदयते देवदत्तेन । खादयति देवदत्तेन । नाययति देवदत्तेन । वाहयति भारं देवदत्तेन ॥ सर्वमेव प्रत्यवसानकार्यमदेर्न भवतीति वक्तव्यं ॥ ६ ॥ परस्मैपदमपि [vgl. zu I. 3. 87. **Patanǵali** beschränkt das **vârtika** folgendermassen: इदमेकमिष्यते क्तो ऽधिकरणे च ध्रौव्यगतिप्रत्यवसानार्थेभ्यः (III. 4. 76.) । इदमेषां जग्धं (vgl. II. 4. 36.) ॥] वहेरनियन्तृकर्तृकस्य ॥ ७ ॥ इह प्रतिषेधो मा भूत् । वाहयति वलीवर्दान् यवान् ॥ भक्षेरहिंसार्थस्य ॥ ८ ॥ भक्षयति पिण्डीं देवदत्तः । भक्षयति पिण्डीं देवदत्तेन । अहिंसार्थस्येति किं । भक्षयन्ति यवान् वलीवर्दाः । भक्षयति वलीवर्दान् यवान् ॥ अकर्मकग्रहणे कालकर्मणामुपसंख्यानं ॥ ९ ॥ कालकर्मका अकर्मकवद्भवन्तीति वक्तव्यं ॥ १० ॥

53. Ein **vârtika**: अभिवादिदृशोरात्मनेपद उपसंख्यानं ॥ अभिवदति गुरुं देवदत्तः । अभिवादयते गुरुं देवदत्तं देवदत्तेन वा । पश्यति गुरुं । दर्शयते गुरुं देवदत्तं देवदत्तेन वा ॥

54. देवदत्त steht im 1ten Beispiele im 1ten Casus nach II. 3. 46., im letzten im 3ten Casus nach II. 3. 18. — स्थाली ist streng genommen kein **kartṛi**, sondern ein **adhikaraṅa**. Das Subjekt in einem Satze kann nicht nur

der **kartṛi**, sondern auch das **karman**, **karaṅa** und **adhikaraṅa** sein; es sind aber bloss **vikaraṅa's** und Personalendungen für den **kartṛi** und das **karman** vorhanden, daher müssen auch das **karaṅa** und **adhikaraṅa**, wenn sie Subjekte eines Satzes sind, aus Analogie als **kartṛi** behandelt werden. Vgl. **Siddh. K. Bl. 169. a.** Ein **vârtika:** स्वतन्त्रस्य कर्तृसंज्ञायां हेतुमत्युपसंख्यानमस्वतन्त्रत्वात् ॥

56. Der allgemeine Name für alle bis **I. 4. 98.** erwähnten Indeclinabilia ist **nipâta**; Unterabtheilungen davon sind: **upasarga**, **gati** und **karmapravakaniya**.

59. Beispiele zu **VIII. 4. 14.**

60. Beispiele zu **II. 2. 18. — VII. 1. 37. — VIII. 1. 70.** Hierzu folgende **vârtika's:** कारिकाशब्दस्योपसंख्यानं ॥ १ ॥ कारिकाकृत्य ॥ पुनश्चनसौ छन्दसि ॥ २ ॥ पुनरुत्स्यूतं वासो देयं । गतिर्गताविति (**VIII. 1. 70.**) निघातः । दूतश्चनो हितः । गतिरनन्तर (**VI. 2. 49.**) इति स्वरः ॥ गत्युपसर्गसंज्ञाः क्रियायोगे यत्क्रियायुक्तास्तं प्रतीति वचनं ॥ ३ ॥ सुदुरोः प्रतिषेधो (ergänze उपसर्गत्वस्य) नुम्विधितत्वषत्वणत्वेषु ॥ ४ ॥ Vgl. **VII. 1. 68. — VII. 4. 47. — VIII. 3. 65. — VIII. 4. 14.**

61—79. Beispiele zu **II. 2. 18.** und **VII. 1. 37.**

61. Es kommt auch उरी mit kurzem उ vor; so z. B. उरीकृत्य **Raghu-V. XV. 70.** Ein **vârtika:** कृभ्वस्तियोग इति वक्तव्यं ॥

62. Siddh. K. Bl. 47. b. खाट्कृत्य° ॥ खाडिति° । अनुकरणमित्यादित्रिसूत्री स्वभावात् कृञ्विषया ॥

65. Siddh. K. Bl. 47. b. erklärt: अन्तर्हत्य durch मध्ये हत्वा ॥ Ein **vârtika:** अन्तःशब्दस्याङ्किविधिसमासणत्वेषूपसंख्यानं ॥ **Siddh. K. Bl. 109. b.** अन्तःशब्दस्याङ्कित्वविधिणत्वेषूपसर्गत्वं वाच्यं ॥ Vgl. **III. 3. 92, 106. — VIII. 4. 14.**

66. Die **Kâçikâ** erklärt die beiden Beispiele übereinstimmend mit unserm Commentator folgendermassen: तावत् पिबति यावदस्याभिलाषो निवृतः (lies निवृत्तः)। श्रद्धा प्रतिहन्यत इत्यर्थः ॥

67. Vgl. VIII. 3. 40. zu पुरस्कृत्य.

69. अच्छ kommt sehr häufig in der im sûtra erwähnten Verbindung im Veda vor. Rig-Veda XLIV. 4. ist gegen II. 2. 18. अच्छा यातवे getrennt geschrieben.

70. Vgl. Colebr. Gr. S. 124. in den Noten.

72. Die Calc. Ausg. führt vor तिरः कृत्वा noch die Schreibart तिरस्कृत्वा an, welche jedoch VIII. 3. 42. nicht gestattet wird.

74. Hierzu folgende vârtika's: साक्षात्प्रभृतिषु च्व्यर्थवचनं ॥ १ ॥ मकारान्तत्वं च गतिसंज्ञासंनियुक्तं ॥ २ ॥ तत्र च्व्यन्तप्रतिषेधः ॥ ३ ॥

75. Calc. Ausg. im Beginne des Scholions: उरस् । मनस्. — Siddh. K. Bl. 48. a. werden die Beispiele उरसिकृत्य und उरसि कृत्वा durch अभ्युपगम्य erklärt. Bhaťťoǵi führt als Gegenbeispiel उरसि कृत्वा पाणिं शेते an.

76. D. निर्वचने.

77. Siddh. K. Bl. 48. a. उपयमनं विवाहः । स्वीकारमात्रमित्यन्ये ॥

82. Dasselbe Beispiel steht bei VIII. 1. 70.

84. Calc. Ausg. शाकलस्य; ich habe शाकल्यस्य aus II. 3. 8. hergestellt. अनु regiert den 2ten Casus nach II. 3. 8. — Zu हेतुतृतीया vgl. II. 3. 23. Ein vârtika: वेरपि कर्मप्रवचनीयसंज्ञा वक्तव्या ॥

85. Bhaťťoǵi bemerkt, dass सित das Partic. von der Wurzel षिञ् binden sei.

87. Zum 7ten Casus s. II. 3. 9.; zum 2ten II. 3. 8.

88. 89. Vgl. II. 3. 10. Ein vârtika verbessert: आङ् मर्यादाभिविध्योरिति वक्तव्यं ॥ मर्यादा ist bis exclusiv; अभिविधि bis inclusiv; vgl. II. 1. 13. — VIII. 1. 15. Zu आङ् in der Bedeutung von ईषत् u. s. w. s. zu I. 1. 14.

90. Wären प्रति, परि und अनु upasarga's, dann müsste

für स् der Wurzel ष् substituirt werden nach VIII. 3. 65, 87. — Zum 2ten Casus vgl. II. 3. 8.

91. Vgl. VIII. 3. 65, 87. Bei अभि steht der 2te Casus nach II. 3. 8.

92. Zum 5ten Casus vgl. II. 3. 11.

94. Ein mit सु verbundenes Wort kann einen Tadel enthalten, wenn die Partikel sehr bedeutet, oder wenn sie ironisch gesetzt ist; vgl. VI. 2. 195. — Zu सुषिक्तं vgl. VIII. 3. 65.

96. Vgl. VIII. 3. 65.

97. Die Calc. Ausg. hat अधि पञ्चाले; ich habe den Plural aus II. 3. 9. hergestellt, wohin unser Beispiel gehört. Hierzu folgende vârtika's: यस्य चेश्वरवचनमिति (s. II. 3. 9.) कर्तृनिर्देशश्चेदवचनात् सिद्धं ॥ १ ॥ अधिः स्वं प्रति कर्मप्रवचनीयसंज्ञो भवतीति वक्तव्यं ॥ २ ॥

98. Siddh. K. Bl. 41. b. यदत्र मामधि करिष्यति विनियोक्ष्यत इत्यर्थः । इह विनियोक्तुरीश्वरत्वं गम्यते ॥

99. लः nehmen die Commentatoren (Kâçikâ: ल इति षष्ठी आदेशापेक्षा । लादेशाः ॥) für den 6ten Casus mit Auslassung von आदेशाः; passender scheint es mir लः als 1ten Cas. Sg. von ल für ल्, oder als 1ten Cas. Pl. von ल् aufzufassen. ल् ist die allgemeine Bezeichnung für लट्, लिट्, लुट्, लृट्, लेट्, लोट्, लङ्, लिङ्, लुङ् und लृङ्. Die Bedeutung der andern stummen Buchstaben in den 10 technischen Ausdrücken wird an einem andern Orte klar werden. Für ल् werden die III. 4. 78. aufgeführten 18 Personalendungen substituirt; diese erleiden in den verschiedenen Modis und Tempp. wiederum Veränderungen; s. III. 4. 79—101, 105, 106, 108—112. — शतृ wird für लट् (ल्) und क्वसु für लिट् (ल्) substituirt nach III. 2. 107—109, 124—126.

100. तङ् heissen die letzten 9 Endungen, die III. 4. 78. für ल् substituirt werden; für लट् wird शानच् und für लिट् कानच् substituirt nach III. 2. 106, 124—126. आन ist die allgemeine Bezeichnung für शानच् und कानच् mit Weglassung der stummen Buchstaben.

101. Patanǵali sagt, dass प्रथममध्यमोत्तमाः ein ekaçesha sei, d. h. dass es für प्रथममध्यमोत्तमप्रथगमध्यमोत्तमाः stehe. Auf diese Weise würden 6 संज्ञाः 6 Verbindungen von Affixen entsprechen, und zwar der Reihe nach nach I. 3. 10.

104. Beispiele zu VII. 2. 84. — VI. 1. 186.

106. In एहि मन्य ओदनं भोक्ष्यसे nimmt Pâṅini eine Verwechselung der Personen an, indem er das Beispiel folgendermassen erklärt: „komm, du meinst „„ich werde Reiss essen““; du wirst aber keinen essen, die Gäste haben ihn schon verzehrt.“ Diese Erklarung ist aber nicht richtig, man übersetze: „komm, ich meine, du wirst Reiss essen“, wo das eingeschobene मन्ये spöttisch gesetzt ist. — शालक्ष sucht man vergebens in den Lexicis; vielleicht ist es ein nomen proprium eines Spassmachers in einem Drama. Hierbei bemerke ich gelegentlich, dass nicht einmal die Paṅḋit's in Indien der seltnern euphonischen Regeln sich bewusst sind: die Calc. Ausg. hat ganz richtig मन्येथे आवां; doch kann der Herausgeber nicht umhin im Druckfehlerverzeichnisse dieses gegen VI. 1. 125. (vgl. I. 1. 11.) in मन्येथ आवां zu verändern.

108. Ein vârtika: तत्र युष्मदस्मदन्येषु प्रथमप्रतिषेधः शेषत्वात् ॥ Das Bhâshya: अथेह कथं भवितव्यं । अत्वं त्वं संपद्यते त्वद्भवतीति । आहोस्वित् त्वद्भवसि मद्भवामीति । त्वद्भवति मद्भवतीत्येव भवितव्यं । मध्यमोत्तमौ कस्मान्न भवतः । गौणमुख्ययोर्मुख्ये कार्यसंप्रत्ययो भवति (eine paribhâshâ) ॥

109. 110. **Kâçikâ:** परशब्दो ऽतिशये वर्तते ॥ Beispiele zu VI. 1. 77. — VIII. 3. 15. — Die Verbindung der einzelnen Buchstaben in einem Worte oder im Verlaufe eines Satzes heisst *sanhitâ*. Das unmittelbare Zusammentreffen von Endbuchstaben eines Wortes mit Anfangsbuchstaben von Affixen oder Wörtern, bringt oft eine euphonische Veränderung bei beiden hervor. Die Indische Schrift drückt den innigen Zusammenhang unmittelbar auf einander folgender Buchstaben so vollständig wie möglich aus. Die Vocalzeichen erhalten nach einem Consonanten eine verkürzte Form und verschmelzen mit demselben gleichsam zu einem Schriftzeichen. Vocallose Consonanten verbinden sich auf mannigfache Weise mit einander. Bloss ein Vocal, der *anusvâra* und der *visarga* können sich mit einem drauf folgenden Buchstaben nicht verbinden; daher trennen die Handschriften hier jedesmal und zwar nur hier; sie schreiben demnach: त तः कु मा रं सा दे वी प्रा प्त का ल म जी ज न त् ॥ Schliesst das letzte Wort in einem Satze mit einem Consonanten, so erhält dieser das Ruhezeichen (*virâma*). Dieses Zeichen bezeichnet eben nur die Pause, d. h. die Abwesenheit eines folgenden Buchstaben, gleichviel ob Vocal oder Consonant. In den Handschriften wird dieser Endconsonant von der vorhergehenden Silbe getrennt, weil er, wie eben bemerkt worden ist, sich mit dem vorhergehenden Vocale nicht verbinden lässt. **Stenzler** ist auf einem andern Wege zu demselben Resultate gekommen; s. **Raghu**-V. S. VII. und VIII. — Es käme jetzt darauf an zu bestimmen, was die Indischen Grammatiker unter der Pause verstehen. Halten wir uns streng an die von **Pâṅini** gegebene Definition, dann kann dieselbe nicht

anders als am Ende des ganzen Satzes eintreten; denn hier erst darf man sagen, dass kein Buchstabe mehr folgt. Diese Regel könnte aber bloss für die ungebundene Rede gelten, da bei Versen die sanhitâ am Ende eines ardhaçloka, und zuweilen sogar am Ende des 1ten und 3ten pâda aufhört. Auf die Handschriften und auf die in Indien besorgten Ausgaben werden wir uns nicht verlassen dürfen. Hier bezeichnet auch das kleinere Unterscheidungszeichen (।) das Aufhören der sanhitâ. Ich vermuthe, dass in früherer Zeit nur dieses einzige Interpunctionszeichen in der Prosa bestanden hat. Bei den Indischen Grammatikern ist es mir bis jetzt nicht gelungen eine andre Notiz über die sanhitâ, als die folgende in der Siddh. K. Bl. 109. b. aufzufinden:

संहितैकपदे नित्या नित्या धातूपसर्गयोः ।
नित्या समासवाक्ये तु सा विवक्षामपेक्षते ॥

Es muss wohl समासे gelesen werden; das Ende ist mir nicht ganz klar.

Zweites Buch.

Erstes Kapitel.

1. Eine paribhâshâ. — Kâçikâ: यः कश्चिदिह शास्त्रे पदविधिः स सर्वः समर्थो वेदितव्यः । विधीयत इति विधिः । पदानां विधिः पदविधिः समासादिः । समर्थः शक्तः । विग्रहवाक्यार्थाभिधाने यः शक्तः स समर्थो वेदितव्यः । अथवा समर्थपदाश्रयत्वात् समर्थः । समर्थानां पदानां संबद्धार्थानां संसृष्टानां विधिर्वेदितव्यः ॥ Unser Commentator ist der letztern Erklärung gefolgt, fand aber auch hierbei noch Schwierigkeiten, da öfters zwei Wörter समर्थ sind und doch nicht componirt werden dürfen. Nur dann können Wörter zusammengesetzt werden, wenn diese im Satze einerlei Funktion haben, oder wenn das eine davon das andere näher bestimmt, und beide ein für sich bestehendes Ganze bilden. Es kann demnach nie das Subjekt eines Satzes mit seinem Prädikate componirt werden, da das Prädikat nicht etwa das Subjekt bloss näher bestimmt, sondern ohne dieses durchaus nicht bestehen kann, wie es auch umgekehrt beim Subjekt

der Fall ist. Das Subjekt erfordert (आकाङ्क्षते) nothwendig ein Prädikat. Das verbum finitum ist gar keiner Zusammensetzung fähig, weil es eine doppelte Natur hat, es enthält zu gleicher Zeit das Subjekt und das Prädikat. Eine, von Pâṅini und Kâtyâyana gebrauchte Zusammensetzung, die sich durch das eben Gesagte nicht rechtfertigen lässt, ist zu I. I. 43. gerügt worden.

2. Unser sûtra gehört seinem Inhalte nach zu den letzten Regeln im 1ten Kapitel des 8ten Buchs. Vielleicht ist es später hierher verlegt worden, weil, wie wir sogleich sehen werden, nothwendig समर्थः in unsrer Regel ergänzt werden muss. Man vgl. zu den Beispielen VI. 1. 198. — VIII. 1. 55. — VIII. 3. 59. — VIII. 4. 1. Hierzu folgende vârtika's: षष्ठ्यामन्त्रितकारकवचनं ॥ १ ॥ (Siddh. K. Bl. 228. a. षष्ठ्यन्तमामन्त्रितान्तं प्रति यत् कारकं तद्वाचकं चेति परिगणनं कर्तव्यमित्यर्थः । तेनेह न । अयमग्ने जरिता । एतनाग्ने ब्रह्मणा । समर्थानुवृत्त्या वा सिद्धं ॥) तन्निमित्तग्रहणं वा ॥ २ ॥ आमन्त्रितनिमित्तकं सुबन्तं पराङ्गवद्भवतीत्यर्थः । गोषु स्वामिन् । पशुषु स्वामिन् । नेह । त्वंत्रणाग्ने स्वायुः संरभस्व ॥ सुबन्तस्य पराङ्गवद्भावे समानाधिकरणस्योपसंख्यानमननन्तरत्वात् ॥ ३ ॥ तीक्ष्णया सूच्या सीव्यन् । तीक्ष्णेन परशुना वृश्चन् ॥ परमपिच्छन्दसि ॥ ४ ॥ आ ते पितर्मरुतां सुम्नमेतु ॥ अव्ययप्रतिषेधश्च ॥ ५ ॥ उच्चैरधीयान ॥ अनव्ययीभावस्य ॥ ६ ॥ उपाग्न्यधीयान ॥

3. विग्रह heisst die Analyse eines auflösbaren Wortes (वृत्ति). Auflösbare Worte sind: 1) Alle कृदन्ताः; z. B. आकरः, welches durch आकुर्वन्त्यस्मिन् erklärt wird; vgl. III. 3. 118. 2) Alle taddhitânta's; z. B. सामयिकं = समयः प्राप्तो ऽस्य; vgl. V. 1. 104. 3) Alle samâsa's; z. B. अक्षशौण्डः = अक्षेषु शौण्डः; vgl. II. 1. 40. 4) Alle ekaçesha's; z. B. रामौ = रामश्च रामश्च; vgl. I. 2. 64. 5)

Alle abgeleiteten Verba; z. B. चिकीर्षति = कर्तुमिच्छति; vgl. III. 1. 7. — Als unauflösbar erscheint demnach bloss das verbum finitum, der Singular im Nomen und einige Indeclinabilia, insofern sie nicht von einer Wurzel abgeleitet sein sollten. Die Zusammensetzung ist entweder eine feste (नित्य) oder eine lose (अनित्य). Sie wird fest genannt, wenn der Begriff derselben durch die Auflösung nicht wiedergegeben werden kann, wie z. B. beim Eigennamen जमदग्नि; oder wenn bei der Auflösung wesentliche Wörter, die im Compositum nicht ausgedrückt sind, hinzugefügt werden müssen; wie z. B. in प्रनायको देशः, welches durch प्रगतो नायको यस्माद्देशात् सः aufzulösen ist. Die Auflösung ist wiederum eine zweifache: eine natürliche (लौकिक), wie z. B. हरौ इति für अधिहरि und राज्ञः पुरुषः für राजपुरुषः; oder eine grammatische (अलौकिक), wie हरिङि अधि für अधिहरि und राजन्ङस् पुरुषसु für राजपुरुषः; wo an das Thema die bei der Auflösung erforderliche Casusendung mit den anubandha's angefügt worden ist.

4. सह und सुपा sind adhikâra's, aber keineswegs सुप् im 2ten sûtra. Wir brauchen das सुप् in den folgenden Regeln nicht, da das 1te Glied des Compositums genau angegeben wird, und im 9ten sûtra stellt es sich zeitig genug ein. Die Commentatoren haben das सुप् zum adhikâra gemacht, um dadurch eine Regel, die Pâṅini übersehen hat, zu begründen. Zu diesem Endzwecke zertheilen sie unser sûtra. Durch die erste Regel सह (mit Ergänzung von सुप् und समर्थेन) wollen sie die bloss im Veda erlaubte Zusammensetzung einer gati (diese ist auch ein सुप्, insofern bei avyaya's ein लुक्

für die Casusaffixe substituirt wird) mit einem verbum finitum rechtfertigen. In der gewöhnlichen Sprache wird die gati nicht mit dem verbum finitum componirt, sondern, wie sich die Grammatiker ausdrücken, an dieses vorne angefügt; ich habe indessen auch in der von Rosen besorgten Ausgabe des Rig-Veda keine Stelle gefunden, wo die gati mit dem verbum finitum in der pada-Schreibart verbunden wäre. Der ganze Unterschied wird sich wohl auf den Accent beschränken. Nach der 2ten Regel सुपा (mit Ergänzung von सुप् सह) konnten alle von Pâṅini übergangenen Zusammensetzungen gebildet werden, unter andern auch भूतपूर्व, wo dem Commentator die Versetzung der Glieder dadurch hinlänglich gerechtfertigt ist, dass Pâṅini in einer Regel (V. 3. 52.) dieses Wort gebraucht hat. Daraus, dass Pâṅini neben dieser allgemeinen Regel noch eine Menge ganz specieller giebt, lässt sich, wie unser Commentator meint, schliessen, dass die nach unserer Regel gebildeten Zusammensetzungen nur erlaubt, die andern hingegen nothwendig seien. Dieses ergiebt sich jedoch auch ohne die künstliche Trennung des sûtra, da man durch das विभाषा im 11ten sûtra ersieht, dass die vorhergehenden Zusammensetzungen durchaus nothwendig sind, es sei denn, dass man das Compositum durch andre Wörter umschreiben wollte. Ein vârtika: इवेन विभक्त्यलोपः पूर्वपदप्रकृतिस्वरत्वं च ॥ वाससी इव । कन्ये इव ॥ In den pada-Handschriften des Veda steht immer das Zeichen ऽ vor इव, um anzudeuten, dass es mit dem vorhergehenden Worte nur ein Wort bildet. In der Umschreibung mit lateinischen Buchstaben hat Rosen dazu den Verbindungsstrich gewählt; vgl. unter andern R. V. XXVIII. 4.

6. Vgl. VI. 3. 81.

7. Vgl. unsern Commentator zu V. 2. 6.

10. Hierzu folgende **vârtika's**: अयथाद्योतने ऽक्षादयस्तृतीयान्ताः परिणा सह समस्यन्त इति वक्तव्यं ॥ १ ॥ अक्षशलाकयोश्चैकवचनान्तयोरिति वक्तव्यं ॥ २ ॥ कितवव्यवहार इति वक्तव्यं ॥ ३ ॥

11. Allem Anscheine nach gilt unser **adhikâra** bis II. 2. 9. Die Commentatoren schweigen ganz darüber und zwar, wie ich vermuthe, aus dem Grunde, um damit, wenn es Noth thut, nach Belieben schalten und walten zu können. **Bhaťťoǵi** erklärt sogar noch bei V. 3. 51. doppelte Bildungen durch unsre विभाषा; er nennt sie daselbst eine महाविभाषा. Vgl. den Ind. Comm. zu IV. 4. 20.

12. 13. Vgl. II. 3. 10, 29.

13. आङ् wird bloss als **karmapravaćanîya** mit dem 5ten Casus construirt; und da diese Partikel bloss in der Bedeutung **bis** **karmapr.** heisst (s. I. 4. 89.), so ist die nähere Bezeichnung मर्यादाभिविध्योः im **sûtra** überflüssig.

14. Man schreibe im Scholion सुघ्नं प्रतिगतः; die **Kâçikâ** erklärt das Beispiel durch प्रतिनिवृत्य सुघ्नमेव गतः.

17. Unser Commentator nimmt nach seiner spitzfindigen Art च in der Bedeutung von एव; vgl. II. 1. 48, 72. Hierzu folgende **vârtika's**: तिष्ठद्गु कालविशेषे ॥ १ ॥ खलेयवादीनि प्रथमान्तान्यन्यपदार्थे ॥ २ ॥

18. Vgl. II. 2. 8.

20. Hierzu folgende **vârtika's**: अन्यपदार्थे प्रतिषेधः ॥ १ ॥ नदीभिः संख्यायाः समाहारे ऽव्ययीभावो वक्तव्यः ॥ २ ॥ नेह । एकनदीतरः ॥

23. **Bhaťťoǵi** bemerkt sehr richtig, dass unser **sûtra** füglich hätte ausfallen können, wenn **Pâńini** II. 1. 52. संख्यापूर्वो द्विगुश्च gesagt hätte. Der **dvigu** wird auch

zum tatpurusha gezählt, weil er denselben Regeln, wie der tatpurusha, unterworfen ist; vgl. V. 4. 86. ff., woher auch unsre Beispiele entlehnt sind.

24. Vgl. II. 2. 4. - Ein vârtika: श्रितादिषु गमिगाम्यादीनामुपसंख्यानं ॥ १ ॥ ग्रामं गमी । ग्रामगमी । ग्रामं गामी । ग्रामगामी । अन्नं बुभुक्षुः । अन्नबुभुक्षुः ॥

29. Man ergänze सुपा aus dem 4ten sûtra. अत्यन्त heisst „bis zum Ende ununterbrochen fortdauernd (räumlich oder zeitlich)“; vgl. II. 3. 5.

30. तत्कृत im Compositum gehört zu गुणवचनेन; diese Art von Zusammensetzungen kommt öfters vor; vgl. unter andern das 2te vârtika zu I. 4. 1. — Bhaṫṫoǵi sagt, dass in तत्कृत ein lopa des 3ten Casus Statt gefunden habe. Ein vârtika verbessert: तृतीया तदर्थकृतार्थेनेति वक्तव्यं ॥

31. Siddh. K. Bl. 44. a. मिश्रग्रहणे सोपसर्गस्यापि ग्रहणं । मिश्रं चानुपसर्गमसंधावित्यत्रानुपसर्गग्रहणात् (s. VI. 2. 154.) । गुडसंमिश्रा धानाः ॥ अवरस्योपसंख्यानं ॥ मासेनावरो मासावरः ॥

32. Ein vârtika: कर्तृकरणे कृता क्तेन ॥ Man vgl. zur Erklärung von बहुलं folgende kârikâ, die Laghu-K. S. 150. angeführt wird:

क्वचित् प्रवृत्तिः क्वचिदप्रवृत्तिः क्वचिद्विभाषा क्वचिदन्यदेव ।
विधेर्विधानं बहुधा समीक्ष्य चतुर्विधं बाहुलकं वदन्ति ॥

Die Calc. Ausg. hat चातुर्विधं — Vgl. noch III. 3. 113.

33. अधिकार्थवचन heisst das Uebertreiben, das Aufschneiden. Hierzu folgende vârtika's: अन्यत्रापि दृश्यत इति वक्तव्यं ॥ १ ॥ साधनं कृता ॥ २ ॥ इति वा पादहारकाद्यर्थं ॥ Vgl. II. 1. 32. — III. 3. 113.

35. Ueber den Accent dieser Composita s. VI. 2. 128.

36. Hierzu folgende vârtika's: विकृतिः प्रकृत्या ॥ १ ॥ अश्वघासादीनामुपसंख्यानं (der gańa wird nicht ausgeführt) ॥ २ ॥

अर्थेन नित्यसमासवचनं ॥ ३ ॥ सर्वलिङ्गता च ॥ ४ ॥ Siddh. K. Bl. 44. a. द्विजायायं द्विजार्थः सूपः । द्विजार्था यवागूः । द्विजार्थं पयः ॥

37. Ein vârtika: भयभीतभीतिभीभिरिति वक्तव्यं ॥ वृकभयं । वृकभीतः । वृकभीतिः । वृकभीः ॥ Andre sagen wiederum: भयनिर्गतजुगुप्सुभिरिति वक्तव्यं ॥ वृकभयं । ग्रामनिर्गतः । अधर्मजुगुप्सुः ॥

41. Vgl. VI. 3. 13.

42. Ein vârtika: ध्वाङ्क्षेत्यर्थग्रहणं कर्तव्यं ॥ Vgl. I. 1. 68.

43. Ein vârtika verbessert: कृत्यैर्नियोगे यत्प्रत्ययेनेति वक्तव्यं ॥ नेह । पूर्वाह्णे दातव्या भिक्षा ॥

46. Vgl. V. 3. 10.

48. Ueber च s. zu II. 1. 17.

49. Zu जरद्गव vgl. V. 4. 92.

50. Vgl. VI. 2. 103.

51. पूर्वशाला ist nach VI. 1. 223. ein Oxytonon; im bahuvr. पूर्वशालाप्रिय bleibt der Accent des 1ten Gliedes nach VI. 2. 1. unverändert; es wird demnach das Compositum ein Proparoxytonon. Zu den andern Beispielen vgl. IV. 1. 21, 88, 95. — IV. 2. 16. — V. 4, 92. — Hierzu folgende vârtika's: प्रत्ययोत्तरपदयोर्द्विगुसंज्ञा भवतीति वक्तव्यं ॥ १ ॥ द्वन्द्वतत्पुरुषयोरुत्तरपदे नित्यसमासवचनं ॥ २ ॥ वाग्दृषद्प्रियः (vgl. V. 4. 106.) । पञ्चगवप्रियः (vgl. V. 4. 92.) ॥ उत्तरपदेन परिमाणिना द्विगोः समासवचनं ॥ ३ ॥ द्विमासजातः । द्व्यह्नजातः (vgl. II. 2. 5.) ॥ सर्वत्र मत्वर्थे प्रतिषेधः ॥ ४ ॥

52. Vgl. zu II. 1. 23.

53. Siddh. K. Bl. 46. a. hat auch दुर्दुरुट; Wilson führt nur die Form दुर्दुरूट auf. Im 2ten Buche des Ganaratnamahodadhi kommt ein gańa खसूच्यादि vor, der mehre zu unsrer Regel gehörige कुत्सनानि enthält; hier der gańa selbst:

खसूचिखेटो कितवो ऽथ चोरमूर्खधुवास्तस्करदुर्दुरूटो ।
मूर्खो विटः स्याढतकश्च भीरुश्चेलश्च जाल्मापसदो च धृष्टः ॥

Bei A. fehlt der ganze Çloka; B. hat दुर्दुरूटो, welches aber nicht ins Versmass passt.

54. Vgl. VI. 2. 68. zum Accent.

56. Ueber den Accent s. VI. 2. 72, 126.

57. Vgl. zu II. 1. 32.

58. Siddh. K. Bl. 46. b. अपरस्यार्धे पश्चभावो वक्तव्यः ॥ अपरश्चासावर्धश्च । पश्चार्धः ॥

60. Hierzu folgende vârtika's: नञ्विशिष्टे समानप्रकृतिग्रहणं कर्तव्यं ॥ १ ॥ इह मा भूत् । सिद्धं चाभुक्तं चेति ॥ अनञिति च प्रतिषेधो वक्तव्यः (man könnte vermuthen, dass das अनञ् im sûtra später hinzugefügt worden wäre) ॥ २ ॥ नुडिडधिकेन च समासो वक्तव्यः (die Zusammensetzung kann auch Statt finden, wenn das 2te Partic. sich vom 1ten noch dadurch unterscheidet, dass es nach dem alpha privat. das Augment नुट् annimmt, und die Endung त mit इट् anfügt) ॥ ३ ॥ कृतापकृतादीनां चोपसंख्यानं (dieses Compositum ist in den gaṅa शाकपार्थिवादि aufgenommen) ॥ ४ ॥ सिद्धं तु क्तान विसमाप्तावनञ् ॥ ५ ॥ गतप्रत्यागतादीनां चोपसंख्यानं (vgl. den gaṅa शाकंपार्थिवादि) ॥ ६ ॥

61. Ueber den Accent der Composita mit महत् s. VI. 2. 38.

62. Siddh. K. Bl. 46. b. व्याघ्रादेराकृतिगणत्वादेव सिद्धे सामान्यप्रयोगार्थं वचनं ॥ Vgl. II. 1. 56.

66. Im Gaṅaratnam. werden folgende मतल्लिकादयः angeführt:

मतल्लिकोद्घमिश्राः स्युः प्रकाण्डस्थलविन्नयः ।
हस्तपाशतटाः पादः पाली मचर्चिकादयः ॥

B. hat मिन्नयः für विन्नयः.

69. **Siddh. K. Bl. 46. b.** शाकपार्थिवादीनां सिद्ध्य उत्तरपदलोपस्योपसंख्यानं ॥ शाकप्रियः पार्थिवः । शाकपार्थिवः । देवब्राह्मणः ॥

70. Die Calc. Ausg. und **Siddh. K.** haben im sûtra den Nominat. कुमारः; das Thema enthält auch das Femin.; vgl. unsern Commentator zu II. 1. 67.

72. Ueber च s. zu II. 1. 17.

Zweites Kapitel.

1—5. Ausnahmen zu II. 2. 8.

4. Man höre, wie spitzfindig **Patanǵali** die Kürze bei प्राप्त und आपन्न im Femin. erklärt: नायमनुकर्षणार्थश्चकारः । किं तर्ह्यत्वमनेन विधीयते । प्राप्तापन्ने द्वितीयान्तेन समस्येते । अत्वं च भवति प्राप्तापन्नयोरिति । प्राप्ता जीविकां प्राप्तजीविका । आपन्ना जीविकामापन्नजीविका ॥ **Bhaṫṫoǵi** ist auch der Meinung, dass in द्वितीयया ein अ verschmolzen ist. Richtiger ist es प्राप्त und आपन्न passivisch zu fassen, dann wäre das Compositum ein bahuvr. Vielleicht hat bloss die Stellung des Accents die Indischen Grammatiker verleitet diese Zusammensetzung zu einem tatpur. zu machen. Vgl. zu I. 2. 44.

6. Vgl. VI. 3. 73.

7. Ein **vârtika**: ईषद्गुणवचनेनेति वक्तव्यं ॥ नेह । ईषद्गार्ग्यः ॥

8. Hierzu folgende **vârtika's**: कृद्योगा च षष्ठी समस्यत इति वक्तव्यं ॥ १ ॥ प्रतिपदविधाना षष्ठी न समस्यत (vgl. zu II. 2. 10.) इति वक्ष्यति तस्येदं बाधकं । इध्मप्रव्रश्चनः । पलाशशातनः ॥ तत्स्थैश्च गुणैः (Beschränkung von II. 2. 11.) ॥ २ ॥ केवलगुणवाचकैः षष्ठी समस्यत इत्यर्थः । चन्दनस्य गन्धः । चन्दनगन्धः । गुणिपरस्ववाचकशब्दाभाववत्त्वं

तत्स्यत्वं । नेह । पटस्य शौक्ल्यं ॥ न तु तद्विशेषणैः ॥ ३ ॥ तेषां गुणानां यानि विशेषणानि तद्वाचकैः सह षष्ठी न समस्यते । घृतस्य तीव्रः । चन्दनस्य मृदुः ॥

10. Ein vârtika: प्रतिपदविधाना च षष्ठी न समस्यत इति वक्तव्यं ॥ सर्पिषो ज्ञानं । मधुनो ज्ञानं ॥ Vgl. II. 3. 51.

11. Siddh. K. Bl. 44. b. अनित्यो ऽयं गुणनिषेधः । तदशिष्यं संज्ञाप्रमाणत्वादिति (I. 2. 53.) निर्देशात् । तेनार्थगौरवं बुद्धिमान्द्यमित्यादि सिद्धं ॥ Bei अव्यय bemerkt Bhaṫṫoǵi: पूर्वोत्तरसाहचर्यात् कृदव्ययमेव गृह्यते । तेन तदुपरीत्यादि सिद्धमिति रक्षितः ॥ In तव्य ist, wie Bhaṫṫoǵi bemerkt, तव्यत् nicht enthalten; daher kann man स्वकर्तव्यं bilden. Der Unterschied zwischen beiden Affixen liegt im Accent: ein Wort mit तव्य ist ein Paroxytonon, mit तव्यत् ein Properispomenon. Pâṅini verbietet einen Genit. mit einem andern in demselben Verhältnisse stehenden Genit. zu componiren, aus Furcht man möchte die Stellung der Glieder im Compositum verwechseln. Die Composition kann demnach wohl Statt finden, aber nach einer andern Regel, wie z. B. in unsrem Falle nach II. 1. 57., wonach die Stellung der Wörter im Compositum genau bestimmt wird. Anders die Siddh. K. Bl. 44. b. समानाधिकरणे । तक्षकस्य सर्पस्य । विशेषणसमासस्त्विह बहुलग्रहणान्न (vgl II. 1. 57.) गोर्धनोरित्यादिषु पोटायुवतीत्यादीनां (II. 1. 65.) विभक्त्यन्तरे चरितार्थानां बाधकः षष्ठीसमासः प्राप्तः सो ऽप्यनेन वार्यते ॥

14. गवां ist karman nach I. 4. 49., und steht im 6ten Casus nach II. 3. 66.

15. भवतः ist kartṛi nach I. 4. 54., und steht im 6ten Casus nach II. 3. 65.

16. Im vorhergehenden sûtra war कर्तरि eine nähere Bestimmung des 6ten Casus; in unserm der Affixe तृच् und अक. Gerade umgekehrt erklärt Bhaṫṫoǵi die bei-

den Regeln. **Siddh. K. Bl. 44. b.** तृजकाभ्यां कर्तरि ॥ कर्त्रर्थतृजकाभ्यां षष्ठ्या न समासः । अपां स्रष्टा । वज्रस्य भर्ता । ओदनस्य पाचकः । कर्तरि किं । इक्षूणां भक्षणमिक्षुभक्षिका । पत्यर्थशब्दस्य याजकादित्वात् (II. 2. 9.) समासः । भूभर्ता ॥ कर्तरि च ॥ कर्तरि षष्ठ्या अकेन न समासः । भवतः शायिका । नेह तृजनुवर्तते । तद्योगे कर्तुरभिहितत्वेन कर्तृषष्ठ्या अभावात् ॥ Diese Erklärung ist vorzuziehen, da auch im hierauf folgenden sûtra nur von अक die Rede ist.

17. Ueber den Accent dieser Composita s. VI. 2. 73, 74.

18. Hierzu folgende vârtika's: कर्मप्रवचनीयानां प्रतिषेधः (unter den प्रादयः befinden sich viele karmapravak.) ॥ १ ॥ वृक्षं प्रति विद्योतते विद्युत् ॥ व्यवेतप्रतिषेधश्च ॥ २ ॥ आ मन्द्रैरिन्द्र हरिभिर्याहि ॥ सिद्धं तु क्वाङ्स्वतिदुर्गतिवचनात् ॥ ३ ॥ (In der Calc. Ausg. werden folgende vârtika's der Saunâga's angeführt, die das letzte vârtika von Kâtyâyana näher beleuchten: स्वती पूजायां ॥ १ ॥ सुराजा । अतिराजा ॥ दुर्निन्दायां ॥ २ ॥ दुष्कुलं ॥ आङीषदर्थे ॥ ३ ॥ आकडारः । आपिङ्गलः ॥ कुः पापार्थे ॥ ४ ॥ कुब्राह्मणः । कुवृषलः ॥) प्रादयो गताद्यर्थे प्रथमया ॥ ४ ॥ प्रगत आचार्यः । प्राचार्यः ॥ अत्यादयः क्रान्ताद्यर्थे द्वितीयया ॥ ५ ॥ अतिक्रान्तः खट्वां । अतिखट्वः ॥ अवादयः क्रुष्टाद्यर्थे तृतीयया ॥ ६ ॥ अवक्रुष्टः कोकिलया । अवकोकिलः ॥ पर्यादयो ग्लानाद्यर्थे चतुर्थ्या ॥ ७ ॥ परिग्लानो ऽध्ययनाय । पर्यध्ययनः ॥ निरादयः क्रान्ताद्यर्थे पञ्चम्या ॥ ८ ॥ निष्क्रान्तः कौशाम्ब्याः । निष्कौशाम्बिः ॥ अव्ययं प्रवृद्धादिभिः ॥ ९ ॥ पुनःप्रवृद्धं । पुनर्गवं । पुनःसुखं ॥ इवेन विभक्त्यलोपः पूर्वपदप्रकृतिस्वरत्वं च (vgl. zu II. 1. 4.) ॥ १० ॥ अव्ययमव्ययेन ॥ ११ ॥ प्रप्र यज्ञपतिं (Das vollständige Beispiel findet sich im weissen Yaġur-V. V. 38. und 41. उरु विष्णो विक्रमस्वोरु क्षयाय नस्कृधि । घृतं घृतयोने पिब प्रप्र यज्ञपतिं तिर स्वाहा ॥ Vgl. noch Rig-V. XL. 7. in der pada-Schreibart, und unsern Grammatiker VIII. 1. 6.) ॥ उदात्तवता तिङा गतिमता चाव्ययं समस्यत इति वक्तव्यं ॥ १२ ॥ अनुव्याकरोत् । यत् परियन्ति ॥ अनुव्याकरोत् wird ein samâsa genannt, weil der ganze Complex nur einen Accent hat: das Verbum ist anudâtta nach VIII. 1. 28., अनु und वि ebenfalls nach VIII. 1. 70. — In यत् परियन्ति behält यन्ति seinen ursprünglichen Accent nach VIII. 1. 66.; परि hingegen wird anudâtta nach VIII. 1. 71.

19. Vgl. III. 1. 92. — III. 2. 1. flgnde.

20. Man fasse die Regel folgendermassen: unter den avyaya's kann bloss mit einem auf अम् ausgehenden कृदन्त das vorangehende Wort componirt werden, und hier auch nur dann, wenn neben अम् kein andres Affix in derselben Geltung angefügt werden kann. Vgl. III. 4. 24, 26.

21. Vgl. III. 4. 47. flgnde.

22. Vgl. III. 4. 59. flgnde. — क्त्वा ist der 3te Casus; es ist ein Mascul., und wird wie ein कृदन्त auf आ declinirt. Der 5te und 6te Casus lautet क्त्वः, der 7te क्त्वि; vgl. VI. 4. 18. Die Folge der Zusammensetzung ist die Substitution von ल्यप् für क्त्वा nach VII. 1. 37.

23. Von hier an heissen die Zusammensetzungen bahuvrihi, aber nur dann, wenn sie nicht schon in einer vorhergehenden Regel gebildet, und anders benannt worden sind; so ist z. B. उन्मत्तगङ्गं auch ein अनेकमन्यपदार्थे, aber kein bahuvr., weil es II. 1. 21. als avyayîbh. erkannt worden ist. — Patańgali: यस्य त्रिकस्य (das त्रिक ist der avyayîbh., der tatp. und der dvigu) अनुक्तः समासः स शेषः । कस्य चानुक्तः । प्रथमायाः ॥

24. Hierzu folgende vârtika's: बहुव्रीहिः समानाधिकरणानां ॥ १ ॥ अव्ययानां च ॥ २ ॥ उच्चैर्मुखमस्य । उच्चैर्मुखः ॥ (Vgl. das Scholion zu II. 3. 46., wo उच्चैः als 1ter Casus gefasst wird.) सप्तम्युपमानपूर्वस्योत्तरपदलोपश्च ॥ ३ ॥ कण्ठेस्थः कालो ऽस्य । कण्ठेकालः । उष्ट्रमुखमिव मुखमस्य । उष्ट्रमुखः ॥ समुदायविकारषष्ठ्याश्च ॥ ४ ॥ केशसमाहा-

रश्चूडास्य । केशचूडः । सुवर्णविकारो ऽलंकारो यस्य । [स] सुवर्णालंकारः ॥ प्रादिभ्यो धातुजस्य वा ॥ ५ ॥ प्रपतितपर्णः । प्रपर्णः ॥ नञो ऽस्त्यर्थानां ॥ ६ ॥ अविद्यमानपुत्रः । अपुत्रः ॥ अर्थनियमे मत्वर्थग्रहणं ॥ ७ ॥ (Einige lehren: कर्मवचनेनाप्रथमायाः) ॥ कर्तृवचनेनापीति वक्तव्यं ॥ ८ ॥ सुब्धिकारे ऽस्तिक्षीरादिवचनं ॥ ९ ॥ Man sagt: अस्तिक्षीरा गौः; s. Siddh. K. Bl. 51. b. und den gańa चादि Note 10, wo अस्तिक्षीरा verbunden gelesen werden muss.

25. Vgl. V. 4. 73. — VI. 4. 142.

28. Vgl. VI. 3. 82.

29. Amara-K. S. 362. 2. चान्वाचये समाहारेतरेतरसमुच्चये ॥ Siddh. K. Bl. 55. b. परस्परनिरपेक्षस्यानेकस्य एकस्मिन्नन्वयः समुच्चयः । अन्यतरस्यानुषङ्गिकत्वे ऽन्वाचयः । मिलितानामन्वय इतरेतरयोगः । समूहः समाहारः । तत्रेश्वरं गुरुं च भजस्वेति समुच्चये । भिक्षामट गां चानयेत्यन्वाचये च न समासो ऽसामर्थ्यात् ॥

30. अधिहरि ist kein gutes Beispiel; vgl. I. 2. 44. und II. 1. 6.

31. Der gańa राजदन्तादि enthält nicht nur Composita, wo das upasarǵana am Ende steht, sondern auch solche, wo überhaupt das nach andern später folgenden Regeln voranzusetzende Glied zuletzt angefügt wird. Bhat́t́oǵi scheint hierauf Rücksicht genommen zu haben, indem er unsre Regel auf folgende Weise erklärt: एषु पूर्वप्रयोगार्हं परं स्यात् ॥ Da wir in unsrer Regel notwendig उपसर्जनं zu ergänzen haben, müssen wir annehmen, dass Pâńini's gańa ein andrer gewesen ist.

34. Hierzu folgende vârtika's: अनेकप्राप्तावेकस्य नियमो ऽनियमः शेषे ॥ १ ॥ पटुमृदुशुक्लाः । पटुशुक्लमृदवः ॥ ऋतुनक्षत्राणाम समाक्षराणांनुपूर्व्येण ॥ २ ॥ शिशिरवसन्तौ । कृत्तिकारोहिण्यः ॥ अभ्यर्हितं च ॥ ३ ॥ मातापितरौ । श्रद्धामेधे ॥ लघ्वक्षरं ॥ ४ ॥ कुशकाशं ॥ (Andre lehren: सर्वत एवाभ्यर्हितं पूर्वं निपततीति वक्तव्यं ॥ लघ्वक्षरादपि । दी-

क्षातपसी । श्रद्धातपसी ॥) वर्णानामानुपूर्व्येण ॥ ५ ॥ ब्राह्मणक्षत्रियविट्शूद्राः ॥ भ्रातुश्च ज्यायसः ॥ ६ ॥ युधिष्ठिरार्जुनौ ॥ संख्याया अल्पीयस्याः ॥ ७ ॥ एकादश । द्वादश ॥ धर्मादिषूभयं ॥ ८ ॥ अर्थधर्मौ । धर्मार्थौ । अर्थकामौ । कामार्थौ ॥ Vgl. den *gaṇa* राजदन्तादि.

35. Hierzu folgende *vârtika's*: सर्वनामसंख्ययोरुपसंख्यानं ॥ १ ॥ विश्वदेवः । विश्वयशाः । द्विपुत्रः । द्विभार्यः । संख्यासर्वनाम्नोस्तु बहुव्रीहौ संख्याया एव पूर्वनिपातः शब्दपरविप्रतिषेधात् । द्व्यन्याय । त्र्यन्याय ॥ वा प्रियस्य ॥ २ ॥ प्रियगुडः । गुडप्रियः ॥ सप्तम्याः पूर्वनिपाते गड्वादिभ्यः परवचनं ॥ ३ ॥ गडुकण्ठः । गडुशिराः ॥

36. Hierzu folgende *vârtika's*: जातिकालसुखादिभ्यः परा निष्ठा ॥ १ ॥ शार्ङ्गजग्धी (lies शारङ्ग°) । मासजाता । सुखजाता । दुःखजाता ॥ प्रहरणार्थेभ्यश्च परे निष्ठासप्तम्यौ ॥ २ ॥ अस्युद्यतः । दण्डपाणिः (*Siddh.* K. Bl. 55. b. क्वचिन्न । विवृतासिः) ॥ द्वन्द्वे घ्यजाद्यदन्तं विप्रतिषेधेन (घि fasse man im 5ten Casus; man sagt demnach इन्द्राग्नी) ॥ ३ ॥ उभाभ्यामल्पाच्तरं ॥ ४ ॥

Drittes Kapitel.

1. Unser Grammatiker hatte im 4ten Kapitel des 1ten Buchs dem Nomen verschiedene Benennungen nach seinem verschiedenen Verhältnisse zum Verbum gegeben. Den dort definirten 6 Hauptbegriffen wird jetzt ein entsprechender Casus zugetheilt. Dieser Casus findet aber nur dann Statt, wenn der Begriff nicht schon durch das Verbum ausgedrückt ist. Das verbum finitum kann sowohl den *kartṛi* als auch das *karman* in sich halten. Den *kartṛi* bezeichnet das *parasmaip.* (es kann jedoch auch im **âtmanep.** der **kartṛi** enthalten sein); das **karman** das **âtmanep.** Es tritt ferner vor einem **sârvadh.**, welches den **kartṛi** bezeichnet, शप् u. s. w. an die Wurzel: vor einem **sârvadh.**, welches das **karman** bezeichnet, यक्. Beim **karman** steht demnach der 2te Casus, wenn das Verbum nicht in der passiven Form gebraucht wird; beim **kartṛi** (sowie beim **karańa** und **adhikarańa**, wenn sie durch Uebertragung als aus freiem Willen handelnd betrachtet werden; vgl. zu I. 4. 54.) steht der 3te Casus, wenn das Verbum nicht in der activen Form steht. Sind die Begriffe aber schon im Verbum enthalten, dann steht der 1te Casus nach II. 3. 46. Für das Nomen in Verbindung mit कृदन्ताः werden besondere Regeln gegeben werden, doch gilt das so eben vom 1ten Casus Bemerkte auch hier; man sagt demnach कटः कृतः und nicht कटं कृतः. In unserm Kapitel wird das Nomen nicht nur in seiner Beziehung zur Handlung, sondern auch zu andern Redetheilen, in denen keine Handlung enthalten ist, betrachtet. **Siddh. K. Bl. 35. b.** अभिधानं तु प्रायेण तिङ्कृत्तद्धितसमासैः । तिङ् । हरिः सेव्यते । कृत् । लक्ष्म्या सेवितः । तद्धितः । शतेन क्रीतः शत्यः । समासः । प्राप्त आनन्दो यं स प्राप्तानन्दः । क्वचिन्निपातेनाभिधानं । यथा

विषवृक्षो ऽपि संवर्ध्य स्वयं छेत्तुमसांप्रतं ।

सांप्रतमित्यस्य हि युज्यत इत्यर्थः ॥ विषवृक्षः ist **karman**, steht aber nicht im 2ten Casus, weil das Indeclinabile सांप्रतं ein **karman** enthält. Der angeführte Vers ist aus **Kumâra-S.** II. 55.; vgl. auch **Stenzler** zu d. St.

2. Vgl. IV. 1. 1, 2. — **Siddh. K. Bl. 36. a.**

उभसर्वतसोः कार्या धिगुपर्यादिषु त्रिषु ।
द्वितीयाम्रेडितान्तेषु ततो ऽन्यत्रापि दृश्यते ॥

उभयतः कृष्णं गोपाः । सर्वतः कृष्णं । धिक् कृष्णमभक्तं (Bei धिक् findet man jedoch auch häufig den Vocativ; vgl. **Ratnâv.** 31. 3, 13.) । उपर्युपरि लोकं हरिः । अध्यधि लोकं । अधोऽधो लोकं ॥ अभितःपरितःसमयानिकषाहाप्रतियोगेऽपि ॥ अभितः कृष्णं । परितः कृष्णं । ग्रामं समया । निकषा । हा कृष्णाभक्तं । तस्य शोच्यत इत्यर्थः । बुभुक्षितं न प्रति भाति किंचित् ॥

4. Zu अस्वरितत्वात् in den Scholien vgl. I. 3. 11.

5. Zu अत्यन्त s. zu II. 1. 29.

6. Ein **vârtika** verbessert: क्रियापवर्ग इति वक्तव्यं ॥

7. Ein **vârtika**: क्रियामध्य इति वक्तव्यं ॥ Im 1ten Beispiele in den Scholien ist ein Zwischenraum von 2 Tagen zwischen 2 **kartṛi's**: dem jetzt essenden und dem nach 2 Tagen essenden **Devadatta**. Im 2ten Beispiele ist ein Zwischenraum von einem **kroça** zwischen dem hier stehenden Bogen (**kartṛi**) und dem dort getroffenen Ziele (**karman**). **Kâtyâyana** setzt den Zwischenraum zwischen 2 Handlungen. — Nach I. 3. 10. müsste, da von 2 Dingen (काल und अध्वन्) 2 andre (सप्तमी und पञ्चमी) ausgesagt werden, bei der Zeit der 7te und beim Raume der 5te Casus gebraucht werden. Da die Glieder aber in verschiedenen Regeln stehen, hat es unser Grammatiker übersehen; der Ind. Commentator weiss jedoch einen andern Grund dafür, einen Grund, den er leider zu oft anführt.

9. Vgl. I. 4. 87, 97. Das यस्य चेश्वरवचनं im **sûtra** ist zweideutig: es kann der Herrscher und der beherrschte Theil darunter verstanden werden; denselben Fall haben wir beim Locativ ईश्वरे I. 4. 97.

10. Vgl. I. 4. 88—90.

11. Vgl. I. 4. 92.

12. Hierzu folgende vârtika's: अध्वन्यर्थग्रहणं कर्तव्यं ॥ १ ॥ इह मा भूत् । पन्थानं गच्छति ॥ आस्थितप्रतिषेधश्च ॥ २ ॥ इह निषेधो मा भूत् । उत्पथेन पथे गच्छति (Siddh. K. Bl. 38. a. गन्त्रधिष्ठिताध्वन्येवायं निषेधः । यदा तूत्पथात् पन्थानमेवाक्रमितुमिष्यते तदा चतुर्थी भवत्येव । उत्पथ°) ॥ असंप्राप्ते कर्मणि द्वितीयाचतुर्थ्यौ भवत इति वक्तव्यं ॥ ३ ॥ इह मा भूत् । स्त्रियं गच्छति । अजां नयतीति । इदानीमनध्वनीति न वक्तव्यं । असंप्राप्ते कर्मणि चतुर्थीविधानात् । पथः प्राप्तकर्मत्वात् ॥

13. Hierzu folgende vârtika's: चतुर्थीविधाने तादर्थ्य उपसंख्यानं ॥ १ ॥ यूपाय दारु । कुण्डलाय हिरण्यं ॥ क्लृपि संपद्यमाने ॥ २ ॥ मूत्राय कल्पते यवागूः । उच्चाराय यवान्नं ॥ उत्पातेन ज्ञाप्यमाने ॥ ३ ॥ वाताय कपिला विद्युत् (der dunkelgelbe Blitz deutet auf Wind) ॥ Siddh. K. Bl. 38. a. हितयोगे च ॥ ब्राह्मणाय हितं ॥

14. क्रियार्थोपपद bezeichnet nicht nur den Infinitiv तुमुन्, sondern auch das Affix ण्वुल्; vgl. III. 3. 10. — स्थानिन् ist das, was ursprünglich gestanden hat, jetzt aber nicht mehr da ist; vgl. I. 1. 56.

16. Ein vârtika: स्वस्तियोगे चतुर्थी कुशलार्थैराशिषि (s. II. 3. 73.) वाविधानाद्भवति विप्रतिषेधेन ॥ १ ॥ पूर्वविप्रतिषेधो ऽयं । स्वस्ति गोभ्यो भूयात् ॥ Ein andres: अलमिति पर्याप्त्यर्थग्रहणं ॥ २ ॥ प्रभुर्मल्लो मल्लाय । शक्तो मल्लो मल्लाय । प्रभवति मल्लो मल्लाय ॥

17. Hierzu folgende vârtika's: मन्यकर्मणि प्रकृष्यकुत्सितग्रहणं (Mit मन्ये muss demnach immer eine Negation verbunden sein, oder wenigstens ergänzt werden; vgl. Bhaṭṭi-K. II. 36.) ॥ १ ॥ नेह । त्वां तृणं मन्ये ॥ यदेतदप्राणिष्वित्येतदनावादिष्विति वक्ष्यामि ॥ २ ॥ Siddh. K. Bl. 38. a. तेन न त्वां नावमन्नं मन्य इत्यत्राप्राणित्वे ऽपि चतुर्थी न । न त्वां शुने श्वानं वा मन्य इत्यत्र प्राणित्वे ऽपि भवत्येव ॥

18. Ein vârtika: प्रकृत्यादिभ्य उपसंख्यानं ॥ प्रकृत्या दर्शनीयः । प्रायेण याज्ञिकः ॥

20. Kâtyâyana verbessert: अङ्गाद्विकृतात् तद्विकारश्चे-

दृङ्गिनो वचनं ॥ **Patanġali** sagt aber, dass अङ्ग = अङ्गिन् sei. **Kaiyyaṫa** bemerkt hierauf, dass अङ्ग nach V. 2. 127. mit dem Affixe अच् von अङ्ग abgeleitet sei.

21. **Siddh. K. Bl. 37.** a. wird unser Beispiel durch जटाज्ञाप्यतापसत्वविशिष्टः erklärt.

23. Ein **vârtika**: निमित्तकारणहेतुषु सर्वासां (ergänze विभक्तीनां) प्रायदर्शनं ॥ किं निमित्तं वसति । केन निमित्तेन । कस्मै निमित्ताय । कस्मान्निमित्तात् । कस्य निमित्तस्य । कस्मिन्निमित्ते । एवं किं कारणमित्यादि । प्रायग्रहणादसर्वनाम्नः प्रथमाद्वितीये न भवतः ॥

24. Vgl. I. 4. 55.

25. अस्त्रियां किं im Scholion fehlt mit Unrecht in der Calc. Ausg.

27. Vgl. zu **23.** — **Siddh. K. Bl. 37.** a. गम्यमानापि क्रिया विभक्तौ प्रयोजिका ॥ अलं श्रमेण । श्रमेण साध्यं नास्तीत्यर्थः । इह साधनक्रियां प्रति श्रमः करणं । शतेन शतेन वत्सान् पाययति पयः । शतेन परिच्छिद्येत्यर्थः ॥ अशिष्टव्यवहारे दाणः प्रयोगे चतुर्थ्यर्थे तृतीया ॥ दास्या संयच्छते (vgl. I. 3. 55.) कामुकः । धर्मे तु भार्यायै संयच्छति ॥

28. Hierzu folgende **vârtika's**: पञ्चमीविधाने ल्यब्लोपे कर्मण्युपसंख्यानं ॥ १ ॥ ल्यबन्तस्याप्रयोग इत्यर्थः । प्रासादात् प्रेक्षते । प्रासादमारुह्येत्यर्थः ॥ अधिकरणे च ॥ २ ॥ आसनात् प्रेक्षते । आसन उपविश्येत्यर्थः ॥ प्रश्नाख्यानयोश्च ॥ ३ ॥ कुतो भवान् । पाटलिपुत्रात् ॥ यतश्चाध्वकालनिर्माणं ॥ ४ ॥ तद्युक्तात् काले सप्तमी ॥ ५ ॥ अध्वनः प्रथमा च ॥ ६ ॥ Z. B. वनाद्ग्रामो योजने योजनं वा । कार्त्तिक्या आग्रहायणी मासे ॥

29. **Bhaṫṫoġi** bemerkt, dass bei प्रभृति auch der 5te Casus steht, weil **Patanġali** mal कार्त्तिक्याः प्रभृति gesagt hat.

30. Vgl. V. 3. 27. ff.

31. Um auch den 6ten Casus bei एनप् zu erklären, zertheilt unser Commentator und **Bhaṫṫoġi** unser **sûtra**: zu एनपा ergänzen sie षष्ठी aus der vorhergehenden Regel; zu द्वितीया denken sie sich एनपा hinzu.

32. In unserm und den beiden folgenden sûtra's lässt sich das Hinüberziehen der verschiedenen Casus erklären; im 35ten sûtra scheint mir jedoch der 3te Casus zu gewaltsam herbeigezogen zu sein.

33. Vgl. VI. 3. 2.

35. Ein vârtika: दूरान्तिकार्थेभ्यः पञ्चमीविधाने तद्युक्तात् पञ्चमीप्रतिषेधः ॥ Man kann demnach „fern vom Dorfe“ nicht durch दूराद्ग्रामात् wiedergeben.

36. Hierzu folgende vârtika's: क्तस्येन्विषयस्य कर्मण्युपसंख्यानं ॥ १ ॥ अधीती व्याकरणे (Vgl. V. 2. 88.) ॥ साध्वसाधुप्रयोगे च ॥ २ ॥ साधुः कृष्णो मातरि । असाधुर्मातुले ॥ कारकार्हाणां च कारकत्वे ॥ ३ ॥ ऋद्धेषु भुञ्जानेषु दरिद्रा आसते ॥ अकारकार्हाणां चाकारकत्वे ॥ ४ ॥ वृषलेष्वसीनेषु ब्राह्मणास्तरन्ति ॥ तद्विपर्यासे च ॥ ५ ॥ दरिद्रेषु भुञ्जानेषु ऋद्धा आसते । ब्राह्मणेष्वासीनेषु वृषलास्तरन्ति ॥ निमित्तात् कर्मसंयोगे ॥ ६ ॥ निमित्तं फलं । संयोगः संबन्धः ।

चर्मणि द्वीपिनं हन्ति दन्तयोर्हन्ति कुञ्जरं ।
केशेषु चमरीं हन्ति सीम्नि पुष्कलको हतः ॥

Siddh. K. Bl. 41. a. हेतौ तृतीयात्र प्राप्ता (s. II. 3. 23.) तन्निवारणार्थं । सीमाण्डकोशः पुष्कलको गन्धमृगः । योगविशेषे किं । वेतनेन धान्यं लुनाति ॥

38. Vgl. Stenzler zu Kumâra-S. II. 46.

43. Siddh. B. Bl. 41. b. अप्रत्यादिभिरिति वक्तव्यं ॥ साधुर्निपुणो वा मातरं प्रति पर्यनु वा ॥

45. Vgl. IV. 2. 4.

46. Bhaṭṭogi weicht in den Beispielen von unserm Commentator ab. Zu प्रातिपदिकमात्र gehören bei ihm nur die avyaya's, und Wörter mit einem Geschlechte; zum लिङ्गमात्र Wörter, die in allen 3 Geschlechtern vorkommen, wie z. B. तटः । तटी । तटं ॥ Kâtyâyana sagt bei I. 2. 45., dass ein bedeutungsloser nipâta auch prâtipadika heisse; damit war auch gesagt, dass diese nipâta's declinirt, oder vielmehr in einem Casus gedacht werden können. Diesen bedeutungslosen Partikeln konnte nun kein anderer Casus als der 1te, welcher ganz beziehungslos dargestellt wird, zuerkannt werden. Schwieriger ist es zu erklären, wie die andern Indeclinabilia als 1te Casus aufgefasst werden konnten. Zu अध्यागच्छति s. I. 4. 93. — Hierzu folgende vârtika's: पदसमानाधिकरणस्य उपसंख्यानमधिकत्वात् ॥ १ ॥ अभिहिते प्रथमा ॥ २ ॥ तिङ्समानाधिकरणे प्रथमा ॥ ३ ॥ Wir ersehen aus diesen vârtika's, dass der Verfasser derselben den Nominat. mehr in seinem Verhältnisse zum ganzen Satze aufgefasst hat.

50. Ein vârtika: षष्ठी शेष इति चेद्विशेष्यस्य प्रतिषेधः ॥

51. Vgl. I. 3. 45. — Kâçikâ: प्रवृत्तिवचनो ज्ञानातिरर्थो भवति । अथवा मिथ्याज्ञानवचनः । सर्पिषि रक्तः । प्रतिहतो वा चित्तभ्रान्त्या तदात्मना सर्वमेव ग्राह्यं प्रतिपद्यते । सर्पिषो जानीते । मधुनो जानीते । मिथ्याज्ञानमज्ञानमेव ॥

51. Es scheint mir ganz unpassend hier und in den folgenden Regeln शेषे zu ergänzen; die Commentatoren wollten damit im Nothfalle doppelte Constructionen erklären; wie z. B. den 2ten und 6ten Casus bei स्मृ.

52. अधीङ् ist die Wurzel इ (इङ्) mit der Präposition अधि; s. die 2te Klasse im Dhâtupât'ha.

53. Vgl. I. 3. 32. — VI. 1. 139.

54. Ein vârtika: अज्वरिसंताप्योरिति वक्तव्यं ॥ चौरं संतापयति ॥

56. जासि । नाट und क्राथ sind modificirte Wurzeln. Unter नाट wird hier nicht णट der 1ten Klasse, welches unter den घटादयः aufgeführt wird, und मित् ist (vgl. Colebr. Gr. S. 309.), verstanden; sondern नट der 10ten Klasse. Siddh. K. Bl. 40. a. नट अवस्यन्दने चुरादिः ॥ In क्रथ् dürfte

nach VI. 4. 92. vor णि keine Substitution von vṛiddhi Statt finden.

61. In प्रेष्यब्रुवोः steht die 2te Wurzel im Thema, wird aber wegen des vorhergehenden Imperativs auch im Imperat. gedacht;. vgl. einen ähnlichen Fall II. 3. 10. Ein vârtika: हविषो ऽप्रस्थितस्य ॥ इन्द्राग्निभ्यां छागं हविर्वपां मेदः प्रस्थितं प्रेष्य ॥

62. Wie man aus den Beispielen zu unsrer Regel ersieht, spricht Pâṅini von den Fällen, wo ein 6ter oder 4ter Casus mit Ergänzung eines Verbums gebraucht wird. Ein vârtika: षष्ठ्यर्थे चतुर्थी ॥ या खर्वेण पिबति तस्यै खर्वः ॥

64. Zu den Affixen in der Bedeutung von कृत्वस् s. V. 4. 17—20. Zu द्विरह्न्यधीतः s. zu 51.

65. Man ergänze im sûtra अनभिहितयोः aus II. 3. 1. — Zu कृतपूर्वी s. V. 2. 86, 87. Ein vârtika: गुणकर्मणि (beim entferntern Objekte) वेष्यते ॥ नेताश्वस्य स्रुघ्नस्य स्रुघ्नं वा ॥

66. Siddh. K. Bl. 40. a. स्त्रीप्रत्यययोरकाकारयोर्नायं निषेधः ॥ भेदिका बिभित्सा वा रुद्रस्य जगतः ॥ शेषे विभाषा ॥ स्त्रीप्रत्यय इत्येके । विचित्रा जगतः कृतिर्हरेर्हरिणा वा । केचिदविशेषेण विभाषामिच्छन्ति । शब्दानामनुशासनमाचार्येणाचार्यस्य वा ॥

67. Vgl. III. 2. 188. — Ein vârtika: क्तस्य वर्तमाने नपुंसके भाव उपसंख्यानं ॥ Vgl. III. 3. 114.

69. Aus der Contraction लोक für ल + उ + उक ersieht man, dass man zuerst die homogenen Vocale verband; vgl. वोताप्योः III. 3. 141. Kâtyâyana indessen scheint in लोक bloss ल und उक gesucht zu haben, da er ausdrücklich sagt: उकारप्रयोगे नेति वक्तव्यं ॥ शतृ und शानच् sind Substitute für लट् (s. III. 2. 124—126.), कानच् und क्वसु für लिट् (s. III. 2. 106, 107.). कि und किन् sind keine Substitute für लिट्, sondern werden nur wie लिट् angefügt; vgl.

III. 2. 171.; daher verbessert ein **vârtika**: लादेशे सल्लिंड्ग्रहणं (सल्ँ für सत्; s. III. 2. 127.) किकिनोः प्रतिषेधार्थं ॥ Zu खलर्थ vgl. III. 3. 126—130. — तृन् will unser Commentator und **Bhat't'ogi** zu einem **pratyâhâra** machen; dieser soll von तृ (entstanden aus शतृ nach Abwerfung der Silbe श; wie kann aber das zum Affix gehörende श verschwinden?) in III. 2. 124. und न्, dem finalen इत् von तृन् in III. 2. 135. gebildet sein, und demnach die Affixe शतृ (als Substitut von लट्), शानच्, शानन्, चानश्, शतृ (in einer andern Geltung wie das erstere शतृ; vgl. III. 2. 130-133.) und तृन् enthalten. Der Verfasser der **vârtika's** hat mit Recht तृन् als einfaches Element gefasst, und setzt daher hinzu: शानन्चानश्शतृणामुपसंख्यानं ॥ Bei शतृ führt er eine Ausnahme an: द्विषः शतुर्वा ॥ चोरस्य द्विषन् । चोरं द्विषन् ॥ Hierzu noch 2 **vârtika's**: उकप्रतिषेधे कमेर्भाषायामप्रतिषेधः ॥ १ ॥ दास्याः कामुकः ॥ अव्ययप्रतिषेधे तोसुन्कसुनोरप्रतिषेधः ॥ २ ॥ पुरा सूर्यस्योदेतोराधेयः । पुरा क्रूरस्य विसृपो विरप्शिन् ॥ Vgl. III. 4. 16, 17.

70. Nach I. 3. 10. gehört eigentlich भविष्यत् zu अक und आधमर्ण्य zu इन्; daher verbessert **Kâtyâyana**: अकस्य भविष्यति ॥ १ ॥ इन आधमर्ण्ये च ॥ २ ॥ Zu den Beispielen vgl. III. 3. 3, 170. — Im Scholion zu **Bhat't'i**-K. VII. 29. finde ich die Lesart भविष्यदाधमर्ण्ययोः; vgl. jedoch III. 3. 170. und VIII. 2. 60.

71. **Siddh.** K. Bl. 40. b. अत्र योगो विभज्यते (so auch **Patańgali**) । कृत्यानामुभयप्राप्ताविति (s. II. 3. 66.) नेति (s. II. 3. 69.) चानुवर्तते । तेन नेतव्या व्रजं गावः कृष्णेन । ततः कर्तरि वा ॥

73. Vgl. zu II. 3. 16.

Viertes Kapitel.

1. Vgl. II. 1. 51. zu dem collectiven dvigu; zu पञ्चपूली IV. 1. 21.

2. Vgl. II. 2. 29.

3. Calc. Ausg. कठत्कौथुमं; Siddh. K. Bl. 56. a. wie wir. Ein vârttika: स्थेणोरिति वक्तव्यं ॥ Ein andres: अद्यतन्यां (d. h. लुङि; s. III. 2. 110, 111.) चेति वक्तव्यं ॥ Zu अध्यगात् s. II. 4. 45. — Unter चरण werden, wie wir aus den Scholien ersehen, diejenigen gemeint, die das चरण vorlesen. Es verkündigt jemand: „die Kaṭha's und Kauthuma's haben begonnen (?); die Kaṭha's und Kâlâpa's haben geendigt (?).“ Zu कठ und कालाप s. IV. 3. 107, 108.

4. Man löse अनपुंसकं durch न भवति नपुंसकं auf, und vgl. zu I. 1. 43. Man merke die veränderte Construction im sûtra; es wechselt in der Folge der 1te Casus mit dem 6ten.

6. Zu बदरामलकानि s. zu II. 4. 12.

7. Ich finde keine Regel, durch die man das Masculinum in नदीदेशः belegen könnte; unser Grammatiker gebraucht es jedoch selbst häufig; vgl. unter andern III. 3. 57. — V. 2. 74. — Ein vârtika: अग्रामा इत्यत्रानगराणामिति वक्तव्यं ॥ नेह । मथुरापाटलिपुत्रं ॥ Ein andres: उभयतश्च ग्रामाणां प्रतिषेधो वक्तव्यः ॥ ग्रामनगरोभयावयवद्वन्द्वे ग्रामसंबन्ध्येव प्रतिषेधो वक्तव्य इत्यर्थः ॥

10. Kâçikâ: निरवसितं वहिष्करणं । कुतो वहिष्करणं । पात्रात् ॥

11. Zu गोश्व s. VI. 1. 122.

12. Hierzu folgende vârtika's: बहुप्रकृतिः फलसेनावनस्पतिमृगशकुनिक्षुद्रजन्तुधान्यतृणानां ॥ १ ॥ एषां बहुप्रकृतेरेव (also nicht, wenn bloss von zweien die Rede ist) द्वन्द्व एकवद्वा स्यात् । फल । बदरामलकं । बदरामलकानि । सेना । हस्त्यश्वं । हस्त्यश्वाः । वनस्पति । प्लक्षन्यग्रोधं । प्लक्षन्यग्रोधाः । मृग । रुरुपृषतं । रुरुपृषताः । शकुनि । हंसचक्रवाकं । हंसचक्रवाकाः । क्षुद्रजन्तु । यूकालिक्षं । यूकालिक्षाः । धान्य । व्रीहियवं । व्रीहियवाः । तृण । कुशकाशं । कुशकाशाः ॥ पशुशकुनिद्वन्द्वे विरोधिनां (s. II. 4. 9.) पूर्वविप्रतिषिद्धं ॥ २ ॥ अश्ववडवयोः पूर्वलिङ्गत्वात् (s. II. 4. 27.) पशुद्वन्द्वनपुंसकं ॥ ३ ॥

16. Vgl. II. 2. 5.

17. Hierner gehören folgende vârtika's, die in der Calc. Ausg. bei 31. angeführt werden: अकारान्तोत्तरपदो द्विगुः स्त्रियां भाष्यते ॥ १ ॥ पञ्चपूली (vgl. IV. 1. 21.) ॥ वाबन्तः ॥ २ ॥ पञ्चखट्वं । पञ्चखट्वी ॥ अनो नलोपश्च वा च स्त्रियां ॥ ३ ॥ पञ्चतक्षं । पञ्चतक्षी ॥ पात्रादिभ्यः प्रतिषेधः ॥ ४ ॥ पञ्चपात्रं । त्रिभुवनं । चतुर्युगं ॥

19. Der adhikâra erstreckt sich bis 25.

20. Siddh. K. Bl. 50. b. सुशमस्यापत्यानि सौशमयः । तेषां कन्या सौशमिकन्थं ॥

21. Vgl. IV. 3. 115. — VI. 2. 14.

23. Vgl. das 3te vârtika zu I. 1. 68.

26. Hierzu folgende vârtika's: परवल्लिङ्गं द्वन्द्वतत्पुरुषयोरिति चेत् प्राप्तापन्नालंपूर्वगतिसमासेषु प्रतिषेधो वक्तव्यः [Vgl. II. 2. 4. und das 8te vârtika zu II. 2. 18.; Bhaṭṭogi zählt auch den dvigu तद्धितार्थे (s. II. 1. 51.) hierher.] ॥ १ ॥ पूर्वपदस्य च प्रतिषेधो वक्तव्यः ॥ २ ॥ समासादन्यलिङ्गमिति चेदश्ववडवयोष्टापो (s. d. folgende Regel) लुग्वक्तव्यः ॥ ३ ॥

27. Siddh. K. Bl. 50. a. द्विवचनमतन्त्रं ॥

28. हेमन्त ist ein Masc. (nach Wilson auch ein

Neutrum; s. jedoch Amara-K. S. 24. 18.); शिशिर् Masc. und Neutr. Man würde demnach besser sagen: शिशिर् ist im Veda ein Masc. in Verbindung mit हेमन्त; in der gewöhnlichen Sprache aber ein Neutr.; das Geschlecht richtet sich nach dem letzten Gliede.

29. Vgl. V. 4. 87. ff. — Ein vârtika: अनुवाकादयः पुंसि ॥ अनुवाकाः । प्रश्नानुवाकाः । सूक्तवाकाः ॥ Ein andres, welches in der Calc. Ausg. bei 31. steht: पुण्यसुदिनाभ्यामह्नो नपुंसकत्वं वक्तव्यं ॥ पुण्याहं । सुदिनाहं ॥ Vgl. V. 4. 90. - Siddh. K. Bl. 50. b. संख्यापूर्वं रात्रं क्लीवं ॥ द्विरात्रं । त्रिरात्रं । गणरात्रं ॥

30. Vgl. V. 4. 72. — Ein vârtika: पथः संख्याव्ययादेः ॥ द्विपथं । त्रिपथं । विपथं । कृतसमासान्तनिर्देशादिह न भवति । सुपन्थाः ॥ Ein andres: सामान्ये नपुंसकं ॥ मृदु पचति ॥ Kâçikâ: क्रियाविशेषणानां च ॥

31. Dieses ist das einzige Mal, dass Pâṅini vom Geschlecht der nicht componirten Wörter spricht; dieser Abschnitt der Grammatik wird im Lingânuçâsana behandelt. Vielleicht enthielt Pâṅini's gaṅa nur Composita.

32. Kâçikâ: आदेशः कथनं । अन्वादेशो ऽनुकथनं ॥ Siddh. K. Bl. 20. b. किंचित् कार्यं विधातुमुपात्तस्य कार्यान्तरं विधातुं पुनरुपादानमन्वादेशः ॥ Ein vârtika: अश्ववचनं साकच्कार्थं ॥ इमकाभ्यां (vgl. VII. 2. 112.) छात्राभ्यां रात्रिरधीता अथो आभ्यामहरप्यधीतं ॥ Etwas Andres lehrt uns das sûtra nicht; denn die Declination von इदं im 3ten und den folgenden Casus ist auch durch VII. 2. 113. erklärt; das अनुदात्त ist auch nur für die folgenden sûtra's wichtig, denn der Accent von आभ्यां und den übrigen Casus — das Wort mag im 1ten oder im 2ten Satze stehen — ist durch VI. 1. 171. bestimmt. Das substituirte Thema अ wird wie ein an-

dres sarvanâman auf अ declinirt; vgl. I. 1. 21. Nach एषां füge man im Scholion noch अस्मिन् hinzu.

33. Siddh. K. Bl. 98. b. एतदो ऽश्नत्रतसो°; Bhattogi hat das अश् in unser sûtra aufgenommen, weil dieses in seiner Grammatik vom vorhergehenden weit entfernt steht. अत्र (अ + त्रल्) und अतस् (अ + तसिल्) sind im vorangehenden Satze Paroxytona nach VI. 1. 173; im nachfolgenden anudâtta.

34. Calc. Ausg., Siddh. K., Laghu-K., B., C. und D. द्वितीयाटौस्वेनः; A. °टौःस्वेनः. Ich habe ष् gesetzt, weil dieses nach VIII. 3. 59. durchaus erforderlich ist. Ein vârtika: एनदिति नपुंसकैकवचने ॥

36. Man löse ल्यप्ति in ल्यपि ति auf; ति (7ter Casus von त्) gehört zu किति. Siddh. K. Bl. 185. b. ल्यब्िति लुप्तसप्तमीकं; vgl. zu II. 1. 30. — In अयते folgt auch ein कित् (यक्) auf die Wurzel; das Affix beginnt aber nicht mit त्.

37. Vgl. III. 1. 55. — Ein vârtika: घस्लृभावे ऽच्युपसंख्यानं ॥ प्रकर्षेणात्तीति । प्रघसः ॥

39. In घस्तां wird nach II. 4. 80. ein लुक् für च्लि substituirt; zu सग्धि vgl. VI. 4. 100. und zu I. 1. 58. Zu बहुलं, wodurch unser Commentator den Nichtausfall vom Wurzelvocal gegen VI. 4. 100. erklärt, s. zu II. 1. 32.

40. Vgl. VI. 4. 98.

41. Zu ऊयतुः und ऊयुः vgl. VI. 1. 16.

42. Vgl. das Scholion zum folgenden sûtra. Es ist hier vom लिडाशिषि die Rede, da bloss dieser ârdhadhâtuka ist.

43. Vgl. I. 1. 57.

45. Ein vârtika: इण्वदिक (vgl. zu II. 3. 52.) इति वक्तव्यं ॥ अध्यगात् । अध्यगातां । अध्यगुः ॥ Vgl. II. 4. 77.

46. Vgl. das vorhergehende vârtika.

47. 48. Vgl. VII. 2. 58.

49. Vgl. I. 2. 1.

51. Vgl. VI. 1. 48. — VII. 3. 36.

53. ब्रूञ् hat âtmanep., wenn der Vortheil der Handlung auf den kartṛi zurückfällt; vgl. I. 3. 72. वच ist उदात्तेत्, und müsste demnach immer parasmaip. haben.

54. Vgl. I. 3. 12, 72. — Kâtyâyana hält क्शा (wo das क् für primitives ख् zu stehen scheint) für die ursprüngliche Wurzel; ख्या ist aus dieser durch die Substitution von य् für श् entstanden. क्शा ist gewiss eine Erfindung von Kâtyâyana, da diese Wurzel weder im Dhâtu-P., noch bei Pâṅini je erwähnt wird; sein Beweggrund war, dass das य् in ख्या und seinen Ableitungen sich nicht in die für य् geltenden Regeln fügte. Die Beispiele zum 1ten der jetzt folgenden vârtika's wird die Sache deutlich machen: असिद्धे शस्य विभाषा यत्वं वक्तव्यं ॥ १ ॥ पूर्वत्रासिद्धमित्यधिकारे (s. VIII. 2. 1.) णत्वानन्तरं (also nach VIII. 4. 39.) शस्य यत्वं विभाषेति वक्तव्यमित्यर्थः । सौप्रख्यीयः । वृद्धाच्छो (s. IV. 2. 114.) भवति । धन्वयोपधादिति (IV. 2. 121.) वुञ् न भवति । आख्यातः । संयोगादेरातो धातोर्यण्वत (VIII. 2. 43.) इति निष्ठानत्वं न भवति । पुंख्यानं । पुमः खय्यम्परे (VIII. 3. 6.) इति रुत्वं न । पर्याख्यानं । कृत्यच (VIII. 4. 29.) इति णत्वं न । नमः ख्यात्रे । शर्परे विसर्जनीयो (vgl. VIII. 3. 35.) भवति । जिह्वामूलीयो (vgl. VIII. 3. 37.) न भवति । सर्वत्र यत्वस्यासिद्धत्वात् ॥ वर्जने प्रतिषेधः ॥ २ ॥ असंचक्ष्याः । परिसंचक्ष्याः ॥ असनयोश्च ॥ ३ ॥ अस् । नृचक्षा रक्षः । अन । विचक्षणः ॥ बहुलं तणि ॥ ४ ॥ तणीति संज्ञाछन्दसोर्ग्रहणं ।

एतत्प्रकरणोक्तं कार्यं संज्ञाछन्दसोर्बहुलं भवतीत्यर्थः । अन्नं । अदो जग्धिरिति (II. 4. 36. Vgl. VIII. 2. 1, 42.) न । वधकः । एवुलि वधादेशो भवति । गात्रं । ष्ट्रन् औणादिके ष्ट्रनि गादेशो भवति । विचक्षणः । अनुदात्तेतश्च हलादेरिति (III. 2. 149.) युचि ख्याञादेशो न । अजिरे तिष्ठति । अजेर्वीभावो (vgl. II. 4. 56.) न भवति ॥

56. Ein **vârtika**: घञपोः प्रतिषेधे क्यप्युपसंख्यानं ॥ Vgl. III. 3. 99. – **Siddh.** K. Bl. 115. a. वलादावार्धधातुके वेष्यते ॥ Man bildet demnach वेता und अजिता, वेष्यति und अजिष्यति ॥

58. Das **gotra** कौरव्य wird nach IV. 1. 151. mit ण्य von कुरु abgeleitet; der **yuvan** von कुरु müsste nach IV. 1. 95. durch Anfügung von इञ् an कौरव्य gebildet werden. Zu श्वाफल्क und वासिष्ठ s. IV. 1. 95, 114; zu तैकायनि IV. 1. 83, 154. Hierzu folgende 3 **vârtika**'s, von denen jedes seinen eignen Verfasser hat: अणिञोर्लुकि तद्राजाद्युवप्रत्ययस्योपसंख्यानं ॥ १ ॥ तद्राजसंज्ञकात् परस्येत्यर्थः । बौधिः पिता । बौधिः पुत्रः । औदुम्बरिः पिता । औदुम्बरिः पुत्रः । बुधोदुम्बरशब्दाभ्यां साल्वावयवलक्षण (s. IV. 1. 173.) इञ् । तत इञन्ताद्यूनि यञिञोश्चेति (IV. 1. 101.) फक् । तस्य लुक् ॥ अणिञोर्लुकि क्षत्रियगोत्रमात्राद्युवप्रत्ययस्योपसंख्यानं ॥ २ ॥ जावालिः पिता । जावालिः पुत्रः । जवालस्यापत्यमत इञ् (IV. 1. 95.) । अयं तद्राजो न भवति । तदन्तात् फको (s. IV. 1. 101.) लुग्विहितः ॥ अब्राह्मणगोत्रमात्राद्युवप्रत्ययस्योपसंख्यानं ॥ ३ ॥ व्यापकत्वादिदं मुख्यं । भाण्डजङ्घिः पिता । भाण्डजङ्घिः पुत्रः । कार्णखरिकिः पिता । कार्णखरिकिः पुत्रः । भाण्डजङ्घकर्णखरिकौ वैश्यौ ॥

60. Calc. Ausg. पान्नागारिः; vgl. jedoch II. 4. 66. und **Siddh.** K. Bl. 65. b. – Ueber प्राचां s. zu II. 4. 66.

62. Calc. Ausg., **Siddh.** K. und B. तैनैवास्त्रियां. – Der Singular von अङ्गाः und कलिङ्गाः ist आङ्ग und कालिङ्ग; s. IV. 1. 170. – Hierzu folgende **vârtika**'s: तद्राजादीनां लुकि समासबहुत्वे प्रतिषेधः ॥ १ ॥ अबहुत्वे लुग्वचनं ॥ २ ॥ द्वन्द्वे ऽबहुषु

लुग्वचनं ॥ ३ ॥ सिद्धं तु प्रत्ययार्थबहुत्वे लुग्वचनात् ॥ ४ ॥ अस्त्रियामिति वक्तव्यं ॥ ५ ॥ पक्षद्वये ऽपीति शेषः ॥ द्वन्द्वे ऽबहुषु लुग्वचनं (sic) ॥ ६ ॥ गर्गवत्सवाजाः ॥ गोत्रस्य बहुषु लोपिनो बहुवचनान्तस्य प्रवृत्तौ द्व्येकयोरलुग्वक्तव्यः ॥ ७ ॥ विदानामपत्यं माणवको वैदः । वैदौ ॥ एकवचनद्विवचनान्तस्य प्रवृत्तौ बहुषु लोपो यूनि ॥ ८ ॥ वैदस्यापत्यानि बहवो माणवका विदाः । वैदयोर्वा विदाः ॥

64. Vgl. IV. 1. 104, 105. – Ein vârtika: यञादीनामेकद्वयोर्वा तत्पुरुषे षष्ठ्या उपसंख्यानं ॥ इतः प्रभृति ये प्रत्यया बहुषु लुग्भाजस्ते यञादयः । गार्ग्यस्य कुलं । गार्ग्यकुलं । गर्गकुलं । गार्ग्ययोः कुलं । गार्ग्यकुलं । गर्गकुलं । वैदस्य वैदयोर्वा कुलं । वैदकुलं । विदकुलं । यञादीनां किं । आङ्गस्याङ्गयोर्वा कुलं । आङ्गकुलं । एकद्वयोः किं । गर्गाणां कुलं । गर्गकुलं । तत्पुरुषे किं । गार्ग्यस्य समीपं । उपगार्ग्यं (vgl. II. 1. 6.) । षष्ठ्याः किं । शोभनगार्ग्यः ॥

65. भृगु und die folgenden Wörter haben im Singular अण् nach IV. 1. 114.

66. इञ् findet im Singular Statt nach IV. 1. 95. – Patangali: भरतग्रहणमनर्थकं । न ह्यन्यत्र भरताः सन्तीति । नानर्थकं ज्ञापकार्थं । किं ज्ञाप्यते । एतज्ज्ञापयत्याचार्यः । अन्यत्र प्राग्ग्रहणे भरतग्रहणं न भवतीति । किमेतस्य ज्ञापने प्रयोजनं । इञः प्राचां (II. 4. 60.) भरतग्रहणं न भवति । औद्दालकिः पिता । औद्दालकायनः पुत्रः ॥

67. Unser gaṅa hat zu Kâtyâyana's Zeiten nicht für sich bestanden, daher sagt er: गोपवनादिप्रतिषेधः प्राग्घरितादिभ्यः ॥ हारितः । हारितौ । बहुषु । हरिताः ॥ Vergleichen wir unsern gaṅa mit dem बिदादि (von गोपवन bis श्यापर्ण), so werden wir im letztern in der Calc. Ausg. 3 Namen zu viel finden, die daher mit Recht im handschriftlichen Gaṅap. fehlen. In गोपवनाः u. s. w. ist ein लुक् von अञ्; s. IV. 1. 104.

69. Zu औपकायनाः und लामकायनाः vgl. IV. 1. 99. – Ein vârtika: अद्वन्द्व इति द्वन्द्वाधिकारनिवृत्त्यर्थं ॥

70. आगस्त्य ist nach IV. 1. 114. mit अण् von अगस्त्य abgeleitet; कौण्डिन्य mit यञ् von कुण्डिनी nach IV. 1. 105. - Das च् am Ende von कुण्डिनच् macht des Wort zum Oxytonon; s. VI. 1. 163. - Ein **vârtika**: अगस्तिकुण्डिनजित्येतौ प्रकृत्यादेशौ भवत इति वक्तव्यं ॥ लुक्प्रतिषेधे (s. IV. 1. 89.) वृद्ध्यर्थं । आगस्तीयाः ॥ Ein andres: प्रत्ययान्तनिपातने हि वृद्ध्यभावः ॥

71. Femininaffixe können nur an ein **prâtipadika**, Casusendungen und **taddhita's** an ein **prâtipadika** und an ein Femininaffix gefügt werden. Ein Compositum und ein **taddhitânta** sind in ihrer aufgelösten Form mit Casusendungen versehen; will man nun an diese Casusendungen oder **taddhita's** anfügen, dann müssen sie erst **prâtipadika's** werden; was dadurch geschieht, dass für die Casusendungen ein लुक् substituirt wird. Ein Compositum wird auf diese Weise zu einem **prâtipadika**, und fügt demnach neue Endungen an das Ende an.

72. 73. 75. 76. Ausnahmen zu III. 1. 68, worin die Regeln ihrem Inhalte nach gehören, aber hier stehen, weil sie von Substitutionen handeln.

73. Vgl. **Rosen** zu R. V. IX. 1. — Zu बहुलं s. zu II. 1. 32.

74. Vgl. zu I. 1. 4. - Eine bestimmtere Regel, wenn लुक् für यङ् substituirt wird, kommt im **Pâṅini** nicht vor. **Siddh. K.** Bl. 157. a. अनैमित्तिको ऽयं (ergänze यङो लुक्) ॥ Eine Unregelmässigkeit findet hierbei noch Statt, dass nämlich die Reduplication der Wurzel Statt findet, obgleich das यङ् (wodurch eben die Reduplication hervorgerufen wird) durch einen लुक् verschwindet; vgl. I. 1. 63. Bei dieser Form des Intensivs werden die Personalendungen unmittelbar an das Thema gefügt; für शप्, welches nach III. 1. 68. dazwischen treten sollte, wird लुक् substituirt, da das ćarkarîta unter den अदादयः aufgeführt wird. Da das Affix यङ् durch einen लुक् verschwindet, findet nicht mehr das âtmanep., welches nach I. 3. 12. erforderlich war, Statt; sondern das parasmaip. nach I. 3. 78.

76. Vgl. zu II. 1. 32.

77—79. Ausnahmen zu III. 1. 44.

77. Vgl. zu गाति II. 4. 45. und das vârtika dazu.

79. Zu तनादयः vgl. zu III. 1. 79. Ein vârtika: आत्मनेपदं यौ तथासाविति वक्तव्यं ॥ Ein andres: एकवचनग्रहणं वा ॥

80. Siddh. K. Bl. 216. a. घसेह्वर°. – Calc. Ausg., Siddh. K., Kâçikâ und die Handschriften haben पाश्र, wie Pâṅini sonst nie schreibt. In वृच् finden wir ein च् für ञ् vor क् (vgl. dagegen III. 1. 5.). D. hat वृञ्, welches ich vorziehen möchte. Kâçikâ und B. haben वृक्. च् und ञ् dürfen eigentlich am Ende eines pada niemals stehen bleiben; die Substitution von क् und ग् findet aber in unsrer Grammatik bei Affixen niemals Statt, weil dadurch leicht ein Missverständniss entstehen könnte. — Im Veda wird bei den erwähnten Wurzeln kein Affix vor den Personalendungen des लुङ् angefügt. त्लि bezeichnet nicht nur च्लि sondern auch लिट्; in unserm sûtra ist aber nur von च्लि die Rede. 1) अक्तन्न°; vgl. R. V. LXXXII. 2.; dieser und der folgende Vers kommen auch im weissen Yaǵur-V. III. 51, 52. vor. 2) मा ह्वर मित्र त्वं; vgl. Rosen zu R. V. XI. 5. 3) प्रणाङ्°; das Beispiel ist aus R. V. XVIII. 3., wozu die Adnn. zu vergleichen sind; dieser Vers sowie die beiden vorhergehenden stehen auch im **weissen** Y. V. III. 28—30. 4) सुरुचो°; das Beispiel wird **Nirukta** I. 7. erklärt. **Yaska** spricht daselbst von der Partikel सीं; es wird nicht uninteressant sein die ganze Stelle hier anzuführen: सीमिति परिग्रहार्थीयो वा पदपूरणो वा । प्र सीमादित्यो असृजत् । प्रासृजदिति वा प्रासृजत् सर्वत इति वा । वि सीमतः सुरुचो वेन आवरिति च । व्यवृणोत् सर्वत आदित्य सुरुच आदित्यरश्मयः सुरोचनादपि वा सीमेत्येतदनर्थकमुपबन्धमाददीत पञ्चमीकर्माणं सीम्नः सीमतः । सीमातो मर्यादातः । सीमा मर्यादा । विषीव्यति देशाविति ॥ Vgl. noch **Rosen** zu R. V. XI. 5. – 5) मा नो धक्; vgl. **Rosen** zu R. V. XI. 5. – 6) आप्रा°; आप्रा ist die 2te Sg.; das स् ist vor द् ausgefallen. **Rosen** (zu R. V. X. 3.) hält आप्राः in unserm Beispiele für den 1ten Casus eines **kṛidanta**; es war ihm wahrscheinlich R. V. CXV. 1. im Gedächtniss*). Da das Beispiel aus dem Zusammenhange gerissen ist, kann man nicht mit Bestimmtheit sagen, ob es hier eine 2te Person oder ein 1ter Casus ist. आप्राः kann aber die 2te Person sein, was aus folgendem Beispiele aus dem **weissen** Y. V. VI. 2. deutlich hervorgeht: द्यामग्रेणास्पृक्ष अन्तरिक्षं मध्येनाप्राः पृथिवीमुपरेणादृंहीः ॥ Vgl. noch R. V. LII. 13. — Die **Kâçikâ** liest an unsrer Stelle आप्रात् (sic) धात्रा°; hier wäre आप्रात् die 1te Person. 7) पराववर्भार°; vgl. **Rosen** zu R. V. XI. 5. – 8) **Weis-**

---

*) In dieser Stelle möchte ich आप्राः für die 1te Sg. halten, da der Zusammenhang nothwendig ein verbum finitum erfordert. Diese Verwechselung der Personen kann ich noch durch eine andre Stelle belegen, wo an einen 1ten Casus gar nicht gedacht werden kann. Die Scholien zu der bei III. 1. 85. angeführten **kârikâ** führen das Beispiel अधा स वीरैर्दशभिर्वियूयाः aus dem **Veda** an, wo वियूयाः für वियूयात् steht.

ser Yagur-V. III. 47. अक्रान् कर्म कर्मकृतः सह वाचा मयोभुवा । देवेभ्यः कर्म कृत्वास्तं प्रेत सचाभुवः ॥ „Die Opferpriester haben das Opfer vollbracht mit einer heilbringenden Hymne; gehet nach Haus Gefährten, nachdem ihr den Göttern das Opfer gebracht habt.“ – अक्रान् kommt auch R. V. XXXIII. 15. XCII. 2. (aus letzterer Stelle ist das Beispiel in der Siddh. K., wo अक्रान्नुषासः für अक्रान्तुषासः zu lesen ist) vor. 9) So अनुग्मन् R. V. LXV. 1. – 10) So अक्रत R. V. XCII. 1; अग्मत LXXX. 16. – CXIX. 3.

81. III. 1. 35. ff. wird gelehrt, dass vor लिट् das Affix आम् an die Wurzel gefügt wird; in unserm sûtra wird gesagt, dass die für लिट् substituirten Personalendungen nach आम् ausfallen; hierauf wird nach III. 1. 40. कृ, भू oder अस् mit den Endungen des लिट् an dieses आम् gefügt. Ein vârtika: आमो लेर्लोपे लुङ्लोटोरुपसंख्यानं ॥ Vgl. III. 1. 41, 42.

82. Da die avyaya's prâtipadika's sind, so könnte man versucht sein Femininaffixe und Casusendungen an dieselben anzufügen; vgl. IV. I. 1. ff. Ein vârtika: अव्ययादापो लुग्वचनानर्थक्यं लिङ्गाभावात् ॥

83. Ein vârtika verbessert: अमि पञ्चमीप्रतिषेधे ऽपादानग्रहणं ॥ Vgl. II. 4. 18.

84. Ein vârtika: सप्तम्या ऋद्धिनदीसमाससंख्यावयवेभ्यो नित्यं ॥ ऋद्धि । सुमद्रं (vgl. II. 1. 6.) । नदीसमास । उन्मत्तगङ्गं (vgl. II. 1. 21.) । संख्यावयव । एकविंशतिभारद्वाजं । त्रिपञ्चाशद्गौतमं ॥ Vgl. II. 1. 19.

85. Nach III. 1. 33. wird vor den Personalendungen des लुट् das Affix तास् an die Wurzel gefügt; die hier für die 1te Person substituirten Endungen bewirken den Ausfall des vorangehenden स् nach VI. 4. 143. und

VII. 4. 51. Hierzu folgende **vârtika's**: टितां टेरेविधेर्लुटो डारौरसः पूर्वविप्रतिषिद्धं (vgl. III. 4. 79. und I. 4. 2.) ॥ १ ॥ आत्मनेपदानां डारौरसो भवन्तीति वक्तव्यं ॥ २ ॥ तच्च समसंख्यार्थं (vgl. zu I. 4. 101., wo **Patanǵali** aus demselben Grunde प्रथममध्यमोत्तमाः für einen **ekaçesha** hält) ॥ डाविकारस्य शित्करणं सर्वादेशार्थं (vgl. I. 1. 52. ff.) ॥ ३ ॥ **Patanǵali** sucht unsern Grammatiker zu rechtfertigen, indem er sagt, dass डा eine प्रश्लिष्टनिर्देश sei, d. h. dass das Affix eigentlich डाआ, also mehrbuchstabig sei, und demnach nach I. 1. 58. für das ganze Affix der 1ten Person substituirt werden müsste.

Drittes Buch.

Erstes Kapitel.

2. Die **Uṅâdi-Affixe** werden in unsrer Grammatik nicht behandelt; es geschieht ihrer nur an 2 Stellen (III. 3. 1. und HI. 4. 75.) Erwähnung. **Kâçikâ:** अयमप्यधिकारो योगे योग उपतिष्ठते । परिभाषा वा । परश्च स भवति धातोर्वा प्रातिपदिकाद्वा यः प्रत्ययसंज्ञः ॥

3. **Kâçikâ:** अयमप्यधिकारः परिभाषा वा । आद्युदात्तश्च स भवति यः प्रत्ययसंज्ञः ॥ Ein **vârtika:** आगमा अनुदात्ता भवन्ति ॥ Ein andres: आगमा अविद्यमानवद्भवन्तीति वक्तव्यं ॥ प्रत्ययस्वरविधावेव ॥

4. Andre Ausnahmen werden im 1ten Kapitel des 6ten Buchs erwähnt werden. In पचति sind zwei Affixe (शप् und तिप्) पित्.

5. Ich habe es nicht gewagt für ञ् in तिञ् च् zu setzen; bei Wurzeln sind die euphonischen Regeln im **Pâṅini** nicht consequent durchgeführt. गुप und तिज sind अनुदात्तेत् und haben daher **âtmanep.** nach I. 3. 12. कित ist उदात्तेत्, und wird daher bloss im **parasmaip.** gebraucht.

Das **A'bharaṅa** conjugirt es im **âtmanep.**, aber wie **Colebr.** (Gr. S. **363.**) bemerkt, gegen die besten Autoritäten.

5. 6. Siddh. K. Bl. 129. a. werden die Bedeutungen, in denen die Wurzeln सन् anfügen, folgendermassen angegeben: गुपेर्निन्दायां । तिजेः क्षमायां । कितेर्व्याधिप्रतीकारे निग्रहे ऽपनयने नाशने संशये च । मानेर्जिज्ञासायां । बधेश्चित्तविकारे । दानेरार्जवे । शानेर्निशाने ॥

7. इषि im Scholion ist die nackte Wurzel. – Die in den beiden vorhergehenden **sûtra's** erwähnten **7** Wurzeln heissen vor der Anfügung von सन् noch nicht **dhâtu's**, sondern erst nach der Anfügung desselben (s. III. 1. 32.). Da sie nun nicht **dhâtu's** sind, so ist auch das drauf folgende सन् kein **ârdhadhâtuka** (vgl. III. 4. **114.**), und erhält daher nicht das Augment इट् nach **VII. 2. 35.**; aus demselben Grunde wird auch kein **guṅa** für den Wurzelvocal substituirt (vgl. **VII. 3. 86.**). Das सन् aber in unsrer Regel ist ein **ârdhadh.**, weil ausdrücklich gesagt wird, dass es an einen **dhâtu** gefügt wird. Hierzu folgende **vârtika's**: आशङ्कायामचेतनेषूपसंख्यानं ॥ १ ॥ अश्मा लुलुठिषते । कूलं पिपतिषति ॥ (**Patanǵali** verbessert: अचेतनग्रहणं नार्थः । आशङ्कायामित्येव । इदमपि सिद्धं भवति । श्वा मुमूर्षतीति ॥) सन्नन्तात् सनः प्रतिषेधो वक्तव्यः ॥ २ ॥ चिकीर्षितुमिच्छति । जिहीर्षितुमिच्छति ॥ इषिसन इति वक्तव्यं ॥ ३ ॥ स्वार्थसन्नन्तात् तु भवत्येव । जुगुप्सिषते । मीमांसिषते ॥ Man vgl. hiermit folgende **kârikâ** aus dem **Bhâshya**, die noch **2** andere nicht unwichtige Regeln enthält.

शैषिकान्मतुबर्थीयाच्छैषिको मतुबर्थिकः ।
सरूपः प्रत्ययो नेष्टः सन्नन्तान्न सनिष्यते ॥

शैषिकाच्छैषिकः (vgl. IV. **2. 92.** ff.) सरूपो न भवति । शालायां भवः

शालीयो (vgl. IV. 2. 114. - IV. 3. 53.) घटः । तत्र भवमुदकमिति पुनश्छप्रत्ययो न भवति । विरूपस्तु भवति । अहिच्छत्रे भव आहिच्छत्रः (mit अण्) । तत्र भव आहिच्छत्रीयः (mit छ nach IV. 2. 114.) ॥ तथा मत्वर्थात् (vgl. V. 2. 94.) सरूपो मत्वर्थीयो न । दण्डो ऽस्यास्तीति दण्डिकः (s. V. 2. 114.) । सो ऽस्यास्तीति ष्ठन् (lies ठन्) पुनर्न भवति । विरूपस्तु भवत्येव । दण्डिमती सेना । तथा इच्छासन्नन्तादिच्छासन् न भवति ॥

8. Vgl. VII. 4. 33. - Hierzu folgende vârtika's: सविशेषणानां वृत्तिर्न वृत्तस्य वा विशेषणं न प्रयुज्यत इति वक्तव्यं ॥ १ ॥ महान्तं पुत्रमिच्छति ॥ अमुण्डादीनामिति वक्तव्यं ॥ २ ॥ मुण्डं करोति । मुण्डयति माणवकं । मुण्डमिश्रेत्यादिना (s. III. 1. 21.) णिच् ॥ क्यचि मान्ताव्ययप्रतिषेधः ॥ ३ ॥ इदमिच्छति । किमिच्छति । अव्ययं । उच्चैरिच्छति । नीचैरिच्छति ॥ Einige sagen: गोसमानाक्षरनान्तादिति वक्तव्यं ॥ अकारादयो दश (die 5 einfachen Vocale, kurz und lang) समानाः ॥

9. Ein vârtika: आदितश्चकारः कर्तव्यः ॥ Dadurch würde क् vom Anfange weggerückt werden, und die Regel I. 3. 8. keiner Ausnahme bedürfen. Siddh. K. Bl. 159. b. मान्ताव्ययेभ्यो ऽप्ययं स्यादेव । किंकाम्यति । स्वःकाम्यति ॥

10. Ein vârtika: अधिकरणाच्चेति वक्तव्यं ॥ कुटीयति प्रासादे । प्रासादीयति कुट्यां ॥

11. Vgl. I. 1. 52. und zu I. 1. 60. - Hierzu folgende vârtika's: सलोपो वा (In den Scholien wird das von 7 zu ergänzende वा auch auf den Ausfall des स् bezogen.) ॥ १ ॥ ओजसो ऽप्सरसो नित्यं ॥ २ ॥ आचारे ऽवगल्भक्लीवहोडेभ्यः क्विब्वा वक्तव्यः ॥ ३ ॥ अवगल्भते । अवगल्भांचक्रे । क्लीवते । क्लीवांचक्रे । होडते । होडांचक्रे ॥ Siddh. K. Bl. 159. b. अवगल्भादयः पचाद्यजन्ताः (s. III. 1. 134.) क्विप्संनियोगेनानुदात्तत्वमनुनासिकत्वं च प्रत्ययस्य प्रतिज्ञायते तेन तङ् (vgl. I. 3. 2, 12.) ॥ Andre lehren: सर्वप्रातिपदिकेभ्य आचारे क्विब्वा वक्तव्यः ॥ अश्वति ॥ An क्विप् wird vor den sârvadhâtuka's, die den kartṛi bezeichnen, शप् angefügt (s. III. 1. 68.); endigt das anga auf अ, dann wird für

dieses und den guṇa in श्रप्, der letztere guṇa substituirt; s. VI. 1. 97.

12. In संग्राम wird das Augment vor die Präposition gesetzt; vgl. Bhaṭṭi-K. III. 47. Ein vârtika: भृशादिष्वभूततद्भावग्रहणं कर्तव्यं ॥ इह मा भूत् । क्व दिवा भृशा भवन्ति । ये रात्रौ भृशा नक्षत्रादयस्ते दिवा क्व भवन्तीत्यर्थः ॥ Ein andres: च्विप्रतिषेधानर्थक्यं च भवत्यर्थे क्यङ्वचनात् ॥ Vgl. V. 4. 50.

13. Hierzu folgende vârtika's: लोहितडाज्भ्यः क्यष्वचनं ॥ १ ॥ भृशादिष्वितराणि ॥ २ ॥ क्यङ् । नीलायते । फेनायते ॥ Vgl. V. 4. 57. ff.

14. Ein vârtika: सत्रकक्षकष्टकृच्छ्रगहनेभ्यः कण्वचिकीर्षायामिति वक्तव्यं ॥ सत्रादयो वृत्तिविषये पापार्थाः । कण्वं पापं । सत्रायते । कक्षायते । कष्टायते । कृच्छ्रायते । गहनायते ॥ Andre sagen: सत्रादिभ्यश्चतुर्थ्यन्तेभ्यः क्रमणे ऽनार्जवे क्यङ् वक्तव्यः ॥

15. Ein vârtika: हनुचलन इति वक्तव्यं (Siddh. K. Bl. 161. a. चर्वितस्याकृष्य पुनश्चर्वण इत्यर्थः । नेह । कीटो रोमन्थं वर्तयति । अपानप्रदेशान्निःसृतं द्रव्यमिह रोमन्थः । तदश्नातीत्यर्थ इति कैयटः । वर्तुलं करोतीत्यर्थ इति न्यासकारहरदत्तौ) ॥ Ein andres: तपसः परस्मैपदं च ॥

16. Calc. Ausg. überall ऊष्मन् mit langem ऊ. – Ein vârtika: फेनाच्चेति वक्तव्यं ॥ फेनायते ॥

17. Hierzu folgende vârtika's: अटाट्टाशीकाकोटापोटासोटापुष्टाप्लुष्टाग्रहणं कर्तव्यं ॥ १ ॥ सुदिनदुर्दिनाभ्यां च ॥ २ ॥ सुदिनायते । दुर्दिनायते ॥ नीहाराच्च ॥ ३ ॥ नीहारायते ॥

18. Zu सुखं वेदयते vgl. I. 3. 74.

19. Zum âtmanep. bei चित्रङ् s. I. 3. 12. – Hierzu folgende vârtika's: क्यजादिषु प्रत्ययार्थनिर्देशः कर्तव्यः ॥ १ ॥ नमसः पूजायां ॥ २ ॥ वरिवसः परिचर्यायां ॥ ३ ॥ चित्रङ आश्चर्ये ॥ ४ ॥ Siddh. K. Bl. 161. a. चित्रीयते । विस्मयत इत्यर्थः । विस्मापयत इत्यन्ये ॥

20. Hierzu folgende vârtika's: भाण्डात् समाचयने ॥ १ ॥ चीवरादर्जने परिधाने च ॥ २ ॥ पुच्छादुदसने व्यसने पर्यसने च ॥ ३ ॥

21. Ein vârtika: हलिकल्योरत्वनिपातनं संवङ्गावप्रतिषेधार्थं ॥ परत्वाद्वृद्धौ सत्यां टिलोपः । अजहलत् । अचकलत् ॥ Der Grund scheint mir nicht ausreichend zu sein; इ kann mit demselben Rechte wie अ vor णि abgeworfen werden nach VI. 4. 155. (man vgl. die bei I. 1. 57. erklärte Stelle aus dem Dhâtu-P.: बहुलमिष्ठवच्च). Hierauf kann nach VII. 4. 93. die durch चङ् im णिच् bedingte Reduplication nicht auf dieselbe Weise, wie vor सन् ausgeführt werden. Zu परत्वाद्वृद्धौ सत्यां vgl. VII. 2. 115.

22. पाट् beginnt wohl mit einem Consonanten; dieser ist aber kein Bestandtheil der Wurzel. Das Bhâshya erlaubt noch von andern Wurzeln und namentlich von अट् यङ् zu bilden: सूचिसूत्रिमूत्र्यट्यर्त्यशूर्णोतिभ्यो यङ् वाच्यः ॥ सोसूच्यते । सोसूत्र्यते । मोमूत्र्यते । अटाट्यते । अरार्यते । अशाश्यते । प्रोर्णोनूयते ॥ Von शुभ् und रुच् erlaubt das Bhâshya यङ् bloss in der reiterativen Bedeutung zu bilden. Die 3 ersten Wurzeln gehören zur 10ten Klasse und sind zweisilbig; das finale अ fällt vor यङ् nach VI. 4. 48. aus. ऊर्णुञ् wird in mehren Fällen als einsilbige Wurzel behandelt, daher sagt eine kârikâ:

वाच्य ऊर्णोर्णुवद्भावो यङ्प्रसिद्धिः प्रयोजनं ।
आमश्च प्रतिषेधार्थमेकाचश्चेडुपग्रहात् ॥

Man bildet demnach ऊर्णुनाव gegen das vârtika zu III. 1. 35.; und so ist ऊर्णुञ् auch in der Regel VII. 2. 10. enthalten; vgl. die Scholien zu VII. 2. 11.

23. यङ् wird an Wurzeln, die gehen bedeuten, gefügt, und giebt denselben dadurch immer die Bedeutung: „in Krümmungen gehen."

25. Das अ in तूस्त dient wohl bloss zur leichtern Anfügung. — Siddh. K. Bl. 161. b. अनुतूस्तयति । तृणाग्रं

तूलेनानुघट्टयतीत्यर्थः ।..। चर्मणा संनह्यति । संचर्मयति (im sûtra hat Bhaṭṭogi wie wir वर्मन्; s. Bl. 147. a.) ।..। चूर्णैरवध्वंसते । अवचूर्णयति ॥ Zu अभिषेणयति s. VIII. 3. 65. – Ein vârtika: अर्थवेदसत्यानामापुक् ॥ Also अर्थापयति । वेदापयति । सत्यापयति ॥

26. Vgl. I. 3. 74. – Hierzu folgende vârtika's: तत् करोतीत्युपसंख्यानं सूत्रयत्याद्यर्थं ॥ १ ॥ सूत्रं करोति । सूत्रयति । सूत्रयते ॥ आख्यानात् कृतस्तदाचष्टे कृल्लुक् प्रकृतिप्रत्यापत्तिः प्रकृतिवच्च कारकं ॥ २ ॥ आख्यानवाचकात् कृदन्तात् तदाचष्ट इत्यर्थे णिच् स्यात् । कृतो लुग्भवति । प्रकृतेः स्वरूपावस्थानं भवति । कारकं च प्रकृतिवद्भवति । चकारात् कार्यमपि कुत्वतत्वादिकं (vgl. VII. 3. 32, 54.) हेतुमति णिचि या प्रकृतिस्तद्वद्भवतीत्यर्थः । कंसवधमाचष्टे । कंसं घातयति । राजागमनमाचष्टे । राजानमागमयति ॥ आख्यानशब्दाच्च प्रतिषेधो वक्तव्यः ॥ ३ ॥ आख्यानमाचष्ट इति ॥ दृश्यर्थायां च प्रवृत्तौ ॥ ४ ॥ आख्यानादित्येतत्पदरहितं कृतस्तदाचष्ट इत्यादि पूर्ववार्तिकस्थं सर्वमनुवर्तते । मृगरमणमाचष्टे । मृगान् रमयति । यदारण्यस्थो रममाणान् मृगान् प्रतिपद्याचष्टे एतस्मिन्नवकाश एवंविधा मृगा रमन्त इति । तदा प्रतिपाद्यदर्शनार्था प्रवृत्तिर्भवति । दृश्यर्थायां किं । ग्रामे यदा मृगरमणमाचष्टे तदा मा भूत् । ग्रामे मृगाणामसंभवान्न तद्दर्शनार्था प्रवृत्तिः ॥ आङ्लोपश्च कालात्यन्तसंयोगे (vgl. zu II. 3. 5.) मर्यादायां ॥ ५ ॥ कृतस्तदाचष्ट इत्याद्यनुवर्तते । आरात्रिविवासमाचष्टे । रात्रिं विवासयति । यावद्रात्रेरतिक्रमणं तावत् कथाः कथयतीत्यर्थः ॥ चित्रीकरणे प्रापि ॥ ६ ॥ नक्षत्रयोगे ज्ञि (vgl. zu II. 2. 22.) ॥ ७ ॥ ज्ञानात्यर्थे णिच् स्यात् । कृतस्तदाचष्ट इत्याद्यनुवर्तते । पुष्ययोगं जानाति । पुष्येण योजयति । मघाभिर्योजयति ॥

27. Vgl. I. 3. 72.

28. Calc. Ausg. शतस्य पणाते, was richtig ist; man ändere das Vorhergehende aber so: पणधातोः° ।..। पनसाहचर्यात् । Im Dhâtu-P. heisst es: पण व्यवहारे स्तुतौ च ॥ पन च ॥ Das च bei पन zieht nur die letztere Bedeutung hinüber; da nun im sûtra पण neben पन steht, so wird पण bloss in der Bedeutung von पन d. h. स्तुतौ gemeint; vgl.

die zu I. 3. 18. angeführte paribhâshâ. पण und पन sind अनुदात्तेत्; und müssten daher immer âtmanep. haben nach I. 3. 12.

29. Siddh. K. Bl. 131. a. जुगुप्सायामयं धातुरिति बहवः । कृपायां चेत्येके ॥ Unser Commentator meint, dass man daraus, dass Pâṅini यङ् und nicht कङ् sagt, schliessen könne, dass die VII. 1. 2. erwähnten Substitute von आयन् u. s. w. für initiales फ् u. s. w. nicht bei Affixen, die an Wurzeln gefügt werden, Statt finden.

32. Die prâtipadika's heissen erst nach Anfügung dieser Affixe dhâtu's; Wurzeln heissen vor wie nach dhâtu's. Vor einem sârvadhâtuka, welches den kartṛi ausdrückt, wird शप् an den dhâtu gefügt (s. III. 1. 68.); vor einem sârvadh., welches das karman bezeichnet, यक् (s. III. 1. 67.). Geht die Wurzel auf अ aus, so wird für dieses und für das von शप्, letzteres substituirt; s. VI. 1. 97. Vor यक् fällt अ aus nach VI. 4. 48.

33. Ausnahme zu III. 1. 67, 68. - Die Affixe, die für लुट् substituirt werden, unterscheiden sich von denen des लट् nur in den ersten Personen; s. II. 4. 85. und zu III. 4. 78. Zur Verdeutlichung hier und da zerstreuter Regeln diene folgendes Paradigma von कृ. - Aṅga कर्तास्; तास् als ârdhadhâtuka erfordert nach VII. 3. 84. die Substitution von guṅa für den Wurzelvocal.

Par. Sg. 1. कर्ता (कर्तास्+डा; vgl. VI. 4. 143.). 2. कर्तासि (कर्तास्+सि; vgl. VII. 4. 50.). 3. कर्तास्मि (कर्तास्+मि).

Du. 1. कर्तारौ (कर्तास्+रौ; vgl. VII. 4. 51.). 2. कर्तास्थः (कर्तास्+थस्). 3. कर्तास्वः (कर्तास्+वस्).

Pl. 1. कर्तारः (कर्तास् + रस्; vgl. VII. 4. 51.). 2. कर्तास्थ (कर्तास् + थ). 3. कर्तास्मः (कर्तास् + मस्).

A'tm. Sg. 1. कर्ता. 2. कर्तासे (कर्तास् + से; vgl. VII. 4. 50). 3. कर्ताहे (कर्तास् + ए; vgl. VII. 4. 52.).

Du. 1. कर्तारौ. 2. कर्तासाथे (कर्तास् + आथे). 3. कर्तास्वहे (कर्तास् + वहे).

Pl. 1. कर्तारः. 2. कर्ताध्वे (कर्तास् + ध्वे; vgl. VIII. 2. 25.). 3. कर्तास्महे (कर्तास् + महे).

Unser Commentator will dem इ in तासि dieselbe Kraft wie bei Wurzeln zuschreiben, damit der Nasal im Thema गन्त् (entstanden aus गन्तास् nach Abwerfung von आस्) nicht nach VI. 4. 24. vor उ ausfalle. Dieses ist eine blosse Spitzfindigkeit; das इ dient zu keinem andern Zwecke, als das स् vom Ende wegzurücken und ihm dadurch die Stummheit zu benehmen; vgl. I. 3. 3.

34. Vgl. III. 4. 94, 97. - सिप् (स्) ist ein **ârdhadhâtuka**, und erfordert daher die Substitution von **guṅa** für den Endvocal oder für die kurze penultima; s. VII. 3. 84, 86. Die **vṛiddhi** wird durch folgendes **vârtika** erklärt: सिब्बहुलं छन्दसि णिद्वक्तव्यः ॥ साविषत् । प्र ण आयूंषि तारिषत् ॥ Vgl. **Rosen** zu R. V. XXV. 12. सिप् nimmt selbst das Augment इट् an; s. VII. 2. 35. Ein **vârtika** führt eine Form नेषतु an; um die Form अवयासिसीष्ठाः zu erklären, nimmt ein andres **vârtika** das Affix सप् (स्) an; man höre wie unser Commentator diese Form auflöst: याधातोरवपूर्वात् सप् लिङ् यास् सुट् सीयुट् । सिपि कृते तु एकाज्लक्षण (VII. 2. 10.) इट्प्रतिषेधः स्यात् । सपि तु अनेकाच्त्वान्न प्रवर्तते ॥ Der Verfasser der **vârtika's** will सप् und सिप् in dieselbe Kategorie mit सन् u. s. w. (vgl. 32.) bringen; dadurch erklärt er sich auch den लोट् und

लिट्, die an dieses Affix wieder gefügt werden können.

35. Zu कृष्णो नोनाव s. Rig-V. LXXIX. 2. - Wäre das म् in आम्, इत्, dann wäre आम् ein Augment, und es müsste nach I. 1. 47. nach dem letzten Vocale आ hinzugefügt werden. Ein vârtika verbessert: कास्यनेकाच इति वक्तव्यं ॥ चुलुम्पांचकार । दरिद्रांचकार ॥ Vgl. zu 22.

36. उच्छ् nimmt auch kein आम् an, wie ein vârtika bemerkt.

38. In विद् wird gegen VII. 3. 86. kein guṅa für den Wurzelvocal substituirt; daher sagt ein vârtika: विदेराम् कित् ॥ Patangali lässt विद् vor आम् auf अ ausgehen, wodurch auch die Form ohne guṅa erklärt wird.

39. Zu प्लुवत् vgl. VI. 1. 10. - VII. 4. 76.

40. Es ist merkwürdig, dass Pâṅini nur कृञ् erwähnt; Bhaṫṫogi und unser Commentator sind daher sogleich geneigt, कृञ् zu einem pratyâhâra zu machen, der gebildet sein soll von कृ in V. 4. 50. und dem finalen ञ् von कृञ् in V. 4. 58. Das dazwischenliegende संपद् versteht der Commentator auch auf seine Art recht gut hinauszuweisen. Vgl. zu I. 1. 71. - Zu भूभावः s. II. 4. 52.

41. Vgl. zu 38. - Calc. Ausg. इतिकरणः प्रदर्शनार्थः ॥

42. Zu अकर् und अक्रन् s. II. 4. 80.

43. Ausnahme zu 67. u. s. w. Zur bessern Uebersicht der verschiedenen Affixe vor लुङ्, und der Art und Weise ihrer Anfügung, mögen folgende Paradigmata dienen.

Anm. Vor लुङ् erhält die Wurzel das Augment अट्, wenn sie mit einem Consonanten, आट्, wenn sie mit einem Vocale beginnt; s. VI. 4. 71, 72. - Ueber die für लुङ् substituirten Endungen s. zu III. 4. 78.

I. Affix सिच् (स्). – Bopp's 1te Formation.

Par.	1 Sg. अकार्षीत्	1 Du. अकार्ष्टां	1 Pl. अकार्षुः
	2 – अकार्षीः	2 – अकार्ष्टं	2 – अकार्ष्ट
	3 – अकार्षं	3 – अकार्ष्व	3 – अकार्ष्म

Vṛiddhi der Wurzel nach VII. 2. 1. – Die 1te und 2te Sg. wird mit ईट् angefügt; s. VII. 3. 96.

A'tm.	1 Sg. अकृत	1 Du. अकृषातां	1 Pl. अकृषत
	2 – अकृथाः	2 – अकृषाथां	2 – अकृढ्वं
	3 – अकृषि	3 – अकृष्वहि	3 – अकृष्महि

Vor der 1ten und 2ten Sg. fällt das स् von सिच् aus nach VIII. 2. 27., vor ध्वम् nach VIII. 2. 25. oder 27. Für ध् wird ढ् substituirt nach VIII. 3. 78.

II. Affix सिच् mit इट्. – Bopp's 3te Formation.

Par.	1 Sg. अलावीत्	1 Du. अलाविष्टां	1 Pl. अलाविषुः
	2 – अलावीः	2 – अलाविष्टं	2 – अलाविष्ट
	3 – अलाविषं	3 – अलाविष्व	3 – अलाविष्म

Vṛiddhi der Wurzel nach VII. 2. 1. Die 1te und 2te Sg. erhalten ईट् nach VII. 3. 96. Das स् von सिच् fällt nach VIII. 2. 28. zwischen den beiden Augmenten aus; für इ + ई wird ई substituirt.

A'tm.	1 Sg. अलविष्ट	1 Du. अलविषातां	1 Pl. अलविषत
	2 – अलविष्ठाः	2 – अलविषाथां	2 – अलविढ्वं
	3 – अलविषि	3 – अलविष्वहि	3 – अलविष्महि

Guṅa der Wurzel nach VII. 3. 84. – Ueber अलविढ्वं s. oben bei अकृढ्वं.

III. Affix सिच् mit इट्; an die Wurzel tritt das Augment सक् (स). – Bopp's 4te Formation.

Par.	1 Sg. अयासीत्	1 Du. अयासिष्टां	1 Pl. अयासिषुः
	2 – अयासीः	2 – अयासिष्टं	2 – अयासिष्ट
	3 – अयासिषं	3 – अयासिष्व	3 – अयासिष्म

Das अ des Augments सक् fällt nach VI. 4. 48. vor सिच् aus; die 1te und 2te Sg. erhält ईट्; das स् von सिच् fällt zwischen den beiden Augmenten nach VIII. 2. 28. aus; für इ + ई wird ई substituirt. - Davon kein âtmanep. vorhanden.

IV. लुक् von सिच्. - Bopp's 5te Formation.

Par.	1 Sg.	अभूत्	1 Du.	अभूतां		1 Pl.	अभूवन्	
	2 -	अभूः	2 -	अभूतं		2 -	अभूत	
	3 -	अभूवं	3 -	अभूव		3 -	अभूम	

Zu अभूवन् und अभूवं vgl. VI. 4. 88. - Davon kein âtmanep. vorhanden.

V. Affix क्स (स). - Bopp's 2te Formation.

Par.	1 Sg.	अलिक्षत्	1 Du.	अलिक्षतां	1 Pl.	अलिक्षन्[1]
	2 -	अलिक्षः	2 -	अलिक्षतं	2 -	अलिक्षत
	3 -	अलिक्षं[1]	3 -	अलिक्षाव[2]	3 -	अलिक्षाम[2]

[1] Vgl. VI. 1. 97. - [2] Vgl. VII. 3. 101.

A'tm.	1 Sg.	अलिक्षत[1]	1 Du.	अलिक्षातां[2]	1 Pl.	अलिक्षन्त[2]
	2 -	अलिक्षथाः[1]	2 -	अलिक्षाथां[2]	2 -	अलिक्षध्वं[1]
	3 -	अलिक्षि[2]	3 -	अलिक्षावहि[1,3]	3 -	अलिक्षामहि[3]

[1] Zu den Nebenformen अलीढ u. s. w. s. VII. 3. 73. [2] Vgl. VII. 3. 72. - [3] Vgl. VII. 3. 101.

VI. Affix अङ् (अ). - Bopp's 6te Formation.

Par.	1 Sg.	अलिपत्	1 Du.	अलिपतां	1 Pl.	अलिपन्[1]
	2 -	अलिपः	2 -	अलिपतं	2 -	अलिपत
	3 -	अलिपं[1]	3 -	अलिपाव[2]	3 -	अलिपाम[2]

[1] Vgl. VI. 1. 97. - [2] Vgl. VII. 3. 101.

A'tm.	1 Sg.	अलिपंत	1 Du.	अलिपेतां[1]	1 Pl.	अलिपन्त[2]
	2 -	अलिपथाः	2 -	अलिपेथां[1]	2 -	अलिपध्वं
	3 -	अलिपे	3 -	अलिपावहि[3]	3 -	अलिपामहि[3]

[1] Vgl. VII. 2. 81. - [2] Vgl. VI. 1. 97. [3] Vgl. VII. 3. 101.

VII. Affix चङ् (अ). - Bopp's 7te Formation.

चङ् erfordert die Reduplication der Wurzel; die Personalendungen werden wie bei अङ् angefügt. Für die Veränderung des aṅga sind viele specielle Regeln vorhanden.

44. Ein vàrtika: स्पृशमृशकृषतृपदृपां सिज्वा ॥ अस्पृक्षत् । अस्प्राक्षीत् । अमृक्षत् । अम्राक्षीत् । अकृक्षत् । अक्राक्षीत् । अतृपत् । अत्राप्सीत् । अदृपत् । अद्राप्सीत् ॥ Die 3 ersten Wurzeln haben auch क्स nach 45; die beiden letzten zum पुषादि gehörend auch अङ् nach 55.

45. Im Scholion fehlt अनिटः nach तस्मात् in d. Calc. Ausg. — अनिटः ist gleich अनुदात्तात्; vgl. VII. 2. 10. Zu अकोषीत् vgl. Paradigma II. bei 43.

46. In der Bedeutung umarmen bildet श्लिष् den Aorist mit क्स; in jeder andern Bedeutung mit अङ्, da श्लिष् zum पुषादि gehört; vgl. 55.

47. Wenn hier nicht ausdrücklich gesagt würde, dass दृश् niemals क्स habe, müssten wir bei 55., wo die Bildung des Aorists mit अङ् von Wurzeln mit dem anubandha इर् freigestellt wird, die zweite Form mit क्स bilden, da दृश् in der Regel 45. enthalten ist; jetzt aber müssen wir zur allgemeinsten Aussage, zum सिच् zurückkehren. Zum guṅa in अदर्शत् gegen I. 1. 5. vgl. VII. 4. 16.

48. Ein vàrtika: णिश्रिद्रुस्रुषु कमेरुपसंख्यानं ॥ अचकमत (hier ist णिङ् nicht angefügt; vgl. III. 1. 30, 31.) । णिङि तु । अचीकमत (vgl. VII. 4. 93.) ॥ Ein andres: कर्मकर्तरि च ॥

49. Vgl. II. 4. 78. - III. 1. 58. - VII. 2. 73. - VII. 4. 18.

50. Zu अजूगुपतं vgl. Rosen zu R. V. V. 8. - Da गुपू ऊदित् ist, kann सिच् nach VII. 2. 44. mit oder ohne इट् angefügt werden; wird das Affix ohne इट् angefügt, dann wird vriddhi für den Wurzelvocal substituirt nach VII.

2. 3. In अगोपायिष्ट ist सिच् mit इट् an गोपाय (s. III. 1. 28, 31.) angefügt; das finale अ ist nach VI. 4. 48. vor सिच् ausgefallen. Vgl. die Scholien zu Bhaṭṭi-K. XV. 113., wo अगोपृां zu lesen ist.

51. कामनूनयोः kommt Rig-V. LIII. 3. in Verbindung mit मा vor; VI. 4. 75. wird aber unser Beispiel in den Scholien angeführt, als Beleg, dass das Augment im Veda auch ohne ein vorhergehendes मा ausfallen könnte.

52. Vgl. VI. 4. 64. – VII. 4. 17. – Ein vârtika: अस्यतिग्रहणमात्मनेपदार्थं पुषादित्वात् (s. 55.) ॥ Ein andres: कर्मकर्तरि च ॥

53. 54. Vgl. VI. 4. 64.

55. Calc. Ausg. und Siddh. K. °द्युतादिलृदितः°.

56. Vgl. VII. 4. 16. – Siddh. K. Bl. 128. a. इह लुपृशापा शासिना साहचर्यात् सर्त्यर्ती जौहोत्यादिकावेव गृह्येते । तेन भ्वाद्योर्नाङ् ॥ Vgl. zu I. 3. 29.

58. Vgl. VII. 4. 16, 18. – Zu अशिश्रियत् s. 49.

59. Vgl. III. 4. 6. – VII. 4. 16.

60. Nach चिण् fällt die Personalendung त ab; s. VI. 4. 104. – चिण्, welches sonst nur भावे und कर्मणि gebraucht wird, erhält hier und im folgenden sûtra seine Erklärung durch die neutrale Bedeutung der Wurzeln.

65. Vgl. III. 1. 88. – Calc. Ausg. पापंकर्तृतेन°, welches ich nach der Siddh. K. in पापंकर्तृत्वेन° verändert habe.

66. Das चिण्ग्रहणं ist keineswegs स्पष्टार्थं; es hebt das न von 64. auf.

67. 68. Sowohl यक् als auch शप्, श्यन् u. s. w. (vgl. II. 4. 72, 75.) werden nur vor लट्, लोट्, लङ्, vor dem sârvadhâtuka लिङ् und vor kṛit's, die ein stummes श् enthalten, angefügt; vor andern sârvadhâtuka's fin-

den andre Affixe Statt, die यक् u. s. w. ausschliessen. शप् wird nicht nur an die Wurzeln der 1ten Klasse gefügt, sondern auch an alle abgeleiteten, sowie an णि, welches an die Wurzeln der 10ten Klasse tritt.

70. टुभ्राशृ, टुभ्लाशृ, क्रमु und लष gehören zum भ्वादि; क्लमु und त्रसी zum दिवादि; त्रुट zum तुदादि; भ्रमु zum भ्वादि und दिवादि; vom erstern bildet man भ्रमति (भ्रामति ist falsch) und भ्रम्यति; vom letztern भ्राम्यति nach **VII. 3. 74.** - Nach क्रामति schalte man in den **Scholien**: क्लाम्यति । क्लामति ॥ ein; vgl. **VII. 3. 75.**

71. Patangali: अनुपसर्गादिति शक्यमकर्तुं ॥ Indem **Pâṅini** in unserm **sûtra** von यस् und im folgenden von संयस् शप् und श्यन् zu bilden erlaubt, versteht es sich von selbst, dass यस् (zum दिवादि gehörend) in Verbindung mit einer andern Präposition als सं nur श्यन् hat.

74. Ich wage keinen Grund anzugeben, warum श्रु zur 1ten und nicht zur 5ten Klasse gezählt wird.

76. तक्ष् gehört zur 1ten Klasse.

78. Vgl. **I. 1. 47.** - Ein **vârtika:** बहुलं पित् सार्वधातुकं छन्दसि ॥ पितो ऽपित्त्वं । मीञ् । प्रमिणोमि जनित्रीं । मीनातेर्निगम (**VII. 3. 81.**) इति ह्रस्वः । अपितश्च पित्त्वं । शृणोत (vgl. **VII. 1. 45.**) ग्रावाणः ॥

79. कृञ् gehört zum तनादि, wird aber hier noch besonders angeführt, weil es, wenn die तनादयः allein (wie **II. 4. 79.**) genannt werden, nicht darin enthalten ist; vgl. einen ähnlichen **Fall II. 4. 66.**

80. Ein **vârtika** verbessert: धिन्विकृण्व्योरिति वक्तव्यं ॥ So werden allerdings die **Wurzeln** im **Dhâtu-P.** aufgeführt, aber **Pâṅini** hat, wie gewöhnlich, die modificirte **Wurzel** gewählt. **Das** für व् substituirte अ fallt vor dem ârdhadh. उ aus, und zwar स्थानिवत् पूर्वविधौ (vgl. I. 1. 57.); daher wird das इ der Wurzel nicht als penultima behandelt; vgl. VII. 3. 86. – धिवि und कृवि gehören zur 1ten Klasse.

82. In den Scholien zu Bhaṭṭi-K. XVII. 45, 82. wird für ञ् der Wurzeln न् geschrieben; (vgl. zu VI. 4. 25. Diese Schreibart ist im Dhâtu-P. vielleicht die ursprüngliche gewesen, da Pâṇini jede nasale penultima bei einer Wurzel न् nennt; vgl. VI. 4. 24. – Siddh. K. Bl. 145. b. स्तम्भ्वादयश्चत्वारः सौत्राः । सर्वे रोधनार्था इत्येके । माधवस्तु प्रथमतृतीयौ स्तम्भार्थौ । द्वितीयो निष्कोषणार्थः । चतुर्थो धारणार्थ इत्याह । सर्वे परस्मैपदिनः ॥

83. 84. Nach शानच् und शायच् wird nach VI. 4. 105. ein लुक् für हि substituirt.

84. Ein vârtika: शायच्छन्दसि सर्वत्र ॥ हौ चाहौ चेत्यर्थः । अभिस्कभायत् । यो अस्कभायत् । उदगृभायत् (vgl. Rosen zu R. V. XXIV. 12.) ॥

85. Zu नेषतु vgl. zu III. 1. 34. und Lassen Ind. Bibl. III. S. 82, 83. – Hierzu folgende kârikâ:

सुप्तिङुपग्रहलिङ्गनराणां कालहलच्स्वरकर्तृयङां च ।
व्यत्ययमिच्छति शास्त्रकृदेषां सो ऽपि च सिध्यति बाहुलकेन ॥

सुपां व्यत्ययः । धुरि दक्षिणायाः । दक्षिणस्यामिति प्राप्ते । तिङां व्यत्ययः । चषालं ये ऽश्वयूपाय तक्षति (vgl. zu VII. 1. 39. und Comm. sur le Yaçna S. CXLII.) । तक्षन्तीति प्राप्ते । उपग्रहः परस्मैपदात्मनेपदे । तद्व्यत्ययः । ब्रह्मचारिणमिच्छते । इच्छतीति प्राप्ते । प्रतीपमन्य ऊर्मिर्युध्यति । युध्यत इति प्राप्ते । लिङ्गव्यत्ययः । मधोस्तृप्ता इवासते (vgl. Rosen zu R. V. XIV. 8.; im vorhergehenden Verse kommt auch die Form मध्वः vor) । मधुन इति प्राप्ते । नरः पुरुषः । तद्व्यत्ययः । अधा स वीरैर्दशभिर्वियूयाः (vgl. die Note bei II. 4. 80.) । वियूयादिति प्राप्ते । कालः कालवाची प्रत्ययः । श्वो ऽग्नीनाधास्यमानेन ।

लुटो विषये (vgl. III. 3. 15.) लृट् । हलां व्यत्ययः । त्रिष्टुभौजः शुभितमुग्रवीरं । शुधितमिति प्राप्ते । अचां व्यत्ययः । उपगायन्तु मां पत्नयो गर्भिणायः (vgl. zu VII. 3. 107.) । दीर्घस्य ह्रस्वः । स्वरव्यत्ययः पराद्विश्चन्दसीत्यत्र (VI. 2. 199.) वक्ष्यते । कर्तृशब्दः कारकमात्रपरः । तद्धाचिप्रत्ययव्यत्ययः । अन्नादायः । अपिविषये (vgl. III. 2. 1.) अच् । यङिति यङो (III. 1. 22.) यशब्दादारभ्य लिङ्याशिष्यङिति (III. 1. 86.) ङकारेण प्रत्याहारः । तेषां व्यत्ययो भवतीत्यादिरुक्तः (s. d. Scholien zu unsrer Regel) ॥ Einige arge Druckfehler in der Calc. Ausg. habe ich nach der Siddh. K. Bl. 217. b. verbessert.

86. Vgl. Comm. sur le Yaçna S. CLV. – स्था und गा verlieren nach VI. 4. 64. vor अङ् ihr आ. Die Personalendungen des लिङाशिषि werden als sârvadhâtuka's behandelt (s. III. 4. 117.); daher fällt das स् vom Augment यासुट् (s. III. 4. 103.) nach VII. 2. 79. ab, und für या wird nach VII. 2. 80. इय् substituirt, da das aṅga auf अ ausgeht; vor den consonantisch anfangenden Endungen fällt das य् von इय् nach VI. 1. 66. aus. Man lese in den Scholien mit der Siddh. K. मन्त्रं वोचेमाग्नये; das Beispiel ist aus dem weissen Yagur-V. III. 11. und lautet im Zusammenhange: उपप्रयन्तो अध्वरं मन्त्रं वोचेमाग्नये । आरे अस्मे च शृण्वते ॥ „Das Opfer beginnend möchten wir dem Agni, der in der Ferne und bei uns (unsre Rede) hört, eine Hymne darbringen.“ Zu वोचेम vgl. noch VII. 4. 20. Das Beispiel व्रतं° ist aus demselben Veda I. 5.; hier folgt der ganze Vers: अग्ने व्रतपते व्रतं चरिष्यामि तच्छकेयं तन्मे राध्यतां । इदमहमनृतात् सत्यमुपैमि ॥ Hierzu folgende vârtika's: आशिष्यङः प्रयोजनं स्यागागमिवचिविदयः ॥ १ ॥ शकिरुत्योश्चेति वक्तव्यं ॥ २ ॥ दृशेरग्वक्तव्यः ॥ ३ ॥ पितरं च दृशेयं मातरं च । अङि तु गुणः (vgl. VII. 4. 16.) स्यात् ॥ इह उपस्थेयामेति आङपि वक्तव्यः ॥ ४ ॥

87. Zu कर्मवत् vgl. I. 3. 13. – III. 1. 66, 67. – VI.

4. 62. Hierzu folgende **vârtika's**: लान्तस्य कर्मवदतिदेशः ॥ १ ॥ अन्यथा हि कृत्यक्तखलर्थेषु (vgl. III. 4. 70.) प्रतिषेधः ॥ २ ॥ सकर्मकाणां प्रतिषेधो वक्तव्यः ॥ ३ ॥ अन्योन्यं स्पृशतः । अन्योन्यमाश्लिष्यतः ॥ दुहिपच्योर्बहुलं सकर्मकयोः ॥ ४ ॥ दुग्धे (vgl. III. 1. 89.) गौः पयः स्वयमेव । उदुम्बरः फलं पच्यते (vgl. zu I. 4. 51.) ॥ सृजियुज्योः श्यंस्तु ॥ ५ ॥ सृज । युज । इत्येतयोः कर्ता बहुलं कर्मवत् । यगपवादश्च श्यन् भवति । सृज्यते मालां । युज्यते ब्रह्मचारी योगं ॥ सृजेः श्रद्धोपपन्ने कर्तरि कर्मवद्भावो वाच्यः ॥ ६ ॥ युजेस्तु न्याय्ये कर्मकर्तरि यको ऽभावाय ॥ ७ ॥ करणेन तुल्यक्रियः कर्ता बहुलं ॥ ८ ॥ परिचारयति कण्टकैर्वृक्षं । परिचारयन्ते कण्टका वृक्षं ॥ स्रवत्यादीनां प्रतिषेधः ॥ ९ ॥ भूषाकर्मकिरादिसनां चान्यत्रात्मनेपदात् ॥ १० ॥ भूषावाचिनां किरादीनां सन्नन्तानां च यक्चिण्चिण्वदिटां प्रतिषेधः । आत्मनेपदं तु भवत्येव । भूषयते कन्या स्वयमेव । अबुभूषत । मण्डयते । अममण्डत । किरादि (s. d. 6te Klasse im **Dhâtu-P.**). कॄ । अवकिरते हस्ती स्वयमेव । अवाकीर्ष्ट । गॄ । अवगिरते । अवागीर्ष्ट । दृङ् । आद्रियते । आदृत । धृङ् । ध्रियते । अधृत । प्रच्छ । आपृच्छते । आपृच्छत । सन् । चिकीर्षते कटः स्वयमेव । अचिकीर्षिष्ट ॥

89. **Siddh. K.** Bl. 170. a: अन्तर्भावितो ण्यर्थो ऽत्र नमिः ॥ Ein **vârtika**: यक्चिणोः प्रतिषेधे हेतुमण्णिश्रिब्रूञामुपसंख्यानं ॥ णिच् । कारयते कटः स्वयमेव । अचीकरत । श्रिञ् । उच्छ्रयते दण्डः स्वयमेव । उदशिश्रियत । ब्रूञ् । ब्रूते कथा स्वयमेव । अवोचत ॥ Die **Bhâradvâgîya's** lehren: यक्चिणोः प्रतिषेधे णिश्रन्थिग्रन्थिब्रूञात्मनेपदाकर्मकाणामुपसंख्यानं ॥ णि । उत्पुच्छयते (vgl. III. 1. 20.) गौः । अन्तर्भावितण्यर्थतायां । उत्पुच्छयते गां । पुनः कर्तृत्वविवक्षायां । उत्पुच्छयते गौः । उदपुपुच्छत् । श्रन्थ । चुरादिः क्र्यादिश्च । श्रन्थति मेखलां । श्रन्थते मेखला । अश्रन्थिष्ट । क्र्यादेस्तु श्रथ्नीते । ग्रन्थ । चुरादिः क्र्यादिश्च । ग्रन्थति ग्रन्थं । ग्रन्थते ग्रन्थः । अग्रन्थिष्ट । क्र्यादेस्तु । ग्रथ्नीते । ब्रूञ् । ब्रूते कथा । अवोचत । आत्मनेपदाकर्मकाणां । विकुर्वते सैन्धवाः । वेः शब्दकर्मणो ऽकर्मकाच्चेति (I. 3. 34, 35.) तङ् । अन्तर्भावितण्यर्थस्य पुनः प्रेष-[illegible] । विकुर्वते सैन्धवाः । व्यकारिष्ट । व्यकारिषातां । व्यकारिषत । व्यकृत । व्यकृषातां । व्यकृषत ॥

90. **Siddh. K. Bl. 170. a.** कुषिरञ्जोः; so auch die Calc. Ausg.; im Druckfehlerverzeichnisse wird aber रञ्जोः (die modificirte Wurzel) verbessert. Aus dieser und vielen andern Stellen ersieht man, dass die **sûtra's** in der Calc. Ausg. der **Siddh. K.** häufig aus der Calc. Ausg. des **Pâṅini** mit allen Druckfehlern abgedruckt worden sind. Ein **vârtika:** कुषिरञ्जोः प्रयन्निधाने सार्वधातुकवचनं ॥ Ein andres: अवचने हि लिङ्लिटोः प्रतिषेधः ॥

94. Eine **paribhâshâ.** - उत्सर्ग heisst die allgemeine Aussage, die durch andere speciellere wieder verdrängt wird; diese letztern heissen daher अपवाद. In dem jetzt folgenden Abschnitte, der über die **kṛit**-Affixe handelt, kann der **apavâda** neben dem **utsarga** bestehen, wenn die Affixe nach Abwerfung der stummen Buchstaben von einander verschieden sind, und wenn sie nicht ausschliesslich dem Femin. angehören. Zum Verständniss der Beispiele in den Scholien vgl. III. 1. 133, 135. - III. 2. 1, 3. - III. 3. 94, 102. Folgende **paribhâshâ's** enthalten die Ausnahmen zu unsrer Regel: ताच्छीलिकेषु (vgl. III. 2. 134. ff.) वासरूपविधिर्नास्ति ॥ १ ॥ क्तल्युट्तुमुन्खलर्थेषु वासरूपविधिर्नास्ति ॥ २ ॥ लादेशेषु वासरूपविधिर्नास्ति ॥ ३ ॥

95. **Kâçikâ:** कृत्याः प्राङ्ण्वुलः ॥ Der Zusatz rührt von folgendem **vârtika** zu unsrer Regel her: कृत्यसंज्ञायां प्राङ्ण्वुल्वचनं ॥ Ueber die verschiedene Bedeutung der **kṛit**-Affixe vgl. III. 4. 67. ff.

96. Ein **vârtika:** केलिमर् उपसंख्यानं ॥ पचेलिमा माषाः । पक्तव्या इत्यर्थः । भिदेलिमा सरलाः । भेत्तव्या इत्यर्थः [**Siddh. K. Bl. 173. b.** कर्मणि प्रत्ययः । वृत्तिकारस्तु कर्मकर्तरि चायमिष्यत (vgl. **Wilson** u. d. W. पचेलिम; पचेलिम in der Bedeutung von **Feuer** und **Sonne** ist mit dem **Unâdi**-Affix एलिमच् und zwar

कर्तरि gebildet; s. Siddh. K. Bl. 200. b.) इत्याह । तद्भाष्यविरुद्धं] ॥ Ein anderes: वसेस्तव्यत् कर्तरि णिच्च ॥ वास्तव्यः ॥

97. Zu गेयं vgl. VI. 4. 65. Das अ der Themata दित्स und धित्स (s. VII. 4. 54.) fällt nach VI. 4. 48. vor यत् aus. Das Bhâshya: तकिशसिचतियतिजनीनामुपसंख्यानं ॥ तक्यं । शस्यं । चत्यं । यत्यं । जन्यं । जनेर्यद्विधिः स्वरार्थः । ण्यता (s. 124.) रूपसिद्धेः । जनिवध्योश्चेति (VII. 3. 35.) वृद्धिनिषेधात् ॥ Ein vârtika: हनो वा बध च ॥ बध्यः । घात्यः ॥

98-100. Ausnahmen zu **124.**

100. Ein vârtika: चरेराङि चागुरौ ॥ आचर्यो देशः (Siddh. K. Bl. 174. a. गन्तव्य इत्यर्थः) । अगुरौ किं । आचार्य उपनेता ॥

101. Ausnahmen zu **106, 109, 124.**

102—106. Ausnahmen zu **124.**

103. Ein vârtika: स्वामिन्यन्तोदात्तत्वं च ॥ Ausnahme zu VI. 1. 213.

105. अजर्यं कर्तरि in den Scholien ist ein vârtika.

106. Ein vârtika: वदः सुप्यनुपसर्गग्रहणं ॥ Siddh. K. Bl. 174. b. उत्तरसूत्रादिह भाव इत्याकृष्यते । . . । कर्मणि प्रत्ययावित्येके ॥

107. Ausnahme zu **97.**

108. Ausnahme zu **124.** - Ein vârtika: हनस्तश्चित् स्त्रियां छन्दसि ॥ तां भ्रूणहत्यां निगृह्यानुचरणं । अस्यै त्वा भ्रूणहत्यायै चतुर्थं परिगृहाण । स्त्रियां किं । आघ्नते दस्युहत्याय (vgl. Rig-V. LI. 5.) । छन्दसि किं । अश्वहत्या ॥

109. Ausnahmen zu **97** und **124.** - Vgl. VI. 1. 71. - VI. 4. 34. - Ein vârtika: क्यब्विधौ वृञ्ग्रहणं ॥ इह मा भूत् । वृङ् । वार्या ऋत्विजः ॥ Ein anderes: अञ्जेश्चोपसंख्यानं संज्ञायां ॥ Siddh. K. Bl. 174. b. आङ्पूर्वादञ्जेः संज्ञायामुपसंख्यानं ॥ अञ्जू व्यक्तिम्रक्षणादिषु । बाहुलकात् (s. III. 3. 113.) करणे क्यप् । अनिदितामिति (VI. 4. 24.) नलोपः । आज्यं ॥ Kâçikâ: शंसिदुहिगुहिभ्यो वा ॥ शस्यं । शंस्यं । दुह्यं । दोह्यं । गुह्यं । गोह्यं ॥

110—112. Ausnahmen zu **124.** - Zu क्लृपि in **110.** vgl. zu I. **3. 93.** - **Kâçikâ:** °कृपिचृतेः ॥

111. Patangali: इ च खन इत्येव वक्तव्यं ॥

112. Ein **vârtika:** समश्च बहुलं ॥ संभृत्याः । संभार्याः ॥

113. Neben क्यप् kann nach **124.** auch ण्यत् angefügt werden. - Vgl. **VII. 2. 114.**

114. Ausnahmen zu **97** und **124.** Hierzu folgende **vârtika's:** सूर्यरुच्याव्यथ्याः कर्तरि ॥ १ ॥ कुप्यं संज्ञायां ॥ २ ॥ कृष्टपच्यस्यान्तोदात्तत्वं च कर्मकर्तरि च ॥ ३ ॥

115. 116. Ausnahmen zu **124.**

117. Ausnahmen zu **97.**

118. 119. Ausnahmen zu **124.** Ein **vârtika** zu **118.:** छन्दसीति वक्तव्यं ॥ लोके तु ण्यदेव । प्रतिग्राह्यं । अपिग्राह्यं ॥

120. Ausnahmen zu **110** und **124.**

121. Ausnahme zu **124.**

122. Bei अमावस् braucht bei der Anfügung von ण्यत् (s. **124.**) nicht **vṛddhi** nach **VII. 2. 116.** für den Wurzelvocal substituirt zu werden, sondern es kann auch das अ (अत्) unverändert bleiben. **Bhaṭṭogi's** Lesart अमावस्याद्° scheint mir nicht so gut, da die Form mit आ die regelmässige ist. Man vgl. folgende **kârikâ:**

अमावसोरहं ण्यतोर्निपातयाम्यवृद्धितां ।
तथैकवृत्तिता तयोः स्वरश्च मे प्रसिध्यति ॥

123. कृती müsste क्यप् haben nach **110.** (wie निष्टर्क्य wird auch तर्कु von कृत् abgeleitet; s. **Siddh. K. Bl. 190.** a.); ह्वेञ् (oder हू), णीञ्, भू und चिञ् यत् nach **97.**; शिष्लृ, मृङ्, स्तृञ्, ध्वृ, यज, प्रच्छ und षिवु ण्यत् nach **124.**; खनु und ष्टुञ् क्यप् nach **109, 111.**; वद् क्यप् oder यत् nach **106.** - Ein **vârtika:** हिरण्य इति वक्तव्यं ॥ उपचेयपृडमन्यत् ॥ Man vgl. zu den Scholien folgende **kârikâ's:**

निष्टर्क्ये व्यत्ययं विद्यान्निसः षत्वं निपातनात् ।
ण्यदायादेश इत्येतावुपचाय्ये निपातितौ ॥ १ ॥
ण्यदेकस्माच्चतुर्भ्यः क्यप् चतुर्भ्यश्च यतो विधिः ।
ण्यदेकस्माद्यशब्दश्च द्वौ क्यपौ ण्यद्विधिश्चतुः ॥ २ ॥

124. Hierzu folgende **vârtika's**: पाणौ सृजेर्ण्यत् ॥ १ ॥ ऋदुपधादिति (**100.**) क्यपो बाधनार्थं । पाणिसर्ग्या रज्जुः ॥ समवपूर्वाच्च ॥ २ ॥ समवसर्ग्या रज्जुः ॥ लपिदभिभ्यां चेति वक्तव्यं ॥ ३ ॥ लाप्यं । दाभ्यं । धातुषु दभिर्न पठितः । वार्तिकबलात् स्वीकार्यः ॥ Vgl. **98.**

125. Ausnahme zu **97.**

126. Ausnahme zu **97, 98.**

127—132. Ausnahmen zu **97** und **98**, unregelmässige Anfügung und Bedeutung der Affixe.

129. **Siddh. K. Bl. 176.** a. मीयते ऽनेन पाय्यं मानं । ण्यत् धात्वादेः पत्वं च । आतो युगिति (VII. **3. 33.**) युक् । सम्यङ्नीयते होमार्थमग्निं प्रतीति सांनाय्यं हविर्विशेषः । ण्यदायादेशः समो दीर्घश्च निपात्यते । निचीयते ऽस्मिन् धान्यादिकं निकाय्या (sic) निवासः । अधिकरणे ण्यत् । आप् । धात्वादेः कत्वं च निपात्यते । धीयते ऽनया समिदिति धाय्या ऋक् ॥

130. Ein **vârtika**: कुण्डपाय्ये यद्विधिः ॥

132. Ein **vârtika**: अग्निचित्येत्यन्तोदात्तो भावे ॥

133. Vgl. **III. 4. 67.**

134. Ein **vârtika**: अजपि सर्वधातुभ्यः ॥

137. Ein **vârtika**: जिघ्रः संज्ञायां प्रतिषेधः ॥ व्याजिघ्रतीति । व्याघ्रः ॥ **Siddh. K. Bl. 177.** b. धया कन्या । धेट्टित्त्वात् स्तनंधयीति (s. **III. 2. 29.**) खशीव ङीप् प्राप्तः । खशो ऽन्यत्र नेष्यत इति हरदत्तः ॥

138. Ein **vârtika**: नौ लिम्पेः ॥ निलिम्पा देवाः ॥ Ein andres: गवि च विन्देः संज्ञायामुपसंख्यानं ॥ **Siddh. K. Bl. 177.** b. गवादिषु विन्देः संज्ञायां ॥ गोविन्दः । अरविन्दः (sic) ॥

139. Zu प्रदः und प्रधः s. **136.**

140. **Siddh. K. Bl. 177.** b. इतिशब्द आयर्यः ॥ S. die **1**te

Klasse im Dhâtu-P. – Ein vârtika: तनोतेर्ण उपसंख्यानं ॥ अवतनोतीति । अवतानः ॥

141. Vgl. VII. 3. 33. – संस्रावः in den Scholien fehlt in der Calc. Ausg.

143. Siddh. K. Bl. 177. b. भवतेश्चेति काशिका ॥ भवो देवः । संसारश्च । भावाः पदार्था भाष्यमते तु प्राप्त्यर्थाच्चुरादिण्यन्तादच् । भावः ॥

145. Ein vârtika: नृतिखनिरञ्जिभ्य इति वक्तव्यं ॥ इह मा भूत् । वायकः ॥ Siddh. K. Bl. 178. a. रजकः । रजकी । भाष्यमते तु नृतिखनिभ्यामेव ष्वुन् । रञ्जेस्तु क्वुन् शिल्पिसंज्ञयोरिति (ein Uṅâdi-sûtra; s. Siddh. K. Bl. 195. a.) क्वुन् । टाप् । रजिका (vgl. VII. 3. 44.) । पुंयोगे (vgl. IV. 1. 48.) तु । रजकी ॥

149. Ein vârtika: साधुकारिण्युपसंख्यानं ॥ Vgl. III. 2. 134.

Zweites Kapitel.

1. Hierzu folgende vârtika's: कर्मणि निर्वर्त्यमानविक्रियमाण इति वक्तव्यं ॥ १ ॥ कर्मणि निर्वर्त्यमानविक्रियमाण इति चेद्वेदाध्यायादीनामुपसंख्यानं ॥ २ ॥ यत्र च नियुक्तस्तत्रोपसंख्यानं कर्तव्यं ॥ ३ ॥ हृग्रहनीवहिभ्यश्च ॥ ४ ॥ (Patangali: न वार्थः परिगणनेन । कस्मान्न भवति आदित्यं पश्यति हिमवन्तं शृणोति ग्रामं गच्छतीति । अनभिधानात् ॥) अकारादनुपपदात् कर्मोपपदो विप्रतिषेधेन (Das Affix, welches von einer Wurzel in Verbindung mit einem karman ausgesagt wird, hebt die verschiedenen Affixe अ, welche für die unverbundene Wurzel gelten, auf.) ॥ ५ ॥ शीलिकामिभक्ष्याचरिभ्यो णः पूर्वपदप्रकृतिस्वरत्वं (gegen VI. 2. 139.) च ॥ ६ ॥ मांसशीलः । मांसकामः । मांसभक्षः । कल्याणाचारः ॥ ईक्षिक्षमिभ्यां च ॥ ७ ॥ सुखप्रतीक्षः । कल्याणक्षमः ॥

3. **Ein vârtika:** कविधौ सर्वत्र प्रसारणिभ्यो डः ॥ ज्या । ब्रह्मज्यः । उपसर्गे ऽपि । आह्वः । प्रह्वः । कप्रत्यये संप्रसारणं (vgl. VI. 1. 15. ff.) स्यात् ॥

4. **Siddh. K. Bl. 178. a.** सुपीति योगो विभज्यते । सुपि उपपद आदन्तात् कः स्यात् । द्वाभ्यां पिवतीति द्विपः ॥ Vgl. die Scholien zu VIII. 3. 89. - **Ein vârtika:** सुपि स्थो भावे च ॥ आखूनामुत्थानं । आखूत्थः ॥

5. **Ein vârtika:** आलस्यसुखाहरणयोरिति वक्तव्यं ॥ अन्यत्र तु । तुन्दपरिमार्जः । शोकापनोदः ॥ **Ein andres:** कप्रकरणे मूलविभुजादिभ्य उपसंख्यानं ॥ मूलविभुजो रथः ॥

8. **Ein vârtika:** सुराशीध्वोः पिवतेः ॥ इह मा भूत् । क्षीरपा ब्राह्मणी । सुरां पाति । सुरापा ॥ **Ein andres:** बहुलं तणि (vgl. zu II. 4. 54.) ॥ तणीति संज्ञाछन्दसोर्ग्रहणं । या ब्राह्मणी सुरापी भवति नैनां देवाः पतिलोकं नयन्ति । या ब्राह्मणी सुरापा भवति° ॥

9. **Ein vârtika:** शक्तिलाङ्गलाङ्कुशतोमरयष्टिघटघटीधनुःषु ग्रहेरुपसंख्यानं ॥ शक्तिग्रहः u. s. w. **Ein andres:** सूत्रे च धार्यर्थे ॥ सूत्रग्रहः । धार्यर्थे किं । यो हि सूत्रं गृह्णाति न तु धारयति स सूत्रग्राहः ॥

13. **Ein vârtika:** हस्तिसूचकयोरिति वक्तव्यं ॥ अन्यत्र । स्तम्बेरन्ता । कर्णे जपिता ॥

14. **Ein vârtika:** शमि संज्ञायां धातुग्रहणं कृञो हेत्वादिप्रतिषेधार्थं (vgl. 20.) ॥ शंकरा नाम परिव्राजिका । तच्छीला शंकरा ॥

15. Hierzu folgende **vârtika's:** पार्श्वादिषूपसंख्यानं ॥ १ ॥ पार्श्वशयः ॥ दिग्धसहपूर्वाच्चेति वक्तव्यं ॥ २ ॥ दिग्धसहशयः ॥ उत्तानादिषु कर्तृषु ॥ ३ ॥ उत्तानशयः । अवमूर्धशयः (vgl. den **gańa** पार्श्वादि) ॥ गिरौ डश्छन्दसि ॥ ४ ॥ गिरौ शेते । गिरिशः ॥ तद्धितो वा ॥ ५ ॥ Vgl. V. 2. 100.

16. **Patanǵali:** इह कस्मान्न भवति । कुरूँश्चरति पञ्चालाँश्चरतीति । चरेर्भिक्षाग्रहणं ज्ञापकं कर्मण्यप्रसङ्गस्य ॥

17. **Siddh. K. Bl. 179. a.** आदायेति ल्यबन्तं ॥

21. **Ein vârtika:** किंयत्तद्बहुषु कृञो ऽज्विधानं ॥ किंकरा

u. s. w. - **Siddh. K. Bl. 179. b.** इत्यादौ टं बाधित्वा परत्वादच् । पुंयोगे ङीष् (vgl. IV. 1. 48.) । किंकरी ॥

23. Ausnahme zu 20.

24. Ein **vârtika**: व्रीहिवत्सयोरिति वक्तव्यं ॥

26. Ein **vârtika**: भृञः कुक्ष्यात्मनोर्मुम् च ॥ कुक्षिंभरिः ॥ **Siddh. K. Bl. 179. b.** चान्द्रास्तु आत्मनोदरकुक्षिष्विति पेठुः । ज्योत्स्नाकरं भमुदरभरयश्च कोरा इति मुरारिः ॥

28. Ein **vârtika**: वातशुनीतिलशर्धेष्वजधेट्तुदजहातिभ्यः ॥ वातमजा मृगाः । शुनिंधयः (vgl. VI. 3. 66.) । तिलंतुदः । शर्धंजहा माषाः ॥ **Siddh. K. Bl. 179. b.** जहातिरन्तर्भावितण्यर्थः ॥

29. Hierzu folgende **vârtika's**: स्तने धेटः ॥ १ ॥ नासिकायां ध्मश्च ॥ २ ॥ मुष्टौ ध्मश्च धेटश्चेति वक्तव्यं ॥ ३ ॥ Das **Bhâshya**: नासिकानाडीमुष्टिघटीखारीष्विति वक्तव्यं ॥ Auch खरी gehört hierher; s. **Siddh. K. Bl. 179. b.**

35. Das स् von अहस् fällt nach VIII. 2. 23. aus.

38. Hierzu folgende **vârtika's**: खच्प्रकरणे गमेः सुप्युपसंख्यानं ॥ १ ॥ मितंगमः । मितंगमा हस्तिनी ॥ विहायसो विह च ॥ २ ॥ चकारात् खच् । विहंगमः ॥ खच् च वा डित् ॥ ३ ॥ विहंगः ॥ डे च (ergänze विहायसो विह, und vgl. zu 48.) ॥ ४ ॥ विहगः ॥

39. Vgl. VI. 3. 67. - VI. 4. 94.

41. Vgl. VI. 3. 69. - VI. 4. 94. Zur Länge in पूः s. VIII. 2. 76. - **Kâçikâ**: भगे च दारेरिति वक्तव्यं ॥ भगं दारयतीति । भगंदरः ॥

43. Vgl. das 6te **vârtika** zu I. 1. 72.

44. Vgl. III. 2. 1, 20.

46. Vgl. VI. 4. 94.

48. Vgl. zu VI. 4. 143. - Hierzu folgende **vârtika's**: डप्रकरणे सर्वत्रपन्नयोरुपसंख्यानं ॥ १ ॥ सर्वत्रगः । पन्नगः ॥ उरसो लोपश्च ॥ २ ॥ उरगः ॥ सुदुरोरधिकरणे ॥ ३ ॥ सुगं । दुर्गं ॥ निसो देशे

॥ ४ ॥ निर्गाः देशाः ॥ Ein andrer sagt: अन्येष्वपि दृश्यते ॥ स्त्र्यगारगः । ग्रामगः । गुरुतल्पगः ॥

49. Man lese in den Scholien mit der Siddh. K. शत्रुघातः für शत्रुघ्नः, und vgl. III. 2. 1. und VII. 3. 32. – Hierzu folgende vârtika's: दारावाहनो ऽणन्तस्य च टः संज्ञायां ॥ १ ॥ दारुशब्द उपपदे आङ्पूर्वाद्धन्तेरण् । अन्त्यस्य च टकारादेशो भवति संज्ञाविषये । दार्वाघाटः ॥ चारौ वा ॥ २ ॥ चार्वाघाटः । चार्वाघातः ॥ कर्मणि समि च ॥ ३ ॥ वर्णान् संहन्तीति । वर्णसंघाटः । वर्णसंघातः । पदसंघाटः । पदसंघातः ॥

53. Ein vârtika: अप्राणिकर्तृक इति वक्तव्यं ॥ Patanǵali: अमनुष्यकर्तृक इत्येव । कथं नगरघातो हस्ती । कृत्यल्युटो बहुलमित्येवात्राण् भविष्यति ॥ Vgl. III. 3. 113.

54. Kâçikâ und D. °कपाटयोः; auch Bhat́t́oǵi führt diese Lesart an. – Siddh. K. Bl. 181. a. मनुष्यकर्तृकार्थमिदं ॥

55. Ein vârtika: राजघ उपसंख्यानं ॥

56. 57. Vgl. das 6te vârtika zu I. 1. 72.

56. Siddh. K. Bl. 181. a. अच्वौ किं । आढ्यीकुर्वन्त्यनेन । इह प्रतिषेधसामर्थ्यात् ल्युडपि नेति काशिका । भाष्यमते तु ल्युट् स्यादेव । अच्वावित्युत्तरार्थं ॥

59. Die 5 fertigen Wörter möchte ich jetzt lieber als 1te Casus fassen, und demnach ऋत्विग्दधृक् स्र° trennen. – Vgl. VI. 4. 24. – VII. 1. 71. – VIII. 2. 62.

60. Ein vârtika: दृशेः समानान्ययोश्च ॥ सदृक् । सदृशः । (vgl. VI. 3. 89.) अन्यादृक् । अन्यादृशः ॥ Siddh. K. Bl. 181. a. क्सो पि वाच्यः ॥ तादृक्षः । सदृक्षः । अन्यादृक्षः ॥

61. Da 76. von allen Wurzeln क्विप् zu bilden erlaubt werden wird, muss man schliessen, dass die in unserer Regel genannten Wurzeln immer क्विप् haben müssen. – Ein vârtika: सदादिषु सुब्ग्रहणं ॥

66. Zu हव्यवाल् s. **Rosen** zu R. V. I. 1.

67. Vgl. VIII. 3. 108., wo richtiger षणु für षन im Scholion geschrieben wird.

69. Ein **vârtika** sucht क्रव्याद् auf eine andre Art zu erklären: अदो ऽनन्ने क्रव्येग्रहणं वासरूपनिवृत्त्यर्थं (vgl. III. 1. 94).

70. **Siddh.** K. und Calc. Ausg. °कपूघश्च ॥

71. 72. श्रास् und उाश् im **sûtra** sind die modificirten Wurzeln शंस् und दाश्; an die Wurzeln ist das zu componirende Glied vorne angefügt. Unser Commentator führt als Beispiel nur den 1ten Cas. Du. und Plur. an. Diejenigen Casus-Affixe, vor denen das Thema **pada** heisst, werden an die Themata श्वेतवस्, उक्यशास्, पुरोडस् und अवयस् gefügt. Diese Themata sind durch Anfügung des Affixes उस् entstanden, und zwar nach folgenden **vârtika's**: श्वेतवहादीनां उस् ॥ १ ॥ पदस्य च ॥ २ ॥ Das Affix उस् (अस्) bewirkt nach VI. 4. 143. den Abfall des Wurzelvocals sammt dem Endconsonanten. Der 1te Cas. Sg. lautet demnach nach VI. 4. 14. श्वेतवाः u. s. w.; der Vocat. Sg. ebenso nach VIII. 2. 67.; der 3te, 4te und 5te Cas. Du. श्वेतवोभ्यां u. s. w. – **Siddh.** K. Bl. 217. a. उक्यानि उक्थैर्वा शंसति । उक्यशा यजमानः ।..। पुरो दाश्यते दीतते पुरोडाः ॥

74. Vgl. VI. 4. 66. und **Rosen** zu R. V. I. 8. – V. 5.

75. Vgl. VI. 4. 41.

77. Man lese in den Scholien: इत्वमवकारादावितीत्वाभावः, und vgl. das **vârtika** zu VI. 4. 66.

78. Hierzu folgende **vârtika's**: णिन्विधौ साधुकारिण्युपसंख्यानं ॥ १ ॥ अताच्छील्यार्थमिदं । साधुकारी । साधुदायी (vgl. III. 2. 134.) ॥ ब्रह्मणि वदः ॥ २ ॥ ब्रह्मवादी ॥

79. Ueber den Accent des Compositums s. VI. 2. 80.

83. Ein vârtika: कर्मकर्तरि च ॥

87. Siddh. K. Bl. 182. a. क्विप् (s. 76.) चेत्येव सिद्धे नियमार्थमिदं । ब्रह्मादिष्वेव हन्तेरेव भूत एव क्विबेवेति चतुर्विधो ऽत्र नियम इति काशिका । ब्रह्मादिष्वेव क्विबेवेति द्विविधो नियम इति भाष्यं ॥ Vgl. zu 89.

89. Siddh. K. Bl. 182. b. त्रिविधो ऽत्र नियम इति काशिका । . . । क्विबेव नियमात् कर्म कृतवानित्यत्राण् (s. III. 3. 1.) न । कृञ एवेति नियमान्मन्त्रमधीतवान् मन्त्राध्याय इत्यत्र न क्विप् । भूत एवेति नियमात् । मन्त्रं करोति करिष्यति वेति विवक्षायां न क्विप् । स्वादिष्वेवेति नियमाभावादन्यस्मिन्नप्युपपदे क्विप् । शास्त्रकृत् । भाष्यकृत् ॥

90. Siddh. K. cbend. चतुर्विधो ऽत्र नियम इति काशिका । एवमुत्तरसूत्रे ऽपि ॥

93. Ein vârtika: कर्मणि कुत्सिते ॥ इह मा भूत् । धान्यविक्रायः ॥

101. Ein vârtika: अन्येभ्यो ऽपि दृश्यते ॥ आखा । उखा (sic) । परिखा ॥

104. Vgl. III. 1. 94.

105. Ausnahme zu 115. – Das 1te Beispiel ist aus dem weissen Yagur-V. VIII. 9.

105–107. Siddh. K. Bl. 186. b. इह भूतसामान्ये छन्दसि लिट् तस्य विधीयमानौ क्वसुकानचावपिच्छान्दसाविति त्रिमुनिमतं । कवयस्तु बहुलं प्रयुञ्जते । तं तस्थिवांसं नगरोपकण्ठे । श्रेयांसि सर्वाण्यधिजग्मुषस्त इत्यादि ॥

108. क्वसु ist sonst ein Substitut für लिट् in seiner regelmässigen Bedeutung (s. 115.); hier aber und im folgenden sûtra steht क्वसु für die Vergangenheit im Allgemeinen. Man vgl. folgende vârtika's: भाषायां सदादिभ्यो वा लिट् ॥ १ ॥ अनद्यतनपरोक्षयोश्च ॥ २ ॥ तस्य क्वसुरपरोक्षे नित्यं ॥

109. Ein vârtika: अनूचानः कर्तरि ॥ अनूक्तमन्यत्र ॥

110. Ein vârtika: वसेर्लुङ् रात्रिशेषे ॥ अमुत्र अवात्सं । लङो

विषये लुङ् ॥ Ein andres: जागरणसंततौ ॥ प्रयोक्तरि अतिक्रान्तप्रहरत्रयं जागरितवति पूर्वेण लुङ् भवति । मुहूर्तमात्रमपि स्वपिति तु लडेव । अमुत्र अवसं ॥

114. Ein **vârtika**: विभाषा साकाङ्क्षे सर्वत्र ॥ यदि चायदि चेत्यर्थः ॥

115. **Patanǵali**: साधनेषु परोक्षेषु ॥ Hierzu folgende **vârtika's**: सुप्तमत्तयोरुत्तमः ॥ १ ॥ सुप्तो ऽहं किल विललाप । मत्तो ऽहं किल विललाप (vgl. die Scholien zu **Bhaṭṭi-K. III. 24.**) ॥ अत्यन्तापह्नवे च ॥ २ ॥ त्वं कलिङ्गेष्ववात्सीः । नाहं कलिङ्गान् जगाम ॥

118-122. Man vgl. zu den Scholien folgende **vârtika's**: स्म पुरा भूतमात्रे ॥ १ ॥ स्मपुराशब्दाभ्यामाद्यन्ताभ्यां लट् स्म इत्यादिपञ्चसूत्री लक्ष्यते । तत्र भूतमात्रे प्रत्ययो भवतीत्यर्थः ॥ न स्म पुराद्यतने ॥ २ ॥ स्मपुरालक्षणं लट् स्मे ऽपरोक्षे च पुरि लुङ् चास्म इत्येतत् सूत्रत्रयं भूतमात्रे न प्रवर्तते । किं तु अनद्यतनभूतविशेषे प्रवर्तत इत्यर्थः ॥

122. Ein **vârtika**: हशश्वद्भ्यां पुरा ॥ Ein andres: स्मः सर्वेभ्यो विप्रतिषेधेन ॥ D. h. Wenn पुरा mit ह oder शश्वत् verbunden ist, so gilt bloss die Regel von पुरा; स्म hebt auch die Wirkung von पुरा auf.

123. Ein **vârtika**: प्रवृत्तस्याविरामे शिष्या भवन्त्यवर्तमानत्वात् ॥ Ein andres: नित्यप्रवृत्ते च कालाविभागात् ॥

126. Hierzu folgende **vârtika's**: लक्षणहेत्वोः क्रियाया गुण उपसंख्यानं ॥ १ ॥ कर्तुश्च लक्षणयोः पर्यायेणाचयोगे ॥ २ ॥ तत्त्वाख्याने च ॥ ३ ॥ सदादयश्च बहुलं ॥ ४ ॥ सन् ब्राह्मणः । अस्ति ब्राह्मणः । विद्यमानो ब्राह्मणः । विद्यते ब्राह्मणः ॥ इङ्जुहोत्योर्वा ॥ ५ ॥ अधीते । अधीयानः । जुहोति । जुह्वन् ॥ माङ्याक्रोशे ॥ ६ ॥ मा पचन् । मा पचमानः ॥

129. Zu कवचं वहमानाः vgl. **III. 2. 10.**

135. Hierzu folgende **vârtika's**: तृन्विधावृत्विक्षु चानुपसर्गस्य ॥ १ ॥ अताच्छील्यार्थमिदं । होता । पोता । अनुपसर्गस्य किं । प्रशास्ता । तृजेव भवति । तृनि तादौ च निति कृत्यताविति (**VI. 2. 50.**) गतेः प्रकृतिस्वरः स्यात् । तृचि तु कृत्स्वरो (vgl. **VI. 2. 139.**) भव-

ति ॥ नयतेः षुक् च ॥ २ ॥ चात् तृन् । नेष्टा ॥ न वा धात्वन्यत्वात् ॥ ३ ॥ धात्वन्तरं नेषतिरित्यर्थः ॥ त्विषेर्देवतायामकारश्चोपधाया अनिट्त्वं च ॥ ४ ॥ त्वष्टा ॥ क्षदेश्च युक्ते ॥ ५ ॥ क्षत्ता ॥ छन्दसि तृच ॥ ६ ॥ चात् तृन् । क्षत्तृभ्यः संगृहीतृभ्यः । क्षत्तृभ्यः संगृहीतृभ्यः ॥

138. Siddh. K. Bl. 187. a. छन्दसीत्येव । भविष्णुः । कथं तर्हि जगत् प्रभोरप्रभविष्णु वैष्णवमिति । निरङ्कुशाः कवयः ॥

139. Man lese mit Kâtyâyana und dem Verfasser der kârikâ's क्स्नुः für ग्स्नुः. Letztere Lesart ist auf folgende Art entstanden: vor क्स्नु musste nach VI. 4. 66. ई für den Wurzelvocal von स्था substituirt werden; man kam demnach auf die Idee das क् in क्स्नु für ein assimilirtes ग् zu halten. Hier traf man aber wiederum auf Schwierigkeiten: wie sollte die Abwesenheit des guṅa in जिष्णु gegen VII. 3. 84. erklärt werden? wie die Anfügung des Affixes ohne इट् bei भू (das च in unserm sûtra zieht das vorhergehende भुवः mit herüber) gegen VII. 2. 35.? Auch hierzu fand man endlich Rath: man las I. 1. 5. क्क्ङिति für क्ङिति, und erklärte das erste क् für ein assimilirtes ग्, und auf dieselbe Weise entstand VII. 2. 11. die Lesart क्किति für किति. Man vgl. hiermit folgende vârtika's: क्स्नोः कित्त्वे स्थ ईकारप्रतिषेधः ॥ १ ॥ अक्किति (also गिति) गुणप्रतिषेधः ॥ २ ॥ भुव इट्प्रतिषेधश्च ॥ ३ ॥ चाद्गुणप्रतिषेधो ऽपि ॥ स्थादंसिभ्यां सुप्रच्छन्दसि (Siddh. K. Bl. 187. b. दंक्ष्णवः पशवः) ॥ ४ ॥ und diese kârikâ:

क्स्नोर्गित्त्वान्न स्थ ईकारः कङितोरीत्वशासनात्
गुणाभावस्त्रिषु[1] स्मार्यः श्र्युको ऽनिट्त्वं कगोरितोः ॥

[1] D. h. गिति, किति und ङिति; vgl. I. 1. 5.

141. S. die 4te Klasse im Dhâtu-P. – Zur Abwesenheit der vriddhi in den 7 ersten Formen gegen VII. 2. 116. vgl. VII. 3. 34. – Patangali sagt, dass das

उ in घिनुण् इत् sei, und erlaubt demnach nach VI. 3. 45. sowohl ग्रामिणीतरा als auch ग्रामिणितरा zu bilden; s. Siddh. K. Bl. 187. b. Kâtyâyana scheint die Form ग्रामिणीतर (vgl. VI. 3. 43.) nicht zu billigen, da er das Affix घि-नण् benannt haben will. Er lehrt ferner: घिनुणाकर्मणामिति वक्तव्यं ॥ इह मा भूत् । संपृणक्ति शाकमिति ॥ Vgl. die folgende Regel.

142. Pâṅini schreibt रञ्ज ohne Nasal; wenn der Ausfall desselben nicht hier bemerkt wäre, könnte man ihn durch keine Regel bewerkstelligen. Daher sagt der Verfasser der Kâçikâ bei VI. 4. 24. घिनुणि च रञ्जेरुपसं-ख्यानं कर्तव्यं, aber gleich darauf: त्यजरञ्जभजेति निपातनाद्वा सिद्धं ॥

146. असूय ist असु mit यक् (s. III. 1. 27. und VII. 4. 25.). Siddh. K. Bl. 187. a. पञ्चम्यर्थे प्रथमा ॥ Ich bin der Meinung, dass असूयः der 5te Casus von असूय्, dem Thema vor वुञ् (s. VI. 4. 48.), ist. Ein vârtika: निन्दादिभ्यो वुञ्वचनं एवुलः प्रतिषेधार्थं ॥ Ein andres: तृजादिप्रतिषेधार्थमित्येके ॥ Vgl. III. 1. 133. - Siddh. K. Bl. 187. b. एवुला सिद्धे वुञ्वचनं ज्ञापकं । तच्छीलादिषु वासरूपन्यायेन तृजादयो नेति ॥ Vgl. zu III. 1. 94.

147-149. In den Gegenbeispielen findet तृन् nach 135. Statt.

150. Siddh. K. Bl. 188. a. द्रु इति सौत्रो धातुर्गतौ वेगे च ॥ Ueber den Ausfall von य in चङ्क्रम्य und दन्द्रम्य s. VI. 4. 49. - पद् ist schon in der vorhergehenden Regel enthalten, wird hier aber besonders genannt, weil sonst die Regel 154. die allgemeine Regel 149. in Betreff von पद् aufheben würde.

152. Ausnahme zu 148, 149 und 151. - Es wird तृन् angefügt nach 135.

153. Ausnahmen zu **149.** - **167.** wird von दीपी र gebildet; dadurch würde die allgemeine Regel **149.** für दीपी aufgehoben. Da dessenungeachtet Pâṇini ausdrücklich von दीपी युच् zu bilden verbietet, muss man schliessen, dass es nur दीपी ist, bei dem zwei ungleiche Affixe (vgl. zu III. 1. 94.) nicht neben einander bestehen können, und dass man daher von कमु und कपि sowohl कमन und कम्पन nach **149.**, als कम्र und कम्प्र nach **167.** ableiten kann. Ausserdem folgt noch, dass an दीपी sowohl तृन् (s. **135.**) als र gefügt werden kann.

158. Vgl. VI. 4. 55. Es würde unserm Commentator, glaube ich, doch Mühe machen alle Formen durch das Affix लुच् zu erklären. - Ein vârtika: आलुचि शीङ्ग्रहणं ॥

164. Vgl. VI. 1. 71.

166. Vgl. VI. 4. 49.

170. Vgl. VII. 4. 35.

171. Hierzu folgende vârtika's: किकिनोः कित्त्वमृकारगुणप्रतिषेधार्थं [Da लिट् schon कित् ist (s. I. 2. 5.), so dient das क् in कि und किन् bloss zur Aufhebung der Regel VII. 4. 11.] ॥ १ ॥ उत्सर्गश्छन्दसि सदादिभ्यो दर्शनात् ॥ २ ॥ किकिनाविति शेषः । षद्लृ । सेदिः । मन । मेनिः । रम । रेमिः । णम । नेमिश्चक्रमिवाभवत् । विच । विविचिं रत्नधातमं ॥ भाषायां धाञ्कृसृजनिनमिभ्यः ॥ ३ ॥ दधिः । चक्रिः । सस्रिः । जज्ञिः । नेमिः ॥ सासहिवावहिचाचलिपापतीनां निपातनं ॥ ४ ॥ वृषा समत्सु सासहिः । वावहिः । ध्रुवस्तिष्ठाविचाचलिः ॥ भियः क्रुकन्नपि वक्तव्यः ॥ ५ ॥ भीरुकः (vgl. **174.**) ॥

172. Kâçikâ: धृषेश्चेति वाच्यं ॥ जिधृषा । धृष्णक् ॥

174. Vgl. zu **171.**

176. Vgl. zu I. 1. 58. 3).

177. Pâṇini sagt धुर् im sûtra, um den Ausfall des finalen व् vor क्विप् dem Leser ins Gedächtniss zu rufen.

178. Hierzu folgende **vârtika's**: वचिप्रच्छ्यायतस्तुकटप्रुजुश्रीणां दीर्घश्च ॥ १ ॥ वच । वाक् । प्रच्छ् । शब्दप्राट् । ष्टुञ् । आयतस्तूः । प्रुङ् । कटप्रूः । जु । इति सौत्रो धातुः । जूः । श्रिञ् । श्रीः ॥ द्युतिगमिजुहोतीनां द्वे च ॥ २ ॥ दिद्युत् । जगत् ॥ जुहोतेर्दीर्घश्च ॥ ३ ॥ जुहूः ॥ दृणातेर्ह्रस्वश्च द्वे च क्विप् चेति वक्तव्यं ॥ ४ ॥ ददृत् ॥ ध्यायतेः संप्रसारणं च ॥ ५ ॥ धीः ॥ **Patañgali**: जुहूः । जुहोतेर्ह्वयतेर्वा । ददृत् । दृणातेर्दीर्यतेर्वा । जूः । ज्वरतेर्जीर्यतेर्वा । धीः । ध्यायतेर्दधातेर्वा ॥

180. Ein **vârtika**: डुप्रकरणे मितद्र्वादिभ्य उपसंख्यानं ॥ मितं द्रवतीति । मितद्रुः । मितद्रू । मितद्रवः ॥ मितद्रु । शतद्रु । शंभु । एते मितद्र्वादयः ॥ **Siddh. K.** Bl. 189. a. अन्तर्भावितण्यर्थो ऽत्र भवतिः ॥

182. **Siddh. K.** दाम्नी°. – Zu दंष्ट्रा vgl. IV. 1. 4.

186. Richtiger **Siddh. K.** Bl. 189. b. ऋषौ करणे देवतायां कर्तरि । ऋषिर्वेदमन्त्रः । तदुक्तमृषिणेति दर्शनात् । पूयते ऽनेनेति पवित्रं । देवतायां तु । अग्निः पवित्रं समापुनातु ॥

187. Das वर्तमाने von III. 2. 123. gilt noch immer fort.

188. Vgl. II. 2. 12. und II. 3. 67. – **Siddh. K.** Bl. 186. a. मतिरिहेच्छा बुद्धेः पृथगुपादानात् ॥ Andre Participia auf त der gegenwärtigen Zeit werden in folgenden **kârikâ's** aufgeführt:

शीलितो रक्षितः क्षान्त आक्रुष्टो जुष्ट इत्यपि ।
रुष्टश्च रुषितश्चोभावभिव्याहृत इत्यपि ॥ १ ॥
हृष्टतुष्टौ तथा क्रान्तस्तथोभौ संयतोद्यतौ ।
कष्टं भविष्यतीत्याहुरमृताः पूर्ववत् स्मृताः ॥ २ ॥

Drittes Kapitel.

1. Mit der in den Scholien angeführten Regel beginnt die Lehre von den Uṅâdi-Affixen; s. Siddh. K. Bl. 189. b. - Das बहुलं wird hier auch im weitesten Sinne genommen; vgl. zu I. 4. 18.

4. Ein vârtika: यावत्पुरादिषु लड्विधिर्लुटः (s. 15.) पूर्वविप्रतिषिद्धं ॥

5. Bhaṭṭogi verbindet die Partikeln auch mit लृट्; man vgl. jedoch das vorhergehende vârtika.

6. Kâçikâ: किमो वृत्तं । किंवृत्तं ॥

8. Vgl. III. 3. 163.

10. Ein vârtika; ण्वुलः क्रियार्थोपपदस्य पुनर्विधानं तृजादिप्रतिषेधार्थं ॥ Vgl. III. 1. 133. und zu III. 1. 94.

11. Vgl. II. 3. 15. - III. 3. 18.

12. Ein vârtika: अणः पुनर्वचनं (vgl. III. 2. 1.) क्रियते ऽपवादविषये ऽनिवृत्त्यर्थं ॥ Ein andres: उत्सर्गविषये च प्रतिपदविधिः ॥ Ein 3tes: अपर्यायेणेति तु वक्तव्यं ॥

14. Vgl. III. 2. 124 — 127.

15. Ein vârtika: परिदेवने श्वस्तनी भविष्यन्त्यर्थे ॥ भविष्यन्तीति लृटः संज्ञा प्राचां ॥

16. Ein vârtika: स्पृश उपतापे ॥ उपतापो रोगः । स्पर्शो व्याधिविशेषः । उपतापे किं । कम्बलस्य स्पर्शः । पचादित्वादच् (III. 1. 134.) । स्वरे विशेषः ॥

17. Siddh. K. Bl. 206. b. सृ इति लुप्तविभक्तिकं ॥ Vgl. 30. und 48. - Ein vârtika: व्याधिमत्स्यबलेष्विति वक्तव्यं ॥ अस्थिरार्थमेतत् । अतीसारो व्याधिः (Siddh. K. अन्तर्भावितण्यर्थो ऽत्र सरतिः । रुधिरादिकमतिशयेन सारयतीत्यर्थः) । विसारो मत्स्यः । बले । शालसारः ॥

19. Siddh. K. Bl. 206. b. इत उत्तरं भावे ऽकर्तरि च कारक इति कृत्यल्युटो बहुलमिति (s. zu 114.) यावद्द्वयमप्यनुवर्तते ॥

20. Nach dem nyâya: पुरस्तादपवादा अनन्तरान् विधीन् बाधन्ते नोत्तरान् würde unsre Regel ohne सर्वेभ्यः bloss die Regel 56. aufheben; durch das सर्वेभ्यः verliert aber auch Regel 57. ff. seine Kraft in dem hier näher bezeichneten Falle. Ein vârtika: दारजारौ कर्तरि णिलुक् च ॥ दारयन्तीति । दाराः । जरयन्तीति । जाराः ॥ Ein andres: करणे वा ॥ दीर्यन्ते तैः । दाराः ॥ जीर्यन्ते तैः । जाराः ॥

21. Ausnahme zu 56. Ein vârtika: इङश्चेत्यपादाने स्त्रियामुपसंख्यानं तदन्ताच्च वा ङीष् ॥ उपेत्याधीयते ऽस्याः । उपाध्यायी । उपाध्याया ॥ Ein andres: शॄ वायुवर्णनिवृतेषु ॥ Siddh. K. Bl. 206. b. शॄ इत्यविभक्तिको निर्देशः । शारो वायुः । करणे घञ् । शारो वर्णः । चित्रीकरणमिह धात्वर्थः । निव्रियत आव्रियते ऽनेनेति निवृतमावरणं । बाहुलकात् (s. III. 3. 113.) करणे क्तः । गौरिवाकृतनीशारः प्रायेण शिशिरे कृशः । अकृतप्रावरण इत्यर्थः ॥

22 — 34. Ausnahmen zu 56. und 57.

24. Calc. Ausg. und Siddh. K. श्रिणी°. - Vgl. 113.

26. Vgl. 113.

30. Vgl. zu 17.

34. Vgl. VIII. 3. 94. und Colebr. Ess. II. S. 153.

36. Ein vârtika: उद्ग्राभनिग्राभौ च्छन्दसि स्रुगुद्यमननिपातनयोः ॥ उद्ग्राभं निग्राभं च ब्रह्म देवा अवीवृधन् ॥

37 — 42. Ausnahmen zu 56.

40. फलानां in den Scholien fehlt in der Calc. Ausg.; ich habe es aus der Siddh. K. entlehnt.

41. Siddh. K. Bl. 207. b. स्नः क इति वक्तव्ये आदेरित्युक्ते यङ्लुक्यादेरेव यथा स्यादिति । गोमयानां निचेकायः पुनः पुनः राशीकरणमित्यर्थः ॥

44. An इनुण् wird wieder अण् gefügt; s. V. 4. 14.

45 — 47. Ausnahmen zu 58. - 47. Calc. Ausg. स्फेन für स्फ्येन.

48 — 50. Ausnahmen zu 56. und 58.

49. Vgl. 113.

51 — 53. Ausnahmen zu 58.

54. 55. Ausnahmen zu 57, 58.

56. Ausnahme zu 18. und 19. - Vgl. VI. 2. 144. - Hierzu folgende vârtika's: अब्विधौ भयस्योपसंख्यानं (Das Bhâshya: भयादीनामिति वक्तव्यं ॥ भयं । वर्षं ॥ Siddh. K. Bl. 208. a. नपुंसके क्तादिनिवृत्त्यर्थं ॥ Vgl. 114. ff.) ॥ १ ॥ कल्पादिभ्यः प्रतिषेधः ॥ २ ॥ कल्पः । अर्थः । मन्त्रः ॥ जवसवौ छन्दसि वक्तव्यौ ॥ ३ ॥ ऊर्वोस्तु मे जवः । अयं मे पञ्चौदनः सवः ॥

57. Die Lesarten schwanken: A. B. und E. haben ॠदोरप्; so auch die Scholien zu VIII. 3. 93. und zu Bhaṭṭi-K. IV. 8. - VI. 27.; vgl. dagegen III. 51. - VI. 60. - VII. 55. - X. 22. - Ich ziehe die Lesart ॠदोरप् (zum Masc. vgl. zu II. 4. 7. und zu VII. 1. 1.) vor, da dadurch die Erwähnung von दृ und वृ im folgenden sûtra eine Bedeutung erhält. Es bleiben dadurch vielleicht einige Ableitungen von Wurzeln auf ऋ mit अच् unerwähnt, was jedoch eher entschuldigt werden kann, als die unnöthige Wiederholung der Wurzeln दृ und वृ im folgenden sûtra, wenn man ऋदोरप् liest. Ueberdiess ist es sehr gesucht, das त् für bedeutungslos zu erklären; vgl. I. 1. 70.

58. Ausnahmen zu 18, 19, 56. - निश्चय ist mit अप् und अच् ein Oxytonon nach VI. 2. 144., und nicht etwa ein Paroxytonon nach VI. 2. 139. - Hierzu folgende vârtika's: अब्विधौ निश्चिग्रहणमनर्थकं स्तेयस्य घञ्विधौ प्रतिषेधात् (vgl. 40.) ॥ १ ॥ अस्तेयार्थमिति चेन्नानिष्टत्वात् ॥ २ ॥ वशिरण्योश्चोपसंख्यानं ॥ ३ ॥ व-

शनं । वशः । रणांन्त्यस्मिन्निति । रणः ॥ घञर्थे कविधानं स्थास्नापाव्यधिहनियुध्यर्थं ॥ ४ ॥ प्रतिष्ठन्ते ऽस्मिन् धान्यानीति । प्रस्थः । प्रस्नान्त्यस्मिन्निति । प्रस्नः । प्रपिबन्त्यस्यामिति । प्रपा । आविध्यन्त्यनेनेति । आविधः । विघ्नन्ति मनांस्यस्मिन्निति । विघ्नः । आयुध्यन्ते ऽनेनेति । आयुधं ॥

59 – 93. Ausnahmen zu 18. und 19.

59. 60. Vgl. II. 4. 38.

65. Amara-K. S. 38. 3.

निक्वाणो निक्वणः क्वाणः क्वणः क्वणनमित्यपि ।
वीणायाः क्वणिते प्रादेः प्रक्वाणप्रक्वणादयः ॥

74. Die Scholien vergessen die unregelmässige vṛiddhi zu erwähnen.

76. बध wird öfters als zweisilbige Wurzel behandelt; vgl. II. 4. 43. – बध von बध् wäre ein Paroxytonon nach III. 1. 4. und VI. 1. 162. बध von बध dagegen ist ein Oxytonon nach VI. 1. 161. Das finale अ fällt vor अप् ab nach VI. 4. 48.

78. Bhaṭṭogi führt eine andre Leṣart अन्तर्घणो an. Kâçikâ: अन्तर्घनः संज्ञीभूतो वाहीकेषु देशविशेष उच्यते । अन्ये णकारं पठन्ति । अन्तर्घणो देश इति । तदपि ग्राह्यमेव ॥ Vgl. noch die Scholien zu Bhaṭṭi-K. VII. 62. Pâṅini verbietet diese Schreibart ausdrücklich VIII. 4. 24.; vgl. noch zu VIII. 4. 22.

79. Man schreibt auch प्रघन und प्रघाण; s. Wilson u. d. W. und Colebrooke zu Amara-K. S. 72. 12. Die Schreibart mit न् scheint jedoch den Vorzug zu verdienen; s. zu VIII. 4. 22.

80. S. zu VIII. 4. 22.

83. Vgl. VI. 4. 98.

86. Siddh. K. Bl. 209. a. गत्यर्थानां बुद्ध्यर्थत्वाडन्तिर्ज्ञाने ॥

87. Siddh. K. निमित्तं; so auch die Calc. Ausg.;

im Druckfehlerverzeichniss wird aber निमित्तं verbessert; vgl. zu III. 1. 90. In den Scholien zu Bhatti-K. VII. 65. wird auch निमित्रं geschrieben.

88. Siddh. K. Bl. 209. a. अयं भात्र एव स्वभावात् ॥

89. Siddh. K. Bl. 209. b. अयमपि स्वभावाद्भाव एव ॥

90. Ein vârtika: यज्ञादिभ्यो नस्य ङित्त्वे संप्रसारणप्रतिषेधः (vgl. VI. 1. 16.) ॥ Ein andres: अङित्ति गुणप्रतिषेधः (vgl. I. 1. 5.) ॥ Patangali hält die Form प्रश्न ohne samprasârana für erklärt, weil Pânini III. 2. 117. diese Form gebraucht. Ueber die Substitution von श् für छ् s. VI. 4. 19.

92. 93. Vgl. zu I. 1. 65., zu III. 3. 106. und VI. 4. 64.

94. Ein vârtika: स्त्रियां क्तिन्नाबादिभ्यश्च (Ausnahme zu 103.) ॥ आप्तिः । राद्धिः । दीप्तिः । स्रस्तिः । ध्वस्तिः ॥ Ein andres: निष्ठायां वा सेटो ऽकारवचनात् सिद्धं ॥ Vgl. zu 103.

95. Ausnahme zu 104. und 106. – Vgl. VI. 4. 66. – VII. 4. 40. – Hierzu folgende vârtika's: श्रुयजीषिस्तुभ्यः करणे ॥ १ ॥ श्रु । श्रूयते ऽनयेति । श्रुतिः । यज । इज्यते ऽनया । इष्टिः । इषु । इष्टिः । ष्टुञ् । स्तुतिः ॥ ग्लाम्लाज्याहाभ्यो निः ॥ २ ॥ ग्लानिः । म्लानिः । ज्यानिः । हानिः ॥

96. Die Wurzeln stehen im 1ten Cas. Pl. – Kâçikâ: प्रकृतिप्रत्यययोः प्रथमान्तयोर्विभक्तिविपरिणामेन संबन्धः । कस्मादेवं कृतं । वैचित्र्यार्थं ॥ Von विद् ist क्तिन् nicht सिद्ध; vgl. 104.

97. Bei Bhattogi steht unser sûtra nicht im Veda-Theil seiner Grammatik, und wohl nicht mit Unrecht; dem Veda gehört vielleicht bloss der unregelmässige Accent an. Zu साति vgl. VII. 4. 40.

98. Ein vârtika: क्यब्विधिरधिकरणे च ॥ समजन्ति तस्यामिति । समज्या ॥ Vgl. die Scholien zum folgenden sûtra. An क्यप् und die folgenden krit-Affixe, die im Femin.

gebraucht werden, und sich auf अ endigen, wird nach IV. 1. 4. टाप् angefügt.

100. Ein **vârtika**: कृञः श च वा वचनं ॥ कृतिः ॥ श ist nach III. 4. 113. ein **sârvadhâtuka**. Vor einem **sârvadh.**, welches den भाव bezeichnet, wird nach III. 1. 67. यक् an die Wurzel gefügt.

101. Ein **vârtika**: परिचर्यापरिसर्यामृगयाटाट्यानामुपसंख्यानं ॥ चर । परिचर्या पूजा । सृ । परिसर्या परिसरणं । मृग । मृगया । अट । अटाट्या ॥ Ein andres: जागर्तेरकारो वा ॥ जागरा । पक्षे शः । जागर्या ॥

102. Laghu-K. S. 162. अः प्रत्ययात्; eine Lesart, die nicht zu verwerfen ist. In den Scholien zu Bhaṭṭi-K. habe ich nur ein Mal (IV. 31.) unsere Lesart gefunden, अः प्रत्ययात् dagegen sehr häufig; vgl. III. 25, 27, 32. - V. 57, 64. - VII. 70.

103. Siddh. K. Bl. 210. a. निष्ठायां सेट इति वक्तव्यं ॥ नेह । आप्तिः । तितुत्रेति (VII. 2. 9.) नेट् । दीप्तिः ॥

105. Ausnahmen zu **107**. Der **lopa** von णि findet nach VI. 4. 51. Statt.

106. Siddh. K. Bl. 210. a. अदन्तरोरुपसर्गवद्वृत्तिः । अङ् । अन्तर्धा । उपसर्गे घोः किरित्यनेन किः । अन्तर्धिः ॥ Vgl. zu I. 1. 65. - Vor अङ् fällt das आ der Wurzel aus nach VI. 4. 64. अङ् nimmt टाप् an nach IV. 1. 4.

107. णि fällt aus nach VI. 4. 51. Hierzu folgende **vârtika's**: युच्प्रकरणे घट्टिवन्दिविदिभ्य उपसंख्यानं ॥ १ ॥ घट्ट भ्वादिः । न तु चुरादिः । घट्टना । वदि । वन्दना । विद्लृ । वेदना ॥ इषेरनिच्छार्थस्य ॥ २ ॥ इष दिवादिः क्र्यादिश्च । अन्वेषणा ॥ परेर्वा ॥ ३ ॥ अन्यां परीष्टिं चर । अन्यां पर्येषणां चर ॥

108. Hierzu folgende **vârtika's**: धात्वर्थनिर्देशे ण्वुल् ॥ १ ॥ आसिका । शायिका ॥ इक्श्तिपौ धातुनिर्देशे ॥ २ ॥ पचेर्ब्रूहि । पच-

तेर्ब्रूहि ॥ वर्णात् कारः ॥ ३ ॥ अकारः । इकारः ॥ रादिफः ॥ ४ ॥ रेफः ॥ मत्वर्थाच्छः ॥ ५ ॥ मत्वर्थीयः ॥ इणजादिभ्यः ॥ ६ ॥ अज । आजिः । अत । आतिः । अद् । आदिः ॥ इञ् वपादिभ्यः ॥ ७ ॥ वापिः । वासिः । वादिः ॥ इक् कृष्यादिभ्यः ॥ ८ ॥ कृषिः । कॄ । किरिः । गॄ । गिरिः ॥ संपदादिभ्यः क्विप् ॥ ९ ॥ संपत् । विपत् ॥

109. Vgl. II. 2. 17. – VI. 2. 74.

111. Wenn वा noch in dieser Regel fortgilt, dann muss das 2te Affix ण्वुल् sein.

113. Vgl. 115. und III. 4. 70. – Das बहुलं in unsrem sûtra dient den spätern Grammatikern zur Erklärung alles dessen, was Pâṇini in diesem Theil der Grammatik übersehen hat; vgl. unter andern zu III. 2. 53. und die Scholien zu III. 3. 24, 26, 49. – Siddh. K. Bl. 176. b. बहुलग्रहणं योगविभागेन कृन्मात्रस्यार्थव्यभिचारार्थं । पादाभ्यां ह्रियते पादहारकः । कर्मणि ण्वुल् ॥

118. Vgl. die Scholien zu VI. 1. 201, 202. – Calc. Ausg. in den Scholien: पुंसि यौ करणाधिकरणौ.

119. Ausnahmen zu 121.

121. Ein vârtika: घञ्विधावहाराधारावायानामुपसंख्यानं ॥ अवह्रियन्ते ऽस्मिन्निति । अवहारः । धृङ् । धृञ् । आधारः । वि (sic) । आवायः ॥

122. Calc. Ausg., Kâçikâ, A., B. und C. °संहाराधारावायाश्च ॥ Kaiyyaṭa: अध्यायसूत्रे आधारावायशब्दौ वार्तिके दर्शनादभियुक्तैः प्रक्षिप्तौ ॥ Vgl. das vorhergehende vârtika.

125. Hierzu folgende vârtika's: ओ वक्तव्यः ॥ १ ॥ आखः ॥ उरो वक्तव्यः ॥ २ ॥ आखरः ॥ इको वक्तव्यः ॥ ३ ॥ आखनिकः ॥ इकवको वक्तव्यः ॥ ४ ॥ आखनिकवकः ॥

127. Ein vârtika: खल् कर्तृकर्मणोश्च्व्यर्थयोः ॥ इह न भवति । आढ्येन सुभूयते ॥

129. So सूपायन Rig-V. I. 9.

130. Ein **vârtika**: भाषायां शासियुधिदृशिधृषिभ्यो युच् ॥ दुःशासनः । दुर्योधनः । दुर्दर्शनः । दुर्धर्षणः ॥ Ein andres: मृषेश्चेति वक्तव्यं ॥ दुर्मर्षणः ॥

132. Ein **vârtika**: आशंसायां भूतवदतिदेशे लङ्लिटोः प्रतिषेधः ॥

133. Vgl. III. 3. 15.

135. Ausnahme zu III. 2. 111. und III. 3. 15.

137. Calc. Ausg. in den Scholien: तस्य यत् परिमाग्रहायणयास्तत्र °.

139. Vgl. 156. ff.

141. **Kâçikâ**: मर्यादायामयमाङ् नाभिविधौ ॥

145. Hier und in den folgenden **sûtra's** lässt der Commentator der Kürze wegen am Ende der Scholien लिङ्निमित्ते क्रियातिपत्तौ vor भविष्यति aus.

146. **Siddh. K.** Bl. 172. a. किंकिलेति समुदायः क्रोधद्योतक (sic) उपपदं ॥

147. Ein **vârtika**: जातुयदोर्लिङ्विधाने यदायद्योरुपसंख्यानं ॥ यदा भवद्विधः क्षत्रियं याजयेत् । यदि भवद्विधः क्षत्रियं याजयेत् ॥

151. Ein **vârtika**: चित्रीकरणे यदिप्रतिषेधानर्थक्यमन्यार्थत्वात् ॥ **Patangali**: न हि यदावुपपदे चित्रीकरणं गम्यते । किं तर्हि । संभावनं ॥

154. **Kâçikâ**: सिद्धाप्रयोग इत्यलमो विशेषणं । सिद्धश्चेदलमोऽप्रयोगः । क्व चासौ सिद्धः । यत्र गम्यते चार्थो न च प्रयुज्यते ॥

156. Ein **vârtika**: हेतुहेतुमतोर्लिङ् ॥ Ein andres: भविष्यदधिकारे च ॥ इह मा भूत् । वर्षतीति धावति । हन्तीति पलायते ॥

157. Ein **vârtika**: कामप्रवेदनं चेत् ॥ इह मा भूत् । इच्छन् करोति ॥

172. Vgl. 154.

175. Es ist wohl eine blosse Spitzfindigkeit, dass unser Commentator der Partikel मा mit dem Imperativ eine andre Bedeutung beilegt.

Viertes Kapitel.

1. Vgl. III. 2. 85. - V. 2. 94.

2. Ich habe nach लोट् das kleinere Interpunctionszeichen gesetzt, da hier ein Satz zu Ende geht. Ich habe mir dieses aus dem Grunde erlaubt, weil weder in der Calc. Ausg. noch in den Handschriften der Sandhi zwischen लोट् und लोटौ beobachtet ist. Zu der Verdoppelung des Imperativs vgl. VIII. 1. 4.

6. Ausnahmen zu III. 2. 110, 111, 115.

8. Das letzte Beispiel führt Yâska vollständig im Nirukta I. 11. an, bei Gelegenheit der Erklärung von नेत् (नित्येष इद्धित्येतेन संप्रयुज्यते परिभये) ॥ Hier der ganze Vers: हविर्भरेके स्वरितः सचन्ते सुन्वन्त एके सवनेषु सोमान् । शचीर्मदन्त उत दक्षिणाभिर्नेज्जिह्मायन्त्यो (sic) नरकं पताम ॥ Siddh. K. und die Scholien zu VIII. 1. 30. haben auch जिह्मायन्तो.

9—17. Vgl. Lassen Ind. Bibl. III. S. 191 ff.

9. Man lese mit der Kâçikâ und den Handschriften °सश्रसेन्°, da auch gleich darauf kein sandhi bei श्रध्यै beobachtet wird. Es muss wohl कत्वे दक्षाय जीवसे gelesen werden; vgl. Rig-V. CXI. 2. - जीवसे kommt häufig vor; so R. V. XXV. 21. - XXXVI. 14. - श्रियसे LXXXVII. 6. - चरध्यै LXI. 12. - पिबध्यै LXXXVIII. 4. - Weisser Y. V. III. 13. उभा वामिन्द्राग्नी श्राहुवध्या उभा राधसः सहमादयध्यै । उभा दातारविषां रयीणामुभा वाजस्य सातये हुवे वां ॥ „Euch beide, o Indra und Agni, (möcht' ich) anrufen, Euch beide zugleich mit Gaben erfreuen. Ihr beide seid Geber von Speise und Reichthum, Euch beide rufe ich an, dass Ihr

Speise verleihen möchtet.“ - गन्तवे R. V. XLVI. 7. - कर्तवे LXXXV. 9. - सर्तवे CXVI. 15. - XCIV. 4. finde ich eine Form जीवातवे, die Pâṅini übersehen hat.

11. Das 1te Beispiel ist aus Rig-V. L. 1.

14. Das letzte Beispiel findet sich Rig-V. XXIII. 18.

16. So आ निधातोः Rig-V. XLI. 9.

17. Das erste Beispiel ist aus dem weissen Yaǵur-V. I. 28. - Der Commentator erklärt daselbst विसृप् als Beiwort zu क्रूर (Schlacht) auf folgende Weise: विविधं सर्पन्ति योधा यस्मिन्निति विसृप्. Danach würde पुरा den 6ten Casus regieren. Wir thun wohl besser विसृपः für einen erhärteten 5ten Casus und zwar mit Pâṅini für einen Infinitiv zu halten, von dem der 6te Casus क्रूरस्य regiert wird.

19. C. व्यतिहारे. - Patanǵali: अपूर्वकालार्थो (vgl. 21.) ऽयमारम्भः ॥ Zu der Form अपमित्य s. VI. 4. 70.

21. Ein vârtika: व्यादाय स्वपितीत्युपसंख्यानमपूर्वकालत्वात् ॥ Ein andres: न वा स्वप्नस्यापरकालत्वात् ॥

23. Kâçikâ und D. न यथनाकाङ्क्षे.

25. Siddh. K. Bl. 213. a. करोतिरुच्चारणे चौरशब्दमुच्चार्येत्यर्थः ॥ Vgl. II. 2. 20.

26. Vgl. III. 1. 94. und II. 2. 20., wo unser Commentator die Form स्वादुं कृत्वा nicht anerkennt. स्वादुं enthält gegen I. 1. 68. auch seine Synonyme.

31. Man lese in den Scholien स्तृणाति nach VII. 3. 80.

33. Vgl. I. 1. 68.

34—45. Vgl. III. 4. 46.

36. Kâçikâ, A., B. und D. °हन्कृञ्°; C. हंकृग्रहः ॥

40. Vgl. zu I. 1. 68.

41. Patanǵali: इह कस्मान्न भवति । ग्रामे बन्ध इति ।

एवं वक्ष्यामि । अधिकरणे बन्धः संज्ञायां (vgl. d. folgende Regel) । ततः कर्त्रोर्जीवपुरुषयोर्नशिवहोरिति (vgl. 43.) । कथमट्टालिकाबन्धं बद्धः । चण्डालिकाबन्धं बद्धः । उपमाने कर्मणि चेत्येवं भविष्यति ॥ Vgl. 45.

44. Siddh. K. Bl. 214. a. werden die beiden Beispiele folgendermassen erklärt: वृक्षादिरूर्ध्व एव तिष्ठन् शुष्यतीत्यर्थः । ऊर्ध्वमुख एव घटादिः वर्षोदकादिना पूर्णो भवतीत्यर्थः ॥

47. Vgl. III. 1. 94. - Siddh. K. Bl. 214. a. इतः प्रभृति पूर्वकाल (s. 21.) इति संबध्यते ॥

51. Kâçikâ und D. प्रमाणे ohne च.

57. Siddh. K. Bl. 214. b. क्रियामन्तरयति व्यवधत्त इति क्रियान्तरः । तस्मिन् धात्वर्थे वर्तमानादस्यतेस्° ॥

59. Vgl. Bhatti-K. III. 49.

62. Vgl. V. 2. 27. und V. 3. 42. ff.

64. Siddh. K. Bl. 215. a. werden die 3 ersten Beispiele so erklärt: अग्रतः पार्श्वतः पृष्ठतो वानुकूलो भूत्वा आस्ते; das Gegenbeispiel durch पृष्ठतो भूत्वा.

69. लः kann ebenso gut als 1ter Cas. Sg. gefasst werden; vgl. 77. und zu I. 4. 99.

78. Calc. Ausg. und D. मिप् वस्. - Um die Entstehung der für लट् u. s. w. substituirten Personalendungen anschaulich zu machen, führe ich dieselben hier tabellarisch auf. Die dabeistehenden Zahlen bezeichnen die Regel in unserm Kapitel, in welcher das Affix fertig gegeben oder erst gebildet wird.

लट् und लृट्

Par.	1 Sg. तिप् (ति) 78.	1 Du. तस् 78.	1 Pl. झि[1] 78.
	2 - सिप् (सि) 78.	2 - थस् 78.	2 - थ 78.
	3 - मिप् (मि) 78.	3 - वस् 78.	3 - मस् 78.

1 Vgl. VII. 1. 3, 4.

A'tm.	1 Sg. ते 79.	1 Du. आते 79.	1 Pl. झे[1] 79.
	2 - से 80.	2 - आथे 79.	2 - ध्वे 79.
	3 - ए 79.	3 - वहे 79.	3 - महे 79.

लिट्

Par.	1 Sg. णल्(अ) 82.	1 Du. अतुस् 82.	1 Pl. उस् 82.
	2 - थल्(थ) 82.	2 - अथुस् 82.	2 - अ 82.
	3 - णल्(अ) 82.	3 - व 82.	3 - म 82.
A'tm.	1 - ए 81.	1 - आते 79.	1 - इरेच्(इरे) 81.
	2 - से 80.	2 - आथे 79.	2 - ध्वे 79.
	3 - ए 79.	3 - वहे 79.	3 - महे 79.

लुट्

ist = लट्; für die ersten Personen werden डा, रौ und रस् substituirt nach II. 4. 85.; vgl. das Paradigma bei III. 1. 33.

लोट्

Par.	1 Sg. तु 86.	1 Du. ताम् 85.101.	1 Pl. झु[1] 86.
	2 - हि 87.	2 - तम् 85.101.	2 - त 85. 101.
	3 - नि 89.	3 - व 85. 99.	3 - म 85. 99.
A'tm.	1 - ताम् 79.90.	1 - आतां 79.90.	1 - झाम्[1] 79.90.
	2 - स्व 79.91.	2 - आथां 79.90.	2 - ध्वम् 79.91.
	3 - ऐ 79.93.	3 - वहै 79.93.	3 - महै 79.93.

Die 1ten Personen erhalten das Augment आट् nach 92., so dass man dieselben füglich auch in folgender Gestalt aufführen könnte: आनि । आव । आम । ऐ । आवहै । आमहै ॥

लङ् und लृङ्

Par.	1 Sg. त् 100.	1 Du. ताम् 101.	1 Pl. अन्* 101.
	2 - स् 100.	2 - तम् 101.	2 - त 101.
	3 - अम् 101.	3 - व 99.	3 - म 99.

*Die Endung ist ursprünglich अन्त्: das त् fällt aber ab

---

1 Vgl. VII. 1. 3, 4.

nach VIII. 2. 23. - Zuweilen wird im लङ् जुस् für झि substituirt; s. 109, 111, 112.

A'tm.	1 Sg. त 78.	1 Du. आतां 78.	1 Pl. झ[1] 78.
	2 - थास् 78.	2 - आथां 78.	2 - ध्वम् 78.
	3 - इट् (इ) 78.	3 - वहि 78.	3 - महिङ् (महि) 78.

लिङ्

Par.	1 Sg. त् 100.	1 Du. ताम् 101.	1 Pl. जुस् 108.
	2 - स् 100.	2 - तम् 101.	2 - त 101.
	3 - अम् 101.	3 - व 99.	3 - म 99.
A'tm.	1 - त 78.	1 - आतां 78.	1 - रन् 105.
	2 - थास् 78.	2 - आथां 78.	2 - ध्वम् 78.
	3 - अत् (अ) 106.	3 - वहि 78.	3 - महिङ् (महि) 78.

Der लिङ् ist sârvadhâtuka (Potentialis) oder ârdhadhâtuka (Precativus). An die Endungen des parasmaip. wird nach 103. यासुट् (यास्), an die des âtmanep. nach 102. सीयुट् (सीय्) vorne angefügt. Ausserdem tritt bei den Endungen, die ein त् oder ein थ् enthalten, nach 107. सुट् (स्) vor diese Consonanten.

Paradigma von भू im ârdhadhâtuka लिङ्.

Par.	1 Sg. भूयात्	1 Du. भूयास्तां	1 Pl. भूयासुः
	2 - भूयाः	2 - भूयास्तं	2 - भूयास्त
	3 - भूयासं	3 - भूयास्व	3 - भूयास्म

Da die Endungen कित् sind (vgl. 104.), wird nach I. 1. 5. kein guṅa für den Wurzelvocal substituirt. In der 2ten Sg. ist das स् von यासुट् vor der Personalendung स् nach VIII. 2. 29. ausgefallen; ebenso in der 1ten und 2ten Du. vor सुट्. भूयात् ist aus भू + यास् + स् (सुट्) + त् entstanden. Beide स् sind ausgefallen nach VIII. 2. 29.

---

1 Vgl. VII. 1. 3, 4.

A'tm. 1	Sg.	भविषीष्ट	1	Du.	भविषीयास्तां	1	Pl.	भविषीरन्
2	-	भविषीष्ठाः	2	-	भविषीयास्थां	2	-	भविषीढ्वं
3	-	भविषीय	3	-	भविषीवहि	3	-	भविषीमहि

Die durch Augmente vermehrten Personalendungen werden nach VII. 2. 35. mit Hülfe des Augments इट् an die Wurzel gefügt. Für den Wurzelvocal wird nach VII. 3. 84. guṅa substituirt. In der 1ten und 2ten Sg. und Du. ist vor त् oder थ् सुट् angefügt. Das स् von सीयुट् ist in der 1ten und 2ten Sg. und Pl., sowie in der 3ten Du. und Pl. nach VI. 1. 66. ausgefallen. Zu भविषीढ्वं vgl. VIII. 3. 78.

Im sârvadhâtuka लिङ् fällt das स् von यासुट् und सीयुट् nach VII. 2. 79. ab, sowie auch das von सुट्, welches Augment also, mit andern Worten, gar nicht angefügt wird. Endigt sich das aṅga auf अ (entstanden durch Anfügung von शप्, शप्, श्यन् oder श), so wird für या (entstanden aus यासुट् nach Abwerfung von स्) इय् substituirt. Das य् hiervon, sowie von ईय् (entstanden aus सीयुट् nach Abfall des स्) fällt vor einem Consonanten, der im pratyâhâra वल् enthalten ist, nach VI. 1. 66. aus. Zur Anfügung der Endung उस् vgl. VI. 1. 96.

लुङ्

ist = लङ्. Nach सिच् wird für die 1te Pl. parasmaip. nach 109. उस् substituirt; vgl. noch 110.

82. Ein vârtika: णलः शित्करणं सर्वादेशार्थं ॥ Ein andres: अकारस्य शित्करणं सर्वादेशार्थं ॥ Vgl. I. 1. 52-55.

84. Das finale ह von आह fällt vor den Endungen des लिट् nach VI. 4. 48. aus. Zu आत्थ vgl. VIII. 2. 35.

85. Durch die folgenden nähern Bestimmungen mehrer Personalendungen stimmt लोट् bloss in 5 Endungen

mit लङ् überein: in der 1ten, 2ten und 3ten Du., und in der 2ten und 3ten Pl. im parasmaip.

87. हि wird für सिप् substituirt, ist aber nicht पित्. Da die Endung nicht पित् ist, ist sie ङित् nach I. 2. 4. Es wird demnach für das आ in ना (श्ना) vor हि ई substituirt nach VI. 4. 113., und für उ in नु (श्नु) wird gegen VII. 3. 84. nach I. 1. 5. kein guṅa substituirt.

88. Vgl. VI. 4. 103.

89. Ausnahme zu 86. und 100.

90. Vgl. 79.

92. Es ist nicht das Augment पित्, sondern die Endungen der 1ten Personen; vgl. die Scholien zu 104. नि ist auch ohne unsre Regel पित्, da diese Endung für मिप् substituirt wird. Da die Endungen पित् werden, sind sie nicht mehr ङित् nach I. 2. 4., und die VII. 3. 84, 86. gelehrte Substitution von guṅa für den finalen Vocal इक् oder für die kurze penultima इक् eines aṅga wird nicht durch I. 1. 5. aufgehoben.

94. Vgl. III. 1. 34. - Das Augment अट्, sowie das Affix सिप् scheinen nur mit den Endungen des लङ् (vgl. jedoch Rosen zu R. V. I. 2.) verbunden werden zu können. Ebenso wird das Augment आट् wohl bloss bei den Endungen des लट् (vgl. jedoch Rosen zu R. V. XXVII. 7.) vorkommen.

96. So मादयध्वै Rig-V. XXXVII. 14. - दधस für दधसे; vgl. die Scholien zu VIII. 1. 30.

103. Die Bestimmung, dass die Endungen des sârvadhâtuka लिङ् ङित् sind, trifft nur die 3 Personen des Sg., da die andern schon nach I. 2. 4. ङित् sind.

101. Vgl. zu den Beispielen VI. 1. 15. - VII. 3. 85.

105. Ausnahme zu VII. 1. 3.

110. Obgleich der Grammatiker nicht ausdrücklich bemerkt, dass hier die Substitution von जुस् für झि im लुङ् Statt finde, wenn ein लुक् fur सिच् substituirt worden ist, so ergiebt sich dieses doch aus dem Zusammenhange. Von लिङ् kann hier nicht die Rede sein, da die Substitution von जुस् daselbst schon **108.** gelehrt worden ist; ebenso wenig von लङ् wegen **111.** und **112.** Die Endungen des लृङ् werden an das charakteristische Affix dieses Tempus, an स्य gefügt; und bei keiner andern Form des लुङ् als beim सिचो लुक् können die Personalendungen an ein aṅga auf आ gefügt werden. Zur Anfügung von उस् vgl. VI. 1. 96., zum सिचो लुक् II. 4. 77.

111. Vgl. Comm. s. l. Yaçna. Notes. S. CXLVII. - Zu लङ्वत् in den Scholien vgl. 85.

117. Wollten wir mit Burnouf (Comm. s. l. Yaçna. Notes. S. CLVI.) उपस्थेयम° lesen, dann muss auch die Erklärung des Commentators verworfen werden. उपस्थेयं ist zu III. 1. 85. erklärt worden. उपस्थेयां (für अप्रमाणां ist wohl अप्रमानं zu lesen) versucht unser Commentator auf folgende Art zu erklären: zuerst wird लिङ् als ârdhadhâtuka behandelt; er bewirkt demnach nach VI. 4. 67. die Substitution von ए für आ in स्या; hierauf als sârvadhâtuka; es fällt demnach nach VII. 2. 79. das स् von यासुट् aus. Zu वर्धन्तु vgl. VI. 4. 51. - Comm. s. l. Yaçna. Additions. S. CLXXVIII. ff. und Rig-V. V. 8. - Ueber भूभाव: s. II. 4. 52. - Siddh. K. Bl. 218. a. wird eine Form विशृण्विरे (vgl. Rig-V. XV. 8.) folgendermassen erklärt: सार्वधातुकत्वात् श्नुः शृभावश्च (vgl. III. 1. 74.) । हुश्नुवोरिति (VI. 4. 87.) यण् ॥

Viertes Buch.

Erstes Kapitel.

---

2. गौरी ist mit ङीष् gebildet nach **41**; कुमारी mit ङीप् nach **20**; शार्ङ्गरवी mit ङीन् nach **73**; खट्वा mit टाप् nach **4**; बहुराजा mit डाप् nach **13**; कारीषगन्ध्या mit चाप् nach **74**.

4. In der Reihe अजादि sind solche Wörter enthalten, welche nach andern nachfolgenden Regeln das Femin. mit ङीष् oder ङीप् bilden müssten. So würden z. B. अज und एडक nach **63.** ङीष्, बाल und वत्स nach **20.** ङीप् anfügen. Ein vârtika: शूद्रा चामहत्पूर्वा ॥ शूद्रा । अमहत्पूर्वा किं । महाशूद्री । आभीरजातिवचनो ऽयं महाशूद्रशब्दः । अमहत्पूर्वग्रहणं स्त्रीप्रत्ययेषु तदन्तविधिं ज्ञापयति ॥ Ein andres: जातिः ॥ जातिश्चेदभिधीयते तदा टापो विधिः प्रतिषेधश्चेत्यर्थः । जातिः किं । शूद्रस्य स्त्री । शूद्री । महती शूद्रा । महाशूद्रा ॥ Vgl. den gaṅa अजादि.

6. भवती ist nicht das Fem. vom Partic. भवत्, sondern vom pronomen reverentiae भवतु (भवत्), welches von der Wurzel भा mit dem Uṅâdi-Affix डवतुप् abgeleitet wird;

s. Siddh. K. Bl. 191. b. - महत् ist mit dem Uńâdi-Affix अति gebildet; dieses ist zwar nicht उगित्, aber es wird im sûtra gesagt, dass das Affix शतृवत् sei. Hier das sûtra selbst: वर्तमाने पृषद्बृहन्महज्जगच्छतृवत् ॥ S. Siddh. K. Bl. 195. b. - पचत् ist पच् + शतृ. - Ein vârtika: धातोरुगितः प्रतिषेधः ॥ उखास्रत् (von स्रंसु) । पर्णध्वत् (von ध्वंसु) ॥ Ein andres: अञ्चेश्चोपसंख्यानं ॥ प्राची । प्रतीची (von अञ्चु) ॥

7. Hierzu folgende vârtika's: वनो न हशः ॥ १ ॥ हशन्ताद्धातोर्विहितो यो वन् तदन्तान्ङीब्रेफादेशौ न भवतः । सहयुध्वा । अवावा (vgl. VI. 4. 41.) ॥ बहुलं छन्दसि ॥ २ ॥ ङीप् । रेफादेशश्च । यज्वरीरिषः (Rig-V. III. 1. 1.) । यज्वनीरिषः ॥ रविधाने बहुव्रीहेरुपसंख्यानं प्रतिषिद्धत्वात् (vgl. 12.) ॥ ३ ॥ Vgl. die Scholien zu 13.

8. 9. Vgl. V. 4. 140. und VI. 4. 130.

13. Vgl. das letzte vârtika zu 7.

14. Siddh. K. Bl. 30. b. अधिकारोऽयं यूनस्तिरित्यभिव्याप्य (s. 77.) । अयमेव स्त्रीप्रत्ययेषु तदन्तविधिं ज्ञापयति ॥

15. Ausnahmen zu 4. - Kâçikâ: °कञ्क्वरप्ख्युनां ॥ vgl. jedoch das 5te vârtika zu unserm sûtra. Das finale अ des Themas fällt vor ई nach VI. 4. 148. ab. Zu कुरुचरी vgl. III. 2. 16., zu देवी den gańa पचादि. In पचमाना und पठिता hat das ट् des Affixes टाप् (s. 4.) eine andre Bestimmung, und es ist demnach dieses Affix nicht im sûtra enthalten. Zu ट्युट्युलौ तुट् च vgl. IV. 3. 23., wo an ein Wort 2 टित् gefügt werden, aber nur das ट् des Affixes bedingt die Wahl des Feminin-Affixes ङीप्. Hierzu folgende vârtika's: ढग्रहणे सानुबन्धकस्योपसंख्यानं (सौपर्णेयी und वैनतेयी sind mit ढक् abgeleitet; s. 120.) ॥ १ ॥ अञ्ग्रहणमनर्थकं तदन्ताद्धि ङीब्विधानं (vgl. 73.) ॥ २ ॥ न वा जात्यधिकारात् ॥ ३ ॥ अनधिकारे हि पुंयोगादाख्यायां (vgl. 48.) ङीन्प्रसङ्गः ॥ ४ ॥ ख्युन उपसंख्यानं ॥ ५ ॥ Das Bhâshya: नञ्स्नञीकक्ख्युंस्तरुणतलु-

नानामुपसंख्यानं (vgl. jedoch den gaṅa गौरादि 1.) ॥ नञ् । स्त्रैणी । स्नञ् । पौंस्नी । ईकक् । याष्टीकी । ख्युन् । आढ्यंकरणी । तरुणी । तलुनी ॥

16. गार्गी und वात्सी sind Fem. von गार्ग्य und वात्स्य. Ueber den Ausfall von य vgl. VI. 4. 148, 150. - Ein vârtika: आपत्यग्रहणं द्वीपाद्यञः प्रतिषेधार्थं ॥ इह मा भूत् । द्वैप्या । नायमपत्याधिकारपठितः । किं तु प्राग्दीव्यतीयः (vgl. 83. - IV. 3. 10.) ॥

17. Die Handschriften und Kâçikâ lesen: ष्फ तद्धितः. Diese Lesart ist nicht zu verwerfen, da Pâṅini häufig einsilbige Affixe auf अ, die im 1ten Cas. Sg. stehen sollten, im Thema aufführt, wenn noch ein Wort drauf folgt; vgl. unter andern 149. - IV. 2. 28, 32. Ein vârtika: तद्धितवचनं षितः प्रातिपदिकादीकारार्थं ॥ Vgl. I. 4. 86. - IV. 1. 1.

18. Ich habe es nicht gewagt gegen die Autorität aller Handschriften कतान्तेभ्यः zu schreiben. Auch Bhaṭṭoġi und der Verfasser der Kâçikâ erwähnen nichts über die unregelmässige Form. Die लोहितादयः gehören zum गर्गादि; an das gôtra dieser Eigennamen, welches nach 105. durch das Affix यञ् gebildet wird, wird ष्फ gefügt. Unser Commentator will कतन्तेभ्यः auch als tatpurusha fassen, um das im gaṅa nach कत folgende शकल in die Regel mit einzuschliessen. Ein vârtika: लोहितादिषु शाकल्यस्योपसंख्यानं ॥ Eine kârikâ:

कण्वात् तु शकलः पूर्वः कतादुत्तर इष्यते ।
पूर्वोत्तरौ तदन्तादौ ष्फाणौ तत्र प्रयोजनं ॥

Wir ersehen hieraus, dass शकल im गर्गादि, welches bei uns auf कण्व folgt, ursprünglich zwischen कत und कण्व gestanden hat. Es ist also शकल von Haus aus auch nicht im कण्वादि enthalten; daher fasst die Kâçikâ क-

पद्यादिभ्यः IV. 2. 111. ebenfalls ein Mal als bahuvrihi, das andre Mal als tatpurusha.

19. Siddh. K. °मण्डुकाभ्यां च ॥ कौरव्य (कुरु mit ण्य nach 151.) müsste nach 4. टाप् haben, माण्डूक (मण्डूक mit अण् nach 119.) nach 15. ङीप्. Ein vârtika: कौरव्यमाण्डूकयोरासुरेरुपसंख्यानं ॥ आसुरायणी ॥ Ein andres: इञ्चेति वक्तव्यं ॥ इञश्चेति (IV. 2. 112.) शैषिकस्याणो ऽपवादः । आसुरिणा प्रोक्तः । आसुरीयः कल्पः ॥ Vgl. IV. 3. 101.

20. Ein vârtika: वयस्यचरम इति वक्तव्यं ॥ वधूटी । चिरण्टी । द्वितीयवयोवचनावेतौ ॥

22. IV. 3. 156. sind auch die Zahlwörter in परिमाण enthalten. कम्बल्य fehlt im Wilson und im Amara-K.; es bedeutet 100 pala's Wolle; s. die Scholien zu V. 1. 3.

25. Zum tatpurusha प्राप्तोधाः vgl. II. 2. 4.

27. Vgl. 11, 13. - Das Bhâshya: हायनो वयसि स्मृतः ॥ द्विहायना शाला । न चैव वयोवाची ॥ णत्वमपि वयोवाचिन एव ॥ त्रिहायना । चतुर्हायना शाला ॥ Ich habe in den Scholien zu unserm sûtra चतुर्हायणी geschrieben, weil im gaṅa क्षुभ्नादि das Wort चतुर्हायन vorkommt.

28. Vgl. 12, 13.

30. Patanǵali: नियमार्थो ऽयमारम्भः । मामकशब्दात् [मामक müsste schon nach 15. ङीप् haben, da es mit अण् von ममक (vgl. Rig-V. XXXI. 11.) abgeleitet ist: s. Siddh. K. Bl. 31. b.] संज्ञाछन्दसोरेव । कु मा भूत् । मामिका (so muss wohl auch in den Scholien für मामका gelesen werden; vgl. zu VII. 3. 44.) बुद्धिरिति ॥

31. Vgl. Bhaṭṭi-K. XIV. 43. - Ein vârtika: अन्नादिष्विति वक्तव्यं ॥ रात्रिं सहोषित्वा ॥

32. Ein vârtika: अन्तर्वत्पतिवदिति गर्भभर्तृसंयोगे [Siddh. K. Bl. 31. b. गर्भिण्यां जीवद्भर्तृकायां च प्रकृतिभागौ निपात्येते । तत्रा-

न्तरस्त्यस्यां गर्भ इति विग्रहे ऽन्तःशब्दस्याधिकरणशक्तिप्रधानतयास्तिसामानाधिकरण्याभावादप्राप्तो मतुप् (vgl. V. 2. 94.) निपात्यते। पतिवतीत्यत्र तु वत्वं निपात्यते।..। प्रत्युदाहरणं तु अन्तरस्त्यस्यां शालायां घटः। पतिमती पृथिवी॥] Ein andres: वा छन्दसि नुग्वक्तव्यः॥ अन्तर्वती। अन्तर्वत्नी। पतिवती। पतिवत्नी॥ Siddh. K. Bl. 32. a. अथ वृषलस्य पत्नीति व्यस्ते कथमिति चेत्। पत्नीव पत्नीत्युपचारात्। यद्वा। आचारक्विबन्तात् (vgl. zu III. 1. 11.) कर्तरि क्विप्। अस्मिंश्च पक्षे। पत्नियौ। पत्नियः। इतीयङ्विषये (vgl. VI. 4. 77.) विशेषः॥

33. Vgl. Comm. s. l. Yaçna. Notes S. XLII. ff. - Patangali: कथं तुषजकस्य (nom. pr. eines Çûdra; vgl. die Scholien zu VIII. 2. 83.) पत्नी। उपमानात् सिद्धं। पत्नी इव पत्नी॥

34. Vgl. 5, 14. - Aus einem vârtika zu unserm sûtra ersieht man, dass die Substitution von न् auch dann Statt finden kann, wenn पति im Compositum upasargana ist. Man sagt demnach वृद्धपत्नी oder वृद्धपति „eine, deren Mann alt ist"; vgl. Colebr. Gr. S. 114. in den Noten.

35. Kâçikâ: समानादिष्विति वक्तव्यं॥ सभावार्थं सपत्न्यादिष्वित्युक्तं॥ Vgl. VI. 3. 84. ff.

36. Ein vârtika: पूतक्रत्वादीनां (d. i. पूतक्रतु। वृषाकपि। अग्नि। कुसित। कुसिद। मनु) पुंयोगप्रकरणे (48. ff.) वचनं॥ इह न भवति। पूताः क्रतवो यया। सा पूतक्रतुः॥

39. Die in den Scholien citirte Regel ist ein Phit-sûtra; s. Siddh. K. Bl. 231. a. आद्युदात्तः ist aus dem Vorhergehenden zu ergänzen. „Bei Wörtern, die eine Farbe bezeichnen, und die auf त, ण (wie हरिण), ति (wie शिति), नि (wie पृश्नि) und त् (wie हरित्) ausgehen, ist die erste Silbe mit dem Acut versehen." Die घृतादयः sind Oxytona nach dem Phit-sûtra: घृतादीनां च॥ s. Siddh. K.

erend. - Hierzu folgende vârtika's: असितपलितयोः प्रतिषेधो वक्तव्यः ॥ १ ॥ असिता । पलिता ॥ छन्दसि क्नमेके ॥ २ ॥ वेदे ऽसितपलितयोस्तशब्दस्य स्थाने कन् इत्येष आदेशो भवति । असिक्नी । पलिक्नी ॥ (Kâçikâ: भाषायामपीष्यते ॥ गतो गणस्तूर्णमसिक्निकानां) वर्णान्ङीब्विधाने पिशङ्गादुपसंख्यानं ॥ ३ ॥ पिशङ्गी ॥

41. Vgl. III. 1. 145.

42. Calc. Ausg. °कवाद्° für °कवराद्°. - जानपद (mit अञ् von जनपद nach 86.) hat nach VI. 1. 197. den Acut auf der ersten Silbe, und behält diesen Accent, wenn ङीप् angefügt wird, da dieses Affix anudâtta ist; vgl. III. 1. 4. - जानपदी mit ङीष् dagegen ist ein Oxytonon, da das Affix ङीष् nach III. 1. 3. udâtta ist. - Hierzu folgende vârtika's: नीलादोषधौ ॥ १ ॥ नीली ओषधिः ॥ प्राणिनि च ॥ २ ॥ नीली गौः ॥ संज्ञायां वा ॥ ३ ॥ नीली । नीला ॥

44. Ein vârtika: गुणवचनान्ङीषुदात्तार्थं ॥ Ein andres: खरुसंयोगोपधप्रतिषेधश्च ॥ खरुरियं (Siddh. K. Bl. 33. a. खरुः । पतिंवरा कन्या ।) ब्राह्मणी । पाण्डुरियं ॥

48. Vgl. 36-38. - Ein vârtika: गोपालिकादीनां प्रतिषेधः (Siddh. K. Bl. 33. a. पालकान्तान् ॥) ॥ गोपालिका । पशुपालिका ॥ Ein andres: सूर्याद्देवतायां चाप् ॥ सूर्यस्य स्त्री । सूर्या । देवतायां किं । सूरी (vgl. VI. 4. 149.) कुन्ती । मानुषीयं ॥

49. Hierzu folgende vârtika's: हिमारण्ययोर्महत्त्वे ॥ १ ॥ यवाद्दोषे ॥ २ ॥ यवनाल्लिप्यां ॥ ३ ॥ उपाध्यायमातुलाभ्यां वा ॥ ४ ॥ उपाध्यायानी । उपाध्याया । मातुलानी । मातुली ॥ मुद्गलाच्छन्दसि लिच्च ॥ ५ ॥ रथीरभून्मुद्गलानी ॥ आचार्यादणत्वं च ॥ ६ ॥ आचार्यानी ॥ अर्यक्षत्रियाभ्यां वा ॥ ७ ॥ अर्याणी । अर्या । क्षत्रियाणी । क्षत्रिया ॥ Siddh. K. Bl. 33. a. आचार्यस्य स्त्री आचार्यानी । पुंयोग इत्येव । आचार्या स्वयं व्याख्यात्री । . . । अर्याणी । अर्या । स्वामिनी वैश्या वेत्यर्थः । क्षत्रियाणी । क्षत्रिया । पुंयोगे तु । अर्यी । क्षत्रियी । कथं ब्रह्माणीति । ब्रह्माणमानयति जीवयतीति कर्मण्यण् (vgl. III. 2. 1.) ॥

50. Bhaṭṭogi sucht nicht wie unser Commentator धनक्रीता auf eine spitzfindige Art zu erklären, sondern sagt ganz einfach: क्रूचिन्न । धनक्रीता ॥

52. Vgl. VI. 2. 170-172. und II. 2. 36. - Hierzu folgende vârtika's: अन्तोदात्ते जातप्रतिषेधः ॥ १ ॥ दन्तजाता ॥ पाणिगृहीत्यादीनां विशेषे ॥ २ ॥ पाणिगृहीती भार्या । अन्या पाणिगृहीता ॥ बहुलं तणि प्रबद्धविलूनाद्यर्थं ॥ ३ ॥ अन्तोदात्ताद्बहुनञ्सुकालसुखादिपूर्वात् ॥ ४ ॥ बहुकृता । अकृता । सुकृता । मासजाता । सुखजाता । दुःखजाता ॥ जातिपूर्वाद्वा ॥ ५ ॥

54. Kâçikâ: अङ्गगात्रकण्ठेभ्य इति वक्तव्यं ॥ मृद्वङ्गी । मृद्वङ्गा । मृदुगात्री । मृदुगात्रा । स्निग्धकण्ठी । स्निग्धकण्ठा ॥ Eine kârikâ giebt folgende Definition von स्वाङ्ग:

अद्रवन्मूर्तिमत् स्वाङ्गं प्राणिस्थमविकारजं ।
अतत्स्थं तत्र दृष्टं च तेन* चेत् तत् तथा युतं ॥

„स्वाङ्ग heisst das, was nicht flüssig ist und eine Gestalt hat, an einem lebenden Wesen haftet und nicht durch Abnormität entstanden ist. Haftet es nicht an einem lebenden Wesen, so ist es doch an diesem früher gesehen worden, oder es ist mit dem leblosen Gegenstande auf eine dem lebenden Wesen ähnliche Weise verbunden." - Siddh. K. Bl. 33. a. सुस्वेदा । द्रवत्वात् । सुज्ञाना । अमूर्तत्वात् । सुमुखा शाला । अप्राणिस्थत्वात् । सुशोफा । विकारजत्वात् ।..। सुकेशी । सुकेशा वा रथ्या । अप्राणिस्थस्यापि प्राणिनि दृष्टत्वात् ।..। सुस्तनी । सुस्तना वा प्रतिमा । प्राणिवत् प्राणिसदृशे स्थितत्वात् ॥ Vgl. Colebr. Gr. S. 117. in den Noten.

55. Beschränkung von 54. und 56. - Hierzu folgende vârtika's: नासिकादीनां विभाषायां पुच्छाच्च ॥ १ ॥ कल्याणपुच्छी । कल्याणपुच्छा ॥ कबरमणिविषशरेभ्यो नित्यं ॥ २ ॥ कबरपुच्छी ।

---

* So die Siddh. K. und die Kâçikâ; Calc. Ausg. तस्य.

मणिपुच्छी । विषपुच्छी । शरपुच्छी ॥ उपमानात् पक्षाच्च पुच्छाच्च ॥ ३ ॥ उलूकपक्षी शाला । उलूकपुच्छी सेना ॥ नासिकादिभ्यो विभाषायाः सहनञ्विद्यमानपूर्वेभ्यः (vgl. 57.) प्रतिषेधो विप्रतिषेधेन ॥ ४ ॥

58. Calc. Ausg. in den Scholien: इत्येतौ यौ स्वाङ्गौ.

62. Vgl. Rig-V. CXX. 8.

63. Hierzu folgende vârtika's: अकोपधादित्यपि वक्तव्यं ॥ १ ॥ योपधप्रतिषेधे गवयहयमुकयमनुष्यमत्स्यानामप्रतिषेधः ॥ २ ॥ गवयी । हयी । मुकयी । मनुषी । मत्सी (g. VI. 4. 149, 150.) ॥ Vgl. den gaṅa गौरादि.

64. Hierzu folgende vârtika's: सदच्काण्डप्रान्तशतैकेभ्यः पुष्पात् प्रतिषेधो वक्तव्यः ॥ १ ॥ सत्पुष्पा । प्राक्पुष्पा । प्रत्यक्पुष्पा । काण्डपुष्पा । प्रान्तपुष्पा । शतपुष्पा । एकपुष्पा ॥ संभस्त्राजिनशणपिण्डेभ्यः फलात् प्रतिषेधो वक्तव्यः ॥ २ ॥ संफला । भस्त्रफला । अजिनफला । शणफला । पिण्डफला ॥ श्वेताच्च ॥ ३ ॥ श्वेतफला ॥ त्रेश्च ॥ ४ ॥ त्रिफला ॥ मूलान्नञः ॥ ५ ॥ अमूला ॥ Vgl. den gaṅa अजादि.

65. Ein vârtika: इतो मनुष्यजातेरिञ उपसंख्यानं ॥ अजात्यर्थं । सौतंगमी ॥

66. Man lese in den Scholien: कपो ऽबाधनार्थं, und vgl. V. 4. 153. – Ein vârtika: ऊङ्प्रकरणे ऽप्राणिजातेश्चारज्ज्वादीनां ॥ अलाबूः । कर्कन्धूः । अप्राणिजातेः किं । कृकवाकुः । अरज्ज्वादीनां किं । रज्जुः । हनुः ॥ Siddh. K. Bl. 34. b. लिङ्गविशिष्टपरिभाषया (die paribhâshâ lautet vollständig: प्रातिपदिकग्रहणे लिङ्गविशिष्टस्यापि ग्रहणं) स्वादयः ॥ Die Feminina auf ऊङ् sind nicht in der Regel IV. 1. 1. enthalten.

68. Ein vârtika: श्वशुरस्योकाराकारलोपश्च ॥ श्वश्रूः ॥

70. Ein vârtika: संहितसहाभ्यां चेति वक्तव्यं ॥ संहितोरूः । सहोरूः ॥

71. Ein vârtika: कद्रुकमण्डलुगुग्गुलुमधुजतुपतयालूनामिति वक्तव्यं ॥ गुग्गुलूः । मधूः । जतूः । पतयालूः ॥

74. Vgl. 78, 171. - Ein vârtika: षाच्च यञश्चाप् ॥ शार्कराक्ष्या । पौतिमाष्या ॥

75. Vgl. 17.

76. Vgl. zu 85.

77. Siddh. K. Bl. 34. b. युवतीति तु यौतेः शत्रन्तान्ङीपि बोध्यं ॥

78. Vgl. 92, 95, 114. - Vor ष्यङ् fällt ein vorhergehendes इ und अ nach VI. 4. 148. aus. - An ष्यङ् wird nach 74. चाप् gefügt.

79. Kâçikâ: गोत्रावयवा अप्रधानगोत्राभिमताः कुलाख्याः पुणिकभुणिकमुखरप्रभृतयः । ततो गोत्रविहितयोरणिञोः स्त्रियां ष्यङादेशो भवति । अगुरूपोत्तमार्थ आरम्भः ॥

80. Siddh. K. Bl. 70. b. अगुरूपोत्तमार्थो ऽनणिञर्थश्चारम्भः ॥

81. Siddh. K. ebend. अगोत्रार्थमिदं । गोत्रे ऽपि परत्वात् प्रवर्तते ॥

84. Ausnahmen zu 85.

85. Vgl. VI. 4. 148. - VIII. 4. 64. - Hierzu folgende vârtika's: वाङ्मतिपितृमतां छन्दस्युपसंख्यानं ॥ १ ॥ वाच्यः । मात्यः । पैतृमत्यः ॥ (Kâçikâ: यमाच्चेति वक्तव्यं ॥ याम्यः ॥ Vgl. die Scholien zu Bhatti-K. XIV. 15.) पृथिव्या ञाञौ ॥ २ ॥ ञ । पार्थिवा । अञ् । पार्थिवी ॥ देवस्य यञञौ ॥ ३ ॥ दैव्यं । दैवं ॥ बहिषष्टिलोपश्च यञ् च ॥ ४ ॥ बहिर्भवः । बाह्यः ॥ ईकक् च ॥ ५ ॥ बाहीकः ॥ ईकञ् छन्दसि ॥ ६ ॥ बाहीकमस्तु भद्रं वः ॥ स्थाम्नो ऽकारः ॥ ७ ॥ अश्वत्थामः (Siddh. K. Bl. 64. b. पृषोदरादित्वात् सस्य तः । भवार्थे तु लुग्वाच्यः ॥ अश्वत्थामा ॥ Vgl. VI. 4. 144.) ॥ लोम्नो ऽपत्येषु बहुष्वकारः ॥ ८ ॥ उडुलोमाः । बहुषु किं । औडुलोमिः ॥ सर्वत्र गोरजादिप्रसङ्गे यत् ॥ ९ ॥ गवि भवं । गव्यं । गौर्देवतास्य । गव्यः ॥ यणादयो ऽर्थविशेषलक्षणादणपवादात् पूर्वविप्रतिषिद्धं ॥ १० ॥ दितेरपत्यं । दैत्यः (vgl. 122.) । जानपदीनां समूहः । जानपदं ॥

86. Ein vârtika: अञ्प्रकरणे ग्रीष्मादच्छन्दसि ॥ ग्रैष्मं । छन्दो

ऽत्र वृत्तं । न तु वेदः । ग्रच्छन्दसि कि । ग्रैष्मी त्रिष्टुप् ॥ Vgl. den gaṅa उत्सादि.

87. Man ergänze zu भवनात् entweder प्राक् oder ग्रा. – Ein vârtika: नञ्स्नञो प्राग्भवनादिति चेद्वत्यर्थे (vgl. V. 1. 115.) प्रतिषेधः ॥ Ein andres: वतेः प्रागिति चेद्भाव (vgl. V. 1. 119.) उपसंख्यानं ॥ Patangali nimmt unsern Grammatiker mit folgenden Worten in Schutz: न वत्यर्थे नञ्स्नञौ भवत इति । यदयं स्त्रियाः पुंवदिति (s. VI. 3. 34.) निर्देशं करोति ॥

88. Vgl. zu den Scholien II. 1. 51., und folgende vârtika's: ग्रताद्ग्रिहणं कर्तव्यं ॥ १ ॥ इह मा भूत् । पञ्चगर्गरूप्यं (vgl. IV. 3. 81. – V. 3. 54.) ॥ द्विगोर्लुकि तन्निमित्तग्रहणं ॥ २ ॥ ग्रर्थविशेषासंप्रत्यये ऽतन्निमित्तादपि ॥ ३ ॥ समाहारद्विगोरयं लुक् । पञ्चकपाल्यां संस्कृतः । पञ्चकपालः ॥ Zu den Beispielen in den Scholien vgl. IV. 2. 16, 59. – IV. 3. 120. – V. 1. 72. – दैवदत्तिः ist eine falsche Form; es muss wohl दैवदत्तिः gelesen werden; vgl. 95.

89. Der II. 4. 63-70. gelehrte लुक् des gotra-Affixes ist in diesem Abschnitt der Grammatik nicht gültig, insofern neue Affixe angefügt werden sollen. गार्गीय, वात्सीय (vgl. VI. 4. 151.) und ग्रात्रेयीय werden nach IV. 2. 114. von गार्ग्य, वात्स्य und ग्रात्रेय abgeleitet, und nicht von गर्ग, वत्स und ग्रत्रि, wie das Thema dieser Patronymica nach II. 4. 64, 65. im Plural lautet. चारायणीयाः ist ein falsches Beispiel; in चारायण (चर mit फक् nach 99.) wird im Plural kein लुक् für फक् substituirt.

90. Zu फाण्टाहृति u. s. w. vgl. 95, 150. – IV. 2. 112, 114.; zu भागवित्ति (man lese mit der Calc. Ausg. भागवित्तस्यापत्यं, und verbessere am Ende der Scholien bei uns und in der Calc. Ausg. भागवित्तिकाय हितं) u. s. w.

95, 148. - IV. 2. 112, 114.; zu तैकायनि u. s. w. 149, 154. - IV. 2. 112, 114.

91. गार्ग्यायण von गार्ग्य (गर्ग mit यञ् nach 105.) nach 101.; nach IV. 2. 114. wird vom erstern गार्ग्यायणीय, vom letztern गार्गीय (vgl. VI. 4. 151.) abgeleitet. Von यस्क stammt यास्क mit अण्; hiervon यास्कायनि nach 156.; छ (vgl. IV. 2. 114.) kann an beide Formen gefügt werden.

92. Vgl. 83, 84, 85, 87.

94. Vgl. 95, 101. - Man trenne in den Scholien: स्त्री गोत्रप्रत्ययेन°.

95. Vgl. VI. 4. 146.

97. Ein vârtika: सुधातृव्यासयोरिति वक्तव्यं ॥ Pataṅgali: सुधातृव्यासवरुडनिषादचण्डालबिम्बानामिति वक्तव्यं ॥ वैयासकिः (vgl. VII. 3. 3.) । वारुडकिः । नैषादकिः । चाण्डालकिः । बैम्बकिः ॥

98. An चफञ् wird nach V. 3. 113. noch ञ्य gefügt, für welches im Plural nach II. 4. 62. ein लुक् substituirt wird. Man lese in den Scholien कौञ्जायनाः für कुञ्जायनाः.

100. Das gôtra von हरित u. s. w. wird nach 104. mit अञ् gebildet.

101. Vgl. 95, 105.

102. Ausnahmen zu 104, 105.

106. Kâçikâ: मधुबभ्र्वोर्ब्रा°. Ueber das Masc. im Sg. s. zu II. 4. 7. - Zur Anfügung von यञ् vgl. VI. 4. 146.

107. Zu कापेय vgl. 122; zu बौधि 95.

109. Zu वातण्डयायनी vgl. 18, 41.

112. Vgl. 83, 153.

113. Ausnahme zu 120. Sind die Eigennamen zweisilbig, dann gilt Regel 121.

114. Endigt der Name des ऋषि auf इ, so gilt Regel 122. - Ein Wort auf सेन, das in unsrer Regel ent-

halten ist, hat nicht अण् sondern ण्य nach 152. Hierher gehören namentlich folgende Namen: जातसेन । उग्रसेन । विष्वक्सेन । भीमसेन ॥ Diese Bemerkungen sind den vârtika's zu unserm sûtra entnommen.

115. Vgl. I. 1. 51.

117. Bhaṭṭogi führt eine Lesart शुङ्गा für शुङ्ग an; dann wäre das Gegenbeispiel nach 120. mit ढक् zu bilden.

120. Vgl. 113. – Hierzu folgende kârikâ:

बडवाया वृषे वाच्ये अण् क्रुञ्चकोकिलात् स्मृतः ।
आरक् पुंसि ततो ऽन्यत्र गोधाया ढ्रग्विधौ स्मृतः ॥

बाडवेयो बीजाश्वः । विशेषविहितेनार्थेन ढको ऽपत्यमर्थो बाध्यते । अपत्ये तु अण् । बाडवः ॥ क्रौञ्चः । कोकिलः ॥ मूषिकायाः पुमान् । मूषिकारः ॥ ढक् । गोधायाः पुमान् । गौधेयः ॥ Vgl. 130.

121. Ausnahme zu 113.

126. Zu सौभागिनेय vgl. VII. 3. 19.

128. Ein vârtika: चटकायाः पुंलिङ्गनिर्देशः ॥ Ein andres: स्त्रियामपत्ये लुक् ॥ चाटकैर heisst sowohl der Abkömmling des चटक als auch der चटका; der weibliche Nachkomme heisst aber चटका. – Vgl. Siddh. K. Bl. 67. b. und den gaṇa अजादि.

129. Vgl. zu I. 1. 60.

130. Ein vârtika: आरग्वचनमनर्थकं ढ्रका सिद्धत्वात् ॥ Patangali: अन्येभ्यो ऽप्ययं भवतीति । किमेतस्य ज्ञापने प्रयोजनं । जाडारः पाण्डारः इत्येतत् सिद्धं ॥

131. Vgl. 120, 121.

133. Patangali: एतदेव ज्ञापयति । भवति पितृष्वसुर्ढगिति ॥

135. Zur Anfügung des Affixes vgl. VI. 4. 147.

136. Calc. Ausg. ढक् für ढञ् in den Scholien. – Ausnahme zu 114, 122.; vgl. Siddh. K. Bl. 68. a. – Kâçikâ: गृष्टिशब्दो ऽयं चतुष्पाद्वचनः । ततः पूर्वेणैव सिद्धे ऽचतुष्पादर्थं वचनं ॥

137. Ein **vârtika**: राज्ञो ऽपत्ये जातिग्रहणं ॥ **Siddh. K.** Bl. 68. b. जातिग्रहणाच्छूद्रादावुत्पन्नो राजनः ॥

138. Vgl. das vorhergehende **vârtika**.

140. Vgl. V. 3. 68.

145. **Patanǵali**: कथं पाप्मना भ्रातृव्येणेति । उपमानात् सिद्धं ॥

147. Da das neue Affix an ein **gôtra** gefügt wird, so bezeichnet das neue Wort den **yuvan**; vgl. die Scholien zu 100. - Zu गार्गेय vgl. 120. Das ई des Femin. fällt nach VI. 4. 148. vor den Affixen aus. **Bhaṭṭôǵi** fügt die Affixe an die Masculin-Form nach dem **vârtika**: भस्याढे (vgl. zu VI. 3. 35.); zum Ausfall des य in गार्ग्य verweist er auf VI. 4. 148, 151.

148. Zu भागवित्तायन vgl. 101.

150. Nach I. 3. 10. gehört अण् zu फाण्टाहृति, फिञ् zu मिमत. Daher bildet das **Bhâshya** nur फाण्टाहृत und मैमतायनि; die **Kâçikâ** dagegen will jene Regel hier nicht gelten lassen, weil die Glieder im **dvandva** फाण्टाहृतिमिमताभ्यां nicht in ihrer Ordnung stehen; vgl. II. 2. 34. - Da मिमत kein **gôtra** ist, ist मैमत und मैमतायनि das **gôtra** und nicht etwa der **yuvan**.

151. Der Unterschied zwischen dem Brahmanen कौरव्य und dem **Xatriya** कौरव्य (vgl. 172.) liegt im Plural. Dieser lautet vom letztern कुरवः; vgl. II. 4. 62. - Ein **vârtika**: वमरथस्य कण्वादिवत् स्वरवर्जं ॥ लुगादिकमतिदिश्यते । वामरथाः (vgl. IV. 2. 111.) । स्वरस्तु प्रत्ययस्यैव (nach III. 1. 3.) । न त्वातिदेशिकमाद्युदात्तत्वं (काण्व्य mit यञ् nach 105. hat den Acut auf der ersten Silbe nach VI. 1. 197.) ॥

153. Hierzu folgende **vârtika**'s: उदीचामिञ्विधौ तक्ष्णो ऽण्वचनं ॥ १ ॥ ताक्ष्णः । ताक्ष्णायनः ॥ शिवादिरिति चेण्णायनविधिः ॥ २ ॥ सिद्धं तूदीचां वा ण्यवचनात् ॥ ३ ॥ Vgl. zu 158.

155. Wilson leitet कौशल्यायनि von कौशल्या, der Mutter des Râma, ab; vgl. auch die Scholien zu Bhaṭṭi-K. VII 90. - Ein vârtika: फिञ्प्रकरणे दगुकोशलकर्मारच्छागवृषाणां युट् चेति वक्तव्यं ॥ दागव्यायनिः । .. । छाग्यायनिः । वार्ष्यायणिः ॥

156. Siddh. K. Bl. 69. b. त्यदादीनां फिञ् वा वाच्यः । त्यदायनिः । त्यदः ॥

158. Ein vârtika: चर्मिवर्मिणोर्नलोपश्च (vgl. den gaṅa वाकिनादि) ॥ चार्मिकायणिः । वार्मिकायणिः ॥ Ein andres: कारिभ्य इञो गोत्रात् (ऽगोत्रात्?) फिञ् विप्रतिषेधेन ॥ नापितायनिः ॥ Vgl. 153.

161. Hierzu folgende kârikâ:

अपत्ये कुत्सिते मूढे मनोरौत्सर्गिकः* स्मृतः ।
नकारस्य च मूर्धन्यस्तेन सिध्यति माणवः ॥

*D. i. अण्; vgl. IV. 1. 83.

162. Ein vârtika: जीवद्वंश्यं च कुत्सितं ॥

163. Kâçikâ: अभिजनप्रतिबन्धो वंशः । तत्र भवो वंश्यः पित्रादिः ॥ Yuvan kann erst der Urenkel heissen; daher sagt die Kâçikâ: पौत्रप्रभृतिवचनं न सामानाधिकरण्येनापत्यं विशेषयति । किं तर्हि षष्ठ्या विपरिणाम्यते । पौत्रप्रभृतेर्यदपत्यमिति । तेन चतुर्थादारभ्य युवसंज्ञा विधीयते ॥

165. Siddh. K. Bl. 65. b. एकं जीवतिग्रहणमपत्यस्य विशेषणं । द्वितीयं सपिण्डस्य ॥ Zu सप्तमपुरुषावधयः सपिण्डाः vgl. Kullûka zu Manu V. 60. (Pariser Ausg.) und Dattaka-Kandr. S. 73. ff.

166. 167. Beide sûtra's fehlen bei D. Kaiyyaṭa bemerkt, dass das erste sûtra (vgl. das vârtika zu 162.) von einem andern Verfasser herrühre, und das 2te ein später eingeschobenes vârtika sei. Auch Bhaṭṭogi führt beide sûtra's in der Form von vârtika's auf; vgl. Siddh. K. Bl. 66. a.

168 — 173. Die abgeleiteten Wörter bezeichnen nicht

nur den Nachkommen eines Xatriya, sondern auch das Oberhaupt des Ganes; vgl. 174. - IV. 2. 81. - V. 3. 112-119.

168. Zur Form ऐक्ष्वाक vgl. VI. 4. 174. - Hierzu folgende vârtika's: क्षत्रियसमानशब्दाज्जनपदात् तस्य राजन्यपत्यवत् ॥ १ ॥ पञ्चालानां राजा । पाञ्चालः ॥ पुरोरण् वक्तव्यः ॥ २ ॥ पुरोरपत्यं राजा वा । पौरवः ॥ पाण्डोर्ड्यण् ॥ ३ ॥ पाण्ड्यः ॥

170. Wenn von einem Worte sowohl nach dieser als nach einer der 3 folgenden Regeln die Ableitung geschehen kann, so hebt die nachfolgende Regel die unsrige auf. So gilt auch nur Regel 172., wenn die Ableitung sowohl nach 171. als nach 172. gebildet werden kann. Dieses ist in folgenden vârtika's enthalten: अणो ञ्यङ्ण्यञो विप्रतिषेधेन ॥ १ ॥ ञ्यङः कुरुनादिभ्यो ण्यः ॥ २ ॥

173. Kâçikâ: साल्वा क्षत्रिया तन्नामिका ॥ Siddh. K. Bl. 69. b. साल्वो जनपदस्तदवयवा उदुम्बरादयः ॥

174. Beispiele zu II. 4. 62.

175. Ein vârtika: कम्बोजादिभ्य लुग्वचनं चोलाद्यर्थं ॥ कम्बोजः । चोलः । तस्य राजन्यप्येवं ॥

177. Ausnahme zu 168 - 170., wo das tadrâǵa-Affix अ ist. Ein vârtika: अत इति तदन्तग्रहणमवन्त्यादिभ्यो लुग्वचनात् ॥ Ein andres: पर्श्वादिभ्यो लुग्वक्तव्यः ॥ Vgl. V. 3. 117.

178. An यौधेय u. s. w. wird nach V. 3. 117. das tadrâǵa-Affix अञ् gefügt.

Zweites Kapitel.

---

2. **Kâçikâ** und die Handschriften. °रोचनाशकलकर्दमाट्ठक् ॥ Man vgl. aber das 1te von den hier folgenden **vârtika**'s: ठक्प्रकरणे शकलकर्दमाभ्यामुपसंख्यानं ॥ १ ॥ शाकलिकं । कार्दमिकं ॥ (**Kâçikâ:** शकलकर्दमाभ्यामणपीष्यते ॥ शाकलः । कार्दमः ॥) नील्या अन् ॥ २ ॥ नील्या रक्तं । नीलं ॥ पीतात् कन् ॥ ३ ॥ पीतकं ॥ पीतकशब्दो वा प्रकृत्यन्तरं तस्माल्लुग्वक्तव्यः ॥ ४ ॥ हरिद्रामहारजनाभ्यामञ् ॥ ५ ॥ हारिद्रं । माहारजनं ॥

3. **Patangali:** पुष्यसमीपगते चन्द्रमसि पुष्यशब्दो वर्तते ॥ Ueber den Ausfall von य in पुष्य s. zu VI. 4. 149.

4. **Patangali:** कः पुनः कालो नक्षत्रेण युज्यते । अहोरात्रः ॥

5. Zu युक्तवद्भावः vgl. I. 2. 51.

8. Hierzu folgende **vârtika's:** दृष्टं साम कलेर्ढग्वक्तव्यः ॥ १ ॥ [Ein andrer lehrt: सर्वत्राग्निकलिभ्यां ढक् (vgl. 33.) ॥ सर्वेषु प्राग्दीव्यतीयेष्वर्थेष्वित्यर्थः । आग्नेयं । कालेयं] दृष्टे सामनि जाते (vgl. IV. 3. 25.) च अण् डिद्वा वक्तव्यः ॥ २ ॥ औशनसं । औशनं । शतभिषजि जातः । शातभिषजः । शातभिषः ॥ तीयादीकक् ॥ ३ ॥ (**Kâçikâ:** तीयादीकक् स्वार्थे ॥ द्वैतीयीकं । द्वितीयं । तार्तीयीकं । तृतीयं ॥) न विद्यायाः ॥ ४ ॥ द्वितीया विद्या ॥ गोत्रादङ्कवत् ॥ ५ ॥ औपगवकं । गोत्रचरणादिति (IV. 3. 126.) वुञ् ॥

9. Calc. Ausg. und **Siddh. K.** वामदेवात् ड्यत्ड्यौ; vgl. dagegen die Scholien zu VI. 2. 156. – Eine **kârikâ:**

सिद्धे यस्येति[1] लोपेन किमर्थं ययतौ डितौ ।
ग्रहणं मातदर्थं भूद्वामदेव्यस्य नञ्स्वरे[2] ॥

[1] Vgl. VI. 4. 148. [2] Vgl. VI. 2. 156.

12. **Kâçikâ:** द्वीपिव्याघ्रयोर्विकारभूते चर्मणि द्वैपवैयाघ्रौ शब्दौ वर्तेते ॥

13. कौमार ist das Thema, und enthält sowohl das Masc., als auch das Fem.; vgl. zu II. 1. 70. – In den Scholien zu Bhaṭṭi-K. VII. 90. finde ich die Lesart कौमाराद्पूर्ववचने, die keineswegs vorzuziehen ist, da कौमार schon das fertige Wort ist. Unsre Lesart wird auch durch ein vârtika und eine kârikâ zu unserm sûtra bestätigt.

14. Siddh. K. Bl. 71. a. उद्धरतिरिहोद्धरणापूर्वके निधाने वर्तते । तेन सप्तमी उद्धृत्य निहित इत्यर्थः ॥ Kâçikâ: भुक्तोच्छिष्टमुद्धृतमित्युच्यते ॥

16. भक्त (Masc. und Neutr.) fehlt im Wilson. Das Wort ist mit dem Affix घञ् gebildet; vgl. Siddh. K. Bl. 229. a.

21. संज्ञायां fehlt in der Siddh. K. und bei D. Dies Wort ist später im sûtra hinzugefügt worden, wie man aus folgenden vârtika's ersehen kann: सास्मिन् पौर्णमासीति संज्ञाग्रहणं ॥ १ ॥ अक्रियमाणे हि मासार्धमासयोरिति वक्तव्यं ॥ २ ॥ संवत्सरपर्वणीति च वक्तव्यं स्यात् ॥ ३ ॥

23. चैत्रिकः । चैत्रः ॥ fehlt in den Scholien der Calc. Ausg.

24. Kâçikâ: यागसंप्रदानं देवता । देयस्य पुरोडाशादेः स्वामिनी । तस्मिन्नभिधेये प्रत्ययः ॥ Siddh. K. Bl. 71. b. त्यज्यमानद्रव्य उद्देश्यविशेषो देवता । मन्त्रस्तुत्या च । ऐन्द्रो मन्त्रः ॥

25. Das इ von कि müsste nach VI. 4. 148. vor अण् abfallen; man höre aber Patanǵali: यस्येति लोपः कस्मान्न भवति । इकारोच्चारणसामर्थ्यात् ॥

27. अपोनप्तृ und अपांनप्तृ sind 2 ungebräuchliche Themata, die bloss bei der Anfügung des Affixes घ und छ zum Vorschein kommen. Hierin stimmen Patanǵali, der Verfasser der Kâçikâ und Bhaṭṭoǵi überein. Das Bhâshya: प्रत्ययसंनियोगेन ऋकारान्तत्वमुच्यते ॥ Kâçikâ: अपोनपात् अपांनपादिति देवतानामधेये एते । तयोस्तु प्रत्ययसंनियोगेन रूपमिदं नि-

पात्यंत ॥ Siddh. K. Bl. 71. b. अपोनपात् अपांनपाद्देवता । प्रत्ययसंनियोगेन तृतं रूपं निपात्यते । अत एवापोनपाते । अपांनपाते नु ब्रूहीति प्रैषः ॥ Man berichtige hiernach die Bemerkungen Burnouf's im Comm. sur l. Yaçna S. 243. Beiläufig bemerke ich noch, dass Rosen mit Unrecht in den zu Rig-V. XXII. 6. angeführten Scholien die Verbindung अपां नप्तृत्वं für ein nomen abstractum von einem Eigennamen अपांनप्तृ hält. Ursprünglich müssen jedoch नप्तृ und नपात् einerlei Bedeutung gehabt haben, da man sich sonst die Ableitungen अपोनप्त्रिय u. s. w. nicht erklären könnte.

28. Der योगविभागः ist nicht bloss यथासंख्यनिवृत्त्यर्थः (vgl. I. 3. 10.) sondern auch उत्तरार्थः. – Ein vârtika: इप्रकरणे पैङ्गाक्षीपुत्रादिभ्य उपसंख्यानं ॥ पैङ्गाक्षीपुत्रीयं । तार्णबिन्दवीयं ॥ Ein andres: शतरुद्राद्घ च ॥ शतरुद्रीयं हविः । शतरुद्रियं हविः ॥

29. महेन्द्रीयं fehlt in den Scholien der Calc. Ausg.; Siddh. K. hat fälschlich माहेन्द्रीयं; so auch Wilson u. d. W. माहेन्द्र.

31. Zu पित्र्य vgl. VII. 4. 27.

32. Calc. Ausg., Siddh. K. und die Handschriften शुनासीर. Es ist schwer zu sagen, welche Schreibart die richtige ist: Wilson hat sich für die unsrige entschieden; vgl. auch Amara-K. S. 7. 37.

33. Vgl. zu IV. 2. 8.

34. Zu den Affixen, die an Wörter, welche einen Zeitabschnitt bedeuten, in der Bedeutung von तत्र भवः (s. IV. 3. 53.) angefügt werden, vgl. IV. 3. 11. ff. Die daselbst aufgeführten Affixe gelten auch in andern Bedeutungen; es wählte aber der Grammatiker die von तत्र भवः, weil diese bei Wörtern, die einen Zeitabschnitt bedeuten, die gangbarste ist.

35. °प्रोष्ठपदाभ्यां ठञ् ist ein Versehen der Calc. Ausgabe, das sich auch in unsern Text eingeschlichen hat; man lese °प्रोष्ठपदाद्ठञ् ॥ Ein vârtika: ठञ्प्रकरणे तदस्मिन् वर्त्तत इति नवयज्ञादिभ्य उपसंख्यानं ॥ नवयज्ञो ऽस्मिन् वर्त्तते । नावयज्ञिकः कालः । पाकयज्ञिकः ॥ Ein andres: पूर्णमासादण् ॥ पूर्णमासो ऽस्यां वर्त्तते । पौर्णमासी तिथिः ॥

36. Hierzu folgende vârtika's: पितृमातृभ्यां भ्रातरि व्यन्डुलचौ ॥ १ ॥ मातृपितृभ्यां पितरि डामहच् ॥ २ ॥ मातरि षिच्च ॥ ३ ॥ मातामही । पितामही ॥ मही वा छन्दस्यानडो ऽवग्रहदर्शनात् ॥ ४ ॥ अवेर्दुग्धे सोढदूसमरीसचः ॥ ५ ॥ अवेर्दुग्धं । अविसोढं । अविदूसं । अविमरीसं । सकारपाठसामर्थ्यान्न षत्वं ॥ तिलान्निष्फलात् पिञ्जपेजौ ॥ ६ ॥ तिलपिञ्जः । तिलपेजः । वन्ध्यस्तिल इत्यर्थः ॥ पिञ्जश्छन्दसि डिच्च ॥ ७ ॥ तिल्पिञ्जः ॥

38. Ausnahmen zu **44.** und **47.** - Siddh. K. hat यौवनं (vgl. zu VI. 3. 35.); यौवतं leitet sie nach **44.** mit अञ् von युवती (vgl. zu IV. 1. 77) ab. Auch Kâtyâyana scheint यौवनं gebildet zu haben, wie man aus folgendem vârtika schliessen kann: भिक्षादिषु युवतिग्रहणानर्थक्यं पुंवद्भावस्य सिद्धत्वात् प्रत्ययविधौ ॥ Kâçikâ: वृक्षादिभ्यः खण्डः ॥ वृक्षखण्डः । तरुखण्डः । पादपखण्डः ॥

39. Zu औक्षक vgl. VI. 4. 144., zu राजन्यक und मानुष्यक zu VI. 4. 151. - Hierzu folgende vârtika's: वृद्धाच्चेति वक्तव्यं ॥ १ ॥ वार्द्धकं ॥ अञो (vgl. 44.) वुञ् विप्रतिषिद्धं ॥ २ ॥ पूर्वविप्रतिषेधो ऽयं । औपगवकं ॥ ठक् (vgl. 47.) तु विप्रतिषेधात् ॥ ३ ॥ आपूपिकं । शाष्कुलिकं ॥ Vgl. zu 44.

40. Ein vârtika: गणिकायाश्च ॥ गाणिक्यं ॥

42. Ein vârtika: यत्प्रकरणे पृष्ठादुपसंख्यानं ॥ पृष्ठानां समूहः । पृष्ठ्यं ॥ Kâçikâ: वातादूलो वा ॥ वातूलः । वात्या ॥

43. Calc. Ausg., Kâçikâ und die Scholien zu Bhatti-K. III. 23.: °बन्धुसहायेभ्यस्तल्; man vgl. aber das erste von den hier folgenden vârtika's: गजसहाभ्यां चेति वक्तव्यं ॥ १ ॥ गजता । सहायता ॥ अह्नः खः ॥ २ ॥ अह्नां समूहः । अह्नी-

नः ॥ क्रतौ ॥ ३ ॥ इह मा भूत् । आङ्गः । खण्डिकादित्वादञ् ॥ पर्श्वाः सण् ॥ ४ ॥ णस् वक्तव्यः ॥ ५ ॥ पर्शूनां समूहः । पार्श्वं ॥ Wilson führt bei पर्शु nur die Bedeutung von Axt auf; पर्शु heisst auch die Ribbe; vgl. Colebrooke im Amara-K. S. 147. Note 3., und Wilson unter पार्श्व. पर्शु und परशु sind bei Wilson Masculina; Amara-K. S. 204. 60. ist परशु sowohl Masc. als Fem. Dasselbe Geschlecht wird wohl auch पर्शु in beiden Bedeutungen haben.

44. Wie wir aus dem letzten vârtika zu 39. ersehen, gilt diese Regel bloss für lebende Wesen, da leblose Gegenstände immer nach 54. ठञ् haben, wenn nicht in einer ganz speciellen Regel ein andres Affix ausgesagt wird.

45. Kâçikâ: आद्युदात्तार्थमचित्तार्थं च ॥ Ein vârtika: अञ्प्रकरणे क्षुद्रकमालवात् सेनासंज्ञायां ॥ क्षौद्रकमालवी सेना ॥ Diese Regel, die auch in den gaṅa खण्डिकादि aufgenommen ist, scheint vom Grammatiker A'piçali, einem Vorgänger von Pâṅini, herzustammen. Ich schliesse dieses aus folgenden kârikâ's:

अङिसङिरनुदात्तादेः को ऽर्थः क्षुद्रकमालवात् ।
गोत्राद्वुञ् न च तद्गोत्रं तदन्तान्न स सर्वतः ॥ १ ॥
ज्ञापकं स्यात् तदन्तत्वे तथा चापिशलेर्विधिः ।
सेनायां नियमार्थं वा यथा बाध्येत वाञ् वुञा ॥ २ ॥

Vgl. 39. und 44.

46. Zu den Affixen, die धर्मे angefügt werden, vgl. IV. 3. 126. ff.; zu धर्मवत् vgl. zu IV. 3. 120.

47. Kâçikâ: धेनोरनञि इति वक्तव्यं ॥ अनञीति किं । आधेनवं ॥

51. Ein vârtika: खलादिभ्य इनिः ॥ खलिनी । डाकिनी ॥ Kâçikâ: कमलादिभ्यः खण्डः ॥ १ ॥ कमलखण्डं । अम्भोजखण्डं ॥ न-

रकरितुरंगानां स्कन्धच् ॥ २ ॥ नरस्कन्धः । करिस्कन्धः । तुरंगस्कन्धः ॥ दूर्वादिभ्यः काण्डः ॥ ३ ॥ दूर्वाकाण्डं । तृणकाण्डं । कर्मकाण्डं ॥

52. Hierzu folgende vârtika's: विषयाभिधाने जनपदे लुब्बहुवचनान्तात् (vgl. IV. 2. 81.) ॥ १ ॥ गान्धार्यादिभ्यो वा ॥ २ ॥ राजन्यादिभ्यो वा वुञ् ॥ ३ ॥ वैल्ववनादिभ्यो (vgl. den gaṇa राजन्यादि) नित्यं ॥ ४ ॥ न वाभिधेयस्य निवासविषयत्वान्निवासविवक्षायां लुब्विषयविवक्षायां प्रत्ययः ॥ ५ ॥

54. Kâçikâ überall: एषुकारि.

55. Ein vârtika: छन्दसः प्रत्ययविधाने नपुंसकात् स्वार्थ उपसंख्यानं ॥ नपुंसके स्वार्थ इत्यर्थः । त्रिष्टुबेव । त्रैष्टुभं । जगत्येव । जागतं ॥

58. Vgl. VI. 3. 71.

60. Siddh. K. Bl. 73. a. क्रतुविशेषवाचिनामेवेह ग्रहणं । तेभ्यो मुख्यार्थेभ्यो वेदितरि तत्प्रतिपादकग्रन्थपरेभ्यस्त्वध्येतरि ।..। उक्थं सामविशेषस्तल्लक्षणपरो ग्रन्थविशेषो लक्षणयोक्थं । तदधीते वेद वा । औक्थिकः । मुख्यार्थात् तु क्रयशब्दाट्ठगणौ नेष्येते ॥ Hierzu folgende vârtika's: तस्येदं प्रत्ययाल्लुक् ॥ १ ॥ तस्येदं प्रत्ययस्य च ॥ २ ॥ विद्यालक्षणकल्पसूत्रान्तादकल्पादेरिकक् स्मृतः ॥ ३ ॥ इकगित्यस्य ठगित्यर्थः । वायसविद्यिकः । आश्वलक्षणिकः । पाराशरकल्पिकः । सांग्रहसूत्रिकः । अकल्पादेः किं । काल्पसूत्रः ॥ विद्या चानङ्गक्षत्रधर्मत्रिपूर्वा ॥ ४ ॥ (Kâçikâ: °धर्मसंसर्गत्रि°) आङ्गविद्यः । क्षात्रविद्यः । धार्मविद्यः । (Kâçikâ noch: सांसर्गविद्यः ।) त्रैविद्यः ॥ आख्यानाख्यायिकेतिहासपुराणेभ्यष्ठग्वक्तव्यः ॥ ५ ॥ आख्यान । यावक्रीतिकः । आख्यायिका । वासवदत्तिकः [Siddh. K. ebend. वासवदत्तामधिकृत्य कृताख्यायिका वासवदत्ता । अधिकृत्य कृते ग्रन्थ (IV. 3. 87.) इत्यर्थे । वृद्धाच्छः (114.) । तस्य लुबाख्यायिकाभ्यो बहुलमिति (vgl. zu IV. 3. 87.) लुप् । ततो ऽनेन ठक् ॥] । इतिहास । ऐतिहासिकः । पुराण । पौराणिकः ॥ सर्वसादेर्द्विगोश्च लः ॥ ६ ॥ सर्ववेदः । सर्वतन्त्रः । सादेः । सवार्तिकः । द्विगोः । द्विवेदः ॥ अनुसूर्लक्ष्यलक्षणे ॥ ७ ॥ अनुसूर्नाम ग्रन्थः । तमधीते । आनुसुकः । लाक्ष्यिकः । लाक्षणिकः ॥ इकन् पदोत्तरपदात् ॥ ८ ॥ पूर्वपदिकः । उत्तरपदिकः ॥ शतषष्टेः षिकन् पथः ॥ ९ ॥ शतपथिकः । शतपथिकी । षष्टिपथिकः । षष्टिपथिकी ॥ Die

Kâçikâ erlaubt auch die Bildung mit अञ्: प्रातपथः । पाष्टपथः (lies: पाष्टिपथः) ॥

62. Kâçikâ und Siddh. K. ब्राह्मणसदृशो ग्रन्थो ऽनुब्राह्मणं ॥ Vgl. IV. 2. 115.

63. Patangali: वसन्तसहचरितमध्ययनं वसन्तोऽध्ययनमिति ॥

64. Patangali: अयुक्तो ऽयं निर्देशः । प्रोक्तादिति भवितव्यं । सौत्रो निर्देशः ॥ प्रोक्त heisst das Affix, welches in der Bedeutung तेन प्रोक्तं (vgl. IV. 3. 101.) angefügt wird. Zu पाणिनीय vgl. 114.

65. Ein vârtika: संख्याप्रकृतेरिति वक्तव्यं ॥ इह मा भूत् । महावार्त्तिकं सूत्रमधीते । माहावार्त्तिकः ॥

66. IV. 3. 101. ff. werden von Namen alter Weisen Benennungen für die von diesen verkündeten छन्दांसि, ब्राह्मणानि u. s. w. gebildet werden. Diese Bildung ist aber eine bloss theoretische, da diese neuen Wörter nie in der Bedeutung gebraucht werden. Es werden aber von diesen Benennungen durch die Substitution eines लुक् für das neu anzufügende Affix (vgl. 64.) neue Wörter gebildet, die denjenigen bezeichnen, der das छन्दस्, ब्राह्मण u. s. w. liest oder erforscht hat. मौदाः und पैप्पलादाः sind nach IV. 1. 83. mit अण् abgeleitet; zu den andern Beispielen vgl. IV. 3. 101-111. – Hierzu folgende vârtika's: अन्यत्राभिधेयस्यानित्यत्वाच्छन्दोब्राह्मणानां तद्विषयवचनं ॥ १ ॥ सिद्धं तु प्रोक्ताधिकारे तद्विषयवचनात् ॥ २ ॥ तत्रैव याज्ञवल्क्यादिभ्यः प्रतिषेधः ॥ ३ ॥ इनिर्वा प्रोक्ते तद्विषयः ॥ ४ ॥

67. Vgl. V. 2. 94.

71. Ein vârtika: ओरञ्विधेर्नद्यां मतुश्चित्रप्रतिषिद्धं ॥ इक्षुमती ॥ Vgl. 85.

72. आहिमत und मालावत mit अण् nach IV. 1. 83.

74. Siddh. K. Bl. 74. a. अत्रवृत्त्यर्थ आरम्भः ॥

75. Siddh. K. ebend. कूपेष्विति निवृत्तं ॥

77. Vgl. 71, 73, 74, 85.

78. Vgl. zu I. 1. 72.

80. Calc. Ausg. und Siddh. K. °प्रगदिन्वराह°.

81. Vgl. I. 2. 54, 55. - IV. 1. 168. ff.

82. Siddh. K. Bl. 74. b. अजनपदार्थ आरम्भः ॥ Am Ende der Scholien lese man mit der Siddh. K. वरणाः ॥

86. Siddh. K. Bl. 75. a. अनघर्थ आरम्भः ॥

87. Vgl. VIII. 2. 9, 10. - Ein vârtika: महिषाच्चेति वक्तव्यं ॥ महिष्मान् देशः ॥

91. Ein vârtika: कुञ्चा ह्रस्वत्वं च ॥ Vgl. den gańa नडादि 2.

92. Die von 93. bis IV. 3. 24. ohne Angabe der Bedeutung aufzuführenden Affixe gelten nicht in den vorhergehenden Bedeutungen, sondern in denjenigen, welche IV. 3. 25-133. angegeben werden. Diese Bedeutungen umfasst unser Grammatiker mit dem Worte शेष; unser Commentator dagegen und Bhaṭṭogi verstehen unter शेष auch diejenigen Bedeutungen, welche von den vorhergehenden verschieden, von Pâńini aber übersehen worden sind. Die Affixe, welche शेषे ऽर्थे aufgeführt werden, heissen शैषिकाः. Die IV. 1. 83 — 89. erwähnten Affixe gelten noch immer fort.

93. Ein vârtika: अवारपाराद्विगृहीतादपीति वक्तव्यं ॥ १ ॥ अवारीणः । पारीणः ॥ Ein andres: विपरीताच्च ॥ पारावरीणः ॥

95. Ein vârtika: ग्रामाच्चेति वक्तव्यं ॥ ग्रामेयकः ॥ Das Wort ग्राम im gańa कत्त्र्यादि scheint demnach später hinzugefügt worden zu sein. Siddh. K. Bl. 75. a. ग्रामादित्यनुवृत्तेः । ग्रामेयकः ॥

99. Ein vârtika: वाल्ह्यूर्दिपर्दिभ्यश्चेति वक्तव्यं ॥ वाल्ह्यायनी (sic) । और्दायनी । पार्दायनी ॥

100. राङ्कवक nach **134.**

103. Siddh. K. Bl. 75. b. वर्णुनदस्तस्य समीपदेशो वर्णुः ॥

104. Hierzu folgende vârtika's: अमेहक्वतसित्रेभ्यस्त्यब्विधिर्यो ऽव्ययात् स्मृतः ॥ १ ॥ अमात्यः । इहत्यः । क्वत्यः । ततस्त्यः । तत्रत्यः । परिगणनं किं । औपरिष्टः ॥ इतरथा ह्यौत्तराहौपरिष्टपारतानां प्रतिषेधो वक्तव्यः ॥ २ ॥ त्यब्नेर्ध्रुवे ॥ ३ ॥ नित्यः ॥ निसो गते ॥ ४ ॥ निर्गतो वर्णाश्रमेभ्यः । निष्ट्यः (vgl. VIII. 3. 101.) चाण्डालादिः ॥ अरण्याण्णः (vgl. 129.) ॥ ५ ॥ आरण्याः सुमनसः ॥ दूरादेत्यः ॥ ६ ॥ दूरेत्यः पथिकः ॥ उत्तरादाहञ् ॥ ७ ॥ औत्तराहः ॥ अव्ययात् त्यप्याविष्ट्यस्योपसंख्यानं छन्दसि ॥ ८ ॥ आविष्ट्यो वर्धते चारुः ॥ अव्ययतीररूप्योत्तरपदोदीच्यग्रामकोपधविधेर्वृद्धाच्छो (vgl. 114.) विप्रतिषेधेन ॥ ९ ॥ अव्यय । आरातीयः । तीरोत्तरपद (vgl. 106.) । वायसतीरीयः । रूप्योत्तरपदे तु छापवादो योपधाद्वुञ् (vgl. 121.) । माणिरूप्यकः । उदीच्यग्राम (vgl. 109.) बाडवकर्षीयः । कोपध (vgl. 110.) । औलूकीयः ॥ तेभ्यष्ठञ्ञठौ (vgl. 116. ff.) ॥ १० ॥ विप्रतिषेधेनेत्येव । त्यबादिभ्य इत्यर्थः ॥ न वा ठञादीनां छापवादत्वात् तद्विषये चाभावादितरेषां ॥ ११ ॥ कोपधादणः (vgl. 132.) पुनर्वचनमन्यनिवृत्त्यर्थं ॥ १२ ॥ तस्मादन्तोदात्ते (vgl. 109.) कोपधप्रतिषेधः ॥ १३ ॥ छादेर्देशे कालाट्ठञित्येतद्भवति विप्रतिषेधेन (vgl. 114, 119. – IV. 3. 11.) ॥ १४ ॥ दाक्षिकर्षुकः । मासिकं ॥ नक्षत्रादण् (vgl. IV. 3. 16.) छाद्विप्रतिषेधेन ॥ १५ ॥ सौवातः ॥ अव्ययात् ट्युट्युलौ (g. IV. 3. 23.) छाद्भवतो विप्रतिषेधेन ॥ १६ ॥ प्रातस्तनं ॥ शरीरावयवाद्यत् (vgl. IV. 3. 55.) छाद्भवति विप्रतिषेधेन ॥ १७ ॥ पद्यं (von पाद; vgl. VI. 3. 53.) ॥ वर्गान्ताच्चाशब्दे यत्खौ (vgl. IV. 3. 64.) छाद्भवतो विप्रतिषेधेन ॥ १८ ॥ वासुदेववर्ग्यः । वासुदेववर्गीणः ॥ बह्वचो ऽन्तोदात्ताट्ठञ् (vgl. IV. 3. 67.) छाद्भवति विप्रतिषेधेन ॥ १९ ॥ सामस्तिकः ॥ आयस्थानेभ्यष्ठक् (vgl. IV. 3. 75.) छाद्भवति विप्रतिषेधेन ॥ २० ॥ आपणिकः ॥ विद्यायोनिसंबन्धेभ्यो वुञ् (vgl. IV. 3. 77.) छाद्भवति विप्रतिषेधेन ॥ २१ ॥ आचार्यकं । मातुलकं ॥ ऋतष्ठञ् (vgl. IV. 3. 78.) छाद्भवति विप्रतिषेधेन ॥ २२ ॥ शास्तृकं । भ्रातृकं ॥ रूप्यमयटौ (vgl. IV. 3. 81, 82.) छाद्भवतो विप्रतिषेधेन ॥

२३ ॥ वायुदत्तरूप्यं । वायुदत्तमयं ॥ अचित्ताट्ठक् (vgl. IV. 3. 96.) छाद्भवति विप्रतिषेधेन ॥ २४ ॥ पायसिकः ॥ गोत्रक्षत्रियाख्येभ्यो बहुलं वुञ् (vgl. IV. 3. 99.) छाद्भवति विप्रतिषेधेन ॥ २५ ॥ गार्गिकः । मालवकः ॥ णिनिरन्तेवासिब्राह्मणेभ्यश्छाद्भवति विप्रतिषेधेन (vgl. IV. 3. 104, 105.) ॥ २६ ॥ आरुणिनः । शाट्यायनिनः ॥ पत्रपूर्वादञ् (vgl. IV. 3. 122.) छाद्भवति विप्रतिषेधेन ॥ २७ ॥ वामी । वामं (Das Beispiel ist nicht richtig, es gehört zu IV. 3. 123. Vielleicht ist das vârtika entstellt, so dass ursprünglich beide Fälle darin enthalten wären.) ॥ द्वन्द्वाद्वुन् (vgl. IV. 3. 125.) वैरमैथुनिकयोश्छाद्भवति विप्रतिषेधेन ॥ २८ ॥ काकोलूकिका । श्वावराहिका ॥ गोत्रचरणाद्वुञ् (vgl. IV. 3. 126.) छाद्भवति विप्रतिषेधेन ॥ २९ ॥ गार्गकं । पैप्पलादकं ॥ कण्वादीञो ऽणिवधेः (vgl. 111, 112. - IV. 3. 126.) ॥ ३० ॥ वुञ् विप्रतिषेधेनेत्येवं । काण्वकं । दाक्षकं ॥ ठञ्ञठाभ्यामौर्देशे ठञ् (vgl. 117-119.) ॥ ३१ ॥ नापितवास्तुकः ॥ न वा ठञो ऽनवकाशत्वात् ॥ ३२ ॥ योपधप्रस्थादीनां वुञ् (vgl. 121, 122.) ठञ्ञठाभ्यां (vgl. 117, 118.) भवति विप्रतिषेधेन ॥ ३३ ॥ दाशरूप्यकः । यातानप्रस्थकः ॥ ओश्ञो (vgl. 119.) वुञ् (vgl. 121.) भवति विप्रतिषेधेन ॥ ३४ ॥ आप्रातिमायवकः ॥ जनपदानामञाणौ (vgl. 125, 132.) ओश्ञो (vgl. 119.) भवतो विप्रतिषेधेन ॥ ३५ ॥ जैह्नवकः । ऐक्ष्वाकः ॥ न वा वुञपवादत्वादणः ॥ ३६ ॥ कोपधादणो (vgl. 132.) ऽकेकान्ताच्छः (vgl. 141.) ॥ ३७ ॥ ब्राह्मणकीयः ॥ धन्ववुञश्छो (vgl. 121, 141.) भवति विप्रतिषेधेन ॥ ३८ ॥ आष्टकीयः ॥ न वा छस्य पुनर्वचनं (in 141; vgl. 114.) छापवादनिवृत्त्यर्थं ॥ ३९ ॥

105. Vgl. IV. 3. 23.

106. Vgl. vârtika 9. zu 104. - Siddh. K. Bl. 75. b. तीररूप्यान्तादिति नोक्तं बहुच्पूर्वान्मा भूत् । बाहुरूप्यं ॥

107. Vgl. II. 1. 50, 51.

109. Vgl. vârtika 9, 13. zu 104.

111. Vgl. vârtika 30. zu 104. - Ueber कण्वादि

s. zu IV. 1. 18. - काण्व und गौकक्ष von काण्व्य und गौकक्ष्य; vgl. VI. 4. 148, 151.

112. Siddh. K. Bl. 76. a. गोत्रमिह शास्त्रीयं न तु लौकिकं ॥ Vgl. vârtika 2. zu IV. 1. 19. und vârtika 30. zu 104.

113. Zu प्राच्यभरतेषु vgl. zu II. 4. 66.

114. Vgl. vârtika 9-11, 14-29. zu 104.

115. Vgl. I. 1. 74. und zu IV. 1. 6.

117. 118. Vgl. vârtika 31, 33. zu 104.

119. Vgl. vârtika 14, 31, 34, 35. zu 104.

121. Vgl. vârtika 9, 33, 34, 38. zu 104.

122. Vgl. vârtika 33. zu 104.

124. Kâçikâ: वृद्धादित्येव । देश इति च । तद्विशेषणं जनपदतदवधी । . . । छस्यापवादः । . . । तदवधिरपि जनपद एव गृह्यते न ग्रामः ॥

125. Vgl. vârtika 35. zu 104.

126. Kâçikâ: °वक्रगर्तोत्तरपदात् ॥ vgl. jedoch 137.

129. Ein vârtika: पथ्यध्यायन्यायविहारमनुष्यहस्तिष्विति वक्तव्यं ॥ आरण्यकः पन्थाः u. s. w. Ein andres: वा गोमयेषु ॥ आरण्यकाः । आरण्या गोमयाः ॥ Vgl. vârtika 5. zu 104.

130. Vgl. 133.

132. Man lese in den Scholien ऐक्ष्वाकः, und vgl. VI. 4. 174. - Vgl. 119. und vârtika 35-37. zu 104.

133. Siddh. K. Bl. 77. a. वुञादेरपवादः ॥

137. Ein vârtika: गर्तोत्तरपदाच्छविधेर्जनपदाद्वुञ् (vgl. 124.) विप्रतिषिद्धं ॥ पूर्वविप्रतिषेधो ऽयं ॥

138. Ein vârtika: महादिषु पृथिवीमध्यस्य मध्यमभावो ऽण् वक्तव्यः ॥ Ein andres: चरणसंबन्धेन निवासलक्षणो (vgl. IV. 3. 89.) ऽण् वक्तव्यः ॥ Vgl. zu IV. 3. 60.

141. Ein vârtika: ईकान्तादपीति वक्तव्यं ॥ रौपीकीयः ॥ Patańgali: अकेकान्तग्रहणे कोपधग्रहणं सौसुकार्थं ॥ सौसुकीयं ॥ Vgl. vârtika 37-39. zu 104.

142. Calc. Ausg. in den Scholien वुञ् für छः. Siddh. K. Bl. 77. a. ठञ्ञिठादेरपवादः ॥ Vgl. 117. ff.

144. Calc. Ausg. in den Scholien: पार्वतीयानि.

145. Die Handschriften und Kâçikâ: भारद्वाजे; Siddh. K. ein Mal भारद्वाज, und zwei Mal भरद्वाजे.

Drittes Kapitel.

---

4. Ein vârtika: अर्धाद्यद्विधाने सपूर्वाट्ठञ् ॥ बालेयार्धिकः । गौतमार्धिकः ॥ Ein andres: दिक्पूर्वपदाच्च ॥ चकाराट्ठञ् ॥

6. Calc. Ausg. पौर्वार्ध्य für पूर्वार्ध्य.

8. Kâçikâ: आदेश्चेति वक्तव्यं ॥ आदिमः (vgl. zu 23.) ॥ अवोधसोर्लोपश्च ॥ अवमं । अधमं ॥

9. सांप्रतिक heisst „passend, angemessen"; vgl. Bhaṭṭogi's Erklärung von सांप्रतं zu II. 3. 1. Das Adjectiv मध्य bedeutet: die Mitte zwischen zwei Extremen, das rechte Maass haltend; so erklärt Bhaṭṭogi z. B. मध्यं दारु durch नातिह्रस्वं नातिदीर्घं; vgl. Siddh. K. Bl. 77. b.

11. Vgl. vârtika 14. zu IV. 2. 104.

12. 13. Ausnahmen zu 16.

15. Zur Form श्रौवस्तिक vgl. VII. 3. 4.

16. Wenn Pâṅini न für अण् gesagt hätte, dann würde wohl an die Mehrzahl der in der Regel enthaltenen Wörter nach IV. 1. 83. अण् gefügt werden, aber diejenigen Wörter, deren 1te Silbe eine vṛiddhi enthält, würden nach IV. 2. 114. छ annehmen müssen. — Vgl. vârtika 15. zu IV. 2. 104.

22. Es ist spitzfindig, wenn unser Commentator und Bhaṭṭogi durch das auf अण् folgende च auch die regelmässige Ableitung हैमन्त mit अण् nach 16. zu erklären suchen. Das च verbindet bloss अण् mit तलोपः; ein solches च nach dem 1ten Gliede kommt sehr häufig vor. Pâṅini hat die Form हैमन्त übersehen; man vgl. folgende vârtika's: हेमन्तस्याणि तलोपवचनमनर्थकं हेम्नः प्रकृत्यन्तरत्वात् ॥ १ ॥ सर्वत्राणित्येव कर्तव्यमिति भावः ॥ अलोपदर्शनाच्च ॥ २ ॥ हैमन्ती पङ्क्तिरिति ॥

23. Vgl. vârtika 16. zu IV. 2. 104. - Hierzu folgende vârtika's: चिरपरुत्परारिभ्यस्त्नो वक्तव्यः ॥ १ ॥ चिरत्नं । परुत्नं । परारित्नं ॥ प्रगस्य (hiervon प्रगे) छन्दसि गलोपश्च ॥ २ ॥ प्रत्नं ॥ अग्रादिपश्चाड्डिमच् ॥ ३ ॥ अग्रिमं । आदिमं (vgl. zu 8.) । पश्चिमं । अन्ताच्च ॥ ४ ॥ अन्तिमं ॥

24. Vgl. VI. 3. 17.

25. Vgl. zu den Beispielen IV. 1. 83, 86. - IV. 2. 93, 94. - Vgl. noch vârtika 2. zu IV. 2. 8.

31. Man lese in den Scholien: वुन् für वुञ्.

32. Calc. Ausg. सिन्ध्वपकाराभ्यां कन् ॥

34. Siddh. K. °फाल्गुन्य.° - अण् müsste Statt finden nach 16. - Hierzu folgende vârtika's: लुक्प्रकरणे चित्रारेवतीरोहिणीभ्यः स्त्रियामुपसंख्यानं ॥ १ ॥ चित्रायां जाता । चित्रा । अणो लुकि न ङीप् (vgl. IV. 1. 15.) । रेवती । रोहिणी । गौरादित्वान्ङीष् ॥ फल्गुन्यषाढाभ्यां (Siddh. K. फा°) टानौ वक्तव्यौ ॥ २ ॥ ट । फल्गुनी । अन् । अषाढा ॥ श्रविष्ठाषाढाभ्यां छण् ॥ ३ ॥ श्राविष्ठीयः । आषाढीयः ॥ न वा नक्षत्रेभ्यो बहुलं लुग्वचनात् (vgl. 37.) ॥ ४ ॥ Wenn ein लुक् für ein taddhita-Affix substituirt wird, findet nach I. 2. 49. auch ein लुक् des Feminin-Affixes Statt.

36. Siddh. K. hat वत्सशाल für °शाला°. Beide Formen sind richtig; vgl. II. 4. 25. - Neben शतभिषज् und

ग्रातभिपज्ञ giebt es noch eine Ableitung ग्रातभिप; vgl. vârtika 2. zu IV. 2. 8.

37. Zur Form मार्गशीर्ष vgl. VI. 1. 62.

38. 39. 41. Vgl. zu den Beispielen IV. 1. 83. - IV. 2. 93.

43. 44. Vgl. zu den Beispielen 16, 22.

47. Vgl. 11.

48. Siddh. K. Bl. 79. a. यस्मिन् काले मयूराः कलापिनो भवन्ति स उपचारात् कलापी ॥

51. 52. Vgl. zu den Beispielen 14. - Kâçikâ: सोढं जितमभ्यस्तमिति ॥

53. Ein vârtika: तत्रप्रकरणे पुनस्तत्रवचनं कालनिवृत्त्यर्थं ॥ Zu den Beispielen vgl. IV. 1. 83. - IV. 2. 93.

55. Vgl. vârtika 17. zu IV. 2. 104.

58. Ein vârtika: ञ्यप्रकरणे परिमुखादिभ्य उपसंख्यानं ॥ अग्रिमसूत्रविषयकमेतत् । पारिमुख्यं । पारिहनव्यं ॥ Ein andres: अव्ययीभावाद्विधान उपकूलादिभ्यः प्रतिषेधः ॥ Kâçikâ: चतुर्मासाद्यज्ञे ञ्यो वक्तव्यः ॥ चातुर्मास्यो यज्ञः । चातुर्मासो ऽन्यः ॥

60. Hierzu folgende kârikâ's:

समानस्य तदादेश्च अध्यात्मादिषु* चेष्यते ।
ऊर्ध्वंदमाच्च देहाच्च लोकोत्तरपदस्य च ॥ १ ॥
मुखपार्श्वतसोरीयः कुग्जनस्य परस्य च ।
ईयः कार्यो ऽथ मध्यस्य मण्मीयौ प्रत्ययौ तथा ॥ २ ॥
मध्यो मध्यंदिनण् चास्मात् स्याम्नो लुगजिनात् तथा ।
वाह्यो दैव्यः पाञ्चजन्यो ऽथ गम्भीराञ्ञ्य इष्यते ॥ ३ ॥

*Zu diesen gehört unter andern अधिदेव und अधिभूत. - Zum Verständniss der kârikâ's mögen folgende Beispiele dienen: सामानिकं । सामानग्रामिकं । आध्यात्मिकं । और्ध्वंदमिकं । और्ध्वंदेहिकं । ऐहलौकिकं पारलौकिकं (vgl. VII. 3. 20.) । मुखतीयं पार्श्वतीयं जनकीयं परकीयं (vgl. IV. 2. 138. und den gaṅa गहादि) ।

माध्यमं मध्यमीयं (vgl. die vârtika's zu IV. 2. 138.) । मा-ध्यंदिनं (für मध्य wird मध्यंदिन् substituirt, und an dieses अण् gefügt) । अश्वत्थामा (vgl. zu IV. 1. 85.) । वृकाजिनः । सिंहाजिनः ॥ Was das गम्भीरादृयः am Ende der letzten kârikâ zu bedeuten hat, weiss ich nicht; vgl. 58.

64. Vgl. vârtika 18. zu IV. 2. 104.

66. Die Kâçikâ fasst व्याख्यान (°ने) als 7ten Casus vom nomen actionis व्याख्यान, was vielleicht vorzuziehen ist. तैङ kommt von तिङ्, कार्त von कृत्. – Hierzu folgende vârtika's: भवव्याख्यानयोर्युगपदधिकारो ऽपवादविधानार्थः ॥ १ ॥ भवे मन्त्रेषु लुग्वचनं ॥ २ ॥ अग्निष्टोमे भवो मन्त्रः । अग्निष्टोमः । राजसूयः । वाजपेयः ॥ कल्पे च व्याख्याने ॥ ३ ॥ अग्निष्टोमस्य व्याख्यानं कल्पः । अग्निष्टोमः । वाजपेयः ॥

67. षत्वणत्व ist ein Oxytonon nach VI. 1. 223., संहिता ein Paroxytonon nach VI. 2. 49. – Vgl. vârtika 19. zu IV. 2. 104.

68. Siddh. K. Bl. 80. a. सोमसाध्येषु यागेष्वेतौ प्रसिद्धौ (vgl. die Scholien zu II. 4. 4. – V. 1. 95.) तत्रान्यतरोपादानेन सिद्धे उभयोरुपादानसामर्थ्यादसोमका अपीह गृह्यन्ते । . . । बहुवचनं स्वरूपविधिनिरासार्थं । अनन्तोदात्तार्थ आरम्भः ॥

69. Unter ऋषि versteht Pâṇini diejenigen Weisen, welche eine Hymne erschaut haben (मन्त्रद्रष्टारो वसिष्ठादयः; vgl. die Scholien zu IV. 1. 114., und Colebr. Ess. I. S. 21. ff.). Durch eine elliptische Uebertragung (लक्षणा) heisst die Hymne selbst auch ऋषि; so z. B. in unserm sûtra. Siddh. K. Bl. 80. a. ऋषिशब्देभ्यो लक्षणया व्याख्येयग्रन्थवृत्तिभ्यो भवे व्याख्याने चाध्याये ठञ् स्यात् । वसिष्ठेन दृष्टो मन्त्रो वासिष्ठस्तस्य व्याख्यानस्तत्र भवो वा वासिष्ठिको ऽध्यायः ॥

70. Siddh. K. ebend. पुरोडाशसहचरितो मन्त्रः पुरोडाशः । स एव पौरोडाशः ॥

71. Zu ऋत् vgl. I. 1. 72. - Ein vârtika: नामाख्यातग्रहणं संघातविगृहीतार्थं ॥ नामाख्यातिकः । नामिकः । आख्यातिकः ॥

74. Zu den Beispielen vgl. IV. 1. 83. - IV. 2. 93.

75. Vgl. vârtika 20. zu IV. 2. 104.

77. 78. Vgl. vârtika 21, 22. zu IV. 2. 104.

79. Ueber die Form पित्र्य s. zu VII. 4. 27. und Comm. s. l. Yaçna S. 367.

80. Kâçikâ: ऽपत्याधिकारादन्यत्र लौकिकं गोत्रमपत्यमात्रं गृह्यते. - Vgl. IV. 3. 126. ff. वुञपि . . न त्वणेव am Ende der Scholien heisst: „nicht bloss अण्, sondern auch वुञ्.

81. 82. Vgl. vârtika 23. zu IV. 2. 104.

85 - 87. Vgl. zu den Beispielen IV. 1. 83. - IV. 2. 93. - Patanǵali zu 86.: अचेतनेष्वपि चेतनावदुपचारा दृश्यन्ते ॥ Ein vârtika zu 87.: लुबाख्यायिकाभ्यो बहुलं ॥ वासवदत्तामधिकृत्य कृतो ग्रन्थः । वासवदत्ता । सुमनोत्तरा । न च भवति । भैमरथी ॥

88. Ein vârtika: द्वन्द्वे देवासुरादिभ्यः प्रतिषेधः ॥ दैवासुरं । दैवासुरी । राक्षोसुरं । राक्षोसुरी ॥ Vgl. zu 125.

89. 90. Vgl. zu den Beispielen IV. 1. 83. - IV. 2. 93. - Patanǵali: निवासो नाम यत्र संप्रत्युष्यते । अभिजनो नाम यत्र पूर्वैरुषितं ॥ Kâçikâ: अभिजनाः पूर्वे बान्धवाः । तत्संबन्धाद्देशोऽप्यभिजन उच्यते ॥

95. Vgl. zu den Beispielen IV. 1. 83. - IV. 2. 93.

96. Vgl. vârtika 24. zu IV. 2. 104.

99. Vgl. vârtika 25. zu IV. 2. 104.

100. Die Gleichheit der Formen im Plural entsteht durch den Abfall des tadrâǵa-Affixes; vgl. II. 4. 62. Zu मद्रक und वृजिक vgl. IV. 2. 131.

101. Zuweilen wird gar kein Affix angefügt; vgl. zu 133.

102 — 111. Vgl. zu IV. 2. 66.

102. Kâçikâ: छन्दसि चायमिष्यते ॥ तित्तिरिणा प्रोक्ताः श्लोकाः । अत्र न भवति ॥

104. Vgl. 107 - 109. - Calc. Ausg. अर्चाभिनः. Vgl. noch vârtika 26. zu IV. 2. 104.

105. Vgl. die vârtika's zu IV. 2. 66. und vârtika 26. zu IV. 2. 104. - Hierzu folgende vârtika's: याज्ञवल्क्यादिभ्यः प्रतिषेधस्तुल्यकालत्वात् ॥ १ ॥ याज्ञवल्क्यानि ब्राह्मणानि । सौलभानि ॥ कृते ग्रन्थे मक्षिकादिभ्यो ऽण् ॥ २ ॥ तद्विषयेभ्यश्च ॥ ३ ॥

107. Ausnahmen zu IV. 1. 83. und IV 3. 104.

108. 109. Ausnahmen zu 104. Zur Anfügung von अण् vgl. vârtika 1. zu VI. 4. 144.

110. Kâçikâ: णिनिरिहानुवर्तते न छिनुक् ॥ Man schreibe in den Scholien शिलालिन्, und vgl. vârtika 1. zu VI. 4. 144. - Zur Form पाराशरिन् vgl. VI. 4. 148, 151.

112. Kâçikâ: एकदिक् समानदिगित्यर्थः ॥

117. Calc. Ausg. पौतिकं.

120. Beispiele zu IV. 1. 83. - IV. 2. 93. - Folgende vârtika's bestimmen das इदं näher: स्वे ग्रामजनपदमनुष्येभ्यः ॥ १ ॥ ग्राम । स्रौघ्नः । माथुरः । जनपद । आङ्गकः । वाङ्गकः । मनुष्य । दैवदत्तः ॥ पत्त्राद्वाह्ये ॥ २ ॥ पत्त्रं वाहनं । अश्वस्येदं वहनीयं । आश्वं । औष्ट्रं । पत्त्राध्वर्युपरिषदश्चेत्यञ् (123.) ॥ रथाद्रथाङ्गे ॥ ३ ॥ रथात् यत् (121.) । रथ्यं चक्रं । अञ् । आश्वरथं (vgl. 122.) ॥ वहेस्तुरणिट् च ॥ ४ ॥ तृच्प्रत्ययान्ताद्वहधातोरण् । तृच इट् च । संवोढुः स्वं । सांवहित्रं ॥ अग्नीधः शरणे रण् भं च ॥ ५ ॥ आग्नीध्रं (vgl. VI. 4. 148.) होतुर्गृहं ॥ समिधामाधाने षेण्यण् ॥ ६ ॥ सामिधेन्यो मन्त्रः । सामिधेनी ऋक् ॥ चरणाद्धर्माम्नाययोः ॥ ७ ॥ कठानां धर्म आम्नायो वा । काठकं । पैप्पलादक । गोत्रचरणाद्वुञ् (126.) ॥ Letztere Bestimmung muss aus einem frühern grammatischen Werke entlehnt sein, da schon Pâṅini ihre Bekanntschaft voraussetzt, indem er IV. 2. 46. चरणेभ्यो धर्मवत् sagt. Es ist aber auch möglich, dass Pâṅini in der Ueberzeugung, dass die Regel IV. 3. 126. ff. nicht verfehlt werden würde, da sie bis auf V. 1. 134. die einzige im Abschnitt der taddhita-Affixe ist, welche von चरण handelt, धर्मवत् sagte, um die gangbarste Bedeutung, in der das Affix वुञ् u. s. w. an diese Namen gefügt wird, näher zu bezeichnen.

121. Vgl. vârtika 10. zu I. 1. 72.

122. 123. Vgl. vârtika 27. zu IV. 2. 104.

125. Vgl. vârtika 28. zu IV. 2. 104. - Ein vârtika: वैरे देवासुरादिभ्यः प्रतिषेधः ॥ दैवासुरं । राक्षोसुरं ॥ Vgl. zu 88.

126. Vgl. vârtika 29, 30. zu IV. 2. 104., und vârtika 7. zu 120. Das Affix वुञ् wird an ein gôtra auch in der Bedeutung von अङ्क angefügt; vgl. die Indischen Scholien zu 80. चरण bedeutet nicht bloss einen Abschnitt (auch शाखा genannt) des Veda, sondern auch die Person, die dieses चरण vorträgt; vgl. Siddh. K. Bl. 34. a. und zu II. 4. 3.

127. Vgl. IV. 1. 95, 104, 105. Zum Ausfall der Silbe य in गार्ग्य vor अण् vgl. VI. 4. 148, 151. - Ein vârtika: संघादिषु घोषग्रहणं कर्तव्यं ॥ Siddh. K. Bl. 82. a. परंपरासंबन्धो ऽङ्कः । साक्षात् तु लक्षणं ॥

128. Vgl. das vorhergehende vârtika und 126.

129. Siddh. K. Bl. 82. a. चरणाद्धर्माम्नाययोरित्युक्तं (vgl. vârtika 7. zu 120.) । तस्मादिह चर्यान्नटशब्दादपि तयोरेव ॥

130. Ausnahme zu 126. Kâçikâ: गोत्रग्रहणमिहानुवर्तते । तेन वुञः प्रतिषेधो विज्ञायते । गौकाक्षा (richtiger als कौकाक्षाः; vgl. die gaṅa's क्रौड्यादि und गर्गादि) दण्डमाणवाः । अन्तेवासिनो वा ॥

132. Ausnahme zu 126. – Diese Regel ist ursprünglich ein vârtika und ist erst später unter die sûtra's aufgenommen worden. Bhaṭṭogi führt dieselbe daher mit Recht unter der Form eines vârtika in seiner Grammatik auf.

133. Da das vorhergehende sûtra ein später eingeschobenes ist, dürfen wir nicht daraus अण् ergänzen; es verbessert daher ein vârtika: अण् च वक्तव्यः ॥ Der Verfasser des Bhâshya verwirft das ganze sûtra, indem er sagt: तेन प्रोक्तमिति (101.) प्रकृत्य ऋषिभ्यो लुग्वक्तव्यः ॥ Man sagt demnach: वसिष्ठो ऽनुवाकः । विश्वामित्रो ऽनुवाकः ॥ Er fährt nun so fort: अथर्वणो वा ॥ Hierzu folgende Scholion: लुगित्येव । अथर्वा । आथर्वणः । अथर्वणा प्रोक्त एव आथर्वणिकानां धर्म आम्नायो वा न त्वन्यः । आथर्वणिकशब्दात् तु न प्रत्ययो ऽनभिधानात् । एवं च सूत्रं न कार्यमिति फलितं ।

134. Ein vârtika: तस्यप्रकरणे (vgl. 120) तस्यपुनर्वचनं शैषिकनिवृत्त्यर्थं ॥ Es gelten demnach die Affixe von IV. 2. 93. ff. nicht mehr, wohl aber अण् u. s. w.; vgl. IV. 1. 83.

135. Vgl. 154.

136—138. Ausnahmen zu 139, 140. – 136. Ein vârtika: त्रिलुग्वादिषु गोत्रयुक्ताग्रहणं मयट्प्रतिषेधार्थं ॥ Vgl. 143.

143. A., C. und Kâçikâ: °भक्ष्याच्छादनयोः; vgl. zu IV. 2. 16. – Man lese in den Scholien आश्नं für आश्मनं, und vgl. vârtika 2. zu VI. 4. 144. – Hierzu folgende vârtika's: मयड्वैतयोर्वचनमपवादविषये ऽनिवृत्त्यर्थं ॥ १ ॥ एतयोरित्यर्थनिर्देशः ॥ २ ॥

144. Siddh. K. Bl. 82. b एकाचो नित्यं । त्वङ्मयं । वाङ्मयं । कथं तर्हि आप्यमन्मयमिति । तस्येदमित्यणन्तात् स्वार्थे ष्यञ् ॥

146. Siddh. K. Bl. 82. b. कथं पैटी सुरेति सामान्यविवक्षायां तस्येदमित्यण् (vgl. 120.) ॥

148. Ausnahme zu 136.

152. 153. Ausnahmen zu 140, 143, 144.

154. Vgl. V. 1. 10.

155. Ausnahme zu 144. – Zu den Beispielen vgl. 139, 142, 154, 157, 159, 168. – In वैद ist auch ein ञित्-Affix (vgl. IV. 1. 104.) enthalten, dieses ist aber nicht विकारावयवयोरर्थयोः angefügt worden.

156. Es werden die Affixe von V. 1. 19. ff. angefügt. – Hierzu folgende vârtika's: क्रीतवत् परिमाणादङ् (im Fall kein Affix angefügt wird) च ॥ १ ॥ अणो (134, 135, 137.) वृद्धान्मयट् (144.) ॥ २ ॥ विप्रतिषेधेनेति शेषः ॥ ओरञो ऽनुदात्तादेरञश्च (139, 140.) ॥ ३ ॥ मयडित्येव ॥ मयटः प्राण्यञ् (154.) विप्रतिषेधेन ॥ न वानवकाशत्वादपवादो मयट् ॥ ५ ॥ तस्मान्मयड्विधाने प्राण्यप्रतिषेधः ॥ ६ ॥

157. Ausnahme zu 154.

158. क्षौम mit अण् nach 135, और्ण mit अञ् nach 140.

163. Siddh. K. Bl. 251. a. im Lingânuçâsana: फलजातिः (ergänze नपुंसकं) ॥ फलजातिवाची शब्दो नपुंसकं स्यात् । आमलकं । आम्रं ॥

166. Hierzu folgende vârtika's: लुप्प्रकरणे फलपाकशुषामुपसंख्यानं ॥ १ ॥ व्रीहयः । यवाः । माषाः । मुद्गाः ॥ पुष्पमूलेषु बहुलं ॥ २ ॥ मल्लिकायाः पुष्पं । मल्लिका । विदार्या मूलं । विदारी । न च भवति । पाटलानि पुष्पाणि । साल्वानि मूलानि ॥ Siddh. K. Bl. 83. a. बाहुलकात् (im vârtika; s. zu II. 1. 32.) क्वचिल्लुक् । अशोकं । करवीरं ॥

167. Vgl. vârtika 1. zu I. 2. 52. – Bhattogi erklärt diese Regel 2 Mal: Siddh. K. Bl. 74. b. und 83. a. Das erste Mal lautet dieselbe: हरीतक्यादिषु व्यक्तिः ॥ und ist nicht etwa unser sûtra, sondern das vârtika, auf welches ich so eben verwiesen habe.

168. Vor der Anfügung des neuen Affixes wird ein

लुक् für das alte substituirt; und zwar bei कंसीय für छ (vgl. V. 1. 1.), bei परशव्य für यत् (vgl. V. 1. 2.). Es werden demnach die neuen Affixe an die Themata कंस und परशु gefügt.

Viertes Kapitel.

1. Hierzu folgende vârtika's: ठक्प्रकरणे तदाहेति माशब्दादिभ्य उपसंख्यानं ॥ १ ॥ माशब्द इत्याह (Siddh. K. Bl. 83. a. माशब्दः कारी इति य आह स) । माशब्दिकः । नैत्यशब्दिकः ॥ आहौ प्रभूतादिभ्यः ॥ २ ॥ प्रभूतमाह । प्राभूतिकः (vgl. die Scholien zu VII. 3. 7.) ॥ पृच्छतौ सुस्नातादिभ्यः ॥ ३ ॥ सुस्नातं पृच्छति । सौस्नातिकः ॥ गच्छतौ परदारादिभ्यः ॥ ४ ॥ परदारान् गच्छति । पारदारिकः ॥

8. Siddh. K. Bl. 83. b. तृतीयान्ताद्गच्छति भक्षयतीत्यर्थयोष्ठक् स्यात् । . . । दध्ना भक्षयति । दाधिकः ॥

9. Bhaṭṭogi erwähnt eine Lesart: आकर्षात्; vgl. V. 2. 64.

10. Siddh. K. Bl. 83. b. येन पीठेन पङ्गवश्चरन्ति स पर्पः ॥

11. Vgl. zu VII. 3. 8.

12. Calc. Ausg. ठञ् fur ठक् in den Scholien.

13. Kâçikâ und Siddh. K. क्रयविक्रयग्रहणं संघातविगृहीतार्थं ॥ क्रयिकः । विक्रयिकः ॥

14. Zum Thema छ vgl. zu IV. 1. 17.

17. Kâçikâ liest: विभाषा विवधवीवधात् ॥ Der Zusatz ist aus folgendem vârtika entlehnt: वीवधाच्चेति वक्तव्यं ॥ Siddh. K. Bl. 84. a. विवधवीवधशब्दौ उभयतो बद्धशिक्ये स्कन्धवाह्ये काष्ठे वर्तेते ॥

18. Calc. Ausg. लौहं für लोहं.

20. Vgl. III. 3. 88. - Siddh. K. Bl. 209. a., Laghu-K. S. 161. und in den Scholien zu Bhaṭṭi-K. IV. 37. finde ich die Lesart क्त्रेर्मम्नित्यं ॥ Zur महाविभाषा vgl. IV. 1. 82. Folgendes vârtika spricht sich deutlicher über नित्यं aus: क्त्रेर्मम्नित्यवचनं विषयार्थं ॥ केवलक्त्र्यन्तेन वाक्यं मा भूदिति भावः ॥ Ein andrer lehrt: तत्र यथाधिकारं तद्विषयताप्रसङ्गः ॥ पक्त्र्या निर्वृत्तमिति वाक्यं निवृत्तं । पक्त्रिः क्रियत इत्यादि वाक्यं तु प्रसज्येत इति भावः ॥ Ein 2tes vârtika lautet: एवं तर्हि भाव इति प्रकृत्य इमब्वक्तव्यः ॥ कुट्टिमा भूमिः । सेक्त्रिमोऽसिः ॥

23. Patanǵali: इनिनैतन्मत्वर्थीयेन (vgl. V. 2. 115.) सिद्धं ॥

24. Hierzu folgende vârtika's: लवणाल्लुग्वचनानर्थक्यं रसवाचित्वात् ॥ १ ॥ असंसृष्टे च दर्शनात् ॥ २ ॥

28. Der 2te Casus ist adverbialisch (क्रियाविशेषण) zu fassen. तत् ist der Deutlichkeit wegen hinzugefügt worden, da die Adverbia in ihrer aufgelösten Form aufgeführt werden.

29. Siddh. K. Bl. 84. a. चात् पारिपार्श्विकः ॥

30. Ein vârtika: प्रयच्छति गर्ह्याय ॥ चतुर्थ्यन्तात् प्रत्ययो विधेय इति भावः ॥ Siddh. K. Bl. 84. a. वृद्धेर्वृधुषिभावो वक्तव्यः ॥ वार्धुषिकः ॥

31. Calc. Ausg. कुसीददशैकादशाभ्यां ष्ठन्ष्ठचौ ॥

35. Siddh. K. Bl. 84. b. स्वरूपस्य पर्यायाणां विशेषाणां च ग्रहणं मत्स्यपर्यायेषु मीनस्यैव ॥ Vgl. vârtika 4. zu I. 1. 68.

36. Siddh. K. Bl. 84. b. fügt noch hinzu: परिपन्थं हन्ति पारिपन्थिकः ॥

41. Ein vârtika: अधर्माच्च ॥ आधर्मिकः ॥

47. Kâçikâ: धर्म्यं न्याय्यमाचारयुक्तमित्यर्थः ॥

49. Hierzu folgende vârtika's: नृनराभ्यां चेति वक्तव्यं ॥ १ ॥ नुर्नरस्य वा धर्म्या । नारी ॥ विशसितुरिड्लोपश्चाञ् च वक्तव्यः ॥ २ ॥

विशसितुर्धर्म्यं । वैशस्त्रं ॥ विभाजयितुर्णिलोपश्चाज् च वक्तव्यः ॥ ३ ॥ विभाजयितुर्धर्म्यं । वैभाजित्रं ॥

50. Siddh. K. Bl. 85. a. राजग्राह्यं द्रव्यमवक्रयः ॥

53. किसर und die übrigen zum gaṇa gehörigen Wörter sind Benennungen für verschiedene wohlriechende Sachen; vgl. Siddh. K. ebend.

54. Calc. Ausg. ठन् für ष्ठन् in den Scholien.

55. Patanǵali: एवं तर्ह्युत्तरपदलोपो ऽत्र द्रष्टव्यः ॥

59. Patanǵali: इकगुच्यते ॥

60. Siddh. K. Bl. 85. a. अस्ति परलोक इत्येवं मतिर्यस्य स आस्तिकः ॥

63. Siddh. K. ebend. ऐकान्यिकः । यस्याध्ययने प्रवृत्तस्य परीक्षाकाले विपरीतोच्चारणरूपं स्खलितमेकं जातं सः ।

65. Man vgl. zu den Scholien folgendes vârtika: हितं भक्षा इति चतुर्थीनिर्देशः ॥ und Patanǵali's Entgegnung: एवं वक्ष्यामि हितं भक्षास्तदस्मै । ततो दीयते नियुक्तं ॥ Zu भक्ष vgl. zu IV. 2. 16.

66. Kâçikâ: नियोगेनाव्यभिचारेण दीयत इत्यर्थः ॥ Calc. Ausg. अग्रभोजनं ॥

67. Kâçikâ und Siddh. K. मांसौदनग्रहणं संघातविगृहीतार्थं ॥ मांसौदनिकः । मांसिकः । औदनिकः ॥

69. Das Beispiel in unsrer Ausgabe ist aus der Siddh. K. entlehnt; die Calc. Ausg. hat: देवगारे (sic) नियुक्तः । दैवागारिकः ॥

71. Kâçikâ: अध्ययनस्य यौ देशकालौ शास्त्रेण प्रतिषिद्धौ तावदेशकालशब्देनोच्येते ॥ Vgl. Manu IV. 113, 116.

72. Siddh. K. Bl. 85. b. वांशकठिनिकः । वंशाः वेणवः कठिना यस्मिन् देशे स वंशकठिनः । तस्मिन् देशे या क्रिया यथानुष्ठेया तां तथैवानुतिष्ठतीत्यर्थः ॥

76. Vgl. vârtika 10. zu I. 1. 72.

78. 79. Siddh. K. Bl. 85. b. सर्वधुरं (sic) वहति . . । एकधुरं (sic) वहति ॥

82. Die Handschriften und Kâçikâ: जन्याः. Auch der Verfasser der vârtika's hat so gelesen, wie wir aus dem 2ten hier folgenden vârtika ersehen können; vorausgesetzt, dass der sandhi darin genau beobachtet worden ist: जनन्या जनीभावो निपात्यते यच्च प्रत्ययः ॥ १ ॥ जन्या इति निपातनानर्थक्यं पञ्चमीनिर्देशात् ॥ २ ॥

83. Für पाद् wird nach VI. 3. 53. पद् substituirt. – Ein vârtika: विध्यत्यकरणेनेति वक्तव्यं ॥ इह मा भूत् । शर्कराभिर्विध्यति ॥

84. लब्धा ist der 1te Casus von लब्धृ.

88. Siddh. K. Bl. 86. a. आवर्हिणामावर्हः (lies आव-र्हणामा°) उत्पाटनं तदस्यास्तीति आवर्हि मूलं ॥

91. Vgl. vârtika 10. zu I. 1. 72.

95. 96. Zur Substitution von हृद् vgl. VI. 3. 50. Bhattogi verweist fälschlich auf VI. 1. 63.

97. Vgl. vârtika 10. zu I. 1. 72.

99. Siddh. K. Bl. 86. a. प्रतिजनं साधुः प्रातिजनीनः ॥

101. Siddh. K. ebend. परिषद् इति योगविभागाण्णो ऽपि । पारिषदः ॥

106. Vgl. Rig-V. XCI. 20.

107–109. Vgl. VI. 3. 87, 88. zur Substitution von स. सोदर ist ein ungebräuchliches Thema; die Substitution von स erfolgt erst beim abgeleiteten Worte.

110. Siddh. K. Bl. 218. b. यथायथं शैषिकाणामणादीनां (IV. 1. 83. ff. – IV. 2. 92. ff.) च घादीनामपवादो ऽयं यत् । पक्षे ते ऽपि भवन्ति । सर्वविधीनां छन्दसि वैकल्पिकत्वात् । तद्यथा । मु-ञ्जवान् नाम पर्वतः । तत्र भवः । मौञ्जवतः । सोमस्येव मौञ्जवतस्य भक्षः ॥

114. Man lese mit A, D, E und der Kâçikâ: यन् für यत्, und vgl. 110.–Weisser Yagur-V. IV. 20.

अनु त्वा माता मन्यतामनु पितानु भ्राता सगर्भ्यो ऽनु सखा सयूथ्यः u. s. w. Eine ganz ähnliche Stelle kommt ebend. VI. 9. vor.

115. Siddh. K. Bl. **219.** a. gerade umgekehrt: आवः शमं वृषभं तुग्र्यास्विति बह्वृचः । तुग्रियास्विति पाठान्तरे ॥ Das Beispiel ist aus **Rig-V. XXXIII. 15.**

118. Vgl. **Rig.-V. XXV. 7.** (wo समुद्रियः vielleicht als Beiwort des Varuńa zu fassen ist). - **CXVI. 1.**

128. Vgl. **V. 2. 94.** zu den Scholien. - Hierzu folgende vârtika's: मासतन्वोरनन्तरार्थे वा ॥ १ ॥ मध्वस्मिन्ननन्तरं । मधव्यः । माधवः ॥ लुगकारेकाररेफाश्च ॥ २ ॥ लुक् । मधुः । तपः । नभः । अकार । इषः । ऊर्जः । इकार । शुचिर्मासः । रेफ । शुक्रो मासः ॥

129. Zu मधुः vgl. das vorhergehende vârtika.

131. 132. Die beiden Regeln machen in der Siddh. K. Bl. **219.** a. nur ein sûtra aus, indem am Ende यत्खौ gelesen wird. Vielleicht ist diese Lesart vorzuziehen; die Trennung in **2** sûtra's kann später bewerkstelligt worden sein, und zwar wegen **I. 3. 10.**

140. Hierzu folgende vârtika's: अक्षरसमूहे छन्दस उपसंख्यानं ॥ १ ॥ अक्षरसमूहवाचिन इत्यर्थः । ओ श्रावयेति चतुरक्षरं (vgl. **VIII. 2. 92.**) । अस्तु श्रौषडिति चतुरक्षरं । ये यजामह (vgl. **VIII. 2. 88.**) इति पञ्चाक्षरं । यजेति द्व्यक्षरं । द्व्यक्षरो वषट्कारः । एष वै सप्तदशाक्षरश्छन्दस्यः प्रजापतिर्यज्ञमनु विहितः ॥ छन्दसि बहुभिर्वसव्यैरुपसंख्यानं ॥ २ ॥ अग्निरीशे वसव्यस्योपसंख्यानं ॥ ३ ॥

141. 142. Zu स्वार्थे in den Scholien vgl. folgende paribhâshâ, die in der Calc. Ausg. bei **III. 2. 4.** angeführt wird: अनिर्दिष्टार्थाः प्रत्ययाः स्वार्थे भवन्ति ॥

143. Siddh. K. Bl. **219.** b. wird folgendes Beispiel aus **Rig-V. CXII. 20.** angeführt: याभिः शन्ताती भवथो ददाशुषे ॥ Vgl. Comm. sur le Yaçna S. **163.** ff.

Fünftes Buch.

Erstes Kapitel.

2. Hierzu folgende **vârtika's**: यञ्छयावञः पूर्वविप्रतिषिद्धं सनङ्गुपानहोः प्रयोजनं ॥ १ ॥ सनङ्गव्यं (nach 2. und nicht nach 15.) चर्म । औपानह्यं (nach 14. und nicht nach 15.) चर्म ॥ ढञ् च भवत्यञः पूर्वविप्रतिषेधेन ॥ २ ॥ छादिषेयं (nach 13. und nicht nach 15.) चर्म ॥ हविरपूपादिभ्यो विभाषायां यत् ॥ ३ ॥ चरव्यास् (nach 2. und nicht nach 4.) तण्डुलाः ॥ अन्नविकारेभ्यश्च ॥ ४ ॥ सक्तव्या (nach 2. und nicht nach 12.) धानाः ॥ नाभेर्नभभावे (vgl. den gaṅa गवादि) प्रत्ययानुपपत्तिः प्रकृत्यभावात् ॥ ५ ॥ न हि चक्रस्य नाभिर्विकृतिः (vgl. 12.) ॥ सिद्धं तु शाखादिषु (V. 3. 103.) वचनाद्ध्रस्वत्वं च ॥ ६ ॥ नाभिरिव । नभ्यं चक्रं ॥ नभ्यात् तु लुग्वचनं ॥ ७ ॥

6. Ein **vârtika**: यत्प्रकरणे रथाच्च ॥ रथाय हिता । रथ्या ॥

7. Hierzu folgende **vârtika's**: वृषन्शब्दो ऽपि नकारान्तो ऽस्ति तस्योपसंख्यानं कर्तव्यं ॥ १ ॥ वृषशब्दादेशश्च ॥ २ ॥ ब्राह्मणशब्दश्चाकारान्तो ऽस्ति तस्योपसंख्यानं कर्तव्यं ॥ ३ ॥ ब्रह्मन्शब्दस्यादेशो वक्तव्यः ॥ ४ ॥

9. In den Scholien zu Bhaṭṭi-K. II. 48. wird आत्मविश्वजन° geschrieben; vgl. dagegen die Scholien zu IV. 20. und VI. 97. – Das न् in आत्मन् ruft dem Leser die Regel VI. 4. 169. ins Gedächtniss. – Anders die Kâçikâ: आत्मन्निति नलोपो न कृतः । प्रकृतिपरिमाणज्ञापनार्थं । तेनोत्तरपदग्रहणं भागशब्देनैव संबध्यते । न तु प्रत्येकं ॥ Hierzu folgende vârtika's: भोगोत्तरपदात् खविधाने ऽनिर्देशः पूर्वपदार्थहितत्वात् ॥ १ ॥ भोगीनमिति चेद्वावचनं ॥ २ ॥ राजाचार्याभ्यां नित्यं ॥ ३ ॥ राजभोगीनः । आचार्यभोगीनः ॥ आचार्यादणत्वं च ॥ ४ ॥ आचार्यभोगीनः (vgl. den gaṅa क्षुभ्नादि) ॥ खविधाने पञ्चजनादुपसंख्यानं ॥ ५ ॥ समानाधिकरण इति वक्तव्यं ॥ ६ ॥ षष्ठीतत्पुरुषान्मा भूत् । पञ्चजनीयं ॥ सर्वजनाट्ठञ् च ॥ ७ ॥ सर्वजनाय हितः । सार्वजनिकः । सर्वजनीनः ॥ समानाधिकरण इति च वक्तव्यं ॥ ८ ॥ षष्ठीतत्पुरुषे मा भूत् । सर्वजनीयः ॥ महाजनान्नित्यं ॥ ९ ॥ माहाजनिकः ॥ तत्पुरुष इति वक्तव्यं ॥ १० ॥ बहुव्रीहौ मा भूत् । महाजनीयः ॥ Patanǵali: आत्मन्विश्वजनसमानाधिकरण इति वक्तव्यं ॥ इह मा भूत् । विश्वेषां जनाय हितः । विश्वजनीयः ॥

10. Hierzu folgende vârtika's: सर्वाण्णस्य वावचनं ॥ १ ॥ ण । सार्व । पक्षे छः । सर्वीयं ॥ पुरुषाद्वध इति वक्तव्यं ॥ २ ॥ Patanǵali: पुरुषाद्वधविकारसमूहतेनकृतेष्विति वक्तव्यं ॥ Beispiele: पौरुषेयो वधः । विकारः । समूहः । पुरुषेण कृतः । पौरुषेयः ॥ Ausnahmen zu IV. 2. 37. – IV. 3. 120, 154.

13. Vgl. vârtika 2. zu 2. – Ein vârtika: उपध्यर्थमिति प्रत्ययानुपपत्तिरुपध्यभावात् ॥ उपधिशब्दस्य विकृतिवाचिनो ऽभावात् ॥ Ein andres: सिद्धं तु कृदन्तस्य स्वार्थे ऽञ्विधानात् ॥

14. Vgl. vârtika 1. zu 2.

19. Vgl. vârtika 13. zu I. 1. 72. – Hierzu folgende kârikâ:

ऊर्ध्वमानं किलोन्मानं परिमाणं तु सर्वतः ।
आयामस्तु प्रमाणं स्यात् संख्या बाह्या तु सर्वतः ॥

20. Ein vârtika: निष्कादिष्वसमासग्रहणं ज्ञापकं पूर्वत्र तद-

न्ताप्रतिषेधस्य ॥ कृष्णतिल्यं । राजमाष्यं (vgl. 7.) ॥ Ein 2tes: इत उक्तं तदन्तविधिप्रतिषेधो न भवति ॥ Ein 3tes: प्राग्वतः (115.) संख्यापूर्वपदानां तदन्तग्रहणमलुकि ॥ पारायणतुरायण (72.) । द्वैपारायणिकः । त्रैपारायणिकः । अलुकीति किं । द्वाभ्यां शूर्पाभ्यां क्रीतं । द्विशूर्पं । द्विशौर्पिकं (vgl. 26, 28.) ॥

21. Ein vârtika: शतप्रतिषेधे ऽन्यशतत्वे ऽप्रतिषेधः ॥ इह प्रतिषेधो मा भूत् । शतेन क्रीतं । शत्यं शाटकशतं । अन्यशतत्वे किं । शतं परिमाणमस्य । शतकं निदानं । अत्र वास्तवं प्रकृत्यर्थविषयमेव शतत्वमिति निषेधो भवति ॥ शत hat ठन् und यत्, wenn im abgeleiteten Worte ein andrer Begriff als der von Zahl vorwaltet. In शतिकं वस्त्रं bildet der Werth, in शतकः (nach 22.) संघः die Zahl den Hauptbegriff.

22. Vgl. zu I. 1. 23.

24. Patañgali: विंशतित्रिंशद्भ्यां कन् भवतीति । ततो ड्वुन्संज्ञायामिति ॥ Zur Anfügung von ड्वुन् vgl. VI. 4. 142, 143.

25. Hierzu folgende vârtika's: ठिठन्नर्धाच्च ॥ १ ॥ अर्धिकः । अर्धिकी ॥ कार्षापणाद्वा प्रतिश्च ॥ २ ॥ कार्षापणिकः । कार्षापणिकी । प्रतिकः । प्रतिकी ॥

28. D. अध्यर्धपूर्व°, Calc. Ausg. अध्यर्धपूर्वद्विगोर्लुगसंज्ञायां, Siddh. K. Bl. 88. a. अध्यर्धपूर्वाद्द्विगोर्लुग°; vgl. zu III. 1. 90. - Hierzu folgende vârtika's: इहापि (vgl. zu IV. 1. 88.) द्विगोर्लुकि तन्निमित्तग्रहणं कर्तव्यं ॥ १ ॥ अर्थविशेषासंप्रत्यये ऽतन्निमित्तादपि ॥ २ ॥ द्विशूर्प्या क्रीतं । द्विशूर्पं ॥ संज्ञाप्रतिषेधानर्थक्यं च तन्निमित्तत्वाल्लोपस्य ॥ ३ ॥ उक्तं (vgl. vârtika 2. zu I. 1. 23.) संख्यात्वे प्रयोजनं तस्मादिहाध्यर्धग्रहणानर्थक्यं ॥ ४ ॥ Vgl. II. 1. 51.

29. Vgl. 27. und zu 25. Zur unregelmässigen vṛiddhi hier und in den folgenden sûtra's vgl. VII. 3. 17. - Ein vârtika: कार्षापणसहस्राभ्यां सुवर्णशतमानयोरुपसंख्यानं ॥ Beispiele: अध्यर्धसुवर्णं । अध्यर्धसौवर्णिकं । अध्यर्धशतमानं । अध्यर्धशातमानं (vgl. 27.) । द्विसुवर्णं । द्विसौवर्णिकं u. s. w.

30. Ein **vârtika**: द्वित्रिभ्यां द्वैयोग्यं ॥ द्वित्रिभ्यां यदुच्यते तत् सूत्रद्वयसंबन्धि विज्ञेयं ॥ Ein andres: बहुपूर्वाच्चेति वक्तव्यं ॥ बहुनिष्कं । बहुनैष्किकं । परिमाणान्तस्येत्युत्तरपदवृद्धिः (vgl. VII. 3. 17.) ॥

31. Man sagt auch बहुविस्तं und बहुवैस्तिकं.

33. Hierzu folgende **vârtika's**: केवलायाश्चेति वक्तव्यं ॥ १ ॥ खारीकं ॥ काकिण्याश्चोपसंख्यानं ॥ २ ॥ अध्यर्धकाकिणीकं । त्रिकाकिणीकं ॥ केवलायाश्चेति वक्तव्यं ॥ ३ ॥ काकिणीकं ॥

35. Ein **vârtika**: शतशाणाभ्यां वा ॥ अध्यर्धशत्यं । अध्यर्धशतं । द्विशत्यं । द्विशतं ॥

36. Das **sûtra** fehlt bei A. und D. Es ist ein **vârtika**, welches später in die Reihe der **sûtra's** aufgenommen worden ist, wie man aus einer Bemerkung **Kaiyyaṭa's** ersehen kann.

37. Folgende **vârtika's** bestimmen das तेन näher: तेन क्रीतमिति करणात् ॥ १ ॥ इह मा भूत् । देवदत्तेन क्रीतं ॥ अकर्त्रेकान्तात् ॥ २ ॥ इह मा भूत् । देवदत्तेन पाणिना क्रीतं ॥ संख्यैकवचनाद्द्विगोश्चोपसंख्यानं ॥ ३ ॥ संख्या । पञ्चभिः क्रीतं । पञ्चकं । एकवचनग्रहणं नियमार्थं । इह मा भूत् । शूर्पाभ्यां क्रीतं । शूर्पैः क्रीतं । द्विगोः । द्वाभ्यां शूर्पाभ्यां क्रीतं । द्विशूर्पं । एकवचनग्रहणाकृतनियमबाधनार्थं संख्याग्रहणं द्विगुग्रहणं च कृतं ॥ परिमाणस्य संख्याया यदेकवचनं तदन्तादिति वक्तव्यं ॥ ४ ॥ परिमाणसंख्याद्योतकं यदेकवचनमित्यर्थः । इहापि यथा स्यात् । मुद्गैः क्रीतं । मौद्गिकं । माषैः क्रीतं । माषिकं ॥

38. Ein **vârtika**: तस्य निमित्तप्रकरणे वातपित्तश्लेष्मभ्यः शमनकोपनयोरुपसंख्यानं ॥ ठकः । वातस्य शमनं कोपनं वा । वातिकं । पैत्तिकं । श्लैष्मिकं ॥ Ein andres: संनिपाताच्च ॥ सांनिपातिकं ॥

39. Ein **vârtika**: यत्प्रकरणे ब्रह्मवर्चसाच्च ॥ ब्रह्मवर्चस्यः ॥

47. Ein **vârtika**: तदस्मिन् दीयते तदस्मा इति च ॥ पञ्चास्मै वृद्ध्यादिर्दीयते । पञ्चको देवदत्तः ॥

48. Ein **vârtika**: ठन्प्रकरणे अन्नन्तादुपसंख्यानं ॥

52. Ein vârtika: तत् पचतीति द्रोणादण् च ॥ द्रोणं पचति। द्रौणी । द्रौणिकी ॥

54. Vgl. 28.

55. Ein vârtika: कुलिजाच्चेति सिद्धे लुक्खग्रहणानर्थक्यं पूर्वस्मिंस्त्रिकभावात् ॥

57. Calc. Ausg. und Siddh. K. प्रस्थं परिमाणमस्य. Aus folgenden 3 sûtra's im Lingânuçâsana ersieht man jedoch, dass प्रस्थ nur ein Masc. sein kann: मानाभिधानानि (ergänze पुंसि) ॥ द्रोणाढकौ नपुंसके च ॥ खारीमानिके स्त्रियां ॥ Vgl. Siddh. K. Bl. 249. b.

58. Hierzu folgende vârtika's: संज्ञायां स्वार्थे ॥ १ ॥ ततः परिमाणिनि ॥ २ ॥ पञ्चकः संघः । अष्टकं सूत्रं । पञ्चकमध्ययनं ॥ जीवितपरिमाणे चोपसंख्यानं ॥ ३ ॥ षष्टिर्जीवितपरिमाणमस्य । षाष्टिकः ॥ परमार्हात् ॥ ४ ॥ इह लुक् मा भूत् (vgl. 28.) । द्विषाष्टिकः । त्रिषाष्टिकः ॥ अन्येभ्यो ऽपि दृश्यते खारशताद्यर्थं ॥ ५ ॥ खारशतिकः । खारसहस्रिकः । वार्षशतिकः । वार्षसहस्रिकः ॥ स्तोमे डविधिः पञ्चदशाद्यर्थः ॥ ६ ॥ सोमयागे छन्दोगैः क्रियमाणा पृष्ठ्यादिसंज्ञिका स्तुतिः स्तोमः । पञ्चदश मन्त्राः परिमाणमस्य स्तोमस्य । पञ्चदशः ॥

59. षष् müsste nach I. 4. 17. vor ति pada heissen, und für das finale ष् nach VIII. 2. 39. ड् substituiren.

61. Vgl. Rosen zu Rig-V. XX. 7.

65. Wilson hat die Form शीर्षच्छेद् mit Unrecht in sein Lexicon aufgenommen.

69. Man findet auch die Schreibart कडंगर; vgl. Stenzler zu Raghu-V. V. 9. - Nach I. 3. 10. müsste यत् an कडंकर, छ an दक्षिणा gefügt werden. Unser Commentator will jedoch jene Regel hier nicht gelten lassen, weil das kürzere Wort im dvandva gegen II. 2. 34. nachfolgt.

70. Calc. Ausg. स्थालीबिलमर्हति.

71. Vgl. **Rosen** zu **Rig-V. VI. 4.** – Ein **vârtika**: यज्ञर्त्विग्भ्यां तत्कर्मार्हतीत्युपसंख्यानं ॥ यज्ञकर्मार्हति । यज्ञियो देशः । ऋत्विक्कर्मार्हति । आर्त्विजीनं विप्रकुलं ॥

72. Von nun an gilt nicht mehr ठक्, sondern ठञ्; vgl. **18, 19.** – Ein **vârtika**: तद्वर्तयतीत्यनिर्देशस्तत्रादर्शनात् ॥ Ein andres: इञ्यञोश्च दर्शनात् ॥

74. Hierzu folgende **vârtika's**: क्रोशशतयोजनशतयोरुपसंख्यानं ॥ १ ॥ क्रोशशतं गच्छति । क्रौशशतिकः । यौजनशतिकः ॥ ततो ऽभिगमनमर्हतीति च क्रोशशतयोजनशतयोरुपसंख्यानं ॥ २ ॥ क्रोशशतादभिगमनमर्हति । क्रौशशतिको भिक्षुः । यौजनशतिक आचार्यः ॥

76. **Siddh. K. Bl. 90. a.** पथो ऽण नित्यं ॥ Zum Thema ण vgl. zu **IV. 1. 17.** – Die Lesart der **Kâçikâ** verdient vor der unsrigen den Vorzug. Die unnütze Wiederholung von पथः möchte ich dem wortkargen **Pâṇini** nicht zum Vorwurf machen, und zu dem erklärt die von unserm Commentator citirte Regel **IV. 3. 29.** keinesweges die Substitution von पन्थ. पन्थः ist der 5te Casus vom Thema पन्थ्, welches beim abgeleiteten Worte zum Vorschein kommt.

77. Hierzu folgende **vârtika's**: आहृतप्रकरणे वारिजङ्गलस्थलकान्तारपूर्वपदादुपसंख्यानं (man ergänze पथः) ॥ १ ॥ वारिपथेनाहृतं । वारिपथिकं । वारिपथेन गच्छति । वारिपथिकः । जाङ्गलपथिकं । जाङ्गलपथिकः । स्थालपथिकं । स्थालपथिकः । कान्तारपथिकं । कान्तारपथिकः ॥ अजपथशङ्कुपथाभ्यां च ॥ २ ॥ आजपथिकं । आजपथिकः । शाङ्कुपथिकं । शाङ्कुपथिकः ॥ मधुकमरिचयोरण् स्थलात् ॥ ३ ॥ पथ इत्येव । स्थालपथं मधुकं । स्थालपथं मरिचं ॥

80. Zum 2ten Casus vgl. **II. 3. 5.** – Ein **vârtika**: अधीष्टभृतयोर्द्वितीयानिर्देशो ऽनर्थकस्तत्रादर्शनात् ॥ Ein andres: सिद्धं तु चतुर्थीनिर्देशात् ॥

84. Ein **vârtika**: अवयसि ठंश्चेत्यनन्तरस्यानुकर्षः ॥

86. Siddh. K. Bl. 90. a. तेन परिजय्येत्यतः (vgl. 93.) प्राङ्निर्वृत्ताद्दिषु (vgl. 79, 80.) पञ्चस्वर्थेषु प्रत्ययाः ॥ Vgl. die Scholien zum folgenden sûtra.

87. Zur Form अहः im sûtra vgl. VIII. 2. 69. – VIII. 3. 15. – Zur unregelmässigen vṛiddhi in द्विसांवत्सरिक und in द्विवार्षिक (im folgenden sûtra) vgl. VII. 3. 15, 16.

90. Ein vârtika: षष्टिके संज्ञाग्रहणं ॥ मुद्गा अपि हि षष्टिरात्रेण पच्यन्ते । तत्र मा भूत् ॥

91. Calc. Ausg. und A. वत्सरान्ताच्छन्दसि ॥ C. वत्सरान्ताच्छः छन्दसि ॥ D. संवत्सरान्ताच्छन्दसि ॥ Vielleicht ist वत्सरान्ताच्छ छन्दसि zu lesen; vgl. zu IV. 1. 17. – इदु scheint das zum Thema erhärtete Neutrum vom Pronominal-Stamme इ zu sein; इदा ist das Adverbium der Zeit von demselben इ; vgl. V. 3. 20. Für इद्वत्सरीयः ist vielleicht इद्वद्वत्सरीयः zu lesen; vgl. Colebr. Ess. I. S. 58., wo इदावत्सर und इद्वत्सर als Benennungen für das 3te und 4te Jahr in einem Cyclus von 5 Jahren erscheinen.

94. Hierzu folgende vârtika's: तदस्य ब्रह्मचर्यमिति महानाम्न्यादिभ्य उपसंख्यानं ॥ १ ॥ [Siddh. K. Bl. 90. b. महानाम्न्यो नाम विदा मघवन्नित्याद्या ऋचः । तासां ब्रह्मचर्यमस्य माहानाम्निकः । हरदत्तस्तु भस्याढे (vgl. zu VI. 3. 35.) इति पुंवद्भावान्माहानामिक इत्याह ॥] तच्चरतीति च महानाम्न्यादिभ्य उपसंख्यानं ॥ २ ॥ महानाम्नीश्चरति । माहानाम्निकः । आदित्यव्रतिकः । गौदानिकः ॥ (Patanǵali: महानाम्न्यो नाम ऋचः । न च ताश्चर्यन्ते । व्रतं तासां चर्यते । नैष दोषः । साहचर्यात् ताच्छब्द्यं भविष्यति ॥) अवान्तरदीक्षादिभ्यो डिनिः ॥ ३ ॥ अवान्तरदीक्षी । तिलव्रती । देवव्रती ॥ अष्टाचत्वारिंशतो ड्वुंश्च ॥ ४ ॥ अष्टाचत्वारिंशतं वर्षाणि व्रतं चरति । अष्टाचत्वारिंशकः । अष्टाचत्वारिंशी ॥ चातुर्मास्यानां यलोपश्च ॥ ५ ॥ चातुर्मास्यानि व्रतं चरति । चातुर्मासकः । चातुर्मासी ॥ चतुर्मासाण्ण्यो यज्ञे तत्र भवे ॥ ६ ॥ चतुर्षु मासेषु भवन्ति । चातुर्मास्यानि

यज्ञाः (Siddh. K. यज्ञकर्माणि) ॥ संज्ञायामण् ॥ ७ ॥ चतुर्षु मासेषु भवा । चातुर्मासी पौर्णमासी ॥

95. Vgl. die Scholion zu IV. 3. 68. - Bhat́t́ogi urgirt das आख्या sehr passend auf folgende Weise: आख्याग्रहणात्कालादपि । आग्निष्टोमिकी । वाजपेयिकी ॥

96. Zu भववत् vgl. zu IV. 2. 34. - Ein vàrtika: कार्यग्रहणमनर्थकं तत्र भवेन कृतत्वात् ॥ Patańgali will तत्र च दीयते noch zum Vorhergehenden ziehen; dadurch wird, wie Kaiyyat́a bemerkt, unter andern आग्निष्टोमिकं (अग्निष्टोमे दीयते) भक्तं erklärt. Zu कार्ये भववत् ergänzt er कालात्.

97. Ein vàrtika: अणप्रकरणे अग्निपदादिभ्य (vgl. den gańa व्युष्टादि) उपसंख्यानं ॥ व्युष्टादिभ्यो ऽण् । ऋतोरण् (105.) । विशाखाषाढादण् मन्थदण्डयोः (110.) । इत्येतत्सूत्रविषयकमेतत् । आग्निपदं । पैलुमूलं ॥

98. Hier haben wir das dem यथा entsprechende कथा, an dessen Stelle später कथं getreten ist. Im Veda kommt कथा noch vor; vgl. V. 3. 26. und Rig-V. XLI. 7. - LXXVII. 1.

99. Vgl. die Scholion zu Bhat́t́i-K. IV. 25.

105. Kâçikâ: तदस्य प्रकरणे उपवस्त्रादिभ्य उपसंख्यानं ॥ उपवस्ता प्राप्तो ऽस्य । औपवस्त्रं । प्राशिता प्राप्तो ऽस्य । प्राशित्रं ॥

106. Vor छस् heisst das Thema nicht mehr भ sondern pada (vgl. 1. 4. 16.); daher wird kein guńa für das finale उ substituirt; vgl. VI. 4. 146. - Das Beispiel ist aus dem weissen Yaǵur-V. III. 14., und lautet im Zusammenhange: अयं ते योनिर्ऋत्वियो यतो जातो अरोचथाः । तज्जानन्नग्न आरोहाथा नो वर्धया रयिं ॥

110. Kâçikâ und Siddh. K. Bl. 91. a. चूडादिभ्य उपसंख्यानं ॥ चूडा प्रयोजनमस्य । चौडं । श्रद्धा प्रयोजनमस्य । श्राद्धं ॥

111. Calc. Ausg. प्रयोजनोपाधिभ्यो. - Hierzu folgende vàrtika's: छप्रकरणे विशिपूरिपतिरुहिप्रकृतेरनात् (5ter Casus

vom Affix अन) सपूर्वपदादुपसंख्यानं ॥ १ ॥ गृहप्रवेशनं प्रयोजनमस्य । गृहप्रवेशनीयं । प्रपापूरणीयं । अश्वप्रपतनीयं । प्रासादारोहणीयं ॥ स्वर्गादिभ्यो यत् ॥ २ ॥ ठञो बाधनार्थं । स्वर्गः प्रयोजनमस्य । स्वर्ग्यं ॥ पुण्याहवाचनादिभ्यो लुक् ॥ ३ ॥ पुण्याहवाचनं प्रयोजनमस्य । पुण्याहवाचनं ॥

113. 114. Das ट् am Ende der fertigen Wörter ist ङीबर्थः; vgl. IV. 1. 15. Die Formen lassen sich jedoch mit dem Verfasser der vârtika's auch durch das Affix ठञ् erklären, da dieses im Femin. auch ङीप् anfügt. Ein vârtika: आकालाट्ठंश्च ॥ आकालिका (nach IV. 1. 4.) विद्युत् ॥ Das आ in आकाल halte ich für das आङीषदर्थे; s. zu I. 1. 14.

117. Siddh. K. Bl. 91. b. क्रियाग्रहणं मण्डूकप्लुत्यानुवर्तते । तेनेह न । राजानमर्हति छत्रं ॥ Man vgl. das Bhâshya: आत्मार्हायां क्रियायामर्हति कर्तरि निश्चितबलाधाने प्रत्यय उत्पाद्यते । ब्राह्मणावङ्वान् वर्तते । एतद्वृत्तं ब्राह्मणामर्हतीति ॥

118. Vgl. unter andern Rig-V. XXXV. 3. – Ein vârtika: स्त्रीपुंसाभ्यां वत्युपसंख्यानं ॥ Vgl. zu IV. 1. 87.

119. Hierzu folgende vârtika's: स्त्रीपुंसाभ्यां त्वतलोरुपसंख्यानं (vgl. zu IV. 1. 87.) ॥ १ ॥ वावचनं च ॥ २ ॥ अपवादसमावेशाद्वा सिद्धं ॥ ३ ॥ तस्य भाव इत्यत्राभिप्रायादिष्वतिप्रसङ्गः ॥ ४ ॥ सिद्धं तु यस्य गुणस्य भावाद्द्रव्ये शब्दनिवेशस्तदभिधाने त्वतलौ ॥ ५ ॥ गुणो विशेषणीभूतो जात्यादिः । विशेष्यभूतः सत्वभावापन्नो ऽर्थो द्रव्यं । निवेशः प्रवृत्तिः ॥ यद्वा सर्वे भावाः स्वेन भावेन भवन्ति स तेषां भावस्तदभिधाने ॥ ६ ॥ भावाः शब्दाः । भावेन अर्थेन । भावः अर्थः । अस्मिन् पक्षे शब्दाभिधायिभ्यः पूर्वोक्तेष्वर्थेषु प्रत्ययः ॥ त्वतल्भ्यां नञ्समासः पूर्वविप्रतिषिद्धं त्वतलोः स्वरसिद्ध्यर्थं ॥ ७ ॥ वा छन्दसि ॥ ८ ॥ नञ्समासादन्यो भाववचनः स्वरोत्तरपदवृद्ध्यर्थं ॥ ९ ॥ स्वर । अप्रथिमा । अमृदिमा । उत्तरपदवृद्धि । अशौक्ल्यं । अकार्ण्यं ॥

120. Vermöge des च im sûtra kann neben den Affixen, die **122.** ff. भावे und कर्मणि ausgesagt werden, (nicht etwa bloss neben नञ् und स्नञ्; vgl. IV. 1. 87.)

auch त्व und तल् bestehen; man vgl. folgendes vârtika: आ च त्वादिति चकारकरणमपवादसमावेशार्थं ॥ und vârtika 1. zu 119.

122. Ein vârtika: पृथ्वादिभ्यो वावचनमपसमावेशार्थं ॥ Vgl. 131. – Zur Form प्रथिमन् vgl. VI. 4. 155, 161.

123. Zu द्रढिमन् vgl. VI. 4. 155, 161. – औचिती gehört eigentlich zur folgenden Regel.

124. Ein vârtika: ब्राह्मणादिषु चातुर्वर्ण्यादीनामुपसंख्यानं ॥ (Kâçikâ und Siddh. K. Bl. 92. a. चतुर्वर्णादीनां स्वार्थ उपसंख्यानं ॥ चत्वारो वर्णाः । चातुर्वर्ण्यं ॥) Ein anderes: अर्हतो नुम् च (vgl. den gańa ब्राह्मणादि) ॥ चकारात् ष्यञ् । आर्हन्ती (vgl. VI. 4. 148, 150.) ॥ Siddh. K. ebend. चतुर्वेदस्योभयपदवृद्धिश्च ॥ चतुरो वेदानधीते चतुर्वेदः । स एव चातुर्वैद्यः । चतुर्विद्यस्येति पाठान्तरं । चतुर्विद्य एव चातुर्वैद्यः ॥ Vgl. den gańa ब्राह्मणादि.

125. Gegen I. 1. 52. findet hier ein lopa der ganzen Silbe न Statt. Patańgali: सिद्धो ऽन्त्यस्य लोपो यस्येत्येव (VI. 4. 148.) । तत्रारम्भसामर्थ्यात् सर्वस्य भविष्यति ॥ Im Ganaratnamahodadhi wird स्तेन im gańa ब्राह्मणादि aufgeführt.

126. Siddh. K. दूतवणिग्भ्यां च ॥ दूतस्य भावः कर्म वा दूत्यं । वणिज्यमिति काशिका । माधवस्तु वणिज्याशब्दः स्वभावात् स्त्रीलिङ्गः । भाव एव चात्र प्रत्ययो न तु कर्मणीत्याह । भाष्ये तु दूतवणिग्भ्यां चेति नास्त्येव । ब्राह्मणादित्वाद्वाणिज्यमपि ॥

130. Calc. Ausg. und Siddh. K. त्रैहायनं; vgl. jedoch zu IV. 1. 27. – Ein vârtika: अपप्रकरणे श्रोत्रियस्य यलोपश्च ॥ Vgl. den gańa युवादि.

132. Kâçikâ und Siddh. K. सहायाद्वा ॥ साहाय्यं । साहायकं ॥

135. Siddh. K. Bl. 92. b. होत्राशब्द ऋत्विग्वाची स्त्रीलिङ्गः । . . । मैत्रावरुणीयं ॥ Diese Form scheint die richtigere

zu sein. Auch bei Colebrooke (Ess. I. S. 135. und 190.) heisst der Opferpriester मैत्रावरुण; bei Wilkins (Gramm. S. 529.) dagegen मित्रवरुण (sic). मैत्रावरुण ist von मित्रावरुणौ (vgl. VI.. 3. 26.) abgeleitet. Der zweite Opferpriester heisst bei Colebrooke, bei Wilkins und in den Scholien zu V. 2. 29. अच्छावाक् (1ter Casus vom Thema °वाच्); bei Bhaṫṫogî dagegen अच्छावाक. Nur von dieser letztern Form kann अच्छावाकीय abgeleitet sein, da aus einem finalen च् vor einem vocalisch anfangenden taddhita niemals क् werden kann. अच्छात्रागीयं Siddh. K. Bl. 250. a. ist wohl nur ein Druckfehler. Der Name des dritten Opferpriesters ist ब्राह्मणाच्छंसिन् (bei Colebrooke ब्राह्मणाच्छन्दसी), zusammengesetzt aus ब्राह्मणात् + शंसिन्; vgl. zu VI. 3. 2. und die von Rosen zu Rig-V. XV. 5. angeführten Scholien.

136. ब्रह्मन् hat bloss in der Bedeutung „Oberpriester bei einem Opfer“ das Affix त्व; ist das Wort aber ein Synonym von ब्राह्मण, so hat es त्व und तल् nach 119.

Zweites Kapitel.

1. Vgl. vârtika 9, 10. zu 29.

5. Anders Siddh. K. Bl. 92. b. असामर्थ्ये ऽपि निपातनात् समासः । सर्त्रश्चर्मणा (so auch die Calc. Ausg., im Drukfehlerverzeichniss wird aber सर्वचर्मणा verbessert) कृतः सर्वचर्मीणः । सार्वचर्मीणः ॥

6. Zum unregelmässigen avyayîbh. यथासुख vgl. II. 1. 7. - Ein vârtika: संनुवेति शतस्यान्तलोपः ॥

7. Deutlicher und auch wohl richtiger wäre es gewesen, wenn Pâṅini entweder सर्वादि (vgl. IV. 4. 28.) oder पथ्यङ्गकर्मपत्रपात्रात् gesagt hätte.

8. आप्रपदं „bis an die Fussspitzen" ist als avyayîbhâva zu fassen. Siddh. K. Bl. 92. b. पादस्याग्रं प्रपदं तन्मर्यादीकृत्य । आप्रपदं ॥

10. Man vgl. folgende vârtika's zu den Indischen Scholien: परोवरेति परस्योत्ववचनं (ich vermuthe einen Fehler; Siddh. K. अवरस्योत्वं निपात्यते) ॥ १ ॥ परपरतराणां परंपरभावः ॥ २ ॥

11. Siddh. K. अवारपारीणाः । अवारीणाः । पारीणाः ॥ Man füge noch पारावारीणाः hinzu; vgl. zu IV. 2. 93. und die Scholien zu Bhaṭṭi-K. II. 46.

12. Wie man aus den vârtika's zu unserm sûtra ersieht, sagte man auch: रामायां समायां विजायते.

13. Diejenigen, welche nicht विजायते ergänzen, werden wohl in अपश्वीनावष्टब्धे nicht das Femin., sondern das Thema suchen; vgl. II. 1. 70.

17. Zu ष्फ vgl. zu IV. 1. 17.

20. Patangali: उत्तरपदलोपो ऽत्र द्रष्टव्यः ॥

21. Patangali: नानाजातीया अनियतवृत्तय उत्सेधजीविनः संघा व्राताः ॥ Vgl. die Scholien zu V. 3. 113. und zu Bhaṭṭi-K. IV. 12.

23. Ein vârtika: ह्योगोदोहस्य हियंग्वादेशः संज्ञायां तस्य विकारे ॥

25. Ein vârtika: मूल इति वक्तव्यं ॥

26. तेन वित्तश्चुञ्चुचणपौ in den Scholien zu Bhaṭṭi-K. II. 32. ist wohl ein Fehler.

27. Patangali: कस्मिन्नर्थे । स्वार्थे ॥

28. Patangali: साधने शालजादयो भवन्ति ॥ Siddh. K. Bl. 93. b. क्रियाविशिष्टसाधनवाचकात् स्वार्थे ॥

29. Hierzu folgende vârtika's: कटच्प्रकरणे ऽलाबूतिलोमाभ्यो रजस्युपसंख्यानं ॥ १ ॥ अलाबूनां रजः । अलाबूकटं । तिलकटं । उमाकटं ॥ भङ्गायाश्च ॥ २ ॥ भङ्गाकटं ॥ गोष्ठजादयः स्थानादिषु पशुनामभ्यः ॥ ३ ॥ गवां स्थानं । गोगोष्ठं । अश्वगोष्ठं । महिषीगोष्ठं ॥ संघे कटच् च ॥ ४ ॥ अविकटः ॥ विस्तारे पटच् च ॥ ५ ॥ अविपटः ॥ द्वित्वे गोयुगच् ॥ ६ ॥ द्वावुष्ट्रौ । उष्ट्रगोयुगं ॥ षट्त्वे षड्गवच् ॥ ७ ॥ अश्वषड्गवं ॥ स्नेहे तैलच् ॥ ८ ॥ तिलतैलं । सर्षपतैलं ॥ संभवने क्षेत्रे शाकटशब्दश्च प्रत्ययो वक्तव्यः ॥ ९ ॥ शाकिनशब्दश्च प्रत्ययो वक्तव्यः ॥ १० ॥ इक्षुशाकटं । इक्षुशाकिनं । मूलशाकटं । मूलशाकिनं । जीरशाकटं । जीरशाकिनं । वास्तुशाकटं । वास्तुशाकिनं ॥

31. Calc. Ausg. und Siddh. K. टीटञ्नाटच्भ्रटचः ॥

33. Hierzu folgende vârtika's: इनच्पिटच्काः चिक्चिचिकादेशाः ॥ १ ॥ चिक्किनं । चिपिटं । चिक्कं ॥ क्लिन्नस्य चिल्पिल् लश्चास्य चक्षुषी ॥ २ ॥ चिल् । पिल् । इत्येतावादेशौ । लप्रत्ययः । क्लिन्ने चक्षुषी अस्य । चिल्लः । पिल्लः ॥ चुल् च ॥ ३ ॥ चुल्लः ॥

37. Hierzu folgende vârtika's: प्रथमश्च द्वितीयश्च ऊर्ध्वमाने (vgl. die kârikâ zu V. 1. 19.) मतौ मम ॥ १ ॥ ऊरुद्वयसं । ऊरुदघ्नं ॥ प्रमाणे (vgl. die kârikâ zu V. 1. 19.) लः ॥ २ ॥ समः । दिष्टिः । वितस्तिः ॥ द्विगोर्नित्यं ॥ ३ ॥ द्विसमं । द्विवितस्तिः । नित्यं किं । संशये मात्रचं वक्ष्यति (vgl. vârtika 7.) । तत्रापि लुगेव यथा स्यात् । द्वे दिष्टी स्यातां न वा । द्विदिष्टिः ॥ डट् स्तोमे वक्तव्यः (vgl. vârtika 6. zu V. 1. 58.) ॥ पञ्चदशः स्तोमः । पञ्चदशो ॥ शन्शतोर्डिनिर्वक्तव्यः ॥ ५ ॥ त्रिंशिनो मासाः । पञ्चदशिनो ऽर्धमासाः ॥ विंशतेश्चेति वक्तव्यं ॥ ६ ॥ विंशिनो (vgl. VI. 4. 142.) ऽङ्गिरसः ॥ प्रमाणपरिमाणाभ्यां संख्यायाश्चापि (vgl. die kârikâ zu V. 1. 19.) संशये मात्रच् ॥ ७ ॥ सममात्रं । दिष्टिमात्रं । परिमाणात् । प्रस्थमात्रं । कुडवमात्रं । संख्यायाः । पञ्चमात्रः । दशमात्रः ॥ वत्वन्तात् स्वार्थे द्वयसज्मात्रचौ बहुलं ॥ ८ ॥ तावदेव । तावद्द्वयसं । तावन्मात्रं ॥ Man er-

kennt in diesen vârtika's, wenn man das 6te ausscheidet, 2 zerlegte kârikâ's: wirft man im 4ten und 5ten vârtika das Wort वक्तव्यः heraus, so erhält man einen epischen Çlôka; fügt man an's Ende des 8ten vârtika भवतः, so bilden das 7te und 8te vârtika ein Distichon im Âryâ-Metrum.

38. In der Calc. Ausg. fehlt das Beispiel हास्तिनं. Zu द्विगोर्नित्यं लुक् vgl. vârtika 3. zu 37.

39. Consequenter würde Pâṅini यत्तदेतद्भ्यः gesagt haben. Unser sûtra wird wohl den Streit über एतावत् schlichten, und Herr Bopp wird an यत्तदेतेभ्यः gewiss nicht soviel Anstoss nehmen, wie am तदेतावत्योः des Herrn von Schlegel. - Zur Anfügung von वतुप् vgl. VI. 3. 91. - Ein vârtika: वतुप्प्रकरणे युष्मदस्मद्भ्यां छन्दसि सादृश्य उपसंख्यानं ॥ त्वावतः पुरूवसो । यज्ञं विप्रस्य मावतः ॥ Vgl. Rig-V. VIII. 9. - XVII. 2. - XXX. 14. - LII. 13. u. s. w.

40. Das Bhâshya: किमिदम्भ्यां वतुप् । ततो वो घ इति ॥ Nach VI. 3. 90. wird für किं की, und für इदं इश् (d. h. ई für's ganze Wort) vor वतुप् substituirt. Für das व् des Affixes wird घ्, d. h. इय् (vgl. VII. 1. 2.) substituirt. Das Affix lautet demnach इयत्, vor welchem sowohl das ई von की, als das von ई (vgl. I. 1. 21.) nach VI. 4. 148. ausfallt.

41. Ein vârtika: बहुष्विति वक्तव्यं ॥

43. Vor अय fällt das इ von द्वि und त्रि nach VI. 4. 148. aus.

44. Das erste अ in अय ist udâtta gegen VI. 1. 164.; vgl. das Bhâshya: यस्य अप्राप्तः स्वरस्तस्य भविष्यति । कस्य चाप्राप्तः । आदेः ॥

45. Siddh. K. Bl. 94. a. शतसहस्रयोरेवेष्यते । नेह ।

एकादश अधिका अस्यां विंशतौ । प्रकृतिप्रत्ययार्थयोः समानजातीयत्वमेवेष्यते । नेह । एकादश माषा अधिका अस्मिन् सुवर्णशते ॥ Man vgl. folgende **kârikâ**:

अधिके समानजाताविष्टं शतसहस्रयोः ।
यस्य संख्या तदाधिक्ये डः कर्तव्यो मतो मम ॥

47. **Siddh. K.** Bl. 94. b. richtiger am Ende der Scholien: द्विगुणं क्षीरं पच्यते तैलेन ॥ Hierzu folgende **vârtika's**: निमाने गुणिनि ॥ १ ॥ गुणेषु मा भूत् ॥ भूयसः ॥ २ ॥ अल्पीयसो मा भूत् ॥ एको ऽन्यतरः ॥ ३ ॥ इह मा भूत् । द्वौ यवानां त्रय उदश्वितः ॥ समानानां ॥ ४ ॥ इह मा भूत् । एको यवानामध्यर्धमुदश्वितः ॥ निमेये चापि दृश्यते ॥ ५ ॥ उदश्वितो द्वौ गुणौ निमेयौ येषामेकगुणानां । द्विमया यवाः ॥

49. Ich sehe gar keinen Grund ein, warum die Erklärer मट्, थट् (50.) und तमट् (56. ff.) für Augmente des Affixes डट् halten. Auch ist mir nicht einleuchtend, wie sie auf diese Weise die Ableitung zu Stande bringen. Ein stummes ड् bewirkt immer den Ausfall des letzten Vocals sammt dem darauffolgenden Consonanten (vgl. VI. 4. 143.); von पञ्चन् erhielten wir demnach erst die Form पञ्च; fügten wir nun das Augment an, so bekämen wir ein Wort पञ्चम. Ebenso verhält es sich mit den andern Zahlwörtern. Fassen wir dagegen मट् u. s. w. als Affixe, so ist jede Schwierigkeit gehoben, es sei denn, dass der Accent nicht auf die rechte Silbe zu stehen käme.

50. Vgl. die Scholien zu V. 3. 49. und Comm. s. le Yaçna S. 508.

51-53. Das ड् des Affixes muss hier nothwendig seine Kraft (vgl. VI. 4. 143.) verlieren, da sonst die Augmente ganz oder zum Theil wieder ausfallen würden.

51. Ein **vârtika**: चतुरश्छयतावाद्यक्षरलोपश्च ॥ चतुर्णां पूर-

णः । तुरीयः । तुर्यः ॥ Ein andres: षट्सुकोः पृथक्करणं पदान्तविधिप्रतिषेधार्थं ॥

59. Zu मत्वर्थे vgl. 94.; über अच्छावाकीयं s. zu V. 1. 135.

60. Ein vârtika: अध्यायानुवाकाभ्यां वा ॥ Daher das वा in den Indischen Scholien.

63. Man lese mit der Calc. Ausg. पथकः, und vgl. VI. 4. 144.

64. Die Handschriften haben आकर्षादिभ्यः; vgl. zu IV. 4. 9. Bhattogi zieht die Lesart आकषादिभ्यः vor.

68. Siddh. K. Bl. 95. a. कन् स्मर्यते न तु ठक् ॥

69. हारिन् dürfte nach II. 3. 70. eigentlich nicht mit dem 2ten Casus verbunden werden.

71. Man lese उष्णादिभ्यो ऽपि ॥ उष्ण soll ein Substitut für अन्न sein; vgl. Siddh. K. Bl. 95. a. - Zum इ in उष्णिका vgl. VII. 3. 44.

73. Ein vârtika: अध्याद्रूढस्योत्तरपदलोपः कंश्च प्रत्ययः ॥

74. Zum unregelmässigen dvandva vgl. zu II. 4. 7.

77. Ein vârtika: तावतिथेन गृह्णातीति लुक् च ॥ षष्ठेन रूपेण गृह्णाति । षट्को देवदत्तः ॥

82. Ein vârtika: प्रायेण संज्ञायां वटकेभ्य इनिः ॥ वटकिनी पौर्णमासी ॥

84. Die Lesart श्रोत्रियश्छन्दो° in der Laghu-K. S. 208. möchte ich nicht der unsrigen vorziehen. Das न् in श्रोत्रियन् bestimmt den Accent des Wortes, und ist der letzte Bestandtheil des Affixes घन्, mit welchem das Wort von श्रोत्र abgeleitet ist. Man vgl. 92. und folgende vârtika's: श्रोत्रियंश्छन्दो ऽधीत इति वाक्यार्थे पदवचनं ॥ १ ॥ छन्दसो वा श्रोत्रभावस्तदधीत इति घंश्च ॥ २ ॥ Zu छान्दस vgl. IV. 2. 59.

87. Vgl. die Scholien zu II. 3. 65.

88. Zum 7ten Casus vgl. vârtika 1. zu II. 3. 36.

89. परिपन्थिन् gehört keineswegcs bloss dem Veda an; es findet sich unter andern Bhag. G. III. 34. und Urvaçî S. 6. Z. 17. im Prâkṛit. Bhaṭṭogi führt das sûtra nicht nur im Veda-Abschnitt seiner Grammatik, sondern auch in dem Theile, wo die gewöhnliche Sprache behandelt wird, auf. Hier fertigt er die Regel mit folgenden Worten ab: लोके तु परिपन्थिशब्दो न न्याय्यः ॥ Die Beispiele in den Indischen Scholien sind aus dem weissen Yaǵur-V. IV. 34.

92. Das च् in क्षेत्रियच् bestimmt den Accent des Wortes, welches mit घच् von क्षेत्र abgeleitet ist. Ein vârtika: क्षेत्रियः श्रोत्रियवत् (vgl. 84.) ॥ Ein andres: परक्षेत्राद्वा तत्र चिकित्स्य इति परलोपो घच् च ॥ Kâçikâ: परक्षेत्रे चिकित्स्य इत्येतस्मिन्नसाध्यो ऽप्रत्याख्येयो व्याधिरुच्यते । नामृतस्य निवर्तत इत्यर्थः । अथवा क्षेत्रियं विषं यत् परक्षेत्रे परशरीरे संक्रमस्य चिकित्स्यते । अथवा क्षेत्रियाणि तृणानि यानि सस्यार्थे क्षेत्रे जातानि चिकित्स्यानि विनाशयितव्यानि । अथवा क्षेत्रियः परदारिकः । परदाराः परक्षेत्रं तत्र चिकित्स्यो निगृहीतव्यः । सर्वं चैतत् प्रमाणं ॥

94. ff. Zur Substitution von व् für म् in मतुप् vgl. VIII. 2. 9. ff.

94. Ein vârtika: गुणवचनेभ्यो मतुपो लुक् ॥ शुक्लो गुणो ऽस्यास्तीति । शुक्लः । शुक्लं । शुक्ला ॥ Hierzu folgende kârikâ's:

शैषिकान्मतुबर्थीयाच्छैषिको मतुबर्थिकः ।
सरूपप्रत्ययो नेष्टः सन्नन्तान्न सनिष्यते ॥ १ ॥
भूमनिन्दाप्रशंसासु नित्ययोगे ऽतिशायने ।
संसर्गे ऽस्तिविवक्षायां भवन्ति मतुबादयः ॥ २ ॥

Die 1te kârikâ ist zu III. 1. 7. erläutert worden.

95. Ein vârtika: रसादिभ्यः पुनर्वचनमन्यनिवृत्त्यर्थं ॥ Die Regel soll namentlich eine Beschränkung von 115. sein, ist aber selbst mehren Ausnahmen unterworfen. Patan-

ġali: दृश्यन्ते ह्यन्ये रसादिभ्यो मत्वर्थीयाः । रसिको नटः । उर्वशी वै रूपिण्यप्सरसां । स्पर्शिको वायुः ॥

96. Ein **vârtika**: प्राण्यङ्गादिति वक्तव्यं ॥ इह मा भूत् । चिकीर्षावान् ॥ **Siddh. K.** Bl. 96. a. प्रत्ययस्वरेणैव सिद्धे ऽन्तोदात्तत्वे (vgl. III. 1. 3.) चूडालो ऽसीत्यादौ (असि ist **anudâtta** nach VIII. 1. 28.) स्वरितो वानुदात्ते पदादाविति (VIII. 2. 6.) स्वरितबाधनार्थश्चकारः ॥

97. Hierzu folgende **vârtika**'s: लजन्यतरस्यामिति समुच्चयः ॥ १ ॥ लच् च मतुप् च ॥ पिच्छादिभ्यस्तु (100.) तुन्दादीनां (117.) नानायोगकरणं ज्ञापकमसमावेशस्य ॥ २ ॥ इनिठनोरिति (115.) शेषः ॥ वस्य (6ter Casus von वा; es ist wohl das अन्यतरस्यां in 109. gemeint) पुनर्वचनं सर्वविभाषार्थं ॥ ३ ॥ युद्धुभ्यां (108.) नित्यार्थमेके ऽन्यतरस्यांग्रहणमिच्छन्ति ॥

100. Ein **vârtika**: नप्रकरणे दद्रुवा ह्रस्वत्वं च (**Patañġali**: शाकीपलालीदद्रुवा ह्रस्वत्वं च ॥ शाकिनं । पलालिनं । दद्रुणं ॥) ॥ Ein andres: विष्वगित्युत्तरपदलोपश्चाकृतसंधेः ॥ विष्वगतान्यस्य । विषुणः ॥ Vgl. den **gaṅa** पामादि.

101. **Kâçikâ**: प्रज्ञाश्रद्धार्चावृत्तिभ्यो णः ॥ Der Zusatz ist einem **vârtika**: वृत्तेश्च ॥ entnommen.

102. Vgl. 115, 121. und folgendes **vârtika**: तपसो विन्वचनमणिविधानात् (vgl. 103.) ॥

103. Ein **vârtika**: ज्योत्स्नादिभ्य उपसंख्यानं ॥ ज्यौत्स्नः ॥

107. Calc. Ausg. सुषिरं. Hierzu folgende **vârtika**'s: रप्रकरणे खमुखकुञ्जेभ्य उपसंख्यानं ॥ खं महत् कण्ठविवरमस्यास्ति । खरः । मुखरः । कुञ्जो हस्तिहनुः । कुञ्जरः ॥ नगाच्च ॥ २ ॥ (**Kâçikâ** und **Siddh. K.** नगपांशुपाण्डुभ्यश्च ॥ नगरं । पांशुरं । पाण्डुरः ॥ So in der Calc. Ausg.; **Siddh. K.** Bl. 96. b. °पांसु° . . । पांसुरः । vgl. **Rig-V.** XXII. 17.) कच्छ्वा ह्रस्वत्वं च ॥ ३ ॥ कच्छुरः ॥

109. Hierzu folgende **vârtika**'s: वप्रकरणे मणिहिरण्याभ्यामुपसंख्यानं ॥ १ ॥ मणिवः । हिरण्यवः ॥ (**Kâçikâ** und **Siddh.**

K. अर्णसो लोपश्च ॥ अर्णवः ॥) छन्दसीवनिपौ च ॥ २ ॥ चकाराद्वश्च मतुप् च । ई । रथीरभून्मुद्गलानी (vgl. Rig-V. XXV. 3. - XLIV. 2.) सुमङ्गलीरियं बधूः । वनिप् । मघवानमीमहे । वमतुपौ । उद्वा च उद्वती च ॥ मेधारथाभ्यामिरन्निरचौ वक्तव्यौ ॥ ३ ॥ छन्दसीत्येव । मेधिरः । रथिरः ॥ Ein andrer lehrt: वप्रकरणे ऽन्येभ्यो ऽपि दृश्यत इति वक्तव्यं ॥ बिम्बावं । कुररावं । अन्येषामपि दृश्यत (VI. 3. 137.) इति दीर्घः ॥ Hierher gehört noch कुमारव, इष्टकाव und राजीव; vgl. Calc. Ausg. S. 594.

112. Ein vârtika: वलच्प्रकरणे ऽन्येभ्यो ऽपि दृश्यते ॥ भ्रातृवलः । पुत्रवलः । उत्साहवलः । उत्सङ्गवलः ॥ Aus der Siddh. K. führe ich noch शत्रुवल an. Vgl. zu VI. 3. 118.

114. Man lese in den Scholien: बिन्वलप्रत्ययौ. Die Calc. Ausg. hat überall उर्जस् mit kurzem उ. - Siddh. K. Bl. 97. a. ऊर्जसो वलच् । तेन बाधा मा भूदिति विनिरपि । . . । ऊर्जो ऽसुगागम इति वृत्तिस्तु चिन्त्या । ऊर्जस्वतीतिवदसुन्नन्ते (vgl. das Uńâdi-sûtra: सर्वधातुभ्यो ऽसुन् ॥ in der Siddh. K. Bl. 204. a.) नैवोपपत्तेः ॥ Vgl. die Scholien zu Bhaṭṭi-K. III. 55.

115. Ein vârtika: इनिठनोरेकाक्षरात् (vgl. den gańa रसादि) प्रतिषेधः ॥ Ein andres: एकाक्षरात् कृतो जातेः सप्तम्यां च न तौ स्मृतौ (ein halber Çloka) ॥ एकाक्षरात् । स्ववान् । कृतः । कारकवान् । जातेः । व्याघ्रवान् । सप्तम्यां । दण्डा अस्यां सन्ति । दण्डवती शाला ॥ Diese Beschränkung ist auch nicht ohne Ausnahmen, man höre Patańgali: यदि कृतो नेत्युच्यते कार्यी कार्यिक इति न सिध्यति । तथा जातेर्नेत्युच्यते तण्डुली तण्डुलिक इति न सिध्यति ॥

116. Nicht an jedes Wort im gańa können beide Affixe angefügt werden; man vgl. folgende vârtika's: शिखादिभ्य इनिर्वाच्यः (Siddh. K. Bl. 97. a. शिखामालासंज्ञादिभ्य इनिः) ॥ १ ॥ इकन् (ठन् in der aufgelösten Form) यवखदादिषु ॥ २ ॥ अन्येभ्य उभयं ॥ ३ ॥

118. **Patanǵali:** कस्मान्न भवति गोविंशतिरस्यास्तीति । अनभिधानात् ॥

120. **Ein vârtika:** यप्रकरणेऽन्येभ्योऽपि दृश्यते ॥ हिम्याः पर्वताः । गुण्याः ब्राह्मणाः ॥

122. **Hierzu folgende vârtika's:** छन्दोविन्प्रकरणेऽष्ट्रामेखलाद्वयोभयरुजाहृदयानां दीर्घश्च ॥ १ ॥ अष्ट्रावी । मेखलावी । द्वयावी । उभयावी । रुजावी । हृदयावी ॥ मर्मणश्चेति वक्तव्यं ॥ २ ॥ मर्मावी ॥ सर्वत्रामयस्य ॥ ३ ॥ छन्दसि लोके च । आमयावी ॥ शृङ्गवृन्दाभ्यामारकन् ॥ ४ ॥ शृङ्गारकः । वृन्दारकः ॥ फलबर्हाभ्यामिनच् ॥ ५ ॥ फलिनः । बर्हिणः ॥ हृदयाच्चालुरन्यतरस्यां ॥ ६ ॥ हृदयालुः । हृदयी । हृदयिकः । हृदयवान् ॥ शीतोष्णतृप्रेभ्यस्तन्न सहते ॥ ७ ॥ शीतं न सहते । शीतालुः । उष्णालुः । तृप्रालुः ॥ हिमाच्चेलुः ॥ ८ ॥ हिमं न सहते । हिमेलुः (vgl. VI. 1. 97.) ॥ बलाच्चोलः ॥ ९ ॥ बलं न सहते । बलूलः ॥ वातात् समूहे च ॥ १० ॥ वातानां समूहः । वातूलः (vgl. zu IV. 2. 42.) । वातं न सहते । वातूलः ॥ पर्वमरुद्भ्यां तप् ॥ ११ ॥ पर्वतः । मरुत्तः ॥ ददाति वृत्तं वा ॥ १२ ॥

123. Vgl. zu I. 4. 16. – **Bhaṭṭoǵi** bemerkt, dass einige Erklärer छन्दसि im **sûtra** ergänzen. Er billigt dieses, weil unsre Regel nicht mit 140. vereinigt ist.

124. Calc. Ausg. वाग्मिन् । वाग्मिनौ, welche Schreibart ich jetzt vorziehen möchte.

125. **Ein vârtika:** कुत्सित इति वक्तव्यं ॥ यो हि सम्यग्बहु भाषते स वाग्मी ॥

126. **Patanǵali:** नायं प्रत्ययार्थः । किं तर्हि प्रकृतिविशेषणमेतत् ॥

128. अतः ist aus 115. zu ergänzen: dadurch bildet unsre Regel eine Beschränkung zu jener.

129. **Ein vârtika:** पिशाचाच्च ॥ पिशाचकी ॥

135. **Hierzu folgende vârtika's:** इनिप्रकरणे बलाद्बाहूरुपूर्वपदादुपसंख्यानं ॥ १ ॥ बाहुबली । ऊरुबली ॥ सर्वादेश्च ॥ २ ॥

सर्वधनी । सर्ववीजी । सर्वकेशी ॥ अर्थाच्चासंनिहिते ॥ ३ ॥ अर्थी । असंनिहिते किं । अर्थवान् ॥ तदन्ताच्च ॥ ४ ॥ धान्यार्थी । हिरण्यार्थी ॥

138. 140. Vor den Affixen यस् und युस् heissen die Themata nach I. 4. 16. pada. Zur Form कंयु u. s. w. vgl. VIII. 4. 59.

Drittes Kapitel.

1. Vgl. IV. 1. 82.

2. किं gehört zu den सर्वनामानि, wird aber einzeln aufgeführt, weil es auch im द्व्यादि enthalten ist.

4. Kâçikâ und Siddh. K. था हेतौ च छन्दसि ॥ इदं । इत्था ॥ Vgl. 26.

5. A., B. und C. एतदो ऽश्; D. und E. wie wir; vgl. II. 4. 32. - Wenn ich das 1te von den unten folgenden vârtika's und das Bhâshya recht verstehe, so haben die Verfasser derselhen अ für अन् gelesen. Das न् vom Substitut अन् fällt vor den vibhakti's nach VIII. 2. 7. aus. Hierzu folgende vârtika's: आनुपूर्व्यात् सिद्धमेतत् ॥ १ ॥ अनेकाल्त्वमित्यर्थः ॥ (Patanġali: प्रश्लिष्टनिर्देशो ऽयं । अ अ इति ॥) एतद इति योगविभागः ॥ २ ॥ एतदू इत्येतस्य एत इत् इत्येतावादेशौ भवतो रथोः । एतर्हि । इत्थं । इत्था । ततः अन् ॥ एतदश्च थम (vgl. 24.) उपसंख्यानं ॥ ३ ॥

6. सर्वदा ब्राह्मणी ist die Alles spendende Frau eines Brahmanen.

7. Zu कुतः vgl. VII. 2. 104.

8. V. 4. 44. ff. wird gelehrt werden, wenn तसि

für den 5ten Casus substituirt werden kann. Für dieses तसि wird bei किं u. s. w. तसिल् substituirt. Die beiden Affixe sind bloss im Accent von einander verschieden: ग्रामतः mit तसि ist ein Oxytonon nach III. 1. 3., कुतः ein Paroxytonon nach VI. 1. 193.

9. Ein vârtika: पर्यभिभ्यां च सर्वोभयार्थाभ्यां ॥

10. 12. 13. Zu कुत्र u. s. w. vgl. VII. 2. 104, 105. - कुह finde ich Rig-V. XLVI. 9.

14. Man ergänze विभक्तिभ्यः zu इतराभ्यः. - Ein vârtika: भवदादिभिर्योगे ॥

15. Vgl. 6. und VII. 2. 102, 103.

16. Vgl. 4.

17. Unser Commentator nimmt अधुना für das fertige Wort, Bhaṭṭogi dagegen für das Affix (was zum folgenden sûtra besser passt), vor welchem das für इदं substituirte इ (vgl. 3.) nach VI. 4. 148. ausfällt. Man vgl. folgende vârtika's: इदमो ऽश्भावो (vgl. II. 4. 32.) धुना च प्रत्ययः ॥ १ ॥ इदमो वा लोपः अधुना च प्रत्ययः ॥

18. Ein vârtika: निपातनात् स्वरसिद्धिः ॥ आद्युदात्तत्वस्येति भावः ॥

19. Ein vârtika: तदो दावचनमनर्थकं विहितत्वात् ॥ Vgl. 15.

20. Der 6te Casus तयोः steht ausnahmsweise für den 5ten. Zu इदावत्सरीय vgl. zu V. 1. 91.

22. Folgende vârtika's geben uns die Auflösung der im sûtra fertig gegebenen Wörter: समानस्य सभावो द्यस् चाहनि ॥ १ ॥ पूर्वपूर्वतरयोः परभाव उदारी च संवत्सरे ॥ २ ॥ इदमः समसण् ॥ ३ ॥ संवत्सर इत्येव ॥ परस्मादेद्यव्यहनि ॥ ४ ॥ इदमो ऽश्भावो द्यश्च ॥ ५ ॥ अहनीत्येव ॥ पूर्वान्यान्यतरेतरापराधरोभयोत्तरेभ्य एद्युसच् ॥ ६ ॥ अहनीत्येव ॥ द्युश्चोभयात् (besser द्युस् चो°; vgl. vârtika 1.) ॥ ७ ॥ अहनीत्येव । उभयद्युः ॥

24. Vgl. vârtika 2. zu 5.

25. Vgl. VII. 2. 103.

26. Vgl. zu 4., zu V. 1. 98. und Comm. sur le Yaçna S. 532.

27. Siddh. K. Bl. 99. a. सप्तमीपञ्चमीप्रथमादिभ्यो दिग्दे° ॥ Die Kâçikâ bemerkt, dass die Regel I. 3. 10. hier nicht anzuwenden sei; unser Commentator dagegen scheint nicht der Meinung zu sein, da er beim folgenden sûtra kein Beispiel für den 1ten Casus von दक्षिणा (welches nicht von der Zeit gebraucht wird) anführt. अधः ist mit dem Affix असि (39.) von अधर abgeleitet; für अधर wird vor असि und अस्ताति अध् substituirt; vgl. 39, 40. – Patañgali: इह कस्मान्न भवति पूर्वस्मिन् देशे वसतीति । नैष देशः । देशविशेषणमेतत् ॥ welches Kaiyyaṭa folgendermassen erläutert: यो हि देशेन विशेष्यमाणो देशो भवति ततः प्रत्ययो न विशेषणादित्यर्थः ॥

31. Ein vârtika: ऊर्ध्वस्य उपभावो रिल्रिष्टातिलौ च ॥

32. Hierzu folgende vârtika's: अपरस्य पश्चभाव आतिश्च प्रत्ययः ॥ १ ॥ दिक्पूर्वपदस्य च ॥ २ ॥ दक्षिणपश्चात् ॥ अर्धोत्तरपदस्य च समासे ॥ ३ ॥ दक्षिणपश्चार्धः । उत्तरपश्चार्धः ॥ अर्धे च ॥ ४ ॥ अपरश्चासावर्धश्च । पश्चार्धः ॥

33. Vgl. Comm. sur le Yaçna S. 527.

35. Ein vârtika: अपञ्चम्या इति प्रागसेः (39.) ॥

42. Ein vârtika: धाविधानं धात्वर्थपृथग्भाव इति वक्तव्यं ॥

43. Kâçikâ: संख्याया इत्येव । अधिकरणं द्रव्यं । तस्य विचालः संख्यान्तरापादनं । एकस्यानेकीकरणं । अनेकस्य वा एकीकरणं ॥

45. Ein vârtika: धमुञन्तात् स्वार्थे उदर्शनं ॥ द्वैधानि । त्रैधानि तृणानि ॥

47. Ein vârtika: पाशपि कुत्सितग्रहणं ॥

48. Vgl. zu IV. 2. 8.

49. Vgl. die Scholien zu V. 2. 50.

54. **Siddh. K. Bl. 100. a.** तसिलादिषु (VI. 3. 35.) रूप्यस्यापरिगणत्वान्न पुंवत् । शुभ्राया भूतपूर्वः । शुभ्राद्रूप्यः ॥

55. Hierzu folgende **vârtika's**: गुणग्रहणं कर्तव्यं ॥ १ ॥ द्रव्यप्रकर्षे मा भूत् ॥ क्रियमाणे चापि गुणग्रहणे समानगुणग्रहणं कर्तव्यं ॥ २ ॥ शुक्लात् कृष्णे मा भूत् ॥ अदूरविप्रकर्षे ॥ ३ ॥ सर्षपान्महीयान् हिमवानिति मा भूत् ॥ जातेर्न ॥ ४ ॥ इह मा भूत् । वृक्षो ऽयं ॥ तथा तिङश्चेत्यत्र क्रियाग्रहणं कर्तव्यं ॥ ५ ॥ साधनप्रकर्षे मा भूत् ॥ द्वितीयान्तादतिशयमानात् ॥ ६ ॥ (**Patangali**: कालो ऽतिशेते कालीं कालितर इति प्राप्नोति कालतर इति चेष्यते । तथा काली अतिशेते कालं कालतरा इति प्राप्नोति कालितरेति चेष्यते ॥) शुक्लतरस्य शुक्लभावात् प्रकृतेः प्रत्ययविज्ञानं ॥ ७ ॥ तदन्ताच्च स्वार्थे छन्दसि दर्शनं ॥ ८ ॥ श्रेष्ठतमाय ॥ मध्यमात् शुक्लशब्दात् पूर्वपरापेक्षादुत्पत्तिर्वक्तव्या ॥ ९ ॥

56. 57. An तम und तर wird आम् gefügt nach V. 4. 11. - Beispiele, wo das Affix तरां an verba finita gefügt wird, findet man von **Lenz** und **Schütz** gesammelt im Apparatus crit. ad **Urvasiam**. S. 32. und 36.

59. तृ fällt aus nach VI. 4. 154. - Vgl. zu VI. 4. 154. - **Bhaṭṭogi** erklärt unser **sûtra** nicht nur im **Veda**-Abschnitt seiner Grammatik, sondern auch da, wo die gewöhnliche Sprache behandelt wird. Auch **Wilson** hat करिष्ठ und दोहीयस् in sein Lexicon aufgenommen, leitet aber diese Wörter nicht von einem nomen agentis auf तृ ab.

61. 62. Vgl. VI. 4. 160, 163. zur Anfügung der Affixe.

64. Zu यविष्ठ und यवीयस् vgl. VI. 4. 157.

65. Vgl. VI. 4. 163.

66. Ein **vârtika**: वृषलादिभ्य उपसंख्यानं ॥ Ein andres: सिद्धं तु प्रकृत्यर्थवैस्पष्ट्यवचनात् ॥ वृषलरूपः । चौररूपः । दस्युरूपः । नात्र प्रशंसा किं तु निन्दैव ॥

68. Ein **vârtika**: तमादिभ्यः कल्पादयो विप्रतिषेधेन ॥ Ein andres: प्रकृतेरेव प्रकर्ष इष्यते तमादिरीषत्प्रधानत्वात् ॥ पटुकल्पतरः ॥

69. Vgl. V. 3. 23.

72. Hierzu folgende **vârtika's**: अनोकारसकारभकारादौ ॥ १ ॥ युवकयोः । आवकयोः । युष्मकासु । अस्मकासु । युष्मकाभिः । अस्मकाभिः [In den 2 ersten Beispielen ist युवक् und आवक् das Thema (vgl. VII. 2. 89.), in den 4 letzten युष्मा und अस्मा; vgl. VII. 2. 86.] । ओकारेत्यादि किं । त्वयका । मयका । अत्र अकच् सुबन्तस्य टेः प्राक् ॥ अकच्प्रकरणे तूष्णीमः काम् ॥ २ ॥ स च मित्त्वादन्त्यादचः परः (vgl. I. 1. 47.) । तूष्णीं तिष्ठति । तिष्ठति तूष्णीकां ॥ शीले को मलोपश्च ॥ ३ ॥ तूष्णींशीलः । तूष्णीकः ॥ कन्म्बहुत्नकत्तु नानादेशत्वादुत्सर्गप्रतिषेधः ॥ ४ ॥ कविधेस्तमादयः पूर्वविप्रतिषिद्धं ॥ ५ ॥ पटुतरकः । पटुतमकः ॥ कदाचिच्छिन्नकतरादयः ॥ ६ ॥ परविप्रतिषेधो ऽपीति भावः । छिन्नकतरं (vgl. zu V. 4. 4.) ॥ एकदेशिप्रधानश्च (vgl. II. 2. 2.) समासः ॥ ७ ॥ अर्धपिप्पलिका ॥ उत्तरपदप्रधानश्च समासः कन्विध्यर्थं ॥ ८ ॥ नवग्रामकं । नवराष्ट्रकं ॥ कदाचिद्द्वन्द्वः ॥ ९ ॥ प्लक्षन्यग्रोधकौ । प्लक्षन्यग्रोधकौ । स्वरे विशेषः ॥

77. Kâçikâ: सामदानादिरुपायो नीतिः । नीतौ गम्यमानायां तद्युक्तादनुकम्पायुक्तात् सुबन्तात् तिङन्ताच्च यथाविहितं प्रत्ययो भवति । हन्त ते धनकाः । तिलकाः । गुडकाः । एहकि । अडकि । अनुकम्पमानो दानेनाराधयति । पूर्वेण प्रत्यासन्नानुकम्पासंबन्धादनुकम्प्यमानादेव प्रत्ययो विहितः । संप्रति व्यवहितादपि यथा स्यादिति वचनं ॥

78 – 80. Zur Anfügung der Affixe vgl. 83.

83. Hierzu folgende **vârtika's**: चतुर्थात् ॥ १ ॥ वृहस्पतिदत्तः । वृहस्पतिकः । वृहस्पतियः । वृहस्पतिलः ॥ अनजादौ च (**Kâçikâ** und **Siddh. K.** अनजादौ च विभाषा लोपो वक्तव्यः ॥) ॥ २ ॥ देवदत्तकः । देवकः ॥ लोपः पूर्वपदस्य च ॥ ३ ॥ दत्तिकः । दत्तियः । दत्तिलः । दत्तकः ॥ अप्रत्यये तथैवेष्टः ॥ ४ ॥ देवदत्तः । दत्तः । देवः ॥ उवर्णाल्ल इलस्य च ॥ ५ ॥ भानुदत्तः । भानुलः । वसुदत्तः । वसुलः ॥

(Kâçikâ und Siddh. K. अवर्णादपि ॥ सवितृलः ॥) ठग्रहणमुक्तो द्वितीयत्वे कविधानार्थं ॥ ६ ॥ (ठ ist nicht immer vocalisch anfangend; vgl. VII. 3. 51.) वायुदत्तः । वायुकः । पितृदत्तः । पितृकः ॥ अजादिलक्षणो हि मायितिकादिवत् (vgl. zu VII. 3. 50.) प्रसङ्गः ॥ ७ ॥ इकादेशः प्रसज्येत इति भावः ॥ द्वितीयादचो लोपे संध्यक्षरद्वितीयत्वे तदादेर्लोपवचनं ॥ ८ ॥ कहोडः । कहिकः । लहोडः । लहिकः ॥ Vor ठ sind die finalen Diphthonge संध्यक्षरादि, da अ, आ, इ und ई nach VI. 4. 148. vor इक abfallen, und nach उ, ऊ, ऋ und ॠ nicht इक, sondern क für ठ substituirt wird; vgl. VII. 3. 51. Vor den andern vocalisch anfangenden Affixen ist jeder Endvocal des Themas, bis auf अ und इ, संध्यक्षर.

84. Hierzu folgende vârtika's: वरुणादीनां च तृतीयात् स चाकृतसंधीनां (Kâçikâ: शेवलादीनां तृतीयादचो लोपः स चाकृतसंधीनामिति वक्तव्यं) ॥ १ ॥ शेवलेन्द्रदत्तः । शेवलिकः (von शेवल und nicht von शेवले) । सुपर्याशीर्दत्तः । सुपरियः (von सुपरि und nicht von सुपर्या) । कृतसंधीनां लोपे तु शेवलयिकः सुपर्यिक इत्यादि प्रसज्येत ॥ वाचिकादिषु पदवृत्तप्रतिषेधः ॥ २ ॥ पूर्वसूत्रविषयकमेतत् । पदवृत्तं कुत्वादि (vgl. VIII. 2. 30.) ॥ सिद्धमेकाक्षरपूर्वपदानामुत्तरपदलोपवचनात् ॥ ३ ॥ वागाशीर्दत्तः । वाचिकः । आशीर्दत्तस्य लोपे चान्ते भसंज्ञया पदसंज्ञाबाधात् कुत्वं न । सूत्रेण (vgl. 83.) शीर्दत्तस्य लोपे तु यस्येति चेति (VI. 4. 148.) लोपस्य स्थानिवद्भावेनाकारान्ते भसंज्ञा । चान्ते तु पदसंज्ञैवेति कुत्वं प्रसज्येत ॥ षषङ्गादिवचनात् (vgl. 83.) सिद्धं ॥ ४ ॥ षडङ्गुलिदत्तः । षडिकः । ठावस्थायां ङ्गुलिदत्तस्य सूत्रेणैव (nach 83.) लोपः । यस्येति (VI. 4. 148.) लोपस्य स्थानिवद्भावेनाकारान्ते भसंज्ञा । षान्ते तु पदसंज्ञैवेति जश्त्वं (vgl. VIII. 2. 39.) भवति । अङ्गुलिदत्तस्य पूर्ववार्त्तिकेन लोपे तु षान्ते भसंज्ञया पदसंज्ञाबाधाज्जश्त्वं न स्यात् ॥

88. Ein vârtika: कुटीशमीशुण्डाभ्यः प्रत्ययसंनियोगे न पुंवद्वचनं ॥ Vgl. zu VI. 3. 35.

91. Ein vârtika: वत्सादिभ्यस्तनुत्वे कार्श्ये प्रतिषेधः ॥

93. Vgl. 91. zu अकच्; zu कः vgl. die Scholien zu VII. 2. 103. - Siddh. K. Bl. 101. b. वाग्रहणमकजर्थं । यकः सकः । महाविभाषया (vgl. die Scholien zu V. 3. 1.) । यः । सः । किमो ऽस्मिन् विषये उतरजपि । कतरः ॥ Ein vârtika: किमादीनां द्विबहूर्थे प्रत्ययविधानादुपाध्यानर्थक्यं ॥ कतरो भवतां वैष्णवः । इत्यत्र बहूनां निर्धारणे उतरच इष्टत्वाद्द्वयोरिति पूर्वसूत्रे न कार्यं । कतमो भवतां देवदत्त इत्यज्ञातिपरिप्रश्ने दर्शनादत्र सूत्रे ज्ञातिपरिप्रश्न इति च न कार्यमिति भावः ॥ Ein andrer lehrt: वा बहूनां ज्ञातिपरिप्रश्ने उतमजित्यत्र बहुग्रहणमनर्थकं ॥ द्वयोरेकस्य निर्धारणे उतरचो बाधकत्वात् ॥

94. Ein vârtika: प्राग्वचनानर्थक्यं च विभाषाप्रकरणात् ॥ Vgl. die Scholien zu V. 3. 1.

95. Anders Siddh. K.: व्याकरणकेन (g. 74.) गर्वितः । व्याकरणकः । येनेतरः कुत्स्यते तदिहोदाहरणं । स्वतः कुत्सितं तु कुत्सित (74.) इत्यस्य ॥ Man vgl. das Bhâshya: यत् परस्य कुत्सार्थमुपादीयते तदिहोदाहरणं ॥

98. Vgl. vârtika 3. zu I. 2. 52. - Ueber den Accent dieser Wörter s. VI. 1. 204.

101. Siddh. K. इवेत्यनुवर्तत एव । प्रतिकृताविति निवृत्तं ॥

106. Das Bhâshya: द्वाविवार्थौ । काकागमनमिव तालपतनमिव काकतालं । काकतालमिव काकतालीयं ॥ Hierzu Kaiyyaṭa: वृत्तिविषये काकतालशब्दो काकतालसमवेतक्रियावाचिनो । तत्र काकागमनं देवदत्तागमनस्योपमानं तालपतनं दस्यूपनिपातस्य । तालेन तु यः काकस्य बधः स देवदत्तस्य दस्युना बधस्योपमानं । इति बधादिः काकतालीयादिशब्दवाच्यः संपद्यते ॥ Vgl. Lassen zu Hitop. S. 6. Dist. 34.

111. Das Beispiel ist aus dem weissen Yaǵur-V. VII. 12. - Vgl. noch Rig-V. LXXX. 16. - XCVI. 1.

112-118. Vgl. 119. - Im Plural wird für das tadrâǵa-Affix nach II. 4. 62. ein लुक् substituirt.

112. Zu देवदत्तकाः vgl. V. 2. 78.

113. Zur Erklärung von व्रात vgl. zu V. 2. 21., zu कौञ्जायन्य u. s. w. IV. 1. 98.

114. Siddh. K. Bl. 102. b. मल्लाः für भल्लाः.

116. Hierzu folgende kârikâ:

आहुस्त्रिगर्तषष्ठांस्तु कौण्डोपरथदाण्डकी ।
क्रौष्टुकिर्जालमानिश्च ब्राह्मगुप्तो ऽथ जालकिः ॥

Kâçikâ (B.): °दाण्डकौ und ब्रह्मगुप्तो ऽथ जानकिः; Siddh. K. क्रोष्टुकिर्जालमापिश्च ब्रह्मगुप्तः. Kâçikâ (A.) stimmt mit uns überein.

117. Vgl. IV. 1. 178.

118. Ein vârtika: अणो गोत्राद्गोत्रवचनं ॥ इह मा भूत् । आभिजितो मुहूर्तः ॥

119. Beispiele zu II. 4. 62.

Viertes Kapitel.

---

1. Wenn der lopa nicht hier gelehrt würde, könnte man ihn nach VI. 4. 148. bewerkstelligen. In diesem Falle würde aber der lopa durch etwas Folgendes — durch das Affix वुन् — bedingt, und nach I. 1. 57. bei Anwendung der Regel VI. 1. 130. als nicht geschehen zu betrachten sein. - Zum इ in पदिका und शतिका vgl. VII. 3. 44. - Ein vârtika: पादशतग्रहणमनर्थकमन्यत्रापि दर्शनात् ॥ द्विमोदकिकां ददाति ॥

3. Ausnahme zu V. 3. 69. - Ein vârtika: कन्प्रकरणे चञ्चद्बृहतोरुपसंख्यानं ॥ चञ्चत्कः । बृहत्कः ॥ Siddh. K. Bl. 103. a. सुरायाया (lies: सुराया) अहौ ॥ सुरावर्णो ऽहिः सुरकः ॥

4. Ein vârtika: अनत्यन्तगतौ क्तात् तमादयः पूर्वविप्रतिषिद्धं ॥ Ein andres: तदन्ताच्च स्वार्थे कन्वचनं ॥ छिन्नतरकं ॥ Vgl. vârtika 6. zu V. 3. 72.

5. Unser Commentator und Bhaṭṭogi fassen das sûtra ein Mal als Ausnahme zur vorhergehenden Regel, das andre Mal ganz beziehungslos folgendermassen: कन् findet nicht Statt, wenn ein Wort in der Bedeutung „halb" vorhergeht. Hieraus schliessen sie, dass कन् nicht nur an ein Participium auf त, sondern überhaupt an jedes Wort, dem nicht ein Synonym von सामि vorhergeht, gefügt werden könne, also auch unter andern an बहुतर. Ein vârtika: सामिवचने प्रतिषेधानर्थक्यं प्रकृत्यभिहितत्वात् ॥

7. Ein vârtika: अध्युत्तरपदात् प्रत्ययविधानानुपपत्तिर्विग्रहाभावात् ॥ Ein andres: तस्मात् तत्रेदमिति सधीनन् ॥ अत्र पक्षे सकारस्य इत्संज्ञा न स्यात् ॥ Patanǵali: नित्यः प्रत्ययो ऽयं । के पुनर्नित्याः प्रत्ययाः । तमादयः प्राक् कनः (V. 3. 55-94.) । ञ्यादयः प्राग्वुनः (V. 3. 112-119.) । आमादयः प्राङ्मयटः (11-20.) । बृहतीजात्यन्ताः (6-9.) । समासान्ताश्चेति (68. ff.) ॥

10. Kâçikâ: स्थानशब्दान्तात् प्रातिपदिकाद्विभाषा छप्रत्ययो भवति सस्थानेन चेत् स्थानान्तमर्थवद्भवति । सस्थान इति तुल्यमुच्यते । समानं स्थानमस्येति कृत्वा ॥ Siddh. K. überall: संस्थानेन; vgl. Wilson u. d. W.

14. Vgl. III. 3. 43.

15. Vgl. III. 3. 44.

17. Kâçikâ: पौनःपुन्यमभ्यावृत्तिः । एककर्तृकाणां तुल्यजातीयानां क्रियाणां जन्मसंख्यानं क्रियाभ्यावृत्तिगणनं ॥ Zum 6ten Casus अह्नः vgl. II. 3. 64.

18. चतुर् für चतुर्स्; vgl. VIII. 2. 24.

19. सकृत् für सकृत्स् nach VIII. 2. 23.

20. Zum 6ten Casus bei बहुधा und बहुकृत्वः vgl. II. 3. 64.

21. Kâçikâ: तदिति प्रथमा समर्थविभक्तिः । प्राचुर्येण प्रस्तुतं प्रकृतं । तदिति प्रथमासमर्थात् प्रकृतोपाधिके ऽर्थे वर्तमानात् स्वार्थे मयट्प्रत्ययो भवति । अन्नं प्रकृतं । अन्नमयं । अपरे पुनरेवं सूत्रार्थमाहुः । प्रकृतमुच्यते ऽस्मिन्निति प्रकृतवचनं । तदिति प्रथमासमर्थात् प्रकृतवचने ऽभिधेये मयट्प्रत्ययो भवति । u. s. w.

22. Zu समूहवत् vgl. IV. 2. 37. ff.

27. Ein vârtika: तलि स्त्रीलिङ्गवचनं ॥

30. Hierzu folgende vârtika's: लोहितालिङ्गबाधनं वा ॥ १ ॥ लोहितिका । लोहिनिका (vgl. IV. 1. 39.) ॥ नवस्य नू त्नप्तनखाश्च ॥ २ ॥ नूत्नं । नूतनं । नवीनं (vgl. VI. 4. 146.) ॥ नश्च पुराणे प्रात् ॥ ३ ॥ प्रणं । प्रत्नं । प्रतनं । प्रीणं ॥ Kâçikâ: वसु अयस् ओक कवि क्षेम वर्चस् निष्केवल उक्थ जन पूर्व नव सूर मर्त यविष्ठ इत्येतेभ्यश्छन्दसि स्वार्थे यत् (vgl. vârtika 8, 9. zu 36.) ॥ १ ॥ बहुभिर्वसव्यैः (vgl. vârtika 2, 3. zu IV. 4. 140.) । अयस्यो वसानाः । स्व ओक्यः । काव्यो ऽसि । क्षेम्यमध्यवस्यति । वर्चस्यं । निष्केवल्यं । उक्थ्यं । जन्यं ताभिः । पूर्व्यं पाथः (vgl. IV. 4. 133.) । जनयामि नव्यं (Rig-V. CIX. 2.) । सूर्यः । मर्त्यं । यविष्ठ्य होत्रवाहं (vgl. Rig-V. XXXVI. 6.) ॥ आमुष्यायणामुष्यपुत्रिकेत्युपसंख्यानं (vgl. zu VI. 3. 21.) ॥ २ ॥ समशब्दादावत्प्रत्ययो भवतीति वक्तव्यं ॥ ३ ॥ समावद्वसति ॥

31. Siddh. K. Bl. 104. a. लोहितिका । लोहिनिका कोपेन ॥ Vgl. vârtika 1. zu 30.

32. Zu लिङ्गबाधनं वा vgl. vârtika 1. zu 30.

36. Hierzu folgende vârtika's: अणप्रकरणे कुलालवरुडनिषादचण्डालामित्रेभ्यश्छन्दसि (अमित्र scheint später eingeschoben zu sein; vgl. vârtika 4.) ॥ १ ॥ कौलालः । वारुडः । नैषादः । चाण्डालः । आमित्रः ॥ भागरूपनामभ्यो धेयः ॥ २ ॥ भागधेयं । रूपधेयं । नामधेयं ॥ मित्राच्च छन्दसि ॥ ३ ॥ मित्रधेये यतस्व ॥ अणामित्राच्च

॥ ४ ॥ छन्दसीत्येव । आमित्रः । चकारान्मित्रादपि । मैत्रं ॥ सांनाय्यानुयाजावरानुकृष्टानुषूकचातुष्प्राश्यराक्षोघ्नवैयातवैकृतवारिवस्कृताग्रायणाग्रहायणसांतपनानि ॥ ५ ॥ इत्येतानि अणन्तानि छन्दसि भाषायां च निपात्यन्ते । सांनाय्यं । आनुयाजावरः । आनुकृष्टः । आनुषूकः । चातुष्प्राश्यः । राक्षोघ्नः । वैयातः । वैकृतः । वारिवस्कृतः । आग्रायणः । आग्रहायणः । सांतपनः ॥ आग्नीध्रसाधारणादञ् ॥ ६ ॥ आग्नीध्रं । साधारणं ॥ अवयसमरुद्भ्यां छन्दसि ॥ ७ ॥ आवयसे वर्धन्ते । मारुतं शर्धः ॥ नवसूरमर्तयविष्ठेभ्यो यत् ॥ ८ ॥ नव्यं । सूर्यः । मर्त्यः । यविष्ठ्यः ॥ क्षेमाद्यः ॥ ९ ॥ क्षेम्यस्तिष्ठन् ॥ Vgl. die **Kâçikâ** zu **30.**

40. Siddh. K. Bl. 104. a. ञ्यपो (vgl. V. 3. 66.) ऽपवादः ।..। उत्तरसूत्रे ऽन्यतरस्यांग्रहणान्नित्यो ऽयं ॥ Vgl. IV. 1. 82. und die Scholien zu V. 3. 1.

42. Ein **vârtika:** बह्वल्पार्थान्मङ्गलामङ्गलवचनं ॥ बहुशो ददाति आभ्युदयिकेषु । अल्पशः श्राद्धेषु । इह तु न । बहूनि श्राद्धेषु । अल्पान्याभ्युदयिकेषु ॥

43. Siddh. K. Bl. 104. a. माषशः । प्रस्थशः । परिमाणशब्दा वृत्तावेकार्था एव ॥

44. Vgl. II. 3. 11. – Ein **vârtika:** तसिप्रकरण आद्यादिभ्य उपसंख्यानं ॥ आदौ । आदितः ॥

46. Siddh. K. Bl. 104. b. अतिक्रम्य ग्रहो ऽतिग्रहः ।..। चारित्रतो ऽतिगृह्यते । चारित्रेणान्याननुवर्त्य अतिक्रम्य वर्तत इत्यर्थः । अव्यथनमचलनं ।..। वृत्ततो न व्यथते । वृत्ते न चलतीत्यर्थः ।..। वृत्ततः क्षिप्तः । वृत्तेन निन्दित इत्यर्थः ॥

48. Ich glaube kaum, dass der blosse **6**te Casus in dieser Verbindung gebraucht werden kann; man vgl. die **Kâçikâ:** षष्ठी चात्र पक्षापेक्षैव । अर्जुनस्य पक्षे कर्णस्य पक्ष इत्यर्थः ॥

49. Siddh. K. प्रवाहिकातः कुरु । प्रतीकारमस्याः कुर्वित्यर्थः ॥

50. Die Lesart der **Kâçikâ:** अभूततद्भावे कृभ्वस्ति॰ ॥ kennt schon **Kaiyyaṭa.** Er äussert sich darüber folgendermassen: अभूततद्भावग्रहणं वार्त्तिके दृष्ट्वान्यैः सूत्रे प्रक्षिप्तं ॥ Hierzu folgende vârtika's: च्विविधावभूततद्भावग्रहणं ॥ १ ॥ इह मा भूत् । संपद्यन्ते यवाः ॥ प्रकृतिविवक्षाग्रहणं च ॥ २ ॥ संपद्यन्ते ऽस्मिन् क्षेत्रे शालयः ॥ समीपादिभ्य उपसंख्यानं ॥ ३ ॥ Zum ई in शुक्लीकरोति u. s. w. vgl. VII. 4. 32.

51. Vgl. VII. 4. 26, 32.

56. Vgl. Rig-V. XXXII. 7. - L. 10.

57. An die Nachbildung eines unarticulirten Lautes (Kâçikâ: यत्र ध्वनावकारादयो वर्णा विशेषरूपेण न व्यज्यन्ते सो ऽव्यक्तस्तस्यानुकरणमव्यक्तानुकरणं) wird in Verbindung mit कृ, भू und अस् das Affix डाच् gefügt, wenn die Hälfte derselben zum Mindesten aus zwei Silben besteht, und wenn nicht इति drauf folgt. Siddh. K. Bl. 105. a. द्व्यच् अवरं न्यूनं न तु ततो न्यूनमनेकाजिति यावत् तादृशमर्धं यस्य तस्मात्° ॥ Kâçikâ: द्व्यजवरं न्यूनमल्पाक्षरमर्धं यस्य तद्द्व्यजवरार्धं । अवरशब्दो न्यूनार्थः । यस्यापकर्षे क्रियमाणे सुष्ठु न्यूनमर्धं द्व्यच्कं संपद्यते तस्मात्° ॥ Daraus, dass Pâṅini द्व्यजवरार्ध und nicht चतुरजवर sagt, ersehen wir, dass das Affix an die verdoppelte Form des nachgebildeten Lautes gefügt wird. Für das त् des erstern पटत् und für das प् des letztern पटत् wird nach VI. 1. 100. प् allein substituirt. Die Endsilbe अत् fällt vor डाच् nach VI. 4. 143. ab. Für पट इति lese man mit Bhaṭṭogi पटिति, und vgl. VI. 1. 98. - Das च् im Affix डाच् bestimmt den Accent des neuen Wortes; vgl. VI. 1. 164. Aber auch ohne das च् würde das Wort nach III. 1. 3. ein Oxytonon sein; daher sagt unser Commentator, dass das च् स्वरितबाधनार्थः sei. Die Analyse seines Beispiels wird seine Worte verständlicher machen. पटपटा ist ein Oxytonon; अस्ति, auf पटपटा folgend, ist anudâtta nach VIII. 1. 28. Werden die beiden Worter verbunden, so könnte das lange आ, welches an die Stelle des langen und kurzen tritt, nach VIII. 2. 6. **svarita** werden; das च् verhindert jedoch diesen Wechsel des Accents; vgl. zu V. 2. 96. Der Verfasser der **vârtika's** giebt jedoch dem च् nicht diese Bedeutung, indem er sagt: ञचि चित्करणं विशेषणार्थं ॥ Die **Kâçikâ** führt eine andre Lesart: द्व्यन्तवराध्यर्धाद्॰ ॥ mit der Bemerkung: स (यकारः) स्वार्थिको विज्ञेयः ॥ an.

60. **Kâçikâ**: कर्तव्यस्यावसरप्राप्तिः समयस्तस्यातिक्रमणं यापना ॥

62. Siddh. K. Bl. 105. b. निर्गतं कुलमन्तरवयवानां समूहो यस्मादिति बहुव्रीहेर्डाच् ॥

67. Ein **vârtika**: भद्राच्चेति वक्तव्यं ॥ भद्राकरोति कुमारं ॥

68. Ein **vârtika**: प्रयोजनमव्ययीभावद्विगुद्वन्द्वतत्पुरुषबहुव्रीहिसंज्ञाः ॥ अव्ययीभाव । प्रतिराजं । विभक्तेरमादेशः (vgl. II. 4. 83.) । द्विगु । द्विधुरी । त्रिधुरी । द्विगोरिति (IV. 1. 21.) ङीप् । द्वन्द्व । कोषनिषदिनी । इनिप्रत्ययः (vgl. V. 2. 128.) । तत्पुरुष । निर्धुरः । अव्ययस्य पूर्वपदप्रकृतिस्वरः (vgl. VI. 2. 2.) । बहुव्रीहि । उच्चधुरः । पूर्वपदप्रकृतिस्वरः (vgl. VI. 2. 1.) ॥

69. Vgl. 91, 92. – Ein **vârtika**: पूजायां स्वतोग्रहणं (sic) ॥ इह मा भूत् । परमराजः । उत्तमराजः ॥ Ein andres: प्राग्बहुव्रीहिग्रहणं च ॥ इह मा भूत् । सुसक्यः ॥ Vgl. 113.

70–72. Vgl. 74, 91, 92.

73. Vgl. II. 2. 25. – Hierzu folgende **vârtika's**: उच्प्रकरणे संख्यायास्तत्पुरुषस्योपसंख्यानं निस्त्रिंशाद्यर्थं ॥ १ ॥ अन्यत्राधिकलोपात् ॥ २ ॥ अव्ययादेरिति वक्तव्यं ॥ ३ ॥ Siddh. K. Bl. 53. a. निर्गतानि त्रिंशतो निस्त्रिंशानि वर्षाणि चैत्रस्य । निर्गतस्त्रिंशतोऽङ्गुलिभ्यो निस्त्रिंशः खड्गः ॥

74. Zur Länge in पूर् und धूः vgl. VIII. 2. 76., zu द्वीप und समीप VI. 3. 97. – **Kâçikâ**: अनृचो माणवके ज्ञेयो बह्वृचश्चरणाख्यायां ॥ अनृचो माणवकः । बह्वृचो ब्राह्मणः । इह तु न । अनृच्कं साम । बह्वृच्कं सूक्तं ॥ Ein **vârtika**, das in der Calc. Ausg. bei 154. angeführt wird: अनृचो माणवे बह्वृचो चरणाख्यायां ॥

Siddh. K. Bl. 58. a. अनृचबह्वृचावध्येतर्येव नेह । अनृक् साम । बह्वृक् साम ॥

75. Ein vârtika: कृष्णोदकपाण्डुसंख्यापूर्वाया भूमेरजिष्यते ॥ कृष्णभूमः । उदकभूमः । पाण्डुभूमः । द्विभूमः । त्रिभूमः ॥ Siddh. K. Bl. 58. b. कृष्णोदक्पाण्डु° ॥ . . । उदग्भूमः ॥

76. Ein vârtika: अप्राण्यङ्गादिति वक्तव्यं ॥

77. Siddh. K. Bl. 58. b. धेन्वनडुहौ für धेन्वनडुहं. अहर्दिवं wird daselbst durch अहन्यहनि erklärt; vgl. VIII. 1. 4. zu वीप्सा. Zu सरजस vgl. II. 1. 6. - Ein vârtika: चतुरो ऽच्प्रकरणे त्र्युपाभ्यामुपसंख्यानं ॥ त्रिचतुराः । उपचतुराः ॥

78. Ein vârtika: पल्यराजभ्यां च ॥ पल्यवर्चसं । राजवर्चसं ॥

80. Man lese im sûtra: प्रवसो वसीय° ॥ und in den Scholien वसीयः für अवसीयः.

82. Vgl. II. 1. 6. - Für प्रत्युरसं am Ende der Scholien wird wohl प्रत्युरः zu lesen sein.

83. Vgl. II. 1. 16.

86. Vgl. II. 1. 51. und vârtika 3. zu V. 2. 37. - निरङ्गुलं wird Siddh. K. Bl. 48. b. durch निर्गतमङ्गुलिभ्यः erklärt. - Vgl. noch 114.

87. Zu अहः im sûtra vgl. VIII. 2. 69. - VIII. 3. 15. - Calc. Ausg. द्विरात्रः; vgl. jedoch zu II. 4. 29. - Ein vârtika: अहर्ग्रहणं द्वन्द्वार्थं ॥

88. Vgl. II. 4. 29. und VIII. 4. 7. - Unser Commentator scheint gar kein Affix an die substituirte Form zu fügen. Siddh. K. Bl. 49. a. wird ausdrücklich bemerkt, dass die Substitution समासान्ते परे Statt finde. Das anzufügende Affix ist अच् und nicht etwa टच्; daher sagt das Bhâshya: अह्नो ऽह्नवचनानर्थक्यं चाह्नष्टखोर्नियमवचनात् ॥ Vgl. VI. 4. 145.

89-91. Zur Anfügung von टच् vgl. VI. 4. 145.

90. Wie wir aus den Beispielen ersehen, umfasst पुण्य gegen I. 1. 68. auch seine Synonyme. Für एकाहं lese man एकाहः, da अह bloss nach पुण्य und सुदिन ein Neutrum ist; vgl. zu II. 4. 29.

91. Zu अहः im sûtra vgl. VIII. 2. 69. - VIII. 3. 15. Zu der in den Scholien erwähnten paribhâshâ vgl. zu IV. 1. 66.

92. Ueber den तद्धितलुक् in पञ्चगु s. V. 1. 28, 37.

99. Zu पञ्चनौः vgl. V. 1. 28, 37.

100. Zu परवल्लिङ्गं vgl. II. 4. 26.

102. Vgl. II. 1. 52. und V. 1. 28, 37.

103. Ein vârtika: अनसन्तान्नपुंसकाद्वा ॥ अन् । ब्रह्मसामं । ब्रह्मसाम । अस् । देवच्छन्दसं । देवच्छन्दः ॥

108. 109. Zur Anfügung von टच् vgl. VI. 4. 144.

113. Siddh. K. Bl. 53. a. व्यत्ययेन षष्ठी (सक्थ्यक्षणोः) ॥ Zu स्वाङ्ग vgl. zu IV. 1. 54. - Ein vârtika: षच्प्रत्ययान्तरकरणमन्तोदात्तार्थं ॥ गौरसक्थी । अत्र सक्थं चाक्रान्तादित्यन्तोदात्तत्वाभावपक्षे (vgl. VI. 2. 198.) षचि ङीष (vgl. IV. 1. 41.) ईकार उदात्तः (g . III. 1. 3.) । टचि तु ङीप्यनुदात्तः (vgl. IV. 1. 15. - III. 1. 4.) प्रसज्येत इति भावः ॥

116. Hierzu folgende vârtika's: अपि प्रधानपूरणीग्रहणं ॥ १ ॥ इह मा भूत् । कल्याणपञ्चमीकः पक्षः ॥ नेतुर्नक्षत्र उपसंख्यानं ॥ २ ॥ पुष्यनेत्राः । मृगनेत्राः ॥ छन्दसि च नेतुरुपसंख्यानं ॥ ३ ॥ वृहस्पतिनेत्राः । सोमनेत्राः ॥ मासाद्भृतिप्रत्ययपूर्वपदाट्ठञ्विधिः ॥ ४ ॥ स्वार्थे ऽयं ठच् । पञ्चकमासिकः । षट्कमासिकः । दशकमासिकः ॥ Vgl. V. 1. 22, 80.

118. In den Scholien zu Bhatti-K. IV. 18. - V. 8. - IX. 93. wird अन्नासिकायाः° geschrieben. - Der 2te Casus नसं lässt sich nur durch Ergänzung eines Verbums, wie प्राप्नोति, erklären. So Siddh. K. Bl. 53. b. नासिकान्ताद्बहुव्रीहेरच् स्यात् नासिकाशब्दश्च नसं प्राप्नोति न तु स्थूलपू-

र्वात् ॥ Zu द्रुणस und वार्ध्रीणस vgl. VIII. 4. 3. - Hierzu folgende vârtika's: खुरखराभ्यां नस् ॥ १ ॥ (Kâçikâ: पक्षे ऽच्प्रत्ययो ऽपीष्यते ॥ Siddh. K. Bl. 53. b. खुरखराभ्यां वा नस् ॥ खुरणाः । खरणाः । पक्षे ऽजपीष्यते । खुरणसः । खरणसः ॥) शितिना अर्वना अहिना इति नैगमाः ॥ २ ॥

119. Zu प्रणस vgl. VIII. 4. 28. - Ein vârtika: वेर्ग्रो वक्तव्यः ॥ विगता नासिकास्य । विग्रः ॥ Ein andres: ख्यो वक्तव्यः ॥ विख्यः ॥ Kâçikâ: खुख्रौ च वक्तव्यौ ॥ इति केचित् । विखुः । विख्रः ॥

120. Calc. Ausg., Siddh. K. und B. °शारिकुक्षि°, A. und B. °चतुरश्रैणीपद°, C. °चतुरश्रैणिपद°, D. °चतुरश्रैणिपद.°

121. Calc. Ausg., B. und C. हलिसक्योर्°. Weder die Kâçikâ noch die Siddh. K. erwähnen etwas über den unregelmässigen 6ten Casus हलिसक्थ्योः. Ich habe letztere Form vorgezogen, weil dieselbe doch wenigstens ein regelmässiger, obgleich ungebräuchlicher 6ter Casus von सक्थि sein kann, wenn man das Wort als Masculin- oder Feminin-Thema declinirt. Auch schien mir die von unserm Commentator erwähnte Lesart शक्त्योः dafür zu sprechen, welche wahrscheinlich nur daher entstanden ist, dass man sich die Form सक्थ्योः nicht erklären konnte. Vopadeva's Regel betrifft auch सक्थि und nicht शक्ति; vgl. Mugdha-B. S. 81.

124. Siddh. K. Bl. 54. a. केवलात् किं । परमः स्वो धर्मो यस्येति त्रिपदे बहुव्रीहौ मा भूत् । स्वशब्दो ह्यत्र न केवलं पूर्वपदं । किं तु मध्यमत्वादापेक्षिकं । संदिग्धसाध्यधर्मेत्यादौ तु कर्मधारयपूर्वपदो बहुव्रीहिः । एवं तु परमस्वधर्मेत्यपि साध्वेव । निवृत्तिधर्मा । अनुच्छित्तिधर्मेत्यादिवत् । पूर्वपदं तु बहुव्रीहिणाक्षिप्यते ॥

127. Vgl. II. 2. 27.

128. Der 5te Casus im sûtra möchte schwerlich

gerechtfertigt werden können, da द्विदण्डि u. s. w. schon mit dem Affix इच् verbunden ist. In ähnlichen Fällen gebraucht **Pâṅini** immer den 1ten Casus. Unser Commentator und **Bhaṭṭogi** versuchen द्विदण्ड्यादिभ्यः als 4ten Casus zu erklären. **Siddh. K.** Bl. 54. a. तादर्थ्ये चतुर्थ्येषा । एषां सिद्ध्यर्थमसिच्प्रत्ययः स्यात् ॥

129. Ich bin ohne Grund der Lesart der **Kâçikâ** gefolgt; Calc. Ausg.', **Siddh. K.** und die Handschriften haben: ज्ञानुनोर्ज्ञुः.

131. Vgl. IV. 1. 25. – Ein **vârtika**: ऊधसो ऽनङि स्त्रीग्रहणं कर्तव्यं ॥ इह मा भूत् । महोधाः पर्यन्यः ॥

134. Vgl. zu I. 1. 57. – Als Beispiel zu unsrer Regel führe ich अनन्यज्ञानि aus **Raghu-V.** XV. 61. an; in den Noten verweist **Stenzler** auf unser **sûtra**.

135. Ein **vârtika**: गन्धस्येत्त्वे तदेकान्तग्रहणं ॥ तदवयव इवाविभागेन लक्ष्यमाणो यो गुणस्तद्वाची गन्धशब्दो गृह्यते । न तु द्रव्यवाचीति भावः । सुगन्धि पुष्पं । इह तु न । सुगन्ध (d. i. शोभना गन्धाः द्रव्याण्यस्य; vgl. **Siddh. K.** Bl. 54. b.) आपणिकः ॥ Vgl. die Scholien zu **Bhaṭṭi-K.** II. 10.

136. **Siddh. K.** Bl. 54. b. सूपस्य गन्धो लेशो यस्मिन् तत् । सूपगन्धि भोजनं । . . । गन्धो गन्धक आमोदे लेशे संबन्धगर्वयोरिति विश्वः ॥

139. Für पाद् wird vor dem Feminin-Affix ई nach VI. 4. 130. पद् substituirt.

141. Das ऋ in दत् ist nicht bloss ङीबर्थः (vgl. IV. 1. 6.), sondern auch नुमर्थः (vgl. VII. 1. 70.).

142. **Siddh. K.** Bl. 220. a. उभयतोदतः प्रतिगृह्णाति ॥ Vgl. **Wilson** u. d. W. उभयतोदत्.

145. Calc. Ausg. कुड्मलाग्रदन् । कुड्मलाग्रदन्तः ॥ Beide Formen sind richtig; vgl. **Siddh. K.** Bl. 192. b.

146. Kâçikâ: कालकृता वस्तुधर्मा वयःप्रभृतयो ऽवस्थेत्युच्यन्ते । अजातं ककुद्मस्य अजातककुत् । बाल इत्यर्थः ॥

151. Kâçikâ und Siddh. K. अर्थान्नञः ॥ अनर्थकं । नञः किं । अपार्थं । अपार्थकं ॥ Vgl. den gaṅa उरआदि.

154. Das शेष bezeichnet nicht nur diejenigen bahuvrîhi's, von denen noch kein Affix oder keine Veränderung des letzten Bestandtheils ausgesagt worden ist; sondern auch diejenigen, welche im शेषाधिकार (vgl. II. 2. 23, 24.) gebildet werden. Zu den Beispielen vgl. noch 74, 135, 138. - II. 2, 25, 26, 28.

156. Ein vârtika: ईयस उपसर्जनदीर्घत्वं च ॥ Das Bhâshya: पुंवद्वचनात् सिद्धं ॥ Vgl. zu I. 2. 48.

158. Ausnahme zu 153.

159. Bei Wilson lautet der 1te Casus von तन्त्री fälschlich तन्त्री. Das ई ist kein Feminin-Affix, sondern ein Uṅâdi-Affix; vgl. Siddh. K. Bl. 200. a. Daher wird auch im bahuvrîhi keine Kürze dafür substituirt nach I. 2. 48.

Sechstes Buch.

Erstes Kapitel.

1. Die Regel gilt für 2 Fälle: für alle consonantisch anfangenden Wurzeln, und für vocalisch anfangende einsilbige Wurzeln. एकाच् heisst ein Vocal mit den ihn etwa umgebenden Consonanten. Die Reduplication wird durch Affixe hervorgerufen (8-11.). Diese werden demnach zuerst angefügt; Beispiele: पच् + णल् bildet nach VII. 2. 16. पाच; die Substitution der vṛiddhi wird bei der Bildung der Reduplication nach I. 1. 59. als nicht geschehen betrachtet. Die Reduplication ist demnach पच्; das च् fällt nach VII. 4. 60. ab. - Zum kurzen अ der Reduplication in जजागार vgl. VII. 4. 59. - इ + णल् wird nach VII. 2. 115. आय; nach I. 1. 59. ist इ die Reduplication, wofür nach VI. 4. 78. इय् substituirt wird. - Aus ऋ + णल् wird nach VII. 4. 11. अर्; für ऋ in der Reduplication wird nach VII. 4. 66. अ, d.

h. अर् (vgl. I. 1. 51.) substituirt. र् fällt nach VII. 4. 60. aus, und für अ wird nach VII. 4. 70. आ substituirt; आ + अर् ist = आर्.

2. Die Regel betrifft, wie es sich von selbst versteht, nur die zwei- und mehrsilbigen Wurzeln. Ich erinnere bei dieser Gelegenheit an Regel III. 1. 32, wonach Wurzeln oder Themata, an die das Affix सन् u. s. w. gefügt worden ist, auch noch Wurzeln heissen. In den Wurzeln अर्टिष und अशिष (अर्ट् und अश् + इट् + सन्) werden demnach die Silben टिष् und शिष् verdoppelt, wobei das ष् der ersten Silbe nach VII. 4. 60. ausfällt.

3. Zum bessern Verständniss der Regel möge die Zerlegung der in den Scholien angeführten Beispiele dienen: उन् - दि - दि - ष - ति, अड् (entstanden aus अद्; vgl. Colebr. Gr. S. 250.) - डि - डि - ष - ति, अर् - चि - चि - षति. Man vgl. noch VII. 4. 60. - Kâçikâ: बकारस्याप्ययं प्रतिषेधो वक्तव्यः ॥ १ ॥ उब्जिजिषति ॥ दकारोपधोपदेशे तु न वक्तव्यः (die Wurzel wird उब्ज und उद्ब्ज geschrieben) ॥ २ ॥ बत्वं तु तदा दकारस्य विधातव्यं ॥ ३ ॥ यकारपरस्य प्रतिषेधो न भवतीति वक्तव्यं ॥ ४ ॥ अ - रा - र्य - ते ॥ ऋ + यङ् wird nach VII. 4. 30. अर्य; nach 2. muss die 2te Silbe verdoppelt werden; wir erhalten demnach अर्यर्य; das य् in der ersten Silbe fällt nach VII. 4. 60. aus, und für das अ dieser Silbe wird nach VII. 4. 83. आ substituirt. - Hierzu folgende vârtika's: ईर्ष्यतेस्तृतीयस्य द्वे भवतः ॥ १ ॥ केचिदाहुस्तृतीयस्यैकाचः । ईर्ष्यिषिषति (vgl. VII. 4. 79.) । अपर आह तृतीयस्य व्यञ्जनस्येति । ईर्ष्यियिषति ॥ कण्ड्वादीनां च ॥ २ ॥ तृतीयस्य द्वे भवत इत्येव । कण्डूयियिषति ॥ वा नामधातूनां ॥ ३ ॥ तृतीयस्यैकाचो द्वे भवत इत्येव । अश्वीयियिषति । अशिश्वीयिषति ॥ Ein andrer lehrt: यथेष्टं वा ॥ पुपुत्रीयिषति । पुतित्रीयिषति । पुत्रीयियिषति । पुत्रीयिषिषति ॥ Mugdha-B. S. 198.

wird noch पुपुतित्रीयियियिषिषति angeführt, wo alle Silben verdoppelt worden sind.

4. Ein **vârtika**: दृगोरिति वक्तव्यं ॥

6. **Pâńini** spricht offenbar nur von 6 reduplicirten Wurzeln. वेवीङ् hat er vergessen oder mit Absicht ausgelassen; man vgl. folgende **vârtika's**: जक्षित्यादिषु सप्तग्रहणं वेवीत्यर्थं ॥ १ ॥ अपरिगणनं वा गणान्तत्वात् ॥ २ ॥ Vgl. die 2te Klasse im **Dhâtu-P. Patańgali** versucht **Pâńini** folgendermassen zu vertheidigen: सप्तैवेमे धातवः पठ्यन्ते । जक्ष अभ्यस्तसंज्ञो भवति । इत्यादयश्च षट् ॥

7. Zu den Beispielen in den Scholien vgl. **Rig-V.** LXII. 9. - LXVI. 2. - LXVII. 3. - XCIV. 2. - CXVII. 17. und **Rosen** zu III. 2. 3. - Hierzu folgende **vârtika's**: तुजादिषु छन्दःप्रत्ययग्रहणं ॥ १ ॥ छन्दोग्रहणं प्रत्ययग्रहणं चेत्यर्थः । इह मा भूत् । तुतोज शबलान् हरीन् ॥ अनारम्भो वापरिगणितत्वात् ॥ २ ॥ अन्येषां च दर्शनात् ॥ ३ ॥ पूरुषः । नारकः ॥ अनेकान्तत्वाच्च ॥ ४ ॥ मामहान उक्थपात्रं । ममहान इति वा ॥

8. Zu den Beispielen vgl. zu 1. und zu 2. - Für नोनाव sagt man in der gewöhnlichen Sprache: नोनूयांचकार; vgl. III. 1. 35. Das Beispiel ist aus **Rig-V.** LXXIX. 2. - Für लिटि किं ist in den Scholien wohl अनभ्यासस्य किं zu lesen. - Hierzu folgende **vârtika's**: लिटि द्विर्वचने जागर्तेर्वावचनं ॥ १ ॥ अभ्यासप्रतिषेधानर्थक्यं च छन्दसि वावचनात् ॥ २ ॥ छन्दसि वा द्वे भवत इति वक्तव्यं ॥ ३ ॥ आदित्यान् याचिषामहे । ययाचिषामहे । दाति प्रियाणि । ददाति प्रियाणि । मघवा दातु । मघवा ददातु । स न स्तुतो वीरवद्धातु । स न स्तुतो वीरवद्दधातु ॥

12. Calc. Ausg. letzte Zeile: द्वित्वम° für अद्वि.° - **Bhattogi** erklärt unser **sûtra** im **Veda**-Abschnitt; s. **Siddh. K.** Bl. 226. b. - Die in den Scholien erwähnten Unregelmässigkeiten werden in den **vârtika's** zu

unserm sûtra aufgeführt. Rig.-V. C. 5. finde ich auch eine reduplicirte Form सासह्वान्. – Hierzu folgende vârtika's: द्विर्वचनप्रकरणे कृञादीनां के ॥ १ ॥ [Patangali: कादिष्विति वक्तव्यं ॥ बभ्रुः । ययुः ॥ Kâçikâ: कृञादीनां के द्वे भवत इति च वक्तव्यं ॥ डुकृञ् । क्रियते ऽनेनेति । चक्रं । क्लिदू । चिक्लिदं । घञर्थे कविधानमिति (vgl. vârtika 4. zu III. 3. 58.) कः] चरिचलिपतिवदीनामच्याक् चाभ्यासस्य ॥ २ ॥ (Kâçikâ :वेति वक्तव्यं ॥) चराचरः । चलाचलः । पतापतः । वदावदः ॥ हन्तेर्घश्च ॥ ३ ॥ चकाराद्द्वित्वमाक् च । घनाघनः ॥ पाटेर्णिलुक् च दीर्घश्चाभ्यासस्योक् च ॥ ४ ॥ पट । णिच् । अच् । पाटूपटः ॥

13. 14. Vgl. IV. 1. 78. – VI. 1. 108. – VI. 3. 139.

14. Das Bhâshya: मातञ्मातृकमातृषु व्यङ् प्रसार्यो विभाषया ॥ Siddh. K. Bl. 61. b. क्लीवनिर्देशस्तु (बन्धुनि) स्वरूपापेक्षया (vgl. I. 1. 68.) ॥ मातच्मातृकमातृषु वा ॥ कारीषगन्धीमातः । कारीषगन्ध्यामातः । कारीषगन्धीमातृकः । कारीषगन्ध्यामातृकः । कारीषगन्धीमाता । कारीषगन्ध्यामाता । अस्मादेव निपातनान्मातृशब्दस्य मातजादेशो नद्यृतश्चेति (V. 4. 153.) कश्चिकल्पश्च बहुव्रीहावेवेदं । नेह । कारीषगन्ध्याया माता । कारीषगन्ध्यामाता । चित्त्वसामर्थ्याच्चित्स्वरो (vgl. VI. 1. 163.) बहुव्रीहिस्वरं (vgl. VI. 2. 1.) बाध्यते (lies: बाधते) ॥

15. Vgl. II. 4. 53.

16. Vgl. II. 4. 41. zu वयि.

17. Vgl. VII. 4. 60. zum Ende der Scholien.

20. Ausnahmen zu 16.

21. Zum Verständniss der Scholien vgl. VII. 4. 25.

23. Vgl. VIII. 2. 54.

24. Vgl. VIII. 2. 47.

26. Kâçikâ: अभ्यवपूर्वस्य श्यायतेर्निष्ठायां विभाषा संप्रसारणं भवति । अभिशीनं । अभिश्यानं । अवशीनं । अवश्यानं । द्रवमूर्तिस्पर्शविवक्षायामपि विकल्पो भवति । अभिशीनं घृतं । अभिश्यानं घृतं । अवशीनं मेदः । अवश्यानं मेदः । अभिशीतो वायुः । अभिश्यातो वायुः । अवशीतमुदकं ।

अवश्यातमुदकं । सेयमुभयत्र विभाषा द्रष्टव्या । पूर्वग्रहणस्य च प्रयोजनं । समभिश्यानं । समवश्यानमित्यत्र मा भूदिति केचिद्व्याचक्षते । न किलायमभ्यवपूर्वः समुदाय इति । यो ऽत्राभ्यवपूर्वः समुदायः तदाश्रयो विकल्पः कस्मान्न भवति । तस्मादत्र भवितव्यमेव । यदि तु नेष्यते ततो यत्नान्तरमास्थेयं । अस्माद्विभाषाविज्ञानात् (A. °विज्ञात) व्यवस्थेयं (A. व्यवश्येयं) पूर्वग्रहणस्य चान्यत् प्रयोजनं वक्तव्यं । अभिसंशीनमभिसंश्यानं वा । अवसंशीनमवसंश्यानं वा । अत्र विकल्पो यथा स्यादिति पूर्वग्रहणं स्त्यः प्रपूर्वस्येतिवत् ॥ Vgl. 23.

27. Hierzu folgende **vârtika's**: श्राश्रप्योः शृभावः ॥ १ ॥ श्रा अदादिः । श्रै भ्वादिर्मित् ॥ क्षीरहविषोरिति वक्तव्यं ॥ २ ॥ इह मा भूत् । श्राणा यवागूः । श्रपिता यवागूः ॥ श्रपेः शृतमन्यत्र हेतोः ॥ ३ ॥ इह मा भूत् । श्रपितं क्षीरं देवदत्तेन ॥

28. Ein **vârtika**: आङ्पूर्वस्यान्धूधसोरिति वक्तव्यं ॥ आपीनो ऽन्धुः । आपीनमूधः । आप्यानश्चन्द्रमाः ॥ **Patańgali**: उभयतो नियमश्चायं द्रष्टव्यः । आङ्पूर्वादेवान्धूधसोः । अन्धूधसोरेवाङ्पूर्वादिति ॥

30. Ein **vârtika**: श्वयतेर्लिट्यभ्यासलक्षणप्रतिषेधः ॥ शिश्वियतुः । शिश्वियुः ॥ Vgl. 15, 17.

34. Vgl. **Rig-V.** CXIX. 1. und die zu III. 4. 9. angeführte Stelle aus dem **Yaǵur-V.**

36. Calc. Ausg. श्राताश्रितमाशीराशीर्ताः, **Siddh. K.** und A. श्राताश्रितमाशीराशीर्तः, D. श्राताः श्रितमाशीराशीर्ताः, **Kâçikâ** (A.) wie wir, **Kâçikâ** (B.) wie die Calc. Ausg.; in den Scholien aber, wo das **sûtra** wiederholt wird, wie wir. श्राता ist, wie man aus dem Beispiele in den Scholien ersieht, offenbar falsch; आशीर्ताः lässt sich nur dann erklären, wenn man das ganze **sûtra** als Compositum fasst. Man trenne in unserer Ausgabe तित्याज्ञ sowohl vom Vorhergehenden als auch vom Folgenden. Bei der Wiederholung der Wörter in den Scholien schlage ich folgende Verbesserungen vor: श्राताः für श्रात (Calc.

Ausg. आता), आशीर् oder आशीः (Calc. Ausg. आशीः) für आशिस्, आशीर्तः für आशीर्त. Calc. Ausg. hat आश्रितं für श्रित. श्रितं zu schreiben ist nicht nothwendig, da das Neutrum, nach den Beispielen zu urtheilen, nicht weiter zu urgiren ist. Kâçikâ (B.) erklärt अपस्पृधेथां auch durch अपस्पर्धेथां; Kâçikâ (A.) giebt uns die richtige Form अस्पर्धेथां an. Der Verfasser derselben bemerkt, dass Einige अपस्पृधेथां in अप + स्पृधेथां zerlegten; in diesem Falle entspräche der Veda-Form ohne Augment in der gewöhnlichen Sprache अपास्पर्धेथां. Für diese Erklärung spricht das Participium स्पर्धमान Rig-V. XXXIII. 5.; für die andere, welcher unser Commentator gefolgt ist, das Participium पस्पृधान Rig-V. LXI. 15. Das Beispiel: य उग्रा अर्कमानृचुः । ist aus Rig-V. XIX. 4.; vgl. Rosen zu d. St. Zu सोमो गौरी अधि श्रितः vgl. I. 1. 19. - Das Rig-V. V. 5. vorkommende आशिर् bringt Rosen vielleicht mit Unrecht mit unserm आशीर् zusammen, da wir hier ein langes ई im Thema haben; man ersieht dieses aus dem Siddh. K. Bl. 220. b. angeführten Beispiele: नाशीर्ं दुहे.

37. Vgl. 32. und VI. 4. 133. zu den Scholien. - Hierzu folgende vârtika's: ऋचि त्रेरुत्तरपदादिलोपश्छन्दसि ॥ १॥ संप्रसारणं च । तृचं सूक्तं । तृचं साम । छन्दसि किं । त्र्यृचानि ॥ रयेर्मतौ बहुलं ॥ २॥ रै (lies: रयि, und vgl. Rig-V. I. 3.) इत्येतस्य वेदे बहुलं संप्रसारणं मतुप्प्रत्यये परे । आ रेवानेतु नो विशः (vgl. zu VIII. 2. 15. und Rig-V. IV. 2.) । न च भवति । रयिमान् पुष्टिवर्धनः ॥ कक्ष्यायाः संज्ञायां ॥ ३॥ कक्षीवन्तं य औशिजः (Rig-V. XVIII. 1.; vgl. Rosen zu d. St.) । संज्ञायां किं । कक्ष्यावान् हस्ती ॥ Vgl. VIII. 2. 12.

38. In वय् wird vor लिट् für den ersten Halbvocal ein samprasâraṅa substituirt; vgl. 17, 37. - Das

Wort लिटि im sûtra ist insofern उत्तरार्थं, als die Substitution von वय् für वेञ् nur vor लिट् Statt findet; vgl. II. 4. 41.

40. 41. Ausnahme zu 15, 17., da वेञ् zum यजादि gehört.

42. Ausnahme zu 16.

43. 44. Ausnahme zu 15., da व्येञ् zum यजादि gehört.

45. Zur Anfügung von एश् vgl. VI. 4. 64. - Hierzu folgende vârtika's: आत्व एश्युपसंख्यानं ॥ १ ॥ अशित्येकादेशे प्रतिषेध आदिवद्भावात् ॥ २ ॥ अयवायावां (vgl. 78.) प्रतिषेधश्च ॥ ३ ॥ शिति प्रतिषेधे प्रलुलुकोरुपसंख्यानं ॥ ४ ॥ प्रातिपदिकप्रतिषेधः ॥ ५ ॥

48. Vgl. VII. 3. 36. - Ein vârtika: आत्वं णौ लीयतेरुपसंख्यानं प्रलम्भनशालीनीकरणयोः ॥ प्रलम्भने । जटाभिर्लापयते । शालीनीकरणे । श्येनो वर्तिकामुल्लापयते ॥ Das 1te Beispiel ist nicht richtig; vgl. die Scholien zu I. 3. 70. Bei 51. wird in der Calc. Ausg. folgendes vârtika aus der Kâçikâ angeführt: प्रलम्भकरणशालीनीकरणयोश्च णौ नित्यमात्वं ॥ Als Beispiel dient daselbst, wie bei I. 3. 70.: बालमुल्लापयते, welches durch वञ्चयति erklärt wird. Siddh. K. Bl. 153. a. प्रलम्भनाभिभवपूजासु लियो नित्यमात्वमशिति वाच्यं ॥

49. Ein vârtika: सिध्यतेरज्ञानार्थस्य ॥

50. Siddh. K. Bl. 137. b. चकारादशित्यनिमित्ते ॥ Ein vârtika: निमिमीलियां खल्चोः प्रतिषेधो वक्तव्यः ॥ ईषन्निमयः । सुनिमयः । निमयः । मी । ईषत्प्रमयः । सुप्रमयः । प्रमयः । ली । ईषद्विलयः । सुविलयः । विलयः ॥

51. Vgl. zu 48. und zu 50. - Siddh. K. Bl. 137. b. लीयतेरिति यका निर्देशो न तु श्यना ॥

52. Kâçikâ: चखाद् statt चिखाद्.

53. Calc. Ausg. अपगुरोर्णमुलि ॥

54. चापयति und चाययति sind von चिञ् der 9ten Klasse

abzuleiten; चिञ् der 10ten Klasse ist मित्, und bildet daher nach VI. 4. 92. चपयति und चययति; vgl. Siddh. K. Bl. 148. a. und Bl. 154. a.

55. Vgl. VII. 3. 36.

56. 57. Vgl. zu I. 3. 68.

61. Vgl. IV. 3. 55. - Hierzu folgende vârtika's: वा केशेषु शिरसः शीर्षभावो वक्तव्यः ॥ १ ॥ शीर्षण्याः । शिरस्या वा केशाः ॥ अचि शीर्षः ॥ २ ॥ छन्दसि च शिरसः शीर्षभावो वक्तव्यः ॥ ३ ॥ हास्तिशीर्ष्या । पैलुशीर्ष्या ॥

62. Das sûtra ist ursprünglich ein vârtika. Kaiyyata: अचि शीर्ष (vgl. vârtika 2. zu 61.) इति वार्त्तिकं दृष्ट्वा सूत्रेषु कैश्चित् प्रक्षिप्तं ॥

63. Vgl. zu I. 1. 50. - शस्प्रभृतयः haben offenbar erst die spätern Erklärer im weitesten Sinne gefasst; Pâńini verstand darunter gewiss nur die Casus-Affixe von शस् an. ककुद्दोषणी und शालादोषणी (so ist zu lesen für शला°) sind 1te Casus des Dualis. - Hierzu folgende vârtika's: पदाद्दिषु मांस्पृत्स्नूनामुपसंख्यानं ॥ १ ॥ मांसि । मांसानि । मांसा । मांसेन । मान्भ्यां । मांसाभ्यां । पृतः । पृतनाः । पृता । पृतनया । पृत्सु । पृतनाभ्यां । (so पृत्सु Rig-V. XXVII. 7.) स्नूनि । सानूनि । स्नुना । सानुना । स्नुभ्यां । सानुभ्यां । प्रभृतिग्रहणस्य प्रकारार्थत्वात् । मांस्पचन्या उखाया (vgl. unter die Siddh. K.) इति सिद्धं ॥ नस् नासिकाया यत्तस्क्षुद्रेषु ॥ २ ॥ नस्यं । नस्तः । नःक्षुद्रः ॥ अवर्णनगरयोरिति वक्तव्यं ॥ ३ ॥ नासिक्यो वर्णः । नासिक्यं नगरं ॥ Siddh. K. Bl. 12. a. यत् तु आसनशब्दस्य आसन्नादेश इति काशिकायामुक्तं तत् प्रामादिकं ॥ Bl. 18. b. वस्तुतस्तु प्रभृतिग्रहणं प्रकारार्थमित्युक्तं । अत एव भाष्ये मांस्पचन्या उषाया (lies: उखायाः) इत्युदाहृतं । अयस्मयादि (I. 4. 20.) इत्यनेन भत्वात् संयोगान्तलोपो (vgl. VIII. 2. 23.) न । पद्दन्निँत्यत्र हि छन्दसीत्यनुवर्तितं वृत्तौ । तथाप्यपोभिरित्यत्र मासश्छन्दसीति (vgl. zu VII. 4. 48.) वार्त्तिके छन्दोग्रहणसामर्थ्याल्लोके ऽपि क्वचिदिति कैय्यटो-

कारीत्या प्रयोगमनुसृत्य पदादयः प्रयोक्तव्या इत्यर्थः ॥ Den 5ten Casus आस्नः von आस्य finde ich **Rig-V.** CXVII. 16.

64. Ein **vârtika**: सादेशे सुब्धातुष्ठिवुष्वष्कतीनां प्रतिषेधः ॥ षोडीयति । षण्डीयति । ष्ठीवति । ष्वष्कते ॥ In der Calc. Ausg. wird folgende Bestimmung über die mit ष geschriebenen Wurzeln gegeben: अजदन्त्यपराः सादयः षोपदेशाः । स्मिङ्स्वदिस्विदिष्वञ्जिस्वपयश्च । सृपिसृजिस्तृस्त्यासेकृसृवर्जं ॥ **Siddh. K.** Bl. 112. a. wird noch ष्वष्क zu den Wurzeln gezählt, die mit ष् geschrieben werden, und स्तृ (lies: स्तॄ) wird zu den Ausnahmen gefügt. Den Grund der verschiedenen Schreibart wird man aus VIII. 3. 59. ersehen.

65. Calc. Ausg. am Ende der Scholien: सर्वे नादयो णोपदेशाः । नृतिनन्दिनर्दिनक्किनाटिनाथृनाधृनृवर्जं ॥ Vgl. VIII. 4. 14.

66. In दिदिवान् und दिदिवांसौ ist das व् der Wurzel vor dem Affix वस् (क्वसु) ausgefallen. – Zu गोधेरः und पचेरन् vgl. zu I. 1. 60. – जीरदानु fehlt bei **Wilson**; die **Kâçikâ** giebt uns folgende Ableitung davon: जीवे रदानुक् । जीरदानुः ॥ Die andre Handschrift hat fälschlich: जीरे रदानुकः । जीरदानुः ॥ Vgl. zu I. 1. 4. – Ein **vârtika**: व्योर्लोपे क्वावुपसंख्यानं ॥

67. Die Construction ist verändert worden; wir dürfen nicht mehr लोपः, sondern लुप्यते ergänzen. दीर्घात् gehört bloss zu ङी und आप्, für welche im Compositum eine Kürze substituirt wird, wenn das damit endigende Wort ein untergeordnetes Glied (**upasarǵana**) in demselben ist; vgl. I. 2. 48. – ति und सि mit der nähern Bezeichnung अपृक्तं हल् sind die nach III. 4. 100. verkürzten Personalendungen ति und सि. In बिभेद् ist die Endung अ (णल्) auch ति, da णल् für ति substituirt worden ist; vgl. III. 4. 82.

69. Das Affix स् (सु) des 1ten Casus ist auch das des Vocativs. Geht nun ein Thema vor der Anfügung dieses Affixes auf einen kurzen Vocal oder auf einen Diphthongen aus, so fällt das Casus-Affix im Voc. Sg. aus. Zu अग्ने und वायो vgl. VII. 3. 108., zu नदि und वधु VII. 3. 107. - Der 1te Casus कुण्डं ist entstanden aus कुण्ड+अम्; vgl. VII. 1. 24.; für beide अ ist nach 107. ersteres (nicht letzteres, wie unser Commentator sagt) अ allein substituirt worden. Dieses substituirte अ ist nach 85. sowohl der Ausgang des Themas als auch der Anfang des Affixes; das म् kann demnach im Voc. Sg. nach unsrer Regel ausfallen, da das Thema auf ein kurzes अ ausgeht. - कतरत् oder vielmehr कतरद् ist कतर +अड्डु (vgl. VII. 1. 25.). Das डु des Affixes bringt nach VI. 4. 143. den lopa des finalen अ (टि) des Themas hervor; dieses geht nun nicht mehr auf अ, sondern auf र् aus; daher fallt das ड् des Affixes im Voc. Sg. nicht aus. Diese Erklärung gilt nur für den Fall, wenn das Affix अड्डु lautet; ist das Affix aber अड् (vgl. zu VII. 1. 25.), so wird कतरद् durch unsre Regel nicht erklärt. Vgl. folgende vârtika's: संबुद्धिलोपे उतरादिभ्यः प्रतिषेधः ॥ १ ॥ अपृक्ताधिकारस्य निवृत्तत्वात् ॥ २ ॥ तच्चामर्थ्यं ॥ ३ ॥ एवं तर्हि हलो लोपः संबुद्धिलोपः ॥ ४ ॥

70. Vor शि wird nach VII. 1. 72. an ein vocalisch ausgehendes Thema न् (नुम्) gefügt. Da nun das Thema auf न् ausgeht, wird nach VI. 4. 8. vor शि eine homogene Länge für die penultima substituirt. Nach unsrer Regel findet ein lopa von शि Statt, und nach VIII. 2. 7. ein lopa vom finalen न् des Themas. - Ein vârtika: छन्दसि नपुंसकस्य पुंवद्भावो वक्तव्यः ॥ Diese Regel gilt wohl für andre Fälle; vgl. zu III. 1. 85.

71. Die in den Scholien angeführten Beispiele sind mit folgenden Affixen gebildet: क्विप् । ल्यप् । क्त । तरप् ॥

73. Für das Augment तु wird nach VIII. 4. 40. च् vor छ् substituirt. - Vgl. VII. 4. 60. zu den Scholien.

74. Vgl. 76.

76. Ein **vârtika**: दीर्घात् पदान्ताद्वा विश्वजनादीनां छन्दसि ॥ विश्वजनच्छत्रं । विश्वजनछत्रं । नच्छायां ॥ Man füge noch hinzu: न छायां ॥

77. लनुबन्धः = लृ + अनुबन्धः. - Ein **vârtika**: यणादेशः प्लुतपूर्वस्य ॥ हो३ इ इन्द्रं । हो३ यिन्द्रं ॥ Ausnahme zu 101.

78. चयन = चे + अन; च्यवन = च्यो + अन; चायक = चै + अक; लावक = लौ + अक.

79. Zu बाभ्रव्य vgl. IV. 1. 106. - VI. 4. 146. - VII. 2. 117. - Hierzu folgende **vârtika's**: वान्तादेशे स्थानिनिर्देशः ॥ १ ॥ ओकारौकारयोरिति वक्तव्यं ॥ गोर्यूतौ छन्दसि (vgl. **Rosen** zu **Rig-V.** XXV. 16.) ॥ २ ॥ आ नो मित्रावरुणा घृतैर्गव्यूतिमुक्षतं । गोयूतिमिति लोके ॥ अध्वपरिमाणे च ॥ ३ ॥ गव्यूतिमध्वानं गतः । गोयूतिमिति लोके ॥ **Wilson** hat गव्यूति in sein Lexicon aufgenommen; vgl. auch **Colebr.** Gr. S. 20. in den Noten.

80. Für die finalen Diphthonge ओ und औ einer Wurzel wird अव् und आव् vor einem mit य् anfangenden Affixe nur dann substituirt, wenn die Diphthonge durch das Affix erst hervorgerufen sind.

82. **Patanǵali**: तदित्यनेन किं निर्दिश्यते । स एव क्रीणात्यर्थः ॥

83. Vgl. III. 3. 113. zu den Scholien. - **Siddh. K.** Bl. 220. b. बिभेत्यस्मादिति भय्यः । वेतेः प्रवय्या इति स्त्रियामेव निपातनं । प्रवेयमित्यन्यत्र ॥ Hierzu folgende **vârtika's**: हृदय्या उपसंख्यानं ॥ १ ॥ हृदे भवाः । हृदय्या आपः । भवे छन्दसीति (IV. 4.

110.) यत् ॥ शारस्य च अवादेशो भवतीति वक्तव्यं ॥ २ ॥ चकाराद्रुदस्यापि । शारव्या आपः । शारव्या वै तेजनं । द्रुदव्या आपः ॥

85. Für das उ des prâtipadika ब्रह्मबन्धु und für das ऊ des Feminin-Affixes ऊङ् wird nach 101. ऊ substituirt. Dieses ऊ wird auch als Ausgang des prâtipadika betrachtet; daher kann nach IV. 1. 1, 2. सु u. s. w. daran gefügt werden. Wenn diese Regel hier nicht gegeben würde, könnte man an ein mit dem Feminin-Affix ऊङ् gebildetes Wort weder Casus- noch taddhita-Affixe fügen, da diese nach IV. 1. 1. bloss einem prâtipadika und einem auf ङी ausgehenden Femininum zukommen; vgl. jedoch zu IV. 1. 66. - Für das अ von वृत्त und für das ओ des Affixes ist nach 88. ओ substituirt worden; dieses substituirte ओ ist auch der Anfangsbuchstabe des Affixes, oder, da das Affix nur aus einem Buchstaben besteht, das Casus-Affix selbst, und das hierauf endigende Wort heisst pada nach I. 4. 14.

86. Vgl. zu den Beispielen 71. und VIII. 3. 59.

87. 88. Die Wahl des guṅa und der vṛiddhi richtet sich nach dem letzten Vocal. - Kâçikâ: ऌकारस्याणो यो ऽण् तस्य लपरत्वमिष्यते ॥ Vgl. I. 1. 51. und was ich bei den Çiva-sûtra's über das ऋ und ऌ bemerkt habe.

89. Kâçikâ: एत्येधत्यूठ्सु ॥ mit der regelmässigen Verwandlung von ठ् in ढ् vor स्. Diese Schreibart ist vorzuziehen, da wir das ठ् dieses Affixes 171. und VI. 4. 19. vor einem vocalisch anfangenden Worte in ऊ übergehen sehen. Man findet dieselbe auch in den Scholien zu Bhaṫṫi-K. II. 50. - IV. 6. - V. 11. - XVIII. 14. - Vgl. zu VI. 4. 132. - Unsre Regel ist eine Ausnahme zu 87, 94. Zu प्रष्ठौहः und विश्वौहः vgl. VI. 4. 132. -

Hierzu folgende **vârtika's**: इणीकारादौ प्रतिषेधः ॥ १ ॥ अक्षादूहिन्यां ॥ २ ॥ अक्षौहिणी परिमाणविशेषविशिष्टा सेना ॥ प्रादूहोढोढ्येषैष्येषु ॥ ३ ॥ ऊह । प्रौहः । ऊढ । प्रौढः । ऊढि । प्रौढिः । एष । प्रैषः । एष्य । प्रैष्यः ॥ स्वादीरेरिणोः ॥ ४ ॥ ईर । स्वैरं । ईरिन् । स्वैरी । स्वैरिणी ॥ ऋते च तृतीयासमासे ॥ ५ ॥ सुखेन ऋतः । सुखार्तः । ऋते किं । सुखेतः । तृतीयाग्रहणं किं । परमर्तः । समासे किं । सुखेनर्तः ॥ प्रवत्सतरकम्बलवसनानां चर्णे ॥ ६ ॥ प्रार्णं । वत्सतरार्णं । कम्बलार्णं (man füge noch hinzu: वसनार्णं) ॥ ऋणदशाभ्यां च ॥ ७ ॥ ऋणार्णं । दशार्णो देशः ॥

90. Für आदीत् ist wahrscheinlich आटीत् zu lesen, da die 1te Sg. von अद् im लुङ् nach II. 4. 37. अघसत् ist. **Kâçikâ**: उस्योमाङ्क्ष्वाटः पररूपबाधनार्थश्चकारः ॥ Vgl. zu **95.**

94. Hierzu folgende **vârtika's**: पररूपप्रकरणे तुन्वोर्विनिपात (तुन्वोर्वैनि°?) उपसंख्यानं ॥ १ ॥ तु वै त्वै । नु वै न्वै ॥ शकन्ध्वादिषु पररूपं ॥ २ ॥ सीमन्तः केशेषु (vgl. den **gaṇa** शकन्ध्वादि) ॥ ३ ॥ एवे चानियोगे (vgl. die **Scholien** zu **VIII. 1. 62.**) ॥ ४ ॥ क्व एव । क्वेव भोक्ष्यसे । अनियोगे किं । तवैव ॥ ओत्वोष्ठयोः समासे वा ॥ ५ ॥ स्थूलोतुः । स्थूलौतुः । बिम्बोष्ठः । बिम्बौष्ठः । समासे किं । तवौष्ठः ॥ एमन्नादिषु छन्दसि ॥ ५ ॥ त्वा एमन् । त्वेमन् । त्वा ओद्मन् । त्वोद्मन् ॥

95. Bei ओं findet die Substitution der **vṛddhi** nicht Statt, weil sonst das heilige **Wörtchen** entstellt werden würde. In अद्य आ ऊढा werden die homogenen Vocale zuerst vereinigt; vgl. zu **II. 3. 69.** - Ein **vârtika**: उस्योमाङ्क्ष्वाटः प्रतिषेधो वक्तव्यः ॥ ओस्रीयत् (d. i. उस्रामैच्छत्; vgl. **Siddh. K. Bl. 160. b.**) । ओंकारीयत् । ओढीयत् ॥

96. Zu भिन्धुः vgl. zu **III. 4. 78. S. 156.**

97. पच ist पच्+शप्.

98. Vgl. zu **V. 4. 57.** - Ein **vârtika**: इतावनेकाज्ग्रहणं कर्तव्यं ॥ अदर्थ । अदिति ॥

99. Man trenne in den Scholien: पटत् पटदिति । पटत् पटेति ॥ Ein vârtika: नित्यमाम्रेडिते डाचि पररूपं कर्तव्यं ॥ Ein andres: आकारान्तानुकरणाद्वा ॥

100. Das sûtra fehlt mit Recht in D., in A. ist es später zugeschrieben worden. Es ist ursprünglich ein vârtika, wie man aus folgenden Worten Kaiyyaṭa's ersehen kann: नित्यमाम्रेडिते डाचीति वार्त्तिकदर्शनात् सूत्रे कैश्चित् प्रक्षिप्तं ॥ Vgl. vârtika 1. zu 99. – Zu पटपटाकरोति vgl. zu V. 4. 57.

101. अक्षु ist der 7te Cas. Pl. von अक्ष्. – अग्नेय ist अग्ने + ए; vgl. VII. 3. 111. – Mir will es nicht einleuchten, wie unser Commentator trotz der Regel I. 1. 10. noch eine Homogeneität zwischen ई und श् annehmen kann. Hierzu folgende vârtika's: सवर्णदीर्घत्वे ऋति ॠ वा वचनं ॥ १ ॥ लृति ॡ वा वचनं ॥ २ ॥ Siddh. K. Bl. 5. a. ऋति सवर्णे ॠ वा ॥ होतॄकारः । होतृकारः ॥ लृति सवर्णे ॡ वा ॥ होल्लृकारः (sic) । होतृकारः । पक्षे ॠकारः सावर्ण्यात् । ऋति ॠ वा लृति ॡ वेत्युभयत्रापि विधेयं वर्णद्वयं द्विमात्रं । आद्यस्य मध्ये द्वौ रेफौ तयोरेका मात्रा अभितो ऽज्भक्तेरपरा । द्वितीयस्य तु मध्ये द्वौ लकारौ । शेषं प्राग्वत् । इहोभयत्र ऋत्यक (128.) इति पाक्षिकः प्रकृतिभावो वक्ष्यते ॥ Unser Commentator führt in der Calc. Ausg. diese Stelle aus der Siddh. K. mit folgender Abweichung an: लृति सवर्णे ॡ वा ॥ होलॣकारः (sic) । पक्षे ॠकारः सावर्ण्यात् । होतृकारः । ॡवर्णस्य दीर्घो नास्त्येव ॥ Da ॡ keine Länge hat (vgl. S. 6.), ist das Beispiel होलॣकारः offenbar falsch. In dem oben angeführten vârtika ist demnach auch ॡ statt ॡ zu lesen.

102. Laghu-K. S. 23. प्रथमयोः पूर्वसवर्णः ॥ प्रथमा heisst der 1te Casus in allen 3 Zahlen, प्रथमे sind die beiden 1ten Casus in den 3 Zahlen. Anders die Kâçikâ: प्रथमाशब्देन रूढ्या प्रथमा विभक्तिर्गृह्यते । तत्साहचर्याद्द्वितीयापि प्र-

यमेत्युच्यते । तयोरेकशेषः ॥ गमॄन् ist der 2te Cas. Pl. von गम्लृ (गम् + anubandha लृ); vgl. zu 101. - Die Ausnahmen zu unsrer Regel folgen sogleich.

106. Ich führe noch folgende Beispiele an: वाणीः Rig-V. VII. 1., उर्वीः VIII. 7., पूर्वीः XI. 3., भूयसीः XI. 8., देवीः XIII. 6, 9. - XXII. 11., चरन्तीः XXIV. 6.

107. Das Bhâshya: वा छन्दसीत्येव ॥ छन्दसि पूर्वरूपं वा भवति । शमीं च । शम्यं च । ग्रामीं च । ग्राम्यं च । गौरीं च । गौर्यं च । किशोरीं च । किशोर्यं च ॥ Vgl. Comm. sur le Yaçna S. 515.

108. इष्टं für इअष्टं, उप्तं für उअप्तं, गृहीतं für गृअहीतं. - Das Bhâshya: वा छन्दसीत्येव । मित्रावरुणौ यज्यमानः । मित्रावरुणौ इज्यमानः ॥ यज्यमान lässt Patańgali aus इअज्यमान entstehen, indem für इ wieder der Halbvocal substituirt wird.

109. Calc. Ausg. अग्ने इति. Zu वायो इति vgl. I. 1. 16.

110. अग्नेः und वायोः sind entstanden aus अग्ने und वायो (vgl. VII. 3. 111.) + अस्.

111. Da an einen für ऋ substituirten Vocal immer noch ein र् angefügt werden muss (vgl. I. 1. 51.), so ist die ursprüngliche Form des 5ten und 6ten Casus होतुर्स्. Das स् fällt aus nach VIII. 2. 24.

112. ख्य् und त्य् (die beiden अ in ख्यत्य dienen bloss zur Erleichterung der Aussprache und zur Vereinfachung der Declination) ist der vor den beiden Casus-Affixen veränderte Ausgang der Themata सखि und पति. Es soll dadurch angedeutet werden, dass die Substitution von उ für das अ von ङस् und ङसि nur dann Statt finde, wenn सखि und पति nicht wie die andern auf इ ausgehenden Themata (vgl. VII. 3. 111.) declinirt werden. Das पूर्वपरयोः स्थाने in den Scholien ist falsch; उ wird bloss für

das अ der beiden Affixe substituirt. **Patangali** hat unsre Regel bloss auf die Declination von सखि und पति angewandt, wie man aus folgender Bemerkung von ihm schliessen darf: किमिदं ख्यत्यादिति । सखिपत्योर्विकृतयोर्ग्रहणं ॥ Spätere Erklärer, wie **Vâmana** und **Bhaṭṭogi**, haben die Regel auch auf क्विबन्ताः, die auf खी und ती ausgehen, ausgedehnt. **Kâçikâ**: सह खेन वर्तत इति सखः । तमिच्छतीति क्यच् (g. III. 1. 8.) । सखीयति । सखीयतेः क्विप् । सखीः ॥ Die Substitution von न् für त् in लूनि wird VIII. 2. 44. (vgl. **vârtika** 1. zu jenem **sûtra**) gelehrt, und ist nach VIII. 2. 1. bei Anwendung von vorhergehenden Regeln als nicht geschehen zu betrachten.

113. Für अ+उ (aus ऋ entstanden) wird ओ substituirt; für dieses und das folgende अ nach 109. ओ. Das gedehnte आ३ ist hier असिद्ध, oder mit andern Worten, wird als kurzes अ behandelt, weil die Substitution desselben im 2ten Kapitel des 8ten Buchs gelehrt wird; vgl. VIII. 2. 1. – Unser **sûtra** ist eine Ausnahme zu VIII. 3. 17.

114. Ausnahme zu VIII. 3. 17.

115. Hier noch einige Beispiele: मे अस्य **Rig-V.** XXIII. 24., ते अस्तु XXIV. 9., अनागसो अदितये XXIV. 15., नो अध्वरं XXVI. 1., अग्ने अग्निभिः XXVI. 10., स्पशो अदधात् XXXIII. 8., सखोअर्थं LX. 1. – Man findet jedoch auch sehr häufig, dass das folgende अ verschwindet, ohne dass gerade ein व् oder य् drauf folgt; so z. B. दीदिवो ऽग्ने XII. 10., पूर्व्यासो ऽरेपावः XXV. 11. u. s. w. **Kâçikâ**: केचिदिदं सूत्रं नान्तःपादमव्यपरे इति पठन्ति । ते संहितायामिह यदुच्यते तस्य सर्वस्य प्रतिषेधं वर्णयन्ति ॥ **Kâtyâyana** hat auch नान्तःपादं gelesen, wie man aus folgenden **vârtika's** ersehen kann: नान्तःपादमिति सर्वप्रतिषेध-

श्चेदतिप्रसङ्गः ॥ १ ॥ अकाराश्रयमिति चेदुत्ववचनं ॥ २ ॥ अयवोः प्रतिषेधश्च ॥ ३ ॥ एङ्प्रकरणात् सिद्धमिति चेदुत्वप्रतिषेधः ॥ ४ ॥ पुनरेङ्ग्रहणात् सिद्धं ॥ ५ ॥ Patangali: पदान्तादिति (109.) संबद्धमेङ्ग्रहणमनुवर्तते ॥

116. Siddh. K. Bl. 221. a. यद्यपि बह्वृचैस्ते नो ऽवन्तु रथतूः सो ऽयमागात् ते रुणोभिरित्यादौ प्रकृतिभावो न क्रियते तथापि बाहुलकात् (s. zu I. 4. 9.) समाधेयं । प्रातिशाख्ये तु वाचनिक एवायमर्थः ॥

117. Kâçikâ: यजुषि पादानामभावादनन्तःपादार्थं वचनं ॥

118. Calc. Ausg. und Siddh. K. अम्बेअम्बाले, die Handschriften und Kâçikâ: ऽम्बेम्बाले. - Das 1te Beispiel ist aus dem weissen Yaǵur-V. IV. 2. Die Verbindung जुषाणो अग्निः finde ich ebend. III. 10.

119. Weisser Yaǵur-V. VI. 20. ऐन्द्रः प्राणो अङ्गे अङ्गे निदीध्यदैन्द्र उदानो अङ्गे अङ्गे निधीतः ॥

122. So गोअग्र Rig-V. LIII. 5. - XC. 5. - XCII. 7., गोअर्णस् CXII. 18., गोअश्व K'handogya in Windischmann's Sankara S. 131.

123. Siddh. K. Bl. 5. a. अतीति निवृत्तं ॥ Râm. I. 6. 7. finde ich गवश्व, welches durch keine der eben gegebenen Regeln erklärt werden kann.

124. नित्यं fehlt in der Siddh. K., in der Laghu-K. und in D., in A. ist es am Rande beigeschrieben. Der Zusatz ist überflüssig: wenn die Substitution von अवङ् vor इन्द्र nicht immer Statt fände, würde Pâńini die Regel gar nicht gegeben haben. Es lässt sich jedoch नित्यं rechtfertigen, da wir dasselbe im folgenden sûtra brauchen, wo Siddh. K., Laghu-K., A. und D. es nach अचि hinzufügen. नित्यं steht hier auch an seinem Platz, wenn wir im vorhergehenden sûtra noch अति ergänzen, wofür die Erwähnung von अचि im folgen-

den sûtra spricht. In diesem Falle würden aber Formen, wie गवेश, unerklärt bleiben.

125. Das Gegenbeispiel verstehe ich nicht recht, ungeachtet der Erklärungen, die in der Calc. Ausg. noch gegeben werden, und die ich hier wörtlich abdrucke: प्लुतप्रगृह्येष्वज्ग्रहणमनर्थकमजधिकारात् सिद्धं ॥ १ ॥ तत् तु तस्मिन् प्रकृतिभावार्थं ॥ २ ॥ इह मा भूत् । जानु उ अस्य रुजति जानू अस्य रुजति । जान्वस्य रुजतीति भाष्यं ॥ यस्मिन्नादेशो विधीयते तस्मिन्नेवाचि प्लुतप्रगृह्याणां प्रकृतिभावो यथा स्यादित्यर्थ इति कैयटः ॥

126. Vgl. Rig-V. LX. 4. - Ein vârtika: आङो ऽनर्थकस्य ॥ इह मा भूत् । इन्द्रो बाहुभ्यामातरत् ॥ Patangali: आङो ऽनुनासिकश्छन्दसि बहुलं ॥

127. Auch चक्री अत्र ist zulässig. Siddh. K. Bl. 5. a. पदान्ता इको ऽसवर्णे ऽचि परे प्रकृत्या स्युर्ह्रस्वश्च वा । अत्र ह्रस्वविधिसामर्थ्यादेव प्रकृतिभावे सिद्धे तदनुकर्षणार्थश्चकारो न कर्तव्य इति भाष्ये स्थितं ॥ Ein vârtika: सिन्नित्यसमासयोः शाकलप्रतिषेधः ॥ Patangali: नित्यग्रहणेन नार्थः । सित्समासयोः शाकलं न भवतीत्येव ॥ Siddh. K. न समासे ॥ वाप्यश्वः ॥ सिति (vor einem सित्-Affix heisst das Thema auch pada) च ॥ पार्श्वं ॥ Vgl. zu IV. 2. 43. - Ein 2tes vârtika: ईषाअक्षादिषु छन्दसि प्रकृतिभावमात्रं ॥ ईषा अक्षा । का ईमरे पिशङ्गिला । यथा अङ्गदः ॥ Siddh. K. Bl. 221. a. werden folgende Beispiele gegeben: ईषा अक्षो हिरण्ययः । ज्या इयं । पूषा अविष्ट ॥

128. Auch hier scheint die Länge am Ende des 1ten Wortes erlaubt zu sein. Siddh. K. ऋति परे ऽकः प्राग्वत् । ब्रह्म ऋषिः । ब्रह्मर्षिः । पदान्ता इत्येव । आर्छत् । समासे ऽप्ययं प्रकृतिभावः । सप्तऋषीणां । सप्तर्षीणां ॥ Vgl. Colebr. Gr. S. 21. in den Noten. - Hierzu folgende vârtika's: ऋत्यकः सवर्णार्थः (sic) ॥ १ ॥ अनिगन्तार्थं च ॥ २ ॥ ऋति ह्रस्वादुपसर्गाद्वृद्धिर्विप्रतिषेधेन ॥ ३ ॥ Vgl. 91.

129. Ausnahme zu 125. – Zu गुणादिक vgl. 87. ff. Patanǵali: किमुपस्थितं नाम । अनार्ष इतिकरणः ॥

130. Calc. Ausg., Siddh. K. und die Handschriften: ई चाक्रवर्मणस्य ॥ Zu den Beispielen vgl. VIII. 2. 93. – Ein vârtika: ई चाक्रवर्मणस्येत्यनुपस्थितार्थं ॥ Patanǵali: ईकारग्रहणेन नार्थः । अविशेषेण चाक्रवर्मणस्य अप्लुतवद्भवतीत्येव । इदमपि सिद्धं भवति । वशा इयं । वशेयं ॥

131. Unser Commentator macht noch folgende Bemerkung in der Calc. Ausg.: तपरकरणं परत्वाट्टुठि (vgl. VI. 4. 19.) कृते पुनः प्रसङ्गविज्ञानाद्दीर्घस्य ह्रस्वविधानार्थं ॥

133. Vgl. Rig-Vedae specimen S. 6. in den Noten, und Lassen's Anthologie S. 131. – Die Construction in diesem und im folgenden sûtra ist verändert worden.

134. So सेमं Rig-V. XVI. 5. – CII. 9. – सोपमा XXXI. 15. – Die beiden letzten Beispiele, welche unser Commentator giebt, sind aus einem Çloka, der in Wilkins's Gr. S. 34. angeführt wird:

सैष दाशरथी रामः सैष राजा युधिष्ठिरः ।
सैष कर्णो महात्यागी सैष भीमो महाबलः ॥

Siddh. K. Bl. 9. b. इह ऋक्पाद एव गृह्यत इति वामनः । अविशेषाच्छ्लोकपादो ऽपीत्यपरे ॥

135. Siddh. K. Bl. 145. a. कात् पूर्व इत्यादि भाष्ये प्रत्याख्यातं । तथा हि पूर्वं धातुरुपसर्गेण युज्यते । अन्तरङ्गत्वात् सुट् । ततो द्वित्वं । एवं च । ऋतश्च संयोगादेर्गुणः (VII. 4. 10.) । संचस्करतुः । कृसृभृसूत्रे (VII. 2. 13.) ऋतो भारद्वाजस्येति (VII. 2. 63.) सूत्रे च कृञो ऽसुट इति वक्तव्यं ॥ तेन सहसुट्कात् परस्येट् । संचस्करिथ । संचस्करिव । गुणो ऽर्तीति (VII. 4. 29.) सूत्रे नित्यं छन्दसीति सूत्रान्नित्यमित्यनुवर्तते । नित्यं यः संयोगादिस्तस्येत्यर्थात् सुटि गुणो न । संस्क्रियात् । ऋतश्च संयोगादेरिति (VII. 2. 43.) लिङ्सिचोर्नेट् । एकाच उपदेशे

(VII. 2. 10.) इति सूत्रादुपदेश इत्यनुवर्त्य उपदेशे यः संयोगादिरिति व्याख्यानात् । संस्कृषीष्ट । समस्कृत । समस्कृषातां ॥

136. Das sûtra ist später eingeschoben: es ist aus folgenden **2** vârtika's zum vorhergehenden sûtra entstanden: अडूव्यवाय उपसंख्यानं ॥ १ ॥ अभ्यासव्यवाये च ॥ २ ॥ Vgl. Siddh. K. Bl. 144. a.

137. संपुंकानां ist der Anfang eines vârtika zu VIII. 3. 5. Die Calc. Ausg. schreibt: संपुम्कानां; vgl. zu 171. – Siddh. K. Bl. 145. a. संपूर्वस्य क्वचिद्भूषणे ऽपि सुट् । संस्कृतं भक्षा (IV. 2. 16.) इति ज्ञापकात् ॥

139. Siddh. K. Bl. 145. a. und Laghu-K. S. 103. wird am Ende des sûtra noch च hinzugefügt. Siddh. K. चात् प्रागुक्तयोरर्थयोः ।..। उपस्कृता कन्या । अलंकृतेत्यर्थः । उपस्कृता ब्राह्मणाः । समुदिता इत्यर्थः ॥ वाक्याध्याहारः wird daselbst durch आकाङ्क्षितैकदेशपूरणं erklärt. Zum âtmanep. im Beispiel: एधोदकस्योपस्कुरुते vgl. I. 3. 32. In den andern Beispielen kann ich das âtmanep. durch keine Regel belegen. In der Siddh. K. werden folgende Beispiele gegeben: उपस्कृतं भुङ्क्ते । विकृतमित्यर्थः । उपस्कृतं ब्रूते । वाक्याध्याहारेण ब्रूत इत्यर्थः ॥

142. Zum âtmanepadam vgl. zu I. 3. 21. – Siddh. K. Bl. 163. b. सुडपि हर्षादिष्वेव (g . zu I. 3. 21.) वक्तव्यः ॥ अपस्किरते वृषो हृष्टः । कुक्कुटो भक्षार्थी । श्वा आश्रयार्थी च । हर्षादिष्विति किं । अपकिरति कुसुमं । इह तङ्सुटौ न । हर्षादिमात्रविवक्षायां यद्यपि तङ् प्राप्तस्तथापि सुडभावे नेष्यत इत्याहुः । गजो ऽपकिरति ॥

143. Siddh. K. Bl. 64. a. क्लीबत्वमतन्त्रं ॥

144. Hierzu folgende vârtika's: समो हिततततयोर्वा लोपः ॥ १ ॥ संहितं । सहितं । संततं । सततं ॥ संतुमुनो[:] कामे लोपो वक्तव्यः ॥ २ ॥ सकामः । भोक्तुकामः ॥ मनसि च वक्तव्यं ॥ ३ ॥ समनाः । भोक्तुमनाः ॥ अवश्यमः कृत्ये लोपो वक्तव्यः ॥ ४ ॥ अवश्यभाव्यं ॥ Man vgl. noch folgende kârikâ aus der Kâçikâ:

लुम्पेदवश्यमः कृत्ये तुं काममनसोरपि ।
समो वा हिततत्योर्मांसस्य पचि युड्घञोः ॥

Das अ von मांस fällt in मांस्पचन und मांस्पाक aus; vgl. zu 63. Die 1te Hälfte des Çloka wird mit einigen Fehlern in den Scholien zu Bhaṭṭi-K. VI. 64. citirt.

147. Ein vârtika: अड्डुत इति वक्तव्यं ॥ Patańgali: न वक्तव्यं । अनित्य इत्येव सिद्धं ॥

150. Ein vârtika: विष्किरः शकुनौ विकिरो वेति वक्तव्यं ॥ Patańgali: न वक्तव्यं । न वावचनेन शकुनिरभिसंबध्यते । किं तर्हि निपातनमभिसंबध्यते ॥ Siddh. K. Bl. 64. a. वावचनेनैव सुड्विकल्पे सिद्धे विकिरग्रहणं तस्यापि शकुनेरन्यत्र प्रयोगो मा भूदिति वृत्तिस्तन्न भाष्यविरोधात् ॥

151. So पुरुश्चन्द्र Rig-V. XXVII. 11. - LIII. 5., सुश्चन्द्र LXXIV. 6. Vgl. noch Rosen zu XXVII. 11.

152. Zu इक्प्रत्यय vgl. vârtika 2. zu III. 3. 108.

153. Unser Commentator bemerkt am Ende der Scholien in der Calc. Ausg.: हरिश्चन्द्रग्रहणाममन्त्रार्थं ॥ प्रस्कण्व kommt Rig-V. XLIV. 6. - XLV. 3. vor.

154. Unser Commentator macht noch folgende Bemerkung in der Calc. Ausg.: प्रदर्शनार्थं वेणुग्रहणं । अन्यत्रापि भवति । मस्करो दण्ड इति ॥

155. Siddh. K. Bl. 64. b. ईषत् तीरमस्यास्तीति । कास्तीरं नाम नगरं । अजस्येव तुन्दमस्येति । अजस्तुन्दं नाम नगरं ॥

156. Siddh. K. ebend. केचित् तु कस्कादिष्विदं पठन्ति न सूत्रेषु ॥

157. Unser Commentator bemerkt in der Calc. Ausg. am Ende des gaṅa: अविहितलक्षणः सुट् पारस्करप्रभृतिषु द्रष्टव्यः ॥ Patańgali: प्रायस्य चित्तिचित्तयोः सुडस्कारो (sic) वा ॥

159. 160. Ausnahmen zu 197.

161. ङीप्, die Casus-Affixe und ड्मतुप् (vgl. IV. 2.

87.) sind anudâtta nach III. 1. 4. Der mit dem Acut versehene Vocal des Themas fällt aus nach VI. 4. 143, 148. - VII. 1. 88. - यत् (vgl. IV. 4. 76.) ist svarita nach 185. - अन्तः, das in den folgenden sûtra's wieder aus 159. zu ergänzen ist, gilt hier nicht. Wenn ein mit dem Acut versehener Vocal abfällt, wird der unmittelbar darauffolgende accentlose Vocal udâtta.

162. Nach III. 1. 28, 32. heisst die Form गोपाय dhâtu. गोपायति ist गोपाय + शप् + तिप्, याति und ऊर्णोति sind या und ऊर्णु + तिप्; die Affixe sind anudâtta nach III. 1. 4.

163-165. Ausnahmen zu III. 1. 3.

163. Vgl. III. 2. 161. - II. 4. 70. - Ein vârtika: चितः सप्रकृतेर्बह्वकजर्थं ॥ Patanǵali: तत् तर्हि वक्तव्यं । न वक्तव्यं । मतुब्लोपो (चितः für चित्वतः) ऽत्र द्रष्टव्यः ॥

164. Vgl. 197. - IV. 1. 98.

166-181. Ausnahmen zu III. 1. 4.

166. Zu तिसृका vgl. zu VII. 2. 99.

167. Ein vârtika: शसि स्त्रियां प्रतिषेधो वक्तव्यः ॥ Patanǵali: चतुरः शसि स्त्रियामप्रतिषेध आद्युदात्तनिपातनात् ॥ Vgl. zu VII. 2. 99.

168. Hierzu folgende vârtika's: सावेकाच उदात्तत्वे त्वन्मदोः प्रतिषेधः ॥ १ ॥ सिद्धं तु यस्मात् तृतीयादिस्तस्याभावात् सौ ॥

169. Vgl. 223. - III. 2. 91.

170. Man lese in den Scholien mit Bhaṭṭogi उदात्ता statt अनुदात्ता. Unser Commentator sagt in der Calc. Ausg. noch Folgendes: तृतीयादिरिति वर्तमाने ऽसर्वनामस्थानग्रहणं शसः परिग्रहार्थं । प्रतीचो बाहून्। चाविति (222.) पूर्वपदान्तोदात्तत्वे प्राप्ते वचनं ॥

171. In den Scholien schreibe man पुंस् statt पुम्; im sûtra ist das स् ausgefallen nach VIII. 2. 23. Die penultima ist म्; पुंस् wird von der Wurzel पा mit dem

Uṅâdi-Affix उम्सुन् abgeleitet; vgl. Siddh. K. Bl. 203. b. und VIII. 3. 6. Richtiger wäre es im sûtra पुंरै zu schreiben; alle Handschriften haben jedoch पुम्रै. - Zu ऊठ् vgl. 89. - VI. 4. 132., zu पदादि 63. - Ein vârtika: ऊठ्युपधाग्रहणामन्त्यप्रतिषेधार्थं ॥ अक्षद्युवा । अक्षद्युवे ॥ Vgl. VI. 4. 19.

172. Vgl. I. 1. 24. - VII. 2. 84.

173. Kâçikâ: वृहन्महतोरुपसंख्यानं ॥ वृहती । महती । वृहता । महता ॥ Vgl. zur IV. 1. 6.

174. कर्तृ u. s. w. ist ein Oxytonon nach 163. - बहुतितवा ist der 3te Casus von बहुतितउ.

176. Vgl. VIII. 2. 16. - Hierzu folgende vârtika's: मतुबुदात्तत्वे रेग्रहणं ॥ १ ॥ आ रेवान् (vgl. vârtika 2. zu 37.) ॥ त्रिप्रतिषेधश्च वक्तव्यः ॥ २ ॥ त्रिवती याज्यानुवाक्या भवति ॥

180. Die zweisilbigen Formen sind Oxytona nach der vorhergehenden Regel.

182. A., B. न गोश्वन्त्सावर्ण° ॥ Vgl. VIII. 3. 30. Ein vârtika: प्रतिषेधे यत्तदोश्च ग्रहणं कर्तव्यं ॥ Vgl. dagegen die Scholien.

185-190. Ausnahmen zu III. 1. 3.

186. Auch Bhaṫṫogi giebt als Beispiel die 1te Sg. im लट्, welche schon nach III. 1. 4. anudâtta ist. Siddh. K. Bl. 233. b. विन्दीन्धिखिदिभ्यो नेति वक्तव्यं ॥ इन्धे राजा । एतच्चानुदात्तस्य च यत्रेति (161.) सूत्रे भाष्ये स्थितं ॥

187. Ein vârtika: सिच आद्युदात्तत्वे अनिटः पित उपसंख्यानं ॥ मा हि कार्षं । मा हि कार्षं । अनिटः किं । मा हि लाविषं ॥

188. Ein vârtika: स्वपादीनां वावचनादभ्यस्तस्वरो विप्रतिषेधेन ॥ Kâçikâ: ङित्यज्ञादावयं विधिरिष्यते ॥ इह तु न । स्वपानि । हिनसानि ॥

190. तिप् ist anudâtta nach III. 1. 4. - Ein vârtika: अनुदात्ते चेति बहुव्रीहिनिर्देशो लोपयणादेशार्थः । मा हि स्म दधात् । दधात्यत्र ॥

191. Ein **vârtika**: सर्वस्वरो ऽनकच्कस्य ॥ इह मा भूत् । सर्वका ॥

192. Ausnahme zu 190.

194. Vgl. VIII. 1. 3. – **Bhaṭṭogi** ergänzt noch अभ्यस्तानां im **sûtra**.

195. Die Endung ते in लूयते ist **anudâtta** nach III. 1. 4.; vgl. zu 186. Zu ज्ञनादि vgl. VI. 4. 43, 44.

197. Ausnahme zu III. 1. 3. – Zu den Beispielen vgl. II. 4. 68. – V. 3. 98.

200. Ausnahme zu III. 1. 3.

201. 202. Vgl. III. 3. 118.

204. Vgl. V. 3. 98.

205. **Siddh.** K. Bl. 229. b. निष्ठावत् दृव्यज्ञनात् ॥ Ausnahme zu III. 1. 3.

206. Zu शुष्क vgl. VIII. 2. 51. – Ausnahme zu III. 1. 3.

207. Ausnahme zu VI. 2. 144.

208–210. Ausnahmen zu III. 1. 3.

212. Vgl. I. 3. 10.

213. 214. Ausnahmen zu 185.

219. Vgl. VI. 3. 119, 120.

220. Vgl. VIII. 2. 2. – Ausnahme zu III. 1. 4.

222. Ein **vârtika**: चोरतद्धिते ॥ दाधीचः । माधूचः ॥

223. Hierzu folgende **paribhâshâ's**: हल्स्वरप्राप्तौ व्यञ्जनमविद्यमानवत् ॥ १ ॥ उदात्ताच्च स्वरितविधौ (vgl. VIII. 4. 66.) व्यञ्जनमविद्यमानवत् ॥ २ ॥

Zweites Kapitel.

---

1. Zu सम vgl. zu I. 2. 30.

2. Vgl. II. 1, 29, 30, 40, 55, 68. - II. 2. 6. und zu II. 2. 18. - गिरि wird von गॄ mit dem Uńâdi-Affix इ abgeleitet, welches in diesem Falle कित् ist; vgl. *Siddh.* K. Bl. 203. a. - Ein *vârtika*: अव्यये नञ्कुनिपातानां ॥ परिगणनमेतत् ॥ Ein andres: क्त्वायां वा प्रतिषेधः ॥ Im Compositum स्नात्वाकालक bleibt demnach der Accent des 1ten Wortes nicht unverändert; vgl. den *gańa* मयूरव्यंसकादि.

3. Vgl. II. 1. 69.

6. Vgl. II. 1. 57, 72.

8. Zu अर्थाभावेऽव्ययीभावः vgl. II. 1. 6.

11. Hierzu folgende *vârtika's*: सदृशग्रहणमनर्थकं तृतीयासमासवचनात् (vgl. 2.) ॥ १ ॥ (*Patańgali*: षष्ठ्यर्थं तर्हीदं वक्तव्यं ॥ पितुः सदृशः । पितृसदृशः ॥) षष्ठ्यर्थमिति चेत् तृतीयासमासवचनानर्थक्यं (vgl. II. 1. 31.) ॥ २ ॥ *Patańgali*: अवश्यं तृतीयासमासो वक्तव्यः यत्र षष्ठ्यर्थो नास्ति तदर्थं । इदमप्यवश्यं वक्तव्यं यत्र षष्ठी श्रूयते तदर्थं । दास्याःसदृशः । वृषल्याःसदृशः ॥ Vgl. VI. 3. 21.

12. Vgl. *vârtika* 2, 3. zu V. 2. 37.

14. Vgl. II. 4. 21, 22, 25. - Statt पाणिनोपज्ञं ist wohl पाणिन्युपज्ञं zu lesen; पाणिनि ist ebenfalls ein Oxytonon; vgl. *Siddh.* K. Bl. 234. b.

25. *Bhaťťogi's* Beispiele sind alle Neutra, was wohl allein richtig ist. - Vgl. V. 3, 60-62, 64.

28. *Siddh.* K. Bl. 235. a. आद्युदात्तत्वाभावे कुमारश्चेत्येव भवति ॥

29. न्रः संख्यायाः ॥ ist ein **Phiṫsûtra** des **Çântanâkârya**; s. **Siddh. K.** Bl. **231**. a. Man ergänze आद्युदात्तः im **sûtra**. „Ein Zahlwort, das auf न् oder र् ausgeht, hat den Acut auf der 1ten Silbe.“

30. बहु ist ein Zahlwort; vgl. I. 1. 23.

33. Vgl. I. 4. 88. – II. 1. 12. – Das in den Scholien citirte **sûtra** ist ein **Phiṫsûtra**; vgl. **Siddh. K.** Bl. **232**. b. Es lautet eigentlich: उपसर्गाश्चाभिवर्ज्जं ॥ Aus dem vorhergehenden **sûtra** ist आद्युदात्ताः zu ergänzen. **Siddh.** K. Bl. **235**. b. अपपर्योरेव वर्ज्यमानोत्तरपदं । तयोरेव वर्ज्यमानार्थत्वात् । अहोरात्रावयवा अपि वर्ज्यमाना एव तयोर्भवन्ति ॥ Hierzu folgende **vârtika's**: परिप्रत्युपापेभ्यो वनं समासे विप्रतिषेधेन ॥ १ ॥ न वा वनस्यान्तोदात्तवचनं तदपवादनिवृत्त्यर्थं ॥ २ ॥ Vgl. 178.

34. Vgl. IV. 1. 114.

36. आचार्योपसर्जनो ऽन्तेवासी ist ein Schüler, der nach seinem Lehrer benannt wird. Zu उपसर्जन vgl. den Index.

39. **Siddh. K.** Bl. **236**. a. क्षुधं लातीति क्षुल्लः । तस्मादज्ञातादिषु (vgl. V. 3. 73.) के ऽन्तोदात्तः ॥

42. C. कुरुगार्हपत्य°, D. कद्रूः पण्यं कम्बलो, **Kâçikâ**: कद्रूपण्यं कम्बलो. Vielleicht ist das ganze **sûtra** als Compositum zu fassen; die darin vorkommenden 1ten Casus bestimmten alsdann das Geschlecht der Composita. Bei unsrer Trennung ist es sehr störend bald ein Thema, bald einen 1ten, bald einen 6ten Casus zu finden. Unser Commentator und **Bhaṫṫoǵi** haben das **sûtra** nicht als Compositum gefasst, sonst könnten sie nicht von einem **gaṅa** दासीभारादि sprechen. **Kâtyâyana** dagegen macht das ganze **sûtra** zum Compositum, wie man aus dem 2ten der hier folgenden **vârtika's** ersehen kann: कुरुवृज्योर्गार्हपते ॥ १ ॥ कुरुगार्हपतं । वृजिगार्हपतं ॥ कुरुगार्हपतरिक्तगुर्वसू-

तत्रारत्यप्रलीलदृढह्रूपापारेबडवातैतिलकद्रूःपण्यकम्बलोदासीभारादीनामिति वक्तव्यं ॥ २ ॥ इहापि यथा स्यात् । देवहूतिः । देवनीतिः । वसुनीतिः ॥ पण्यकम्बलः संज्ञायामिति वक्तव्यं ॥ ३ ॥ In einem andern Falle ist das Compositum ein Oxytonon nach VI. 1. 223. - Calc. Ausg. कपिलिकादित्वाल्लत्वं ॥ Zum Proparoxytonon अश्लील vgl. 2. - पार ist ein Oxytonon nach dem Phit́sûtra: घृतादीनां च ॥ S. Siddh. K. Bl. 231. a. Die zum gańa gehörigen Wörter werden daselbst nicht aufgeführt; der gańa wird ein आकृतिगण genannt. Zum gańa दासीभारादि gehört, wie Bhat́t́oǵi bemerkt, jeder tatpurusha, dessen 1tes Glied seinen Accent behält, ohne dass dieses in irgend einer Regel gelehrt worden wäre.

43. Vgl. II. 1. 36.

45. Siddh. K. Bl. 236. b. क्तान्ते परे चतुर्थ्यन्तं प्रकृत्या ॥

46. Vgl. II. 1. 59, 60.

47. Ein vârtika: अहीने द्वितीयानुपसर्गे ॥ इह मा भूत् । सुखप्राप्तः । दुःखप्राप्तः ॥

49. Siddh. K. Bl. 236. b. कारकपूर्वपदस्य तु सति शिष्टस्यायादिस्वर (vgl. 144.) एव । दूरादागतः ॥ Vgl. VI. 3. 2.

50. Ausnahme zu 139.

51. Ausnahme zu 139. - Vgl. VI. 1. 200. - III. 4. 9.

52. Ich möchte jetzt die Lesart von D. und E.: अनिगन्तो ऽञ्चतावप्रत्यये ॥ vorziehen. Das Affix क्विन् (vgl. III. 2. 59.) kann nicht व, wohl aber kein Affix genannt werden. Vgl. zu VI. 3. 92.

54. Zum Accent von ईषद्भेद vgl. 139.

55. Statt काञ्चनधनः ist wohl काञ्चनधनं mit Bhat́t́oǵi zu lesen. Siddh. K. Bl. 237. a. द्वे सुवर्णे परिमाणमस्येति द्विसुवर्णं । तदेव धनं द्विसुवर्णधनं २ । बहुव्रीहावपि परत्वाद्विकल्प एव ॥

57. Vgl. II. 1. 63.

65. Vgl. 139. - V. 4. 1. - VI. 3. 10. - Siddh. K. Bl. 237. b. richtiger: बाडवहार्य statt बडवाहार्य.

74. Vgl. II. 2. 17. - III. 3. 111. - Siddh. K. Bl. 238. a. जीवपुत्रप्रचायिका; vgl. Wilson u. d. W. जीवपुत्रक.

80. Vgl. III. 2. 79.

82. Ein vârtika: ज्ञे दीर्घान्तस्यादिरुदात्तो भवतीत्येतस्मात् अन्त्यात् पूर्वं बह्वज्ञित्येतद्भवति (sic) विप्रतिषेधेन ॥ आमलकीज्ञः । वलभीज्ञः ॥ Vgl. 83.

86. Siddh. K. Bl. 238. b. यद्यपि शालान्तः समासो नपुंसकलिङ्गो (vgl. II. 4. 25.) भवति तद्यपि तत्पुरुषे शालायां नपुंसक (123.) इत्येतस्मात् पूर्वविप्रतिषेधेनायमेव स्वरः । छात्रिशालं ॥

89. Man schreibe mit der Calc. Ausg. अमहन्नवन् नगरे im sûtra, und अमहन्नवन् किं in den Scholien. Im dvandva ist der Abfall des finalen न् nicht gestattet. Im folgenden sûtra schreibt unser Commentator jedoch auch: अमहन्नवमित्येव.

90. नवार्म kann schon desshalb kein Proparoxytonon sein, weil नवन् nicht auf अ ausgeht; vgl. VIII. 2. 2.

91. Ein vârtika: आद्युदात्तप्रकरणे दिवोदासादीनां छन्दस्युपसंख्यानं कर्तव्यं ॥ दिवोदास । बध्र्यश्व । दिवोदासादिराकृतिगणः ॥ Vgl. vârtika 6. zu VI. 3. 21.

93. Zur Erklärung von सर्वश्वेत = सर्वेषां श्वेततर führt unser Commentator in der Calc. Ausg. folgendes vârtika an: गुणात् तरेण समासस्तरलोपश्च ॥

104. Es wäre gewiss deutlicher und richtiger gewesen, wenn Pâṅini आचार्योपसर्जने चान्तेवासिनि gesagt hätte. Vgl. zu 36.

106. Ausnahme zu I. - Hierzu folgende vârtika's: बहुव्रीहौ विश्वस्यान्तोदात्तात् संज्ञायां मित्राजिनयोरन्तः (vgl. 165.) ॥ १ ॥ विप्रतिषेधेनेति शेषः ॥ अन्तोदात्तप्रकरणे मरुद्वृधादीनां छन्दस्युपसंख्यानं कर्तव्यं ॥ २ ॥ मरुद्वृधः । सुवया उपस्थे ॥

107. Ein vârtika: उदरादिभ्यो नञ्सुभ्यां (vgl. **172.**) ॥ विप्रतिषेधेनेति शेषः ॥

110. Das Neutrum ist sehr störend; Siddh. K. Bl. **239.** b. liest: निष्ठोपसर्गपूर्वान्यतरस्यां ॥

112. Siddh. K. hat auch शङ्कुकर्णा; vgl. jedoch VI. 3. 115.

115. Siddh. K. Bl. **239.** b. उद्गतशृङ्गः । द्व्यङ्गुलशृङ्गः । अत्र शृङ्गोद्गमनादिकृतो गवादेर्वयोविशेषो ऽवस्था ॥

117. Ein vârtika: सोर्मनसोः कपि (vgl. **173.**) ॥ विप्रतिषेधेनेति शेषः ॥

121. Ein vârtika: पर्यादिभ्यः (vgl. **182.** ff.) कूलादीनामाद्युदात्तत्वं ॥ विप्रतिषेधेनेति शेषः ॥

123. Vgl. II. 4. 25. und zu 86.

124. 125. Vgl. II. 4. 20.

126. Ein vârtika: चेलराज्यादिभ्यो (vgl. **130.**) ऽव्ययं (vgl. **2.**) ॥ पूर्वविप्रतिषेधेनेति शेषः ॥ Vgl. zu **130.**

129. Zu der in den Scholien citirten paribhâshâ vgl. zu IV. 1. 66.

130. Ein vârtika: चेलराज्यादिस्वरादव्ययस्वरो भवति पूर्वविप्रतिषेधेन ॥ कुचेलं । कुराज्यं ॥ Vgl. zu **126.**

133. Zu होतुःपुत्र und भ्रातुःपुत्र vgl. VI. 3. 23. – Siddh. K. Bl. **240.** b. संयुक्ताः संबन्धिनः । श्यालपुत्रः । ज्ञातयो मातापितृसंबन्धेन बान्धवाः ॥

135. Kâçikâ: षट् पूर्वोक्तानि काण्डादीन्युत्तरपदानि अप्राणिषष्ठ्या आद्युदात्तानि भवन्ति। काण्डं गर्हायामित्युक्तं (vgl. **126.**) । अगर्हायामपि भवति। दर्भकाण्डं। शरकाण्डं । चीरमुपमानमित्युकं (vgl. **127.**)। अनुपमानमपि भवति । दर्भचीरं । कुशचीरं । पललसूपशाकं मिश्र (vgl. **128.**) इत्युक्तं । अमिश्रे ऽपि भवति । तिलपललं । मुद्गसूपः । मूलकशाकं । कूलं संज्ञायामित्युक्तं (vgl. **129.**) । असंज्ञायामपि भवति । नदीकूलं । संमुद्रकूलं ॥

136. Ein **vârtika**: कुण्डाद्युदात्तत्वे समुदायग्रहणं ॥ वनशब्दः समुदायवाची न तूदकवाचीति भावः ॥

138. Ausnahme zu 1.

139. Die **kṛidanta's** sind mit folgenden Affixen gebildet: ण्वुल् । ल्युट् । खल् ॥ Zu शेषे षष्ठी vgl. II. 3. 50. – **Siddh. K. Bl. 241.** a. कृद्ग्रहणं स्पष्टार्थं । प्रपचतितरामित्यत्र तर-बाद्यन्तेन समासे कृते आम् । तत्र सति शिष्टत्वादाम्स्वरो भवतीत्येके । प्रप-चतिदेश्यार्थं (vgl. V. 3. 67.) तु कृद्ग्रहणमित्यन्ये ॥

144. Zum cerebralen ण् am Ende des Compositums vgl. VIII. 4. 12. Zu दूरादागत vgl. VI. 3. 2., zu शुष्क VIII. 2. 51., zu सुस्तुतं und अतिस्तुतं I. 4. 94, 95.

148. Ein **vârtika**: कारकाद्दत्तश्रुतयोरनाशिषि प्रतिषेधः ॥ Ein andres: सिद्धं तूभयनियमात् ॥ **Siddh. K. Bl. 241.** b. आ-शिष्येवेत्येवमत्रेष्टो नियमः । तेनानाहतो नदति देवदत्त इत्यत्र न । शाङ्गविशे-षस्य संज्ञेयं । तृतीया कर्मणीति (48.) पूर्वप्रकृतिस्वरत्वमेव भवति ॥

150. Vgl. III. 3. 113. ff.

151. Ausnahme zu 139.

153. Vgl. II. 1. 31.

154. Vgl. zu II. 1. 31.

155. Vgl. zu den Beispielen V. 1. 5, 64, 99, 101. – III. 3. 169.

156. Vgl. IV. 2. 9, 49. – V. 1. 6. – V. 4. 25.

157. **Siddh. K. Bl. 242.** a. अपचः । पक्तुं न शक्तः ॥

158. **Siddh. K. Bl. 242.** b. अपचो जाल्मः । पक्तुं न श-क्नोतीत्येवमाक्रोश्यते ॥

160. **Siddh. K.** und **Kâçikâ**: राजाह्नोश्छन्दसि ॥ अरा-जा । अनहः । भाषायां तु नञ्स्वरः ॥

162. Vgl. 173.

163. Calc. Ausg., **Siddh. K.**, **Kâçikâ**, A., B. und C. संख्याया स्तनः ॥ Vgl. zu VI. 3. 2. Die Schreibart ohne visarga lehrt Pâṅini nicht, wohl aber Kâtyâyana; vgl. zu VIII. 3. 36.

165. Ein vârtika: ऋषिप्रतिषेधो मित्रे वक्तव्यः ॥ विश्वामित्र ऋषिः ॥

167. Ueber स्वाङ्ग s. zu IV. 1. 54.

168. Calc. Ausg. द्विक्शब्द. Beide Schreibarten sind erlaubt; ich habe द्विक्क्शब्द geschrieben, weil dieses schon 103. vorgekommen ist. Zum Ende der Scholien vgl. das folgende sûtra.

170. Vgl. II. 2. 36.

173. Kâçikâ: नञ्सुभ्यां कपि परतः पूर्वमन्तोदात्तं भवति ॥ Siddh. K. Bl. 243. a. नञ्सुभ्यामुत्तरं पूर्वमुदात्तं कपि परे ॥ Keine der 3 Erklärungen ist genau. Man ergänze उदात्तं zu पूर्वं. „Wenn कप् folgt, dann ist der vorhergehende Vocal udâtta.“ अब्रह्मबन्धूक und सुकुमारीक sind demnach Paroxytona.

174. अव्रीहिक und सुमाषक sind Proparoxytona; अज्ञक ist ein Oxytonon nach 172., weil in dem letzten Gliede des Compositums kein अन्त्यात् पूर्वं ist.

175. Für बहुज्ञरः । बहुमित्रः ॥ ist wohl बहुज्ञरकः । बहुमित्रकः ॥ zu lesen. Ein vârtika: बहोर्नञ्वदुत्तरपदाद्युदात्तार्थं ॥

177. Vâmana und Bhaṭṭogi erklären ध्रुव ebenfalls durch एकरूप; wie kann man aber die Ribbe (पर्शु; vgl. zu IV. 2. 43.) एकरूप nennen? Die Erklärung unsers Commentators von अध्रुव स्वाङ्ग bei III. 4. 54. passt besser hierher. Zu स्वाङ्ग vgl. zu IV. 1. 54.

182. Kâçikâ: परेरुत्तरमभितोभाविवचनं मण्डलं चान्तोदात्तं भवति । परिकूलं । परितीरं । परिमण्डलं । बहुव्रीहिरयं । प्रादिसमासो ऽव्ययीभावो वा ॥ परिकूल und परितीर können bloss als bahuvrîhi's Oxytona sein; als avyayîbhâva's müssen diese Wörter nach dem vârtika zu 121. Paroxytona sein.

185. 186. Ein vârtika: अभेर्मुखमपाच्चाध्रुवार्थं ॥ Ein andres: अबहुव्रीह्यर्थो (sic) वा ॥

187. Ein vârtika: स्फिगपूतग्रहणं च ॥ अध्रुवार्थमबहुव्रीह्यर्थो वेत्येव ॥ Vgl. die vorhergehenden vârtika's. – Kâçikâ und Siddh. K. स्फिगपूतवीणाकुक्षिग्रहणमबहुव्रीह्यर्थमध्रुवार्थमस्वाङ्गार्थं च ॥ Bei अपाच्चा bemerkt Bhaṫṫoǵi: उपसर्गादध्वन (V. 4. 85.) इत्यस्याभावे इदं । एतदेव च ज्ञापकं समासान्ता अनित्यत्वे ॥

191. Zu अतिकशो ऽश्वः vgl. die Scholien zu VI. 1. 152. – Ein vârtika: अतेर्धातुलोप इति वक्तव्यं ॥ Patanǵali: अतेरकृत्पदे (also 7ter Cas. Sg.) इत्युच्यमाने इह च प्रसज्येत । शोभनो गार्ग्यः । अतिगार्ग्य इति । इह च न स्यात् । अतिकारकः (d. i. अतिक्रान्तः कारकान्) । अतिपदा शक्करी ॥ Nach dem letzten Beispiele zu urtheilen hat Patanǵali अकृत्पदे in der Bedeutung von अकृदन्ते als 7ten Casus aufgefasst. Der 7te Casus darf nicht befremden; vgl. 171.

196. Für उत्पुच्छयतीति lese man mit Bhaṫṫoǵi: उत्पुच्छयत इति, und vgl. III. 1. 20.

197. An मूर्धन् wird gegen V. 4. 115. nicht das Affix ष gefügt; man ersieht dieses daraus, dass Pâńini °मूर्धसु und nicht °मूर्धेषु sagt. – Hierzu folgende vârtika's: द्वित्रिभ्यां मूर्धन्यकारान्तग्रहणं चेन्नकारान्तस्योपसंख्यानं ॥ १ ॥ नकारान्ते सत्यकारान्तस्योपसंख्यानं कर्तव्यं ॥ २ ॥ Patanǵali: यद्यकारान्तग्रहणं स्यान्मूर्धेष्वित्येव ब्रूयात् । सैषा समासान्तार्था विचारणा । एवं तर्हि ज्ञापयत्याचार्यो विभाषा समासान्तो भवतीति ॥

198. Vgl. V. 4. 113.

199. Ein vârtika: अन्तोदात्तप्रकरणे त्रिचक्रादीनां छन्दसि ॥ त्रिचक्र । त्रिवृत् । त्रिबन्धुर । आकृतिगणो ऽयं त्रिचक्रादिः ॥ Eine kârikâ:

परादिश्च परान्तश्च पूर्वान्तश्चापि दृश्यते ।
पूर्वादयश्च दृश्यन्ते व्यत्ययो बहुलं स्मृतः ॥

Siddh. K. Bl. 244. a. wird ततः statt स्मृतः gelesen, und die kârikâ ein vârtika genannt. Vgl. die kârikâ zu III. 1. 85.

Drittes Kapitel.

---

1. Hierzu folgende vârtika's: उत्तरपदाधिकारस्य प्रयोजनं । स्तोकादिभ्योऽलुगानङिकोह्रस्वनलोपाः (vgl. 2. ff., 25. ff., 61. ff., 73.) ॥ १ ॥ एकवच्च ॥ २ ॥ एकवद्वचनमनर्थकमनभिधानात् ॥ ३ ॥ एकवद्वचने हि गोषुचरेऽतिप्रसङ्गः ॥ ४ ॥ वर्षाभ्यश्च जे ॥ ५ ॥ अपो योनियन्मतिषु चोपसंख्यानं जे चरे च ॥ ६ ॥ योनि । अप्सुयोनिः । यत् । अप्सव्यं । मति । अप्सुमतिः । जे । अप्सुजः । चरे । अप्सुचरो गह्वरेष्ठाः ॥ Siddh. K. Bl. 60. a. liest: मतुप्सु statt मतिषु, und giebt folgendes Beispiel: अप्सुमन्तावाज्यभागौ ॥ So auch die Calc. Ausg. bei 18.

2. Calc. Ausg., Siddh. K. Bl. 59. a., A., B. und C. पञ्चम्या स्तोकादिभ्यः ॥ Vgl. zu VI. 2. 163. - Zu स्तोकादि vgl. II. 1. 39.; es ist hier nur von der daselbst gelehrten Zusammensetzung mit क्त die Rede. - Ein vârtika: पञ्चमीप्रकरणे ब्राह्मणाच्छंसिन उपसंख्यानं ॥ ब्राह्मणाच्छंसी ॥ Ein andres: अन्यार्थे च ॥ वृत्तौ द्वितीयार्थे पञ्चमी वाच्येत्यर्थः । ब्राह्मणानि शंसति । ब्राह्मणाच्छंसिन् ॥ Vgl. zu V. 1. 135.

3. Hierzu folgende vârtika's: तृतीयायां अञ्जस उपसंख्यानं ॥ १ ॥ पुंसानुजो जनुषान्धो विकृताक्ष इति च ॥ २ ॥ विकृताक्ष ist bloss die Erklärung von जनुषान्ध blindgeboren.

5. Hierzu folgende vârtika's: आत्मनश्च पूरणे ॥ १ ॥ अन्यार्थे च ॥ २ ॥ वृत्तौ प्रथमार्थे तृतीया वाच्येत्यर्थः । आत्मा पञ्चमो ऽस्य । आत्मनापञ्चमः ॥ Kaiyyaṭa: अत्र च वेति वक्तव्यं । तेन आत्मपञ्चम इत्यपि भवति ॥

6. Unser Commentator bemerkt in der Calc. Ausg. am Ende des **sûtra**, dass dasselbe ein **vârtika** (vgl. **vârtika** 1. zu 5.) sei, und von **Patangali** nicht erklärt worden sei. Bloss पूरणे scheint ein späterer Zusatz zu sein, da wir आत्मनः im folgenden **sûtra** wieder brauchen. Auch **Siddh. K.** Bl. 59. b. wird das **sûtra** unter der Form: आत्मनश्च ॥ aufgeführt, und dabei gesagt: पूरणे इति वक्तव्यं ॥ Vgl. zu VI. 3. 40.

7. Zur Erklärung der Zusammensetzung आत्मनेपद् zertheilen **Bhaṫṫogi** und unser Commentator das **sûtra** II. 1. 36. in चतुर्थी und तदर्थार्थ°, und bilden dieselbe nach dem 1ten Theile jenes **sûtra**.

8. Ein **vârtika**: आत्मनेभाषपरस्मैभाषयोरुपसंख्यानं ॥ (?)

9. Vgl. II. 1. 44. - Hierzu folgende **vârtika**'s: हृद्युभ्यां ङेरुपसंख्यानं ॥ १ ॥ हृदिस्पृक् । दिविस्पृक् ॥ अन्यार्थे च ॥ २ ॥ द्वितीयार्थे सप्तमीत्यर्थः । हृदयं स्पृशतीति हृदिस्पृक् । दिवं स्पृशतीति दिविस्पृक् ॥ हलदन्ताधिकारे गोरुपसंख्यानं ॥ ३ ॥ Vgl. VIII. 3. 95.

10. Vgl. VI. 2. 65.

11. Ein **vârtika**: गुरावन्ताच्च ॥ अन्तेगुरुः ॥

12. Zu स्वाङ्ग vgl. zu IV. 1. 54.

13. Vgl. II. 1. 41. - **Patangali**: ग्रजन्ते विभाषा अन्यत्र प्रतिषेधः ॥

17. Vgl. IV. 3. 23.

19. 20. Ausnahmen zu 14.

21. Hierzu folgende **vârtika**'s: षष्ठीप्रकरणे वाक्दिक्पश्यद्भ्यो युक्तिदण्डहरेषूपसंख्यानं ॥ १ ॥ वाचोयुक्तिः । दिशोदण्डः । पश्यतोहरः ॥ आमुष्यायणामुष्यपुत्रिका (vgl. die **gaṅa**'s नडादि 1. und मनोज्ञादि) ॥ २ ॥ आमुष्यकुलिकेति च (vgl. den **gaṅa** मनोज्ञादि) ॥ ३ ॥ देवानांप्रिय इति च (**Siddh. K.** Bl. 60. a. देवानांप्रिय इति च मूर्खे ॥) ॥ ४ ॥ शेपपुच्छलाङ्गूलेषु शुनः संज्ञायामुपसंख्यानं ॥ ५ ॥ शुनःशेपः । शुनःपु-

च्छ्ः । शुनोलाङ्गूलः ॥ दिवश्च दासे उपसंख्यानं कर्तव्यं ॥ ६ ॥ दिवोदासाय गायते ॥

22. Vgl. Çakuntalà S. **27**. Z. 8.

23. Vgl. **VIII. 3.** 84, 85. - Ein vârtika: विद्यायोनिसंबन्धेभ्यस्तत्पूर्वोत्तरपदग्रहणं ॥

25. Calc. Ausg. याताननन्दारौ; es ist °ननान्दरौ oder °ननन्दरौ zu lesen. - Es wird आन् für ऋ substituirt; das न् fällt ab nach **VIII. 2. 7.** Wenn Pâṅini bloss आ (आङ् hätte der Grammatiker nie sagen können; vgl. **I. 1. 53.**) für ऋ substituirt hätte, dann müsste man nach **I. 1. 51.** र् an das Substitut fügen. - Ein vârtika: ऋकारान्तानां द्वन्द्वे पुत्र उपसंख्यानं ॥ पितापुत्रौ । मातापुत्रौ ॥ Patanǵali ergänzt im sûtra noch पुत्र aus **22.** - Vgl. zu diesem und zu den folgenden sûtra's Windischmann's Saṅkara S. **69.** ff.

26. Hierzu folgende vârtika's: देवताद्वन्द्वे उभयत्र वायोः प्रतिषेधः ॥ १ ॥ अग्निवायू । वाय्वग्नी ॥ ब्रह्मप्रजापत्यादीनां च प्रतिषेधो वक्तव्यः ॥ Vgl. **VII. 3. 21.**

27. Zu अग्नीषोमौ vgl. **VIII. 3. 82.** - Vgl. Comm. sur le Yaçna S. **350.**

28. Ein vârtika: इद्वृद्धौ विष्णोः प्रतिषेधः ॥ आग्नावैष्णवं चरुं निर्वपेत् ॥ Vgl. vârtika **3.** zu **42.**

30. Vgl. Windischmann's Saṅkara S. **70.** und **VIII. 2. 66.**

31. Vgl. Comm. sur le Yaçna S. **580.**

33. Siddh. K. Bl. **221.** a. चाद्विपरीतमपि । मातरापितरा नू विदिष्टौ ॥

34. Wenn in einem Compositum zwei Feminina verbunden werden, die in keinem Abhängigkeitsverhältnisse zu einander stehen, von welchen das eine aber das andre näher bezeichnet, oder welche, jedes für sich, zur nähern Bezeichnung eines 3ten Wortes dienen (wie in चित्रजरती गौः), dann wird an die Stelle des 1ten Femininums die entsprechende Masculin-Form gesetzt. Diese Substitution findet aber nur dann Statt, wenn die Feminin-Form sich von der Masculin-Form nur durch den Begriff des Geschlechts unterscheidet, wenn es nicht auf ऊङ् ausgeht, und wenn das nachfolgende Femininum kein Ordnungszahlwort oder प्रिया u. s. w. ist. Pâṅini's ganz ungrammatische Construction sucht die Kâçikâ auf folgende sehr gezwungene Art zu erklären: भाषितः पुमान् येन समानायामाकृतावेकस्मिन् प्रवृत्तिनिमित्ते भाषितपुंस्कः शब्दः । तदेतदेव कथं भवति । भाषितः पुमान् यस्मिन्नर्थे प्रवृत्तिनिमित्ते स भाषितपुंस्कशब्देनोच्यते । तस्य प्रतिपादको यः शब्दः सो ऽपि भाषितपुंस्कः । ऊङो ऽभावो ऽनूङ् । भाषितपुंस्कादनूङ् यस्मिन् स्त्रीशब्दे स भाषितपुंस्कादनूङ् स्त्रीशब्दः । बहुव्रीहिरयमलुकनिपातनात् (lies: अलुग्निपा°) पञ्चम्याः । तस्य भाषितपुंस्कादनूङः स्त्रीशब्दस्य पुंशब्दस्येव रूपं भवति ॥ Bhaṭṭogi's Erklärung stimmt hiermit überein. – Ein vârtika: वतण्ड्यादिषु पुंवद्वचनं ॥ Vgl. 41. und zu I. 1. 50. Ein andres: पूरण्यां प्रधानपूरणीग्रहणं ॥ इह मा भूत् । कल्याणपञ्चमीकः पक्षः ॥ Vgl. vârtika 1. zu V. 4. 116. – Siddh. K. Bl. 51. b. चित्रा जरती गौर्यस्येति विग्रहे । अनेकोक्तेर्बहूनामपि बहुव्रीहिः (vgl. II. 2. 24.) । अत्र केचित् । चित्राजरतीगुः । जरतीचित्रागुर्वा । एवं दीर्घातन्वीजङ्घः । तन्वीदीर्घाजङ्घः । त्रिपदे बहुव्रीहौ प्रथमं न पुंवत् । उत्तरपदस्य मध्यमेन व्यवधानात् । द्वितीयमपि न पुंवत् । पूर्वपदस्याभावात् । उत्तरपदशब्दो हि समासस्य चरमावयवे रूढः । पूर्वपदशब्दस्तु प्रथमावयव इति वदन्ति । वस्तुतस्तु नेह पूर्वपदमाक्षिप्यते । आनङ् ऋत (25.) इत्यत्र यथा । तेनोपान्त्यस्य पुंवदेव । चित्राजरद्गुरित्यादि । अत एव चित्राजरत्यौ गावौ यस्येति द्वन्द्वगर्भे ऽपि चित्राजरद्गुरिति भाष्यं । कर्मधारयपूर्वपदे तु द्वयोरपि पुंवत् । जरच्चित्रगुः । कर्मधारयोत्तरपदे तु चित्रजरद्गवीकः ॥

35. **Pâṅini** hat eine bedeutend grössere Menge von Affixen umfasst, als unser Commentator aufzählt. Er hat alle Affixe von V. 3. 7. bis V. 4. 17. gemeint. Die nicht hierher gehörenden Affixe hat unser Commentator ausgelassen; einige andre, die **Pâṅini** übergangen hat, werden in den unten folgenden **vârtika**'s genannt werden. **Bhaṭṭogi** lässt bei der Aufzählung die 3 Affixe थमु, दा und र्हिल् aus, und zwar, wie ich vermuthe, aus dem Grunde, weil die damit gebildeten Wörter, wie कथं, कदा und कर्हि in der Umschreibung bloss in Verbindung mit Masculinis, wie प्रकार und काल, gedacht werden. - Hierzu folgende **vârtika**'s (die Beispiele sind aus der **Siddh.** K. Bl. 52. a. entlehnt): शसि बह्वल्पार्थस्य ॥ १ ॥ बह्वीभ्यो देहि । बहुशः । अल्पाभ्यो देहि । अल्पशः (vgl. V. 4. 42.) ॥ त्वतलोर्गुणवचनस्य ॥ २ ॥ शुक्लाया भावः । शुक्लत्वं । गुणवचनस्य किं । कर्त्र्या भावः । कर्त्रीत्वं ॥ भस्याढे तद्धिते ॥ ३ ॥ हस्तिनीनां समूहो हास्तिकं (vgl. IV. 2. 47.) । अढे किं । रौहिणेयः । स्त्रीभ्यो ढगिति (IV. 1. 120.) ढो ऽत्र गृह्यते । अग्नेर्ढगिति (IV. 2. 33.) ढकि तु पुंवदेव । अग्नायी देवतास्य स्थालीपाकस्याग्नेयः । सपत्नीशब्दस्त्रिधा । शत्रुपर्यायात् सपत्नशब्दाच्छार्ङ्गरवादित्वात् ङीन्येकः (vgl. IV. 1. 73.) । समानः पतिर्यस्या इति विग्रहे विवाहनिबन्धनं पतिशब्दमाश्रित्य नित्यस्त्रीलिङ्गो द्वितीयः । स्वामिपर्यायपतिशब्देन भाषितपुंस्कस्तृतीयः । आद्ययोः शिवाद्यण् (vgl. IV. 1. 112.) । सपत्न्या अपत्यं सापत्नः । तृतीयात् तु लिङ्गविशिष्टपरिभाषया (s. zu IV. 1. 66.) पत्युत्तरपदलक्षणो (vgl. IV. 1. 85.) ण्य एव न त्वण् । शिवादौ ऋष्योरेव ग्रहणात् । सापत्यः ॥ ठक्छसोश्च ॥ ४ ॥ भवत्याश्छात्राः । भावत्काः । भवदीयाः (vgl. IV. 2. 115.) । एतद्वार्त्तिकमेक तद्धिते चेति सूत्रं (62.) च न कर्त्तव्यं । सर्वनाम्नो वृत्तिमात्रे (d. i. „in jeder auflösbaren Form“; ergänze स्त्रियाः पुंवत्, und vgl. zu II. 1. 3.) इति भाष्यकारेष्ट्या गतार्थत्वात् । सर्वमयः । सर्वकाम्यति । सर्विका भार्या यस्य । सर्वकभार्यः ।

सर्वप्रिय इत्यादि । पूर्वस्यैवेदं भस्त्रैषाद्धति (sic; vgl. VII. 3. 47.) लिङ्गात् । तेनाकचि एकशेषवृत्तौ च न । सर्विका सर्वाः ॥

36. Vgl. III. 1. 11. - III. 2. 82. - IV. 1. 39. - Ein vârtika: मानिन्ग्रहणमस्त्र्यर्थमसमानाधिकरणार्थं च ॥

37. Ein vârtika: कोपधप्रतिषेधे तद्धितवुग्रहणं ॥ Siddh. K. Bl. 52. b. नेह पाका भार्या यस्य स पाकभार्यः ॥

38. Siddh. K. Bl. 52. b. दत्ताभार्यः । दत्तामानिनी । दान-क्रियानिमित्तः स्त्रियां पुंसि च संज्ञाभूतो ऽयमिति भाषितपुंस्कत्वमस्ति ॥

39. Vgl. IV. 2. 1. - IV. 3. 134. ff. - Statt कषा-यीकन्यः lese man mit Bhaṭṭogi कषायकन्यः. Siddh. K. Bl. 52. b. वृद्धिशब्देन वृद्धिं प्रति फलोपधानाभावादिह पुंवत् । वैयाकरण-भार्यः । सौवश्वभार्यः ॥

40. Calc. Ausg., Kâçikâ, B. und C. स्वाङ्गाच्चेतो ऽमा-निनि ॥ Der Zusatz ist aus einem gleichlautenden vârtika entlehnt. Da ich im sûtra अमानिनि ausliess, musste auch in den Scholien das darauf Bezügliche wegfallen, unter andern das Gegenbeispiel दीर्घकेशमानिनी. Zu अकेशभार्य vgl. IV. 1. 57.

41. Unser Commentator ergänzt in der Calc. Ausg. अमानिनि aus dem vorhergehenden sûtra, und sagt am Ende der Scholien: अमानिनि किं । कठीमानिनी (sic) ॥ Siddh. K. सौत्रस्यैवायं निषेधः । तेन हस्तिनीनां समूहो हास्तिकमित्यत्र भस्याढे (vârtika 3. zu 35.) इति तु भवत्येव ॥

42. Da die Substitution der Masculin-Form im karmadh. und vor den Affixen जातीय und देशीय schon 34. und 35. gelehrt worden ist, so kann diese Regel nur dazu dienen, die vorhergehenden Beschränkungen, welche auch für den karmadh. und die beiden erwähnten Affixe galten, für diese wieder aufzuheben. Hierzu folgende vârtika's: कुक्कुट्यादीनामण्डादिषु पुंवद्वचनं ॥ १ ॥ कुक्कु-

ट्या अण्डं । कुक्कुटाण्डं । मृग्याः पदं । मृगपदं । मृग्याः क्षीरं । मृगक्षीरं । काक्याः शावः । काकशावः ॥ न वास्त्रीपूर्वपदविवक्षितत्वात् ॥ २ ॥ अग्ने-रीत्वाद्रूपस्य वृद्धिर्विप्रतिषेधेन (vgl. 27, 28.) ॥ ३ ॥ पुंवद्भावाद्ध्रस्वत्वं खिद्घादिषु (vgl. 43, 66.) ॥ ४ ॥

44. Die **Saunâga's** verbessern: घादिषु नद्या ह्रस्वत्वे कृन्नद्याः प्रतिषेधः ॥ लक्ष्मीतरा । तन्त्रीतरा ॥

45. श्रेयस् ist श्र + ईयसुन्, विद्वस् विद् + क्वसु. **Kâçikâ:** पुंवद्भावो ऽत्र पक्षे वक्तव्यः ॥ १ ॥ श्रेयस्तरा ॥ प्रकर्षयोगात् प्राक् स्त्रीत्वस्याविवक्षितत्वात् सिद्धं ॥ २ ॥ Anders **Siddh. K.** Bl. 60. b. उगितः परा या नदी तदन्तस्य घादिषु ह्रस्वो वा स्यात् । विदुषितरा । ह्रस्वाभावपक्षे तसिलादिष्विति पुंवत् । विद्वत्तरा । वृत्त्यादिषु विदुषीतरेत्यप्युदाहृतं तन्निर्मूलं ॥

46. Die von unserm Commentator citirte **paribhâshâ** lautet vollständig: लक्षणप्रतिपदोक्तयोः प्रतिपदोक्तस्यैव ग्रहणं; vgl. **Siddh. K.** Bl. 124. b. Da dieselbe hier keine Kraft hat, so findet die Substitution von आ nicht bloss in denjenigen Compositis mit महत्, welche nach II. 1. 61. gebildet werden, Statt; sondern überhaupt in allen Zusammensetzungen, wo महत् als Beiwort mit einem folgenden Nomen verbunden wird. **Siddh. K.** Bl. 49. b. आदिति योगविभागादात्वं प्रागेकादशभ्य (V. 3. 49.) इति निर्देशाद्वा । एकादश । महतीशब्दस्य पुंवत् कर्मधारयेति (42.) पुंवद्भावे कृते आत्वं । महाजातीया ॥ Hierzu folgende **vârtika's:** महदात्वे घासकरविशिष्टेषूपसंख्यानं पुंवद्वचनं चासमानाधिकरणार्थं ॥ १ ॥ महतो घासः । महाघासः । महत्या घासः । महाघासः । महतो महत्या वा करः । महाकरः । महाविशिष्टः ॥ अष्टनः कपाले हविषि ॥ २ ॥ अष्टाकपालः । हविषि किं । अष्टकपालं ॥ गवि च युक्ते ॥ ३ ॥ अष्टागवेन शकटेन । युक्ते किं । अष्टगवं ॥ Vgl. 125, 126.

47. Calc. Ausg. अष्टमातुरः; vgl. jedoch IV. 1. 115. - Zum **bahuvr.** द्वित्राः und द्विदशाः vgl. II. 2. 25. - Ein

vârtika: प्राक् शतादिति वक्तव्यं ॥ इह मा भूत् । द्विशतं । द्विसहस्रं । अष्टशतं । अष्टसहस्रं ॥ Vgl. noch vârtika 2, 3. zu 46.

48. 49. Zu प्राक् शतादित्येव in den Scholien vgl. das vorhergehende vârtika.

49. Siddh. K. Bl. 60. b. लेखेत्यणन्तस्य ग्रहणं । वर्जि तु । हृद्यलेखः ॥

52. Für अज् müsste eigentlich nach II. 4. 56. वी vor dem Uṅâdi-Affix इण् substituirt werden. - Hierzu folgende vârtika's: पदादेशे ऽन्तोदात्तनिपातनं पदोपहतार्थं ॥ १ ॥ तृतीया कर्मणीति (VI. 2. 48.) पूर्वपदप्रकृतिस्वरत्वे ऽन्तोदात्तत्वं यथा स्यात् ॥ उपदेशिवद्वचनं च स्वरसिद्ध्यर्थं ॥ २ ॥ अन्तोदात्ते कृते कृत्स्वरो यथा स्यात् । पदाजिः । पदातिः ॥ Die beiden Wörter sind Oxytona nach VI. 2. 139.

53. Vgl. zu den Beispielen IV. 4. 83. - V. 4. 25. - Ein vârtika: पद्भाव इके चरतावुपसंख्यानं ॥ पद्भ्यां चरति । पदिकः ॥ Kâçikâ: शरीरावयववचनस्य पादशब्दस्य ग्रहणमिष्यते ॥ Man sagt demnach द्विपाद्य; vgl. V. 1. 34.

55. श ist der Anfang des taddhita शस्.

56. Ein vârtika: निष्के चोपसंख्यानं ॥ पन्निष्कः । पादनिष्कः ॥

57. Ein vârtika: संज्ञायामुत्तरपदस्य च ॥ लोहितोदः । नीलोदः । क्षीरोदः ॥

58. Zu उदपेषं पिनष्टि vgl. III. 4. 38

60. Ueber वीवध s. zu IV. 4. 17.

61. Zu कारीषगन्धीपुत्र vgl. VI. 1. 13. - Hierzu folgende vârtika's: इयङुवङ्व्ययप्रतिषेधः (Kâçikâ genauer: इयङुवङ्भाविनामव्ययानां च न भवति) ॥ १ ॥ श्रीकुलं । भ्रूकुलं (vgl. VI. 4. 77.) । काण्डीभूतं । वृषलीभूतं ॥ अभ्रूकुंसादीनामिति वक्तव्यं ॥ २ ॥ भ्रुकुंसः । भ्रूकुंसः । भ्रुकुटिः । भ्रूकुटिः ॥ अकारो भ्रूकुंसादीनामिति वक्तव्यं ॥ भ्रकुंसः । भ्रकुटिः ॥ Das 3te vârtika scheint nicht von Kâtyâyana zu sein, da Bhaṭṭogi bemerkt, dass Ei-

nige. अरुंतुद und अरुंकुट schon nach dem 2ten vârtika bilden, indem sie अ अरुंतुदादीनां trennen. Dafür spricht die Erwähnung von अरुंतुद und अरुंकुट in den gaṇa's कुक्कुट्यादिपदादी.

62. Das Thema एक bezeichnet die Form, unter welcher एक am Anfange eines Compositums oder vor einem taddhita erscheint. Zu एकहल्य vgl. IV. 3. 81. Patangali hält das sûtra für überflüssig; vgl. zu 35.

63. Vgl. Stenzler zu Raghu-V. XIV. 33. und zu Kumâra-S. IV. 16.

66. Vgl. III. 2. 83.

67. Vgl. III. 2. 35, 39, 83. Das स् von अरुस् und das त् von द्विषत् fallen nach dem eingeschobenen म् nach VIII. 2. 23. aus.

68. Der nyâya, den unser Commentator mit den Anfangsworten citirt, wird in der Calc. Ausg. bei IV. 1. 55. eine paribhâshâ genannt, und lautet daselbst folgendermassen: मध्ये ऽपवादाः पूर्वान् विधीन् बाधन्ते न परान् ॥ Es ist jedoch höchst spitzfindig damit die Form श्रिमन्यं कुलं erklären zu wollen. Siddh. K. Bl. 182. a. श्रियमात्मानं मन्यते श्रिमन्यं कुलं । भाष्यकारवचनात् । श्रीशब्दस्य ह्रस्वः मुममोरभावश्च ॥ Am Ende der Scholien ist wohl लेखाभ्रुंमन्यः zu lesen.

69. Vgl. III. 2. 40, 41. - VI. 4. 94.

70. Hierzu folgende vârtika's: अस्तु सत्यागदस्य कारे उपसंख्यानं ॥ १ ॥ अस्तुंकारः ॥ भक्षस्य छन्दसि ॥ २ ॥ भक्षंकारः । छन्दसि किं । भक्षकारः ॥ धेनोर्भव्यायां ॥ ३ ॥ धेनुंभव्या ॥ लोकस्य पृणे ॥ ४ ॥ लोकंपृणः ॥ इत्ये ऽनभ्यासस्य ॥ ५ ॥ अनभ्यासमित्यः (wird Siddh. K. Bl. 61. b. durch दूरतः परिहर्तव्यः erklärt) ॥ भ्राष्ट्राग्न्योरिन्धे ॥ ६ ॥ भ्राष्ट्रमिन्धः । अग्निमिन्धः ॥ गिले ऽगिलस्य ॥ ७ ॥ तिमिंगिलः । अगिलस्य किं । गिलगिलः ॥ गिलगिले च ॥ ८ ॥ तिमिंगिलगिलः ॥ उष्णा-

भद्रयोः करणे ॥ ९ ॥ उष्णंकरणं । भद्रंकरणं ॥ सूतोग्रराजभोजकुलमेरुभ्यो दुहितुः पुत्रड्वा ॥ १० ॥ सूतपुत्री । सूतदुहिता । उग्रपुत्री । उग्रदुहिता । राजपुत्री । राजदुहिता । भोजपुत्री । भोजदुहिता । कुलपुत्री । कुलदुहिता । मेरुपुत्री । मेरुदुहिता ॥

72. **Patańgali:** रात्रेरप्राप्ते विभाषा । प्राप्ते नित्यो विधिः ॥

73. Ein **vârtika:** नञो नलोपे ऽवक्षेपे तिङ्युपसंख्यानं ॥ अपचसि त्वं जाल्म ॥

75. Calc. Ausg. in den Scholien: नासत्याः । . . । न असत्याः । नासत्याः ॥ **Siddh. K.** wie wir. Zu नपात् vgl. **Rosen** zu **Rig-V.** XXII. 6. – Zu नवेदस् vgl. **Rig-V.** XXXIV. 1. – LXXIX. 1. नासत्या im **sûtra** ist vielleicht ein **Veda**-Dual auf आ, da das Wort wahrscheinlich nur im **Veda** vorkommt, und hier fast ausschliesslich im Dual. gebraucht wird; vgl. **Rosen** zu **Rig-V.** III. 1. 3. Die beiden **Açvinau** heissen नासत्य und दस्र; der Dual beider Namen bezeichnet die beiden Zwillingsbrüder zugleich; vgl. **Mahâ-Bh.** I. 723. in der Hymne aus dem **Veda**.

79. Hierzu folgende **vârtika's:** ग्रन्थान्ते वचनानर्थक्यमव्ययीभावेन कृतत्वात् ॥ १ ॥ यस्तर्हि कालोत्तरपदो ग्रन्थान्तस्तदर्थमिदं वक्तव्यं ॥ २ ॥ Vgl. 81.

83. Calc. Ausg., **Kâçikâ**, B. und C. प्रकृत्याशिष्यगोवत्सहलेषु ॥ Unser Commentator sagt in der Calc. Ausg. am Ende der Scholien: अगोवत्सहलेषु किं । सगवे । सवत्साय । सहलाय ॥ वोपसर्जनस्येति पक्षे सभावः ॥ प्रकृत्याशिषीत्येतावदेव सूत्रं । काशिकाकारेण तु वार्त्तिकमपि सूत्रे प्रक्षिप्तं ॥

84. Vgl. zu IV. 4. 114. – **Siddh. K.** Bl. 62. a. समानस्येति योगो विभज्यते । तेन सपक्षः । साधर्म्यं । सजातीयमित्यादि सिद्धमिति काशिका । अथवा सहशब्दः सदृशवचनो ऽस्ति । सदृशः सख्या ससखीति यथा तेनायमस्वपदविग्रहो बहुव्रीहिः । समानः पक्षो यस्येत्यादि ॥

86. Ein vârtika: ब्रह्मण्युपपदे समानपूर्वे व्रते कर्मणि चरेणिनिर्व्रतलोपश्च ॥ समाने ब्रह्मणि व्रतचारी । सब्रह्मचारी ॥

89. Man lese mit der Kâçikâ, mit A., B. und C. दृग्दृशवतुषु ॥ Vgl. auch die Scholien zu Bhat́t́i-K. VI. 79, 119., wo दृग्दृश° statt दृदृश° zu lesen ist. In den Scholien verbessere man: दृश् । दृश । वतु ॥ Ein vârtika: दृग्दृश्वतुषु (sic) दृक्ष उपसंख्यानं ॥ सदृक्षः ॥

90. 91. Man lese in den Scholien: दृग्दृशवतुषु. Mit दृक्ष bildet man: ईदृक्षः । कीदृक्षः । तादृक्षः । यादृक्षः ॥ Von अदस् kommt: अमूदृक् । अमूदृशः । अमूदृक्षः ॥ Vgl. VIII. 2. 80. und Siddh. K. Bl. 62. a.

92. Calc. Ausg., Kâçikâ, Siddh. K. und die Handschriften: विष्वग्देव°; Siddh. K., D. und E. °अञ्चतावप्रत्यये, welche Lesart vorzuziehen ist; vgl. zu VI. 2. 52. Ich habe विश्वग्° geschrieben, weil mir diese Schreibart als die ursprünglichere erschien, und in den Schollen zu Bhat́t́i-K. XIX. 3. vorgekommen war. Auch Mahâ-Bh. VII. 29. wird विश्वच् geschrieben; विष्वच् finde ich Rig-V. XXXVI. 16. - CXVII. 16. - K'handogya VIII. 8. in Windischmann's Sankara S. 63. Jetzt wäre ich geneigt विष्वग्° vorzuziehen. विश्वच् scheint aus विष्वच् entstanden zu sein, indem man das seltene विषु (vgl. विषुणाश् Rig-V. XXXIII. 4.) verkannte, und das bekanntere विश्व mit verwandter Bedeutung an die Stelle setzte. Man lese in den Scholien zu diesem und den 3 folgenden sûtra's: अप्रत्यय statt वप्रत्यय - Kâçikâ: छन्दसि स्त्रियां बहुलमिति वक्तव्यं ॥ विश्वाचीत्यत्र (sic) न । कद्रीची । अत्र भवत्येव । क्वचिदन्यत्रापि । विष्वद्र्याणा ॥ Vgl. zu 95.

95. Hierzu folgende vârtika's: अदिसध्र्योरन्तोदात्तत्वं कृत्स्वरनिवृत्त्यर्थं (vgl. VI. 2. 139.) ॥ विष्वद्र्यङ् । सध्र्यङ् । उदात्त-

स्वरितयोरिति (VIII. 2. 4.) अञ्चुधातोरकारः स्वरितः ॥ छन्दसि स्त्रियां प्रतिषेधो वक्तव्यः ॥ २ ॥ छन्दसि स्त्रियां बहुलमिति वक्तव्यं (wohl eine Verbesserung von Patangali) ॥ ३ ॥ विश्वाची (sic) च घृताची (vgl. Rig-V. II. 3. 1.) च । अत्र न भवति । सा कद्रीची । अत्र तु भवति ॥ Vgl. zu 92.

96. Vgl. Rig-V. XXX. 13. – LI. 8. Auch vor स्तुति hat sich die alte Form सध erhalten; vgl. Rosen zu Rig-V. XVII. 9.

97. Vgl. zu I. 1. 52-55. Siddh. K. Bl. 58. a. अप इति कृतसमासान्तस्यानुकरणं (vgl. V. 4. 74.) । षष्ठ्यर्थे प्रथमा । . . । समापो देवयजनमिति तु । समा आपो यस्मिन्निति बोध्यं । कृतसमासान्तग्रहणान्नेह । स्वप् । स्वपी ॥ Ein vârtika: समाप ईत्वप्रतिषेधः ॥ समापं (sic) नाम देवयजनं ॥ Ein andrer lehrt: ईत्वमनवर्णादिति वक्तव्यं ॥ समीपं । अन्तरीपं । इह मा भूत् । प्रापं । परापं ॥

99. Hierzu folgende kârikâ aus der Kâçikâ:

दुगागमोऽविशेषेण वक्तव्यश्छे सकारके ।
षष्ठीतृतीययोर्नेष्ट आशिरादिषु सप्तसु ॥

Man muss demnach für अन्यस्य कारकः auch अन्यत्कारकः, und für अन्यस्यायं अन्यदीयः sagen. Vgl. IV. 2. 138. – IV. 3. 120.

101. Ein vârtika: कद्भावे त्रावुपसंख्यानं ॥ कुत्सितास्त्रयः । कत्त्रयः ॥

104. Siddh. K. Bl. 62. b. काक्षः । अक्षशब्देन तत्पुरुषः । अक्षिशब्देन बहुव्रीहिर्वा ॥ Vgl. V. 4. 113. und die Scholien zu Bhaṭṭi-K. V. 24.

109. Hierzu folgende vârtika's: दिक्शब्देभ्यस्तीरस्य तारभावो वा ॥ १ ॥ दक्षिणतीरं । दक्षिणतारं । उत्तरतीरं । उत्तरतारं ॥ वाचो वादे उत्वं वलभावश्चोत्तरपदस्येञि ॥ २ ॥ वाग्वादस्यापत्यं । वाड्वलिः (sic) ॥ षष उत्वं दतृदशसूत्तरपदादेः ष्टुत्वं च ॥ ३ ॥ षोडन् (vgl. V. 4. 141.) । षोडश ॥ धासु वा ॥ ४ ॥ उत्तरपदादेः ष्टुत्वं च वक्तव्यं ॥ ५ ॥ षोढा । षड्धा वा कुरु ॥ दुरो दाशनाशदभध्येषूत्वं वक्तव्यमुत्तरपदादेश्च ष्टुत्वं

॥ ६ ॥ दूडाशः । दूणाशः । दूडभः । दूढ्यः (vgl. Rosen zu Rig-V. XV. 6.) ॥ स्वरो रोहतो छन्दस्युत्वं ॥ ७ ॥ एहि त्वं जाये स्वो रोहाव ॥ पीवोपवसनादीनां छन्दसि लोपः ॥ ८ ॥ पीवोपवसनानां । पयोपवसनानां ॥ Sehr passend werden bei diesem sûtra, oder vielmehr bei diesem gaṇa, zu welchem allerlei unregelmässige Bildungen gehören, in der Calc. Ausg. 2 kârikâ's, die eine aus der Kâçikâ, die andre aus der Siddh. K. angeführt, welche die verschiedenen Arten von Ableitungen aufzählen. Hier die kârikâ aus der Kâçikâ:

वर्णागमो वर्णविपर्ययश्च द्वौ चापरौ वर्णविकारनाशौ ।
धातोस्तदर्थातिशयेन योगस्तदुच्यते पञ्चविधं निरुक्तं ॥

Die 2te kârikâ aus der Siddh. K. Bl. 62. b. lautet:

भवेद्वर्णागमाद्धंसः सिंहो वर्णविपर्ययात् ।
गूढोत्मा वर्णविकृतेर्वर्णनाशात् पृषोदरं ॥

110. Zu अन्ह vgl. V. 4. 88.

111. ट्रो (lies ढ्रो) लोपे° in den Scholien zu Bhaṭṭi-K. IV. 34. ist wohl keine andre Lesart, sondern nur ein Druckfehler, da man ebend. VI. 35, 67. - XIII. 8. ढ्लोपे findet. Zu den Beispielen vgl. zu VIII. 3. 13, 14.

112. Ueber den Ausfall von ढ् s. zu VIII. 3. 13.

113. Siddh. K. Bl. 221. b. सहे[ः] क्त्वाप्रत्यये श्राद्यं द्वयं । तृन्नि तृतीयं निपात्यते ॥ Auch im Participium auf त findet man dieselbe Unregelmässigkeit; vgl. अषाल्ह (für अषाढ) Rig-V. LV. 8.

115. Vgl. VI. 2. 112. zum Accent der Wörter.

116. Zu ऋतीषहं vgl. zu VIII. 3. 109. - Siddh. K. Bl. 63. a. विभाषा पुरुष (106.) इत्यतो मण्डूकप्लुत्या विभाषानुवर्तते । सा च व्यवस्थिता । तेन गतिकारकयोरेव नेह । पटुरुक् । तिग्मरुक् ॥

117. Vgl. VIII. 4. 4.

118. Man ergänze संज्ञायां im sûtra; dadurch wird

man sich भ्रातृवल u. s. w. erklären können; vgl. zu V. 2. 112.

119. Für बलवती ist wohl mit Bhaṭṭogi बलयवती zu lesen, da बल kein ब्रह्वच् ist.

121. Ein vârtika: अपोल्वादीनामिति वक्तव्यं ॥ इह मा भूत् । दारुवहं । रुचिवहं । चारुवहं ॥

122. Hierzu folgende vârtika's: अमनुष्यादिष्विति वक्तव्यं ॥ १ ॥ प्रसेवः । प्रसादः । प्रहारः ॥ सादकारयोः कृत्रिमे ॥ २ ॥ एषो ऽस्य प्रासादः । एषो ऽस्य प्राकारः । इह मा भूत् । एको ऽस्य प्रसादः । एको ऽस्य प्रकारः ॥ प्रतिवेशादीनां विभाषा ॥ ३ ॥ प्रतिवेशः । प्रतीवेशः । प्रतिकारः । प्रतीकारः ॥

124. Vgl. VII. 4. 47.

125. 126. Vgl. zu 46.

128. Siddh. K. Bl. 22. b. राटिति पदान्तोपलक्षणार्थं । चर्त्वमविवक्षितं । विश्वाराट् ।..। विश्वाराड्भ्यां ॥

131. Vgl. Rig-V. XXX. 17. - XLVIII. 2, 12.

133. Das Beispiel आ तू (so trenne man in den Scholien) न इन्द्र ist aus Rig-V. X. 11. - XXIX. 1. - Zu तू vgl. X. 9. - XXXIX. 4. - LXIV. 13, 15. - Das Beispiel उत वा घा स्यालात् finde ich CIX. 2. - मक्षू findet man sehr häufig; vgl. unter andern XXXIX. 7. - LXIV. 15. - तङ् heissen sonst alle Endungen des âtmanep.; Bhaṭṭogi und unser Commentator nehmen es hier für die Endung त der 2ten Pl. parasm., welche in den mit einem stummen ङ् bezeichneten Tempp. (wie लङ् u. s. w.) für थ substituirt worden ist; vgl. III. 4. 101. Zum Imperat. शृणोत vgl. VII. 1. 45. - Calc. Ausg. कूमना, Siddh. K. wie wir. - अत्रा ist mir im Rig-V. nicht vorgekommen, wohl aber यत्रा XXII. 4. - Das Beispiel उरुष्या° ist

aus XCI. 15.; zu णो vgl. VIII. 4. 27., für ऽभिप्रास्तेः ist अभिप्रास्तेः zu lesen; vgl. VI. 1. 115.

135. So विद्मा हि त्वा वृषन्तमं Rig-V. X. 10., विद्मा हि त्वा पुरूवसुं LXXI. 8. - Vgl. Comm. sur le Yaçna S. 498. Man findet die Verlängerung auch bei ein- und mehrsilbigen Verbal-Formen, die auf अ ausgehen, sowie bei zweisilbigen Formen, wenn der Endvocal auch nicht अ ist. Beispiele: यूयं हि ष्ठा सुदानवः Rig-V. XV. 2., आसाद्या XLV. 9., जम्भया XXIX. 7., महया LII. 1., रन्धया LI. 8., मिमिक्ष्वा XLVIII. 16., वसिष्ठा XXVI. 1., चकृमा XXXI. 18., वोचेमा XL. 6., मदता LI. 1., खादथा LXIV. 7., नयथा XLI. 5., वर्तयथा XXXIX. 3., याथना XXIII. 11., श्रुधी X. 9. - XXV. 19.

136. So अच्छा Rig-V. XLIV. 4., अत्रा XVI. 7., अद्या XIII. 2., - XXV. 19., अधा XLII. 6., किला XXXII. 4., यत्री XI. 3., सू XLII. 8., ष्मा (für स्मा) XXXVII. 15.

137. So जनाषाळिन्द्र Rig-V. LIV. 11., द्युम्नासाहं CXXI. 8., वृषभेणा XXX. 13. - Zum celebralen ष् in जलाषाट् und जनाषाट् vgl. VIII. 3. 56. - Kâçikâ: शुनो दन्तदंष्ट्राकर्णकुन्दवराहपुच्छपदेषु ॥ श्वादन्तः । श्वादंष्ट्रा । श्वाकर्णः । श्वाकुन्दः । श्वावराहः । श्वापुच्छः । श्वापदः ॥

139. Vgl. VI. 1. 13.

Viertes Kapitel.

---

1. Beispiele zu 2, 3. - VII. 1. 9. - निकृतं ist ein Gegenbeispiel zu 2, अङ्गनां zu 3, ब्राह्मणाभिस्ता (so ist mit der

Calc. Ausg. zu lesen) zu VII. 1. 9. In den beiden letzten Beispielen sind अङ्ग und ब्राह्मण vor den Silben नां und भिस् keine aṅga's.

2. **Patanǵali:** कस्मान्न भवति । तृतीय (vgl. V. 2. 55.) इति । निपातनात् ॥

3. नाम् ist die Endung आम् des 6ten Cas. Pl. mit dem Augment नुट्; vgl. VII. 1. 54.

4. Die Form चतसृणां Râm. I. 72. 12. und I. 73. 32., an deren Aechtheit wir keinen Grund zu zweifeln haben, ist ein आर्ष.

5. **Bhaṫṫoǵi** beschränkt die Regel nicht auf तिसृ und चतसृ, indem er **Siddh.** K. Bl. 221. b. sagt: छन्दस्युभयथा । वामि (lies नामि) दीर्घो वा । धाता धातॄणामिति बह्वृचाः । तैन्तरीयास्तु (lies तैत्तिरी°) ह्रस्वमेव पठन्ति ॥

7. Ohne Commentar würde man gewiss nicht errathen, dass नोपधा die penultima eines auf न् ausgehenden aṅga bedeute. Das नः किं in den Scholien bringt mich auf die Vermuthung, dass नोपधायाः vielleicht eine unregelmässige Zusammenziehung von न (für नः) + उपधायाः sein könnte. Das न् des Themas fällt nach VIII. 2. 7. aus. Zur Endung नाम् vgl. VII. 1. 55.

8. राजा ist entstanden aus राजान्स्; das स् ist abgefallen nach VI. 1. 68., das न् nach VIII. 2. 7.

9. ऋभुक्षणं findet sich **Rig-V.** CXI. 4.

10. Vgl. VII. 1. 70.

11. Calc. Ausg. कर्ता ज्ञनापवाह्नानां; vgl. jedoch II. 3. 69. - **Siddh.** K. Bl. 15. a. नप्त्रादिग्रहणं व्युत्पत्तिपक्षे नियमार्थं । तेन पितृभ्रातृप्रभृतीनां न । उद्गातृशब्दस्य भवत्येव । सामर्थ्यसूत्रे (wohl bei IV. 1. 82.) उद्गातार इति भाष्यप्रयोगात्.

14. Zu भवान्, dem 1ten Casus von भवत्, vgl. zu IV.

1. 6. भुक्तवत् ist भुज् + क्तवतु, गोमत् ist गो + मतुप्. Nach der Substitution des langen Vocals wird bei den auf अत् ausgehenden Thematis das Augment नुम् an die Länge gefügt nach VII. 1. 70. Das स् des 1ten Casus fällt nach VI. 1. 68. aus, das त् des Themas nach VIII. 2. 23., das noch übrigbleibende न् kann nicht nach VIII. 2. 7. ausfallen, da das Wort nicht wie ein auf न् ausgehendes behandelt wird; vgl. VIII. 2. 1. Die Beschränkung अधातोः gilt, wie wir durch Bhaṫṫoġi erfahren, nicht für Denominativa. Der 1te Casus von गोमत्, einem क्विबन्त von गोमत्यति (d. i. गोमन्तमिच्छति; vgl. III. 1. 8.) oder von गोमतति (d. i. गोमानिवाचरति; vgl. zu III. 1. 11.) lautet ebenfalls गोमान्; vgl. Siddh. K. Bl. 25. b. und die Scholien zu VII. 1. 70.

15. Vgl. 37. ff. - Zu प्रशान् und प्रतान् vgl. VIII. 2. 64. - शान्त und die 3 folgenden Beispiele sind mit den Affixen क्त । क्तवतु । क्त्वा und क्तिन् gebildet. Die Endung तस् ist ङित् nach I. 2. 4. Zu पक्व vgl. VIII. 2. 1, 52. - गम्यते ist गम् + यक् + ते. Bhaṫṫoġi wendet unsre Regel auch auf das Affix क्विप्, mit welchem Denominativa (vgl. zu III. 1. 11.) gebildet werden, an, und giebt dazu folgende Beispiele: इदामति । राजानति । पथीनति । मथीनति । ऋभुक्षीणति । von इदं u. s. w. S. Siddh. K. Bl. 160. a.

16. Zu कलादिः सन् vgl. zu I. 2. 9. - Ein vârtika: गमेर्दीर्घत्वे इङ्ग्रहणं ॥ Bloss in der für इङ् substituirten Wurzel गमि (vgl. II. 4. 48.) wird eine Länge substituirt; von गम्लृ bildet man संजिगंसते. Kâtyâyana bemerkt ferner, dass im Veda auch in गम्लृ die Substitution der Länge Statt finde. Bhaṫṫoġi (Siddh. K. Bl. 154. b.) bildet auch von dem für इण् (vgl. II. 4. 47.) substitu-

irten गमि im Passiv जिगांसते, und von इक् (vgl. zu II. 4 45.) अधिजिगांसते, indem er die Regel folgendermassen erklärt: अजन्तानां हन्तेरजादेशगमेश्च दीर्घः स्याज्झलादौ सनि ॥

17. Unser Commentator lässt das Beispiel तितंसति aus.

19. Vgl. VI. 1. 73. zu तुक्. In स्योन ist für ऊ guńa substituirt worden nach VII. 3. 84. Für श्, welches für छ् substituirt worden ist, wird vor त् nach VIII. 2. 36. ष् substituirt, für das auf ष् folgende त् nach VIII. 4. 41. ट्. Pâńini hat im sûtra छ्वोः geschrieben; die Lesart च्छ्वोः rührt von Patanǵali her; man vgl. folgende vârtika's: शूठ्त्वे किडदधिकारश्चेच्छः षत्वं (vgl. VIII. 2. 36.) ॥ १ ॥ तुक्प्रसङ्गश्च (vgl. VI. 1. 73.) ॥ २ ॥ (Patanǵali: च्छ्वोरिति तुका सह संनिपातग्रहणं विज्ञायते ॥) निवृत्ते दिव ऊठ्भावः (sic) ॥ ३ ॥ (Patanǵali: अस्तु । कथं द्विभ्यां द्विभिरिति (?) । ऊठि कृते दिव उदित्युत्त्वं भविष्यति ॥ Vgl. VI. 1. 131.) तदर्थं तपरः कृतः (in VI. 1. 131.) ॥ ४ ॥ Vgl. noch zu **21.**

20. Siddh. K. Bl. 158. b. ज्वरादीनामुपधावकारयोरूठ् स्यात् क्वौ झलादावनुनासिकादौ च प्रत्यये । अत्र किडतीति नानुवर्तते । अवतेस्तुनि ओतुरिति दर्शनात् । अनुनासिकग्रहणं चानुवर्तते । अवतेर्मनिन्प्रत्यये तस्य टिलोपे ओमिति दर्शनात् । ईडभावे (im Intensiv) ऊठि पिति गुणः । मामोति । मामवीति । मामूतः । मामवति । मामोषि । मामोमि । मामावः । मामूमः । मामोतु । मामूतात् । मामूहि । मामवानि । अमामोत् । अमामोः । अमामवं । अमामाव । अमामूम ॥

21. Auch hier ergänzt Bhaťťoǵi nicht mehr क्ङिति, wohl aber अनुनासिके. Da ich 19. die Lesart च्छ्वोः aufgenommen hatte, musste ich auch in den Scholien zu unserm sûtra च्छ् und मुर्च्छा schreiben. Es ist jedoch die Schreibart der Calc. Ausg. छ und मुर्छा vorzuziehen, da das च् in मुर्च्छा und ähnlichen Wurzeln nicht das nothwendige Augment तुक् (vgl. VI. 1. 73.) ist, sondern nach

VIII. 4. 55. für छ्, welches nach VIII. 4. 46. keineswegs nothwendig gesetzt zu werden braucht, substituirt worden ist. Ueberdies tritt, wenn man च्छ् und मुर्च्छा liest, noch der üble Umstand ein, dass nach unsrer Regel der Ausfall des च् gar nicht erklärt werden kann, da ein lopa immer bloss für den Finalen des im 6ten Casus stehenden Wortes substituirt wird; vgl. I. 1. 52. Man ersieht hieraus, dass die sûtra 19. von Patanǵali vorgeschlagene Schreibart च्छ्वोः für छ्वोः nur für jenes sûtra passt.

22. Alle Veränderungen, welche von nun an bis 128. an irgend einer Wurzel, einem Thema u. s. w. vorgenommen werden, sind als nicht geschehen zu betrachten bei Anwendung von neuen Regeln in ebendemselben Theile der Grammatik. 101. wird gesagt, dass bei हु und bei den auf झल् ausgehenden Wurzeln धि für हि substituirt werde. Diese Regel betrifft auch die Wurzel शास्, obgleich diese vor der Endung हि nach 35. die Form शा erhält; sie betrifft desgleichen die Wurzel अस्, welche vor हि nach 111, 119. ए wird. Der Ausfall von न् in भञ्ज् vor च्चिण्, welcher 33. gelehrt wird, wird bei Anwendung von Regel VII. 2. 116. als geschehen betrachtet, oder mit andern Worten, der Wurzelvocal wird als penultima behandelt. Zum Verständniss des Beispiels पपुषः vgl. 64, 131.

24. Vgl. zu III. 1. 82. स्रस्त ist स्रंस् + क्त, स्रस्यते ist स्रंस् + यक् + ते, सनीस्रस्यते ist स्रंस् + यङ् + शप् + ते. - Hierzu folgende vârtika's: अनिदितां नलोपे लङ्गिकम्प्योरुपतापशरीरविकारयोरुपसंख्यानं कर्तव्यं ॥ १ ॥ विलगितं । विकपितं । उपतापशरीरविकारयोः किं । विलङ्गितं । विकम्पितं ॥ वृहेरच्यनिटि उपसंख्यानं कर्तव्यं ॥ २

॥ निर्वर्हयति । अचीति किं । निर्वृंहते । अनिटीति किं । निर्वृंहिता ॥ रञ्जेर्णौ मृगरमणे उपसंख्यानं कर्तव्यं ॥ ३ ॥ रजयति मृगान् । मृगरमणे किं । रञ्जयति वस्त्राणि ॥ घिनुणि (vgl. zu III. 2. 142.) चोपसंख्यानं कर्तव्यं ॥ ४ ॥ रागी ॥ रजकरजनरजःसूपसंख्यानं कर्तव्यं ॥ ५ ॥

25. In den Scholien zu Bhaṫṫi-K. XVII. 13, 47. - XVIII. 23. wird दन्शसन्जस्वन्जां geschrieben; vgl. zu III. 1. 82. - Bhaṫṫogi bemerkt, dass hier दंश der 1ten Klasse gemeint sei, da die Wurzel neben सञ्ज stehe, welche auch zur 1ten Klasse gehöre. Von दंशि der 10ten Klasse, welches auch शप् annehmen kann, bildet man दंशाति; vgl. Siddh. K. Bl. 148. b.

26. 27. Vgl. vârtika 3-5. zu 24.

31. Siddh. K. Bl. 212. a. क्त्वि स्कन्दिस्यन्दोः ॥ Von स्यन्दू bildet man auch स्यन्दित्वा; vgl. VII. 2. 44.

32. Vgl. VII. 1. 60.

34. Vgl. VIII. 3. 60. - Hierzu folgende vârtika's: शास इत्त्वे आशासः क्वौ उपसंख्यानं ॥ १ ॥ आशीः ॥ क्वौ ॥ २ ॥ आङ्पूर्वाच्च ॥ ३ ॥ शासु आङ्पूर्वः । आशीः । आशिषौ । पक्षान्तरपरमिदं वार्तिकद्वयं ॥ Die Substitution von इ findet nicht bloss nach आङ् Statt, man bildet auch मित्रशीः.

35. Vgl. zu 22.

36. Da die Substitution von ज für हन् असिद्ध ist, findet nach 105. kein lopa von हि Statt.

37. Siddh. K. Bl. 131. b. अनुनासिकेति लुप्तषष्ठीकं । वनतीतरेषां विशेषणं । अनुनासिकान्तानां एषां वनतेश्च लोपः स्याज्झलादौ क्ङिति परे ॥ Bei der Aufzählung der तनोत्यादयः hat unser Commentator षणु und क्षिणु ausgelassen; für षणु werden 42, 43, 45. besondre Regeln gegeben, क्षिणु ist jedoch unsrer Regel unterworfen.

38. Ein vârtika: अनुदात्तोपदेशे अनुनासिकलोपो ल्यपि च ॥

मन । प्रमत्य । तनु । प्रतत्य ॥ Ein andres: ततो वामः ॥ यम । प्रयत्य । प्रयम्य ॥

40. Vgl. VI. 1. 71. – Hierzu folgende vârtika's: गमादीनामिति वक्तव्यं ॥ १ ॥ इहापि यथा स्यात् । यम । संयत् । तनु । परीतत् ॥ ऊङ् च ॥ २ ॥ लोपश्च ॥ ३ ॥ गम्लृ । अग्रेगूः । अग्रेग्वौ । भ्रम । अग्रेभ्रूः । अग्रेभ्रुवौ ॥ Vgl. 77.

42. Kâçikâ, Siddh. K., A. und D. सन्कलोः, B. सन्सलोः (sic), C. स उं लोः (sic).

47. रम् ist hier zu gleicher Zeit âgama und âdeça, d. h. wenn रृ nach dem अ (vgl. I. 1. 47.) in भ्रस्ज् eingeschoben wird, fällt das रृ und das स् der Wurzel aus. Vor einem Affix, das mit झल् anfängt, wird für ज् nach VIII. 2. 36. ष् substituirt. Wenn das Augment रम् nicht eingeschaltet wird, fällt vor einem mit झल् anfangenden Affixe das स् der Wurzel nach VIII. 2. 29. aus. In भ्रज्जन ist zuerst für स् nach VIII. 4. 40. श् substituirt worden, hierauf für dieses ज् nach VIII. 4. 53. Ist das ârdhadhâtuka कित् oder ङित्, dann findet das Augment रम् nicht Statt, sondern es wird nach VI. 1. 16. ein samprasâraṅa für रृ substituirt. Für बरीभृज्यते wird man richtiger बरीभृज्ज्यते schreiben.

48. In den Beispielen ist das अ vom Affix सन् ausgefallen.

49. Wenn das य् ausgefallen ist, fällt das अ nach der vorigen Regel aus.

50. Unser Commentator erwähnt क्यप् nicht, weil diesem Affix immer ein Vocal vorhergeht.

51. Vgl. III. 1. 20.

52. Das इ in संज्ञपित hält unser Commentator für das इ von णिच्. Nach VII. 2. 15. (vgl. VII. 2. 49.)

muss das Affix क्त an ज्ञप् ohne इट् angefügt werden; VII. 2. 27. wird aber vom Causal ज्ञपयति sowohl ज्ञप्त ohne इट्, als ज्ञपित mit इट् zu bilden erlaubt. Diese Regel gilt vielleicht auch für संज्ञपयति.

56. Unser Commentator erklärt das sûtra nicht genau. Ich übersetze die Regel folgendermassen: „für णि wird अय् substituirt, wenn णि auf einen Consonanten folgt, dem ein leichter Vocal vorhergeht.“

58. Siddh. K. Bl. 222. a. पुप्लुवो° ॥ . . । विपूय ॥

60. Kâçikâ: ण्यतः कृत्यस्यार्थौ भावकर्मणी (vgl. III. 4. 70.) । ताभ्यामन्यत्र या निष्ठा u. s. w.

62. Die Regel gilt, wie wir aus dem Beispiele शम् ersehen, nicht bloss für Wurzeln, deren Endvocal primär ist, sondern auch für solche, deren Endvocal zum Affix gehört. Unter diesen letztern gehören namentlich die Causativa von Wurzeln, die im Dhâtu-P. mit einem stummen म् bezeichnet werden, hierher, da diese vor चिण् eine doppelte Form haben; vgl. 93. Das Wort उपदेशे hat keine andre Bestimmung im sûtra, als die Wurzeln auf ऋ und ॠ in die Regel einzuschliessen, indem das Thema dieser Wurzeln vor स्य u. s. w. auf einen Consonanten ausgeht. Zu वधिषीष्ट vgl. II. 4. 42. Für ग्राहिषीष्ट hat die Calc. Ausg. ग्रहिषीष्ट. Den Vortheil unsrer Regel wird man aus folgender kârikâ ersehen können:

वृद्धिश्चिण्वद्युक् च हन्तेश्च घत्वं दीर्घश्चोक्तो यो मितां वा चिणीति ।
इट् चासिद्धस्तेन मे लुप्यते णिर्नित्यश्चायं वल्निमित्तो विघाती ॥

Zum Verständniss derselben vgl. man der Reihe nach folgende sûtra's: VII. 2. 115, 116. - VII. 3. 33, 54. - VI. 4. 92, 93, 22, 51. - VII. 2. 10.

63. युट् ist gegen 22. सिद्ध, wenn Regel 82. angewendet werden soll; vgl. zu 88.

64. Zu पपतुः und पपुः vgl. I. 2. 5., zu प्रदा und प्रधा III. 3. 106. - Ein vârtika: इड्ग्रहणमक्ङिदर्थं ॥ Ein andres: सार्वधातुके चादीत्यार्धधातुकाधिकारादुपसंख्यानं ॥ इषमूर्जमहमित आदीति । आङ्पूर्वाद्दाञो लुङि मन्त्रे घसेति (II. 4. 80.) च्लिलुक्यदि रूपमेतत् ॥ Patańgali: तत् तर्ह्युपसंख्यानं कर्तव्यं । न कर्तव्यं । आर्धधातुकत्वात् सिद्धं ॥

65. Für ई wird guńa substituirt nach VII. 3. 84.

66. Man ergänze आर्धधातुके. गा ist hier keineswegs, wie unser Commentator sagt, die für इण् substituirte Wurzel गा, da diese Substitution bloss vor लुङ् Statt findet, und लुङ् kein ârdhadhâtuka ist, vgl. II. 4. 45. Die Regel betrifft vielmehr das Substitut गाङ्; vgl. II. 4. 50. Von dieser Wurzel kommt अध्यगीष्ट und अध्यगीषातां. Die Formen गीयते und जेगीयते gehören eben so wohl zu गा, (3te Klasse) wie zu गाङ् (1te Klasse) und गै. Die Regel gilt demnach für alle Wurzeln गा, und ich habe so eben die substituirte Wurzel गाङ् nur aus dem Grunde hervorgehoben, weil bei dieser Wurzel ausnahmsweise alle Affixe, die kein stummes ञ् oder ण् enthalten, ङित् sind; vgl. I. 2. 1. - Ein vârtika: ईत्वे वकारप्रतिषेधो घृतं घृतपावान इति दर्शनात् ॥ Patańgali: स तर्हि प्रतिषेधो वक्तव्यः । न वक्तव्यः । वनिबेव भविष्यति । न क्वनिप् ॥ Vgl. III. 2. 74.

67. Da आर्धधातुके im sûtra zu ergänzen ist, so findet die Substitution von ए nur vor den Endungen des Precativs Statt, und hier auch nur vor denen des parasmaip., da bloss diese कित् sind; vgl. III. 4. 104.

69. Ausnahme zu 66. ल्यप् ist कित्, da es ein Substitut von क्त्वा ist.

71. Zur Form des 7ten Casus vgl. VIII. 3. 28.

72. Vgl. VI. 1. 90.

73. Man trenne in den Scholien: सुरुचो वेन आवः, und vgl. zu II. 4. 80. Siddh. K. Bl. 222. a. liest आनट् statt आनक्.

75. Man verzeihe mir die nicht ganz genaue Bemerkung zu III. 1. 51. Die Beispiele sind nicht dieselben; hier haben wir eine 1te, dort eine 2te Person.

76. Auch Bhaṫṫogi erklärt इरयोः, wie unser Commentator, auf eine sehr gezwungene Weise als Dual. Zudem ist das इ in इरे kein Augment, sondern gehört dem Affix an; vgl. III. 4. 81. Man erwartet einen 6ten Cas. Sg., und ich trage kein Bedenken die Vermuthung auszusprechen, dass Pâṅini in der That einen 6ten Cas. Sg. (इरयः) hat geben wollen, obgleich er VII. 1. 13. regelrecht nach VI. 1. 110. ङेः von ङे bildet. Unser Meister hat auch an andern Orten seine eigenen Regeln übertreten; vgl. zu VII. 1. 1. - Das आ der Wurzel धा ist nach 64. ausgefallen; vgl. 22. दध्रे finde ich Rig-V. XXXVII. 7., दधिरे XXXVI. 2.; vgl. noch ददृश्रे XXIV. 10., युयुज्रे XLVI. 8.

77. Kâçikâ: इयङुवङ्भ्यां गुणवृद्धी भवतो विप्रतिषेधेन ॥ चयनं । लवनं । चायकः । लावकः ॥ Vgl. VII. 2. 115. - VII. 3. 84. - Ein vârtika: इयङादिप्रकरणे तन्वादीनां छन्दसि बहुलं ॥ तन्वं पुषेव । तनुवं पुषेव । विष्वं पश्य । विषुवं पश्य । स्वर्गं लोकं । सुवर्गं लोकं । त्र्यम्बकं । त्रियम्बकं ॥ Vgl. die Regel von Piṅgala, welche Rosen zu Rig-V. I. 9. anführt.

79. Vgl. VII. 1. 54.

80. Vgl. VI. 1. 102, 107.

81. Vgl. die Kâçikâ zu 77.

82. Hierzu folgende vârtika's: गतिकारकपूर्वस्यैवेष्यते

यणादेशः (Man sagt demnach परनियौ nach 77.) ॥ १ ॥ स्वरपदपूर्वोपधस्य यणादेशः ॥ २ ॥ स्वरपूर्व । निन्यतुः । पदपूर्व । उन्न्यौ । उन्न्यः ॥ उन्न्यपूर्वोपधस्य चेति वक्तव्यं ॥ ३ ॥ ग्रामण्यः । सेनान्यः ॥ असंयोगपूर्वे ह्यनिष्टप्रसङ्गः ॥ ४ ॥ Patańgali: तत् तर्हि वक्तव्यं । न वक्तव्यं । धातोरिति वर्तते । धातुना संयोगं विशेषयिष्यामः । धातोर्यः संयोगस्तत्पूर्वस्य नेति ॥ Siddh. K. Bl. 14. b. कथं तर्हि दुर्धियो वृश्चिकभियेत्यादि । उच्यते । दुःस्थिता धीर्येषामिति विग्रहे दुरित्यस्य धीशब्दं प्रति गतित्वमेव नास्ति । यत्क्रियायुक्ताः प्रादयस्तं प्रत्येव गत्युपसर्गसंज्ञा (vgl. vârtika 3. zu I. 4. 60.) । वृश्चिकशब्दस्य बुद्धिकृतमपादानत्वं नेह विवक्षितं । वृश्चिकसंबन्धिनी भीः । वृश्चिकभीरित्युत्तरपदलोपो वा ॥

83. Kâçikâ: गतिकारकाभ्यामन्यपूर्वस्य नेष्यते ॥ Man sagt demnach परमलुवौ. Vgl. die vorhergehenden vârtika's.

84. Ausnahme zu 85. - Ein vârtika: वर्षाभूपुनर्भ्वश्च ॥ Patańgali: अत्यल्पमिदमुच्यते । वर्षादृन्कारपुनःपूर्वस्य भुव इति वक्तव्यं ॥ Siddh. K. Bl. 15. b. दृन्करपुनःपूर्वस्य भुवो यण् वक्तव्यः ॥ दृन्भ्वं । दृन्भ्व इत्यादि । खलपूवत् । करभ्वं । करभ्वः । दीर्घपाठे तु कर एव कारः । स्वार्थिकः प्रज्ञाद्यण् (vgl. V. 4. 38.) । कारभ्वौ । कारभ्वः । पुनर्भूर्यौगिकः पुंसि । पुनर्भ्वावित्यादि ॥

86. Siddh. K. Bl. 222. a. सुध्यो नव्यमग्नेः । सुधियो वा ॥ Vgl. Stenzler zu Kumâra-S. III. 44.

88. Das Augment वुक् ist gegen 22. सिद्ध bei der Anwendung von Regel 77.; vgl. zu 63.

89. Siddh. K. Bl. 126. b. गुह उपधाया ऊत् स्याद्गुणहेतावजादौ प्रत्यये ॥

90. Bhat́t́oǵi bemerkt Siddh. K. Bl. 153. b. sehr richtig: दुष इति सुवचं ॥

93. Wenn Pâńini ह्रस्वः statt दीर्घः, oder, da ह्रस्वः aus dem vorhergehenden sûtra ergänzt werden kann, bloss अन्यतरस्यां gesagt hätte, dann würde man nach dieser Regel vom Causativ des Causativs einer मित्-Wur-

zel kein चिण् bilden können, da diese Regel bloss für den Fall gilt, wenn णिच् unmittelbar auf die Wurzel folgt. In ज्ञपि, dem Thema des Causativs vom Causativ ज्ञपयति, folgt णिच् nur scheinbar auf die Wurzel selbst; das 1te णिच्, welches nach 51. vor dem folgenden णिच् abgefallen ist, ist nach I. 1. 57. als nicht ausgefallen zu betrachten. Aus diesem Grunde ist auch bei der Anfügung des 2ten णिच् keine vṛiddhi nach VII. 2. 116. substituirt worden, indem der Wurzelvocal nicht als penultima behandelt wird. Haben wir dagegen दीर्घः im sûtra, dann betrifft die Regel auch das Causativ vom Causativ, da der Ausfall des 1ten णिच् bei der Substitution einer Länge nach I. 1. 58. als geschehen zu betrachten ist. - Ein vârtika: चिण्णमुलोर्णिच्यवेतानां यङ्लोपे च ॥ णिजन्ताण्णिचि । यङन्ताच्च णिचि णिलोपाल्लोपयोः स्थानिवत्त्वाच्चिण्णमुल्परत्वं नास्तीति वचनं ॥ Patangali: प्रतिषिध्यतेऽत्र स्थानिवद्भावः । दीर्घविधिं प्रति न स्थानिवदिति ॥

94. Mit Unrecht ergänzt unser Commentator noch मितां im sûtra. Die Substitution der Länge vor खच् im Causativ von मित्-Wurzeln ist ja schon durch 92. erklärt. Die Beispiele in den Scholien sind übrigens auch nicht von मित्-Wurzeln; vgl. III. 2. 39, 41.

95. Für प्रह्लत्तिः lese man प्रह्लन्निः; vgl. Siddh. K. Bl. 209. b. und vârtika 1. zu VIII. 2. 44. Wilson hat beide Formen.

96. Ein vârtika: अद्विप्रभृत्युपसर्गस्येति वक्तव्यं ॥ समुपाभिच्छदः ॥

99. Calc. Ausg. liest vielleicht eben so richtig शकुनी für शकुना (wie die Kâçikâ und die Siddh. K. haben); विपेतिम für पेतिम aber ist ein Fehler.

100. Siddh. K. Bl. 221. a. घसिभसोर्हलि ohne च.

So hat auch **Kâtyâyana** gelesen, wie man aus folgendem **vârtika** ersehen kann: हल्ग्रहणानर्थक्यमन्यत्रापि दर्शनात् ॥ सग्धि oder vielmehr ग्धि ist S. **27.** erklärt worden. बब्धां ist durch folgende Uebergangsformen aus बभस्तां entstanden: बभ्स्तां । बभ्तां (vgl. VIII. 2. 29.) । बभ्धां (vgl. VIII. 2. 40.) । बब्धां (vgl. VIII. 4. 53.) ॥ Vgl. **Rosen** zu **Rig-V.** XXVIII. 7.

102. Das Beispiel श्रुधी हवं ist aus **Rig-V.** II. 1. 1; vgl. **Rosen** z. d. St.

103. हि, welches in der gewöhnlichen Sprache immer अपित् ist, kann im **Veda** nach III. 4. 88. auch पित् sein. Wenn das Affix nicht पित् ist, ist es nach I. 2. 4. ङित्. In रारन्धि, प्रयन्धि und युयोधि ist das Affix पित्; wenn es ङित् wäre, dann würde das म् in रम् und यम् nach **37.** ausgefallen sein, und in युध् wäre nach I. 1. 5. kein **guṅa** substituirt worden; vgl. VII. 3. 84. Das 1te Beispiel in den Scholien ist aus **Rig-V.** XCI. 13. Das Beispiel युयुधि, welches unser Commentator bei III. 4. 88. anführt, zeigt, dass die Substitution von धि auch Statt finden kann, wenn हि ङित् ist.

104. Nach चिण् fällt das Affix त der 1ten Sg. des लुङ् **âtm.** ab.

105. Die Substitution von ई für आ in लुनीहि findet **113.** Statt, und ist nach **22.** असिद्ध.

106. Ein **vârtika:** उतश्च प्रत्ययाच्छन्दोवावचनं ॥ अवस्थिरा तनुहि । धिनुहि यज्ञं धिनुहि यज्ञपतिं । तेन मा भागिनं कृणुहि ॥

107. 108. Vor मिप् wird kein **lopa**, sondern nach VII. 3. 84. **guṅa** substituirt. Vor den 3ten Personen Du. und Pl. im लोट् findet auch kein **lopa** Statt, da diese Endungen immer das Augment आट् annehmen; vgl.

S. 154. - Die Erwähnung von लोप in 107. ist उत्तरार्थं, weil चिन्वः u. s. w. auch durch die Substitution eines लुक् erklärt werden kann.

110. Zu लघूपधगुणनिवृत्त्यर्थं vgl. VII. 3. 86. In कुरु ist das sârvadh. हि abgefallen.

111. Der Ausfall des अ ist von Pâṅini schon durch die Schreibart श्नसोः angedeutet. Das darin befindliche अ gehört weder zu श्नम् noch zu अस्, sondern dient bloss zur Erleichterung der Aussprache.

112. Man lese in den Scholien माङ् für दुमिङ्.

114. Hierzu folgende vârtika's: दरिद्रातेरार्धधातुके लोपः ॥ १ ॥ सिद्धश्च प्रत्ययविधौ ॥ २ ॥ दरिद्रातीति । दरिद्रः । आर्धधातुक इति विषयसप्तमीत्यर्थः । 'अन्यथा । श्याद्व्यधेति (III. 1. 141.) णप्रत्यये कृते आकारलोपात् परत्वादातो युगिति (VII. 3. 33.) युक् स्यात् ॥ अद्यतन्यां वा ॥ ३ ॥ अद्यतनीति लुङः संज्ञा । अदरिद्रीत् । अदरिद्रासीत् ॥ Siddh. K. Bl. 135. b. दरिद्रातेरार्धधातुके विवक्षिते आलोपो वाच्यः ॥ लुङि वा सनि ण्वुलि ल्युटि च न ॥ Man vgl. folgende kârikâ:

न दरिद्रायके लोपो दरिद्राणे च नेष्यते ।
दिदरिद्रासतीत्येके दिदरिद्रिषतीति वा ॥

Das Perfectum ist दरिद्रांचकार nach dem vârtika zu III. 1. 35.; Einige bilden jedoch auch ददरिद्रौ, erklären aber diese Form auf eine sehr spitzfindige Art. Siddh. K. Bl. 135. b. आत औ णल (VII. 1. 34.) इत्यत्र औ इत्येव सिद्धे औकारविधानं दरिद्रातेरालोपे कृते श्रवणार्थं । अत एव ज्ञापकादाम् नेत्येके । ददरिद्रौ । ददरिद्रतुरित्यादि । यत् तु णलि ददरिद्रेति तन्निर्मूलमेव ॥

119. Zu ऋधि vgl. zu 22. - Da der lopa ein Substitut ist, fällt nach I. 1. 52. bloss der letzte Buchstabe der Reduplication ab; um den ganzen Abfall zu er-

klären, lässt unser Commentator das श् in लोपश्च bedeutsam sein; vgl. I. 1. 55.

120. आदेश bedeutet hier ein verändertes Substitut, indem jeder Consonant in der Reduplication ein Substitut ist; vgl. VIII. 4. 54. - Hierzu folgende vârtika's: णकारषकारादेरेत्वं लिटि वक्तव्यं ॥ १ ॥ नेमुः । सेहे ॥ प्रथमतृतीयादीनामादेशादित्वादेत्वाभावः ॥ २ ॥ प्राप्नोतीति प्रेपः । पेचतुः ॥ न वा शसिदद्योः (vgl. 126.) प्रतिषेधो ज्ञापको ह्यपाभेद् एत्वविज्ञानस्य ॥ ३ ॥ दंभ एत्वं वक्तव्यं ॥ ४ ॥ Vgl. zu I. 2. 6. - Kâçikâ: नशिमन्योरलिट्येत्वं वक्तव्यं ॥ १ ॥ णश । अनेशं । लुङ् । पुषादित्वादङ् (vgl. III. 1. 55.) । मन । मेनका । आशिषि चेति (III. 1. 150.) वुन् । क्षिपकादित्वादित्वाभावः (vgl. zu VII. 3. 45.) ॥ छन्दस्यमिपचोरलिट्येत्वं वक्तव्यं ॥ २ ॥ अम विपूर्वः । व्येमानः । चानश् । उपचष् । पेचिरन् । लिङ् ॥ यजिवप्योश्च ॥ ३ ॥ यज । आयेजे । उवप् । आवेपे । लङुत्तमैकवचने ह्रपं ॥

121. Patangali: थल्ग्रहणमक्ङिद्दर्थं ॥ Unser Commentator bemerkt, dass Pâṅini bloss der Deutlichkeit wegen थलि hinzufüge; er sagt dies insofern, als vor allen andern Endungen mit इट् die Substitution von ए schon 120. gelehrt worden ist.

122. Bei तॄ findet die Substitution gegen 126. Statt. - Ein vârtika: श्रन्थेश्चेति वक्तव्यं ॥ श्रेथतुः । श्रेथुः । श्रेथिथ ॥ Vgl. zu I. 2. 6.

126. Herr Bopp bezieht in seiner Grammatik (lat. Ausg. §. 452., d. Ausg. §. 411.) diese Ausnahme auf die Wurzel शश् springen; vgl. jedoch Colebr. Gr. S. 298. Von वम् lässt Vopadeva (s. Colebr. Gr. S. 324.) beide Bildungen zu, und K'aṅḋikâ II. 58. findet man in der That वेमुः; man vgl. jedoch Siddh. K. Bl. 126. a. ववमतुः । वादित्वादेत्वाभ्यासलोपौ न । भागवृत्तौ तु वेमतुरित्याप्युदाहृतं । तद्भाष्यादौ न दृष्टं ॥

126. In den Scholien ist wohl दृ für टृ zu lesen.

127. Ueber das ऋ im Substitut s. den Index.

128. Eine kârikâ:

अर्वणस्तृ मघोनश्च न शिष्यं छान्दसं हि तत् ।
मतुब्वन्योर्विधानाच्च छन्दस्युभयदर्शनात् ॥

Bhaṭṭogi bemerkt Siddh. K. Bl. 21. a., dass Patanġali dieses sûtra verwerfe, weil es auch ein Thema मघवत् (vgl. Indral. IV. 10. - Çakuntalâ S. 144. Z. 11.) mit मतुप् gebe; er sagt ferner, dass मघवन् sowohl im Veda als auch in der gewöhnlichen Sprache vorkomme, dass es aber hier ein Oxytonon, dort ein Paroxytonon sei, indem es mit वनिप् abgeleitet werde; vgl. vârtika 2. zu V. 2. 109.

130. Vgl. V. 4. 138-140.

131. Vgl. VII. 1. 36. Wenn ein samprasâraṅa substituirt wird, fällt das Augment इट् aus, da dieses bloss vor einer consonantisch anfangenden Endung stehen kann.

132. Man lese mit C. वाह् ऊठ्, und vgl. zu VI. 1. 89. Da ऊठ् ein samprasâraṅa ist, so wird für das substituirte ऊ und für das folgende आ nach VI. 1. 108. ऊ allein substituirt. Zur vṛiddhi in विश्वौहः u. s. w. vgl. VI. 1. 89.

133. Vgl. die Scholien zu VI. 1. 37. - Ein vârtika: श्वादीनां संप्रसारणे नकारान्तग्रहणमनकारान्तप्रतिषेधार्थं ॥ मघवता । मघवते ॥

135. Vgl. 173.

138. Das Thema ist अच्, indem das न् der Wurzel अञ्च् vor dem Affix क्विन् (vgl. III. 2. 59.) nach 24. ausfallt. Vor sarvanâmasthâna's wird nach VII. 1. 70.

der Nasal wieder hinzugefügt. Wenn das अ abfällt, wird nach VI. 3. 138. für den Endvocal des vorhergehenden Worts eine Länge substituirt.

139. ई wird für den Initialen von अच् substituirt; vgl. zu I. 1. 52-55.

140. Ein vârtika verbessert: आतो ऽनाप इति वक्तव्यं ॥ d. h. „Ein आ fällt ab, wenn es nicht das Feminin-Affix आप् ist.“ Dadurch wird क्त्वः und श्नः, 5ter oder 6ter Casus von den Affixen क्त्वा und श्ना, erklärt. Patanǵali dagegen erklärt diese Formen, wie unser Commentator, indem er sagt: अथवा योगविभागः करिष्यते । आतः । ततो धातोरिति ॥

141. Vgl. Comm. sur le Yaçna S. 510. und Rosen zu Rig-V. XXX. 14. - Hierzu folgende vârtika's: मन्त्रेष्वात्मनः प्रत्ययमात्रे प्रसङ्गः ॥ १ ॥ आदिग्रहणानर्थक्यमाकारप्रकरणात् ॥ २ ॥

143. Der Abfall von टि findet vor jedem डित्-Affix Statt, daher verbessert ein vârtika: अभस्योपसंख्यानं कर्तव्यं ॥ उपसरजः । मन्दुरजः ॥ Vgl. III. 2. 97.

144. Vgl. IV. 1. 96. - Hierzu folgende vârtika's: नान्तस्य टिलोपे सब्रह्मचारिपीठसर्पिकलापिकुथुमितैतिलिजाजलिलाङ्गलिशिलालिशिखण्डिसूकरसद्मसुपर्वणामुपसंख्यानं (Ausnahme zu 164, 166, 167.) ॥ १ ॥ अश्मनो विकार उपसंख्यानं कर्तव्यं (Ausnahme zu 167.; vgl. zu IV. 3. 143. und die Scholien zu Bhaṫṫi-K. IV. 26., wo auch die regelmässige Form आश्मन zugelassen wird) ॥ २ ॥ चर्मणः कोश उपसंख्यानं कर्तव्यं (Ausnahme zu 167.) ॥ ३ ॥ शुनः संकोचे (Ausnahme zu 167.) ॥ ४ ॥ अव्ययानां च सायंप्रतिकाद्यर्थं (sic) उपसंख्यानं कर्तव्यं ॥ ५ ॥ [Kâçikâ: बहिषष्टिलोपवचनं (in irgend einem vârtika) ज्ञापकमनित्यो ऽव्ययानां टिलोपः ॥] शाश्वतिके प्रतिषेधो वक्तव्यः ॥ ६ ॥ Patanǵali: न वक्तव्यः । निपातनादेतत्

सिद्धं । येषां च विरोधः शाश्वतिकः (II. 4. 9.) इति ॥ Vgl. noch das vârtika zu 151.

145. Vgl. V. 4. 89, 91. und zu IV. 2. 43.

146. Vgl. IV. 1. 92, 106. - VI. 1. 79. - Siddh. K. Bl. 53. a. ओरोदिति वक्तव्ये गुणोक्तिः संज्ञापूर्वको विधिरनित्य इति ज्ञापयितुं तेन स्वायंभुवमित्यादि सिद्धं ॥

147. Vgl. IV. 1. 135.

148. Ein vârtika: यस्येत्यादौ श्यां प्रतिषेधः ॥ Kâçikâ und Siddh. K. Bl. 18. a. आङः (vgl. VII. 1. 18, 19.) श्यां प्रतिषेधो वक्तव्यः ॥ ज्ञाने ॥

149. Hierzu folgende vârtika's: सूर्यमत्स्ययोर्ङ्यां ॥ १ ॥ सूर्यागस्त्ययोश्छे च ङ्यां चेति वक्तव्यं ॥ २ ॥ तिष्यपुष्ययोर्नक्षत्राणि (vgl. IV. 2. 3.) यलोपो वक्तव्यः ॥ ३ ॥ अन्तिकस्य तसि कादिलोप आद्युदात्तत्वं च ॥ ४ ॥ अन्तितः ॥ तमे तादेश्च कादेश्च लोपो वक्तव्यः ॥ ५ ॥ अन्तमः । अन्तितमः ॥

150. गार्गी und वात्सी von गार्ग्य und वात्स्य; in वैय rührt das य् von einem kṛit-Affix her.

151. य आपत्यः ist das Affix य, welches in der Bedeutung von तस्यापत्यं (vgl. IV. 1. 92.) angefügt wird. Vgl. IV. 2. 39. Hierher gehört folgendes vârtika, welches in der Calc. Ausg. bei 163. angeführt wird: प्रकृत्याके राजन्यमनुष्ययुवानः ॥ राजन्यकं । मानुष्यकं (vgl. IV. 2. 39.) । यौवनकः (sic) (vgl. 144. und V. 1. 133.) ॥

152. Für das finale अ wird vor च्वि und क्यच् nach VII. 4. 32, 33. ई substituirt. Für गार्गीयते und सांकाश्यीयते ist गार्गायते und सांकाश्यायते zu lesen; vgl. VII. 4. 25.

153. Vgl. IV. 2. 91. - IV. 3. 53. - Kâçikâ: नडादिषु बिल्वादयः पठ्यन्ते । नडादीनां कुक् चेति (IV. 2. 91.) कृतकुगागमा बिल्वकादयो भवन्ति ॥

154. Vgl. V. 3. 59. und Rosen zu Rig-V. XIII. 8. In den Scholien zum weissen Yagur-V. III. 15.

erklärt der Commentator Mahîdhara यतिष्ठ auch durch अतिशयेन यष्टा, und verweist auf diese Regel. - Ein vârtika: तुः सर्वस्य लोपो वक्तव्यः ॥

155. Ein vârtika: णाविष्ठवत् प्रातिपदिकस्य (vgl. zu I. 1. 57.) ॥ Patangali: किं प्रयोजनं । पुंवद्भावरभावटिलोपयणादिपरार्थं ॥ Vgl. 155, 156, 161. - VI. 3. 35. Die Bhâradvâgîya's sagen: णाविष्ठवत् प्रातिपदिकस्य पुंवद्भावरभावटिलोपयणादिपरप्रादिविन्मतोर्लुक्कन्विध्यर्थं ॥ Vgl. ausser den eben genannten sûtra's noch 157. - V. 3. 65.

157. Siddh. K. Bl. 100. b., A. und B. °त्रपद्राघि.° Das इ in बंहि, वर्षि und द्राघि gehört nicht zum Substitut, sondern soll bloss den Ausfall des vorhergehenden Consonanten verhindern; vgl. VIII. 2. 23. Man thut demnach besser, wenn man in den Scholien बंह् । वर्ष् । द्राघ् schreibt. Das finale अ der einsilbigen Themata fällt gegen 155. nach 163. nicht aus.

158. Der lopa wird hier nach I. 1. 54, 67. für den Anfangsbuchstaben des Affixes substituirt; vgl. zu I. 1. 52 - 55.

159. Patangali: किमयं यिशब्दः । आहोस्विद्यकारः । किं चातः । यदि लोपो ऽनुवर्तते । ततो यिशब्दः । अथ निवृत्तं । ततो यकारः ॥ Vâmana folgt der letztern Erklärung, Bhaṫṫogi (Siddh. K. Bl. 100. b.) der erstern, und mit Recht, da Pâṅini in den Fällen, wo das Augment lediglich aus einem Consonanten besteht, niemals den Vocal इ, sondern उ zur Erleichterung der Aussprache wählt.

160. Vgl. V. 3. 61. - आ wird hier für den Initialen des Affixes substituirt; vgl. zu I. 1. 52-55.

161. Patangali: परिगणनं क्रियतां । पृथुमृदुकृशभृशदृढपरिवृढानामिति वक्तव्यं ॥

162. Vgl. **Rig-V. XCI. 1.** und Comm. sur le Yaçna **S. 196.**

163. Ausnahme zu **155.** – Die Affixe विन् und मतुप् sind nach **V. 3. 65.** ausgefallen.

164-169. Ausnahmen zu **144.**

164. Vgl. zu den Beispielen **III. 3. 44.** – **V. 4. 15.** – **IV. 2. 44.**

169. प्रत्यात्म ist mit dem Affix टच्, प्राध्व mit अच् gebildet; vgl. **V. 4. 85, 108.**

170. Ein vârtika: मपूर्वात् प्रतिषेधे वा हितनाम्न इति वक्तव्यं ॥ हैतनामः । हैतनामनः ॥

172. Vgl. **IV. 4. 62.** – कार्म ist schon hinlänglich durch **144.** erklärt; daher zieht eine paribhâshâ aus dieser Regel folgenden Schluss: ताच्छीलिके णे ऽप्यण् कृतानि कार्याणि भवन्ति ॥

173. Calc. Ausg. षपूर्वहनेत्यलोपः ॥ Vgl. **135.**

175. Calc. Ausg. °हिरण्यया छन्दसि ॥ Siddh. K. Bl. **222.** a. ऋतव्य für ऋत्व्य. – Vgl. **Rosen** zu **Rig-V. XXV. 13.**

Siebentes Buch.

Erstes Kapitel.

1. Nicht immer findet die Substitution von अन und अक für यु und वु Statt; daher sagen **Kâtyâyana** und die spätern Erklärer, dass die Regel nur für den Fall gelte, wenn die Halbvocale nasal sind. Ueber das unregelmässige युवोः kann ich nichts Genügenderes vorbringen, als der Verfasser folgender **kârikâ's** in der **Kâçikâ**:

युवोश्चेद्द्वित्वनिर्देशो द्वित्वे यण् तु प्रसज्यते ।
अथ चेदेकवद्भावः कथं पुंवद्भवेदयं ॥ १ ॥
द्वित्वे नैगमिको लोप एकत्वे नुमनित्यता ।
अशिष्यत्वाद्धि लिङ्गस्य पुंस्त्वं चेह समाश्रितं ॥ २ ॥

Bhattogi hat Allem abgeholfen, indem er (**Siddh. K.** Bl. 72. a.) युव्वोरनाकौ schreibt. Vgl. zu II. 4. 7.

2. Die Substitution von आयन् u. s. w. findet auch dann Statt, wenn den im **sûtra** genannten Consonanten

noch ein stummer Buchstabe vorangeht. Die Beispiele in den Scholien sind der Reihe nach mit folgenden Affixen gebildet: फक् (s. IV. 1. 99.) । फञ् (s. IV. 1. 110.) । च्फञ्+ञ्य (s. IV. 1. 98. - V. 3. 113.) । फिञ् (s. IV. 1. 157.) । फिञ् (s. IV. 1. 154.) । ढञ् (s. IV. 1. 135.) । ढक् (s. IV. 1. 121.) । ढञ् (s. V. 3. 102.) । ढिनुक् (s. IV. 3. 109.) । ख (s. IV. 1. 139.) । खञ् (s. IV. 4. 99.) । छ (s. IV. 2. 114.) । छण् (s. IV. 1. 132.) । घ (s. IV. 1. 138.) । घन् (s. IV. 2. 26.) ॥

3. Das Substitut ist अन्त्; अ ist hinzugefügt worden, um das त् gegen den Abfall zu schützen; vgl. VIII. 2. 23.

4. Vgl. III. 4. 109.

6. Regeln, die für die einfache Wurzel gegeben werden, gelten auch dann, wenn यङ्लुक् folgt. Eine Ausnahme findet in folgenden Fällen Statt:

श्तिपा शपानुबन्धेन निर्दिष्टं यद्गणेन च ।
यत्रैकाज्ग्रहणं चैव पञ्चैतानि न यङ्लुकि ॥

Diese kârikâ wird in der Calc. Ausg. bei VII. 2. 10. und Siddh. K. Bl. 110. b. angeführt.

8. अत् in den Scholien ist das kurze अ, welches nach dem Abfall des त् (vgl. 41.) in der Endung अत für beide अ substituirt worden ist; vgl. VI. 1. 97. Das Beispiel अदृश्रमस्य केतवः ist aus Rig-V. L. 3. Die Form असृग्रं Rig-V. IX. 4. gehört auch hierher; vgl. Rosen zu d. St.

10. Siddh. K. Bl. 10. b. अतो भिस् ऐस् ॥

11. Ausnahme zu 9. Vor dem 3ten und den folgenden Casus ist अ das Thema von इदं; vgl. II. 4. 32. - VII. 2. 102, 113. Für den Finalen von अदस् wird VII.

2. 102. अ substituirt; das Thema ist demnach अद्; vgl. VI. 1. 97. Von अद् bildet man अदेभिः; für द् wird nach VIII. 2. 80. म्, für ए nach VIII. 2. 81. ई substituirt. Patanǵali: इमौ द्वौ प्रतिषेधावुच्येते । उभौ शक्याववक्तुं । कथं । एवं वक्ष्यामि । इदमदसोः कादिति । तन्नियमार्थं । इदमदसोः कादेव नान्यतः ॥

13. Calc. Ausg. °परिभाषाया ऽनित्यत्वाद्; man lese °परिभाषाया अनि.° Die hier citirte paribhâshâ wird in der Calc. Ausg. bei I. 1. 39. und III. 1. 36. angeführt, und lautet folgendermassen: संनिपातलक्षणो विधिरनिमित्तं तद्विघातकस्य ॥ Siddh. K. Bl. 10. b. wird गद्विघातस्य gelesen. „Eine Aussage darf niemals diejenige Verbindung aufheben, durch welche sie selbst bedingt ist.“ Wenn diese paribhâshâ auch hier gültig wäre, dürfte man nach VII. 3. 102. vor य keine Länge substituiren, da in diesem Falle das kurze अ, durch welches die Substitution von य für ङे bedingt ist, verschwinden würde. Die Substitution der Länge findet jedoch, wie unser Commentator sagt, Statt, weil die paribhâshâ nicht überall gilt, wie man aus der Form कष्टाय, welche Pâṅini III. 1. 14. gebraucht, ersehen kann. Vgl. zu VII. 2. 101. und Colebr. Gr. S. 51. in den Noten.

14. 15. Vgl. VII. 2. 102.

16. Vgl. I. 1. 34-36. und den gaṅa सर्वादि.

17. Vgl. VII. 2. 102, 103.

18. 19. Zur Anfügung von शी vgl. zu VI. 4. 148., zum Augment नुम् 73.

20. Calc. Ausg., Siddh. K. Bl. 18. a. und Laghu-K. S. 41. त्रप्रासोः शिः ॥ Da an andern Orten der Grammatik niemals euphonische Regeln beim finalen स् eines Affixes angewandt worden sind, so hätte ich hier

auch consequenter अस्थ्नोः schreiben müssen; vgl. Lassen. Institutt. S. 451. sûtra 37. Die Schreibart lässt sich jedoch entschuldigen, da dadurch keine Undeutlichkeit entsteht; vgl. die Einleitung.

21. Die regelmässige Declination von अष्टन् lehrt Pâṅini nirgends; er sagt im Gegentheil VII. 2. 84., dass vor einem Casusaffix immer आ für das न् des Themas substituirt werde. Dessenungeachtet bilden die Erklärer अष्टभिः । अष्टभ्यः und अष्टसु nach den Regeln, welche für alle auf न् ausgehenden Themata gelten, indem sie sagen, dass Pâṅini auch diese Formen gutheisse, indem er VI. 1. 172. den Zusatz दीर्घात् mache. Die Form अष्टौ führen sie auf das Tema अष्टा zurück, weil Pâṅini im sûtra अष्टाभ्यः sagt; den 1ten und 2ten Casus अष्ट erklären sie durch 22. In der Declination von प्रियाष्टन् und ähnlichen Compositis weichen, wie wir durch Colebrooke (Gr. S. 76. in den Noten) erfahren, die Erklärer unter einander ab. Einige substituiren beliebig आ für den Finalen von अष्टन् vor consonantisch anfangenden Endungen; Andre thuen dasselbe vor allen Endungen. Einige verbieten die Substitution von ण् für न्, wenn dieses unmittelbar auf das ट् folgt; Andere erlauben dieselbe.

22. Die auf न् ausgehenden Zahlwörter verlieren ihr न् nach VIII. 2. 7.

24. Zur Anfügung von अम् vgl. VI. 1. 107.

25. Die 5 डतरादयः sind die mit डतरच् und डतमच् (vgl. V. 3. 92-94.) gebildeten Pronomina, इतर, अन्य und अन्यतर; vgl. den gaṅa सर्वादि. Die Handschriften lesen: अड्डतरादिभ्यः; so auch Laghu-K. S. 41.; doch ist es hier wohl nur ein Druckfehler, da in den Scholien das Affix अद्ड्

heisst. Die ursprüngliche Lesart war अद्ड् डतरादिभ्यः, wie auch Kâtyâyana gelesen hat. Die Schreibart mit doppeltem ड् rührt von Patangali her, der dadurch eine Einwendung von Kâtyâyana beseitigen wollte. Katyâyâna sagt nämlich, dass durch das Affix अद्ड् die Form कतरद् nicht erklärt werden könne, da man nach VI. 1. 102. für das अ des Themas und für das des Affixes ein langes आ substituiren müsse. Vgl. zu VI. 1. 69.

26. Ein vârtika: इतराच्छन्दसि प्रतिषेधे एकतरात् सर्वत्र ॥ एकतरं पश्य ॥

27-33. Alle Casus des Sg. nnd Du., und der 1te Cas. Pl. von युष्मद् und अस्मद् sind aus 4 Elementen zusammengesetzt: aus dem Substitut für युष्म् und अस्म्, aus अ, aus dem Substitut für द् und aus der Casusendung. Die übrigen Casus bestehen aus 3 Theilen: aus युष्म und अस्म, aus dem Substitut für द् und aus der Casusendung. Der Ursprung der Formen वां । नौ । वस् । नस् । ते । मे । त्वा und मा wird nirgends gelehrt. Sie werden als fertige Wörter für युवयोः u. s. w. in bestimmten Fällen substituirt; vgl. VIII. 1. 20-26. Aus dem Veda werden im Pâṅini und in der Siddh. K. nur युष्मे । अस्मे (vgl. zu 39.) und युवं (für युवां; vgl. VII. 2. 88.) als abweichende Formen erwähnt. Hier folgen noch einige andre aus dem Rig-Veda: त्वा । युष्मा und अस्मा im Anfange von Compositis VIII. 2. - X. 7. (vgl. Rosen z. d. St.) - XXXVI. 16. - XXXIX. 8., त्वे für त्वयि XXVI. 6. - XXXVI. 5, 6. - XLVIII. 10., युवोः für युवयोः XXXIV. 1, 10. - XLVI. 14. Zur leichtern Uebersicht hier und da zerstreuter Regeln über die Declination von युष्मद् und अस्मद् möge folgende Tabelle dienen.

1ter Cas. Sg.	त्व । अह् VII. 2. 94.	+ अ	+ lopa VII. 2. 90.	+ अम् 28.		=	त्वं । अहं
2ter - -	त्व । म VII. 2. 97.	+ अ	+ आ VII. 2. 87.	+ अम् 28.		=	त्वां । मां
3ter - -	त्व । म VII. 2. 97.	+ अ	+ य् VII. 2. 89.	+ आ IV. 1. 2.		=	त्वया । मया
4ter - -	तुभ्य । मह्य VII. 2. 95.	+ अ	+ lopa VII. 2. 90.	+ अम् 28.		=	तुभ्यं । मह्यं
5ter - -	त्व । म VII. 2. 97.	+ अ	+ lopa VII. 2. 90.	+ अत् 32.		=	त्वत् । मत्
6ter - -	तव । मम VII. 2. 96.	+ अ	+ lopa VII. 2. 90.	+ अ (अश्) 27.		=	तव । मम
7ter - -	त्व । म VII. 2. 97.	+ अ	+ य् VII. 2. 89.	+ इ IV. 1. 2.		=	त्वयि । मयि
1. u. 2. C. Du.	युव । आव VII. 2. 92.	+ अ	+ आ VII. 2. 87, 88.	+ अम् 28.		=	युवां । आवां
3. 4. 5. - -	युव । आव VII. 2. 92.	+ अ	+ आ VII. 2. 86.	+ भ्याम् IV. 1. 2.		=	युवाभ्यां । आवाभ्यां
6. u. 7. - -	युव । आव VII. 2. 92.	+ अ	+ य् VII. 2. 89.	+ ओस् IV. 1. 2.		=	युवयोः । आवयोः
1ter Cas. Pl.	यूय । वय VII. 2. 93.	+ अ	+ lopa VII. 2. 90.	+ अम् 28.		=	यूयं । वयं
2ter - -	युष्म । अस्म		+ आ VII. 2. 87.	+ अन् 29.		=	युष्मान् । अस्मान्
3ter - -	युष्म । अस्म		+ आ VII. 2. 86.	+ भिस् IV. 1. 2.		=	युष्माभिः । अस्माभिः
4ter - -	युष्म । अस्म		+ lopa VII. 2. 90.	+ अभ्यं 30.		=	युष्मभ्यं । अस्मभ्यं
5ter - -	युष्म । अस्म		+ lopa VII. 2. 90.	+ अत् 31.		=	युष्मत् । अस्मत्
6ter - -	युष्म । अस्म		+ lopa VII. 2. 90.	+ आकं 33.		=	युष्माकं । अस्माकं
7ter - -	युष्म । अस्म		+ आ VII. 2. 86.	+ सु IV. 1. 2.		=	युष्मासु । अस्मासु

28. Vâmana und unser Commentator fassen ङेप्रथमयोः gar nicht als Compositum, sondern sagen, dass ङे für ङेः stehe, weil der Dual beim Compositum nicht gerechtfertigt werden kann, da der letzte Bestandtheil desselben schon ein Dual ist; vgl. zu VI. 1. 102.

29. Siddh. K. Bl. 23. a. नित्यविभक्तिकं ॥ An andern Orten findet man auch einen 1ten Casus; s. z. B. VIII. 3. 27, 34. Da im sûtra aus 27. der 5te Casus युष्मदस्मद्भ्यां ergänzt werden muss, so substituirt Bhaṭṭogi nach I. 1. 54, 67. das न् für den Initialen (vgl. zu I. 1. 52-55.) des Affixes, und lässt das स् nach VIII. 2. 23. abfallen. Nach seiner Erklärung ist demnach न् das Affix des 2ten Cas. Pl.

30. Es ist schwer zu sagen, ob Pâṇini's Substitut भ्यम्, oder अभ्यं geneissen hat. Patanǵali zieht अभ्यं vor; hier seine eigenen Worte: किमयं भ्यम्शब्द आहोस्विदभ्यं । कुतः संदेहः । समानो निर्देशः । किं चातः । यदि तावद्भ्यम् । शेषे लोपो ऽन्त्यस्य (vgl. VII. 2. 90.) । तदा एत्वं (vgl. VII. 3. 103.) प्राप्नोति । अथाभ्यं । शेषे लोपष्टिलोपः (vgl. zu VII. 2. 90.) । उदात्तनिवृत्तिस्वरः प्राप्नोति ॥ Hierauf Kaiyyaṭa: चत्वारो ऽत्र पक्षाः संभवन्ति । भ्यमादेशो ऽन्त्यलोपश्च ॥ १ ॥ भ्यमादेशष्टिलोपः ॥ २ ॥ अभ्यमादेशो ऽन्त्यलोपः ॥ ३ ॥ अभ्यमादेशष्टिलोप इति ॥ ४ ॥ तत्र द्वितीयो ऽत्यन्तदुष्टः । तृतीयो निर्दोष इति तौ परित्यज्य पक्षद्वयं भाष्ये विचारितं ॥

33. Zur Endung साम् vgl. 52.

35. Vgl. Comm. sur le Yaçna S. 504. Zum Verständniss der Scholien vgl. I. 1. 5, 55.

36. Ein vârtika: विदेर्वसोः कित्त्वं वक्तव्यं ॥ Patanǵali: वसुग्रहणेन लिडादेशस्यापि ग्रहणं यथा स्यात् । किं च कारणं न स्यात् । अननुबन्धकग्रहणे हि सानुबन्धकस्य ग्रहणं नेति (eine paribhâshâ) लिडादेशस्य न प्राप्नोति ॥

39. Vgl. Sankara S. 63. ff. - 1) Der 1te Cas. Pl. पन्थाः (vgl. Rig-V. XXXV. 11.) ist vom Thema पन्था, von welchem auch der 1te Cas. Sg. in der gewöhnlichen Sprache gebildet wird (vgl. 85.), abzuleiten. Der 2te Cas. Sg. von diesem Thema ist पन्थां; vgl. Rig-V. XXIV. 8. 2) Die Themata auf अन् erscheinen oft als 7te Cass. Sg., mit Beibehaltung des finalen न्; vgl. VIII. 2. 8. Beispiele: अहन् XXXIV. 3. - CXVII. 12., कर्मन् CXII. 2. - CXXI. 11., यामन् CXII. 1., शर्मन् XCIV. 13. - 3) Weibliche Themata auf ति substituiren eine Länge für den Endvocal des Themas im 3ten Cas. Sg.; so findet man ऊती Rig-V. C. 1. (hier vielleicht für ऊतये), ऋतुनीती XC. 1., प्रणीती XCI. 1., मती LXXXII. 2., सुष्टुती Lassen. Anthol. S. 102. Z. 9. - 4) Vgl. Rig-V. XXI. und Lassen. Ind. Bibl. III. S. 74. - 5) Bhaṫṫogi (Siddh. K. Bl. 222. b.) erklärt आत् als Endung des 2ten Cas. Sg. Hier seine Beispiele: न ताद्ब्राह्मणं । न तमिति प्राप्ते । आत् । याद्दोव विद्म ता त्वा । यमिति प्राप्ते । आत् । याद्देव विद्म ता त्वा ॥ Für याद्दोव ist wohl याद्देव zu lesen, und das letzte Beispiel zu streichen. - 6) युष्मे und अस्मे können für alle Casus des Pl. gesetzt werden; vgl. Rosen zu Rig-V. IX. 8. - 7) Vgl. Rosen zu Rig-V. XXIII. 11. - 8) So नाभा Rig-V. XLIII. 9., आजा CII. 10. (für आजिषु). - CXVI. 15. (für आजौ). - 9) Calc. Ausg. अनुष्ठ्यो च्यावयतात्, welches ich ohne Grund verändert habe. Bhaṫṫogi hat: ता अनुष्ठ्यो च्यावयतात्, und erklärt अनुष्ठ्या als 3ten Cas. Sg. von अनुष्ठा = अनुष्ठान. अनुष्ठा leitet er nach der Analogie von व्यवस्था mit अङ् von स्था ab; vgl. III. 3. 106. - 10) Vgl. Rig-V. XLVI. 11. - Hierzu folgende vârtika's: सुपां सुपो भवन्तीति वक्तव्यं ॥ १ ॥ धुरि दक्षिणायाः । दक्षिणाया-

मिति लोके ॥ तिङां च तिङो भवन्तीति वक्तव्यं ॥ २ ॥ चषालं ये अश्वयूपाय तक्षति । तक्षन्तीति लोके ॥ (Vgl. zu III. 1. 85.) इयाडियाजीकाराणामुपसंख्यानं कर्तव्यं ॥ ३ ॥ इया । उर्विया (Rig-V. XCII. 9. - Vgl. Lassen. Anthol. S. 132.) । दार्विया । उरुणा । दारुणेति लोके । डियाच् । सुक्षेत्रिया (Rig-V. XCVII. 2.) । सुगात्रिया । सुक्षेत्रिणा । सुगात्रिणेति लोके । ईकारः । दृतिं न शुष्कं सरसी शयानं । सरसि इति लोके ॥ (Vgl. Lassen. Anthol. S. 98. Z. 16.) आङयाजयारामुपसंख्यानं ॥ ४ ॥ आङ् । प्रबाहवा । प्रबाहुनेति लोके । अयाच् । स्वप्नया । स्वप्नेनेति लोके । अयार् । सिन्धुमिव नावया (Rig-V. XCVII. 7.) । नावेति लोके ॥

40. In der gewöhnlichen Sprache entsprechen अबधिषं und अक्रमिषं den Formen अबधीं und अक्रमीं. Die Personalendung म्, auf सिच् folgend, erhält nach VII. 3. 96. das Augment ईट्. Das स् fällt nach VIII. 2. 28. zwischen den beiden Augmenten aus.

41. Zum Augment इट् vgl. 8. Unser Commentator ergänzt noch अपि im sûtra aus 38.

45. Die Endungen kommen keineswegs bloss dem Imperativ zu, wie schon das Beispiel यदि ष्टन beweist. Bhaṭṭogi umschreibt die Endung त bloss durch मध्यमपुरुषबहुवचन. त kann auch die 2te Pl. im लङ् । लिङ् । लुङ् und लृङ् sein. Im Imperativ kann ich तप् । तनप् und तन belegen; im Praesens nur थन; im Praeteritum nur तन. Der Imperativ श्रोत (mit तप्) im weissen Yaǵur-V. VI. 26. entspricht dem Sg. श्रुधि (vgl. VI. 4. 102.), शृणोत in den Scholien dem Sg. शृणुधि. Mit तनप् sind folgende Imperatt. im Rig-V. gebildet: कृणोतन XIII. 12., निष्पिपर्तन CVI. 1., ब्रवीतन (vgl. VII. 3. 93.) LXXXIV. 5.; mit तन: धत्तन XX. 7., पुनीतन XV. 2. Ein Praesens ist याथन XXIII. 11. - XXXIX. 3. und स्थन CV. 5. Bhaṭṭogi giebt für

थन folgendes Beispiel: विश्वेदेवासो मरुतो यति ष्टन् (sic) ॥ यति ष्टन erklärt er durch: यत्संख्याकाः स्थेत्यर्थः । यच्छब्दाच्छान्दसो डतिः । अस्तेस्तस्य (sic) थनादेशः ॥ एतन CX. 3. und अकृणोतन CX. 8. sind Praeterita. - Vgl. I. 2. 4.

46. Siddh. K. Bl. 223. a. मसीत्यविभक्तिको निर्देशः । इ-कार उच्चारणार्थः ॥ Das Beispiel नमो भरन्त एमसि ist aus Rig-V. I. 7.; vgl. Rosen zu d. St.

47-50. Vgl. Lassen. Ind. Bibl. III. S. 104.

49. Die Form पीत्वी finde ich im weissen Yaǵur-V. VIII. 39.

50. Das Ende der Scholien ist mir nicht ganz klar, weil ich die paribhâshâ, welche unser Commentator mit den Anfangsworten citirt, nicht recht verstehe. Diese paribhâshâ wird in der Calc. Ausg. bei I. 4. 2. angeführt, und lautet vollständig: सकृद्गतौ विप्रतिषेधे यद्बाधितं तद्बाधितमेव ॥ Vgl. 17.

51. Vgl. III. 1. 8. - Hierzu folgende vârtika's: अश्ववृषयोर्मैथुनेच्छायां ॥ १ ॥ क्षीरलवणयोर्लालसायां ॥ २ ॥ तृष्णातिरेको लालसा ॥ सर्वप्रातिपदिकेभ्यो लालसायामिति वक्तव्यं ॥ ३ ॥ Siddh. K. Bl. 159. b. सर्वप्रातिपदिकानां क्यचि लालसायां सुगसुकौ ॥ दधिस्यति । दध्यस्यति । मधुस्यति । मध्वस्यति ॥ So auch die Kâçikâ.

52. Vgl. VII. 3. 112-114. zu आड्याट्स्याटः. Wenn सर्वनाम्नः der 6te Casus wäre, dann müsste nach I. 1. 66. dieses das Augment सुट् erhalten. Fasst man dagegen सर्वनाम्नः als 5ten Casus, dann muss nach I. 1. 67. das Augment सुट् an das drauffolgende Element, an आम्, gefügt werden. Hierdurch erhält der 7te Casus आमि die Bedeutung eines 6ten Casus, in welchem Casus in der Regel bei Pâṅini ein Element, an welches ein Augment gefügt werden soll, zu stehen pflegt.

53. Siddh. K. Bl. 14. a. गोणात्वे तु नेति केचित् । प्रियत्रीणां । वस्तुतस्तु प्रियत्रयाणां ॥ Kâçikâ in der Calc. Ausg. त्रीणामिति छन्दसीष्यते । त्रीणामपि समुद्राणां युगान्तेषु समागमः ॥

54. Vgl. VI. 4. 3.

55. Zur Länge in पञ्चानां vgl. VI. 4. 7.

57. Vgl. Comm. sur le Yaçna S. 498. und Rig-V. LXIX. 2., wo गोनां mitten im pâda steht.

59. Ein vârtika: श्रे तृम्फादीनां ॥ Siddh. K. Bl. 142. a. आदिशब्दः प्रकारे । तेन ये ऽत्र नकारानुषक्तास्ते तृम्फादयः ॥ Die तृम्फादयः sind: तृम्फ । तुम्प । तुम्फ । दृम्फ । ऋम्फ । गुम्फ । उम्भ । शुम्भ ॥ Nach VI. 4. 24. fällt der Nasal von तृम्फ u. s. w. vor श aus, indem dieses Affix nach I. 2. 4. ङित् ist.

60. Vgl. VI. 4. 32. und zu I. 1. 46, 47.

61. Diese Regel hebt auch Regel VII. 2. 116. auf.

63. रभेरशल्लिटोः in den Scholien zu Bhatti-K. XV. 58. ist eine falsche Schreibart, da für प् niemals ल् substituirt werden kann.

65. आलम्भ्य ist nach III. 1. 124. mit ण्यत् gebildet, und nicht etwa mit यत् nach III. 1. 98. आलम्भ्य mit ण्यत् ist nach VI. 1. 185. - VI. 2. 139. ein Perispomenon; आलम्भ्य mit यत् würde nach VI. 1. 213. - VI. 2. 139. ein Paroxytonon sein.

66. Vgl. zum vorhergehenden sûtra.

67. Für ईषल्लाभः lese man ईषल्लभः.

68. Siddh. K. Bl. 211. b. कथं तर्हि अतिसुलभमतिदुर्लभमिति । यदा स्वती कर्मप्रवचनीयौ तदा भविष्यति ॥

69. Ein vârtika: चिण्णमुलोर्नुपसर्गस्येति वक्तव्यं ॥

70. Zur Länge vor नुम् vgl. VI. 4. 10, 14. Das च् vom Thema प्राच् fällt im 1ten Cas. Sg. nach VIII. 2. 23. aus; für das eingeschobene न् wird nach VIII. 2. 62.

ङ् substituirt. Vgl. zu VI. 4. 138. Den letzten Bestandtheil in उखास्रत् und पर्णध्वत् bilden die Wurzeln स्रंसु und ध्वंसु. Vgl. VIII. 2. 72. Zu गोमत् vgl. zu VI. 4. 14.

71. सुयुज् ist ein schlechtes Beispiel, da es ein Compositum ist. Siddh. K. Bl. 22. b. युजेरिति धातुपाठपठितेकारविशिष्टस्यानुकरणं न त्विका निर्देशः (vgl. vârtika 2. zu III. 3. 108.) । तेनेह न युज्यते समाधत्ते । इति युक् । युज समाधौ दैवादिक आत्मनेपदी ॥

72. Zur Länge vor नुम् vgl. VI. 4. 8, 10. - Ein vârtika: बहूर्जि प्रतिषेधः ॥ Ein andres: अन्त्यात् पूर्वं नुममेके ॥ बहूर्न्जि ब्राह्मणकुलानि ॥

73. Vor der Endung आम् des 6ten Cas. Pl. wird nicht नुम् an das aṅga, sondern nach 54. नुट् an die Endung gefügt.

74. Zu भाषितपुंस्क vgl. zu VI. 3. 34.

76. Das 1te Beispiel ist aus Rig-V. LXXXIV. 13., das 2te aus LXXXIX. 8. - Zu अक्षण्वत् und अस्यन्वत् vgl. VIII. 2. 16.

77. Vgl. Rig-V. CXX. 6. - Ein vârtika: छन्दसि नपुंसकस्य पुंवद्भावो वक्तव्यः ॥ मधोर्गृभ्णामि । मधोस्तृप्ता इवासते ॥ Vgl. zu III. 1. 85. und Rosen zu Rig-V. XXIV. 12. Ein andres: स्वराद्यर्थस्तर्हि ईकारो वक्तव्यः ॥

78. 79. Ausnahmen zu 70.

80. Die Wiederholung von नुम् ist bloss für die folgenden Regeln von Bedeutung; in unserm sûtra könnten wir es füglich entbehren.

82. Zu den Augmenten अम् und आम् vgl. 98, 99. Das ह् des Themas fällt nach VIII. 2. 23. ab.

83. ईदृश् u. s. w. ist nach III. 2. 60. mit dem Affix क्विन् gebildet. Im 1ten Cas. Sg. fällt das श् nach

VIII. 2. 23. ab, und für न् wird nach VIII. 2. 62. रु substituirt. स्ववान् finde ich Rig-V. CXVIII. 1. Das Beispiel स्वतवान् पायुरग्ने wird auch bei VIII. 3. 11. angeführt. Vgl. zu VII. 4. 48.

84. Zu अवत्सूः vgl. VI. 4. 19.

85. आत् kann nach I. 1. 69. auch das nasale आ bezeichnen, und nach I. 1. 50. müsste man eigentlich dieses für न् substituiren. Siddh. K. Bl. 21. b. आ आदिति प्रश्लेषेण शुद्धाया एव व्यक्तेर्विधानान्नानुनासिकः ॥

89. Der anusvâra in पुंस् ist für म् substituirt worden; vgl. zu VI. 1. 171.

90. Ein णित्-Affix bewirkt nach VII. 2. 115. die Substitution der vṛiddhi für den Endvocal des Themas. Vgl. VI. 1. 93. Siddh. K. Bl. 16. a. ओतो णिदिति वाच्यं ॥ विहितविशेषणं च । तेन । सुद्यौः । सुद्यावौ । ओकारान्ताद्विहितं सर्वनामस्थानमिति व्याख्यानान्नेह । हे भानो । भानवः । उः शम्भुः स्मृतो येन सः । स्मृतौः । स्मृतावौ । स्मृतावः । स्मृतां (vgl. VI. 1. 93.) । स्मृतावौ । स्मृताः (g. VI. 1. 93.) । इत्यादि ॥

91. Vgl. VII. 2. 116.

92. Vgl. VII. 2. 115.

94. Alle Handschriften und alle Ausgaben haben °उशनस्पु.° - Hierzu folgende kârikâ aus der Kâçikâ:

संबोधने तूशनसस्त्रिरूपं सान्तं तथा नान्तमथाप्यदन्तं ।
माध्यंदिनिर्वष्टि गुणं त्विगन्ते नपुंसके व्याघ्रपदां वरिष्ठः ॥

97. Im 6ten Cas. Pl. ist bloss die Form क्रोष्टूनां gestattet; vgl. Siddh. K. Bl. 15. a.

98. 99. Vgl. 82. - Ein vârtika: आमनडुहः स्त्रियां वा ॥ अनडुही । अनड्वाही । गौरादित्वात् (IV. 1. 41.) ङीष् ॥

100-103. An den für ऋ substituirten Vocal wird nach I. 1. 51. र् gefügt. Wenn auf das र् ein Consonant folgt, wird nach VIII. 2. 77, 78. eine Länge für den vorhergehenden Vocal substituirt. - Ein vârtika: इत्वोत्वाभ्यां गुणवृद्धी विप्रतिषेधेन ॥ आस्तरणं । आस्तारकः ॥ Vgl. VII. 3. 84. - VII. 2. 115.

102. Man lese सुस्मूर्षते statt सुस्मूर्षति, und vgl. I. 3. 17.

103. So तुर्या (man hätte तूर्या erwartet) Lassen. Anthol. S. 99. Z. 1. (vgl. Lassen zu d. St.), तूर्यन्त्यै Rig-V. CXVII. 7. - पप्रितम ist der Superlativ von पप्रि; vgl. Rig-V. XCI. 21. पपुरि finde ich Rig-V. XLVI. 4.

Zweites Kapitel.

1. Vgl. I. 1. 3.

2. Ausnahme zu 4, 7. - अतो लान्तस्य in den Scholien zu Bhaṭṭi-K. IX. 8. - XV. 106. ist ein blosser Druckfehler. Siddh. K. Bl. 119. b. ल्रेति लुप्तषष्ठीकं । अतः समीपौ यौ ल्रौ । तदन्तस्याङ्गस्यातो वृद्धिः स्यात् u. s. w.

4. Man lese दिवु und षिवु statt देवृ und षेवृ, da diese Wurzeln immer âtmanep. haben; vgl. Colebr. Gr. S. 269.

5. Ausnahme zu 1, 7.

6. Vgl. I. 2. 3. - VI. 4. 77.

8. Ausnahme zu 35. - Ein vârtika: नेड्वशि कृति ॥ वरमनादौ कृति इट्प्रतिषेधं प्रयोजयति । व । ईश्वरः । र । दीप्रः । म । भस्म । न । यत्न । याच्ञा ॥ Patanǵali: अथान्ये ये वशादयस्तत्र कथं । उणादयो ऽव्युत्पन्नानि प्रातिपदिकानि (eine paribhâshâ) ॥

9. Calc. Ausg. पत्त्रं ॥ तन् । तन्त्रं । हसे । हस्तः ॥ ति be-

zeichnet auch das Uṅâdi-Affix ति; vgl. Siddh. K. Bl. 203. b. - Ein vârtika: तितुत्रेष्वग्रहादीनामिति वक्तव्यं ॥ Patañgali: इह मा भूत् । निगृहीतिः । उपस्निहितिः । निकुचितिः । निपठितिः ॥ Hierher gehört noch प्रथितिः mit dem Uṅâdi-Affix ति; vgl. Siddh. K. l. l.

10. Ausnahme zu 35.; daher auch das वल् in den Scholien. Zu बध vgl. II. 4. 43. Die Wurzeln, welche im Dhâtu-P. einen Gravis auf dem Wurzelvocal haben, werden auch अनिट् genannt, weil ein mit वल् anfangendes ârdhadhât. an dieselben ohne इट् gefügt wird. Die übrigen Wurzeln heissen सेट्. Folgende Wurzeln sind anudâtta:

अनिट् स्वरान्तो भवतीति दृश्यतामिमांस्तु सेटः प्रवदन्ति तद्विदः ।
अदन्तमृदन्तमृतां च वृङ्वृञौ श्विडीङिवर्णेष्वथ शीङ्श्रिञावपि ॥ १ ॥
गणस्थमूदन्तमुतां च रुस्नुवौ क्षुवं तथोर्णोतिमथो युणुक्ष्णवः ।
इति स्वरान्ता निपुणं समुच्चितास्ततो हलन्तानपि संनिबोधत ॥ २ ॥
शकिस्तु कान्तेष्वनिडेक इष्यते घसिश्च सान्तेषु वसिः प्रसारणी ।
रभिस्तु भान्तेष्वथ मैथुने यभिस्ततस्तृतीयो लभिरेव नेतरे ॥ ३ ॥
यमिर्यमन्तेष्वनिडेक इष्यते रमिश्च यश्च श्यनि पठ्यते मनिः ।
नमिश्चतुर्थो हनिरेव पञ्चमो गमिश्च षष्ठः प्रतिषेधवाचिनां ॥ ४ ॥
दिहिर्दुहिर्मेहतिरोहती वहिर्नहिस्तु षष्ठो दहतिस्तथा लिहिः ।
इमे ऽनिटो ऽष्टाविह मुक्तसंशया गणेषु हान्ताः प्रविभज्य कीर्तिताः ॥ ५ ॥
दिशिं दृशिं दंशिमथो मृशिं स्पृशिं रिशिं रुशिं क्रोशतिमष्टमं विशं ।
लिशं च शान्ताननिटः पुरा गणा (sic) पठन्ति पाठेषु दशैव नेतरान् ॥ ६ ॥
रुधिः सराधिर्युधिबन्धिसाधयः क्रुधिक्षुधी शुध्यतिबुध्यती व्यधिः ।
इमे तु धान्ता दश चानिटो मतास्ततः परं सिध्यतिरेव नेतरे ॥ ७ ॥
शिषिं पिषिं शुष्यतिपुष्यती त्विषिं विषिं श्लिषिं तुष्यतिदुष्यती द्विषिं ।
इमान् दशैवोपदिशन्त्यनिड्विधौ गणेषु षान्तान् कृषिकर्षती तथा ॥ ८ ॥
तपिं तिपिं चापिमथो वपिं स्वपिं लिपिं लुपिं तृप्यतिदृप्यती सृपिं ।
स्वरेण नीचेन शपिं छुपिं क्षिपिं प्रतीहि पान्तान् पठितांस्त्रयोदश ॥ ९ ॥

अदिं हदिं स्कन्दिभिदिच्छिदिक्षुदीन् शदिं सदिं स्विद्यतिपद्यती खिदिं ।
तुदिं नुदिं विद्यति विन्न इत्यपि प्रतीहि दान्तान् दश पञ्च चानिटः ॥ १० ॥
पचिं वचिं विचिरिचिरञ्जिपृच्छतीन् निजिं सिचिं मुचिभजिभञ्जिभृज्जतीन् ।
त्यजिं यजिं युजिरुजिसञ्जिमज्जतीन् भुजिं स्वजिं सृजिमृजी विद्ध्यनिट्स्वरान् ॥ ११ ॥

Diese **kârikâ's** sind aus der **Kâçikâ**. Genauer ist folgende Zusammenstellung in der Siddh. K. Bl. 111. a., wo nur die einsilbigen Wurzeln aufgeführt werden:

ऊदृदन्तैर्यौतिरुक्ष्णुशीङ्स्नुनुक्षुश्विडीङ्श्रिभिः ।
वृङ्वृञ्भ्यां च विनैकाचो ऽजन्तेषु निहताः स्मृताः ॥ १ ॥
शक्लृपच्मुच्रिच्वच्विच्सिच्प्रच्छित्यज्निजिर्भजः ।
भञ्ज्भुज्भ्रस्ज्मस्जियज्युज्रुज्रञ्ज्विजिर्स्वञ्जिसञ्ज्सृजः ॥ २ ॥
अद्क्षुद्खिद्छिद्तुदिनुदः पद्यभिद् विद्यतिर्विनद् (विद् mit श्नम्) ।
शद्सदी स्विद्यतिः स्कन्दिहदी क्रुध् क्षुधिबुध्यती ॥ ३ ॥
बन्धिर्युधिरुधी राधिव्यध्शुधः साधिसिध्यती ।
मन्यहन्नाप्क्षिप्छुपितप्तिपस्तृप्यतिदृप्यती ॥ ४ ॥
लिप्लुप्वप्शप्स्वप्सृपियभ्रभ्लभ्गम्नम्यमो रमिः ।
क्रुशिर्दंशिदिशी दृश्मृश्रिश्रुश्लिश्विश्स्पृशः कृषिः ॥ ५ ॥
त्विष्तुष्द्विष्दुष्पुष्यपिष्विष्शिष्शुष्श्लिष्यतयो घसिः ।
वसतिर्दह्दिहिदुहो नह् मिह् रुह् लिह् वहिस्तथा ॥ ६ ॥
अनुदात्ता हलन्तेषु धातवो द्व्यधिकं शतं ।
तुदादौ मतभेदेन स्थितौ यौ च चुरादिषु ॥ ७ ॥
तृप्दृपी तौ वारयितुं श्यना निर्देश आदृतः ।
स्विद्यपद्यौ सिध्यबुध्यौ मन्यपुष्यश्लिषः श्यना ॥ ८ ॥
वसिः शपा लुका यौतिर्निर्दिष्टो ऽन्यनिवृत्तये ।
निजिर् विजिर् शक्लृ इति सानुबन्धा अमी तथा ॥ ९ ॥
विन्दतिश्चान्द्रदौर्गादेरिष्टो भाष्ये ऽपि दृश्यते ।
व्याघ्रभूत्यादयस्त्वेनं नेह पेठुरिति स्थितं ॥ १० ॥
रञ्जिमस्जी अदिपदी तुद् क्षुध् शुषिपुषी शिषिः ।
भाष्यानुक्ता नवेहोक्ता व्याघ्रभूत्यादिसंमतेः ॥ ११ ॥

Nach diesen beiden Zusammenstellungen folgt in der Calc.

Ausg. die von Patangali. Hier finden wir, dass unter den vocalisch ausgehenden Wurzeln noch दरिद्रा । दीधी । वेवीङ् und जागृ ausgenommen werden. Die Wurzeln auf ऋ werden nicht erwähnt. Die consonantisch ausgehenden Wurzeln werden ohne anubandha's aufgeführt. Ferner wird यु । बुधि । तृपि und दृपि ohne Unterscheidung der Klasse geschrieben. Ausser den 9 Wurzeln, welche in der letzten kârikâ angegeben werden, vermisse ich bei Patangali noch श्वि. Für त्रपि wird wohl क्षपि zu lesen sein. Im Uebrigen stimmt diese Zusammenstellung mit der in der Siddh. K. überein. मृज, welches in der Siddh. K. und im Bhâshya ausgelassen wird, ist anudâtta; aber der Accent hat bei dieser Wurzel eine andre Bestimmung; vgl. Colebr. Gr. S. 150. Aus der Siddh. K. trage ich noch folgende Bemerkungen über 4 Wurzeln nach: Bl. 139. a. शक विभाषितो मर्षणे (4te Klasse) । ..। शक्ता । शक्ष्यति । शक्ष्यते । ..। सेट्को ऽयमित्येके । तन्मतेनानिट्कारिकासु लृदित् पठितः । शकिता । शकिष्यति ॥ Bl. 140. a. लुप विमोहने (4te Klasse) । ..। लुप्यतिः सेट्कः । अनिट्कारिकासु लिपिसाहचर्यात् तौदादिकस्यैव ग्रहणात् ॥ Bl. 122. a. श्लिषु दाहे (1te Klasse) । ..। अयमपि सेट् । अनिट्सु दैवादिकस्यैव ग्रहणमिति कैय्यटादयः । यत् त्वनिट्कारिकान्यासे द्वयोर्ग्रहणमित्युक्तं । तत् स्वोक्तिविरोधाद्ग्रन्थान्तरविरोधाच्चोपेक्ष्यं ॥ Bl. 122. b. दुहिर् अर्दने (1te Klasse) । ..। अनिट्कारिकास्वस्य दुहेर्ग्रहणं नेच्छन्ति ॥

11. Ausnahme zu 35. - Ueber die Lesart क्लिकाति s. zu III. 2. 139.; zu ऊर्णु vgl. zu III. 1. 22.

12. Ausnahme zu 35, 44.

13. कृ । सृ । भृ । स्तु । द्रु । स्रु und श्रु sind anudâtta, und müssten demnach schon nach 10. लिट् ohne इट् anfügen. Bei वृ ist die Abwesenheit des Augments schon

durch 11. erklärt. Da Pâṅini dessenungeachtet für diese Wurzeln eine besondere Regel gibt, so muss man daraus schliessen, dass die Affixe des लिट् (थल् ist indessen besondern Regeln unterworfen) bei allen andern Wurzeln nach 35. das Augment इट् erhalten. Es ergiebt sich ferner aus dieser Regel, dass auch das Affix थल् an die 4 letzten Wurzeln immer ohne इट् angefügt werden muss, welches ohne unsre Regel nach 63. nicht nothwendig wäre. Vgl. Siddh. K. Bl. 115. a. - Ein vârtika: कृञो ऽसुटः ॥ इह मा भूत् । संचस्करिव । संचस्करिम ॥ Vgl. zu VI. 1. 135.

14. डीङ् der 4ten Klasse ist ओदित्. VIII. 2. 45. erklärt unser Commentator die Abwesenheit des Augments इट् in उड्डीन auf dieselbe Weise.

15. Vgl. 44, 56. und das vârtika zu 49. धूञ् ist nicht ऊदित्, ist aber derselben Regel unterworfen; vgl. 44. - Ein vârtika: यस्य विभाषाविदेरिति वक्तव्यं ॥ इह मा भूत् । विदितः । विदितवान् ॥ Patangali: तत् तर्हि वक्तव्यं । न वक्तव्यं । यदुपाधेर्विभाषा । तदुपाधेः प्रतिषेधः । शविकरणस्य विभाषा (vgl. 68.) । लुग्विकरणाश्चायं ॥

17. Kâçikâ: सौनागाः कर्मणि निष्ठायां शकेरिटमिच्छन्ति विकल्पेन ॥ शकितो घटः ॥

18. Siddh. K. Bl. 184. b. फाण्टमनायाससाध्यः कषायविशेषः । माधवस्तु नवनीतभावात् प्रागवस्थापन्नं द्रव्यं फाण्टमिति वेदभाष्य आह । . . । क्षुब्धो राजेति त्वागमशास्त्रस्यानित्यत्वात् ॥ Vgl. das vârtika zu 28.

19. Vgl. 15, 16, 56. - Patangali: किमिदं वैयात्य इति । वियातस्य भावो वैयात्यं ॥ Hierauf Kaiyyaṭa: विरूपं यातं गमनं चेष्टनं यस्य स वियातो ऽविनीतः ॥ Siddh. K. l. l. भावादिकर्मणोस्तु वैयात्ये धृषिर्नास्ति । अत एव नियमार्थमिदं सूत्रमिति वृत्तिः ।

धृषेरादित्त्वे फलं चिन्त्यमिति हरदत्तः । माधवस्तु भावादिकर्मणोरवैयात्ये विकल्पमाह । धृष्टं । धर्षितं । प्रधृष्टः । प्रधर्षितः ॥

23. घुषिर् der 10ten Klasse (विशब्दने) bedeutet „seine Meinung durch einen Laut kund thun“, घुषिर् der 1ten Klasse (अविशब्दनार्थः) kann jede Handlung, bis auf die eben genannte, bedeuten. Man streiche demnach चुरादेश्च in den Scholien. Bhattogi (Siddh. K. Bl. 149. a.) und unser Commentator (in der Calc. Ausg.) sagen, dass man die Regel auch ohne die nähere Bestimmung अविशब्दने nicht auf घुषिर् mit णिच् beziehen würde, da hier die nishthâ nicht unmittelbar auf die Wurzel घुष्, sondern auf णि folgt. Da Pânini dessenungeachtet अविशब्दने hinzufügt, so schliessen sie hieraus, dass घुषिर् der 10ten Klasse nicht immer णिच्, sondern bisweilen auch शप् hat. Vgl. das vârtika zu 28.

27. Zu ज्ञप् vgl. 15, 49.

28. Ein vârtika: घुषिस्वनोर्वावचनमिट्प्रतिषेधाद्धिप्रतिषेधेन ॥ Vgl. 18, 23. Bhattogi (Siddh. K. Bl. 185. a.) bemerkt von ञित्वरा sehr richtig: अस्यादित्त्वे (vgl. 16, 17.) फलं मन्दं ॥

29. Zu हृषु vgl. 15, 56. - Hierzu folgende vârtika's: हृषेर्लोमकेशकर्तृकस्येति वक्तव्यं ॥ १ ॥ हृष्टानि । हृषितानि लोमानि । हृष्टाः । हृषिताः केशाः ॥ विस्मितप्रतिघातयोरिति वक्तव्यं ॥ २ ॥ हृष्टः । हृषितो देवदत्तः । विस्मित इत्यर्थः । हृष्टाः । हृषिता दन्ताः । प्रतिहता इत्यर्थः ॥

30. Ein vârtika: चायश्चिभावो निपात्यते ॥ Ein andres: क्तिनि नित्यमिति वक्तव्यं ॥ अपचितिः ॥

31. Vgl. II. 4. 80. Das Beispiel ist aus dem weissen Yagur-V. I. 9.

32. Man lese: अपरिह्वृताः सनुयाम वाजं ॥ Das Beispiel ist aus Rig-V. C. 19.

33. Kâçikâ: मा नः सोमो ह्वरितो विह्वरितस्त्वं ॥ Siddh. K. Bl. 223. b. मा नः सोमो ह्वरितः ॥

34. Das am Ende der Scholien erwähnte क्षमिति findet sich sowohl in den Handschriften unseres Grammatikers (क्षमि bei A. und क्षति bei C. sind Fehler des Abschreibers), als auch in denen der Kâçikâ. B. hat श्रमीति für श्रमिति; vgl. unsern Commentator am Ende der Scholien und VII. 3. 95. Zu ग्रसु । स्कम्भु und स्तम्भु vgl. 15, 56. Siddh. K. l. l. werden folgende abweichende Beispiele gegeben: युवं शचीभिर्ग्रसितामुञ्चतं । सत्येनोत्तभिता भूमिः (hierbei folgende Bemerkung: स्तभितेत्येव सिद्धे उत्पूर्वस्य पुनर्निपातनमन्योपसर्गपूर्वस्य मा भूदिति) । चत्ता इतश्चत्तामुतः । त्रिधा ह श्यावमश्विना विकस्तं (dabei auch unser Beispiel) । ग्रावग्राभ उत शंस्ता । प्रशास्ता पोता (Rig-V. XCIV. 6.) । वरूत्रीभिः सुशरणो नो अस्तु । Für die Verbalformen werden keine Beispiele gegeben. Rig-V. XXII. 10. findet man auch den 2ten Cas. Sg. von वरूत्री. Der Plural वरूत्रीः scheint mir das Compositum, welches mit विशस्तृ beginnt, zu schliessen. Wir hätten alsdann die Participia auf त in einem besondern Compositum, und auch die nomina agentis auf तृ. Die 4 verba finita braucht man nicht als Compositum zu fassen, zumal da इति am Ende folgt.

36. Calc. Ausg. स्नु statt ष्णु. Im Compositum भावकर्मकर्तृ° müssen wir कर्म ein Mal allein, das andre Mal mit कर्तृ verbunden auffassen. Vielleicht ist ein कर्म ausgefallen. Zu कर्मव्यतिहार vgl. I. 3. 14., zu वृत्तादि I. 3. 38-43. Hierzu folgende vârtika's: स्नुक्रमोरनात्मनेपदनिमित्ते चेत् कृत्युपसंख्यानं ॥ १ ॥ प्रस्नविता । प्रस्नवितुं । प्रक्रमिता । प्रक्रमितुं ॥ आत्मनेपदपरप्रतिषेधे तत्परपरसीयुडेकादेशेषु प्रतिषेधो वक्तव्यः ॥ २ ॥ आत्मनेपदपरस्यस्तत्परः सन्निति स्येन व्यवधानात् सन इट्प्रतिषेधो न प्राप्नोति । प्रस्नुस्नूषि-

ष्यते । प्रचिक्रंसिष्यते । सीयुटि । प्रस्नोषीष्ट । प्रक्रंसीष्ट । एकादेशे । प्रस्नोष्यन्ते । प्रक्रंस्यन्ते (für das अ von स्य und für das अ von अन्ते ist nach VI. 1. 97. das letztere अ allein substituirt worden) ॥ सिद्धं तु स्नोरात्मनेपदेन समानपदस्थस्येट्प्रतिषेधात् ॥ ३ ॥ क्रमेश्चात्मनेपदेन समानपदस्थस्येएन भवतीति वक्तव्यं ॥ ४ ॥ कर्तरि चात्मनेपदविषयात् कृति प्रतिषेधः ॥ ५ ॥ Kâçikâ: क्रमेस्तु कर्तर्यात्मनेपदविषयादसत्यात्मनेपदे कृति प्रतिषेधो वक्तव्यः ॥ प्रक्रन्ता । उपक्रन्ता (g. I. 3. 39, 42.) । कर्तरि किं । प्रक्रमितव्यं । उपक्रमितव्यं ॥ Siddh. K. Bl. 177. a. क्रमेः कर्तर्यात्मनेपदविषयात् कृत इण्निषेधो वाच्यः ॥ प्रक्रन्ता । कर्तरि किं । प्रक्रमितव्यं । आत्मनेपदेति किं । संक्रमिता । अनन्यभावो विषयशब्दः । तेनानुपसर्गाद्वेति (I. 3. 43.) विकल्पार्हस्य न निषेधः । क्रमिता । तदर्हत्वमेव तद्विषयत्वं । तेन क्रन्तेत्यपीति केचित् ॥ Vgl. die vârtika's zu 58, 59.

37. Zu चिण्वदिट् vgl. VI. 4. 62.

41. Man lese तितरिषति । तितरीषति.

42. Die Formen वरीषीष्ट und स्तरीषीष्ट sind nicht zulässig; vgl. 39.

43. Vgl. zu VI. 1. 135.

44. Ein vârtika: वावचनं लिङ्सिचोर्निवृत्त्यर्थं ॥ Man muss demnach wieder वलादेरार्धधातुकस्य aus 35. ergänzen. Kâçikâ: स्वरतेरेतस्माद्विकल्पादृद्धनोः स्य (70.) इत्येतद्भवति विप्रतिषेधेन ॥ ॥ १ स्वरिष्यति ॥ किति तु प्रत्यये श्र्युकः कितीति (11.) नित्यः प्रतिषेधो भवति पूर्वविप्रतिषेधेन ॥ २ ॥ स्वृत्वा । सूत्वा । धूत्वा ॥

45. Zu क्रादिनियम vgl. 13.

46. Vgl. zu VIII. 2. 19.

47. Ausnahme zu 15. wegen 46.

48. Wir müssen nothwendig wieder वा im sûtra ergänzen, da die Formen mit इट् schon durch 35. erklärt sind. Bhaṭṭogi (Siddh. K. Bl. 146. b.) bemerkt bei इष आभिक्ष्ण्ये der 9ten Klasse: तीषसहेत्यत्र सहिना साहचर्या-

दकारविकरणास्य तौदादिकस्यैव इषेर्ग्रहणं न तु इष्यतीष्णात्योरित्याहुः । ए-षिता । वस्तुतस्तु इष्णातेरपि इड्विकल्प उचितः । तथा च वार्तिकं । इषे-स्तकारे श्यन्प्रत्ययात् प्रतिषेध इति ॥ Die Kâçikâ bezieht, wie unser Commentator, die Regel nur auf इषु der 6ten Klasse, und fügt hinzu: तदर्थं सूत्रे ऽपि तीषुसहेति केचिदुदितं पठन्ति ॥ Mâdhava dagegen sagt: काश्यपस्तु इषेस्तकारे श्यन्प्रत्ययात् प्रतिषेध इति वार्तिकप्रामाण्याद्श्यन्विकरणायोस्तौदादिकक्रैयादिकयोर्द्वयो-रपीड्विकल्पमाह ॥ Diese Bemerkungen verdanke ich meinem Freunde Westergaard.

49. Ein vârtika: तनिपतिदरिद्रातिभ्यः (in den Scholien zu 15. citirt unser Commentator das Compositum im 6ten Cas. Pl.) सनो वा इड्वाच्यः ॥ तितनिषति । तितांसति । तितं-सति (vgl. VI. 4. 17.) । पिपतिषति । पित्सति (vgl. VII. 4. 54.) । दिदरिद्रिषति । दिदरिद्रासति ॥ Vgl. zu VI. 4. 114. Kâçikâ: केचिदेतान् सूत्रे प्रक्षिप्य पठन्ति ॥

50. Vgl. 15, 35, 44.

51. Vgl. I. 2. 22.

52. Ausnahme zu 10.

55. Vgl. 11, 44. - Zu जरीत्वा vgl. 38.

57. Siddh. K. Bl. 150. a. ऋदी संदीपने । .. । इर्दि-ष्यति । से ऽसिचीति विकल्पो न । साहचर्यात् तत्र रौधादिकस्यैव ग्रहणात् ॥

58. Man lese इणिणक्रादेशो, und vgl. II. 4. 47, 48. - Hierzu folgende vârtika's: गमेरिट् परस्मैपदेषु चेत् कृत्युपसं-ख्यानं ॥ १ ॥ जिगमिषिता । जिगमिषितुं । जिगमिषितव्यं ॥ (Patangali: तत् तर्ह्युपसंख्यानं कर्तव्यं । न कर्तव्यं । अविशेषेण गमेरिडागममुक्त्वा आत्म-नेपदपरे नेति वक्ष्यामि ॥) आत्मनेपदपरप्रतिषेधे तत्परसीयुडकादेशेषु प्रतिषेधो वक्तव्यः ॥ २ ॥ तत्परे । संजिगंसिष्यते । सीयुटि । संगंसीष्ट । एकादेशे । संगं-स्यते (man lese संगंस्यन्ते, und vgl. zu 36.) ॥ सिद्धं तु गमेरात्म-नेपदेन समानपदस्यस्येट्प्रतिषेधात् ॥ Für तत्पर ist hier und in vâr-tika 2. zum folgenden sûtra तत्परपर zu lesen; s. zu 36.

59. Ausnahme zu **35**, **44**. – Das वृत् steht im Dhâtu-P. erst nach कृपू; dessenungeachtet ist der Zusatz चतुर्भ्यः überflüssig wegen der folgenden Regel. Vgl. I. 3. 92. – Hierzu folgende vârtika's: वृतादिप्रतिधे (lies प्रतिषेधे) च कृत्युपसंख्यानं ॥ १ ॥ विवृत्सिता । विवृत्सितुं ॥ (Patańgali: न कर्तव्यं । अविशेषेण वृतादिभ्य इट्प्रतिषेधमुक्त्वा आत्मनेपदपर इड्भवतीति वक्ष्यामि ॥) आत्मनेपदपर इड्वचने तत्परसीयुडेकादेशेष्विड्वचनं ॥ २ ॥ तत्परे । विवर्तिष्यते । सीयुटि । वर्तिषीष्ट । एकादेशे । वर्तिष्यन्ते ॥ सिद्धं तु वृतादीनामात्मनेपदेन समानपदस्थस्येड्वचनात् ॥ ३ ॥ Vgl. die vârtika's zum vorhergehenden sûtra.

60. Ausnahme zu **44**. – Kâçikâ und Siddh. K. Bl. **123**. a. तासि च कृपः ॥ Vgl. zu I. **3**. **93**. Die vârtika's zum vorhergehenden sûtra gelten auch für कृपू. Wenn âtmanep. folgt, ist das Augment nach **44**. nicht nothwendig; vgl. Siddh. K. l. l.

61. Vgl. II. **4**. **40**, **41**. und das vârtika zum folgenden sûtra.

62. Ein vârtika: तासावत्वत्प्रतिषेधे घसेः प्रतिषेधप्रसङ्गो ऽकारवत्त्वात् ॥

63. Siddh. K. Bl. **115**. a. तासौ नित्यानिटः ऋदन्तस्यैव थलि नेट् भारद्वाजस्य मतेन । तेनान्यस्य स्यादेव । अयमत्र संग्रहः । अजन्तो ऽकारवान् वा यस्तास्यनिट् थलि वेडयं । ऋदन्त ईदृङ् नित्यानिट् । क्राद्यन्यो (s. **13**.) लिटि सेड्भवेत् । न च स्तुड्वादीनामपि (lies स्तुद्रा°, und vgl. **13**.) थलि विकल्पः शङ्क्यः । अचस्तास्वदिति (**61**.) । उपदेशे ऽत्वत (**62**.) इति च योगद्वयप्रापितस्यैव हि प्रतिषेधस्य भारद्वाजनियमो निवर्तकः । अनन्तरस्येति न्यायात् ॥ Der nyâya lautet vollständig: अनन्तरस्य विधिर्वा प्रतिषेधो वा ॥ und wird in der Calc. Ausg. bei I. **1**. **42**. angeführt. – Für कृ gilt diese Regel nur dann, wenn es nicht mit dem Augment सुट् versehen ist; vgl. zu VI. **1**. **135**.

64. Man trenne इन्द्र हस्तं, und vgl. Rosen zu Rig-V. XXIV. 12. Siddh. K. Bl. 223. b. werden folgende abweichende Beispiele gegeben: विद्मा तमुत्सं यत आ बभूथ (vgl. Rig-V. LXIX. 1. – CII. 9.) । त्वं ज्योतिषा वि तमो ववर्थ (Rig-V. XCI. 22., wo auch आततन्थ vorkommt).

68. Vgl. zu 15. – Ein vârtika: दृशेश्चेति वक्तव्यं ॥ ददृशिवान् । ददृश्वान् ॥

69. Siddh. K. Bl. 223. b. सनिमित्येतत्पूर्वात् सनतेः सनोतेर्वा क्वसोरिट् । एत्वा u. s. w. ohne Beispiel.

70. Ausnahme zu 10. – Ein vârtika: स्वरतेर्वेट्त्वादृतः स्ये विप्रतिषेधेन ॥ स्वरिष्यति ॥ Vgl. zu 44.

71. Vgl. 44.

72-74. Ausnahmen zu 10, 44.

76. Man ergänze वलि aus 35. Vgl. VII. 3. 98.

77. 78. Patanġali: किमर्थो योगविभागः । न ईशीडजनां से ध्व इत्येवोच्येत ॥ Hierauf Kaiyyaṭa: दोषवान् गुरुश्च योगविभाग इत्येक एव योगः कर्तव्यः । ईशीडजनं सेध्वयोः ॥ ध्वे erhält also auch nach ईश das Augment इट्; man sagt ईशिध्वे und ईशिध्वं. Bhaṭṭogi (Siddh. K. Bl. 132. a.) nimmt auch ध्वे richtiger für die Endung selbst, und nicht, wie unser Commentator, für den 7ten Casus von ध्व. Er dehnt ferner die Regeln auf die Endungen स्व und ध्वम् (des Imperativs) aus, indem er sich auf die paribhâshâ: एकदेशविकृतस्यानन्यत्वं ॥ beruft. Ueber den Ursprung der Endungen स्व und ध्वम् vgl. III. 4. 91. ध्वम् des लङ् erhält kein इट् nach der paribhâshâ: विकृतग्रहणेन प्रकृतेर्ग्रहणं. ध्वे ist aus dem primitiven ध्वम् entstanden; vgl. III. 4. 79. Zum Nichtausfall des Wurzelvocals in जन् vgl. VI. 4. 98. – Kâçikâ: जन । इत्यस्यापि श्लुविकरणस्य ग्रहणमिष्यते । व्यतिजज्ञिध्वं । व्यतिजज्ञिध्वे । व्यतिजज्ञिषे । व्यतिजज्ञिष्व ॥

79. 80. Vgl. zu III. 4. 78. S. 156. - Das अ in इय dient bloss zur Erleichterung der Declination; vgl. VII. 3. 2. Auch **Bhaṭṭogi** liest अतो येयः, sagt aber, dass इय् für यास् substituirt werde, und dass in येयः ein संधिरार्षः sei.

83. Nach I. 1. 54, 67. wird ई für den Initialen von आन substituirt; vgl. zu I. 1. 52-55.

84. Vgl. zu VII. 1. 21.

86-97. Vgl. zu VII. 1. 27-33., wo die Declination von युष्मद् und अस्मद् durch eine Tabelle anschaulich gemacht worden ist.

90. Einige substituiren, wie unser Commentator in der Calc. Ausg. bemerkt, den **lopa** nicht für den Finalen von युष्मद् und अस्मद्, sondern für टि, d. h. für अद्. Die Regeln für die Behandlung von युष्मद् und अस्मद् in einem Compositum, wo diese Wörter den untergeordneten Bestandtheil bilden, sind in folgenden **kârikâ's** aus **Siddh. K.** Bl. 23. b. enthalten:

समस्यमाने द्व्येकत्ववाचिनी युष्मदस्मदी ।
समासार्थो ऽन्यसंख्यश्चेत् स्तो युवावौ त्वमावपि ॥ १ ॥
सुजस्ङेङस्सु परत आदेशाः स्युः सदैव ते ।
त्वाहौ यूयवयौ तुभ्यमह्यौ तवममावपि ॥ २ ॥
एते परत्वाद्बाधन्ते युवावौ विषये स्वके ।
त्वमावपि प्रबाधन्ते पूर्वविप्रतिषेधतः ॥ ३ ॥
द्व्येकसंख्यः समासार्थो बह्वर्थे युष्मदस्मदी ।
तयोरद्व्येकतार्थत्वान्न युवावौ त्वमौ न च ॥ ४ ॥

Die erste Abtheilung der beifolgenden Tabelle zeigt uns die Declination von त्वामतिक्रान्त und मामतिक्रान्त, die 2te von युवामतिक्रान्त und आवामतिक्रान्त, die 3te von युष्मानतिक्रान्त und अस्मानतिक्रान्त.

1ter Cas. Sg.	अतित्वं । अत्यहं	अतित्वं । अत्यहं	अतित्वं । अत्यहं
2ter – –	अतित्वां । अतिमां	अतियुवां । अत्यावां	अतियुष्मां । अत्यस्मां
3ter – –	अतित्वया । अतिमया	अतियुवया । अत्यावया	अतियुष्मया । अत्यस्मया
4ter – –	अतितुभ्यं । अतिमह्यं	अतितुभ्यं । अतिमह्यं	अतितुभ्यं । अतिमह्यं
5ter – –	अतित्वत् । अतिमत्	अतियुवत् । अत्यावत्	अतियुष्मत् । अत्यस्मत्
6ter – –	अतितव । अतिमम	अतितव । अतिमम	अतितव । अतिमम
7ter – –	अतित्वयि । अतिमयि	अतियुवयि । अत्यावयि	अतियुष्मयि । अत्यस्मयि
1ter und 2ter Cas. Du.	अतित्वां । अतिमां	अतियुवां । अत्यावां	अतियुष्मां । अत्यस्मां
3. 4. und 5. – –	अतित्वाभ्यां । अतिमाभ्यां	अतियुवाभ्यां । अत्यावाभ्यां	अतियुष्माभ्यां । अत्यस्माभ्यां
6ter und 7ter	अतित्वयोः । अतिमयोः	अतियुवयोः । अत्यावयोः	अतियुष्मयोः । अत्यस्मयोः
1ter Cas. Pl.	अतियूयं । अतिवयं	अतियूयं । अतिवयं	अतियूयं । अतिवयं
2ter – –	अतित्वान् । अतिमान्	अतियुवान् । अत्यावान्	अतियुष्मान् । अत्यस्मान्
3ter – –	अतित्वाभिः । अतिमाभिः	अतियुवाभिः । अत्यावाभिः	अतियुष्माभिः । अत्यस्माभिः
4ter – –	अतित्वभ्यं । अतिमभ्यं	अतियुवभ्यं । अत्यावभ्यं	अतियुष्मभ्यं । अत्यस्मभ्यं
5ter – –	अतित्वत् । अतिमत्	अतियुवत् । अत्यावत्	अतियुष्मत् । अत्यस्मत्
6ter – –	अतित्वाकं । अतिमाकं	अतियुवाकं । अत्यावाकं	अतियुष्माकं । अत्यस्माकं
7ter – –	अतित्वासु । अतिमासु	अतियुवासु । अत्यावासु	अतियुष्मासु । अत्यस्मासु

98. Eine paribhâshâ: अन्तरङ्गानपि विधीन् बहिरङ्गो लुक् बाधते ॥ Meiner Meinung nach ist unsre Regel eine Ausnahme zu I. 1. 63. Obgleich nach II. 4. 71. ein लुक् für das Casusaffix substituirt wird, findet die Substitution von त्व und म dennoch Statt.

99. Hierzu folgende vârtika's: तिसृभावे संज्ञायां कन्युपसंख्यानं ॥ १ ॥ तिसृका नाम ग्रामः ॥ चतसर्याद्युदात्तनिपातनं च (vgl. zu VI. 1. 167.) ॥ २ ॥ उपदेशिवद्वचनं च ॥ ३ ॥ स्वरसिद्ध्यर्थं ॥

100. Ausnahme zu VI. 1. 102, 111. - VII. 3. 110.

101. Man füge am Ende mit der Calc. Ausg. noch folgende Beispiele für den 2ten Casus hinzu: अतिजरसं । अतिजरं । अतिजरसौ । अतिजरे । अतिजरांसि । अतिजराणि ॥ Kâçikâ: प्रथमैकवचने तृतीयाबहुवचने च संनिपातपरिभाषाश्रयणाज्जरसादेशाभावे ऽतिजरं । अतिजरैरिति भाष्यकृन्मतं । तस्या अनित्यत्वाज्जरसि । अतिजरसं । अतिजरसैरिति रूपमित्यन्ये ॥ Patangali gestattet im 1ten Cas. Sg. nur die Form अतिजरं, indem er sich auf die zu VII. 1. 13. angeführte paribhâshâ stützt. Für सु wird im Neutrum nach VII. 1. 23. ein लुक् substituirt; geht das anga aber auf अ aus, so wird nach VII. 1. 24. अम् substituirt. Für जरा kann vor einer vocalisch anfangenden Endung जरस् substituirt werden; wenn man aber dieses vor der Endung अम् thun wollte, dann würde das kurze अ des anga, durch welches die Substitution von अम् für सु bedingt wird, verschwinden. Ebenso verhält es sich mit अतिजरैः; vgl. VII. 1. 9. Der 2te Casus अतिजरसं wird auf folgende Art erklärt. Für अम् wird nach VII. 1. 23. im Neutrum ein लुक् substituirt; nach einem anga auf अ wird aber nach VII. 1. 24. अम् für अम् substituirt. Vor einer vocalisch anfangenden Endung wird जरस् für जरा substituirt, und diese Regel hebt die Regel über die Substitution von

अम् auf, weil sie später als diese gegeben wird. Nun müsste für die Endung अम् nach VII. 1. 23. ein लुक् substituirt werden; dieses kann aber nicht geschehen, weil dadurch das Zusammentreffen von अम् mit जरस् aufgehoben werden würde, worauf die Substitution von जरस् für जरा beruht. Vgl. Colebr. Gr. S. 51. in den Noten und Siddh. K. Bl. 18. b.

102. Ein vârtika: त्यदादीनां द्विपर्यन्तानामकारवचनं ॥ Für das substituirte अ und für ein vorhergehendes अ wird nach VI. 1. 97. das substituirte अ allein substituirt. Die folgenden Regeln bestimmen fernere Veränderungen des Themas und der Casusendungen. Zu अदस् vgl. VIII. 2. 80, 81. Siddh. K. Bl. 20. a. त्यदादेः संबोधनं नास्तीत्युत्सर्गः ॥ Vgl. dagegen die Scholien zu 106.

105. Vgl. V. 3. 12. - VI. 4. 146.

106. Vgl. VI. 1. 69. - IV. 1. 4.

107. Ein vârtika: सौ औत्वप्रतिषेधः साकच्काद्वा सादुत्वं च ॥ १ ॥ असुकः । असकौ ॥

108. सु fällt ab nach VI. 1. 68.

113. Gegen I. 1. 52. fällt die ganze Silbe इद् ab. Unser Commentator beruft sich dabei auf eine Regel (wahrscheinlich eine paribhâshâ), die Bhaṭṭoǵi (Siddh. K. Bl. 20. a.) bei derselben Gelegenheit vollständig giebt. Sie lautet: नानर्थके ऽलो ऽन्त्यविधिरनभ्यासविकारे ॥ Vor den consonantisch anfangenden Endungen ist demnach अ das Thema von इदं. Ueber die Behandlung dieses अ s. I. 1. 21. Zur Endung भिस् vgl. VII. 1. 11.

114. Auch vor einem vocalisch anfangenden कित्- oder ङित्-Affix ist die Substitution der vṛiddhi gegen I. 1. 5. gestattet. Man sagt मृजन्ति oder मार्जन्ति, ममृजतुः

oder ममार्ज्जतुः ॥ Vgl. das **Bhâshya** zu I. 1. 3. in der Calc. Ausg. und **Siddh. K.** Bl. 134. b.

115. Die 4 ersten Beispiele sind mit dem Affix घञ्, die 3 letzten mit ण्वुल् gebildet. Zu गो und सखि vgl. VII. 1. 90, 92.

116. Beispiele mit den Affixen घञ् । णि und ण्वुल्.

Drittes Kapitel.

---

1. Zu दित्यवाह् vgl. III. 2. 64. – Ein **vârtika**: वहीनरस्येद्वचनं ॥ वहीनरस्यापत्यं । वैहीनरिः ॥ **Patangali**: कुणरबाडवस्त्वाह । नैष वहीनरः । कस्तर्हि विहीनो नरः कामभोगाभ्यां विहीनरः । तस्यापत्यं वैहीनरिः ॥ Hierauf **Kaiyyata**: पृषोदरादित्वान्नलोपः ॥

2. Zu इयः vgl. zu VII. 2. 80.

3. Calc. Ausg. याष्टिकः; vgl. jedoch IV. 4. 59.

6. Vgl. III. 3. 43. – V. 4. 14.

8. Hierzu folgende **vârtika's**: प्रतिषेधे श्वादिग्रहणं ज्ञापकमन्यत्र श्वन्ग्रहणे तदादिग्रहणास्य शौवहानाद्यर्थं ॥ १ ॥ शौवहानं नगरं । शौवाद्रंष्ट्रो (lies °दंष्ट्रो) मणिः ॥ इकारादिग्रहणं च श्वागणिकाद्यर्थं ॥ २ ॥ श्वगणेन चरति (vgl. IV. 4. 11.) । श्वागणिकः । श्वायूथिकः ॥ तदन्तस्य चान्यत्र प्रतिषेधो वक्तव्यः ॥ ३ ॥ श्वाभस्त्रेरिदं । श्वाभस्त्रं ॥

11. 12. Vgl. **vârtika** 11, 12. zu I. 1. 72.

14. **Patangali**: नगरग्रहणं किमर्थं । न प्राचां ग्रामाणामित्येव सिद्धं । एवं तर्हि सिद्धे सति यद्ग्रामग्रहणेन नगरग्रहणं करोति । तज्ज्ञापयत्याचार्यो ऽन्यत्र ग्रामग्रहणे नगरग्रहणं न भवतीति ॥

15. Vgl. **vârtika** 4. zu I. 1. 23. – Zu den Scholien vgl. man folgende **vârtika's**: संवत्सरग्रहणमनर्थकं परि-

माणान्तस्येति (17.) कृतत्वात् ॥ १ ॥ ज्ञापकं तु कालपरिमाणानां वृद्धिप्रतिषेधस्य ॥ २ ॥ Ein andrer lehrt: ज्ञापकं तु कालपरिमाणानां परिमाणाग्रहणस्य ॥

16. Calc. Ausg. त्रीणि वर्षाणि भावी ॥ Vgl. V. 1. 80.

17. Zu परिमाण vgl. die Scholien zu 15. - In den Scholien zu V. 1. 28. wird पाञ्चलोहितिकं geschrieben. Siddh. K. Bl. 87. b. wird auch पारमनैष्किकं (vgl. V. 1. 20.) durch unsre Regel erklärt. In diesem Falle dürfen wir nicht mehr संख्यायाः im sûtra ergänzen. Ebend. Bl. 90. b., wo fälschlich परिमाणात् तस्यासं° gelesen wird, ist jedoch das erste Glied des Compositums in allen Beispielen ein Zahlwort. Kâçikâ: सूत्रे ऽसंज्ञाशाणकुलिज्ञानामिति केचित् पठन्ति ॥ द्वैकुलिजिकः ॥

21-23. Vgl. VI. 3. 26, 28. und vârtika 3. zu VI. 3. 42.

29. Die Beispiele sind mit den Affixen इञ् und वुञ् gebildet.

32. Kâçikâ: तद्धितेष्वचामादेरिति (VII. 2. 117.) निवृत्तं तत्सम्बन्धं कितीत्यपि (vgl. VII. 2. 118.) । ञ्णितीति वर्तते ॥ घात ist mit घञ्, घातक mit ण्वुल्, घातं mit णमुल्, घातयति mit णिच् gebildet. Zur Substitution von घ् für ह् vgl. 54.

33. दायः und धायः stehen nicht an der rechten Stelle, da diese Wörter nach III. 1. 141. mit ण abgeleitet werden. In दायक und धायक ist ण्वुल् angefügt worden.

34. Ausnahme zu VII. 2. 116. Die Abwesenheit der vṛiddhi in उद्यम und उपरम ist unserm Commentator dadurch hinlänglich erklärt, dass diese Wörter im Dhâtu-P. vorkommen. - Ein vârtika: अनाचमिकमिवमीनामिति वक्तव्यं ॥ आचामः । कामः । वामः ॥ Vgl. VI. 4. 92, 93.

35. Vgl. II. 4. 42-44.

36. आत् bezeichnet nicht nur diejenigen Wurzeln, welche im Dhâtu-P. auf आ oder auf einen Diphthongen ausgehen, sondern auch solche Wurzeln, die vor णि für den Endvocal आ substituiren; vgl. VI. 1. 48. ff. Das Augment पु tritt an's Ende der Wurzel, und wird bei fernern Bildungen als ein Bestandtheil derselben betrachtet. Daher erfolgt die Substitution der Kürze in अदीदपत् nach VII. 4. 1. री der 9ten Klasse hat nicht den anubandha इ; vgl. Siddh. K. Bl. 146. a. Wie ich durch meinen Freund Westergaard erfahre, sagt Mâdhava in der Mâdhavîya-vṛitti, dass Svâmin, Kâçyapa und Andre अर्तिह्रीव्री° lesen, und demnach व्रेपयति bilden.

37. Ein vârtika: णिच्प्रकरणे धूञ्प्रीञोर्नुग्वचनं ॥ धूनयति । प्रीणयति ॥ Ein andres: पातेर्लुग्वचनं ॥ अदादेरित्यर्थः । पालयति ॥ Siddh. K. Bl. 150. a. धूञ् कम्पने (10te Klasse) ॥ णाविन्यधिकृत्य ॥ धूञ्प्रीञोर्नुग्वक्तव्यः ॥ धूनयति । . . । केचित् तु धूञ्प्रीणोरिति पठित्वा प्रिणातिसाहचर्याद्धूनातेरेव नुकमाहुः । धावयति । अयं स्वादौ क्र्यादौ तुदादौ च । स्वादौ ह्रस्वश्च । तथा च कविरहस्ये ।

धूनोति चम्पकवनानि धुनोत्यशोकं चूतं धुनाति धुवति स्फुटितातिमुक्तं ।
वायुर्विधूनयति चम्पकपुष्परेणून् यत् कानने धवति चन्दनमञ्जरीश्च ॥

प्रीञ् तर्पणे (10te Klasse) ॥ प्रीणयति । धूञ्प्रीणोरिति हरदत्तोक्तपाठे तु । प्रापयति (sic) ॥

39. Vgl. VI. 1. 51. und zu VI. 1. 48. Calc. Ausg. जटाभिर्लापयति; vgl. jedoch I. 3. 70.

40. Vgl. I. 3. 68. - VI. 1. 56.

44. Hierzu folgende vârtika's: मामकनरकयोरुपसंख्यानमप्रत्ययस्थत्वात् ॥ १ ॥ मम इयं । मामिका (vgl. zu IV. 1. 30.) । नरान् कायतीति । नरिका ॥ त्यक्त्यपोश्च प्रतिषिद्धत्वात् ॥ २ ॥ उदीचामात (46.) इति पाक्षिकनिषेधप्रसङ्गादित्त्वविधिः । दाक्षिणात्यिका । इहत्यिका ॥

45. Hierzu folgende **vârtika**'s: यत्तदोरिति वक्तव्यं ॥ १ ॥ इहापि यथा स्यात् । यकां यकामधीते । तकां तकां पचामह इति ॥ प्रतिषेधे त्यकन उपसंख्यानं कर्तव्यं ॥ २ ॥ उपत्यका । अधित्यका ॥ पावकादीनां छन्दस्युपसंख्यानं कर्तव्यं ॥ ३ ॥ शुचयः पावकाः (vgl. **Rig-V.** III. 4. 1.) । अलोमकाः । छन्दसि किं । पाविका । अलोमिका ॥ आशिषि चोपसंख्यानं कर्तव्यं ॥ ४ ॥ जीवतात् । जीवका । भवतात् । भवका । नन्दतात् । नन्दका ॥ (Vgl. III. 1. 150.) उत्तरपदलोपे चोपसंख्यानं कर्तव्यं ॥ ५ ॥ देवका । यज्ञका ॥ (Vgl. V. 3. 83.) क्षिपकादीनां चोपसंख्यानं कर्तव्यं ॥ ६ ॥ तारका ज्योतिष्युपसंख्यानं कर्तव्यं ॥ ७ ॥ तारका नक्षत्रं नेत्रकनीनिका च । अन्या तारिका ॥ वर्णका तान्तव उपसंख्यानं कर्तव्यं ॥ ८ ॥ वर्णका प्रावरणभेदः । अन्या वर्णिका ॥ वर्तका शकुनौ प्राचामुपसंख्यानं कर्तव्यं ॥ ९ ॥ वर्तका शकुनिः । उदीचां तु । वर्तिका । अन्या वर्तिका ॥ अष्टका पितृदैवत्य उपसंख्यानं कर्तव्यं ॥ १० ॥ अष्टिकान्या ॥ वा सूतकापुत्रकावृन्दारकाणामुपसंख्यानं कर्तव्यं ॥ ११ ॥ सूतका । सूतिका । पुत्रका । पुत्रिका । वृन्दारका । वृन्दारिका ॥

46. Die nördlichen Grammatiker erlauben nicht die Substitution von इ, wohl aber die übrigen. Die Substitution von इ findet für das nach VII. 4. 13. substituirte kurze अ Statt. शुभंयाः ist der 1te Cas. Sg. von शुभंया, einem क्विबन्त von der Wurzel या. – Ein **vârtika**: यकपूर्वे धात्वन्तप्रतिषेधो वक्तव्यः ॥ सुनायिका । सुपाकिका ॥

47. **Siddh. K.** Bl. 30. b. स्वेत्यन्तं लुप्तषष्ठीकं पदं ॥ नञ्पूर्व ist die nähere Bezeichnung der vorhergehenden Wörter, und kann daher auf keinen Fall die letzte Stelle im **dvandva** einnehmen; auch अपि deutet auf die Apposition. Man vgl. mit den Scholien folgende **vârtika**'s: एषाद्वे नञ्पूर्वे अनुदाहरणं ऽसुप (man lese असुप) इति प्रतिषेधात् ॥ १ ॥ भस्त्राग्रहणमुपसर्जनार्थं (भस्त्रका und भस्त्रिका ist schon durch 48. erklärt) ॥ २ ॥ नञ्पूर्वग्रहणानर्थक्यं चोत्तरपदमात्रस्येद्वचनात् ॥ ३ ॥ द्वा ist das Femininum von द्व, welches nach VII. 2. 102. das

Thema von द्वि vor Casusaffixen ist. Bei स्वा sind die 2 Formen gestattet, wenn das Wort ein nomen proprium oder ein untergeordneter Bestandtheil in einem Compositum ist, da bloss in diesen beiden Fällen das dem Affix क (कप्) vorangehende kurze अ für आ substituirt worden ist; vgl. VII. 4. 13, 15. Von स्व sein ist bloss स्विका nach 44. zulässig, indem das dem क् vorangehende अ ein primitives ist: es gehört dem Affix अकच् an. Siddh. K. l. l. एषका । एषिका । कृतषत्वनिर्देशान्नेह विकल्पः । एतिके । एतिकाः ॥

48. Zu भाषितपुंस्क vgl. zu VI. 3. 34., zu शेषाधिकारीयः कप् V. 4. 154.

50. Hierzu folgende vârtika's: ठादेशे वर्णग्रहणं चेडात्वन्तप्रतिषेधः ॥ १ ॥ पठिता । पठितुं ॥ संघातग्रहणं चेदुणादिमाथितिकादीनां प्रतिषेधः ॥ २ ॥ कपठः । शपठः । माथितिकः । अकारलोपे कृत (nach VI. 4. 148.) इसुसुक्तान्तादिति (51.) कादेशः स्यात् ॥ तस्माद्विशिष्टग्रहणं ॥ ३ ॥ तद्धितस्य ठादेरिति कर्तव्यं । एवं च माथितिके ठादेरिति वचनादल्विधित्वात् स्थानिवत्त्वाभावान्न कादेशः ॥ Vgl. I. 1. 56.

51. Siddh. K. Bl. 71. a. आशिषा चरति । आशिषिकः । उषा चरति । औषिकः ॥ Vgl. IV. 4. 8. Hier wird इक und nicht क substituirt nach der paribhâshâ: लक्षणप्रतिपदोक्तयोः प्रतिपदोक्तस्य ॥ Vgl. Siddh. K. Bl. 49. b. und Bl. 124. b. - Patangali: अथेह कथं भवितव्यं । दोर्भ्यां तरति (vgl. IV. 4. 5.) । दौष्क इति भवितव्यं । कथं । वर्णैकदेशा वर्णग्रहणेन गृह्यन्ते ॥ Hierauf Kaiyyata: ओकारे य उकारः स उकारग्रहणेन गृह्यते । यत्र समुदायाश्रयं कार्यं नास्ति । तत्रावयवाः स्वकार्यस्य प्रयोजका एव ॥

52. Das घित्-Affix ist घञ्. Vgl. I. 3. 10. zu यथासंख्यं. Siddh. K. Bl. 175. a. निष्ठायामनिट इति वक्तव्यं । तेनेह न । गर्ज्यं ॥ Vgl. zu 59.

53. Zum Uṅâdi-sûtra नावञ्चेः vgl. Siddh. K. Bl. 190. a.

54. Zur Substitution von घ् vgl. zu I. 1. 50. S. 22., zur Substitution von त् für न् vgl. 32.

55. Ein vârtika: अभ्यासात् कुत्वमसुपः ॥ इह मा भूत् । हननमिच्छति हननीयति । तस्मात् सनि जिहननीयिषतीति ॥

56. Ein vârtika: हेरचङि प्रतिषेधानर्थक्यमङ्गान्यत्वात् ॥ Ein andres: ज्ञापकं त्वन्यत्र एयधिकस्य कुत्वविज्ञानार्थं ॥

57. In den Scholien zu Bhaṫṫi-K. VIII. 4. wird सँल्लिटोर्जि: geschrieben, XIV. 46. सल्लि°, XIV. 106. संलि°. C. hat auch संलि°. Vgl. zu VI. 4. 42.

59. Ein vârtika: क्वायजिव्रजियाचिरुचीनामप्रतिषेधो (g. 60, 66.) निष्ठायामनिटः कुत्ववचनात् ॥ Ein andres: शुच्युब्जयोर्घञि कुत्वं ॥ शोकः । समुद्गः ॥ Zum Verständniss des erstern vârtika möge folgende Stelle aus Siddh. K. Bl. 175. b. dienen: वार्तिककारस्तु । चजोरिति (52.) सूत्रे निष्ठायामनिट इति पूरयित्वा न क्वादेरित्यादि प्रत्याचख्यौ । तेन अजितर्जिप्रभृतीनां (für तर्जि ist wohl व्रजि zu lesen) न कुत्वं निष्ठायां सेट्त्वात् । शुचुम्लुचुप्रभृतीनां तु क्वादित्वे ऽपि कुत्वं स्यादेव । सूत्रमते तु यद्यपि विपरीतं प्राप्तं तथापि यथोत्तरं मुनीनां प्रामाण्यं ॥

60. Zur Erklärung des langen आ in पारिव्राज्यं kann ich keine Regel anführen. Ein Versehen ist es wohl nicht, da in der Calc. Ausg. ursprünglich परिव्राज्यं steht, und erst im Druckfehlerverzeichniss gesagt wird, dass dafür पारिव्राज्यं zu lesen sei. Zu वैभाव vgl. II. 4. 56.

61. Zu उब्ज und उद्गुज vgl. zu VI. 1. 3. - Ein vârtika: भुजः पाणाविति वक्तव्यं ॥ १ ॥ Ein andres: न्युब्जेः कर्तृत्वादप्रतिषेधः ॥ Patanġali: नैतद्घञन्तं । कर्तृप्रत्यय एषः । न्युब्जतीति न्युब्जः ॥

64. Vgl. III. 1. 135. - श्रोक mit घञ् würde nach VI. 1. 197. ein Paroxytonon sein.

66. Vgl. III. 1. 110. - Ein vârtika: एयप्रतिषेधे त्यजे-

रूपसंख्यानं ॥ त्याज्यं ॥ **Siddh. K. Bl. 176. a.** त्यजिपूज्योश्चेति काशिका । तत्र पूजेर्ग्रहणं चिन्त्यं भाष्यानुक्तत्वात् । एयत्प्रकरणे त्यजेरुपसंख्यानमिति हि भाष्यं ॥

69. Ein **vârtika:** भोज्यमभ्यवहार्यमिति वक्तव्यं ॥ इहापि यथा स्यात् । भोज्यः सूपः । भोज्या यवागूः ॥ **Patanǵali:** किं पुनः कारणं न सिध्यति । भक्षिरयं खरविशदे वर्तते । तेन द्रवे न प्राप्नोति ॥

70. Das 1te Bẹispiel ist aus **Rig-V. XXXV. 8.** – **Patanǵali:** वेति शक्यमवक्तुं । कस्मान्न भवति । यदग्निरग्नये ददात् । अस्त्वत्र लोपः । आटः (vgl. III. 4. 94.) अवणं भविष्यति । तेनोभयं भविष्यति । दधद्रत्नानि दाशुषे । दधाद्रत्नानि दाशुषे ॥

72. Auch vor आतां und आथां findet ein lopa Statt, sonst müsste nach **VII. 2. 81.** इय् für das initiale आ der Endung substituirt werden. **Bhat́t́ogi (Siddh. K. Bl. 121. a.)** substituirt bloss vor den Endungen des âtmanep. (तङ्) einen lopa; vgl. auch **Colebr. Gr. S. 141.** in den Noten. Richtiger ist es jedoch, wenn man auch अलिक्षत् und अलिक्षं durch unsre Regel erklärt; man lese demnach zu **III. 1. 43. S. 121. Z. 16. VII. 3. 72.** statt **VI. 1. 97.**

73. Vgl. **III. 1. 45. – VII. 2. 44.**

74. Vgl. zu **III. 1. 70.**

75. C. und D. ष्ठिवुक्लम्वाचमां शिति; so citirt auch **Mâdhava** das **sûtra.** Die Scholien zu **Bhat́t́i-K. XVII. 10.** schreiben: ष्ठिवुक्लमाचमां शिति. Unser Commentator sagt in der Calc. Ausg., dass die **Kâçikâ** ष्ठिवुक्लम्याचमां शिति lese; die Handschriften stimmen aber mit C. und D. überein. Die von uns aufgenommene Lesart ist die ursprüngliche, wie wir aus folgendem **vârtika** ersehen können: दीर्घत्वे आङि चम इति वक्तव्यं ॥ Auch **Patanǵali** citirt in der Calc. Ausg. bei **71.** das **sûtra** ohne आ. **Siddh. K. Bl.**

139. b. क्लमु ग्लानौ । क्लाम्यति । क्लामति । शपीव श्यन्यपि ष्ठिवुक्लम्वि-त्येव दीर्घे सिद्धे शमादिपाठो घिनुणार्थः (sic) ॥ Vgl. III. 2. 141.

76. So auch क्राम्यति; vgl. III. 1. 70.

77. Bloss C. hat इषगमि°; bei B. fehlt das ganze sûtra. Die Lesart इष° verdient vor der unsrigen den Vorzug, da Kâtyâyana und Patanǵali so gelesen haben. Jener verbessert: इषेश्छत्वमहलि; dieser nimmt unsern Grammatiker in Schutz, indem er sagt: तत् तर्हि वक्तव्यं । न वक्तव्यं । अचीति वर्तते ॥

78. Ein vârtika: पिवेर्गुणाप्रतिषेधः ॥ पिवति । लघूपधगुणः (vgl. 86.) प्राप्नोति ॥ Patanǵali: स तर्हि प्रतिषेधो वक्तव्यः । न वक्तव्यः । पिवतिरदन्तः । अथवाङ्गवृत्ते पुनर्वृत्तावविधिर्निष्ठितस्येत्येवं न भवि-ष्यति ॥ Die hier citirte paribhâshâ wird in der Calc. Ausg. bei 79. ohne निष्ठितस्य angeführt. Zum âtmanep. in शीयते vgl. I. 3. 60.

79. Vgl. VI. 4. 42, 43.

82. Die Substitution des guṅa in जिमिदा und मिदृ der 1ten Klasse ist schon durch 86. erklärt; nicht so in जिमिदा der 4ten Klasse, da श्यन् nach I. 2. 4. ङित् ist; vgl. I. 1. 5.

83. Vgl. I. 1. 3. - Patanǵali ergänzt im sûtra aus 72. अचि; Kâtyâyana verbessert: जुसि गुणे यासुट्प्र-तिषेधः ॥ Die Regel betrifft die Endung उस् im लङ् nach reduplicirten Wurzeln; vgl. III. 4. 109. Diese Endung ist nach I. 2. 4. ङित्, und unser sûtra ist demnach eine Ausnahme zu I. 1. 5.

85. Ausnahme zu I. 1. 5. - VII. 2. 115.

86. Vgl. 36.

87. Hierzu 2 vârtika's: अभ्यस्तानामुपधाह्रस्वत्वमचि पश्यप-शाते चाकाशीमि (sic) वावशतीरिति दर्शनात् ॥ १ ॥ कपोतशारदं पश्यपशाते ।

अहं भुवनं चाकशीमि (vgl. die Scholien zu VIII. 1. 65.) । वावशतीहृदाजत् ॥ बहुलं छन्दस्यानुषक् (Siddh. K. Bl. 224. a. आनुषग्) जुजोषदिति दर्शनात् ॥ २ ॥

88. Richtiger die Kâçikâ: सूतेर्लुग्विकरणास्येदं ग्रहणं । सुवतिसूयत्योर्विकरणेन तिङो व्यवधानं । विकरणस्यैव ङित्त्वाद्गुणाभावः सिद्धः ॥ Vgl. I. 2. 4. In भवति folgt auch ein तिङ्, aber nicht unmittelbar auf die Wurzel, sondern auf शप्. – Zu बोभूतु vgl. VII. 4. 65. – Ein vârtika: भूसुवोः प्रतिषेध एकाज्ग्रहणं बोभवत्यर्थं ॥ बोभवतीति । यङ्लुगन्ताल्लेट् । तिप् । लेटो ऽडाटावित्यट् ॥ Vgl. III. 4. 94.

91. Vgl. zu I. 1. 72.

93. So ब्रवीतन mit तनप्; vgl. zu VII. 1. 45.

94. वर्वर्मि von वृ; vgl. VII. 4. 92.

95. Mit Recht ergänzt Bhaṭṭogi तिङि aus 88. – Siddh. K. Bl. 132. b. तु इति सौत्रो धातुः । धातुत्वे इदमेव सूत्रं ज्ञापकं । गतिवृद्धिहिंसासु । अयं च लुग्विकरण इति स्मरन्ति ॥ Für शमिध्वं lese man शमीध्वं. Zu अभ्यमीति vgl. VII. 2. 34. – Kâçikâ: आपिशलाः कुरुस्तुशम्यमः सार्वधातुके छन्दसि । इति सूत्रं पठन्ति । तन्मते सर्वेषामेव छन्दसि भवति ॥ Patangali: अपिद्धो ऽयमारम्भः । अध्रिगो शमीध्वं । सुशमि शमीध्वं । शमीध्वमध्रिगो ॥ Hierauf Kaiyyaṭa: शमेरन्तर्भावितण्यर्थात् प्रैषे (vgl. III. 3. 163.) लोट् । व्यत्ययेनात्मनेपदं । शप् । तस्य बहुलं छन्दसीति (II. 4. 73.) लुक् ॥

97. Bei VIII. 2. 73. finden wir das 1te Beispiel wieder, aber mit Auslassung von सलिलं.

98. Vgl. VII. 2. 76.

102. Zu वृक्षाय vgl. VII. 1. 13.

106–108. Vgl. VI. 1. 69. zum Ausfall von सु.

107. Vgl. VI. 1. 118. – Hierzu folgende vârtika's: उलकवतीनां प्रतिषेधः ॥ १ ॥ हे अम्बाडे । हे अम्बाले । हे अम्बिके ॥ (Patangali: स तर्हि प्रतिषेधो वक्तव्यः । न वक्तव्यः । अम्बार्थ

द्व्यत्तरं यदि ॥ **Kâçikâ:** छन्दसि वेति वक्तव्यं ॥ हे अम्बाउ । हे अम्बाडे u. s. w.) तलू ह्रस्वत्वं वा डिसंबुद्ध्योः ॥ २ ॥ (**Kâçikâ:** तलो ह्रस्वो वा डिसंबुद्ध्योरिति वक्तव्यं ॥ छन्दसीत्येव । डि । देवते भक्तिः । देवतायां भक्तिः । संबुद्धि । हे देवत । हे देवते ॥) अवश्यं छन्दसि ह्रस्वत्वं वक्तव्यं ॥ ३ ॥ पत्न्यो युवतयो गर्भिण्यः (vgl. zu III. 1. 85.) ॥ मातृणां मातच् पुत्रार्थमर्हते ॥ ४ ॥ योग्यं पुत्रमभिधातुं मातृ इत्येतस्य मातच् । इत्येष आदेश इत्यर्थः । संबुद्धावित्येव । हे गार्गीमात ॥

109. Ein **vârtika:** ज्ञसादिषु छन्दसि वावचनं प्राङ्णौ चङ्युपधायाः (VII. 4. 1.) ॥ किं प्रयोजनं । अम्बे दर्वि शतक्रत्वः पश्वे नृभ्यः किकिदीव्या । अम्ब । अम्बे (vgl. VI. 1. 118.) । पूर्णा दर्वि । दर्वे । शतक्रत्वः । शतक्रतवः । पश्वे नृभ्यः (Rig-V. XLIII. 2.) । पशवे नृभ्यः । किकिदीव्या । किकिदिविना ॥

110. Vgl. VI. 4. 11.

111. Vgl. VI. 1. 110.

117-119. Unser Commentator bemerkt in der Calc. Ausg. bei **119.**: औदच्च घेरित्येकमेव सूत्रमिति भाष्यकृन्मतं ॥ Hierdurch werden uns auch folgende **vârtika**'s verständlich: औत्त्वे योगविभागः कर्तव्यः सखिपतिभ्यामौत्त्वार्थः ॥ १ ॥ एकयोगे ह्यप्राप्तिरत्त्वसंनियोगात् (nicht etwa bloss desshalb, sondern weil सखि und पति gar nicht घि heissen) ॥ २ ॥ Die Neutra auf इ und उ erhalten vor ङि das Augment नुम् nach VII. 1. 73., und sind demnach keiner von den 3 Regeln unterworfen. Die Masculina (सखि und पति ausgenommen) und Feminina substituiren nach **119.** औ für ङि, und अ für den Finalen des Themas. Die Feminina auf इ und उ können aber nach I. 4. 6. vor ङि auch **nadi** heissen, und demnach nach **116.** आम् für ङि substituiren. Man ersieht hieraus, dass wir der Regel **117.** zur Erklärung von कृत्यां und धेन्वां gar nicht bedürfen. Ich schlage daher vor 2 **sûtra**'s in eins zusammenzuziehen, aber nicht das

2te und 3te, sondern das 1te und 2te. Durch die Regel इदुद्भ्यामौत् würde सख्यौ und पत्यौ erklärt werden, durch अच्च घेः der 7te Casus von den Thematis, welche घि heissen.

Viertes Kapitel.

1. Zu अदीदपत् vgl. VII. 3. 36. - Hierzu folgende vârtika's: णौ चङ्युपधाग्रहणमन्त्यप्रतिषेधार्थं ॥ १ ॥ उत्तरार्थं तर्ह्युपधाग्रहणं कर्तव्यं ॥ २ ॥ उपधाह्रस्वत्वे णेर्णिच्युपसंख्यानं कर्तव्यं ॥ ३ ॥ वादितवन्तं प्रयोजितवान् । अवीवदद्वीणां परिवादकेन (vgl. vârtika 2. zu I. 1. 58. und vârtika 1. zu 93.) ॥

2. Ein vârtika bemerkt sehr richtig: अल्लोपिप्रतिषेधानर्थक्यं च स्थानिवद्भावात् ॥ Vgl. zu I. 1. 57.

3. भ्राज enthält 2 Wurzeln: भ्राजृ und टुभ्राजृ; vgl. Colebr. Gr. S. 177. - Kâçikâ: भ्राजभासोर्ऋदित्त्वमपाणिनीयं ॥ Das ऋ hat bei diesen Wurzeln in der That keine Bedeutung; Colebrooke (Gr. S. 286.) bemerkt bei भासृ: „The substitution of the short vowel is here optional: and the mute vowel has no particular effect in this instance; its accent only marking the verb as deponent.“ Ein vârtika: काण्यादीनां चेति वक्तव्यं ॥ आदिशब्दः प्रकारे । तेन येषां ह्रस्वविकल्पो दृश्यते ते काण्यादयः ॥ Siddh. K. Bl. 153. a. werden folgende काण्यादयः aufgezählt: णयन्ताः कणरणभणश्रणलुपहेठः काण्यादयः षड्भाष्य उक्ताः । ह्वायिवाणिलोटिलोपयश्चत्वारो ऽधिका न्यासे । चाणिलोठीत्यप्यन्यत्र इत्थं द्वादश ॥ Colebrooke (Gr. S. 177.) weicht ein wenig ab; hier seine Zusammenstellung: रण, भण, श्रण, हेठ and लुप (1st cl.); to which some add ह्वेञ्,

वण, लुठ and लुण्लृ (6th cl.); and others likewise add चण and लुट.

4. An die Wurzel wird nach VII. 3. 37. vor णि युक् gefügt.

5. Calc. Ausg. अतिष्ठपतां ॥

7. Zu अचिक्रीर्तत् vgl. VII. 1. 101., zu अववर्तत् VII. 3. 86., zu अममार्जत् VII. 2. 114.

9. Zu दय vgl. III. 1. 37. - Ein vârtika: साभ्यासस्येति वक्तव्यं ॥

10. Ausnahme zu I. 1. 5. - Hierzu folgende vârtika's: संयोगादेर्गुणविधाने संयोगोपधग्रहणं कृञर्थं ॥ १ ॥ संचस्करतुः । संचस्करुः ॥ (Vgl. zu VI. 1. 135.) ऋतो लिटि गुणात् ञ्णिति वृद्धिः (vgl. VII. 2. 115.) पूर्वविप्रतिषेधेन ॥ २ ॥ सस्त्रार । सस्मार ॥

11. In den Scholien zu Bhaṭṭi-K. XIV. 25. finde ich die Lesart: ऋछ्रता. Der लिट् von ऋच्छ ist nach I. 2. 5. nicht कित्; dessenungeachtet kann nach VII. 3. 86. kein guṅa für ऋ substituirt werden, da der Vocal nicht leicht, und zudem nicht der vorletzte Buchstabe des aṅga ist. Bei ऋ und den auf ॠ ausgehenden Wurzeln dürfte nach I. 1. 5. keine Substitution von guṅa Statt finden. Zu आरतुः und आरुः vgl. zu VI. 1. 1. - Kâçikâ: वृद्धिविषये पूर्वविप्रतिषेधेन वृद्धिरेवेष्यते ॥ चकार । जगार ॥

12. Für die Kürze darf nach I. 1. 5. kein guṅa substituirt werden. Auch bei dieser Regel gilt die Bemerkung der Kâçikâ zum vorhergehenden sûtra.

13. Um die Länge in राका und धाका zu erklären, fasst unser Commentator die Regel उणादयो बहुलं (III. 3. 1.) ganz allgemein, als wenn sie in gar keinem Zusammenhange mit den vorhergehenden Regeln stände. Kâtyâyana dagegen verbessert: के ऽणो ह्रस्वत्वे तद्धितग्रहणं

कृन्निवृत्त्यर्थं ॥ Hierauf entgegnet **Patangali**: तत् तर्हि वक्तव्यं । न वक्तव्यं । उणादयो ऽव्युत्पन्नानि प्रातिपदिकानि (eine **paribhâshâ**) ॥

16. Ausnahme zu I. 1. 5.

18. Für das ऋ der Wurzel und für das des Affixes wird nach VI. 1. 97. das letztere ऋ allein substituirt.

21. Ausnahme zu I. 1. 5.

22. शय्यते ist mit यक्, प्रशय्य und उपशय्य mit ल्यप् (welches कित् ist, da es für क्त्वा substituirt wird), शाशय्यते mit यङ् gebildet.

23. Man lese mit der Calc. Ausg. आ उह्यते. Ganz unnütz ergänzt unser Commentator hier und beim folgenden **sûtra** अणः aus 13.: nach I. 1. 54, 67. wird die Kürze für den auf die Präposition folgenden Initialen der Wurzel substituirt.

24. ङिति braucht man in unserm **sûtra** nicht zu ergänzen, da beim **sârvadhâtuka** लिङ् die Kürze sich von selbst versteht. Man lese आ इयात्. **Siddh.** K. Bl. 133. b. समीयादिति प्रयोगस्तु भौवादिकस्य ॥

25. भृशायते und सुखायते sind Denominativa mit क्यङ्. Zu प्रकृत्य vgl. VI. 1. 71., zu धृष्णुया VII. 1. 39.

26. Das Beispiel शुक्लीकरोति gehört nicht hierher; vgl. 32. - **Siddh.** K. Bl. 104. b. अव्ययस्य दीर्घत्वं नेति केचित् । तन्निर्मूलं । स्वस्ति स्यादिति तु महाविभाषया (IV. 1. 82.) च्वेरभावात् (vgl. V. 4. 50.) सिद्धं । स्वस्तीस्यादित्यपि पक्षे स्यादिति चेदस्तु यद्वि नेष्यते तर्ह्यनभिधानात् । च्विरेव नोत्पद्यत इत्यस्तु ॥

27. पित्र्य ist entstanden aus पित्री + य; das ई ist ausgefallen nach VI. 4. 148. Zu जेगिल्यते vgl. VIII. 2. 20.

28. Zur Form des 7ten Cas. Pl. vgl. VIII. 3. 28. - VI. 4. 71.

29. Ausnahme zu I. 1. 5. Zu संस्क्रियात् vgl. zu VI. 1. 135.

30. अरार्यते ist zu VI. 1. 3. erklärt worden. - Hierzu folgende vârtika's: यङ्प्रकरणे हन्तेर्हिंसायामीट् ॥ १ ॥ जेघ्नीयते । अत्रोपधालोपस्य स्थानिवत्त्वाऊनो द्वित्वे ऽरूपासिद्धिः ॥ यङ्प्रकरणे हन्तेर्हिंसायामीक् ॥ २ ॥ अत्र ईको धातुभक्तत्वादजादिप्रत्ययपरत्वाभावादुपधालोपस्याप्राप्तिः (vgl. VI. 4. 98.) ॥ यङ्प्रकरणे हन्तेर्हिंसायां घ्नी ॥ ३ ॥

32. Siddh. K. Bl. 104. b. अव्ययस्य च्वावीत्वं नेति वाच्यं ॥ दोषाभूतमहः । दिवाभूता रात्रिः । एतच्चाव्ययीभावश्चेति (I. 1. 41.) सूत्रे भाष्य उक्तं ॥

35. जिगाति ist die 1te Sg. von गा (स्तुतौ) der 3ten Klasse. Bei Rosen und Wilson lautet das Präsens fälschlich जगामि und जगाति; vgl. Siddh. K. Bl. 137. a. Das Beispiel देवाञ्जिगाति finden wir wieder bei 38. und bei VIII. 2. 89. - Hierzu folgende vârtika's: अपुत्रादीनामिति वक्तव्यं ॥ १ ॥ (Siddh. K. Bl. 224. a. जनीयन्तो न्वग्रवः । जनमिच्छन्त इत्यर्थः ॥) छन्दसि प्रतिषेधे दीर्घत्वस्य (vgl. 25.) प्रतिषेधो वक्तव्यः ॥ २ ॥ संस्वेदयुः । मित्रयुः ॥ न वा अध्वाघस्याद्वचनमवधारणार्थं ॥ ३ ॥ Vgl. 37.

36. Calc. Ausg. एतानि statt इत्येतानि. - Zu द्रविणस्यु vgl. Rosen zu Rig-V. XV. 7., zu विपन्या Rig-V. CXIX. 7.

37. So अघायोः Rig-V. XXVII. 3., CXX. 7., अघायतः XCI. 8. Von अध्व finde ich jedoch LI. 14. अध्वयुः mit kurzem अ. - Vgl. vârtika 3. zu 35.

38. Von इह युग्शब्दो an hat unser Commentator Alles aus der Siddh. K. entlehnt: मन्त्रमात्रपरः statt मन्त्रपरः ist die einzige Abweichung. Bhaṭṭogi (Bl. 224. a.) fügt am Ende noch hinzu: बह्वृचादामध्यस्ति कठशाखा ततो भवति प्रत्युदाहरणमिति हरदत्तः ॥ Zu देवाञ्जिगाति सुम्नयुः vgl. zu 35.

39. So पृतन्युं Rig-V. XXXIII. 12., पृतन्यसि LIV. 4., अपृतन्यत् XXXII. 7. Für पृतन lese man in den Scholien पृतना.

40. Ausnahme zu 46. und VI. 4. 66. Man hätte इत् statt इ erwartet, da इ auch die Länge und die Dehnung enthält; vgl. I. 1. 69. - Vgl. **vârtika** 3. zu 47.

41. Ein **vârtika**: श्यतेरित्वं व्रते नित्यं ॥ संशितं व्रतं । सम्यक् संपादितमित्यर्थः । संशितो ब्राह्मणः । व्रतविषयकयत्नवानित्यर्थः ॥

45. **Bhaťťoǵi** (**Siddh.** K. Bl. 224. a.) erklärt das इ in धित richtiger als Substitut für आ; vgl. 42. नेमधिता **Rig-V.** LXXII. 4. ist ein 3ter Cas. Sg. von einem क्विबन्त नेमधित्. धिष्व finde ich ebend. XCI. 18. **Bhaťťoǵi** giebt folgende Beispiele: गर्भं माता सुधितं वक्षणासु । वसुधितमग्नौ । नेमधिता न पौंस्या । (क्तिन्यपि दृश्यते । उतश्वेतं वसुधितिन्निरेके ।) धिष्व वज्रं दक्षिणा इन्द्र हस्ते । सुरेता रेतो धिषीय ॥

46. Ich habe दद्घोः zusammengeschrieben, weil, wie wir sogleich sehen werden, das Substitut auch दत् । दथ् und दध् sein kann. Hierzu folgende **kârikâ**:

तान्ते दोषो दीर्घत्वं स्याद्दान्ते दोषो निष्ठानत्वं ।
धान्ते दोषो धत्वप्राप्तिस्थान्ते ऽदोषस्तस्मात्थान्तः ॥

दत् verwirft der Verfasser der **kârikâ** wegen VI. 3. 124., aber mit Unrecht, da eine Länge für den Finalen einer Präposition nur dann substituirt wird, wenn त् der **Initiale** der Wurzel दा ist. दद् wird wegen VIII. 2. 42., दध् wegen VIII. 2. 40. für falsch erklärt. **Bhaťťoǵi** (**Siddh.** K. Bl. 185. b.) dagegen hält die beiden letzten Formen auch für richtig, indem er sagt, dass die Substitution von न् und ध् für das त् des Affixes nicht Statt finden könne, nach der **paribhâshâ**: संनिपातलक्षणो विधिरनिमित्तं तद्विघातकस्य ॥ Vgl. zu VII. 1. 13.

47. Unser Commentator und **Bhaťťoǵi** (l. l.) nehmen अचः ein Mal als 5ten, das andre Mal als 6ten Casus. Letzteres thun sie aus dem Grunde, weil sonst

nach I. 1. 54, 67. (vgl. zu I. 1. 52-55.) त् für den Initialen von दा substituirt werden müsste. Ein vârtika verbessert: अच उपसर्गात् तत्वे आकारग्रहणं ॥ Ein andres: अत्र-र्णप्रकरणात् सिद्धं ॥ will अस्य aus 32. ergänzen. Patangali will त्तः lesen; dann verliert der vorhergehende 5te Casus seine Kraft, indem ein mehrbuchstabiges Substitut nach I. 1. 55. immer an die Stelle des ganzen, im 6ten Casus stehenden, Wortes gesetzt wird; bei den folgenden sûtra's können wir jedoch 2 त् nicht gebrauchen. Mit dem त् von क्त kommen 3 त् neben einander zu stehen; das mittlere त् kann nach VIII. 4. 65. ausfallen. Zur Länge in नीत्तं und सूत्तं vgl. VI. 3. 124. - Es ist nicht nothwendig दधित्तं und मधुदत्तं zusammenzuschreiben. - Hierzu folgendes vârtika: घतेरित्वादचस्तः (vgl. 40.) ॥ विप्रतिषेधेनेति शेषः । नीत्तं । वीत्तं ॥ Die Ausnahmen zu unsrer Regel enthält folgende kârikâ:

अवदत्तं विदत्तं च प्रदत्तं चादिकर्मणि ।
सुदत्तमनुदत्तं च निदत्तमिति चेष्यते ॥

Siddh. K. l. l. liest वेष्यते, fügt aber hinzu: चशब्दाद्यथाप्राप्तं ॥ Vgl. vârtika 4. zu I. 4. 60.

48. Ein vârtika: अपो भि मासश्छन्दसि ॥ माद्भिरिष्ट्वा ॥ Ein andres: स्ववस्स्वतवसोर्मास उषसश्च त इष्यते (vielleicht eine Verbesserung von Patangali) ॥ Dem 1ten Cas. von स्ववस् und स्वतवस् liegt auch ein Thema auf त् zu Grunde; Pâṅini erklärt ihn jedoch anders; vgl. VII. 1. 83. Ueber मास् s. zu VI. 1. 63., wo Bhaṭṭogi अपो भीति statt अपो भिरिति hätte schreiben müssen. Siddh. K. Bl. 224. b. स्ववद्भिः । अवतेरसुन् । शोभनमवो येषां ते स्ववसस्तैः । तु इति सौत्रो धातुस्तस्मादसुन् । स्वं तवो येषां तैः स्वतवद्भिः । समुषद्भिरजायथाः (Rig-V. VI. 3.) । मिथुने ऽसिः । वसेः किच्चेत्यसिप्रत्यय इति हरदत्तः । पञ्चपा-

दीर्घीत्या तु उषः किदिति प्राग्व्याख्यातं ॥ पञ्चपादी nennt Bhaṭṭogi die, in 5 Abschnitte (पाद्) getheilte, Lehre von den Uṅâdi-Affixen, welche in der Calc. Ausg. der Siddh. K. von Bl. 189. b. bis Bl. 205. b. abgehandelt wird. Hier heisst es Bl. 204. a. सर्वधातुभ्यो ऽसुन् ॥ und Bl. 204. b. मिथुने (so heisst eine, von einer Präposition begleitete, Wurzel) ऽसिः पूर्ववच्च सर्वं ॥ . . । उषः कित् ॥ Das Affix असि ist nur durch den Accent von असुन् verschieden: die mit असि abgeleiteten Wörter sind Oxytona nach III. 1. 3., die mit असुन् haben nach VI. 1. 197. den Acut auf der 1ten Silbe. Da असि nach उष् कित् ist, darf nach I. 1. 5. kein guṅa für den Wurzelvocal substituirt werden; vgl. VII. 3. 86.

49. Man lese mit der Calc. Ausg. आस्से । वस्से ॥ da nach VIII. 2. 66. bloss für den Finalen eines pada रु substituirt werden kann.

50-52. Vgl. das Paradigma zu III. 1. 33.

50. In व्यतिसे ist kein Buchstabe von der Wurzel übriggeblieben; das अ ist nach VI. 4. 111. ausgefallen. Da hierdurch das स् der Personalendung से der Initiale eines pada wird, so kann nach VIII. 3. 111. kein ष् dafür substituirt werden.

53. Man trenne यी वर्णयोः. यी ist der 1te Cas. Du. von यि; das darauffolgende वर्णयोः bestimmt den Casus, in welchem यि aufgefasst werden muss. Der 7te Cas. Du. von यि würde zu Missverständnissen Anlass gegeben haben.

54-57. Vgl. 58.

54. Bei den vocalisch ausgehenden Wurzeln wird für das substituirte स् nach 49. त् substituirt; bei den

consonantisch ausgehenden Wurzeln fällt das substituirte स् nach VIII. 2. 29. aus. गामादाग्रहणेष्वविशेषः ist eine **paribhâshâ**, die in der Calc. Ausg. bei I. 1. 20. angeführt wird. - Ein **vârtika**: इस्त्वं सनि राधो हिंसायामिति वक्तव्यं ॥ प्रतिरित्सति । हिंसायां किं । आरिरात्सति ॥

55. Zu ईर्त्सति vgl. I. 1. 51.

56. Vgl. zu I. 2. 10.

58. Zu सन्वद्भाव vgl. 93. - **Kâçikâ**: सर्वस्याभ्यासस्यायं लोप (gegen I. 1. 52.) इष्यते ॥ Ein **vârtika**: अभ्यासस्यानचि ॥ **Patanǵali**: अभ्यासस्येति यदुच्यते । तदनचि द्रष्टव्यं । चर् । चराचरः । चल । चलाचलः । पत्लृ । पतापतः । वद् । वदावदः ॥ Hierauf **Kaiyyaṭa**: चरिचलिपतिवदीनामच्याक् चाभ्यासस्येति (**vârtika** 2. zu VI. 1. 12.) द्वित्वे आगमे च कृते हलादिः शेषो न भवति ॥

59. Zu बभूव vgl. 73.

60. Vgl. zu VI. 1. 1. - Hierzu folgende **vârtika's**: हलादिशेषे षष्ठीसमास (d. i. हलादि=हलोः oder हलां आदि) इति चेदन्नादिषु शेषप्रसङ्गः ॥ १ ॥ अक्षू । आनक्ष । आनक्षतुः । आनक्षुः । अत्र ककारस्य शेषः प्राप्नोति ॥ कर्मधारय (d. i. हलादि=आदिर्हल्) इति चेदादिशेषनिमित्तत्वाल्लोपस्य तदभावे लोपवचनं ॥ २ ॥ अट । आट । आटतुः । आटुः । अत्राद्यहलो ऽभावाल्लोपो न प्राप्नोति ॥ तस्मादनादिलोपः ॥ ३ ॥ **Patanǵali**: अथवा योगविभागः करिष्यते । ह्रस्वः । ह्रस्वादेशो भवत्यभ्यासस्य । ततो हल् । हल् च लुप्यते ऽभ्यासस्य । तत आदिशेषः । आदिशेषश्च भवत्यभ्यासस्य ॥ Beide Erklärer scheinen हलादिशेषः gelesen zu haben.

61. Ein **vârtika**: शर्पूर्वशेषे खर्पूर्वग्रहणं कर्तव्यं ॥ उच्छी (sic) । उचिच्छिषति । तुकः श्रवणं मा भूत् ॥ Das च् in उच्छ् ist nach VIII. 4. 40. für त् (vgl. VI. 1. 73.) substituirt worden, wird aber nach VIII. 2. 1. bei der Bildung der Reduplication als त् behandelt. Man hätte demnach ohne die eben ge-

gebene Verbesserung nach 60. उतिच्छिषति bilden müssen.

62. Für ह् und क् wird in der Reduplicationssilbe nach VIII. 4. 54. च् und ज् substituirt. Für जुडुषते ist जुजूषते zu lesen.

65. Calc. Ausg. in den Scholien Z. 3. वरीवृज्जन्.

66. Dem für ऋ substituirten अ muss nach I. 1. 51. र् angefügt werden; dieses र् fällt aber nach 60. wieder aus. Vgl. 90-92. und paribhâshâ 1. zu 83.

67. Hierzu folgende vârtika's: स्वापिग्रहणं व्यपेतार्थं ॥ १ ॥ सुष्वापयिषतीति । स्वपेः सनादिषु परतो विहितं संप्रसारणं णिचा व्यवधानेन प्राप्नोतीति स्वापेण्यन्तस्याभ्यासस्य संप्रसारणं विधीयते ॥ तत्र कृदन्ते ऽतिप्रसङ्गः ॥ २ ॥ इहापि प्राप्नोति । स्वापयतेर्ण्वुल् । स्वापकः । स्वापकमिच्छति । स्वापकीयति । स्वापकीयतेः सन् । सिष्वापकीयिषतीति ॥ सिद्धं तु णिग्रहणात् ॥ ३ ॥ Patangali: तस्माण्णिग्रहणं कर्तव्यं ॥ Hierauf Kaiyyata: स्वपेर्णाविति वक्तव्यं । तेन स्वपेर्यो णिर्विधीयते तदन्तस्य ग्रहणात् घञन्तापणेर्ग्रहणाभावः ॥ Vgl. VI. 1. 17.

69. Vgl. I. 1. 59.

71. Siddh. K. Bl. 114. b. आच्छि आयामे । आञ्छति । अत आदेरित्यत्र (70.) तपरकरणं स्वाभाविकह्रस्वपरिग्रहार्थं । तेन दीर्घाभावान्न नुट् । आच्छ । तपरकरणं सुखसुखार्थमिति (lies मुखसुखा°) मते तु नुट् । आनाञ्छ ॥

73. Vgl. zu VII. 1. 6.

75. Calc. Ausg. und Siddh. K. Bl. 136. b. णिजां°. - Ein vârtika: त्रिग्रहणानर्थक्यं गणान्तत्वात् ॥ Ein andres: उत्तरार्थं तु ॥

77. Bei ऋ wird für das इ der Reduplication nach VI. 4. 78. इय् substituirt. - Patangali: अर्तिग्रहणं किमर्थं । न बहुलं छन्दसीत्येव (78.) सिद्धं । न ह्यन्तरेण छन्दो ऽर्तेः श्लुर्लभ्यः । एवं तर्हि सिद्धे सति यदर्तिग्रहणं करोति तज्ज्ञापयत्याचार्यो भाषायामर्तेः श्लुर्भवतीति । तेन लोके इयर्तीत्येतत् सिद्धं भवति ॥ Hierauf Kaiy-

yańa: ऋ सृ गताविति जुहोत्यादौ पठ्यते । गणे छन्दसीति छन्दोग्रहणं पूर्वेषामपि घृप्रभृतीनां शेष इति छान्दस एवार्त्तिः प्रलुविषयः ॥

78. Siddh. K. Bl. 225. a. पूर्णां विवष्टि; vgl. jedoch ebend. Bl. 216. a. und die Scholien zu II. 4. 76.

80. Vgl. 93, 94.

82. Vgl. I. 1. 3. – Diese Regel betrifft nur das इ und उ, da für ऋ nach 66. immer अ substituirt wird. – Hierzu folgende vârtika's: एचोर्यङि दीर्घत्वप्रसङ्गः ॥ १ ॥ डोढौक्यते । तोत्रौक्यते ॥ ह्रस्वादि परं दीर्घत्वं (g. 59, 83.) ॥ २ ॥ न वाभ्यासविकारेष्वपवादस्योत्सर्गाबाधकत्वात् ॥ ३ ॥ Vgl. paribhâshâ 1. zu 83. Für einen Diphthongen wird in der Reduplicationssilbe zuerst eine Kürze substituirt nach 59., hierauf guńa für diese nach unsrer Regel.

83. Bloss für अ wird eine Länge substituirt, da an die Stelle der übrigen Vocale nach der vorigen Regel guńa gesetzt wird. Diejenige Reduplicationssilbe ist अकित्, an welche kein Augment (नीक् । नुक् । रीक् । रुक् und रिक्) gefügt wird; vgl. 84. ff. – Hierzu folgende paribhâshâ's: अभ्यासविकारेषु अपवादा उत्सर्गान् विधीन् न बाधन्ते ॥ १ ॥ अभ्यासविकारेषु बाधका न बाधन्ते ॥ २ ॥

85. Hierzu folgende vârtika's: नुकि यंयम्यते रंरम्यत इति रूपासिद्धिः ॥ १ ॥ अझल्परत्वादनुस्वाराप्राप्तिः (vgl. VIII. 3. 24.) ॥ अनुस्वारागमवचनात् तु सिद्धं ॥ २ ॥ पदान्तवच्चेति वक्तव्यं ॥ ३ ॥ तेन वा पदान्तस्येति (VIII. 4. 59.) परसवर्णविकल्पेन यँय्यम्यत इत्यपि सिध्यति ॥

88. Zur Länge in चञ्चूर्यते und चञ्चूर्ति vgl. VIII. 2. 77., zu लघूपधगुण VII. 3. 86. Das ऊ ist असिद्ध nach VIII. 2. 1.

89. Man ergänze क्किति aus 69. – फुल्ल ist das Participium pass. von ञिफला; vgl. VIII. 2. 55. Das für त् substituirte ल् ist nach VIII. 2. 1. असिद्ध.

90. Das Intensivum von नृत् wird im gaṅa क्षुभ्नादि aufgeführt; daher wird kein ण् für न् substituirt. – Ein vârtika verbessert: रीगृत्त्वतः संयोगार्थं ॥ Patanǵali: संयोगान्ताः प्रयोजयन्ति । वरीवृश्च्यते । परीपृच्छ्यते । बरीभृज्ज्यते ॥

91. Ein vârtika: मर्मृज्यते मर्मृज्यमानास इति चोपसंख्यानं कर्तव्यं ॥ लुकि हृग्विधीयमानो यङि न प्राप्नोतीति वचनं ॥

93. कथ der 10ten Klasse ist zweisilbig; das finale अ fällt nach VI. 4. 48. vor णि aus. – Hierzu folgende vârtika's: सन्वद्भावदीर्घत्वे णेर्णिच्युपसंख्यानं ॥ १ ॥ वादितवन्तं प्रयोजितवान् । अवीवदद्वीणां परिवादकेन (vgl. vârtika 2. zu I. 1. 58. und vârtika 3. zu 1.) ॥ मीमादीनां (vgl. 54-58.) तु लोपप्रसङ्गः ॥ २ ॥ अमीमपत् ॥ सिद्धं तु रूपातिदेशात् ॥ ३ ॥ सनि यादृशमभ्यासरूपं तत् सन्वद्भावेनातिदिश्यते न च मीमादीनां सन्यभ्यासरूपमस्ति ॥

95. Einige lesen दृ statt दॄ; Mâdhava verwirft jedoch diese Lesart; vgl. Colebr. Gr. S. 313. in den Noten und Siddh. K. Bl. 124. a., wo तन्नेति माधवः statt तत्रेति माधवः zu lesen ist.

Achtes Buch.

Erstes Kapitel.

4. Zu लुनीहि लुनीहीत्येवायं लुनाति vgl. III. 4. 2. und vârtika 4. zu 12. - Kâçikâ: यत् तिङन्तं नित्यतया प्रकर्षेण (vgl. V. 4. 11.) च युक्तं तत्र कृतद्विर्वचनात् प्रकर्षप्रत्यय इष्यते । पचति पचतितरामिति ॥

5. Hierzu folgende vârtika's: परेरसमासे ॥ १ ॥ इह मा भूत् । परित्रिगर्तं वृष्टो देवः ॥ परेर्वर्जने वावचनं ॥ २ ॥ परि त्रिगर्तेभ्यः । परि परि त्रिगर्तेभ्यः ॥ Vgl. I. 4. 88. - II. 1. 12. - II. 3. 10.

6. Vgl. vârtika 11. zu II. 2. 18. und Comm. sur le Yaçna S. 412. ff.

8. Ein vârtika: असूयाकुत्सनयोः कोपभर्त्सनयोश्चैकार्थ्यात् पृथङ्निर्देशानर्थक्यं ॥

9. Hierzu folgende vârtika's: एकस्य द्विर्वचनसंबन्धेनेति चेदर्थनिर्देशः ॥ १ ॥ कर्तव्य इति शेषः ॥ न वा वीप्साधिकारात् ॥ २ ॥ बहुव्रीहिवत्त्वे प्रयोजनं सुलोपपुंवद्भावौ (vgl. II. 4. 71. - VI. 3. 34.) ॥ ३ ॥ सुलोपः । एकैकं । पुंवद्भावः । गतगता (vgl. 10.) ॥ सर्वनाम-

स्वरसमासान्तेषु दोषः ॥ ४ ॥ एकैकस्मै । न बहुव्रीहाविति (I. 1. 29.) । निषेधः प्राप्नोति । न न । सु सु । नञ्सुभ्यामिति (VI. 2. 172.) स्वरः प्राप्नोति । ऋक् (sic) ऋक् । पूः पूः । ऋक्पूरब्धूरिति (V. 4. 74.) समासान्तः प्राप्नोति ॥

10. Die Beispiele sind Oxytona nach VI. 1. 223.; vgl. vârtika 4. zum vorhergehenden sûtra. Wollte man aber mit Pâṅiṇi गतगत u. s. w. auch bei der Setzung des Accents als bahuvrîhi behandeln, dann würde nach VI. 2. 1. (vgl. III. 1. 3.) der Acut auf die Endsilbe des 1ten Wortes zu setzen sein.

11. Vgl. 3. Von den vorhergehenden Zusammensetzungen hätte man vielleicht ebenso richtig sagen können, dass sie कर्मधारयवत् seien, da ihnen nicht der Accent eines bahuvrîhi zukommt. Die Erklärer schweigen über diesen Punkt. - Vgl. II. 4. 71. - VI. 3. 34. - VI. 1. 223.

12. Kâçikâ: जातीयरो ऽनेन द्विर्वचनेन बाधनं नेष्यते । पटुजातीयः । मृदुजातीयः ॥ Vgl. V. 3. 69. - Hierzu folgende vârtika's: आनुपूर्व्ये द्वे भवत इति वक्तव्यं ॥ १ ॥ मूले मूले (Im Veda wird in ähnlichen Fällen मूलेमूले, oder in der pada-Schreibart मूले ऽमूले geschrieben; vgl. Rig-V. I. 3. - IV. 1. - VII. 7. - IX. 10. - XX. 7. - XXV. 1. - XXVI. 6. u. s. w.) स्थूलः । अग्रे अग्रे (sic) सूक्ष्मः ॥ स्वार्थे ऽवधार्यमाणे ऽनेकस्मिन् ॥ २ ॥ अस्मात् कार्षापणादिह भवद्भ्यां माषं माषं देहि ॥ चापले द्वे भवत इति वक्तव्यं ॥ ३ ॥ संभ्रमेण प्रवृत्तिश्चापलं । अहिरहिः । बुध्यस्व बुध्यस्व ॥ (Patañgali: न चावश्यं द्वे एव । यावद्भिः शब्दैः सो ऽर्थो ऽवगम्यते । तावन्तः प्रयोक्तव्याः । अहिरहिरहिः । बुध्यस्व बुध्यस्व बुध्यस्व ॥) क्रियासमभिहारे ॥ ४ ॥ [Siddh. K. Bl. 106. a. लुनीहि लुनीहीत्येवायं लुनाति (vgl. III. 4. 2.) । नित्यवीप्सयोरिति (4.) सिद्धे भृशार्थे द्वित्वार्थमिदं । पौनःपुन्ये ऽपि लोटा सह समुच्चित्य द्योतकता लब्धु वा ॥] आभीक्ष्ण्ये द्वे

भवत इति वक्तव्यं ॥ ५ ॥ भुक्त्वा भुक्त्वा व्रजति । भोजं भोजं व्रजति ॥ डाचि च द्वे भवत इति वक्तव्यं ॥ ६ ॥ पटपटायति । मटमटायति । शरशरायति ॥ [Kâçikâ: अव्यक्तानुकरणाडाजन्तस्य (vgl. V. 4. 57.) द्विर्वचनमिष्यते । इह न भवति । द्वितीयाकरोति । तृतीयाकरोति (vgl. V. 4. 58.)] पूर्वप्रथमयोरर्थातिशयविवक्षायां ॥ ७ ॥ पूर्वं पूर्वं पुष्पति (sic) । प्रथमं प्रथमं पच्यते ॥ उतरउतमयोः समसंप्रधारणायां स्त्रीनिगद्भावे ॥ ८ ॥ उभाविमावाढ्यौ । कतरा कतरा अनयोराढ्यता ॥ कर्मव्यतिहारे सर्वनाम्नः । समासवच्च बहुलं (Siddh. K. l. l. बहुलग्रहणादन्यपरयोर्न समासवत् । इतरशब्दस्य तु नित्यं) । यदा न समासवत् प्रथमैकवचनं तदा पूर्वपदस्य ॥ ९ ॥ अन्योन्यमिमे ब्राह्मणा भोजयन्ति । इतरेतरं भोजयन्ति ॥ स्त्रीनपुंसकयोरुत्तरपदस्य वा आम्भावः ॥ १० ॥ अन्योन्यां । अन्योन्यं । इतरेतरां । इतरेतरं । इमे ब्राह्मण्यौ कुले वा भोजयतः ॥ Siddh. K. Bl. 106. b. अत्र केचित् । आमादेशो द्वितीयाया एव । भाष्यादौ तथैवोदाहृतत्वात् । तेन स्त्रीनपुंसकयोरपि तृतीयादिषु पुंवदेव रूपमित्याहुः । अन्ये तूदाहरणस्य दिङ्मात्रत्वात् सर्वविभक्तीनामादेशमाहुः ॥

15. Ein **vârtika**: अत्यन्तसहचरिते लोकविज्ञाते द्वन्द्वमित्युपसंख्यानं ॥

19. Ausnahme zu VI. 1. 198.

20. Für पारिशेष्या ist wohl पारिशेष्याद् zu lesen. – Ein **vârtika**, welches in der Calc. Ausg. bei 18. angeführt wird, lehrt: समानवाक्ये निघातयुष्मदस्मदादेशाः ॥ **Patangali**: किं प्रयोजनं । नानावाक्ये मा भूवन् । अयं दण्डो हरानेन । ओदनं पच तव भविष्यति । मम भविष्यति ॥ Siddh. K. Bl. 24. a. एकतिङ् वाक्यं ॥

25. Ein **vârtika**: पश्यार्थैश्च प्रतिषेधः समानवाक्य इति प्रकृत्य वक्तव्यः ॥ भक्तस्तव रूपं ध्यायति ॥

26. Ein **vârtika**: युष्मदस्मदोरन्यतरस्यामनन्वादेशे ॥ Ein Andrer lehrt: सर्व एव वांनावादयो ऽनन्वादेशे विभाषा वक्तव्याः ॥ **Patangali**: तत् तर्हीदानीमिदं वक्तव्यं । सपूर्वाया प्रथमाया विभाषेति । वक्तव्यं च । किं प्रयोजनं । अन्वादेशार्थं । अन्वादेशे विभाषा यथा स्यात् । अथो ग्रामे कम्बलस्ते स्वं । अथो ग्रामे कम्बलस्तव स्वं ॥

27. Hierzu folgende **vârtika's**: तिङो गोत्रादिषु कुत्सनाभीक्ष्ण्यग्रहणं पाठविशेषणं ॥ १ ॥ अनुदात्तविशेषणे त्वन्यत्र (vgl. 57.) गोत्रादिग्रहणे कुत्सनाभीक्ष्ण्यग्रहणं ॥ २ ॥ वक्तव्यं स्यादिति शेषः ॥ अनुदात्तग्रहणं वा ॥ ३ ॥

28. Für अग्निमीडे ist vielleicht mit **Bhaṭṭogi** अग्निमीळे zu schreiben; vgl. VIII. 2. 87. und **Rosen** zu **Rig-V.** I. 1. – Ein **vârtika**: तिङ्ग्रहणमनर्थकं समानवाक्याधिकारात् ॥

30. Zu नेज्जिह्मायन्तो नरकं पताम vgl. zu III. 4. 8., zu दृधसे III. 4. 96.

33. Vgl. VIII. 2. 96. und **Rosen** zu **Rig-V.** I. 6.

35. Calc. Ausg. पाप्मान; **Siddh. K.** wie wir.

36. **Kâçikâ**: परभूतयोरपि योगे भवति प्रतिषेधः । देवदत्तः पचति यावत् । देवदत्तः पचति यथा ॥

39. **Patangali**: पूजायामिति वर्तमाने पुनः पूजाग्रहणं किमर्थं । अनिघातप्रतिषेधाभिसंबद्धं तदभूत् । यदि तदनुवर्तेत । इहाप्यनिघातप्रतिषेधः प्रसज्येत । इष्यते चात्र निघातप्रतिषेधः ॥

42. **Bhaṭṭogi** ergänzt nicht विभाषा im **sûtra**.

46. Vgl. I. 4. 106. – **Patangali**: किमर्थमिदमुच्यते । न गत्यर्थलोटा लृडित्येव (51.) सिद्धं । नियमार्थो ऽयमारम्भः । एहि मन्ये प्रहास एव । क्व मा भूत् । एहि मन्ये रथेन यास्यसीति ॥

55. Hierzu folgende **vârtika's**: आम एकान्तरे एकश्रुत्यस्य (sic; vgl. I. 2. 33.) प्रतिषेधः ॥ १ ॥ निघातप्रसङ्गस्तु (vgl. 19.) ॥ २ ॥ सिद्धं तु प्रतिषेधाधिकारे प्रतिषेधवचनात् ॥ ३ ॥ **Patangali**: नैव वा पुनरत्रैकश्रुत्यं प्राप्नोति । किं कारणं । अनन्तिक इत्युच्यते । अन्यच्च दूरमन्यदनन्तिकं । प्लुतो ऽपि तर्हि न प्राप्नोति । प्लुतो ऽपि हि दूरादित्युच्यते (vgl. VIII. 2. 84.) । इष्टमेवैतत् संगृहीतं । आं भो देवदत्त इत्येव भवितव्यं ॥

56. Da die Partikeln auf das verbum finitum folgen, wird man in den Scholien इत्येतत्परं statt इत्येतेभ्यः परं

lesen müssen. Siddh. K. Bl. 246. a. जाय स्वा रोहावैहि; Kâçikâ: जाये स्वो रोहावैहि. Letztere Lesart ist vorzuziehen; vgl. vârtika 7. zu VI. 3. 109. - Ein vârtika: यञ्जितुपरस्य छन्दस्यनिघातो ऽन्यपरप्रतिषेधार्थः ॥

57. Ein vârtika: आम्रेडितेष्वगतेः सगतिरपि तिङित्यत्र (68.) च गतिग्रहण उपसर्गग्रहणं कर्तव्यं ॥ इह मा भूत् । शुक्लीकरोति चन । कृष्णीकरोति चन । यत् काष्ठं शुक्लीकरोति ॥ Ein Andrer lehrt: सर्वत्रैवाष्टमिके गतिग्रहण उपसर्गग्रहणं द्रष्टव्यं । गतिर्गतौ (70.) । तिङि चोदात्तवतिवर्जं (71.) ॥

62. Vgl. vârtika 4. zu VI. 1. 94.

65. Rosen und Wilson schreiben त्रिम्वति, Colebrooke (Gr. S. 280.) त्रिन्वति; vgl. die Scholien zu VIII. 2. 89. und Rig-V. CXVIII. 2. Die letztere Schreibart ist die allein richtige. Die Wurzel त्रिव् erhält nach VII. 1. 58. das Augment नुम्; da व् nicht im pratyâhâra झल् enthalten ist, kann nach VIII. 3. 24. kein anusvâra für न् substituirt werden. Wenn man nicht त्रिंवति schreiben darf, ist auch त्रिम्वति nicht zulässig, da ein secundäres म् nur für anusvâra substituirt werden kann. Das Beispiel तयोरन्यः° ist aus dem 1ten khaṅḋa des 3ten Muṅḋaka. In der Ausgabe des Herrn Poley (die Calc. Ausg. steht mir nicht zu Gebot) fehlt das 2te अन्य nach अनश्नन्, aber mit Unrecht, wie man auch aus dem Bhâshya zu jenem Muṅḋaka S. 136. ersehen kann.

66. Kâçikâ: पञ्चमीनिर्देशे (vgl. I. 1. 67.) ऽप्यत्र व्यवहिते कार्यमिष्यते ॥ Ein vârtika: वा यथाकाम्ये ॥ यत्र क्व च न यजते । तद्देवयजन एव यजते ॥

67. D. lässt काष्ठादिभ्यः aus; in A. ist das Wort später hinzugefügt worden. Kaiyyaṫa bemerkt, dass

der Zusatz aus einem vârtika herrühre; dieses lautet: पूजितस्यानुदात्तत्वे काष्ठादिग्रहणं ॥ Kâçikâ: समासस्येत्यस्यापवादो ऽयं (vgl. VI. 1. 223.) ॥ पूजनादित्येव पूजितपरिग्रहे सिद्धे आनन्तर्यलाभार्थं पूजितग्रहणं । एतदेव ज्ञापयति । अत्र प्रकरणे पञ्चमीनिर्देशे (vgl. I. 1. 67.) ऽपि नानन्तर्यमाश्रीयत इति ॥ Ein andres vârtika lehrt: मलोपश्च ॥ दारुणाध्यापकः । दारुणाभिरूपकः ॥

68. Vgl. zu 57. – Hierzu folgende vârtika's: सगतिग्रहणमपदत्वात् ॥ १ ॥ उत्तरार्थं च ॥ २ ॥ तिङ्निघातात् पूजनात् पूजितमनुदात्तं विप्रतिषेधेन ॥ ३ ॥

69. Hierzu folgende vàrtika's: सुपि कुत्सने क्रियायाः ॥ १ ॥ कर्तुः कुत्सने मा भूत् । पचति पूतिर्देवदत्तः ॥ पूतिश्च चानुबन्धः (Siddh. K. Bl. 246. b. तेनायं चकारकानुबन्धत्वादन्तोदात्तः ॥ Vgl. VI. 1. 163.) ॥ विभाषितं चापि बह्वर्थं ॥ ३ ॥ पचन्ति पूति । पचन्ति पूति ॥

70. Das Beispiel आ मन्द्रै° hatten wir schon bei I. 4. 82. – Hierzu folgende vârtika's: गतेरनुदात्तत्वे गतिग्रहणानर्थक्यं तिङ्ग्यवधारणात् ॥ १ ॥ छन्दोर्थं तर्हि गतिग्रहणं कर्तव्यं ॥ २ ॥ छन्दोर्थमिति चेन्नागतित्वात् ॥ ३ ॥

71. Vgl. 66, 28.

72. Vgl. zu den Beispielen 22, 21, 19, 28.

73. Patang̍ali: इह कस्मान्न भवति । अघ्न्ये देवि सरस्वति इडे काव्ये विहव्ये । योगविभागः करिष्यते । नामन्त्रिते समानाधिकरणे सामान्यवचनं । ततो विभाषितं विशेषवचन इति ॥ Zu den Beispielen vgl. 19. – Siddh. K. Bl. 202. a. अघ्न्यादयश्च (ein Uṅâdi-sûtra) ॥ यगन्ता निपात्यन्ते । हन्तेर्यक् । अडागमः । उपधालोपश्च । अघ्न्या माहेयी । अघ्न्यः प्रजापतिः ॥ Vgl. Rosen zu Rig-V. XXX. 19.

74. बहुवचनं fehlt bei D.; in A. ist es am Rande beigeschrieben. Der Zusatz rührt von Patang̍ali her; hier seine eigenen Worte: इह कस्मान्न भवति । ब्राह्मणा वैया-

करणा। बहुवचनमिति वक्ष्यामि॥ Hierauf **Kaiyyaṭa:** इहेति। बहुवचनग्रहणमपाणिनीयमिति प्रश्नः। बहुवचनमिति। तेन ब्राह्मणा वैयाकरणा इत्यत्र वा निघातो ब्राह्मणा वैयाकरणा इत्यत्र नित्यः॥

Zweites Kapitel.

1. Alle Veränderungen, die von nun an mit einem Elemente vorgenommen werden, sind als nicht geschehen zu betrachten bei allen vorhergehenden Regeln. VIII. 3. 19. wird gesagt, dass nach der Meinung des Grammatikers **Çâkalya** das य् und व् in हरयेहि und विष्णवेहि ausfalle. Nach dem Ausfall von य् und व् darf für अ+ए nach VI. 1. 88. keine **vṛiddhi** substituirt werden, da der Ausfall des Halbvocals nach jener Regel als nicht geschehen betrachtet wird. Ueber अमुष्मै u. s. w. s. zu 80, 81. Andre interessante Beispiele sind in folgender **kârikâ** aus der **Kâçikâ** enthalten:

शुष्किका शुष्कजङ्घा च क्षामिमानौजढत् तथा।
मतोर्वत्वे झलां जश्त्वं* गुडलिण्मान् निदर्शनं॥

*So hat die Calc. Ausg.; die Handschriften lesen जश्त्वे. – **Vâmana** erklärt die Beispiele auf folgende Art: शुष्किकेत्यत्र शुषः क (51.) इत्यस्यासिद्धत्वादुदीचामातः स्थाने यकपूर्वाया (VII. 3. 46.) इत्येतन्न भवति। शुष्कजङ्घा इति न कोपधाया (VI. 3. 37.) इति प्रतिषेधो न भवति। क्षामिमानिति क्षामस्यापत्यं क्षामिः क्षामो वास्यास्तीति क्षामी। क्षामिः क्षामी वा यस्यास्तीति स क्षामिमान्। क्षायो म (53.) इत्यसिद्धत्वान्मादुपधायाश्चेति (9.) वत्वं न भवति। औजढदिति। वहेर्निष्ठायामूढस्तमाख्यदिति णिच्। तदन्ताल्लुङि चङि द्वेति (VI. 1. 11.)

द्विर्वचने कर्तव्ये ढत्वधत्वष्टुत्वढलोपानामसिद्धत्वात् (vgl. 31, 40. - VIII. 4. 41. - VIII. 3. 13.) णौ (vgl. zu VI. 4. 155. und zu I. 1. 57.) च यष्टिलोपस्तस्य स्थानिवद्भावात् ढ्त इति द्विरुच्यते । अनग्लोप (vgl. VII. 4. 93.) इति प्रतिषेधात् सन्वद्भिवत्त्वं नास्ति तेन औजढदिति । औजिढदित्येतत् तु क्विन्नन्तस्य ऊढिशब्दस्य भवति । गुडलिपमानिति गुडलिहो ऽस्य सन्तीति मतुप् । तत्र ढत्वजश्त्वयोरसिद्धत्वात्फय (vgl. 31, 39, 10.) इति वत्वं न भवति ॥

2. Ueber den lopa von न् s. 7. - Zu राजभिः und तक्षभिः vgl. VII. 1. 9., zu राजभ्यां und राजसु VII. 3. 102, 103., zu राजीयति VII. 4. 33., zu राजायते VII. 4. 25., zu राजाश्वः VI. 1. 101. Calc. Ausg. षणान्ताः षडिति; vgl. zu I. 1. 24.

3. Vgl. zu 80, 81. - Ein vârtika verbessert: न मु टादेश इति वक्तव्यं ॥ टाया आदेशः । टादेशः । टायामादेशष्टादेश इति सर्वविभक्त्यन्तो ऽयं समासः ॥ Patanǵali: न वक्तव्यं । तदेतदेव ज्ञापयत्याचार्यो भवत्यत्र नाभावः । यदयं ने परतो ऽसिद्धत्वप्रतिषेधं शास्ति ॥

4. कुमारी mit dem Feminin-Affix ङीष् ist ein Oxytonon nach III. 1. 3.; die Casusaffixe sind anudâtta nach III. 1. 4.; सकृल्लू und खलपू sind Oxytona nach VI. 2. 139.; वेद्री und शार्ङ्गरवी sind nach IV. 1. 73. mit ङीन् gebildet, und haben daher nach VI. 1. 197. den Acut auf der 1ten Silbe; अत्र mit त्रल् (vgl. V. 3. 10.) ist nach VI. 1. 193. ein Paroxytonon. - Ein vârtika: यणस्वरो यणादेशे स्वरितयणः स्वरितार्थं ॥ (Patanǵali: तत् तर्हि वक्तव्यं । न वक्तव्यं । आहायं स्वरितयण इति । न चास्ति सिद्धः स्वरितस्तत्राश्रयात् सिद्धत्वं भविष्यति ॥) Ein andres: आश्रयात् सिद्धत्वमिति चेदुदात्तात् स्वरिते दोषः ॥ दध्याशा । मध्वाशा ॥ Patanǵali: एवं तर्हि योगविभागः करिष्यते । उदात्तयणः परस्य अनुदात्तस्य स्वरितो भवति । ततः स्वरितयणः । स्वरितयणश्च परस्यानुदात्तस्य स्वरितः ॥

5. Die Casusaffixe sind anudâtta nach III. 1. 4.

यजन्ति und पचन्ति sind entstanden aus यज् und पच् + शप् + अन्ति; शप् ist anudâtta nach III. 1. 4., अन्ति nach VI. 1. 186.

6. Zum Accent von तृप्यित vgl. VI. 2. 2. - Vgl. zu V. 2. 96. - V. 4. 57. - Hierzu folgende vârtika's: एकादेशस्वरो ऽन्तरङ्गः ॥ १ ॥ सिद्धो वक्तव्य इति शेषः । किं प्रयोजनं । अयवायावेकादेशशतृस्वरैकाननुदात्तसर्वानुदात्तार्थं ॥ संयोगान्तलोपो रोरुत्वे ॥ २ ॥ प्लुतिश्चोत्वे सिद्धा वक्तव्या ॥ ३ ॥ सिज्लोप एकादेशे सिद्धो वक्तव्यः ॥ ४ ॥ संयोगादिलोपः संयोगान्तलोपे ॥ ५ ॥ निष्ठादेशः षत्वस्वरप्रत्ययेड्विधिषु सिद्धो वक्तव्यः ॥ ६ ॥ वस्वादिषु दत्वं सौ दीर्घत्वे ॥ ७ ॥ अदस इत्वोत्वे स्वरे वहिःपदलक्षणो ॥ ८ ॥ प्रगृह्यसंज्ञायां च सिद्धे वक्तव्ये ॥ ९ ॥ प्लुतिस्तुग्विधौ छे च ॥ १० ॥ अभ्यासजश्त्वचर्त्वमत्वतुकोः ॥ ११ ॥ द्विर्वचने परसवर्णत्वं ॥ १२ ॥ पदाधिकारश्चेल्लत्वघत्वढत्वनत्वरुत्वषत्वणत्वानुनासिकछत्वानि ॥ १३ ॥ Im Verlauf dieses Buchs werden wir Gelegenheit haben auf einige von diesen vârtika's zu verweisen, wobei dieselben auch ihre Erklärung finden werden.

7. Unser Commentator und Bhaṭṭogi halten न und प्रातिपदिक für 6te Casus mit abgeworfener Casusendung, weil अन्तस्य als Apposition von न, und प्रातिपदिक als 6ter Casus, von न regiert, aufgefasst werden muss. Zu अहन् vgl. VI. 1. 68.

8. Calc. Ausg. सप्तमीबहुवचने statt सप्तम्येकवचने. Vgl. zu VII. 1. 39. - Hierzu folgende vârtika's: ङिसंबुद्ध्योरनुत्तरपदे ॥ १ ॥ चर्मतिलः (d. h. चर्मणि तिला अस्य) । राजन्वृन्दारक । राजवृन्दारक (vgl. II. 1. 62.) ॥ वा नपुंसकानां ॥ २ ॥ हे चर्मन् । हे चर्म ॥ भत्वात् तु ङौ प्रतिषेधानर्थक्यं ॥ ३ ॥ Patañgali: संबुद्धौ चैनापि नार्थः । संबुद्ध्यन्तानां न समासः । राज वृन्दारकेति ॥

9. मात् ist der 5te Casus vom dvandva म. Nach I. 1. 54, 67. (vgl. zu I. 1. 52-55.) wird व् für den Initialen von मतुप् substituirt. Kâçikâ: अकृतवत्वो मतुप् यवा-

दिषु द्रष्टव्यः ॥ Im gańa यवादि sind auch die Ausnahmen zu 10. und 11. enthalten. – Ein vârtika: नार्मते प्रतिषेधः ॥ नृमतो ऽपत्यं नार्मतः ॥ Ausnahme zu 11.

10. Zu जश्त्व vgl. 39. – विद्युन्मत् Rig-V. LXXXVIII. 1. ist eine Ausnahme zu unsrer Regel und zu I. 4. 19.

11. Zur Länge vor वत् vgl. VI. 3. 120.

12. Calc. Ausg. überall अष्टीवत्. Zu कक्षीवत् vgl. vârtika 3. zu VI. 1. 37.

15. Zum Vocativ हरिवस् vgl. VIII. 3. 1., wo sich unser Commentar desselben Beispiels bedient. Ein vârtika: परिगणनं कर्तव्यं । त्रिहर्यधिपत्यग्निरेभ्य इति ॥ त्रि । त्रिवतीर्याज्यानुवाक्या भवन्ति । हरि । हरिवो मे दिनं त्वा । अधिपति । अधिपतिवतीर्जुहोति । अग्नि । चरुरग्निमानिव । रै । आ रेवानेतु नो विशः (vgl. vârtika 2. zu VI. 1. 37.) ॥ Ein andres: छन्दसीरो बहुलमिति वक्तव्यं ॥

16. न् wird an den Anfang des Affixes gefügt; da es असिद्ध ist, wird nach 9. व् für das म् und nicht für das न् des Affixes substituirt. – Hierzu folgende vârtika's: अनो नुटि विनामरुविधिप्रतिषेधः ॥ १ ॥ पूर्वान्तत्वपक्ष इदं । विनामो णत्वं । विनाम । अक्षण्वान् । पदान्तस्येति (VIII. 4. 37.) निषेधाण्णत्वं न प्राप्नोति । रुविधिः । सुपथिन्तरः । नाद्घस्येति (17.) नुटि सति नकारस्य पदान्तत्वान्नश्छवीति (VIII. 3. 7.) रुत्वं प्राप्नोति ॥ परादौ वत्वप्रतिषेधो ऽवग्रहश्च ॥ २ ॥ अक्षण्वान् । नुटो मतुब्भक्तत्वात् तद्ग्रहणे नग्रहणान्मादुपधाया (9.) इति वत्वं प्राप्नोति ॥ भत्वात् सिद्धं ॥ ३ ॥ अनस्तु प्रकृतिभावे मतुब्ग्रहणं छन्दसि ॥ ४ ॥ घग्रहणं च ॥ ५ ॥

17. So वृषन्तम Rig-V. X. 10., वृत्रहन्तम LXXVIII. 4. – Hierzu 2 vârtika's: ईद्रथिनः ॥ १ ॥ रथीतरः (Rig-V. LXXXIV. 6.) । रथीतमं रथीनां (ebend. XI. 1.) ॥ भूरिदावन्स्तुट् ॥ २ ॥ भूरिदावत्तरो जनः ॥ Den Formen रथीतर und रथीतम liegt ein Thema रथी zu Grunde; von diesem Thema kommt

der 1te Cas. Sg. रथीः Rig-V. XXV. 3. - XLIV. 2., und der 6te Cas. Pl. रथीनां ebend. XI. 1.

18. Die Scholien zu Bhaṭṭi-K. XIV. 89. - XVII. 109. lesen: कृपो रो लः ॥ Aus dieser Regel ersieht man deutlich, dass der Vocal ऌ li und nicht etwa lṛi ausgesprochen werden muss. Bhaṭṭoǵi (Siddh. K. Bl. 123. a.) erklärt die Regel auf folgende, sehr spitzfindige Art: कृपः उ (lies कृप उः; उः ist der 6te Cas. Sg. von ऋ) इति छेदः । कृपेति लुप्तषष्ठीकं तच्चावर्तते । कृपो यो रेफस्तस्य लः स्यात् । कृपेर्ऋकारस्यावयवो यो रः रेफसदृशस्तस्य च लकारसदृशः स्यात् ॥ Hierzu folgende vârtika's: कृपणादीनां प्रतिषेधः ॥ १ ॥ कृपणः । कृपाणः । कृपा । कृपीटं ॥ बालमूललघ्वलमङ्गुलीनां वा लो रमापद्यते ॥ २ ॥ [Kâçikâ: °गुलीनां वा रो लमापद्यत इति वक्तव्यं ॥ अप्सवबारः । अप्सवबालः । मूरदेवः । मूलदेवः । रघुस्यदः । लघुस्यदः । अरं भक्ताय (vgl. अरंकृताः (Rig-V. II. 1. 1.)। अलं भक्ताय । स्वङ्गुरिः । स्वङ्गुलिः ॥] संज्ञाछन्दसोर्वा कपिलकादीनां ॥ ३ ॥ Kâçikâ: कपिलकाः । कपिरकाः । तिर्पिरिकं । तिल्पिलिकं । कर्मषं । कल्मषं । रोमाणि । लोमानि । पांसुरं । पांसुलं । कर्म । कल्म । शुक्रः । शुक्लः ॥ Vgl. den gańa कपिलकादि ॥

19. Hierzu 2 vârtika's: रेफस्यायताविति चेत् परेरुपसंख्यानं ॥ १ ॥ पल्ययते (hier folgt अयते nicht unmittelbar auf das र्) ॥ उपसर्गस्येति चेदेकादेशे ऽप्रसिद्धिः ॥ २ ॥ प्लायते । पलायते । एकादेशे कृते (vgl. VI. 1. 101.) व्यपवर्गाभावादयताविति लत्वं न प्राप्नोति ॥ Siddh. K. Bl. 119. a. निस्दुसो रुत्वस्यासिद्धत्वान्न (vgl. 1, 66.) लत्वं । निरयते । दुरयते । निर्दुरोस्तु निलयते । दुलयते । प्रत्यय इति त्विणो ङ्गपं ॥

20. Vgl. III. 1. 24.

21. Unser Commentator bemerkt in der Calc. Ausg. am Ende der Scholien: व्यवस्थितविभाषेयं । तेन गल इत्यत्र नित्यं लत्वं । गिर इत्यत्र नित्यं न भवति । निगार्यते । निगाल्यते । इत्यत्र

णिलोपस्य स्थानिवत्त्वाल्लत्वविकल्पः ॥ Ein vârtika: णावुपसंख्यानं कर्तव्यं ॥ इहापि यथा स्यात् । निगार्यते । निगाल्यते ॥ Vgl. vârtika 2. zum folgenden sûtra.

22. Ein vârtika: योगे च ॥ परियोगः । पलियोगः ॥ Ein andres: सङि लत्वसलोपसंयोगादिलोपकुत्वदीर्घत्वानि ॥ वक्तव्यानीति शेषः । सङिति सनः (vgl. III. 1. 5.) सकारादारभ्य महिङो (vgl. III. 4. 78.) ङकारेण प्रत्याहारः । लत्वं । गिरौ । गिरः । अचि विभाषेति (21.) लत्वं प्राप्नोति । सलोप । पयो धावति । धि चेति (25.) सकारलोपः प्राप्नोति । संयोगादिलोप । काष्ठशक् स्याता । स्कोरिति (29.) कलोपः प्राप्नोति । कुत्वं । क्रुञ्चा । चोः कुरिति (30.) कुत्वं प्राप्नोति । दीर्घत्वं । धुर्यः । हलि चेति (77.) दीर्घत्वं प्राप्नोति । सङीति वचनान्न भवति ॥

23. Vgl. zu VI. 4. 14. - Ein vârtika verbessert: संयोगान्तस्य लोपे यणः प्रतिषेधः ॥ दध्यत्र । मध्वत्र ॥

24. Vgl. zu VI. 1. 111.

25. Vgl. zu III. 1. 43. S. 120. und vârtika 2. zu 22. - Ein vârtika: धिकारे सिचो लोपः ॥ Patangali: तस्मात् सिचो ग्रहणं कर्तव्यं । न कर्तव्यं । कस्मान्न भवति चकाड्ढि (von चकास्) पलितं शिर इति । इष्टमेवैतत् संगृहीतं । चकाधीत्येव भवितव्यं ॥ Vgl. Siddh. K. Bl. 135. b. Der Ausfall des स् im Affix तासि vor ध्वे wird auch durch unsere Regel erklärt; vgl. das Paradigma zu III. 1. 33. und Siddh. K. Bl. 110. b.

27. Man lese अलविष्ट । अलविढाः ॥ und vgl. zu III. 1. 43. S. 120. Zu द्विष्टरां und द्विष्टमां vgl. V. 4. 11. - VIII. 3. 101.

28. Vgl. das Paradigma von लू S. 120. Nach dem Ausfall von स् wird gegen 1. nach VI. 1. 101. ई für इ + ई substituirt; vgl. vârtika 4. zu 6.

29. Vgl. vârtika 2. zu 22. - Für das ज् von भ्रस्ज् wird nach 36. ष् substituirt; für dieses ड् nach 39., oder

ट् nach VIII. 4. 56. Zu काष्ठतट् vgl. VIII. 4. 56., zu लग्नः und लग्नवान् 30.

30. Vgl. **vârtika** 2. zu 22.

31. Für das त् der Affixe तृ, तुम् und तव्य wird nach 40. ध् substituirt; für dieses ढ् nach VIII. 4. 41.; hierauf fällt das 1te ढ् nach VIII. 3. 13. aus, und für den Wurzelvocal wird nach VI. 3. 112. ओ substituirt. Für das ढ् in प्रष्ठवाढ् und दित्यवाढ् wird nach 39. ड्, oder nach VIII. 4. 56. ट् substituirt.

32. दह्ता wird zuerst दह्धा nach 40., hierauf दग्धा nach VIII. 4. 53. Zu काष्ठधक् vgl. 37. - VIII. 4. 56. दामलिट् ist ein क्विबन्त vom Denominativ, welches auch **dhâtu** heisst, दामलिह्यति; vgl. die Scholien zu 37. und **Siddh. K.** Bl. 19. b. - Ein **vârtika**: हृग्रहोर्भश्छन्दसि हस्य ॥ हृ । गर्दभेन संभरति । सामिधेन्यो जभ्रिरे (vgl. संजभार Rig-V. CXV. 4.) । ग्रह । गृभ्णामि । उद्ग्राभं च निग्राभं च (vgl. zu III. 3. 36.) ॥

33. Calc. Ausg., **Siddh. K.** Bl. 19. b. (hier auch मुहू statt मुह), **Kâçikâ**, A., B. und C. °ष्णुहष्णिहां; vgl. dagegen **Laghu-K.** S. 44

34. नह्ता wird zuerst नह्धा nach 40., hierauf नद्धा nach VIII. 4. 53. Zu उपानत् vgl. VIII. 4. 56.

35. Vgl. III. 4. 84. zum Substitut आह्. Aus आह्थ wird आत्थ nach VIII. 4. 53.

36. Den Ausfall von श् in वृष्टा und ähnlichen Formen kann ich durch keine Regel erklären. In भ्रस्ज् fällt das स् nach 29. aus. Für व् am Ende eines **pada** wird nach 39. ड्, oder nach VIII. 4. 56. ट् substituirt. - **Bhaṭṭogi** (**Siddh. K.** Bl. 16. b.) erklärt निड्भ्यां, निड्भिः und निट्सु von निश्, dem Substitut (vgl. VI. 1. 63.) von निशा, auch durch unsre Regel, bemerkt aber dabei, dass An-

dre im sûtra धातोः aus **32.** ergänzen, und demnach निड्भ्यां । निड्भिः und निट्सु nach **39.** - **VIII. 4. 40, 55.** bilden.

38. Zum Ausfall des Wurzelvocals vgl. **VI. 4. 112.**

39. Für च् । छ् । ज् । झ् । स् und ह् wird nicht जश् substituirt, da für diese Consonanten besondere Regeln (**30-34, 66.**) gegeben werden. Für श् wird vielleicht auch bloss im Substitut निश् (vgl. zu **36.**) vor den mit भ् und स् anfangenden Casusendungen ज् substituirt, da für das finale श् einer Wurzel immer ष् nach **36.** substituirt wird. Nach **VIII. 4. 56.** kann in der Pause für die im pratyâhâra झल् enthaltenen Consonanten auch च् । ट् । त् । क् und प् substituirt werden. Am Ende eines Wortes erscheint ein ज् und च् bloss bei Affixen; vgl. zu **II. 4. 80.**; bei allen andern Wörtern werden nach **30.** die Gutturalen für die Palatalen substituirt. - Eine Ausnahme zu unsrer Regel ist **VIII. 4. 55.**

40. Für भ् und घ् in लभ्धा und दोघ्धा (vgl. **32.**) wird nach **VIII. 4. 53.** ब् und ग् substituirt. Aus लेह्ता wird zuerst लेढ्ता nach **31.**, hierauf लेढ्धा nach unsrer Regel, dann लेढ्ढा nach **VIII. 4. 41.**, und zuletzt लेढा nach **VIII. 3. 13.** - Patangali: अध इति शक्यमवक्तुं । कस्मान्न भवति । धत्तः । धत्थ इति । जश्त्वे योगविभागः करिष्यते । इदमस्ति दधस्तथोश्चेति (**38.**) । ततो वक्ष्यामि झलां जशः । झलां जशो भवन्ति दधस्तथोः । तत अन्ते । अन्ते च झलां जशो भवन्ति । तत्र जश्त्वे कृते ऽझषन्तत्वान्न भविष्यति ॥ Hierauf Kaiyyaṭa: पूर्वत्रासिद्धमिति (**1.**) भष्भावे (vgl. **37.**) जश्त्वस्यासिद्धत्वाज्झषन्तत्वं । धत्वे तु परस्मिन् सिद्धं जश्त्वमित्यझषन्तत्वात् तयोर्धत्वाभावः ॥

41. Für das श् von विश् wird nach **36.** ष् vor स् substituirt, für das ह् von लिह् nach **31.** ढ्. Für das स् des Affixes wird nach **VIII. 3. 59.** ष् substituirt.

42. Hierzu folgende **vârtika**'s: निष्ठादेशे पूर्वग्रहणं परस्यादेशप्रतिषेधार्थं ॥ १ ॥ भिन्नवद्भ्यां । भिन्नवद्भिः ॥ पञ्चमीनिर्दिष्टाद्धि परस्य (vgl. I. 1. 67.) ॥ २ ॥ वृद्धिनिमित्तात् प्रतिषेधः ॥ ३ ॥ कार्त्तिः । चैत्तिः । फौल्लिः । कार्त्तिः । चैत्तिरित्यनयोर्वृद्धौ कृतायां नत्वं प्राप्नोति । फौल्लिरित्यत्र वृद्धौ सत्यामुदुपधत्वसंनियोगेनोच्यमानं लत्वं (vgl. 55.) न प्राप्नोति ॥ न वा बहिरङ्गलक्षणत्वात् ॥ ४ ॥

44. Hierzu folgende **vârtika**'s: ॠल्वादिभ्यः क्तिन् निष्ठावत् ॥ १ ॥ कीर्णिः । लूनिः । पूनिः ॥ दुग्वोर्दीर्घश्च ॥ २ ॥ आदूनः (**Siddh. K.** Bl. 183. a. दु गतौ । दूनः । टुदु उपताप इत्ययं तु न गृह्यते सानुबन्धत्वात् । मृदुतया दुतयेति माघः ॥) । विगूनः ॥ पूञो विनाशे ॥ ३ ॥ पूना यवाः । विनष्टा इत्यर्थः । विनाशे किं । पूतं धान्यं ॥ सिनोतेर्ग्रासकर्मकर्तृकस्य ॥ ४ ॥ सिनो ग्रासः स्वयमेव । ग्रासेति किं । सिता पाशेन सूकरी ॥

45. Zu उड्डीन vgl. zu VII. 2. 14. - Das Participium von ओव्रश्चू heisst वृक्ण. Nach 1. ist das substituirte न् असिद्ध, und demnach, wie das primitive त्, im **pratyâhâra** झल् enthalten; nach 36. wird für das च् in der Wurzel ओव्रश्चू vor einem Consonanten, der in झल् enthalten ist, ष् substituirt; **vârtika** 6. zu 6. lehrt aber, dass die Substitute der **nishthâ** bei der Substitution von ष् सिद्ध seien; man substituirt daher vor न् nicht ष्, sondern क् nach 30.

46. **Patańgali**: दीर्घादिति शक्यमवक्तुं । कस्मान्न भवति । अक्षितमसि । निर्देशादेवेदं व्यक्तं दीर्घस्य ग्रहणं । यदि ह्रस्वस्य ग्रहणं स्यात् क्षेरित्येव ब्रूयात् ॥ Hierauf **Kaiyyata**: इयङादेशात् (vgl. VI. 4. 77.) परत्वाद्गुणो भवतीति (VII. 3. 111.) गुणस्य न्याय्यत्वात् ॥ Hiernach hätte **Patańgali** unsern Grammatiker auch bei VI. 4. 59. tadeln müssen, da dort ohne Grund क्षियः statt क्षेः gesagt wird.

47. Vgl. zum **samprasârańa** VI. 1. 24-26. -

Kâçikâ: स्पर्शगुणवाचकस्यायं नत्वप्रतिषेधो न रोगवाचिनः । तेन प्रतिश्रीन इत्यत्र नत्वं भवत्येव ॥

48. Hierzu folgende vârtika's: अञ्चेर्नत्वे व्यक्तप्रतिषेधः ॥ १ ॥ व्यक्तमनृतं कथयति ॥ अञ्चिविज्ञानात् सिद्धं ॥ २ ॥ अञ्चत्यर्थ इति चेदञ्चेस्तदर्थत्वात् सिद्धं ॥ ३ ॥

50. Ein vârtika: अवाताभिधान इति वक्तव्यं ॥ इहापि यथा स्यात् । निर्वाणो ऽग्निर्वातेन । निर्वाणः प्रदीपो वातेन ॥

54. In der Calc. Ausg. fehlt वा in den Scholien. Vgl. VI. 1. 23. zum samprasâraṅa.

55. Zum उ in फुल्ल vgl. VII. 4. 89. - Ein vârtika: फलेर्लत्वे उत्पूर्वस्योपसंख्यानं ॥ १ ॥ उत्फुल्लो ऽनृतं कथयति ॥ Die Verbesserung: अत्यल्पमिदमुच्यते ॥ उत्फुल्लसंफुल्लयोरिति वक्तव्यं ॥ २ ॥ rührt wohl von Patangali her.

56. Vgl. 42, 43. - Hierzu folgende kârikâ aus der Kâçikâ:

वेत्तेस्तु विदितो निष्ठा विद्यतेर्विन्न इष्यते ।
विन्तेर्विन्नश्च वित्तश्च भोगे वित्तश्च विन्दतेः ॥

57. Ausnahme zu 42, 43. - Calc. Ausg., Siddh. K. Bl. 184. a. und C. °पृमूर्छि. - Die Schreibart पृ ist unstatthaft, da die Substitution der Kürze wohl vor लिट् und श्ना (vgl. VII. 4. 12. - VII. 3. 80.), aber nicht vor der nishṫhâ Statt findet. Zu पूर्तः und पूर्तवान् vgl. VII. 1. 102. - VIII. 2. 77. - Das इ der Wurzel मुर्छि fällt nach VI. 4. 21. aus; für den Wurzelvocal wird nach 78. ऊ substituirt. An diese Substitution erinnert Pâṅini, indem er मूर्छि schreibt.

60. Kâçikâ: कालान्तरे देयविनिमयोपलक्षणार्थमाधमर्ण्यग्रहणं । तेन उत्तमर्ण इत्यपि हि भवति ॥

61. निषत्त finde ich Rig-V. LVIII. 3. - LXVIII. 4. - LXIX. 2. Zu प्रतूर्त vgl. प्रतूर्ति XL. 4.

62. Zu den Beispielen vgl. III. 2. 58-60. Zu den Scholien vgl. man folgende kârikâ:

क्विनः कुरिति सिद्धे यत् प्रत्ययग्रहणं कृतं ।
क्विन्प्रत्ययस्य सर्वत्र पदान्ते कुत्वमिष्यते ॥

Den Aoristen अस्राक् und अद्राक् entsprechen in der gewöhnlichen Sprache die Formen अस्राक्षीत् und अद्राक्षीत्. Vor सिच् erhalten wir nach VI. 1. 58. die Themata स्रज् und द्रश्; für den Wurzelvocal wird nach VII. 2. 3. die homogene vṛiddhi substituirt; das Augment इट् fällt unregelmässiger Weise aus, und mit ihm die Personalendung त् nach VI. 1. 68.; सिच् fällt ab nach 23. Gegen VI. 4. 74. erhält die Wurzel nach मा das Augment अट्; vgl. VI. 4. 75.

63. Vgl. 36. zu षत्वे प्राप्ते. Vgl. noch II. 4. 80. - VI. 4. 73. und विषुणाक् Rig-V. XXXIII. 4.

64. Vgl. 1, 7.

66. Wilson giebt fälschlich सजुस् als Thema an. Vgl. Rig-V. XXIII. 7. - XLIV. 2, 14. und Rosen zu XXIII. 7.

67. Bhaṭṭogi (Siddh. K. Bl. 217. a.) erklärt, übereinstimmend mit unserm Commentator, die Regel mit diesen wenigen Worten: एते संबुद्धौ कृतदीर्घा निपात्यन्ते । चादुक्थशाः ॥ Diese Erklärung ist einseitig und stört den Zusammenhang. अवयाः । श्वेतवाः und पुरोडाः sind keine Vocative, sondern 1te Casus (worin auch der Vocativ enthalten ist), und die Unregelmässigkeit besteht nicht in der Länge, die schon im Thema vorhanden ist, sondern in der Substitution von रु für das finale ज् । ह् und श् der Themata अवयाज् । श्वेतवाह् und पुरोडाश्. Für diese Erklärung spricht auch das च् am Ende des sûtra. Bhaṭ-

togi und unser Commentator halten die 3 Wörter im sûtra für Vocative, weil der 1te Casus regelmässig von den Thematis उक्थशस् । श्वेतवस् und पुरोडस्, welche Themata auch den mit भ् und स् anfangenden Casusendungen zu Grunde liegen, abgeleitet werden kann. Diese Themata auf अस् sind jedoch unserm Grammatiker unbekannt, und erst von Kâtyâyana gebildet worden; vgl. zu III. 2. 71, 72.

68. Durch die folgende Regel ersieht man, dass die Substitution von रु bloss vor Casusaffixen Statt findet. - Ein vârtika: रुत्वविधावह्नो ऽरूपरात्रिरथंतरेषूपसंख्यानं ॥ अहोरूपं । अहोरात्रः । अहोरथंतरं ॥ Kâçikâ: सामान्येन रेफादौ रुत्वं भवति ॥ इत्यपरमतं । अहोरम्यं । अहोरत्नमिति ॥ Das रु ist gegen 1. सिद्ध bei der Substitution von उ; vgl. VI. 1. 113, 114.

69. Zum 1ten und 2ten Cas. Sg. अहर्, wo nach VII. 1. 23. ein लुक् für सु und अम् substituirt worden ist, vgl. weiter unten. - Hierzu folgende vârtika's: असुपि रादेश उपसर्जनसमासे प्रतिषेधो ऽलुकि ॥ १ ॥ दीर्घाहा निदाघ इति ॥ सिद्धं तु सुपि प्रतिषेधात् ॥ २ ॥ Patangali: इहापि तर्हि न प्राप्नोति । अहर्ददाति । अहर्भुङ्क्त इति । लुकि चोक्तं । किमुक्तं । अह्नो रविधौ लुमता लुप्ते प्रत्ययलक्षणं न भवतीति (ein vârtika, welches in der Calc. Ausg. bei I. 1. 63. steht) ॥ Der 1te Cas. Sg. vom Masc. दीर्घाहन् ist दीर्घाहाः; für न् wird nach 68. रु substituirt, und da dieses असिद्ध ist, wird für das, dem न् vorhergehende अ nach VI. 4. 8. आ substituirt; सु fällt aus nach VI. 1. 68.; der Vocativ heisst दीर्घाहः; vgl. Siddh. K. Bl. 27. b. In Colebrooke's Grammatik (S. 83. Note) lautet der 1te Cas. Sg. von दीर्घाहन् regelmässig दीर्घाहा.

70. अवस्, von der Wurzel अव्, bedeutet Hülfe;

vgl. **Rig-V.** XVII. 1. - XXII. 11. Auch वधस् **Geschoss** scheint hierher zu gehören; vgl. वधर्त्रभार् ebend. XXXII. 9. - Hierzu folgende **vârtika's**: छन्दसि भाषायां च प्रचेतसो राजन्युपसंख्यानं ॥ १ ॥ प्रचेतो राजन् । प्रचेता राजन् ॥ अहरादीनां पत्यादिषु ॥ २ ॥ अहर्पतिः । अहःपतिः । अहᳵपतिः । गीर्पतिः । गीःपतिः । गीᳵपतिः । धूर्पतिः । धूःपतिः । धूᳵपतिः । विसर्गबाधनार्थं पक्षे रेफस्य रेफविधानं । पक्षे विसर्गोपध्मानीयौ ॥

72. Ausnahme zu 31, 66. - Ueber den 1ten Cas. Sg. von विद्वस् und अनडुह् s. VI. 4. 14. - VII. 1. 70, 82, 98, 99.

73-75. तिप् und सिप् fallen ab nach VI. 1. 68.

73. Zum Beispiel आप एवेदं सर्वमाः vgl. die Schollen zu VII. 3. 97.

76. Die Regel gilt auch für das secundäre र्; vgl. 66.

77. Calc. Ausg. चतुर्र्यति statt चतुर्यति. Zu आस्तीर्णा und विशीर्णा vgl. VII. 1. 100., zu प्रतिदीव्नः zu I. 1. 58. 8.). Vgl. noch **vârtika** 2. zu 22.

78. Man streiche in den Scholien व् am Anfange der 3ten Zeile, da bei den Wurzeln तुर्वी und धुर्वी ebenfalls र् und nicht व् der vorletzte Buchstabe ist. Hierzu folgende **vârtika's**: उपधादीर्घत्वे ऽभ्यासज्जिव्रिचतुर्णां प्रतिषेधः ॥ १ ॥ अभ्यास । रिर्यतुः । संविव्यतुः । जिव्रि । जिव्रिः । जीर्यतेः क्रिन् रश्च व (ein **Uṅâdi-sûtra**; vgl. **Siddh.** K. Bl. 205. b.) इति व्युत्पन्नो जिव्रिशब्दः । चतुर् । चतुर्यिता । चतुर्यितुं ॥ उणादीनां प्रतिषेधश्च ॥ २ ॥ किर्योः । गिर्योः ॥ Vgl. **vârtika** 1. zu I. 1. 58.

79. कुर् bezeichnet hier die veränderte Wurzel कृ (vgl. VI. 4. 108-110.), und nicht etwa die Wurzel कुर् der 6ten Klasse; vgl. **Siddh.** K. Bl. 142. b.

80. 81. Der 1te Cas. Sg. Masc. und Fem. ist असौ nach VII. 2. 106, 107., der 1te und 2te Cas. Sg. Neutr.

अदस्. Die übrigen Casus werden im Masc. und Neutr. vom Thema अद (vgl. VII. 2. 102.), im Fem. von अदा gebildet. Für das द् des Themas wird म् und für den drauffolgenden Vocal, wenn dieser अ ist, उ substituirt; ist der auf द् folgende Vocal aber lang (आ, ए oder औ), dann wird, da in dem kurzen उ im sûtra nach I. 1. 69. auch die Länge enthalten ist, nach I. 1. 50. (vgl. zu dieser Regel) diese dafür substituirt. Im Plural wird jedoch ई für ए substituirt. अमुं ist demnach aus अदं entstanden, अमूं aus अदां, अमुया a. अदया, अमुष्मै a. अदस्मै (die Substitution von ष् für स् in dieser und den folgenden Formen erfolgt nach VIII. 3. 59.), अमुष्यै a. अदस्यै, अमुष्मात् a. अदस्मात्, अमुष्याः a. अदस्याः, अमुष्य a. अदस्य, अमुष्मिन् a. अदस्मिन्, अमुष्यां a. अदस्यां, अमू aus अदौ oder अदे, अमूभ्यां a. अदाभ्यां, अमुयोः a. अदयोः, अमी a. अदे, अमूः a. अदाः, अमूनि a. अदानि, अमून् a. अदान्, अमीभिः aus अदेभिः (vgl. VII. 1. 11.), अमूभिः a. अदाभिः, अमीभ्यः a. अदेभ्यः, अमूभ्यः a. अदाभ्यः, अमीषां a. अदेषां, अमूषां a. अदासां, अमीषु a. अदेषु, अमूषु a. अदासु. Der 3te Cas. Sg. Masc. und Neutr. wird nach 3. vom Thema अमु gebildet, und lautet demnach nach VII. 3. 120. अमुना. Vgl. zu VI. 3. 90, 91. – Hierzu folgende vârtika's: अदसो ऽनोस्रेः ॥ १ ॥ अनोकारस्य । असकारस्य । अरेफकस्येत्यर्थः । अनोकारस्य । अदो ऽत्र । असकारस्य । अदस्यति । अरेफकस्य । अदः (für das primitive स् ist nach 66. रु, für dieses nach VIII. 3. 15. der visarǵanîya substituirt worden) ॥ (Patanǵali: अथवा नैवं विज्ञायते । अदसो ऽसकारस्येति । कथं तर्हि अ अस्य सकारस्य सो ऽयमस्तिः । असेरिति ॥ Hierauf Kaiyyaṫa: यत्र सकारस्य त्यदाद्यत्वं क्रियते तत्र मुत्वं नान्यत्रेत्यर्थः ॥) तत्र पदाधिकारादपदान्तस्याप्राप्तिः ॥ २ ॥ अमुया । अमुयोः ॥ सिद्धं तु सकारप्रतिषेधात् ॥ ३ ॥ दाद्ग्रहणमन्त्यप्रतिषेधार्थं ॥ ४ ॥ Siddh. K. Bl. 25. a. अमुमञ्चतीति विग्रहे ।

अदस् अञ्च इति स्थिते ॥ विष्वग्देवयोश्च टेरद्र्यञ्चतावप्रत्यये (VI. 3. 92.)। अनयोः सर्वनाम्नश्च टेरद्र्यादेशः स्यादप्रत्ययान्ते ऽञ्चतौ परे । अदद्रिअच् इति स्थिते यण् ॥ अदसो ऽसेर्दादु दो मः (80.)। अदसो ऽसान्तस्य दात् परस्य उदूतौ स्तो दस्य मश्च । उ इति ह्रस्वदीर्घयोः समाहारद्वन्द्वः । आन्तरतम्याद्ध्रस्वव्यञ्जनयोर्ह्रस्वो दीर्घस्य च दीर्घः । अमुमुयङ् । अमुमुयञ्चौ । अमुमुयञ्चः । अमुमुयञ्चं । अमुमुयञ्चौ । अमुमुईचः । अमुमुईचा (vgl. VI. 3. 138.)। अमुमुयग्भ्यामित्यादि । मुत्वस्यासिद्धत्वान्न यण् । अन्त्यबाधे ऽन्त्यसदेशस्येति परिभाषामाश्रित्य परस्यैव मुत्वं वदतां मते । अदमुयङ् । असेः सकारस्य स्थाने यस्य सः । असेरिति व्याख्यानात् । त्यदाद्यत्वविषय (vgl. VII. 2. 102.) एव मुत्वं । नान्यत्रेति पक्षे अदद्र्यङ् । उक्तं च ।

> अदसो ऽद्रेः पृथङ्मुत्वं केचिदिच्छन्ति लत्ववत् ।
> केचिदन्त्यसदेशस्य नेत्येके ऽसेर्हि दृश्यत

इति ॥

83. Vgl. Manu II. 122. ff. – **Kâçikâ:** अभिवादनवाक्ये संकीर्तितं नाम गोत्रं वा यत्र प्रत्यभिवादवाक्यान्ते प्रयुज्यते तत्र प्लुत इष्यते ॥ इह न भवति । देवदत्त कुशल्यसि । देवदत्त आयुष्मानेधि ॥ Hierzu folgende **vârtika's:** अशूद्रस्त्र्यसूयकेष्विति वाच्यं ॥ १ ॥ अभिवादये गार्ग्यहं भोः । आयुष्मती भव गार्गि । अभिवादये स्थाल्यहं भोः । आयुष्मानेधि स्थालिन् ॥ भोराजन्यविशां वा ॥ २ ॥ भो (sic) । अभिवादये देवदत्तो ऽहं भोः । आयुष्मानेधि देवदत्त भो:३ । आयुष्मानेधि देवदत्त भोः । राजन्य । अभिवादये इन्द्रवर्माहं भोः । आयुष्मानेधीन्द्रवर्मा३न् । आयुष्मानेधीन्द्रवर्मन् । विशां । अभिवादये इन्द्रपालितो ऽहं भोः । आयुष्मानेधीन्द्रपालिता३ । आयुष्मानेधीन्द्रपालित ॥ Ein Andrer lehrt: सर्वस्यैव नाम्नः प्रत्यभिवादने भोशब्द (sic) आदेशो वक्तव्यः ॥ अभिवादये देवदत्तो ऽहं भोः । आयुष्मानेधि भो३ (sic) । आयुष्मानेधि देवदत्ता३ इति वा ॥

84. **Kâçikâ:** अस्याश्च प्लुतेरेकश्रुत्या (vgl. I. 2. 33.) समावेश इष्यते ॥ दूराद्धूते वाक्यस्यान्ते यत्र संबोधनपदं भवति तत्रायं प्लुत इष्यते ॥ तेनेह न । देवदत्त आगच्छ ॥ **Patañgali:** दूरशब्दश्चायमनवस्थितपदार्थकः । तदेव हि किंचित् प्रति दूरं किंचित् प्रत्यन्तिकं भवति । एवं तर्हि ह्वयतिनायं निर्देशः क्रियते । ह्वयतिप्रसङ्गे यद्दूरं । किं पुनस्तत् । यत्र प्रा-

कृतात् प्रयत्नात् प्रयत्नविशेष उपादीयमाने संदेहो भवति । श्रोष्यति न श्रोष्यतीति । तद्दूरमिहावगम्यते ॥

85. Hierzu 2 vârtika's: हैहेप्रयोगे हैहेग्रहणं हैह्योः प्लुत्यर्थं ॥ १ ॥ प्रयोगग्रहणमर्थवद्ग्रहणे ऽनर्थकार्थं ॥ २ ॥ Patanǵali: अर्थवद्ग्रहणे ऽनर्थकयोरपि यथा स्यात् । देवदत्त है३ । देवदत्त हे३ ॥ Hierauf Kaiyyaṫa: यदा तु प्राक् संबोधनपदं प्रयुज्यते । तदा हैहयोर्द्योत्याभावादानर्थक्यं । यदा तु तयोः प्राक् प्रयोगस्तदामन्त्रणाद्भिव्यक्तार्थत्वादर्थवत्त्वं ॥

86. Kaiyyaṫa: उदात्तप्लुतयोः समावेशनिवृत्त्यर्थमेकैकग्रहणं । प्राग्ग्रहणं तु पक्षे सर्वेषां प्लुताभावार्थं ॥ Siddh. K. Bl. 5. b. इह प्राचामिति योगो विभज्यते । तेन सर्वः प्लुतो विकल्प्यते ॥ Vgl. zu 92.

87. Mit den Worten: अग्निमीळे पुरोहितं beginnt der Rig-Veda.

88. Hierzu 2 vârtika's: ये यज्ञकर्मणीत्यतिप्रसङ्गः ॥ १ ॥ इहापि प्राप्नोति । ये देवासो दिव्येकादश स्थेति ॥ सिद्धं तु ये यजामह इति ब्रूह्यादिषूपसंख्यानात् (vgl. 91.) ॥ २ ॥

89. Das 1te Beispiel ist aus dem weissen Yaǵur-V. III. 12.; vgl. zu I. 2. 34. Ueber जिन्वति s. zu VIII. 1. 65.; zu जिन्वतं vgl. VI. 1. 95., zum 2ten Beispiel VII. 4. 35. - Patanǵali: कः प्रणवो नाम । पादस्य वा अर्धर्चस्य वान्त्यमक्षरमुपसंहृत्य तदाद्यक्षरशेषस्य स्थाने त्रिमात्रमोकारमौकारं वा यं विदधति तं प्रणवमित्याचक्षते ॥ Hierauf Kaiyyaṫa: अक्षरमच् । अन्त्यमचं गृहीत्वेत्यर्थः । अक्षरं च शेषश्च हल् । अक्षरशेषं । तदन्त्यमक्षरमादिर्यस्य तत् तदादि । तदादि च तदक्षरशेषं च तदाद्यक्षरशेषं टिसंज्ञकमित्यर्थः ॥ Patanǵali: टिग्रहणं सर्वादेशार्थं । यदा ओकारस्तदा सर्वादेशो यथा स्यात् । यदा औकारस्तदानेकाल्त्वात् (vgl. I. 1. 55.) सर्वादेशो भविष्यति ॥

90. Vgl. 107. zu अग्नया३इ.

92. Hierzu folgende vârtika's: अग्नीत्प्रेषणे इत्यतिप्रसङ्गः ॥ १ ॥ इहापि प्राप्नोति । अग्नीदग्नीन् विहर ॥ सिद्धं त्वोश्रावये परस्येति वचनात् ॥ २ ॥ ओ३ श्रा३वय (vielleicht ist ओश्रावय zusammen zu schreiben; in diesem Falle würde ich ओ für eine Contraction von अव halten) ॥ (Ein Andrer lehrt: ओआवयाआवयोरिति वक्तव्यं ॥ ३ ॥ ओ३ आ३वय । आ३आ३वय ॥) बहुलमन्यत्रापीति वक्तव्यं ॥ ४ ॥ उद्धरा३ उद्धर । अभिहरा३ अभिहर । आहरा३ आहर । एषु चापले (vgl. vârtika 3. zu VIII. 1. 12.) द्विर्वचनं । बहुलवचनान्नादेर्न परस्य । अपि त्वन्त्यस्यैव प्लुतः ॥ Ein Andrer lehrt: सर्व एव प्लुतः साहसमनिच्छता विभाषा वक्तव्यः ॥ ५ ॥

95. Vgl. VIII. 1. 8. – Ein vârtika: भर्त्सने पर्यायेण ॥ चौरा३ चौर । चौर चौरा३ । कुशीला३ कुशील । कुशील कुशीला३ ॥

96. Vgl. VIII. 1. 33.

97. Vgl. 107. zu गृहा३इ. Diese Regel gilt bloss für den Veda, wie man aus dem folgenden sûtra ersieht.

100. Siddh. K. Bl. 225. b. दूराद्धूतादिषु (vgl. 84.) सिद्धस्य प्लुतस्यानुदात्तत्वमात्रमनेन विधीयते ॥

101. Kâçikâ: प्लुतो ऽप्यनेन विधीयते । न गुणमात्रं ॥

103. Ein vârtika: असूयादिषु वावचनं ॥ कन्ये३ कन्ये । कन्ये कन्ये । शक्तिके३ शक्तिके । शक्तिके शक्तिके ॥

104. Vgl. VIII. 1. 60. zu ह.

106. Hierzu folgende vârtika's: ऐचोरुभयविवृद्धिप्रसङ्गादिदुतोः प्लुतवचनं ॥ १ ॥ (Patangali: इमावैचौ समाहारवर्णौ । मात्रावर्णस्य मात्रा इवर्णोवर्णयोः । तयोः प्लुत उच्यमान उभयविवृद्धिः प्राप्नोति । तद्यथा गर्भो वर्धमानः सर्वाङ्गपरिपूर्णो वर्धते ॥) तत्रायथेष्टप्रसङ्गः ॥ २ ॥ चतुर्मात्रः प्लुतः प्राप्नोति ॥ सिद्धं तु इदुतोर्दीर्घवचनात् ॥ ३ ॥ Patangali: सौर्यभगवतोक्तं । अनिष्टिज्ञो बाडवः पठति । इष्यत एव चतुर्मात्रः प्लुतः ॥ Hierauf Kaiyyaṭa: सौर्यं नाम नगरं तत्रत्येनाचार्येणैतदुक्तं ॥

107. Hierzu folgende vârtika's: एचः प्लुतविकारे पदान्तग्रहणं ॥ १ ॥ इह मा भूत् । भद्रं करोषि गौरिति (man lese गौ३रिति; vgl. Siddh. K. Bl. 226. a.) ॥ विषयपरिगणनं च ॥ २ ॥

प्रश्नान्ताभिपूजितविचार्यमाणप्रत्यभिवादयाज्यान्तेष्विति वक्तव्यं (vgl. 100, 97, 83, 90.) ॥ ३ ॥ आमन्त्रिते छन्दस्युपसंख्यानं ॥ ४ ॥ अग्ना३इ पत्नीव ॥

108. Siddh. K. Bl. 226. b. सवर्णदीर्घत्वस्य शाकलस्य वा निवृत्त्यर्थं । यवयोरसिद्धत्वात् । उदात्तस्वरितयोर्यणः स्वरितो ऽनुदात्तस्येत्यस्य (g. 4.) बाधनार्थो वा ॥

Drittes Kapitel.

1. Ueber den Ausfall von सु s. VI. 1. 68. - Es ist wohl मीढुस्तोकाय zu schreiben; zum Ausfall des visarganîya bei meiner Trennung vgl. das vârtika zu 36. - Siddh. K. Bl. 226. b. हरिवो मे दिनं त्वा; so auch die Scholien zu VIII. 2. 15. - Vgl. मीढ्वः Rig-V. CXIV. 3., वज्रिवः CXXI. 14. und Rosen zu III. 2. 3. - Hierzu folgende vârtika's: मतुवसोरादेशे वन उपसंख्यानं ॥ १ ॥ यस्त्वायन्तं (Siddh. K. l. l. त्वायतं) वसुना प्रातरित्वः । प्रातःपूर्वादिणश्छन्दसि अन्येभ्यो ऽपि दृश्यन्त (III. 2. 75.) इति क्वनिप् ॥ विभाषा भवद्भगवदघवतामोच्चावस्य ॥ २ ॥ भवत् । भगवत् । अघवत् । इत्येतेषां विभाषा रुर्वक्तव्यः । अवशब्दस्यौकारादेशश्च । लोकवेदसामान्यं चेद वचनं । भवत् । हे भोः । हे भवन् । भगवत् । हे भगोः । हे भगवन् । अघवत् । हे अघोः । हे अघवन् ॥

2. Den im folgenden sûtra erwähnten Fall ausgenommen, ist es durchaus gleichgültig, ob man für den Vocal, der einem für म् oder न् substituirten रु vorhergeht, den homogenen nasalen Vocal (vgl. zu I. 1. 8.) substituirt, oder ob man auf jenen Vocal einen anusvâra folgen lässt.

3. Das 1te Beispiel ist aus Rig-V. XXXVI. 9. - Rosen ist immer der Schreibart der Taittirîya's gefolgt; so महां इन्द्रः VIII. 5., महां इन्द्र LXIII. 1., महां अभिष्टिरोजसा IX. 1., महां अनिमानः XXVII. 11., हविष्मां आविवासति XII. 9., रेवां इव XXVII. 12., विद्वां अद्रुधः XXIV. 13., मीढ्वां अस्माकं XXVII. 2., चिकित्वां अभिपश्यति XXV. 11., जघन्वां अप XXXII. 11., स देवां एह वक्षति I. 2. (vgl. Rosen zu d. St.), देवां इहावह XII. 3, 10. - XIV. 12. - XV. 4., देवां उपह्वये XIII. 12. u. s. w.

5. Hierzu folgende vârtika's: संपुंकानां (vgl. 6, 12.) सत्वं ॥ १ ॥ मकारस्येति शेषः ॥ रुविधौ त्वनिष्टप्रसङ्गः ॥ २ ॥ संस्स्कर्ता । वा शरीति (36.) पक्षे विसर्जनीयः प्रसज्येत । पुंस्कामा । इदुदुपधस्येति (41.) षत्वं प्रसज्येत । कांस्कानिति कुप्वोः ≍क≍पाविति (37.) जिह्वामूलीयः प्रसज्येत ॥ Patańgali verwirft die Verbesserung von Kâtyâyana, indem er im sûtra स्सुटि („स् wird für das म् von सं vor सुट् substituirt“) lesen will; vgl. zu VII. 4. 47. Er bemerkt ferner, dass Einige den Ausfall von म् gestatten, und demnach संस्कर्ता oder सँस्कर्ता schreiben. Am Ende der Schollen fügt unser Commentator in der Calc. Ausg. folgende Erklärung der 108 verschiedenen Arten, das Wort संस्कर्ता zu schreiben, bei: सूत्रकारमतेन मकारस्य रुत्वं । तस्य विसर्गस्तस्य सत्वं (vgl. 15, 36.) ॥ वार्तिककारमतेन मकारस्यैव सकारः ॥ मकारस्य सत्वे कृते यदा पूर्वस्यानुनासिकस्तदा सत्वस्यासिद्धत्वाद् (vgl. VIII. 2. 1.) रुत्वाभावाद् (vgl. VIII. 2. 66.) अनचि चेति (VIII. 4. 47.) सस्य द्वित्वे झरो झरीति (VIII. 4. 65.) पक्षे तस्य लोपे द्विसकारकं त्रिसकारकं च रूपद्वयं । सँस्स्कर्ता । सँस्स्स्कर्ता ॥ अनुस्वारपक्षे तु तस्यायोगवाहसंज्ञकत्वात् (Siddh. K. Bl. 7. a. अनुस्वारविसर्गजिह्वामूलीयोपध्मानीयानामकारोपरि शर्षु च पाठस्योपसंख्याततत्वेनानुस्वारस्याप्यच्त्वात् । u. s. w.; vgl. zu I. 1. 9.) तेषां प्रत्याहारेषूपदेशकथनाज्झलत्वाज्झरो झरीति (VIII. 4. 65.) पाक्षिकलोपे एकसकारकं

द्विसकारकं च रूपद्वयं । संस्कर्ता । संस्स्कर्ता ॥ यदा तु हल्त्ववदच्त्वमपीष्यते ऽनुस्वारस्य । तदा ततः परस्य सस्यानचि चेति (VIII. 4. 47.) द्वित्वे पक्षे त्रिसकारकमप्येकं रूपं । संस्स्स्कर्ता ॥ मलोपपक्षे ऽप्यनुनासिके ऽनुस्वारे च कृते तयोरच्त्वादनचि चेति (VIII. 4. 47.) सकारस्य पक्षे द्वित्वे लोपे च कृते एकसकारकमपि रूपद्वयं । सँस्कर्ता । संस्कर्ता ॥ तदेवं षड्रूपाणि भवन्ति । अनुनासिकपक्षे त्रयः सकाराः । द्वौ । एको वा । अनुस्वारपक्षे ऽपि त्रयः सकाराः । द्वौ । एको वा ॥ षट्स्वपि रूपेषु शरः खय (vârtika 2. zu VIII. 4. 47.) इति ककारस्य द्वित्वे द्वादश रूपाणि भवन्ति ॥ अनुस्वारवत्सु षट्सु रूपेष्वनुस्वारस्य यर्त्वादनचि चेति (VIII. 4. 47.) पाक्षिके द्वित्वे द्वादश । पूर्वोक्तैः षड्भिः सहाष्टादश रूपाणि भवन्ति ॥ एषामष्टादशानामचो रहाभ्यामिति (VIII. 4. 46.) तकारद्वित्वे द्वितकारकाणामपि यणो मय (vârtika 1. zu VIII. 4. 47.) इति वचनान्तरेण तकारस्य द्वित्वे च एकतकारकद्वितकारकत्रितकारकाणीति संकलनया चतुःपञ्चाशद्रूपाणि भवन्ति ॥ एषां चतुःपञ्चाशतामाकारस्याणो ऽप्रगृह्यस्येति (VIII. 4. 57.) पाक्षिकानुनासिकत्वेनाष्टोत्तरशतसंख्याकानि रूपाणि भवन्ति ॥

6. Man lese समः स्सुटीति, und vgl. zum vorhergehenden sûtra. - Siddh. K. Bl. 7. b. ख्याञादेशे न । पुंख्यानं ॥ Vgl. zu II. 4. 54. Das स् in पुंस् fällt im Compositum nach VIII. 2. 23. aus; der vorhergehende Nasal ist म्; vgl. zu VI. 1. 171.

9. So ऋतूंरनु Rig-V. XLIX. 3., परिधींरिव LII. 5.; vgl. Rosen zu XV. 5. und die zu 3. zusammengestellten Beispiele. In पयस्वानग्ने XXIII. 23. ist kein रु substituirt worden. Ganz unregelmässig ist der anusvâra vor त् und द् in den Beispielen: पर्वतां तिरः XIX. 7., विश्वां देवां उषर्बुधः XIV. 9., देवां देवयते XV. 12. Zu अहन्नहिं vgl. XXXII. 1, 2. - CIII. 2.

10. Calc. Ausg. नूँ४ पाहि । . . । नून् पाहि । . . । नून् भोजयति. Vgl. नॄंः पात्रं Rig-V. CXXI. 1.

11. Zu स्वतवस् vgl. VII. 1. 83. und zu VII. 4. 48.

12. Vgl. zu 5. - Statt समः सुटीति lese man समः स्सुटीति.

13. गाढा ist auf folgende Art entstanden: गाह्ता । गाढ्ता (VIII. 2. 31.) । गाढ्धा (VIII. 2. 40.) । गाढ्ढा (VIII. 4. 41.) । गाढा (nach unsrer Regel) ॥ Die Substitution von ढ् für ध् ist gegen VIII. 2. 1. सिद्ध. Vgl. VI. 3. 111. - Hierzu folgende vârtika's: ढलोपे ऽपदान्तग्रहणं ॥ १ ॥ इह मा भूत् । श्वलिड्ढौकते (vgl. VIII. 2. 31.) ॥ (Patańgali: तत् तर्हि वक्तव्यं । न वक्तव्यं । जश्त्वमत्र बाधकं भविष्यति ॥ Vgl. VIII. 4. 53.) जश्भावादिति चेदुत्तरत्र ढस्याभावादपवादप्रसङ्गः ॥ २ ॥ जश्त्वस्येति शेषः ॥ तस्मात् सिद्धवचनं ॥ ३ ॥ ष्टुत्वस्येति (vgl. VIII. 4. 41.) शेषः ॥ सड्ग्रहणं वा (vgl. vârtika 2. zu VIII. 2. 22.) ॥ ४ ॥ Patańgali: तत् तर्हि वक्तव्यं । न वक्तव्यं । आनन्तर्यमिहाश्रीयते । ढकार इति ॥

14. Die Regel betrifft nicht nur das primitive, sondern auch das secundäre (vgl. VIII. 2. 66.) र्. अजर्घाः und अपास्पाः sind auf folgende Weise aus अजर्घर्स् und अपास्पर्स् entstanden: सिप् ist ausgefallen nach VI. 1. 68., für ध् ist nach VIII. 2. 39. द् (जश्), für द् nach VIII. 2. 75. र् (रु) substituirt worden, das erste र् fällt nach unsrer Regel aus, für den vorhergehenden Vocal wird nach VI. 3. 111. आ, und für das finale र् nach 15. der visargaṅiya substituirt. Der Ausfall des र् ist gegen VIII. 2. 1. सिद्ध, indem sonst Regel VI. 3. 111. nie zur Anwendung kommen würde.

15. Für den visargaṅiya wird nach 34. स् vor खर् substituirt. - Hierzu folgende vârtika's: विसर्जनीयो ऽनुत्तरपदे ॥ १ ॥ इह मा भूत् । नार्कुटः । नार्पत्यः ॥ न वा वहिरङ्गलक्षणत्वात् ॥ २ ॥ वहिरङ्गो रेफः । अन्तरङ्गो विसर्जनीयः । रेफस्यासिद्धत्वात् स्थान्यभावाद्विसर्जनीयाभावः ॥

16. Patanǵali: नियमार्थो ऽयमारम्भः । रोरेव सुपि । नान्यस्य सुपि । क्व मा भूत् । गीर्षु । पूर्षु ॥

17. Siddh. K. Bl. 9. a. भोभगोअघोअवर्णपूर्व°; vgl. dagegen Laghu-K. S. 20. Bhaṭṭogi bemerkt über die Abwesenheit des sandhi: असंधिः सौत्रः ॥ Man schreibe in den Scholien: भोस् । भगोस् । अघोस् ॥ Es sind Vocative von भवत् । भगवत् und अघवत्; vgl. vârtika 2. zu 1. - Für ein auf अ folgendes रु wird nach VI. 1. 113, 114. vor अ und हश् immer उ substituirt.

19. So वाय उक्थेभिः statt वायवुक्थेभिः Rig-V. II. 1. 2., द्वा उपस्था statt द्वावुप° XXXV. 6.

20. Ein vârtika: ओकाराल्लोपवचनं नित्यार्थं ॥

21. Vgl. 33. - I. 1. 17, 18. - Ein vârtika: उञ्रार्थं तर्हि पदग्रहणं कर्तव्यं ॥ ङमो ह्रस्वादचि ङमुण्नित्यमिति (32.) अपदे मा भूत् । दण्डिना । प्राकटिना ॥

23. Für den anusvâra kann vor यय् nach VIII. 4. 59. ein mit dem folgenden Consonanten homogener Nasal substituirt werden.

24. In यशांसि und den beiden folgenden Beispielen ist der anusvâra für नुम् (vgl. VI. 1. 72.) substituirt worden. Vor यय् muss nach VIII. 4. 58. für den anusvâra ein mit dem folgenden Consonanten homogener Nasal substituirt werden.

26. Ein vârtika: यवलपरे यवला वा ॥ य् । कियँह्यः । किं ह्यः । व् । किवँह्वलयति । किं ह्वलयति । ल् । किलँह्लादयति । किं ह्लादयति ॥

28. Statt द्वित्वं ist am Ende der Scholien wohl द्वितीयाः zu lesen; चयो द्वितीयाः ist der Anfang eines vârtika zu VIII. 4. 48. ख् und ठ् werden, vor der Substitution von छ् (vgl. VIII. 4. 63.) für श्, für क् und ट् substi-

tuirt. Nach unsrer Regel lautet der 7te Cas. Pl. von लिङ् und लुङ्: लिङ्क्षु (s. VII. 4. 28.) und लुङ्क्षु (s. VI. 4. 71.); nach कुक् wird für das स् der Casusendung nach 59. ष् substituirt; लिङ्षु und लुङ्षु ist auch zulässig. – Es ist nicht einerlei, ob man das Augment an's Ende des pada, oder an den Anfang des folgenden Affixes oder pada fügt; unser Commentator bemerkt in der Calc. Ausg. darüber Folgendes: कुक्टुकोः पूर्वान्तत्वेन पदान्तत्वात् प्राङ्क्छेते । वण्ट्छेत इत्यत्र शश्छो ऽटीति (VIII. 4. 63.) छत्वविकल्पः । प्राङ्क्साय इत्यत्र सात्पदाद्योरिति (111.) षत्वनिषेधः । वण्ट्साय इत्यत्र न पदान्तादिति (VIII. 4. 42.) ष्टुत्वनिषेधश्च भवति ॥

29. Für das ह् von प्रत्लिह् und मधुलिह् wird nach VIII. 2. 31. ढ् substituirt, für dieses ड् nach VIII. 2. 39. Für das Augment ध् wird nach VIII. 4. 55. त् substituirt, für das vorhergehende ड् nach derselben Regel ट्.

30. Vgl. VIII. 4. 55.

31. Vgl. VIII. 4. 40. zu श्चुत्वं. Man vgl. zu den 4 verschiedenen Schreibarten folgende kârikâ aus Siddh. K. Bl. 7. a.

अञ्छो अचछा अचशा अञ्शाविति चतुष्टयं ।
रूपाणामिह तुक्छत्वचलोपानां विकल्पनात् ॥

32. Calc. Ausg. यथासंख्येन ङुट् । णुट् । नुटो भवन्ति ॥ Man lese mit der Calc. Ausg. त्वमास्से, und vgl. zu VII. 4. 49. Rig-V. L. 5. wird प्रत्यङ्ङेषि mit einfachem ङ् geschrieben.

33. Vgl. 21. – I. 1. 17, 18. – Für das vorhergehende म् wird nach 23. kein anusvâra substituirt, da das व् nach VIII. 2. 1. असिद्ध ist.

34. Pâṅini lässt चरि im sûtra aus, weil sich dieses von selbst versteht; der visargaṅîya kommt

nur in der Pause und vor खर् vor (vgl. 15.); von der Pause kann hier jedoch nicht die Rede sein, da पदे im sûtra aus 21. zu ergänzen ist. Vor छ् und च् wird nach VIII. 4. 40. श् für स्, vor ठ् und ट् nach VIII. 4. 41. ष् substituirt. Vgl. 36, 37.

35. Ueber कश्शा s. zu II. 4. 54.

36. Wenn der visarġanîya nicht substituirt wird, wird nach 34. स् substituirt; für dieses muss vor श् nach VIII. 4. 40. श्, und vor ष् nach VIII. 4. 41. ष् substituirt werden. - Ein vârtika: वा शर्प्रकरणे खर्परे लोपः ॥ वृक्षा स्थातारः । वृक्षाः स्थातारः । वृक्षास्स्थातारः । पक्षे विसर्गो सकारे च रूपत्रयं ॥

37. Die Regel gilt nur von क् । ख् । प् und फ्, da bloss vor diesen Gutturalen und Labialen ein visarġanîya substituirt wurde; vgl. 15. Der nyâya, auf den sich unser Commentator bezieht, lautet: येन नाप्राप्ते यो विधिरारभ्यते स तस्य बाधको भवति ॥ Vgl. die Calc. Ausg. bei I. 1. 47. - Hierzu folgende vârtika's: सस्य कुप्वोर्विसर्जनीयजिह्वामूलीयोपध्मानीया वक्तव्याः ॥ १ ॥ विसर्जनीयादेशे हि शर्परयोरेवादेशप्रसङ्गः ॥ २ ॥ अद्भिः प्सातं । वासः क्षौमं ॥ Patanġali: एवं तर्हि योगविभागः करिष्यते । कुप्वोः । कुप्वोश्च शर्परयोर्विसर्जनीयस्य विसर्जनीयो भवति । किमर्थमिदं । कुप्वोः ᳲकᳳपौ वक्ष्यति तद्बाधनार्थं । ततः ᳲकᳳपौ । ᳲकᳳपौ च भवतः कुप्वोरित्येव ॥

38. Kâçikâ: पाशकल्पककाम्येषु ॥ पयस्पाशं । यशस्पाशं । पयस्कल्पं । यशस्कल्पं । पयस्कं । यशस्कं । पयस्काम्यति । यशस्काम्यति ॥ Hierzu folgende vârtika's: सो ऽपदादावनव्ययस्य ॥ १ ॥ इह मा भूत् । प्रातःकल्पं । पुनःकल्पं ॥ रोः काम्ये नियमार्थं ॥ २ ॥ रोरेव काम्ये नान्यस्य । पयस्काम्यति । यशस्काम्यति । क्व मा भूत् । गीःकाम्यति । पूःकाम्यति ॥ उपध्मानीयस्य च ॥ ३ ॥ सत्वं वक्तव्यमिति शेषः ॥ Patanġali: किं प्रयोजनं । अयमुब्जिरुपध्मानीयोपधः पठ्यते । तस्य सत्वे कृते

जश्भावे (vgl. VIII. 4. 53.) च अभ्युद्गः । समुद्ग इत्येतद्रूपं यथा स्यात् ॥

39. सर्पिस्ते und यजुस्ते sind schlechte Beispiele, da hier त् am Anfange eines **pada** steht. - **Kâçikâ**: इत उत्तरेषु सूत्रेषु स इति इणः ष इति चानुवर्तते । तत्र इणः परस्य विसर्जनीयस्य षः । अन्यस्य सकारो भवति ॥

41. Hierzu folgende **vârtika's**: इदुदुपधस्य चाप्रत्ययस्येति चेत् पुंमुहुसोः प्रतिषेधः ॥ १ ॥ पुंस्कामा । मुहुस्कामा ॥ वृद्धिभूतानां षत्वं वक्तव्यं ॥ २ ॥ दौष्कुल्यं । नैष्पुरुष्यं ॥ प्लुतानां तादौ च कुप्वोश्चेति वक्तव्यं ॥ ३ ॥ सर्पी३ष्टर । वही३ष्टर (vgl. 101.) । नी३ष्कुल । दू३ष्पुरुष ॥ न वा वहिरङ्गलक्षणत्वात् ॥ ४ ॥ वहिरङ्गलक्षणयोर्वृद्धिप्लुतयोरसिद्धत्वादिदुदुपधत्वात् षत्वं भविष्यति ॥ **Siddh. K.** Bl. 8. a. एकादेशशास्त्रनिमित्तकस्य (vgl. VI. 1. 111.) न षत्वं । कस्कादिषु भ्रातुष्पुत्रशब्दस्य पाठात् । तेनेह न । मातुः कृपा ॥

42. Man lese mit der Calc. Ausg. इत्येष आदेशो वा स्यात् ॥

44. So ज्योतिष्कृणोति **Rig-V.** XLVIII. 8., ज्योतिष्पश्यन्तः L. 10.

45. **Siddh. K.** Bl. 8. b. कस्कादिषु सर्पिष्कुण्डिकाशब्दो ऽसमासे व्यपेक्षाविरहे ऽपि षत्वार्थः । व्यपेक्षायां नित्यार्थश्च ॥

46. Zu der in den Scholien citirten **paribhâshâ** vgl. zu IV. 1. 66.

48. Vgl. **Vâmana** zu 39. und **Bhaṭṭogi** zu 45.

49. Zu उरुणस्कारः vgl. VIII. 4. 27.

50. कर् ist die 1te oder 2te (?) Sg. von कृ im लुङ्; für च्लि ist nach II. 4. 80. ein लुक् substituirt worden; vgl. **Rig-V.** LXXI. 5. und die umschriebenen Aoriste अभ्युत्सादयामकः u. s. w. III. 1. 42. Zu उरुणस्कृधि vgl. VI. 4. 102. - VIII. 4. 27. सदस्कृतं finde ich **Rig-V.** LXXXV. 6.; das letzte Beispiel ist aus XLIII. 2. Man vgl. noch मयस्करत् LXXXIX. 3., मयस्कृधि CXIV. 2.

51. Vgl. Rig-V. VII. 10. - XXIII. 12. - XLVII. 6. - XLIX. 3. - L. 10. - CV. 3. Nicht in allen Beispielen wird man परि durch über wiedergeben können. LXI. 9. steht ein visarǵanîya vor परि.

53. So ब्रह्मणस्पतिं Rig-V. XXXVIII. 13., सहसस्पुत्र XL. 2., अतारिष्म तमसस्पारं XCII. 6. Siddh. K. Bl. 227. a. परिवीत इलस्पदे; vgl. Rosen zu Rig-V. I. 1.

54. Bhaṭṭoǵi schreibt im sûtra इडायाः, in den Scholien aber इलायाः; vgl. Rosen zu Rig-V. I. 1.

55. Zu अकृढ्वं und अकृढ्वे vgl. 78. - Ein vârtika: अवश्यं मूर्धन्यग्रहणं कर्तव्यं ॥ इहार्थमुत्तरार्थं च ॥ Patanǵali: इहार्थं तावत् । इणः षीध्वमित्यत्र (78.) मूर्धन्यग्रहणं न कर्तव्यं भवति । उत्तरार्थं । रषाभ्यामित्यत्र (VIII. 4. 1.) णकारग्रहणं न कर्तव्यं भवति । तत्रायमप्यर्थः । पदान्तस्य नेति (VIII. 4. 37.) प्रतिषेधो न वक्तव्यो भवति । अपदान्ताभिसंबद्धं मूर्धन्यग्रहणमनुवर्तते ॥ Hierauf Kaiyyaṭa: रषाभ्यामित्यत्रापदान्तग्रहणानुवर्तनात् (aus unserm sûtra) पदान्तस्येति (VIII. 4. 37.) सूत्रं न कर्तव्यं भवतीति लाघवं संपद्यते ॥

56. D. सहेः साड् सः, C. und die Scholien zu Bhaṭṭi-K. IX. 67. सहेः साटः सः. Für das ह् von साह् wird am Ende eines pada nach VIII. 2. 31. ढ् substituirt, für dieses ड् nach 39.; vor खर् muss, und in der Pause kann nach VIII. 4. 55, 56. ट् für ड् substituirt werden. Da die Substitution von ष् nicht allein bei साढ्, sondern auch bei साड् (so z. B. तुराषाड् । तुराषाड्भ्यां; vgl. Siddh. K. Bl. 20. a.) Statt findet, und in साढ्, dem letzten Substitut für साह्, auf keinen Fall beide Formen enthalten sein können, so müssen wir durchaus साडः im sûtra lesen. Siddh. K. Bl. 10. b. citirt Bhaṭṭoǵi diese Regel, und liest सहेः साढ (welches im Druckfehlerverzeichniss in साढः und nicht in साडः verändert wird) सः. Diese Lesart ist

der unsrigen vielleicht vorzuziehen, da dadurch अषाल्ह Rig-V. LV. 8. - XCI. 21. (vgl. zu VI. 3. 113.) erklärt wird. Gelegentlich bemerke ich, dass der Monatsname अषाढ wahrscheinlich auch ein Participium pass. von सह् mit dem alpha privat. ist. Zu जलाषाह् u. s. w. vgl. III. 2. 63. und जनाषाल्हिन्द्र Rig-V. LIV. 11. - Der 2te Cas. Sg. von जलाषाह् heisst nicht जलाषाहं, sondern जलाषाहं; vgl. den gaṅa सुषामादि und Kaiyyaṫa zu 110. Vgl. noch 109.

58. Vgl. 24. - Kâçikâ: नुमादिभिः प्रत्येकं व्यवाये षत्वमिष्यते । तेनेह न । निंस्स्व । निंस्से । अत्र हि नुमा सकारेण च सकारस्य व्यवधानं ॥ Ein vârtika: नुम्विसर्जनीयशर्व्यवाये निंसेः प्रतिषेधः ॥ वक्तव्य इति शेषः ॥ Ein andres: एवं तर्हि योगविभागात् सिद्धं ॥ नुम्व्यवाये । ततो विसर्जनीयव्यवाये । ततः शर्व्यवाये ॥ Patańgali: स तर्हि योगविभागः कर्तव्यः । न कर्तव्यः । प्रत्येकं व्यवायशब्दः परिसमाप्यते ॥

59. Zum Substitut स् vgl. VI. 1. 64. - Ein vârtika: आदेशप्रत्यययोः षत्वे सरकप्रतिषेधः (sic) ॥ कृसरः । धूसरः ॥ Ein andres: सरगादीनामिति वक्तव्यं ॥ इहापि यथा स्यात् । वर्स । तर्स ॥ Patańgali: तत् तर्हि वक्तव्यं । न वक्तव्यं । उणादयोऽव्युत्पन्नानि प्रातिपदिकानि (eine paribhâshâ) ॥

60. Zu अचत्तन्नमीमदन्त vgl. zu II. 4. 80. 1.)

61. Das âtmanep. bei स्वप् erklärt unser Commentator durch III. 1. 85. Zum Substitut से vgl. III. 4. 80., zu क्रादिनियम VII. 2. 13., zu यल्लोप 19., zu अधीषिषति und प्रतीषिषति II. 4. 47. - Vgl. noch zu 108.

63. Zu पञ्चमीनिर्देश vgl. I. 1. 54, 67.

64. Hierzu folgende vârtika's: स्यादिष्वभ्यासवचनं नियमार्थं ॥ १ ॥ स्यादिष्वेवाभ्यासस्य यथा स्यात् । इह मा भूत् । अभिसुसूषति । पू । सन्नन्तः । सनि ग्रहगुहोश्चेतीटप्रतिषेधः (vgl. VII. 2. 12.) । अत्र स्तौतिण्योरिति (61.) नियमाद्धातुसकारस्य न षत्वं । अस्मान्नियमादभ्याससका-

रस्य न षत्वं ॥ (Patańgali: अथ किमर्थमभ्यासेन चेत्युच्यते ॥) तद्व्यवाये चाषोपदेशार्थं ॥ २ ॥ अभ्यासव्यवाये चाषोपदेशस्यापि यथा स्यात् । अभिषिषेणयिषति । सेनाशब्दो ऽव्युत्पन्नः ॥ अवर्णान्ताभ्यासार्थं षणि प्रतिषेधार्थं च ॥ ३ ॥ अधितष्ठौ । अभिषिषिक्षति । अत्राभ्यासमपेक्ष्य षत्वं न सिध्यति स्तौतिण्योरेव षणीति ·(61.) नियमात् ॥

65. Vgl. vârtika 4. zu I. 4. 60. Zu सेनयति vgl. III. 1. 25., zu यङ्लुङ्निवृत्त्यर्थं zu VII. 1. 6. – Hierzu folgende vârtika's: उपसर्गात् षत्वे निस उपसंख्यानमनिणन्तत्वात् ॥ १ ॥ निष्षुणोति । निष्षिञ्चति ॥ न वा वर्णाश्रयत्वात् षत्वस्य तद्विशेषक उपसर्गो धातुश्च ॥ २ ॥ [Patańgali: नैवं विज्ञायते । इणन्तादुपसर्गादिति । कथं तर्हि । इण उत्तरस्य सकारस्य षः । स चेदिणुपसर्गस्य । स चेत् सकारः सुनोत्यादीनामिति । तत्र शर्व्यवाय (vgl. 58.) इत्येव सिद्धं ॥ Hierauf Kaiyyaṭa: उपसर्गेणेण् विशेष्यत इति तदन्तविध्यभावः । शर्व्यवायश्चाश्रित इति सिद्धं षत्वं ॥] सुनोत्यादीनां षत्वे णयन्तस्योपसंख्यानमधिकत्वात् ॥ ३ ॥ अभिषावयति ॥ न वात्रयस्यानन्यत्वात् (lies वात्रयवस्था°) ॥ ४ ॥ नामधातोस्तु प्रतिषेधः ॥ ५ ॥ सात्रकमिच्छति । अभिसावकीयति । परिसावकीयति ॥ न वानुपसर्गत्वात् ॥ ६ ॥ Patańgali: यत्क्रियायुक्ताः प्रादयस्तं प्रति गत्युपसर्गे संज्ञे भवतः (vgl. vârtika 3. zu I. 4. 60.) । न चात्र सुनोतिं प्रति क्रियायोगः किं तर्हि सावकीयं प्रति ॥ Vgl. 113, 117.

66. Vgl. 118.

67. Laghu-K. S. 130. (in der nachlässig paginirten Calc. Ausg. steht auf dieser Seite wieder die Zahl 106.) स्तन्भेः ॥ So citirt auch Bhaṭṭogi das sûtra Siddh. K. Bl. 183. b. Vgl. zu III. 1. 82. – Patańgali: अप्रतेरिति वर्तते । उताहो निवृत्तं । निवृत्तमित्याह । कथं ज्ञायते । योगविभागकरणसामर्थ्यात् (auch aus 114. ist dieses zu ersehen) । इतरथा हि सदिस्तम्भोरित्येव ब्रूयात् ॥ Siddh. K. Bl. 112. b. अप्रतेरिति नानुवर्तते । बाहुप्रतिष्टम्भविवृद्धमन्युरिति रघुवंशे (II. 32.) ॥ Vgl. 114, 116.

68. Man lese अवस्तब्धो वृषलः शीतेन ॥ Vgl. 116.

70. 71. Vgl. 115, 116.

72. **Kâçikâ:** अप्राणिष्विति प्रसज्यप्रतिषेधः । तेन मत्स्योदके ऽनुस्यन्दत (lies अनुस्यन्देते) इत्यत्र प्राण्यप्राणिसमुदाये ऽपि प्राण्यस्तीति षत्वप्रतिषेधो भवति ॥ **Siddh. K. Bl. 123. a.** अप्राणिष्विति पर्युदासान्मत्स्योदके अनुष्यन्देते इत्यत्रापि पक्षे षत्वं भवत्येव । प्राणिषु नेत्युक्तौ तु न स्यात् ॥ **Patangali:** अथ यः प्राणी अप्राणी च कथं तत्र भवितव्यं । अनुष्यन्देते मत्स्योदक (sic) इति । आहोस्विदनुस्यन्देते मत्स्योदक (sic) इति । यदि तावदप्राणी विधिनाश्रीयते । अथ प्राणी प्रतिषेधेनाश्रीयते । किं पुनरत्रार्यसतत्वं । देवा एतावज्ज्ञातुमर्हन्ति ॥

74. Das für den Finalen der Wurzel substituirte त् kann vor न् nach VIII. 4. 65. ausfallen. – **Patangali:** अनिष्ठायामिति वर्तते । उताहो निवृत्तं । निवृत्तमित्याह । कथं ज्ञायते । योगविभागकरणसामर्थ्यात् । इतरथा हि विपरिभ्यां च स्कन्देरनिष्ठायामित्येव ब्रूयात् ॥ **Siddh. K. Bl. 129. b.** परिस्कन्नः । परिष्कण्णः । षत्वपक्षे णत्वं । न च पदद्वयाश्रयतया बहिरङ्गत्वात् षत्वस्यासिद्धत्वं । धातूपसर्गयोः कार्यमन्तरङ्गमित्यभ्युपगमात् । पूर्वं धातुरुपसर्गेण युज्यते । ततः साधनेनेति भाष्यं । पूर्वं साधनेनेति मतान्तरं तु न णत्वं ॥

75. Ueber प्राच्यभरतेषु s. zu II. 4. 66.

76. Zu खर्परे शरि vgl. das vârtika zu 36.

77. Vgl. III. 1. 82. zur Wurzel स्कम्भु.

78. Calc. Ausg. und **Siddh. K. Bl. 110. b.** (vgl. zu III. 1. 90.) इणः शीध्वं°; in den Scholien haben beide Ausgaben षीढ्वं. **Siddh. K. Bl. 111. a.** schreibt **Bhaṫṫogi** ऐधिढ्वं, und erklärt das ढ् durch unsre Regel, was aber falsch ist, da das इ in ऐधिढ्वं nicht zum aṅga, sondern zum Affix gehört. Wenn die Schreibart ऐधिढ्वं zulässig ist, kann sie eher durch die folgende Regel erklärt werden, indem man nicht mehr इणः im sûtra ergänzt.

82. Hierzu 2 vârtika's: अग्नेर्दीर्घात् सोमस्य ॥ १ ॥ इतरथा

ऽतिप्रसङ्गः ॥ २ ॥ अग्निसोमौ माणवकाविति ॥ Patañgali: तत् तर्हि वक्तव्यं । न वक्तव्यं । गौणमुख्ययोर्मुख्ये संप्रतिपत्तिः ॥ Eine paribhâshâ: गौणमुख्ययोर्मुख्ये कार्यसंप्रत्ययः ॥

83. Calc. Ausg., Siddh. K. Bl. 62. a. und die Handschriften: ज्योतिरायुष स्तोमः ॥ Den Ausfall von स् in ज्योतिष्टोमः und आयुष्टोमः erklärt unser Commentator fälschlich (vgl. vârtika 2. zu VIII. 2. 22.) durch VIII. 2. 29. Für das स् von ज्योतिस् wird nach VIII. 2. 66. रु substituirt, für dieses der visarǵanìya nach 15.; dieser kann vor स्त् und ष्ट् nach dem vârtika zu 36. ausfallen.

86. Calc. Ausg., Siddh. K. Bl. 207. a., B. und C. अभिनिस स्तनः°; B. hat 2 Regeln aus diesem sûtra gemacht: अभिनिस स्तनः ॥ शब्दसंज्ञायां ॥ Auch hier erklärt unser Commentator den Ausfall des स् durch VIII. 2. 29.; vgl. zu 83.

87. Vgl. विष्यन्ति Rig-V. LXXXV. 5., अभिष्याम CV. 19.

88. Vgl. VI. 1. 15, 17. - Kâçikâ: स्वपिः कृतसंप्रसारणो ऽत्र गृह्यते । सुतिरिति स्वरूपग्रहणं ॥

91. Ein vârtika: कपिष्ठलो गोत्रप्रकृतौ ॥ गोत्र इत्युच्यमान इहैव स्यात् । कापिष्ठलिः । इह न स्यात् । कपिष्ठलः । कापिष्ठालयनः (lies कापिष्ठलायनः) ॥ Patañgali: तत् तर्हि वक्तव्यं । न वक्तव्यं । नैवं विज्ञायते । कपिष्ठल इति गोत्रे निपात्यत इति । कथं तर्हि गोत्रे यः कपिष्ठलशब्दस्तस्य षत्वं निपात्यते यत्र वा तत्र वेति ॥

94. Vgl. III. 3. 34.

97. Ein vârtika: स्थास्थिन्स्थॄणामिति वक्तव्यं ॥ स्था । सव्येष्ठाः । क्विबन्तो ऽयं स्थाशब्दः । घुमास्थेति (VI. 4. 66.) ईत्वमत्र न भवति । ईत्वे वकारप्रतिषेध (ein vârtika zu VI. 4. 66.) इति वचनात् । स्थिन् । परमेष्ठी । इनिप्रत्ययान्तः । बाहुलकादाकारलोपः (es ist wohl das बहुलं in III. 3. 1. gemeint; vgl. zu VII. 4.

13.) । स्थृन् (lies स्थृ) । सज्येष्ठा सारथिः । अन्प्रत्ययान्तमेतत् ॥ Vgl. Comm. sur le Yaçna Add. CLXXXVI.

98. Patangali: अविहितलक्षणो मूर्धन्यः सुषामादिषु द्रष्टव्यः ॥

99. Für das च् von विश्वच् ist nach VIII. 2. 30. क् substituirt worden, für dieses ग् nach VIII. 2. 39.; vor स् wird für ग् nach VIII. 4. 55. wieder क् substituirt, aber dieses क् ist nach VIII. 2. 1. असिद्ध. - Vgl. VIII. 4. 3., wo das ग् auch die Substitution von ण् für न् verhindert.

101. Vgl. vârtika 3. zu 41. - Zu निष्ट्य vgl. vârtika 4. zu IV. 2. 104. - Kâçikâ: तर् । तम । तय । त्व । तल् । तस् । त्यप् । एतानि प्रयोजयन्ति ॥ तर् । सर्पिष्टरं । यजुष्टरं । तम । सर्पिष्टमं । यजुष्टमं । तय । चतुष्टये ब्राह्मणानां निकेताः । त्व । सर्पिष्ट्वं । यजुष्ट्वं । तल् सर्पिष्टा । यजुष्टा । तस् । सर्पिष्टः । यजुष्टः । त्यप् । आविष्ट्यो वर्धते (vgl. vârtika 8. zu IV. 2. 104.) ॥ Ein vârtika: ह्रस्वात् तादौ तिङ्प्रतिषेधः ॥ भिन्द्युस्तरां । छिन्द्युस्तरां ॥

102. Kâçikâ: निष्टप्तं रक्षः । निष्टप्ता अरातय इत्यत्र सत्यप्यासेवने छान्दसत्वात् षत्वं ॥

103. Für जातवेदो ist wohl mit der Siddh. K. Bl. 227. a जातवेदा zu lesen; am Ende der Scholien lese man पूर्वपादस्यान्तो. - Hier einige Beispiele aus dem Rig-Veda: शुचिष्ट्वं XCI. 3., दधुष्ट्वा LVIII. 6., गीर्भिष्ट्वा XCI. 11., योनिष्टे CIV. 1.

105. Zu त्रिभिष्टुतस्य vgl. das vârtika zu 36. - Ein vârtika: स्तुतस्तोमयोर्नर्थकं वचनं पूर्वपदादिति (106.) सिद्धत्वात् ॥

106. Kâçikâ: असमासे ऽपि यत् पूर्वपदं तदपीह गृह्यते ॥ त्रिः षमृद्धत्वाय । त्रिः समृद्धत्वाय ॥

107. Calc. Ausg. ऊर्ड ऊ षु णः । Das Beispiel ist aus Rig-V. XXXVI. 13.

108. Vgl. III. 2. 67. - Hierzu folgende vârtika's:

सनोतेरन इति च वचनमनर्थकं पूर्वपदादित्येव (106.) सिद्धत्वात् ॥ १ ॥ नियमार्थं तर्हीदं वक्तव्यं ॥ २ ॥ सनोतेरनकारस्यैव यथा स्यात् । इह मा भूत् । गोसनिमिति ॥ सनोतेरन इति नियमार्थमिति चेत् सवनादिकृतत्वात् (vgl. 110.) सिद्धं ॥ ३ ॥ सनर्थं त्विदं वक्तव्यं ॥ ४ ॥ सिसनिषति । स्तौतिण्योरिति (61.) नियमान्न भविष्यति ॥ णयर्थं तर्हीदं वक्तव्यं ॥ ५ ॥ सिसानयिषति ॥ **Patangali:** कथं पुनरण्यन्तस्य प्रतिषेधे ण्यन्तः शक्यो विज्ञातुं । सामर्थ्यात् । अण्यन्तस्य प्रतिषेधवचने प्रयोजनं नास्तीति कृत्वा ण्यन्ते विज्ञास्यते ॥

109. Vgl. 56. Auch in den Scholien zu VI. 3. 116. (vgl. auch weiter unten die **Kâçikâ**) wird ऋतीषहं geschrieben; **Siddh. K. Bl.** 227. a. liest ऋतीषाहं. Diese letztere Form scheint die richtige zu sein, da, wie **Pâṅini** III. 2. 63. lehrt, im **Veda** das Affix ण्वि an सह् gefügt wird; auch finde ich dieselbe in der That **Rig-V.** LXIV. 15. Ebend. CXIX. 10. kommt in Verbindung mit चर्षणि auch die Kürze (चर्षणीसहं) vor. In der **pada**-Schreibart wird, wie es scheint, immer सहं mit kurzem अ geschrieben; vgl. ऋतिसहं LXIV. 15., द्युम्नसहं CXXI. 8. Dieses ist mir nicht ganz klar, da das lange आ durch das Affix hervorgerufen wird, und nichts mit der **sanhitâ** zu thun hat. Die Länge vor साह् kann nicht durch VI. 3. 116. erklärt werden, indem साह् nicht mit dem Affix क्वि abgeleitet wird. Man wird dieselbe mit den Scholien zu III. 2. 63. durch VI. 3. 137. erklären müssen. – **Kâçikâ:** केचित् सहेरिति योगविभागं कुर्वन्ति । ऋतीषहमित्यत्रापि यथा स्यात् ॥ ऋतिपूर्वपदस्य संहितायामेतद्दीर्घत्वं । अवग्रहे तु ऋतिसहमित्येव भवति ॥

110. **Patangali:** एकदेशविकृतार्थो ऽयमारम्भः । अश्ववषा इति ॥ Hierauf **Kaiyyaṭa:** अश्वशब्दविषयमेव ज्ञापकमनिणन्तादप्यश्वशब्दात् षत्वं भवतीति । माषो ज्ञलाषाहमित्यत्र तु सुषामादित्वात् षत्वसिद्धिः ॥

111. Ausnahme zu **59.**

112. Zum 1ten nyâya vgl. zu **37.**; der 2te nyâya heisst: पुरस्तादपवादा अनन्तरान् विधीन् बाधन्ते नोत्तरान् ॥ Vgl. Siddh. K. Bl. 10. a.

113. Ausnahme zu **65.**

116. Die Scholien zu Bhaṭṭi-K. IX. 89. lesen: स्तम्भसिवु° ॥ Vgl. dagegen III. 1. 82. – Ein vârtika: स्तम्भुसिवुसहां चङ्युपसर्गात् ॥ उपसर्गाद्या प्राप्तिस्तस्याः प्रतिषेधो यथा स्यात् । अभ्यासाद्या प्राप्तिस्तस्या मा भूदिति ॥

117. Ausnahme zu **65.**

118. Ausnahme zu **59.** – Kâçikâ liest: सदिस्वञ्जोः परस्य लिटि ॥ Ein vârtika: सदो लिटि प्रतिषेधे स्वञ्जेरुपसंख्यानं ॥ अभिषस्वजे । परिषस्वजे ॥ Kâçikâ: स्वञ्जेः संयोगान्तादपि (vgl. I. 2. 5.) परस्य लिटो विभाषा कित्त्वमिच्छन्ति । तेन पक्षे परिषस्वञ्जे । अभिषस्वञ्ज इत्यपि भवति ॥

Viertes Kapitel.

---

1. Zu ष्टुत्व vgl. **41.** – Ein vârtika: रषाभ्यां णत्व ऋकारग्रहणं ॥ इहापि यथा स्यात् । मातॄणां । पितॄणामिति ॥ Patañgali: तत् तर्हि वक्तव्यं । न वक्तव्यं । यो ऽसावृकारे रेफस्तदाश्रयं णत्वं भविष्यति ॥ अथवा आचार्यप्रवृत्तिर्ज्ञापयति । भवति ऋकारात् परस्य नस्य णत्वमिति । यदयं क्षुभ्नादिषु नृमनशब्दं तृप्नोतिशब्दं च पठति ॥

2. Zu पर्याणद्ध und निराणद्ध vgl. **14.** – Hierzu folgende vârtika's: कुव्यवाये हादेशेषु प्रतिषेधो वक्तव्यः ॥ १ ॥ किं प्रयोजनं । वृत्रघ्नः । स्रुघ्नः । प्राघानि । हन्तेरत्पूर्वस्येत्यत्पूर्वग्रहणं न कर्तव्यं भवति (vgl. **22.**) ॥ नुम्व्यवाये णत्वे ऽनुस्वाराभावे प्रतिषेधः ॥ २ ॥

प्रेन्वनं । प्रेन्वनीयं (vgl. 29.) ॥ अनागमे च णत्वं ॥ ३ ॥ तृम्फणं । तृम्फणीयं ॥ अनुस्वारव्यवाये वचनात् सिद्धं ॥ ४ ॥ अनुस्वारव्यवाये नो णो भवतीति वक्तव्यं ॥ ५ ॥ **Patanǵali:** तदनुस्वारग्रहणं कर्तव्यं । न कर्तव्यं । सूत्र एव नकारे ऽनुस्वारः परसवर्णभूतो (vgl. 58.) निर्दिश्यते ॥

3. Calc. Ausg. सूर्पणखा. - Vgl. VIII. 2. 99., wo ण् auch die Substitution von ष् verhindert. - Hierzu folgende vârtika's: पूर्वपदात् संज्ञायामुत्तरपदग्रहणं तद्धितपूर्वपदस्थाप्रतिषेधार्थं ॥ १ ॥ तद्धितस्थस्य पूर्वपदस्थस्य च प्रतिषेधो मा भूत् । खारपायणः । करणप्रियः । खरपस्यापत्यं गोत्रं नडादित्वात् (vgl. IV. 1. 99.) फक् ॥ संज्ञायां नियमवचने गप्रतिषेधान्नियमप्रतिषेधः ॥ २ ॥ तत्र नित्यं णत्वप्रसङ्गः ॥ ३ ॥ तत्र पूर्वेण संज्ञायां चासंज्ञायां च नित्यं णत्वं प्राप्नोति ॥ योगविभागात् सिद्धं ॥ ४ ॥ पूर्वपदात् संज्ञायां । ततो ऽगः । गान्तात् पूर्वपदाद्या च यावती च णत्वप्राप्तिस्तस्याः सर्वस्याः प्रतिषेधः ॥ अप्रतिषेधो वा यथा सर्वनामसंज्ञायां ॥ ५ ॥ यथा सर्वनामसंज्ञायां सर्वनामानीति (vgl. I. 1. 27.) निपातनाणत्वं न भवति । एवमृगयनमित्यत्रापि अणृगयनादिभ्य (IV. 3. 73.) इति निपातनाणत्वं न भविष्यति ॥

4. Zur Länge in पुरगा und den folgenden Wörtern vgl. VI. 3. 117. Die Calc. Ausg. schreibt in den Scholien überall कोटर mit kurzem अ. वनं परगा° in den Scholien zu Bhaṭṭi-K. IX. 93. ist ein Druckfehler.

6. Kâçikâ: वृक्षवनस्पत्योः सत्यपि भेद इहाभेदेन ग्रहणं द्रष्टव्यं ॥ Hierzu 2 vârtika's: द्व्यक्षरत्र्यक्षरेभ्य इति वक्तव्यं ॥ १ ॥ इह मा भूत् । देवदारुवनं ॥ इरिकादिभ्यः प्रतिषेधो वक्तव्यः ॥ २ ॥ इरिकावनं । तिमिरवनं ॥

7. Vgl. V. 4. 88. - Hierzu folgende vârtika's: अदन्तादहन्तस्येति वक्तव्यं ॥ १ ॥ इह मा भूत् । दीर्घाह्नी शरत् ॥ (**Patanǵali:** तत् तर्हि वक्तव्यं । न वक्तव्यं । नैषा अहन्शब्दात् षष्ठी । का तर्हि अह्नशब्दात् प्रथमा ॥) पूर्वसूत्रनिर्देशश्च ॥ २ ॥ पूर्वाचार्याः कार्यभाजः षष्ठ्या न निर्दिशन्तीत्यर्थः ॥ **Patanǵali:** अथवा युवादिषु पाठः करिष्यते ॥ Hierauf **Kaiyyaṭa:** अवश्यकर्तव्यश्च युवादिषु पाठः प्रातिपदिकान्तेति (11.) विकल्पेन णत्वं मा भूत् ॥

8. Ein vârtika: आहितोपस्थितयोरिति वक्तव्यं ॥ इहापि यथा स्यात् । इक्षुवाहणं । शरवाहणं ॥ Kaiyyaṭa: आहितशब्देन भूतकालक्रियानिर्देशाद्यदा वाह्यं नारोपितं केवलं संनिहितं तदा न प्राप्नोतीति वचनं ॥ Ein Andrer lehrt: वाहनं वाह्यादिति वक्तव्यं ॥ वाह्याद्वहनीयवाचिन इत्यर्थः ॥ Patanǵali: यदा हि गर्गाणां वाहनमपविद्धं तिष्ठति । ततो मा भूत् । गर्गवाहनमिति ॥ Hierauf Kaiyyaṭa: अपविद्धं वहनशक्तिविकलं प्रनष्टमित्यर्थः ॥

9. Calc. Ausg. सौवीरपाणा वह्लीकाः ॥

10. Ein vârtika: वाप्रकरणे गिरिनद्यादीनामुपसंख्यानं ॥

11. Zu नुम् vgl. VII. 1. 72, 73. – Hierzu folgende vârtika's: प्रातिपदिकान्तस्य णत्वे समासान्तग्रहणमसमासान्तप्रतिषेधार्थं ॥ १ ॥ गर्गभगिनी । दत्तभगिनी ॥ (Patanǵali: न वा भवति गर्गभगिणीति । भवति । यदा एतद्वाक्यं । गर्गाणां भगो गर्गभगः । गर्गभगोऽस्यास्तीति ॥ Hierauf Kaiyyaṭa: समानपदस्थत्वाद्धेफनकारयोः पूर्वसूत्रेणैवात्र णत्वं न त्वनेन ॥) युवादीनां प्रतिषेधो वक्तव्यः ॥ २ ॥

14. Vgl. zu I. 4. 60, 65. – Upasarga's werden mit einem verbum finitum nicht componirt; vgl. zu II. 1. 4. Zu प्रनायक vgl. die Scholien zu I. 4. 59., zu पूर्वपदाधिकार 3. – Siddh. K. Bl. 181. b. अग्रग्रामाभ्यां नयतेर्णो वाच्यः ॥ अग्रणीः । ग्रामणीः ॥

17. Für प्राम णयन्तः lese man प्राम् अणयन्तः. Zu प्रणियच्छति und परिणियच्छति vgl. VII. 3. 78. – Hierzu 2 vârtika's: नेर्गदादिषु अड्व्यवाय उपसंख्यानं ॥ १ ॥ प्रण्यगदत् । प्रण्यनदत् ॥ आडो चेति वक्तव्यं ॥ २ ॥ प्रण्यागदत् । प्रण्यानदत् ॥

19. Patanǵali: अनितेः समीपे यो रेफस्तस्मान्नस्य यथा स्यात् । प्राणितीति । इह मा भूत् । पर्यनितीति ॥

22. Der in den Scholien citirte nyâya lautet vollständig: अनन्तरस्य विधिर्वा प्रतिषेधो वा ॥ Vgl. die Calc. Ausg. bei I. 1. 42. Nach unsrer Regel werden wir प्रवणा (vgl.

III. 3. 79.), nach vârtika 1. zu 2. aber प्रघन schreiben müssen.

23. Die Scholien zu Bhaṭṭi-K. IX. 102. lesen: म्वोर्वा ॥ Vgl. VI. 4. 107. - VIII. 2. 65.

24. Zum vârtika अन्तःशब्द° vgl. zu I. 4. 65. - Mâdhava bemerkt, wie ich durch meinen Freund Westergaard erfahre, über अन्तर्हनन Folgendes: अन्तर्हननो वाहीकेषु ग्रामेषु देशविशेषः ॥ अन्तर्हनन und अन्तर्घन scheint eine und dieselbe Gegend zu sein; vgl. die Scholien zu III. 3. 78.

26. Vgl. Rig-V. LI. 5, 10.

27. Das Beispiel ऊर्ध्व ऊ° ist aus Rig-V. XXXVI. 13.; vgl. VIII. 3. 107.

28. B. D. E. und die Kâçikâ: उपसर्गाद्बहुलं ॥ C. उपसर्गाद्बहुत्वांलां (sic) ॥ A. hat ursprünglich उपसर्गादनोत्परः, welches später in उपसर्गाद्बहुलं verändert worden ist. Die Lesart rührt, wie wir sogleich sehen werden, von Patańgali her. Siddh. K. Bl. 53. b. उपसर्गादनोत्पर इति सूत्रं तद्दूष्ट्वा भाष्यकार आह ॥ उपसर्गाद्बहुलं ॥ Patańgali: कथमिदं विज्ञायते । ओकारात् पर ओत्परः । न ओत्पर अनोत्परः (sic) । आहोस्विदोकारः परो ऽस्मात् सो ऽयमोत्परः । न ओत्परो ऽनोत्परः । उभयथा च प्रक्रमे दोषो भवति । प्र नः मुञ्चतं । प्र नो मुञ्चतं । प्र उ नः । प्रोनः । भाविन्यप्योति नेष्यते । एवं तर्हि उपसर्गाद्बहुलमिति वक्तव्यं ॥ Hierauf Kaiyyaṭa: प्रक्रमो ग्रन्थपरिचयार्थः क्रमपाठः (diese Schreibart habe ich in meinem Commentar pada-Schreibart genannt; der Name क्रमपाठ war mir entfallen) । भाविनोति । यद्यपि क्रमपाठ ओकारो नास्ति । संहितापाठे तु भावीति णत्वं न प्रवर्तते । सांप्रतिकसद्भावे तु भाविगतिर्दुर्लभेति पाठान्तरमाश्रितं ॥ Ueber नस्, das Substitut von नासिका, s. V. 4. 119.; zum Ende der Scholien vgl. vârtika 3. zu I. 4. 60. - Hier einige Beispiele aus

dem Rig-V. mit der Uebersetzung von Rosen: XXV. 12. प्र ण आयूंषि तारिषत् (vgl. Rosen zu d. St.) „nostras vitas longas faciat“, XLII. 1. सक्ष्वा (vgl. VI. 3. 135.) देव प्र णस्पुरः „consocia (te nobiscum), deus! ante nos“, LXXXI. 1. स वाजेषु प्र नोऽविषत् „ille in proeliis nos protegito“, CXXI. 14. प्र नो वाजान् ... यन्धि „nobis divitias ... largire.“ X. 5. शक्रो यथा सुतेषु णो रारणत् सख्येषु च „ut potens (ille) inter filios nostros resonet et inter consortia.“ Im letzten Beispiele (vgl. Rosen zu d. St.) lässt sich das cerebrale ण् nur dann erklären, wenn षु im vorhergehenden sûtra nicht bloss die Partikel सु (vgl. VIII. 3. 107.), sondern jedes auf षु ausgehende Wort bezeichnet.

29. Kâçikâ: अन । मान । अनीयर् । अनि । इनि । निष्ठादेशः । एते नत्वं प्रयोजयन्ति ॥ अन । प्रयाणं । परियाणं । मान । प्रयापयमाणं । परियापयमाणं । णिजन्ताद्याधातोर्लटः शानजादेशे शपि मुगागमे रूपमेतत् । अनीयर् । प्रयाणीयं । परियाणीयं । अनि । अप्रयाणिः । अपरियाणिः । आक्रोशे नञ्यनिरित्यनिप्रत्ययः (vgl. III. 3. 112.) । इनि । प्रयायिणौ । प्रदायिणौ (das Beispiel ist falsch; vgl. 2.) आवश्यकाधमर्ण्ययोरिति (III. 3. 170.) णिनिः । निष्ठादेशः । प्रहीणः । परिहीणः । घुमास्थेतीत्वं (vgl. VI. 4. 66.) । ओदितश्चेति (VIII. 2. 45.) नत्वं । संभवप्रदर्शनमेतत् । न परिगणनमन्यस्यासंभवात् ॥ Ein vârtika: कृत्यस्य णत्वे निर्विण्णस्योपसंख्यानं कर्तव्यं ॥ निर्विण्णोऽहमनेन वासेन । अचः परः कृत्यो नकारो न भवतीति वचनं । परस्य णत्वं पूर्वस्य ष्टुत्वं (vgl. 41.) ॥

30. Hierzu folgende vârtika's: णेः साधनव्यवाय उपसंख्यानं कर्तव्यं ॥ १ ॥ प्राप्यमाणं । प्राप्यमानं । साधनाभिधायिनि सार्वधातुके विधानाद्विकरणः साधनशब्देनाभिधीयते ॥ न वा तद्विधानात् सिद्धं ॥ २ ॥ विहितविशेषणं णिग्रहणं । ण्यन्ताद्यो विहित इति ॥ अडधिकाराद्वा ॥ ३ ॥ Vgl. 2.

32. Siddh. K. Bl. 173. b. नुम्ग्रहणमनुस्वारोपलक्षणं । अट्-

कुष्वादिति (2.) सूत्रे ऽप्येवं । तेन नेह । प्रेन्वनं । इह तु स्यादेव । प्रोम्भणं (für नुम् ist nach VIII. 3. 24. der anusvâra, für diesen nach 58. म् substituirt worden).

33. Calc. Ausg. वा निंसनिंक्षनिंदां ॥ Siddh. K. l. l. वा निंसनिक्षनिन्दां ॥ Vgl. zu III. 1. 90. Für ट्रुनदि lese man णिदि. णिदि und ट्रुणदि stehen im Dhâtu-P. neben einander; vielleicht rührt die Verwechselung davon her.

34. Hierzu folgende vârtika's: भाद्गिषु पूञ्ग्रहणं ॥ १ ॥ इह मा भूत् । प्रपवणं सोमस्येति ॥ णयन्तस्य चोपसंख्यानं कर्तव्यं ॥ २ ॥ Patangali: किं पूञ एव (ergänze णयन्तस्य) । नेत्याह । अविशेषेण । प्रभापनं । परिभापनं ॥

35. Ein vârtika: षात् पदादिपरवचनं (?) ॥ इहैव यथा स्यात् । निष्पानं । दुष्पानं । इह मा भूत् । सुसर्पिष्केण । अयतुष्केण (vgl. I. 4. 17.) ॥ Patangali: तत् तर्हि वक्तव्यं । न वक्तव्यं । नैवं विज्ञायते । पदस्यान्तः पदान्तः । पदान्तादिति । कथं तर्हि पदे ऽन्तः („ष्, der Finale eines pada, wenn ein andres pada folgt“) पदान्तः । पदान्तादिति ॥ Hierauf Kaiyyata: षात् पदादित्येव षकारेण पदस्य विशेषणात् षान्तात् पदादित्यर्थे लब्धे ऽन्तग्रहणात् सप्तमीसमास आश्रीयते ॥ Vgl. zu 38.

36. Ein vârtika: नशेरश इति वक्तव्यं ॥ इहापि यथा स्यात् । प्रनङ्क्ष्यति ॥ Für das श् von नश् ist nach VIII. 2. 36. ष्, für dieses nach VIII. 2. 41. क् substituirt worden. Zum vorhergehenden Nasal vgl. VII. 1. 60. – Patangali: तत् तर्हि वक्तव्यं । न वक्तव्यं । इह नशेः ष इतीयता सिद्धं । सो ऽयमेवं सिद्धे सति यदन्तग्रहणं करोति । तस्यैतत् प्रयोजनं । षान्तभूतपूर्वस्यापि यथा स्यात् ॥ Hierauf Kaiyyata: अन्तग्रहणसामर्थ्याद्यश्च संप्रति षान्तो यश्च भूतपूर्वस्तस्य सर्वस्य णत्वप्रतिषेधः ॥

38. Ein vârtika: पदव्यवाये ऽतद्धिते ॥ Kâçikâ: इह मा भूत् । आर्द्रगोमयेण । शुष्कगोमयेण । गोश्च पुरीष (IV. 3. 145.) इति मयट् । तस्मिन् परतः स्वादिष्वसर्वनामस्थान (I. 4. 17.) इति गो-

शब्दः पदसंज्ञस्तेन व्यवायः ॥ Patanġali: तत् तर्हि वक्तव्यं । न वक्तव्यं । नैवं विज्ञायते । पदेन व्यवायः पदव्यवायः । पदव्यवाय इति । कथं तर्हि पदे व्यवायः पदव्यवायः । पदव्यवाय इति ॥ Vgl. zu 35.

39. क्षुभाणा, die 2te Sg. des Imperat., ist nicht in क्षुभ्ना enthalten; vgl. Siddh. K. Bl. 146. b. – Patanġali: अविहितलक्षणो णत्वप्रतिषेधः क्षुभ्नादिषु द्रष्टव्यः ॥ Hierauf Kaiyyaṭa: न भाभूपू (34.) इत्यादयस्तु योगा अस्यैव प्रपञ्चार्थाः ॥

40. Zu अग्निचिच्छेते und सोमसुच्छेते vgl. 63. – Patanġali: अथ संख्यातानुदेशः (vgl. I. 3. 10.) कस्मान्न भवति । आचार्यप्रवृत्तिर्ज्ञापयति । संख्यातानुदेशो नेति । यदयं शात् (44.) प्रतिषेधं शास्ति ॥

41. Patanġali: अथ संख्यातानुदेशः (vgl. I. 3. 10.) कस्मान्न भवति । आचार्यप्रवृत्तिर्ज्ञापयति । नेह संख्यातानुदेशो भवतीति । यदयं तोः षीति (43.) प्रतिषेधं शास्ति ॥

42. Für das ष् in सर्पिष्टम wird nach VIII. 2. 39. kein ड् (जश्) substituirt, weil das ष् nach VIII. 2. 1. असिद्ध ist; vgl. VIII. 3. 101. – Ein vârtika: अनाम्नवतिनगरीणां चेति वक्तव्यं ॥ षण्णां । षण्णवतिः । षण्णगरी ॥

45. Siddh. K. Bl. 6. a. स्थानप्रयत्नाभ्यामन्तरतमे स्पर्शे चरितार्थो विधिरयं रेफे न प्रवर्तते । चतुर्मुखः ॥ Ein vârtika: यरो ऽनुनासिके प्रत्यये भाषायां नित्यवचनं ॥ वाङ्मयं । त्वङ्मयं ॥

47. Hierzu folgende vârtika's: द्विर्वचने यणो मयः ॥ १ ॥ [Kâçikâ: केचिदत्र यण इति पञ्चमीं मय इति षष्ठीं व्याचक्षते । तेषामुल्क्का वल्म्मीक इत्युदाहरणं । अपरे तु यण इति षष्ठीं मय इति पञ्चमीं व्याचक्षते । तेषां मते दद्ध्यत्र (lies दध्य्यत्र) । मद्ध्वत्र (lies मध्व्वत्र) । इत्युदाहरणं ॥] शरः खयः ॥ २ ॥ (Patanġali: किमुदाहरणं । यदि शर इति पञ्चमी । खय इति षष्ठी । स्थ्याली । स्थ्याता । इत्युदाहरणं । अथ खय इति पञ्चमी । शर इति षष्ठी । वत्स्सरः । अप्स्सरा । इत्युदाहरणं ॥) अवसाने च ॥ ३ ॥ वाक्क् । वाक् । त्वक्क् । त्वक् । स्रक्क् । स्रक् ॥ Kâçikâ: अवसाने च यरो द्वे भवत इति वक्तव्यं ॥

In den beiden Handschriften des weissen Yagur-Veda in der Bibliothek des East India House wird unter andern auch ein ग् nach स्, und ein त् nach क् verdoppelt; so z. B. in folgenden Versen aus dem 1ten adhyâya: अग्ग्ने व्व्रतपते व्व्रतञ्चरिष्यामि तच्छकेयन्तन्मे राद्ध्यताम् । इदमहमनृतात्सत्त्यमुपैमि ॥ ५ ॥ कस्त्त्वा युनक्ति स त्त्वा युनक्ति कस्मै त्त्वा युनक्ति । तस्मै त्त्वा युनक्ति । कर्म्मणे वां व्वेषाय वाम् ॥ ६ ॥ Zu शकेयं im 5ten Verse vgl. III. 1. 36. - Mit den Verdoppelungen hat man häufig einen andern Fall verwechselt, wo nämlich der Consonant ein nothwendiger Bestandtheil des Wortes ist; so wird fast durchgängig in den Handschriften und in den in Indien besorgten Ausgaben vor dem Affix त्व ein vorhergehendes त् ausgestossen; man schreibt z. B. स्थानित्वं । कित्वं statt स्थानित्त्वं । कित्त्वं. Die Schreibart अभ्र ist auf dieselbe Weise entstanden; vgl. Wilson unter अभ्भ्र und अभ्र, und Sâhitya-D. S. 121. Z. 15.

48. Man lese am Anfange der Scholien mit der Calc. Ausg. आदिनि. - Hierzu folgende vârtika's: नादिन्याक्रोशे पुत्रस्येति तत्परे च ॥ १ ॥ पुत्रपुत्रादिनी त्वमसि पापे ॥ वा हतजग्धपरे च ॥ २ ॥ पुत्त्रहती । पुत्रहती । पुत्त्रजग्धी । पुत्रजग्धी ॥ चयो द्वितीयाः शरि पौष्करसादेः ॥ ३ ॥ चय्प्रत्याहारान्तर्गतवर्णानां स्थाने वर्गद्वितीया आदेशा भवन्ति शरि परतः पौष्करसादेराचार्यस्य मतेन । सुगण्ठ्षष्ठः । टकारस्य (vgl. VIII. 3. 28.) ठकारः । अफ्सराः । पकारस्य फकारः । वथ्सरः । तकारस्य थकारः ॥

52. Zu आचार्याणां ergänze man एकेषां und nicht etwa सर्वेषां, da die Schreibart वाक्क् (vgl. zu 47.) । राष्ट्ंं und भ्राष्ट्ंं (vgl. die Scholien zu 50.) vorkömmt.

53. Vgl. zu VIII. 2. 32, 40.

55. Vgl. VIII. 2. 39.

56. Am Ende eines pada werden für die im pra-

tyâhâra झल् enthaltenen Consonanten nach VIII. 2. 39. folgende Consonanten substituirt: ज् । ब् । ग् । ड् und द्. Für diese können in der Pause nach unsrer Regel च् । प् । क् । ट् und त् substituirt werden.

57. Vgl. I. 1. 11. zu अग्नी und वायू.

58. Vgl. zu III. 1. 82.

59. Calc. Ausg. अपत्तएउयमान्नभस्य°. Vgl. VIII. 3. 23.

61. Vgl. zu I. 1. 67. - Man lese mit der Siddh. K. Bl. 6. b. अत्राघोषमहाप्राणप्रयत्नवतः, und vgl. die Tabelle der वाह्यप्रयत्नाः bei I. 1. 9. - Hierzu folgende vârtika's: उदः पूर्वत्वे स्कन्देश्छन्दस्युपसंख्यानं ॥ १ ॥ अघ्न्ये (vgl. zu VIII. 1. 73.) दूरमुत्कन्द ॥ रोगे चेति वक्तव्यं ॥ २ ॥ उत्कन्दको रोगः । इदमविशेषेण छन्दसि भाषायां च भवति ॥ Kâçikâ: कन्दतेर्वा धात्वन्तरस्यैतद्रूपं ॥

63. Ein vârtika: छत्वममि ॥ अटोत्यपनीयामोति वक्तव्यमित्यर्थः ॥ Kâçikâ: तच्छ्लोकेन । तच्छ्मश्रुणा । अत्र लकारमकारपरस्यापि शकारस्य छत्वं ॥

64. Zum vârtika यणो मयः vgl. zu 47. - Siddh. K. Bl. 3. b. यमां यमीति यथासंख्यविज्ञानान्नेह । माहात्म्यं ॥ Vgl. I. 3. 10.

65. Ein vârtika: करो करि सवर्णग्रहणं समसंख्यप्रतिषेधार्थं (vgl. I. 3. 10.) ॥ Kâçikâ: तेन श्लिपिढ । पिपिढ । इत्यत्र उकारस्य ढकारे परे लोपः ॥

66. गार्ग्य und वात्स्य (vgl. IV. 1. 105.) sind Paroxytona nach VI. 1. 197.; das finale अ ist anudâtta nach VI. 1. 158. शप् und तिप् sind anudâtta nach III. 1. 4.; der Wurzelvocal ist udâtta nach VI. 1. 162. - Kaçikâ: स्वरितस्यासिद्धत्वाच्छेषनिघातो (vgl. VIII. 2. 1. - VI. 1. 158.) न भवति । तेनोदात्तस्वरितौ द्वावपि श्रूयेते ॥

67. तत्र (vgl. V. 3. 10.) ist ein Paroxytonon nach

VI. 1. 193., क्रु (vgl. V. 3. 12.) ein Perispomenon nach VI. 1. 185.

68. Den Grund, warum das kurze अ, welches in der Sprache immer sanvṛita ist, während alle andern Vocale vivṛita sind, in der Grammatik für vivṛita gilt, ersehen wir aus folgender kârikâ:

आदेशार्थं सवर्णार्थमकारो विवृतः स्मृतः ।
आकारस्य तथा ह्रस्वस्तदर्थं पाणिनेर् अ ॥

आदेशार्थं । वृक्षाभ्यां (vgl. VII. 3. 102.) । देवदा३त्ता (vgl. VIII. 2. 86.) । आन्तर्यतो (vgl. I. 1. 50.) विवृतस्य विवृतौ दीर्घप्लुतौ यथा स्यातां । सवर्णार्थं च । अकारः सवर्णग्रहणेन आकारमपि यथा गृह्णीयात् । आकारस्य तथा ह्रस्वः । अतिखट्वः । अतिमालः (vgl. I. 2. 48.) अत्राकारस्य ह्रस्व उच्यमानो विवृतः प्राप्नोति । संवृतो यथा स्यादित्येवमर्था प्रत्यापत्तिः ॥ Da bloss das kurze अ sanvṛita wird, so würde Pâńini besser gethan haben, wenn er अतो ऽत् gesagt hätte, indem अ nach I. 1. 69. auch die Länge und Dehnung enthält. Vgl. folgende vârtika's: अकारस्य प्रत्यापत्तौ दीर्घस्य प्रतिषेधो वक्तव्यः ॥ १ ॥ खट्वा । माला ॥ आदेशस्य चानण्त्वान्न सवर्णग्रहणं (vgl. I. 1. 69.) ॥ २ ॥ केषामुदात्तानुदात्तस्वरितानुनासिकानां ॥ सिद्धं तु तपरनिर्देशात् (vgl. I. 1. 70.) ॥ ३ ॥ एकशेषनिर्देशाद्वा स्वरानुनासिकभिन्नानां भगवतः पाणिनेः सिद्धं ॥ ४ ॥ Patanǵali: एकशेषनिर्देशो ऽयम अ ॥ Hierauf Kaiyyaṫa: षण्मात्रिका अकाराः (das kurze अ mit 1 mâtrâ, das lange आ mit 2 mâtrâ's und das gedehnte आ३ mit 3 mâtrâ's) स्थानिनो निर्दिश्यन्ते । एवमादेशा अपि षडेव । ततश्चैकशेषस्तत्र षण्णां स्थानिनां निर्देशसामर्थ्याद्भिन्नकालौ दीर्घप्लुतौ स्थानिभिर्न गृह्येते । तत्र यथासंख्यं षण्णां (das kurze अ, nasal oder unnasal, mit den 3 Accenten) विवृतानां स्थाने षडादेशाः संवृता भवन्तीति सिद्धमिष्टं ॥

Erklärender Index

der

grammatischen Kunstausdrücke.

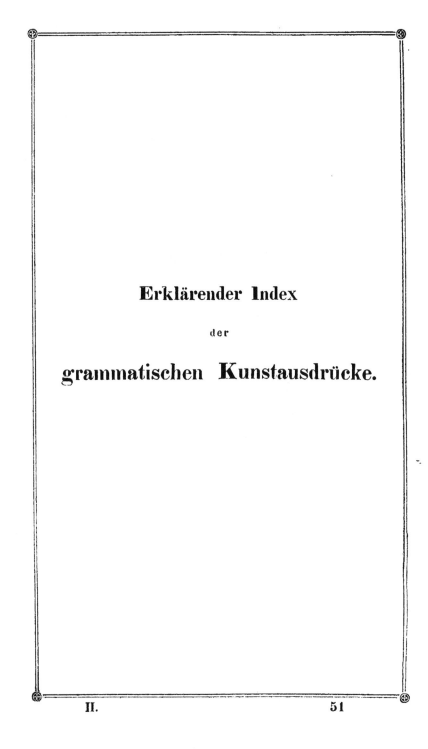

Erklärung der im Index gebrauchten Abkürzungen:

âtm.	=	आत्मनेपद्
ârdhadh.	=	आर्धधातुक
tddh.	=	तद्धित
tadr.	=	तद्राज
parasm.	=	परस्मैपद्
praty.	=	प्रत्याहार्
vibh.	=	विभक्ति
smsnta	=	समासान्त
sârvadh.	=	सार्वधातुक

अ

अ 1) Der Vocal अ mit seinen homogenen Elementen; s. S. 6. (5ter Cas. Sg. आत्, 6ter अस्य). Fällt am Ende eines भ aus VI. 4. 148. - Das kurze अ ist sanvṛita VIII. 4. 68. - 2) Personalendung अ, ein Substitut für थ (2te Pl. parasm.) im लिट् III. 4. 82, im लट् 83. - 3) kṛit अ. Bildet Feminina III. 3. 102, 103. - 4) tddh. अ. a) IV. 3. 9, 31. - V. 3. 33. - S. 198. b) smsnta V. 4. 74.

अक् 1) praty. Die Vocale अ । इ । उ । ऋ und लृ VI. 1. 101, 128. - VII. 4. 2, 93. - 2) Wurzel-Affix अ vor लुङ् S. 126.

अक Eine aufgelöste Form verschiedener kṛit's. Wird nicht mit dem 6ten Casus construirt II. 3. 70., nicht damit componirt II. 2. 15-17. - Accent im Compositum VI. 2. 73, 74.

अकङ् âdeça अक् für den letzten Buchstaben IV. 1. 97.

अकच् tddh. अक bei avyaya's und sarvanâmâni. Wird vor dem letzten Vocal angefügt V. 3. 71, 72.

अकर्मक Adj. धातु, eine Wurzel, die kein karman hat; ein verbum intransitivum I. 3. 26.

अक्षर Neutr. 1) Vocal I. 4. 10-12. - S. 373. - 2) Silbe S. 391. - Vgl. u. अच्.

Vocal, der im upadeça nasal ist, heisst इत् I. 3. 2. - Das Substitut für einen Vocal ist स्थानिवत् und nicht स्थानिवत् I. 1. 57-59. - Im Veda werden die Vocale vertauscht S. 125, 126. - b) Silbe; s. u. एकाच् । त्र्यच् । द्व्यच् und बह्वच्. - 2) kṛit अ. III. 1. 134. - III. 2. 9-15. - III. 3. 56. - S. 131, 133. - Davor लुक् für यङ् II. 4. 74., Reduplication der Wurzel S. 240, 348. - Anfügung S. 243. - Accent VI. 1. 216., im Compositum VI. 2. 144, 157, 158. - 3) tddh. अ. a) मत्वर्थे V. 2. 127. - b) smsnta V. 4. 75-87, 118-121.

अञ् tddh. अ. 1) IV. 1. 86, 104, 141, 161. - IV. 2. 12, 44, 45, 71-76, 106, 108, 109. - IV. 3. 7, 33, 93, 119, 122, 123, 139-141, 154, 155, 168. - IV. 4. 49. - V. 1. 15, 26, 41-43, 61, 129. - V. 2. 83. - S. 167, 174, 178, 182, 229. - Wird an मतुप् gefügt IV. 2. 72., an णच् V. 4. 14. - Es folgt फक् IV. 1. 100., अण् IV. 3. 127. - Für अण् गोत्रे wird im Pl. लुक् substituirt II. 4. 64, 67. - 2) tadr. IV. 1. 168, 169. - V. 3. 117. - Anfügung VI. 4. 174.
Im Femin. wird ङीप् angefügt IV. 1. 15., ङीन् 73.

अट् 1) praty. Alle Vocale nebst ह् । य् । व् und र् VIII. 3. 3, 9. - VIII. 4. 2, 63. - 2) âgama अ. a) Am Anfange consonantisch anfangender Wurzeln vor लुङ् । लङ् und लृङ् VI. 4. 71. - Ist udâtta ebend. - Wird bei der Partikel माङ् nicht angefügt 74. - Fehlt im Veda häufig 75. - Einfluss auf सुट् VI. 1. 136., auf die Substitution von ष् für das initiale स् einer Wurzel VIII. 3. 63. - b) Am Anfange eines, aus einem einzigen Consonanten bestehenden sârvadh., welches

पित् ist VII. 3. 99, 100. - c) Am Anfange der Endungen des लेट् III. 4. 94.

अठच् tddh. अठ V. 2. 35.

अडच् tddh. अड V. 3. 80. -- Anfügung 83, 84.

अण् 1) praty. a) Die Vocale अ । इ und उ VI. 3. 111. - VII. 4. 13-15. - VIII. 4. 57. - b) Alle Vocale und ह् । य् । व् । र् und ल् I. 1. 69. -

2) kṛit अ III. 2. 1, 2, 44. - III. 3. 12. - Accent im Compositum VI. 2. 75-78. - 3) tddh. अ. a) Ist अधिकृत von IV. 1. 83. bis IV. 4. 2. - IV. 1. 84, 112-119. - IV. 2. 13, 29, 38, 77-79, 100, 110-112 (Ausnahme 113), 132, 133. - IV. 3. 16, 22, 33, 57, 71, 73, 76, 93, 108, 127, 128, 132, 133, 136-138, 152, 153, 164-166. - IV. 4. 4, 18, 25, 48, 56, 68, 80, 94, 112, 124, 126. - V. 1. 27, 36, 41-43, 97, 105, 110, 130, 131. - V. 2. 38. - V. 3. 107. - V. 4. 16, 36-38. - S. 174, 177, 184, 190, 203, 204, 206. - मत्वर्थे V. 2. 61, 103-105. - Folgt auf इनुण् V. 4. 15. - Es folgt फिञ् IV. 1. 156, tadr. यञ् V. 3. 118. - Dafür wird ष्यङ् substituirt IV. 1. 78, 79, लुक् II. 4. 58, 65, 70. - IV. 3. 34. - Anfügung IV. 3. 2, 3. - VI. 3. 50. - VI. 4. 135, 164-167, 170, 171, 173-175. - b) tadr. IV. 1. 170. - V. 3. 117. - S. 173. - Darnach wird लुक् für den yuvapratyaya substituirt; s. den gaṅa पैलादि. (Hat im Femin. ङीप् IV. 1. 15.)

अत् 1) Das kurze अ. Heisst guṅa I. 1. 2. - Für das finale अ eines aṅga wird vor einem ârdhadh. ein lopa substituirt VI. 4. 48. - 2) Personalendung अ (das त् ist मुखसुखार्थः), ein Substitut für इट् (3 Sg. âtm.)

im लिङ् III. 4. 106. - 3) Casusaffix अत्. a) Substitut für ङसि VII. 1. 32. - b) Substitut für भ्यस् (5ter Cas. Pl.) VII. 1. 31. - 4) tddh. und vibh. अ V. 3. 12. - Anfügung VII. 2. 105.

अतन्त्र = अविवक्षित S. 256. - S. u. तन्त्र.

अतस् S. u. अतसुच्.

अतसुच् tddh. अतस् V. 3. 28, 29. Dieses und die mit diesem in der Bedeutung übereinkommenden Affixe regieren den 6ten Casus II. 3. 30.

अति 1) uṅâdi अत् S. 160. - 2) tddh. अति V. 1. 60.

अतिदेश S. u. दिश्.

अतिप्रसङ्ग S. u. सस्ज्.

अतु Der Ausgang der Affixe क्तवतु । उवतुप् । डुमतुप् । मतुप् und वतुप्. Anfügung von सु VI. 4. 14.

अतुस् Personalendung अतुस्, ein Substitut für तस् (1 Du. parasm.) im लिट् III. 4. 82., im लट् 83, 84.

अतृन् kṛit अत् III. 2. 104. - Vgl. u. उगित्.

अत्वत् Adj. धातु, eine Wurzel, deren Wurzelvocal ein kurzes अ ist VII. 2. 62.

अथ uṅâdi अथ. Accent im Compositum VI. 2. 144.

अथुच् kṛit अथु III. 3. 89.

अथुस् Personalendung अथुस्, ein Substitut für थस् (2 Du. parasm.) im लिट् III. 4. 82., im लट् 83, 84.

अद्रि uṅâdi अद्र VI. 2. 9.

अदुक् âgama अद्, an's Ende anzufügen. VI. 3. 76.

अड्डु Casusendung अद्, ein Substitut für सु und अम् VII. 1. 25, 26.

अद्यतनी (sc. विभक्ति). So heisst S. 99, 296. der लुङ्, weil er भूते ऽद्यतने gebraucht wird; vgl. III. 2. 110, 111.

अधिकरण Neutr. 1) Das Verhältniss zweier im Satze zusammengehörigen Wörter zu einander. समानाधिकरणे stehen diejenigen Wörter, die zu einander gehören, ohne sich zu regieren. Das eine von diesen Wörtern bestimmt das andre näher, oder wird von diesem (Subject) ausgesagt (Prädicat). In dieses Verhältniss können zwei Adjective (oder was deren Stelle vertritt), treten; ein Adjectiv mit seinem Substantiv, ein Substantiv, als Apposition, mit einem andern Substantiv, ein Subject mit seinem Prädicate. I. 2. 42. - II. 1. 49-72. - II. 2. 11. - VI. 3. 34. - VIII. 1. 73. - Hiervon das nomen abstr. सामानाधिकरण्य II. 1. 9. - 2) Die Sphäre, der Bezirk, der Ort (im weitesten Sinne) einer Handlung I. 4. 45. - Dabei der 7te Casus II. 3. 36., der 6te 64. - Das Partic. auf क्त in dieser Bedeutung III. 4. 76. - Ein solches Partic. wird mit dem 6ten Casus construirt II. 3. 68., aber nicht damit componirt II. 2. 13. - 3) = द्रव्य Stoff, Materie II. 4. 13, 15.

अधिकार Masc. I. 3. 11. Nomen actionis von कृ mit अधि, Etwas an die Spitze stellen, Etwas zum Gegenstande einer Thätigkeit machen; vgl. IV. 3. 87. und Stenzler zu Kumâra-S. IV. 38. In den Grammatiken stehen die Wörter, welche अधिकृत sind, gewöhnlich ganz allein im sûtra, und zwar in dem Casus, in welchem sie in den folgenden sûtra's ergänzt werden müssen; vgl. III. 1. 1, 91. - IV. 1. 1. - VI. 4. 1, 129. - VIII. 1. 16-18. - Vararuki I. 1. - II. 1. u. s. w. Wo es sich nicht von selbst versteht, giebt der Grammatiker gewöhnlich an, wie weit sich der अधिकार erstreckt. Diejenigen sûtra's im Verlauf eines und desselben अधिकार, in welchen das vorange-setzte Element durch die Setzung eines andern Elements nicht ergänzt werden darf, sind immer Ausnahmen von einer andern Regel, wo jenes Element zu ergänzen ist. Wird in einem sûtra das Element, welches अधिकृत ist, von Neuem gesetzt, so ist dieses sûtra eine Ausnahme von einer andern Ausnahme.

अधुना tddh. und vibh. अधुना S. 220.

अध्यै und अध्यैन् kṛit अध्यै mit Infinitiv-Bedeutung im Veda III. 4. 9.

अन् tddh. अ S. 174, 186.- Bei Ordnungszahlwörtern V. 3. 48, 49.

अन Eine aufgelöste Form verschiedener kṛit's. - Anfügung S. 103. - Für न् wird ण् substituirt S. 394. - इ wird daran gefügt S. 206. - Accent im Compositum VI. 2. 150.

अनङ् âdeça अन् für den letzten Buchstaben V. 4. 131 - 133. - VII. 1. 75, 76, 93, 94.

अनद्यतन Adj. काल, die vergangene und die zukünftige Zeit mit Ausschluss des gegenwärtigen Tages (zu अद्यतन vgl. die Scholien zu I. 2. 57.). अनद्यतने werden die Affixe दा und र्हिल् gesetzt V. 3. 21. - भूते ऽनद्यतने wird लङ् gebraucht III. 2. 111, 113, 114., लुङ् 122. - III. 3. 135., लट् III. 2. 119, 122., लृट् 112, 114. - भविष्यत्यनद्यतने steht लुट् III. 3. 15., लृट् 135-138. - Vgl. u. परोक्ष.

अनार्ष I. 1. 16. - S. u. आर्ष.

अनि kṛit अनि III. 3. 112. - Für न् wird ण् subtituirt S. 394.

अनिच् samâsânta अन् V. 4. 124 - 126.

अनिट् 1) प्रत्यय, ein Affix, welches ohne Augment इट् an

ein anga gefügt wird III. 1. 45. - 2) धातु, eine Wurzel, die im Dhâtu - P. den Gravis auf dem Wurzelvocal hat S. 317. An solche Wurzeln werden die mit वल् anfangenden ârdhadh. ohne Augment इट् angefügt VII. 2. 10.

अनित्य S. u. प्रत्यय und u. समास.

अनीयर् kṛitya अनीय III. 1. 96. - Für न् wird ण् substituirt S. 394.

अनुदात्त 1) Masc. Der Gravis, ein वाह्यप्रयत्न I. 1. 9. - 2) Adj. अच्, ein Vocal, der niedrig (नीचैः) - mit dem Gravis - ausgesprochen wird I. 2. 30. - Wird für einen svarita substituirt I. 2. 38. - Für einen anudâtta wird ein udâtta substituirt VI. 1. 161. - VIII. 2. 5., ein svarita VIII. 2. 4. - VIII. 4. 66, 67., ein sannatara I. 2. 40., ekaçruti 39. - धातु, eine Wurzel, die im Dhâtu - P. den Gravis auf dem Wurzelvocal hat VI. 1. 59. - VI. 4. 37. ff. - VII. 2. 10. - Vgl. u. अनुदात्तेत्.

अनुदात्तेत् Adj. धातु, eine Wurzel, die im Dhâtu - P. den Gravis auf dem stummen Vocal (इत्) hat. Solche Wurzeln haben âtm. I. 3. 12., das Affix युच् III. 2. 149. - Accent des darauffolgenden sârvadh. VI. 1. 186.

अनुनासिक Adj. वर्ण, ein Buchstabe, der zugleich mit dem Munde und der Nase ausgesprochen wird I. 1. 8. - S. 11. 1) Vocal. Ein nasaler Vocal im upadeça heisst इत् I. 3. 2. - Der nasale Vocal wird für den reinen (शुद्ध) Vocal substituirt I. 1. 18. - VI. 1. 126. - VIII. 3. 2 - 12. - VIII. 4. 57. - 2) Consonant. Ein solcher Consonant wird für यर् substituirt, wenn ein nasaler

Consonant folgt VIII. 4. 45., für den anusvâra, wenn यय् folgt 58, 59. - Für न् wird, wenn ल् folgt, लँ substituirt 60. - Für den finalen Nasal einer Wurzel wird ein lopa und आ substituirt VI. 4. 37 - 45. - Anfügung eines, mit einem Nasal beginnenden Affixes an eine Wurzel VI. 4. 19 - 21.

अनुबन्ध Masc. II. 4. 54. - S. u. इत्.

अनुम् Adj. शतृ, das Affix शतृ ohne Augment नुम् VI. 1. 173.

अनुवृत्ति Fem. S. u. वृत्.

अनुषङ्ग Masc. Das Augment नुम् bei consonantisch ausgehenden Wurzeln (?) S. 19. - Vgl. अनुषक्त S. 313.

अनुस्वार Masc. Ein nasaler Laut (ं), der immer auf einen Vocal folgt. Ist ein Substitut für म् und न् VIII. 3. 23-27., ein Augment vor ह् VIII. 3. 4-12. - Vor यय् wird ein, mit diesen Consonanten homogener Nasal für den anusvâra substituirt VIII. 4. 58, 59.

अनेकाल् (अनेक + अल्) Adj. Aus 2 oder mehr Buchstaben bestehend I. 1. 55.

अन्त kṛit अन्त. Anfügung an णि VI. 1. 159.

अन्तरतम Adj. आदेश. S. S. 20. ff.

अन्यतरस्यां (sc. क्रतौ?) Auf beide Arten, beliebig auf die eine oder die andre Weise. = वा und विभाषा. I. 2. 21. u. s. w.

अन्वादेश Masc. Wiedererwähnung II. 4. 32. - Vgl. अन्वादिष्ट VII. 2. 190.

अप् 1) kṛit अ III. 3. 57-87. - Anfügung II. 4. 38. - Accent im Compositum VI. 2. 144. - 2) samâsânta अ V. 4. 116, 117.

अपवाद् Masc. Absprechung, Aufhebung, Ausnahme. So

heisst sowohl die ganze Regel, welche eine andre aufhebt; als auch der eigentliche Kern, das Subject der Regel, durch welches ein andres, allgemeiner gesetztes Subject (उत्सर्ग) in einer andern Regel ungültig gemacht wird. S. 128. u. s. w.

अपादान Neutr. I. 4. 24 - 31. - अपादाने steht der 5te Casus II. 3. 28., einige उणादयः III. 4. 74. - Vgl. S. 67.

अपृक्त Adj. प्रत्यय, ein, aus einem einzigen Buchstaben bestehendes Affix I. 2. 41. - Dafür wird ein lopa substituirt VI. 1. 67, 68. - Anfügung eines einbuchstabigen sârvadh. VII. 3. 91, 96 - 100.

अप्राप्तविभाषा S. u. विभाषा.

अभिव्यापक S. u. आधार.

अभ्यं Casusendung अभ्यं, ein Substitut für भ्यस् (4ter Cas. Pl.) VII. 1. 30.

अभ्यस्त Neutr. Die Reduplicationssilbe (अभ्यास) nebst der primitiven Silbe VI. 1. 5. - जक्ष् und 6 andre Wurzeln heissen auch so 6. - Für das व् in ह्वेञ् wird ein samprasârańa substituirt 33. - Behandlung eines finalen आ und ई VI. 4. 112 - 118. - Es wird kein guńa für die penultima इक् substituirt VII. 3. 87. - Darnach wird die 1te Pl. verändert III. 4. 109. - VII. 1. 4. - Anfügung von शतृ 78, 79. - Accent VI. 1. 189, 190, 192.

अभ्यास Masc. Die Reduplicationssilbe VI. 1. 4. - Reduplication der Wurzel findet Statt vor लिट् 8., vor सन् und यङ् 9., vor श्लु 10., vor चङ् 11. - Bildung der Reduplicationssilbe 1 - 3, 7, 17, 36. - III. 1. 6. - VI. 4. 78. - VII. 4. 4, 58 - 87, 90 - 97. - VIII. 3. 64. - VIII. 4. 21, 54. - S. 348. - lopa des abhyâsa VI.

4. 119 - 126. - VII. 4. 58. - Veränderung des Initialen einer Wurzel nach einem abhyâsa VII. 3. 55 - 58. - सुट् wird an die Wurzel gefügt, auch wenn ein abhyâsa vorhergeht VI. 1. 136.

अम् 1) praty. Alle Vocale, ह् । य् । व् । र् । ल् । ञ् । म् । ङ् । ण् und न् VIII. 3. 6. - S. 398. - 2) Augment. a) अ III. 2. 59. - VI. 1. 58, 59. - VII. 1. 99. - b) अम्. Wird wie der 2te Cas. Sg. angefügt VI. 3. 68. - 3) Personalendung अम्, ein Substitut für मिप् III. 4. 101. - Im Veda wird मश् (म्) dafür substituirt VII. 1. 40. - 4) kṛit अम्, mit Weglassung der stummen Buchstaben. Ein vorhergehendes Wort wird damit componirt II. 2. 20, 21. - 5) Casusendung अम्. a) 2ter Cas. Sg. IV. 1. 2. - Anfügung VI. 1. 93. - VI. 4. 80. - Für अम् wird ein लुक् substituirt VII. 1. 23., अम् 24., अद्ड् 25. - b) Ein Substitut für सु und अम् bei Neutris auf अ 24. - c) Ein Substitut für ङे und die beiden ersten Casus bei युष्मद् und अस्मद् 28. - d) Ein Substitut für सुप् (alle Casusaffixe) bei avyayîbhâva's auf अ II. 4. 83, 84. (Anfügung VI. 1. 107.)

अमु tddh. अम्. Wird im Veda an घ (तरप् und तमप्) gefügt V. 4. 12.

अयङ् âdeça अय् für den Finalen der Wurzel शी VII. 4. 22.

अयच् tddh. अय, ein Substitut für तयप् V. 2. 43, 44.

अयाच् und अयार् 3ter Cas. Sg. अया im Veda S. 311.

अयोगवाह (Trennung hervorbringend, die Vocale von den Consonanten scheidend, zwischen beiden in der Mitte stehend) Masc. Der gemeinschaftliche Name für den a_usvâra, visarǵanîya, ǵihvâmûlîya und upadhmânîya S. 376.

अरङ् âdeça अर् für de_ Fi_ale_ VI. 3. 32.

अराङ् âdeça अरा für de_ Fi_ale_ VI. 3. 33.

अर्थ Masc. Die Bedeutu_g ei_es Wortes oder Affixes.

अर्धविसर्ग Masc. Der gemei_sc_aftlic_e Name für de_ ǵihvâmûlîya und upadhmânîya. Das Zeic_e_ ꭓ für die beide_ Hauc_e ist ei_ _alber visarga (ꙩ).

अल् praty., der alle Buc_stabe_ i_ sic_ sc_liesst; daher ei_ Buc_stabe über_aupt I. 1. 52.

अलुक् Kei_ लुक् IV. 1. 89. – Im Compositum wird für die Casusaffixe des 1te_ Gliedes kei_ लुक् substituirt VI. 3. 1 - 24. – VIII. 3. 95. – VIII. 4. 4.

अलौकिक Adj. विग्रह. – S. S. 79.

अल्पप्राण Masc. Ei_ वाह्यप्रयत्न I. 1. 9.

अल्पाच्तर (अल्प + अच् + तर्) Adj. Aus we_iger Vocalen oder Silbe_ beste_e_d II. 2. 34.

अव्ग्रह Masc. Die Tre__u_g ei_es pada, oder ei_es Buc_stabe_ am E_de ei_es pada, vom folge_de_ pada oder Affix VI. 3. 98. – VIII. 4. 26. – S. 177, 389. – Bei dieser Art zu sc_reibe_, werde_ beim pada bloss die, für die Pause gelte_de_ eup_o_isc_e_ Regel_ beobac_tet.

अवङ् âdeça अव. Für das ओ i_ गो VI. 1. 123, 124.

अवसान Neutr. Pause, E_de ei_es Satzes I. 4. 110. Eup_o_isc_e Regel_ i_ der Pause VIII. 3. 15. – VIII. 4. 56, 57. – S. 396.

अव्यय Neutr. Vo_ diesem Worte giebt uns ei_e kârikâ i_ der Calc. Ausg. S. 16. folge_de Etymologie:
सदृशं त्रिषु लिङ्गेषु सर्वासु च विभक्तिषु ।

वचनेषु च सर्वेषु यन्न व्येति तद्व्ययं ॥

Ein Indeclinabile I. 1. 37 - 41. - Darnach wird ein लुक् für आप् und सुप् substituirt II. 4. 82. (Ausnahme 83, 84.). - Wird nicht mit dem 6ten Casus construirt II. 3. 69. - Es erhält das Affix अकच् V. 3. 71, 72., त्यप् V. 2. 104, 105. - Ein 6ter Casus wird damit nicht componirt II. 2. 11. - Am Anfange eines avyayîbhâva II. 1. 6., eines bahuvrîhi II. 2. 25. - Accent im tatpurusha VI. 2. 2.

अव्ययीभाव (was ein Indeclinabile wird) Masc. II. 1. 6 - 21. - Heisst avyaya I. 1. 41. - Ist ein Neutrum II. 4. 18. - Für सुप् wird अम् substituirt 83, 84. - Im 3ten, 5ten und 7ten Casus 83, 84. - Für सह् wird स substituirt VI. 3. 81. - smsnta अच् wird angefügt V. 4. 77., टच् 107 - 112., tddh. ञ्य IV. 3. 59., ठञ् 60, 61. - Accent VI. 2. 33, 121.

अश् 1) praty. Alle Vocale, ह् । य् । व् । र् । ल् । ञ् । म् । ङ् । ण् । न् । झ् । भ् । घ् । ढ् । ध् । ज् । ब् । ग् । ड् und द् VIII. 3. 17. - 2) âdeça अ. a) Für इदं und एतद् II. 4. 32, 33. - V. 3. 5. - b) Für ङस् (6ter Cas. Sg.) VII. 1. 27.

अस् 1) uṅâdi अस् S. 37, 103. - 2) Endung अस् eines Themas. - Anfügung von सु (1ter Cas. Sg.) VI. 4. 14. - Accent im bahuvrîhi VI. 2. 117.

असि 1) uṅâdi अस् S. 346, 347. - 2) tddh. अस् V. 3. 39.

असिच् smsnta अस् V. 4. 122, 123.

असिद्ध S. u. सिध्.

असुक् âgama अस् VII. 1. 50, 51. - S. 217.

असुङ् âdeça अस् für den Finalen von पुंस् VII. 1. 89. - Ueber das उ s. u. उगित्.

असुन् uṅâdi अस् VI. 3. 75. - S. 217, 346, 347.

असे und असेन् kṛit असे mit Infinitiv-Bedeutung im Veda III. 4. 9.

अस्ताति tddh. अस्तात् V. 3. 27, 40. - Dafür wird ein लुक् substituirt 30. - Anfugung 41.

अस्य 6ter Cas. Sg. von अ VII. 4. 32.

आ

आ 1) Der Vocal आ VI. 3. 91. - 2) Casusendung आ im Veda, ein Substitut für सुप् VII. 1. 39. - 3) tddh. आ V. 3. 33.

आक् âgama आ am Ende der Reduplicationssilbe S. 240, 348.

आकं Casusaffix (6ter Cas. Pl.) आकं, ein Substitut für साम् VII. 1. 33.

आकाङ्क्ष und साकाङ्क्ष Adj. Verlangend, erfordernd. Wird von einer Handlung gebraucht, auf welche, zur Vervollständigung des Sinnes, noch eine andre Handlung folgen muss III. 2. 114. - VIII. 1. 35. - VIII. 2. 96, 104. - Hiervon das nomen abstr. आकाङ्क्षत्व III. 4. 23.

आकिनिच् tddh. आकिन् V. 3. 52.

आगम Masc. Augment. Am Ende eines jeden Augments steht ein stummer Consonant: ein ट्, ein क् oder ein म्. Ein Augment mit einem stummen ट् wird an den Anfang, eins mit क् an's Ende und eins mit म् nach dem letzten Vocale angefügt. I. 1. 46, 47. - Geht ein Augment auf einen Consonanten aus, so schaltet man zwischen diesem und dem stummen Buchstaben

ein उ zur Erleichterung der Aussprache ein (bei unserm Commentator ist dieses उ ein इत्; vgl. 1. 3. 2.) - Accent S. 111.

आङ् 1) Die Partikel आ. a) In der Bedeutung „ein wenig." b) In Verbindung mit einer Handlung. Hier heisst आङ् upasarga I. 4. 59. c) In der Bedeutung bis heisst die Partikel karmapravaćanîya I. 4. 89. - आङ् ist nicht pragṛhya I. 1. 14. - Erhält vor छ् das Augment तुक् VI. 1. 74. - Verbindung mit einem vorhergehenden अ VI. 1. 95. - Im Veda wird आँ dafür substituirt VI. 1. 126. - 2) Der 3te Cas. Sg. आ bei den östlichen Grammatikern; vgl. u. टा. - Anfügung VI. 4. 141. (im Veda). - VII. 3. 105. (an das Feminin-Affix आप्). - Dafür wird ना substituirt VII. 3. 120., im Veda nicht S. 311.

आच् tddh. आ V. 3. 36, 38. - Wird mit dem 5ten Casus construirt II. 3. 29.

आट् âgama आ. a) Am Anfange vocalisch anfangender Wurzeln vor लुङ्, लङ् und लृङ् VI. 4. 72. - Ist udâtta ebend. - Bei माङ् wird es nicht angefügt 74. - Im Veda wird es gesetzt, wo es fehlen sollte; dnu fehlt, wo es gesetzt werden sollte 73, 75. - Verbindung mit der Wurzel VI. 1. 90. - b) Am Anfange der 3ten Personen des लोट् III. 4. 92. - c) Am Anfange des लेट् 94. - d) Am Anfange eines ङित् सुप् VII. 3. 112.

आटच् tddh. आट मत्वर्थे V. 2. 125.

आत् 1) 5ter Cas. Sg. von अ VI. 1. 87, 104. - 2) Der Vocal आ. - Heisst vṛddhi I. 1. 1. - Wird für einen andern Wurzelvocal substituirt VI. 1. 45 - 57. - Behandlung eines finalen आ bei einem aṅga VI. 4. 64–70., bei einem भ 140. – 3) Casusendung आत्. a) Ein Substitut für ङसि (5ter Cas. Sg.) VII. 1. 12. – b) für सुप् im Veda 39.

आतां Personalendung आतां (1te Du. âtm.), ein Substitut für ल् III. 4. 78.

आति tddh. आत् V. 3. 34. – S. 221.

आत्मनेपद (die auf das Subject zurückwirkende Form; vgl. Lassen. Ind. Bibl. III. S. 79. Bopp. Kl. Gr. § 267.) Neutr. (wird im Sg. und im Pl. gebraucht) Die im praty. तङ् enthaltenen Personalendungen und das Participium आन I. 4. 100. – Wenn es gebraucht wird und wenn nicht I. 3. 12–93. – Für das त् einer solchen Personalendung wird im Veda ein lopa substituirt VII. 1. 41.

आत्मनेपदिन् Adj. धातु, eine Wurzel, an welche in der activen Form das âtm. gefügt wird S. 314.

आत्वत् Adj. Ein आ enthaltend VI. 1. 159.

आथां Personalendung आथां (2te Du. âtm.), ein Substitut für ल् III. 4. 78.

आदादिक Adj. धातु, eine Wurzel, die zum gaṇa अदादि – zur 2ten Klasse – gehört.

आदिकर्मन् Neutr. Die beginnende Handlung I. 2. 21. – III. 4. 71. – VII. 2. 17.

आदित् (आत् + इत्) Adj. धातु, eine Wurzel mit einem stummen आ. Anfügung der nishṭhâ VII. 2. 16, 17, 19.

आदेश Masc. Ein Substitut. – Das, wofür (स्थानिन्) Etwas substituirt wird, steht im 6ten Casus I. 1. 49. – Ein einbuchstabiges Substitut, oder ein mehrbuchstabiges mit finalem stummen ङ्, wird an die Stelle des letzten Buchstaben gesetzt 52, 53. – Ein mehrbuchstabiges Substitut, oder ein einbuchstabiges mit finalem stummen श्, wird für das Ganze substituirt 55. - Geht das Substitut auf einen Consonanten aus, so wird zwischen diesem und dem folgenden इ oder श् ein अ zur Erleichterung der Aussprache eingeschoben. Jeder andre Vocal gehört zum âdeça, oder ist ein इत्; vgl. u. अनुङ्. Befindet sich im sûtra ein 5ter Casus, dann findet die Substitution an dem unmittelbar auf den 5ten Casus folgenden Elemente Statt 67., und zwar am Initialen desselben 54. - Wenn für die Diphthonge (एच्) eine Kürze substituirt werden soll, dann sind इ und उ die Substitute 48. - Wenn für ऋ die Vocale अ । इ oder उ substituirt werden, dann muss र् an's Ende dieser Substitute gefügt werden 51. - Das Substitut ist स्थानिवत् und nicht स्थानिवत् 56-59. - Vgl. u. लुक् । लुप् । लोप und श्लु.

आधार Masc. Die Sphäre, der Bezirk, der Ort. Der आधार einer Handlung heisst adhikaraṅa I. 4. 45. - Der आधार heisst औपश्लेषिक, wenn Etwas an ihm, auf ihm, oder in ihm Statt findet; वैषयिक, wenn er das Ziel oder das Object der Handlung ist; अभिव्यापक, wenn er von einem Gegenstande vollkommen durchdrungen ist. S. 69.

आन kṛit आन, mit Weglassung der stummen Buchstaben. Heisst âtm. I. 4. 100. - Das aṅga erhält davor das Augment मुक् VII. 2. 82. - Für आ wird ई substituirt 83.

आनङ् âdeça आन् für ऋ VI. 3. 25, 26.

आनि Die 3te Sg. parasm. im लोट्; das initiale आ ist das Augment आट्. - Für न wird ण substituirt VIII. 4. 16.

आनुक् âgama आन् IV. 1. 49.

आन्तरतम्य Neutr. Nomen abstr. von अन्तरतम (s. d.) I. 1. 9. - VIII. 4. 54.

आप् 1) Wurzel आप्. Mit प्र (प्राप्नोति), nach einer Regel Statt finden, aus einer Regel folgen. Die Regel steht in diesem Falle im 3ten Casus. Hiervon das Partic. प्राप्त, was nach einer Regel Statt findet, aus einer Regel folgt. Vgl. u. विभाषा. - 2) Die Feminin-Affixe चाप् । टाप् und डाप्, mit Weglassung der stummen Initialen. Bei einem avyaya wird ein लुक् dafür substituirt II. 4. 82. - Für आ wird die Kürze substituirt VI. 3. 63-65. - VII. 4. 15. - Anfügung VII. 3. 44 -49. - Daran werden Casusaffixe und taddhita's gefügt IV. 1. 1. - Nach आप् wird ein lopa für सु (1ter Cas. Sg.) substituirt VI. 1. 68., शी für औङ् VII. 1. 18. - Anfugung der sambuddhi VII. 3. 106., eines ङित् सुप् 113-116., von आङ् und ओस् 105., von कप् VII. 4. 15. - Nach आप् erhält आम् (6ter Cas. Pl.) das Augment नुट् VII. 1. 54., für ङि (7ter Cas. Sg.) wird आम् substituirt VII. 3. 116. - 3) praty. Alle Casusaffixe von आङ् (= टा) bis सुप्; s. IV. 1. 2. - Anfügung an इदं VII. 2. 112, 113.

आपत्य Adj. प्रत्यय, ein Affix, womit Patronymica (vgl. IV. 1. 92.) gebildet werden VI. 4. 151.

आपुक् âgama आप् am Ende von Thematis vor णिच् S. 116.

आभ्यन्तरप्रयत्न I. 1. 9. - S. u. प्रयत्न.

आम् 1) âgama आ VII. 1. 98. - 2) Wurzel-Affix आम्. a) Vor लिट् III. 1. 35-39. - Dabei Reduplication der Wurzel 39. - Anfügung an णि VI. 4. 55. - Nach आम् wird für लिट् ein लुक् substituirt II. 4. 81. - An आम् wird कृञ् । भू oder अस im लिट् angefügt III. 1. 40. - Auf

कृञ् folgt âtm. I. 3. 63. - b) Vor लिङ् । लुङ् und लोट्. Für diese Affixe wird ein लुक् substituirt, und hierauf क्रियात् । अकर् । अक्रन् und करोतु angefügt III. 1. 41, 42. - 3) Casusaffix आम्. a) 6ter Cas. Pl. IV. 1. 2. - Anfügung I. 4. 5. - VII. 1. 53. - Erhält das Augment नुट् 54-57., सुट् 52. Vgl. u. नाम् und u. साम्. - b) 7ter Cas. Sg., ein Substitut für ङि VII. 3. 116, 117.

आमन्त्रित Neutr. Die Endungen des 1ten Casus beim Rufen; die Vocativ-Endungen II. 3. 48. - Wird verdoppelt VIII. 1. 8. - Accent VI. 1. 198. - VIII. 1. 19, 55. - VIII. 2. 103., des vorhergehenden Wortes II. 1. 2. - Ist pluta VIII. 2. 103. - Sein Einfluss am Anfange eines Satzes VIII. 1. 72-74.

आमिनच् tddh. आमिन् मत्वर्थे V. 2. 126.

आमु tddh. आम्. Wird an घ (तरप् und तमप्) gefügt V. 4. 11.

आम्रेडित Neutr. Das zweite Wort bei Wiederholungen VIII. 1. 2. - Wenn die Wiederholung Statt findet 4-15. - Ist anudâtta 3., pluta VIII. 2. 95. - Euphonische Regeln dabei VI. 1. 99, 100. - VIII. 3. 12.

आय Wurzel-Affix आय III. 1. 28. - Eine hierauf ausgehende Wurzel heisst auch dhâtu 32. - Vor einem ârdhadh. braucht es nicht angefügt zu werden 31.

आय्य kṛit आय्य. Anfügung an णि VI. 4. 55.

आरक् tddh. आर IV. 1. 130. - S. 170.

आरकन् tddh. आरक S. 218.

आरि tddh. आरि S. 220.

आरु kṛit आरु III. 2. 173.

आर्धधातुक (was an die halbe Wurzel, an eine kürzere Form derselben gefügt wird; vgl. u. सार्वधातुक) Neutr. Die Endungen des लिट् und des लिङ् आशिषि (Precativ) unter den Personalendungen (तिङ्); unter den übrigen Affixen, die an eine Wurzel gefügt werden, heissen alle ârdhadh., bis auf diejenigen, welche ein stummes श् enthalten III. 4. 114-116. - Im Veda findet eine Verwechselung zwischen ârdhadh. und sârvadh. Statt 117. - Vor ârdhadh. werden andre Wurzeln substituirt II. 4. 36-57. - Anfügung an ein anga I. 1. 4. - VII. 3. 84, 86. - VII. 4. 49. - Ein mit वल् anfangendes ârdhadh. erhält das Augment इट् VII. 2. 35, 36. (Ausnahme 10.), 44-46. (hier ist das Augment freigestellt). - Ein mit त् anfangendes ârdhadh. hat वा इट् 48. - Ein mit स् anfangendes ârdhadh. hat इट् 58., kein इट् 59., वा इट् 57.

आर्ष Adj. 1) Dem Veda-Dialekt eigen. - 2) प्रत्यय, ein Affix, welches an den Namen eines ऋषि gefügt wird II. 4. 58.

आल् Casusaffix आ, ein Substitut für सुप् im Veda VII. 1. 39.

आलच् taddh. आल मत्वर्थे V. 2. 125.

आलु 1) kṛit आलु; s. u. आलुच्. - 2) taddh. आलु S. 218.

आलुच् kṛit आलु III. 2. 158. - Anfügung VI. 4. 55.

आवत् taddh. आवत् S. 228.

आस्य (d. i. आस्ये भवं; s. S. 12.) Neutr. Das Organ, womit ein Buchstabe ausgesprochen wird I. 1. 9.

आहञ् taddh. आह S. 182.

आहि taddh. आहि V. 3. 37, 38. - Wird mit dem 5ten Casus construirt II. 3. 29.

इ

इ 1) Der Vocal इ mit seinen Homogenen; s. S. 6. - Für इ, wenn es der Finale eines भ ist, wird ein lopa substituirt VI. 4. 148. - 2) uṅâdi इ VI. 2. 2. - 3) tddh. इ S. 198.

इक् 1) praty. Die Vocale इ। उ। ऋ und ऌ. - Wenn für die Diphthonge (एच्) eine Kürze substituirt werden soll, dann ist इक् das Substitut I. 1. 48. - Wenn die Substitution von guṅa und vṛiddhi gelehrt wird, und nicht ausdrücklich dabei gesagt wird, für welche Vocale diese substituirt werden sollen, dann ist इकः (6ter Cas. Sg.) im sûtra zu ergänzen 3. - Wenn इक् für यण् (य्। व्। र् und ल्) substituirt wird, so heisst dieses Substitut samprasâraṅa 45. - Für इक् wird eine Kürze substituirt VI. 1. 127. - VI. 3. 61., यण् vor einem Vocale VI. 1. 77. - 2) kṛit इ S. 148, 149.

इक kṛit इक S. 149.

इकक् (= ठक्) tddh. इक S. 179, 196.

इकट् tddh. इक V. 1. 113, 114.

इकन् (= ठन्) tddh. इक S. 179, 217.

इकवक kṛit इकवक S. 149.

इच् 1) praty. Alle Vocale bis auf अ III. 1. 36. - VI. 1. 104. - VI. 3. 68. - VIII. 4. 31, 32. - 2) smsnta इ V. 4. 127, 128.

इञ् 1) kṛit इ. Bildet Feminina III. 3. 110. - 2) tddh. इ. a) IV. 1. 95-97, 153. - IV. 2. 80. - Dafür wird ein लुक् substituirt II. 4. 58, 66., im Femin. ष्यङ् IV. 1. 78-81. - Darnach wird ein लुक् für den yuvapratyaya substituirt II. 4. 60 (Ausnahme 61.). - Daran wird अण् gefügt IV. 2. 112 (Ausnahme 113.). - IV. 3. 127., फक् IV. 1. 101. - Anfügung VII. 3. 8. - S. 280. - b) tadr. IV. 1. 173.

इट् 1) Personalendung इ (3te Sg. âtm.), ein Substitut für त् III. 4. 78. - Im लिट् wird अत् dafür substituirt 106. - 2) âgama इ. Am Anfange von ârdhadh. und sârvadh. VI. 4. 62. - VII. 2. 8-78. - S. 190., vom tddh. कन् V. 1. 23. - Für इ wird ई substituirt VII. 2. 37-40. - Für इ wird weder guńa noch vṛiddhi substituirt I. 1. 6. - Ein finales आ eines aṅga fällt vor इट् aus VI. 4. 64. - Ein mit इट् anfangendes Affix ist ङित् I. 2. 2, 3. - Nach इट् fällt ein स् vor ईट् aus VIII. 2. 28.

इण् 1) praty. Alle Vocale (अ ausgenommen), ह् । य् । व् । र् und ल् VIII. 3. 39, 57, 78. - 2) kṛit इ S. 149.

इत् 1) Das kurze (vgl I. 1. 70.) इ I. 2. 17. - III. 4. 97. - IV. 1. 65. - 2) Ein Buchstabe oder eine ganze Silbe, welche an den Anfang oder an das Ende eines fertigen Wortes, einer Wurzel, eines Themas, eines Affixes, eines Augments oder eines Substituts gefügt werden (daher auch anubandha genannt), und irgend eine Eigenschaft der ebengenannten Elemente oder die Art und Weise ihrer Anfügung bezeichnen. Der stumme Buchstabe oder die stumme Silbe. Zuweilen dient der इत् bloss zur Unterscheidung zweier gleichlautenden Elemente, so z. B. das

ङ् und ण् bei den Partikeln आङ् und चण्, das क् und प् bei den Wurzeln इक् und डाप्. Die stummen Consonanten in den Çivasûtra's, das ङ् in मङ्डिङ्, das ट् in श्रोट् und das प् in सुप् (7ter Cas. Pl.) dienen zur Bildung von pratyâhâra's. Diejenigen Consonanten und Silben (s. u. ख् । घ् । झ् । फ् । ठ् । ढ् । फ् । यु । ल् । वि und वु), für welche bei der Anfügung andre Buchstaben substituirt werden, heissen nicht इत्; ebenso diejenigen Vocale, welche entweder zur Erleichterung der Aussprache zwischen zwei Consonanten gesetzt werden, oder an's Ende consonantisch ausgehender Affixe gefügt werden, um den finalen Consonanten vom Ende wegzurücken, indem, mit wenigen Ausnahmen (vgl. I. 3. 4.), jeder finale Consonant (vgl. I. 3. 3.) im upadêça इत् ist. - Welche Buchstaben und Silben इत् sind I. 3. 2-8. - Mit einem finalen इत् werden pratyâhâra's gebildet I. 1. 71. - Für den इत् wird ein lopa substituirt I. 3. 9.

इतच् tddh. इत V. 2. 36.

इत्नु kṛit इत्नु. - Anfügung an णि VI. 4. 55.

इत्र kṛit इत्र III. 2. 184-186. - Accent im Compositum VI. 2. 144.

इथुक् âgama इथ् bei वतु vor डट् V. 2. 53.

इदित् (इत् + इत्) Adj. धातु, eine Wurzel, die ein kurzes इ zum stummen Buchstaben hat. - Erhält das Augment नुम् VII. 1. 58. - Dieses न् fällt nicht aus VI. 4. 24.

इन् 1) kṛit इ III. 2. 24-27. - 2) kṛit इन्, mit Weglassung der stummen Buchstaben. - Wird nicht mit dem 6ten Casus verbunden II. 3. 70. - 3) Anfügung

von सु und शि an Themata, die auf इन् ausgehen VI. 4. 12, 13.
इन Casusaffix इन, ein Substitut für टा (3ter Cas. Sg.) VII. 1. 12.
इनङ् âdeça इन् für den Finalen IV. 1. 126, 127.
इनच् tddh. इन V. 2. 33. - मत्वर्थे 114. - S. 218.
इनि 1) krit इन् III. 2. 93, 156, 157. - Für न् wird ण् substituirt S. 394. - 2) tddh. इन् IV. 2. 11, 51, 62, 80. - IV. 3. 111. - IV. 4. 23, 133. - V. 2. 85-91. - S. 178. - मत्वर्थे V. 2. 102, 109, 115-117, 128-137. - Anfügung 129.
इनुण् krit इन् III. 3. 44. - Daran wird अण् gefügt V. 4. 15.
इफ tddh. इफ in रेफ S. 149.
इम् âgama इ VII. 3. 92.
इमन् S. u. इमनिच्.
इमनिच् tddh. इमन् V. 1. 122, 123. - Anfügung VI. 4. 154-163.
इमप् krit इम S. 195.
इयङ् âdeça इय् VI. 4. 77-80. - 1. 4. 4.
इया Endung इया, ein Substitut für टा (3ter Cas. Sg.) im Veda S. 311.
इर् Die stumme Silbe इर् am Ende von Wurzeln. - Ist इत् S. 53. - Vgl. u. इरित्.
इरच् und इरन् tddh. इर S. 217.
इरित् (इर् + इत्) Adj. धातु, eine Wurzel, die इर् zur stummen Silbe hat. Bei solchen Wurzeln wird अङ् beliebig für च्लि vor dem parasm. substituirt III. 1. 57.
इरे S. u. इरेच्.
इरेच् Personalendung इरे, ein Substitut für झ (1te Pl.

âtm.) im लिट् III. 4. 81. - Im Veda wird dafür रे substituirt VI. 4. 76.

इल tddh. इल IV. 2. 80.

इलच् tddh. इल V. 3. 79, 80. - Anfügung 83, 84. - मत्वर्थे V. 2. 99, 100, 105, 117.

इश् âdeça इ für इदं V. 3. 3.

इष्ठ S. u. इष्ठन्.

इष्ठन् tddh. इष्ठ V. 3. 55, 58, 59. - Anfügung 60-65. - VI. 4. 154-163.

इष्णु krit इष्णु, mit Weglassung der stummen Buchstaben. Anfügung an णि VI. 4. 55.

इष्णुच् krit इष्णु III. 2. 136-138. - Accent im Compositum VI. 2. 160.

इष्यै krit इष्यै mit Infinitiv-Bedeutung im Veda III. 4. 10.

इस् krit इस्. - Anfügung VI. 4. 97.

ई

ई 1) Der Vocal ई VI. 4. 113. - 2) Casusendung ई, ein Substitut für ङि (7ter Cas. Sg.) im Veda S. 311. - 3) tddh. ई S. 217.

ईक् âgama ई S. 343.

ईकक् tddh. ईक IV. 4. 59. - V. 3. 110. - S. 167, 174. - Hat im Femin. ङीप् S. 160, 161.

ईकञ् tddh. ईक S. 167.

ईकन् tddh. ईक V. 1. 33.

ईट् âgama ई S. 344. - Am Anfange von sârvadhâtuka's VII. 3. 93-98. - Vor ईट् fällt ein auf इट् folgendes स् aus VIII. 2. 28.

ईत् Der Vocal ई VI. 3. 27, 97. - VII. 4. 55. - Ist pragṛihya I. 1. 11, 12, 19. - Anfügung an ein भ VI. 4. 148- 150.

ईदित् (ईत् + इत्) Adj. धातु, eine Wurzel, die ई zum stummen Buchstaben hat. - An eine solche Wurzel wird die nishṭhâ ohne इट् angefügt VII. 2. 14.

ईमसच् tddh. ईमस मत्वर्थे V. 2. 114.

ईय (= छ) tddh. ईय S. 187.

ईयङ् Wurzel-Affix ईय III. 1. 29. - Die hierauf ausgehende Wurzel heisst auch dhâtu 32. - Vor ârdhadhâtuka's braucht es nicht angefügt zu werden 31.

ईयस् S. u. ईयसुन्.

ईयसुन् tddh. ईयस् V. 3. 57-59. - Anfügung 60-65. - VI. 4. 154-163. - Am Ende eines bahuvrîhi V. 4. 156. - S. 46.

ईरच् und ईरन् tddh. ईर मत्वर्थे V. 2. 111.

ईश् âdeça ई für इदं VI. 3. 90.

ईषत्स्पृष्ट Ein आभ्यन्तरप्रयत्न I. 1. 9.

उ

उ 1) vikaraṅa उ. Wird an die Wurzeln der 8ten Klasse gefügt III. 1. 79, 80. - Darnach wird ein lopa für हि substituirt VI. 4. 106. - Für das उ wird ein lopa substituirt 107-109. - Anfügung an कृ 110. - 2) kṛit उ. a) III. 2. 168-170. - Wird nicht mit dem 6ten Casus construirt II. 3. 69. - b) uṅâdi VI. 2. 9. - VII. 3. 52.

उक् praty. Die Vocale उ, ऋ und ऌ VII. 2. 11. - VII. 3. 51.

उक S. u. उकञ्.

उकञ् 1) kṛit उक III. 2. 154. - Wird nicht mit dem 6ten Casus construirt II. 3. 69. - Accent im Compositum VI. 2. 160. - 2) tddh. उक V. 1. 103.

उगित् (उक् + इत्) Adj. प्रत्यय, ein Affix, welches ein उ, ein ऋ oder ein ऌ zum stummen Buchstaben hat. - Fügt im Femin. ङीप् an IV. 1. 6. - Für die folgende nadî kann eine Kürze substituirt werden VI. 3. 45. - Ein Thema, das mit einem solchen Affix gebildet ist, erhält das Augment नुम् VII. 1. 70.

उच्चैस्तरां Adv. Hoher als der udâtta I. 2. 35.

उञ् Die Partikel उ. - Euphonische Regeln I. 1. 17, 18. - VIII. 3. 21, 33.

उट् âgama उ bei तृच् VII. 2. 34.

उण् uṅâdi उ III. 3. 1.

उणादि (उण् + आदि) Pl. उणादयः (sc. प्रत्ययाः) Masc. Eine Klasse der kṛit-Affixe, die mit उण् beginnt III. 3. 1, 2. - III. 4. 75. Unter diese Klasse sind diejenigen Affixe gebracht worden, deren Bedeutung nicht genau bestimmt werden kann, oder nicht bestimmt wird, weil sie bei jeder Wurzel verschieden ist. Ein mit einem uṅâdi-Affix abgeleitetes Wort wird man aus diesem Grunde auch nicht leicht in einem einheimischen Wörterbuche vermissen, während die übrigen kṛidanta's nur höchst selten aufgenommen worden sind. Die उणादयः werden in besondern Werken abgehandelt.

उत् 1) Das kurze उ (vgl. I. 1. 70.) I. 2. 21. - IV. 1. 44. - VI. 1. 111. - 2) tddh. उत् S. 220.

उत्तम (sc. पुरुष) oder उत्तमपुरुष Masc. Die Endungen der letzten oder 3ten Person; nach unsrer Zählung, der hten I. 4. 101. - Wird bei अस्मद् gebraucht 107. - Steht für die 2te Person 106. - Ist पित् im लोट् und erhält das Augment आट् III. 4. 92.

उत्तरपद S. u. पद्.

उत्वत् Adj. Ein kurzes उ enthaltend IV. 3. 151.

उत्सर्ग Masc. Calc. Ausg. S. 183. : उत्सृज्यते आदेशेन बाध्यत इत्युत्सर्गः स्थानी ॥ Ein allgemein gesetztes Element, das durch ein andres, für einen speciellern Fall geltendes Element (अपवाद) verdrängt wird III. 1. 94. - VII. 4. 66.

उदय Adj. = पर, folgend, nachfolgend VIII. 4. 67.

उदात्त 1) Masc. Ein वाह्यप्रयत्न 1. 1. 9. - 2) Adj. अच्, ein Vocal, der hoch ausgesprochen wird 1. 2. 29. - Ist zugleich pluta VIII. 2. 82-99. - Wird für den svarita substituirt I. 2. 37. - Ein Vocal, der allein für einen udâtta und einen anudâtta substitituirt wird, ist udâtta VIII. 2. 5. - Für die penultima अ einer auf म् ausgehenden Wurzel, die im upadeça udâtta ist, wird keine vṛiddhi substituirt VII. 3. 34.

उदाहरण und उदाहृत. S. u. हृ.

उदित् Adj. Ein kurzes उ (उत्) zum इत् habend. 1) Die Consonanten क् । च् । ट् । त् und प् mit drunterstehendem उ bezeichnen auch ihre homogenen Consonanten (ख् । ग् । घ् । ङ् u. s. w.) I. 1. 69. - 2) An eine Wurzel, die उदित् ist, wird क्त्वा mit oder ohne इट् angefügt VII. 2. 56.

उपदेश Masc. Siddh. K. Bl. 1. a. उपदेश आद्योच्चारणं ॥ Die urspüngliche und vollständige (mit den anubandha's und den Accenten) Schreibart einer Wurzel, eines Themas, eines Affixes u. s. w., wie sie in einem grammatischen Werke vorkömmt. Colebrooke (Gr. S.

13.) übersetzt das Wort durch „an elementary term“ (vgl. auch Wilson u. d. W. उपदेश), und bemerkt, dass die alten Grammatiker dasselbe durch: सूत्र । वार्तिक । धातु । गण । उणादि । लिङ्गानुशासन । आगम । प्रत्यय und आदेश erklären. I. 3. 2. ff. - VI. 1. 45, 186. - VI. 4. 37.

उपग्रह Masc. Der gemeinschaftliche Name für das parasm. und âtm. - Verwechselung derselben im Veda S. 125.

उपधा Fem. Der vorletzte Buchstabe I. 1. 65. - IV. 1. 54., wo der sanyoga für einen Buchstaben gilt.

उपध्मानीय (sc. वर्ण) Masc. Der Hauch ᳵ (vgl. u. अर्धविसर्ग) vor प् und फ्. Wird mit den Lippen ausgesprochen (geblasen) I. 1. 9. - Wird für den visarǵanîya substituirt VIII. 3. 37. - Dafür wird स् substituirt S. 381.

उपपद Neutr. Das dabeistehende Wort I. 3. 16, 71. - Von III. 1. 92. bis zum Ende des 3ten Buchs bezeichnet ein 7ter Casus im sûtra das dabeistehende Wort III. 1. 92. - Ein solches upapada wird mit dem folgenden सुप् componirt II. 2. 19-22. - Accent im Compositum VI. 2. 139, 144.

उपसंख्यान Neutr. Das Hinzuzählen, Hinzufügen, addere.

उपसर्ग Masc. So heissen die Partikeln प्र u. s. w. (प्रादयः) in Verbindung mit einer Handlung I. 4. 59.; die प्रादयः überhaupt VI. 3. 97. - Die प्रादयः stehen vor der Wurzel I. 4. 80. - Im Veda werden sie auch nachgesetzt und von der Wurzel getrennt 81, 82. - Für den Finalen wird eine Länge substituirt VI. 3. 122-124. - Im Veda wird das Affix वति angefügt V. 1. 118. - Accent VI. 2. 33. - Anfügung an अप् VI. 3.

97, 98. - Darnach wird ण् für न् substituirt VIII. 4. 14-23, 28-36. - Accent im Compositum VI. 2. 177-196.

उपसर्जन Neutr. Das regierte oder näher bestimmende Glied, das untergeordnete Glied in einem Compositum. In einem bahuvrîhi heissen beide Glieder upasarǵana, indem dasjenige Glied, welches bei der Auflösung des Compositums als Hauptglied erscheint, in der Composition mit dem andern Gliede wieder zur nähern Bezeichnung eines 3ten Wortes dient. Ein Wort kann auch ausserhalb eines Compositums zum upasarǵana werden, wenn es nämlich, durch die Anfügung eines Affixes, nicht mehr sich selbst bezeichnet, sondern etwas Andres, was mit ihm in irgend einer Beziehung steht. So ist z. B. in गार्ग्य das Wort गर्ग ein upasarǵana geworden, indem गार्ग्य nicht mehr der गर्ग selbst ist, sondern ein Abkömmling desselben. I. 2. 43, 44, 57. - IV. 1. 54. - VI. 3. 82. - Das upasarǵana steht im Compositum voran II. 2. 30 (Ausnahme 31.). - Behandlung von गो und eines Feminin-Affixes I. 2. 48-50. - Bildung des Femin., wenn das letzte Glied kein upasarǵana ist IV. 1. 14. ff.

उपसृष्ट Adj. धातु, eine Wurzel, die von einem upasarga begleitet ist I. 4. 38. - S. 58.

उपस्थित Neutr. = अवैदिक इतिशब्दः VI. 1. 129. - Vgl. I. 1. 16.

उपोत्तम (sc. अक्षर) Neutr. Der vorletzte Vocal bei überzweisilbigen Wörtern IV. 1. 78. - VI. 1. 180, 217. - S. 44.

उभयथा Adv. Auf beiderlei Art VI. 4. 5, 86. = अन्यतरस्यां । वा und विभाषा.

उम् âgama उ bei वच् VII. 4. 20.

उरच् tddh. उर मत्वर्थे V. 2. 106.

उवङ् âdeça उव् für den Finalen I. 4. 4. - VI. 4. 77, 78.

उष्यन् S. S. 22.

उस् 1) 5ter oder 6ter Cas. Sg. vom Vocal ऋ I. 1. 51. - I. 2. 12. - 2) Personalendung उस्, ein Substitut für झि im लिट् III. 4. 82., im लङ् 83, 84. - 3) Das ebenerwähnte Affix und die Personalendung जुस्, mit Weglassung des stummen ज्. - Anfügung VI. 1. 96.

उसि uṅâdi उस् S. 65.

ऊ

ऊक् âgama ऊ am Ende eines abhyâsa S. 240.

ऊक kṛit ऊक III. 2. 165, 166.

ऊङ् 1) kṛit ऊ S. 289. - 2) Feminin-Affix ऊ (ऊकारो विशेषणार्थः) IV. 1. 66 - 72. - Accent VI. 1. 175. - Bleibt unverändert im 1ten Gliede eines Compositums VI. 3. 34. ff.

ऊट् âgama ऊ am Anfange von तृच् VII. 2. 34.

ऊठ् samprasâraṅa ऊ, ein Substitut für व् VI. 4. 19, 20, 132. - Für ऊ und ein vorhergehendes अ wird औ substituirt VI. 1. 89. - Accent VI. 1. 171.

ऊत् Der Vocal ऊ VI. 4. 89. - Heisst pragṛihya I. 1. 11, 19.

ऊदित् (ऊत् + इत्) Adj. धातु, eine Wurzel, die ein ऊ zum stummen Buchstaben hat. Ein mit वल् anfangendes ârdhadh. kann daran mit oder ohne Augment इट् angefügt werden VII. 2. 44.

उल tddh. उल S. 177, 218.

ऋ

ऋ Der Vocal ऋ mit seinen Homogenen; s. S. 6. – Wenn अण् (अ, इ oder उ) dafür substituirt wird, muss र् an das Substitut gefügt werden I. 1. 51.

ऋत् Das kurze (vgl. I. 1. 70.) ऋ I. 2. 24. – III. 1. 110. – III. 3. 57. – S. 250.

ऋत्वत् Adj. धातु, eine Wurzel, die ein kurzes ऋ enthält S. 351.

ऋदित् (ऋत् + इत्) Adj. धातु, eine Wurzel, die ein kurzes ऋ zum stummen Buchstaben hat. Anfügung von चङ् an die Causal-Form VII. 4. 2.

ऋन् uṅâdi ऋ S. 388.

ॠ

ॠत् Der Vocal ॠ VII. 1. 100.

ऌ

ऌत् Das kurze (vgl. I. 1. 70.) ऌ S. 250.

ऌदित् (ऌत् + इत्) Adj. धातु, eine Wurzel mit einem stummen ऌ. Bei solchen Wurzeln wird अङ् für च्लि substituirt III. 1. 55.

ए

एकवचन Neutr. Die Casusendungen und die Personalendungen des Singulars I. 4. 102, 103. - Wird gebraucht, wenn von *Einem* die Rede ist 22. - Steht für den Dual I. 2. 61, 62. - Beim *dvigu* II. 4. 1. - Beim *dvandva* 2-16. - Anfügung an युष्मद् und अस्मद् VII. 2. 97.

एकशेष Masc. Eine elliptische Bezeichnung, wobei von zwei oder mehr Wörtern nur eins übrigbleibt (एकः शिष्यते). Ieder Dual und Plural ist ein एकशेष: man sagt रामौ statt रामश्च रामश्च, रामाः statt रामश्च रामश्च रामश्च u. s. w. I. 2. 64-73. - Der एकशेष kann auch im Singular stehen 69.

एकश्रुति 1) Fem. Diejenige Aussprache eines Wortes oder eines ganzen Satzes, bei welcher keiner der 3 Accente unterschieden wird I. 2. 34-37, 39. - 2) Neutr. (sc. वाक्य) Ein Satz, eine Rede, die ohne Unterscheidung der Accente gesprochen wird I. 2. 33. ff.

एकाच् (एक + अच्) Adj. 1) Lediglich aus einem Vocale bestehend I. 1. 14. - 2) Einsilbig III. 1. 22. - VI. 1. 1. - VI. 3. 68.

एकादेश Masc. Ein, aus einem einzigen Buchstaben bestehendes Substitut, welches an die Stelle von zwei oder mehr Buchstaben gesetzt wird VI. I. 84-111. - VIII. 2. 5. Das Product der Contraction ist bei den Indischen Grammatikern ein *ekâdeça*; ebenso der bei der Elision übrigbleibende Vocal.

एकाल् (एक + अल्) Adj. Aus einem einzigen Buchstaben bestehend I. 2. 41.

एङ् praty. Die Vocale ए und ओ I. 1. 75. - VI. 1. 69. - Heisst guṅa I. 1. 2. - Für एङ् und ein vorhergehendes अ oder आ wird एङ् allein substituirt VI. 1. 94. - Dieselbe Substitution findet Statt für एङ् und ein folgendes अ 109.

एच् praty. Die Vocale ए । ऐ । ओ und औ I. 1. 39. - Wenn für एच् eine Kürze substituirt werden soll, so ist इक् das Substitut I. 1. 48. - Für एच् am Ende einer Wurzel wird आ substituirt VI. 1. 45. (Ausnahme 46.). - Für एच् und ein vorhergehendes अ oder आ wird vṛiddhi allein subtituirt VI. 1. 88. - Vor einem Vocale wird अय् । अव् । आय् und आव् für एच् substituirt 78. ff. - Für die gedehnten Diphthonge wird आ३इ und आ३उ substituirt VIII. 2. 107, 108.

एण्य tddh. एण्य IV. 3. 17.

एत् Der Vocal ए III. 4. 90. u. s. w. - Heisst pragṛihya I. 1. 11.

एत्य tddh. एत्य S. 182.

एदित् (एत् + इत्) Adj. धातु, eine Wurzel mit einem stummen ए. Anfügung von सिच् VII. 2. 5.

एद्यवि tddh. एद्यवि S. 220.

एद्युसच् tddh. एद्युस् S. 220.

एधाच् tddh. एधा, ein Substitut für धा V. 3. 46.

एनप् tddh. एन V. 3. 35. - Dabei der 2te Casus II. 3. 31.

एलिमच् uṅâdi एलिम S. 128.

एलु tddh. एलु S. 218.

एश् 1) Personalendung ए, ein Substitut für त (1te Sg. âtm.) im लिट् III. 4. 81. - Ueber das श् s. u. आदेश. - 2) kṛit ए im Veda कृत्यार्थे III. 4. 15.

एस् 1) 1ter Cas. Sg. von ए VI. 4. 67. - 2) 5ter oder 6ter Cas. Sg. von इ III. 3. 56. - III. 4. 86. - VI. 4. 82.

ऐ

ऐकश्रुत्य Neutr. Nomen abstr. von एकश्रुति S. 42.

ऐच् praty. Die Diphthonge ऐ und औ. Heissen vṛiddhi I. 1. 1. - Wenn sie pluta sind, so ist der letzte Bestandtheil (इ und उ) pluta VIII. 2. 106.

ऐरक् tddh. ऐर IV. 1. 128.

ऐस् Casusendung ऐस्, ein Substitut für भिस् VII. 1. 9-11.

ओ

ओत् Der Diphthong ओ VI. 1. 93. - Heisst pragṛihya I. 1. 15, 16.

ओदित् (ओत् + इत्) Adj. धातु, eine Wurzel mit einem stummen ओ. - Für das त् der darauffolgenden nishṭhâ wird न् substituirt VIII. 2. 45.

ओष्ठ Masc. Du. ओष्ठौ, die Lippen, ein Organ (स्थान), mit welchem उ । प् । फ् । ब् । भ् । म् und der upadhmânîya ausgesprochen werden I. 1. 9. - Vgl. u. कण्ठोष्ठ und दन्तोष्ठ.

ओष्ठ्य Adj. वर्ण, ein Buchstabe, der mit den Lippen ausgesprochen wird VII. 1. 102. - Vgl. u. ओष्ठ.

ओस् 1) 5ter oder 6ter Cas. Sg. von उ III. 1. 125. u. s. w. - 2) Casusendung ओस्, der 6te und 7te Cas. Du. IV. 1. 2. - Anfügung II. 4. 34. - VII. 3. 104, 105.

औ

औ 1) Der Vocal औ IV. 1. 38. - 2) Personalendung औ, ein Substitut für णल् VII. 1. 34. - 3) Casusendung औ, der 1te Cas. Du. IV. 1. 2. - Vgl. u. औङ्.

औङ् Casusendung औ, der 1te und 2te Cas. Du. bei den östlichen Grammatikern. Dafür wird शी substituirt VII. 1. 18, 19.

औट् Casusendung औ (über das ट् s. u. इत्), der 2te Cas. Du. IV. 1. 2. - Vgl. u. औङ्.

औणादिक Adj. प्रत्यय, ein Affix, welches unter den उणादयः aufgeführt wird VI. 3. 75.

औत् 1) Der Vocal औ VII. 1. 84. - 2) Casusendung औ, ein Substitut für ङि VII. 3. 118, 119.

औत्सर्गिकत्व Neutr. Nomen abstr. von औत्सर्गिक, einem Adj. von उत्सर्ग I. 3. 13.

औपश्लेषिक S. u. आधार.

औपसंख्यानिक Adj. von उपसंख्यान. Was in Pâńini's sutra's fehlt, und später in einem vârtika hinzugefügt wird.

औश् Casusendung औ (über das श् s. u. आदेश), ein Substitut für जस् und शस् bei अष्टन् VII. 1. 21.

क।

क् Der Consonant क्. Wird für ष् und ढ् substituirt VIII. 2. 41. - Für क् wird ein lopa substituirt 29.

क 1) uṇâdi क mit abgeworfenem stummen न्. Erhält kein Augment इट् VII. 2. 9. - 2) kṛit अ III. 1. 135, 136, 144. - III. 2. 3-7, 77. - III. 3. 83. - Anfügung VII. 3. 64. - Davor Reduplication der Wurzel S. 240. - Accent im Compositum VI. 2. 144, 157, 158. - 3) tddh. क. a) IV. 2. 80. - Ist अधिकृत von V, 3. 70. bis 96. - V. 4. 28. - S. 223. - b) tddh. क, nach Abwerfung der stummen Buchstaben. Anfügung VII. 4. 13. - VIII. 3. 38, 39.

कक् tddh. क IV. 2. 80. - IV. 4. 21.

कञ् kṛit अ III. 2. 60. - Hat im Femin. ङीप् IV. 1. 15.

कटच् tddh. कट V. 2. 29, 30.

कट्यच् tddh. कट्य IV. 2. 51.

कण्ठ Masc. Die Kehle, ein Organ (स्थान), mit welchem folgende Buchstaben ausgesprochen werden: अ । क् । ख् । ग् । घ् । ङ् und ह् I. 1. 9.

कण्ठतालु Neutr. Die Kehle und der Gaumen. Die Vocale ए und ऐ werden mit beiden Organen (das अ mit der Kehle, das इ mit dem Gaumen) ausgesprochen I. 1. 9.

कण्ठोष्ठ Neutr. Die Kehle und die Lippen. Damit werden die Diphthonge ओ und औ (das अ mit der Kehle, das उ mit den Lippen) ausgesprochen I. 1. 9.

कध्यै und कध्यैन् kṛit अध्यै mit Infinitiv-Bedeutung im Veda III. 4. 9.

कन् 1) unâdi क VII. 2. 9. - S. u. क. - 2) tddh. क IV. 2. 131. - IV. 3. 32, 65, 147. - IV. 4. 21. - V. 1. 22, 23, 51, 90. - V. 2. 64-66, 68-75, 77-82. - V. 3. 51, 52, 75, 81, 82, 87, 95-97. - V. 4. 3, 4, 6, 29-33. - S. 174. - Dafür wird ein लुप् substituirt V. 3. 98-100. - Erhält das Augment इट् V. 1. 23. - Anfügung S. 329.

कप् 1) kṛit अ III. 2. 70. - 2) smsnta क V. 4. 151 -154 (vgl. 155-160.). - Anfügung VI. 3. 127. - VII. 4. 14, 15. - Accent VI. 2. 173-175.

कमुल् kṛit अम् mit Infinitiv-Bedeutung im Veda III. 4. 12.

करण 1) Neutr. Das Instrument einer Handlung I. 4. 42-44. - Vgl. S. 67. - Steht im 3ten Casus II. 3. 18., im 3ten und 5ten 33., im 6ten 51., im 3ten und 6ten 63. - kṛit खच् in dieser Bedeutung III. 2. 45. - Am Anfange eines tatpurusha II. 1. 32, 33. - 2) Masc. Wird zur Bezeichnung eines Worts an's Ende desselben gefügt. इतिकरण ist das Wort इति S. 255.

कर्तृ Masc. Der aus freiem Willen Handelnde (auch wenn er als solcher nur gedacht wird), der Agens einer Handlung I. 4. 54. - Der Agens im Causativ, der einen andern Agens zum Handeln antreibt, heisst sowohl kartṛi als auch hetu 55. - Den kartṛi bezeichnet ल् III. 4. 69., das parasm. I. 3. 78. ff., das âtm. 14. ff., die kṛit's III. 4. 67, 68, 70, 72. (Ausnahmen 70, 73-75. u. s. w.). - Der kartṛi wird als karman behandelt III. 1. 87, 88. - Steht im 3ten Casus II. 3. 18., im 6ten 65, 67, 68, 71 (Ausnahmen 66, 69.). - Am Anfange eines tatpurusha II. 1. 32, 33. - Wird nicht componirt II. 2. 15. - Vgl. u. सार्वधातुक.

कर्मकर्तृ Masc. Ein Agens, der zugleich sein eignes Object (कर्मन्) ist. Wird wie ein karman behandelt III. 1. 87, 88. - Vor dem Affix त (1te Sg. âtm.), wenn es den karmakartṛi bezeichnet, kann चिण् für च्लि substituirt werden 62, 63. - चिण् wird nicht substituirt 64, 65, 89. - यक् wird nicht an die Wurzel gefügt 89. - श्यन् und parasm. beim karmakartṛi 90. - Accent VI. 1. 195.

कर्मधारय Masc. Ein tatpurusha, dessen Glieder nicht von einander abhängig sind I. 2. 42. - Die beiden Glieder können ihre Stellung verändern II. 2. 38. - Für die Feminin-Form im 1ten Gliede wird die Masculin-Form substituirt VI. 3. 42. - Einige Verdoppelungen sind कर्मधारयवत् VIII. 1. 11-15. - samâsânta अच् wird angefügt V. 4. 77. - Accent VI. 2. 25-28, 46, 57-59.

कर्मन् Neutr. Das nächste Ziel des Agens, das Object der Handlung I. 4. 49.; vgl. 38, 43, 46-48, 50-53. - Das karman wird bezeichnet durch ल् III. 4. 69., durch das âtm. I. 3. 13., durch mehre kṛit's III. 4. 70-72. - Vor dem Affix त (1te Sg. âtm.), wenn es das karman bezeichnet, wird चिण् für च्लि substituirt III. 1. 66. - Das karman steht im 2ten Casus II. 3. 2, 60., im 2ten oder 3ten 3, 22., im 2ten oder 4ten 12, 17., im 2ten oder 6ten 59., im 6ten II. 3. 52-58, 61, 65, 66 (vgl. 69, 70.). - Vgl. u. सार्वधातुक.

कर्मप्रवचनीय Masc. So heissen die trennbaren Präpositionen und einige andre Partikeln I. 4. 83-98. - Dabei der 2te Casus II. 3. 8., der 5te 10, 11., der 7te 9.

कर्मव्यतिहार Masc. Die Gegenseitigkeit einer Handlung I. 3. 14-16. - V. 4. 127.

कल्प S. u. कल्पप्.

कल्पप् tddh. कल्प V. 3. 67, 68. - Anfügung VI. 3. 35, 43-45. - VIII. 3. 38, 39.

कवर्ग S. u. वर्ग.

कसुन् kṛit अस् mit Infinitiv-Bedeutung im Veda III. 4. 13., in einer andern Bedeutung 17. - Ein auf कसुन् ausgehendes Wort heisst avyaya I. 1. 40.

कसेन् kṛit असे mit Infinitiv-Bedeutung im Veda III. 4. 9.

काण्ड tddh. काण्ड S. 179.

कानच् Wurzel-Affix आन, ein Substitut für लिट् III. 2. 106, 109. - Wird nicht mit dem 6ten Casus construirt II. 3. 69.

काम् tddh. und âgama का (über das म् s. u. आगम) S. 223.

काम्य S. u. काम्यच्.

काम्यच् Affix काम्य. Bildet Denominativa III. 1. 9. - Die hierauf ausgehende Form heisst dhâtu 32. - Anfügung VIII. 3. 38, 39.

कार Masc. (Bei Kâtyâyana ein Affix) Wird zur Bezeichnung eines Buchstaben an's Ende desselben gefügt. अकार ist der Buchstabe अ, ककार der Buchstabe क् u. s. w. S. 149.

कारक Neutr. (Kâçikâ: कारकं हेतुरित्यनर्थान्तरं ॥ S. 67.) Der Grund, die Quelle einer Handlung, überhaupt jedes Nomen, wodurch dieselbe näher bestimmt wird I. 4. 23. ff. - Das कारक heisst nach seinen verschiedenen Verhältnisse zur Handlung: अपादान । संप्रदान ।

करण । अधिकरण । कर्मन् oder कर्तृ S. 67. - Accent im tatpurusha VI. 2. 139, 144-151.

काल Masc. 1) Die Zeit. Die gegenwärtige Zeit heisst वर्तमान, die vergangene भूत und die zukünftige भविष्यत्. Vgl. u. d. W. - 2) = कालवाची प्रत्ययः S. 125. - 3) Die Quantität in der Prosodie I. 1. 70. - I. 2. 27.

कि 1) uṅâdi इ VI. 3. 75. - 2) kṛit इ III. 3. 92, 93. - Im Veda; wird wie लिट् angefügt III. 2. 171. - Dieses letztere कि wird nicht mit dem 6ten Casus construirt II. 3. 69.

कित् Adj. क् zum stummen Buchstaben habend. 1) Wurzel - Affix. - Folgende Affixe sind in bestimmten Fällen कित्, obgleich sie kein stummes क् haben: लिङ् I. 2. 11-13. - III. 4. 104., लिट् S. 390. - I. 2. 5, 6., सन् 8-10, 26., सिच् 11-17. - Einige Affixe mit einem stummen क् sind bisweilen nicht कित् 18-26 (vgl. 7, 8.). - a) Vor einem कित् wird kein guṅa und keine vṛiddhi für den Wurzelvocal substituirt I. 1. 5., für den Halbvocal einer Wurzel wird ein samprasâraṅa substituirt VI. 1. 15, 16., für die penultima न् ein lopa VI. 4. 24. - Anfügung eines mit अच् anfangenden कित् VI. 4. 98-100., mit फल् 15, 19-21, 37, 42., mit त् VIII. 4. 40-42, 46, 47, 89., mit व् VII. 4. 22, 23, 25. - VI. 4. 43., mit हल् 34, 100. - b) sârvadh. Anfügung VI. 4. 109-116. - c) ârdhadh. α) Anfügung II. 4. 36. - VI. 4. 63, 64, 66. - β) लिङ्. Anfügung VII. 4. 24. - γ) लिट्. Anfügung VI. 1. 39. - VI. 4. 120, 122-126. - δ) kṛit. Erhält kein Augment इट् VII. 2. 11. - 2) tddh. Davor wird für den 1ten Vocal eines aṅga vṛiddhi substituirt VII. 2. 118. - Unregelmässige vṛiddhi VII. 3. 1-31. - Accent VI. 1. 165. - 3) âgama. Wird an's Ende gefügt I. 1. 46. - 4) abhyâsa, eine Reduplicationssilbe, die mit einem कित्-Augment versehen ist VII. 4. 83.

किन् kṛit इ im Veda. Wird wie लिट् angefügt III. 2. 171. - Wird nicht mit dem 6ten Casus construirt II. 3. 69.

कु Die 5 Gutturalen क् । ख् । ग् । घ् und ङ् I. 1. 69. - Sind am Anfange eines Affixes इत् I. 3. 8. - कु wird für andre Consonanten substituirt VII. 3. 52-58, 64 (vgl. 59-63, 65-69.). - VIII. 2. 30, 62, 63. - Für कु wird चु substituirt VII. 4. 62.

कुक् âgama क् IV. 2. 91. - V. 2. 129. - VIII. 3. 28. - S. 159, 160, 187.

कुटारच् tddh. कुटार V. 2. 30.

कुणप् tddh. कुण V. 2. 24.

कुमत् (कु + मत्) Adj. Einen Gutturalen enthaltend VIII. 4. 13.

कुरच् kṛit उर III. 2. 162.

कृञ् praty. Die Wurzeln कृ । भू und अस् III. 1. 40.

कृत् (कृ + क्विप्. Nach einem Beispiele mit dem Affix क्विप् sind alle kṛit's benannt worden. Vielleicht war क्विप् in einer ältern Grammatik der erste kṛit. Vgl. u. कृत्य । तत्पुरुष । द्वन्द्व und बहुव्रीहि) Masc. Neutr. (?) Alle Affixe von III. 1. 95. bis an's Ende des 3ten Buchs, mit Ausnahme der Personalendungen III. 1. 93. D. h. alle Affixe, mit welchen Nomina (einige Participia, die fur ein verbum finitum substituirt werden, ausgenommen) von der Wurzel selbst gebildet werden. - Ein kṛit bezeichnet den kartṛi III. 4. 67. (vgl. 70-72, 75, 76.), das sampradâna 73., das apâdâna 74. - Erhält kein Augment इट् VII. 2. 8, 11. - Für न् in einem kṛit wird ण् substituirt VIII. 4. 29-32 (vgl. 34, 35.). - Anfügung VI. 1. 71. - VII. 3. 33-35. - Heisst prâtipadika I. 2. 46, avyaya I. 1. 39, 40. - Am Ende eines tatpurusha II. 1. 32. - Accent in einem solchen Compositum VI. 2. 50, 139.

कृत्य (कृ + क्यप्. Vgl. u. कृत्) Masc. (sc. प्रत्यय) Die kṛit-Affixe तव्यत् । तव्य । अनीयर् । यत् । क्यप् । ण्यत् । य und केलिमर् III. 1. 95-132. - S. 128. - Im Veda andre Affixe mit derselben Bedeutung III. 4. 14, 15. - Bezeichnen den bhâva und das karman III. 4. 70., den kartṛi 68. - Vgl. III. 3. 113. - Wenn sie gebraucht werden III. 3. 163, 164, 169-172. - Dabei der 3te oder 6te Casus II. 3. 71. - Am Anfange eines tatpurusha II. 1. 68., Accent VI. 2. 2. - Am Ende eines tatpurusha II. 1. 33, 43., Accent VI. 2. 160. - Anfügung an अवश्यं S. 256, 257.

कृत्वस् S. u. कृत्वसुच्.

कृत्वसुच् tddh. कृत्वस् V. 4. 17, 20. - VIII. 3. 43. - Dieses Affix und andre mit derselben Bedeutung regieren den 6ten Casus II. 3. 64.

केन् kṛit ए im Veda कृत्यार्थे III. 4. 14.

केन्य kṛit एन्य im Veda कृत्यार्थे III. 4. 14.

केलिमर् kṛitya एलिम S. 128.

कै kṛit ऐ mit Infinitiv-Bedeutung im Veda III. 4. 10.

क्त kṛit त. क्त und क्तवतु heissen nishṭ́hâ I. 1. 26. - Bezeichnet den bhâva III. 3. 114. - III. 4. 70-72., das karman 70-72., den kartṛi 71, 72., das adhikaraṅa 76. - In der Gegenwart III. 2. 187, 188. - In Eigennamen III. 3. 174. - Erhält kein Augment इट् VII. 2. 18, 20, 21. - Anfügung VI. 1. 27. - VII. 4. 45. - Wird mit dem 6ten Casus construirt II. 3. 67, 68. - Accent VI. 1. 206-210. - Daran wird कन् gefügt V. 4. 4 (vgl. 5.). - Ein 6ter Casus wird mit क्त nicht componirt II. 2. 12, 13. - Am Ende eines tatpurusha II. 1. 25-28, 39, 45-48. - Am Ende eines bahuvrîhi VI. 2. 170, 171. - क्त wird mit क्त componirt II. 1. 60. - क्त am Ende eines Compositums erhält das Feminin-Affix ङीष् IV. 1. 51-53. - Accent am Ende eines Compositums VI. 2. 45-49, 61, 144-149, 170, 171. - Vgl. u. निष्ठा.

क्तवतु kṛit तवत् (über das उ s. u. उगित्). क्त und क्तवतु heissen nishṭhâ I. 1. 26. - Vgl. u. निष्ठा.

क्तिच् kṛit ति III. 3. 174. - Erhält kein Augment इट् VII. 2. 9. - Anfügung VI. 4. 39, 45.

क्तिन् kṛit ति III. 3. 94-97. - Erhält kein Augment इट् VII. 2. 9. - Anfügung S. 321. - Für त् wird न् substituirt S. 366. - Accent III. 3. 96, 97., am Ende eines tatpurusha VI. 2. 151. - Vgl. u. ति.

क्त्रि kṛit त्रि. Wird an ड्वित्- Wurzeln gefügt III. 3. 88. - An क्त्रि wird immer tddh. मप् gefügt IV. 4. 20.

क्त्वा kṛit त्वा III. 4. 18-22, 24 (vgl. 23.), 59-64. - Erhält das Augment इट् VII. 2. 50-56., das Augment यक् im Veda VII. 1. 47. - Für आ wird im Veda ईनं und ई substituirt 48, 49. - Ist nicht कित् I. 2. 18, 22-26 (vgl. 7, 8.). - Anfügung VI. 4. 18, 31, 32. - VII. 4. 43, 44. - Für क्त्वा wird ल्यप् substituirt VII. 1. 37., im Veda nicht 38. - Heisst avyaya I. 1. 40. - Am Ende eines tatpurusha II. 2. 22.

क्थन् uṅâdi थ. Erhält kein Augment इट् VII. 2. 9. - Accent im Compositum VI. 2. 144.

क्नु kṛit नु III. 2. 140.

क्मरच् kṛit मर III. 2. 160.

क्य Die Affixe क्यङ्, क्यच् und क्यष्, nach Abwerfung des finalen इत्. Davor heisst das Thema pada I. 4. 15. - Für य् kann ein lopa substituirt werden VI. 4. 50. - Anfügung 152. - S. 10. - Im Veda wird kṛit उ angefügt III. 2. 170.

क्यङ् Affix य (das ङ् ist आत्मनेपदार्थः). Bildet Denominativa III. 1. 11, 12, 14-18. - Das auf क्यङ् ausgehende Thema heisst dhâtu 32. - Anfügung VI. 3. 36. - Vgl. u. क्य.

क्यच् Affix य. Bildet Denominativa III. 1. 8, 10, 19. - Das auf क्यच् ausgehende Thema heisst dhâtu 32. - Anfügung VII. 1. 51. - VII. 4. 33-39. - Vgl. u. क्य.

क्यप् kṛit य. 1) III. 3. 98-100. - Accent ebend. - 2) kṛitya III. 1. 106-121, 123.

क्यष् Affix य. Bildet Denominativa III. 1. 13. - Das auf क्यष् ausgehende Thema heisst dhâtu 32. - Es folgt parasm. oder âtm. I. 3. 90. - Vgl. u. क्य.

क्यु uṅâdi अन (s. u. यु) VI. 2. 5.

क्युन् uṅâdi अन (s. u. यु) VI. 2. 20.

क्रमपाठ Masc. Eine besondere Art den Veda-Text zu schreiben, wobei man jedes pada trennt und es so behandelt, als wenn es in der Pause stände S. 393. - Auf diese Weise ist in Rosen's Rig-V. der mit lateinischen Buchstaben umschriebene Text gedruckt. - Vgl. u. अवग्रह und Colebr. Misc. Ess. I. S. 20, 21.

क्रिन् uṅâdi रि S. 370.

क्रिया Fem. Die Handlung. Jede Wurzel drückt eine Handlung aus I. 3. 1. u. s. w.

क्रियाविशेषण Neutr. Ein adverbialisches Neutrum, das zur nähern Bestimmung einer Handlung dient S. 101.

क्रु kṛit रु III. 2. 174.

क्रुकन् kṛit रुक S. 141.

क्लुकन् kṛit लुक III. 2. 174.

क्वनिप् kṛit वन् III. 2. 74, 75, 94-96. - Vgl. u. वन्.

क्वरप् kṛit वर III. 2. 163, 164. - Hat im Femin. ङीप् IV. 1. 15.

क्वसु Wurzel-Affix वस् (über das उ s. u. उगित्), ein Substitut für लिट् III. 2. 107-109. - Wird nicht mit dem 6ten Casus construirt II. 3. 69. - Vgl. u. वसु.

क्वि Die Affixe क्विन् und क्विप्, nach Abwerfung des finalen इत्.

क्विन् kṛit व् (für dieses व् wird auch ein lopa substituirt; vgl. u. वि) III. 2. 58-60. - Anfügung VIII. 2. 62.

क्विप् Affix व् (für dieses व् wird auch ein lopa substituirt; vgl. u. वि). 1) kṛit III. 2. 61, 76, 77, 87-92, 177-179. - S. 149. - Anfügung VI. 4. 15, 19-21, 40, 97. - S. 288. - Veränderung des vorhergehenden Wortes im Compositum VI. 3. 116. - VIII. 3. 25. - 2) Bildet Denominativa S. 113. - Ein hierauf ausgehendes Thema heisst dhâtu III. 1. 32. - Anfügung S. 285.

क्वुन् uṅâdi अक (s. u. वु) S. 132.

क्स 1) Wurzel-Affix स, ein Substitut für च्लि III. 1. 45, 46 (vgl. 47.). - Für das अ wird ein lopa substituirt VII. 3. 72., für das ganze Affix ein लुक् 73. - 2) kṛit स S. 135.

क्सरन् uṅâdi सर. Erhält kein Augment इट् VII. 2. 9.

क्सि uṅâdi सि. Erhält kein Augment इट् VII. 2. 9.

क्से kṛit से mit Infinitiv-Bedeutung im Veda III. 4. 9.

क्सु kṛit सु S. 139.

ख

ख् Für ख् am Anfange von taddhita's (aber nur von denjenigen, welche bei Pâṅini selbst vorkommen) wird ईन् substituirt VII. 1. 2.

ख tddh. ईन IV. I. 139, 140. - IV. 2. 93. - IV. 3. 64. - IV. 4. 78, 79, 130, 132 (मत्वर्थे im Veda), 133. - V. 1. 9, 32, 53-55, 85-88, 92. - V. 2. 5-17. - V. 4. 7, 8. - S. 177, 228. - Für ख wird ein लुक् substituirt IV. 4. 79. - Anfügung VI. 4. 145, 169.

खच् kṛit अ III. 2. 38-47. - Ist डित् S. 134. - Anfügung an णि VI. 4. 94.

खञ् tddh. ईन IV. 1. 141. - IV. 2. 94. - IV. 3. 1. - IV. 4. 99. - V. 1. 11, 71, 81. - V. 2. 1, 5, 18-23. - Anfügung an युष्मद् und अस्मद् IV. 3. 2, 3.

खण्ड tddh. खण्ड S. 177, 178.

खमुञ् kṛit अम् III. 4. 25.

खय् praty. Die Consonanten ख् । फ् । छ् । ठ् । थ् । च् । ट् । त् । क् und प् VII. 4. 61. - VIII. 3. 6. - VIII. 4. 54. - Werden verdoppelt S. 396.

खर् praty. Die vorhergehenden Consonanten nebst den Sibilanten VIII. 3. 15. - VIII. 4. 55.

खल् kṛit अ III. 3. 126, 127. - Anfügung VII. 1. 67, 68. - S. 243. - खल् und andre kṛit's in derselben Bedeutung bezeichnen das karman und den bhâva III. 4. 70. - Ein kṛit खलर्थ wird nicht mit dem 6ten Casus construirt II. 3. 69.

खश् kṛit अ III. 2. 28-37, 83.

खिन् Adj. कृत्, ein kṛit, der ख् zum stummen Buchstaben hat. Anfügung an ein vorhergehendes Wort im Compositum VI. 3. 66-69.

खिष्णुच् kṛit इष्णु III. 2. 57. - Accent im Compositum VI. 2. 160.

खु tddh. खु S. 234.

खुकञ् kṛit उक III. 2. 57.

ख्य tddh. ख्य S. 234.

ख्युन् kṛit अन (vgl. u. यु) III. 2. 56. - Hat im Femin. ङीप् S. 160.

खञ् tddh. खञ् S. 234.

ग

गण Masc. Eine Reihe, eine Sammlung von Wörtern, die zu einer Regel gehören. Die gańa's werden nach dem ersten Worte, mit Hinzufügung von आदि, benannt; so heisst z. B. die 1te Klasse im Dhâtu-P.: भ्वादिः (sc. गणः) oder भ्वादयः. Eine Sammlung von gańa's zu einem grammatischen Werke heisst गणपाठ.

गति Fem. Die upasarga's und einige Adverbia oder adverbialisch gebrauchte Nomina in Verbindung mit einer Handlung I. 4. 60 - 79. - Wird vor die Wurzel gesetzt 80. - Im Veda kann sie nachgesetzt und von der Wurzel getrennt werden 81, 82. - Wird mit einem सुप् immer componirt II. 2. 18. - Accent VIII. 1. 70, 71., im Compositum VI. 2. 49 -53, 139, 144-147.

गित् Adj. कृत्, ein kṛit, der ग् zum stummen Buchstaben hat. Erhält kein Augment इट् VII. 2. 11. - Vor einem solchen Affixe wird für den Wurzelvocal weder guṅa noch vṛiddhi substituirt I. 1. 5.

गुण Masc. 1) Die Eigenschaft. Eine kârikâ in der Calc. Ausg. S. 374. (vgl. auch Mugdha-B. S. 67.) definirt das Wort auf folgende Weise:

सत्त्वे निविशते ऽपैति पृथग्जातिषु दृश्यते ।
आधेयश्चाक्रियाजश्च सो ऽसत्त्वप्रकृतिर्गुणः ॥

„Es kommt der Materie zu, verschwindet für sich allein, wird bei einer जाति (im weitesten Sinne; vgl. u. d. W.) gesehen, muss einem Andern beigelegt werden und entspringt nicht aus einer Handlung, dieses, wenn es nicht aus Materie entstanden ist, heisst गुण.“ Eine andre kârikâ a. a. O. lautet folgendermassen:

उपैत्यन्यज्जहात्यन्यद्दृष्टो द्रव्यान्तरेष्वपि ।
वाचकः सर्वलिङ्गानां द्रव्यादन्यो गुणः स्मृतः ॥

„Dem Einen kommt es zu, dem Andern nicht, wird auch ausserhalb der Materie gesehen, kann allen Geschlechtern beigelegt werden und ist ein Anderes als die Materie, dieses heisst गुण.“ Vgl. II. 1. 57. - II.

2. 11. - II. 3. 5, 25. - II. 4. 6. - VII. 2. 93, 155. - S. 207. - Sâhitya-D. S. 309. - Vgl. noch u. गुणवचन. - 2) Die Eigenschaft eines Buchstaben ist der वाह्यप्रयत्न, mit dem derselbe ausgesprochen wird S. 21, 53, 374. - 3) Die Vocale अ, ए und ओ I. 1. 2. - Wenn in einem sûtra nicht ausdrücklich gesagt wird, für welchen Vocal der guṅa substituirt werden soll, dann muss इकः (6ter Cas. Sg. von इक्) im sûtra ergänzt werden 3. - Wenn guṅa substituirt wird VI. 1. 87. - VI. 4. 146, 156. - VII. 3. 82-86, 91, 108-111. - VII. 4. 10, 11, 16, 21, 29, 30, 57, 75, 82., wenn nicht I. 1. 4-6. - VII. 3. 87, 88.

गुणकर्मन् Neutr. Das entferntere Object S. 97.

गुणवचन Masc. (sc. शब्द). Ein Wort, welches eine Eigenschaft ausdrückt. Das गुणवचन darf kein Compositum sein, kein mit einem kṛit (in der engern Bedeutung, wobei die उणादयः ausgeschlossen sind) oder einem tddh. abgeleitetes Wort, kein avyaya, kein sarvanâman, keine ǵâti, die nicht alle drei Geschlechter hat, kein Zahlwort und keine संज्ञा S. 62. - Vgl. II. 1. 30. - IV. 1. 42, 44. - V. 1. 124. - V. 3. 58. - VI. 2. 24. - VIII. 1. 12. - Vgl. u. गुण.

गुरु Adj. अच् oder अक्षर, ein von Natur oder durch Position langer Vocal I. 4. 11, 12.

गुरुमत् Adj. Einen schweren (गुरु) Vocal enthaltend III 1. 36.

गोत्र (= वृद्ध) Neutr. Alle Abkömmlinge vom Enkel an, diejenigen Abkömmlinge des Enkels ausgenommen, deren Vater, Grossvater u. s. w., deren älterer Bruder oder deren, durch Alter oder Abstammung höher gestellter, Sapiṅḍa noch am Leben ist. Solche Abkömmlinge heissen yuvan. Der Name gotra kann auch dem yuvan gegeben werden, wenn dieser geehrt werden soll; ebenso kann man das gotra yuvan benennen, wenn man von demselben mit Geringschätzung spricht. IV. 1. 162-167. - Der Name des gotra wird immer vom primitiven Eigennamen, der des yuvan aber vom gotra abgeleitet 93, 94. - Einige Patronymica bezeichnen jeden beliebigen Abkömmling (अपत्य), also auch den Sohn. Von den Patronymicis wird von 92. bis 178. gehandelt. - Für das gotra-Affix wird im Pl. ein लुक् substituirt II. 4. 63-66, 68-70 (Ausnahmen 67. - IV. 1. 89.). - An ein gotra-Affix werden neue Affixe gefügt IV. 2. 111 (Ausnahme 113.). - IV. 3. 80, 126. ff.

गोत्रप्रत्यय Masc. Ein tddh., mit welchem der Name des gotra abgeleitet wird. S. u. गोत्र.

गोयुगच् tddh. गोयुग S. 211.

गोष्ठच् tddh. गोष्ठ S. 211.

गौण 1) Adj. Secundär oder untergeordnet, der Bedeutung nach. 2) Nomen abstr. vom vorhergehenden Adj. Man sagt vom letzten Gliede eines Compositums, dass es गौणे stehe, wenn das Compositum ein bahuvrîhi ist, und das letzte Glied desselben demnach nicht mehr sich selbst, sondern etwas Andres bezeichnet, was mit ihm in irgend einer Beziehung steht. VII. 1. 21. - Vgl. u. उपसर्जन.

ग्मिनि tddh. ग्मिन् मत्वर्थे V. 2. 124.

ग्र tddh. ग्र S. 234.

ग्रह् (Nomen act. ग्रहण) Wurzel. 1) Ein Wort gebrauchen oder wählen VIII. 3. 78. - S. 304. - 2) Etwas unter Etwas (im 3ten Casus) verstehen VIII. 4. 17. - Hiervon das Partie. fut. pass. ग्राह्य. - Mit वि, ein zusammengesetztes Wort in seine Bestandtheile zerlegen. Hiervon das Partic. pass. विगृहीत S. 181. - Vgl. u. विग्रह.

ग्स्नु kṛit स्नु III. 2. 139.

घ

घ् Für घ् am Anfange von tddh. wird इय् subtituirt VII. 1. 2. - घ् wird für ह् substituirt VIII. 2. 32, 33., für das व् in वतुप् V. 2. 40.

घ 1) Ein Name für die Affixe तरप् und तमप् I. 1. 22. - Anfügung an ein Femin. VI. 3. 43-45., an einen 7ten Casus 17. - Erhält das Augment नुट् VIII. 2. 17. - Daran wird आमु und अमु gefügt V. 4. 11, 12. - 2) kṛit अ III. 3. 118, 119, 125. - Anfügung an णि VI. 4. 96. - Accent VI. 1. 201, 202. - 3) tddh. अ IV. 1. 138. - IV. 2. 27, 29, 93. - IV. 4. 117, 118, 135, 136 (मत्वर्थे), 141. - V. 1. 71. - S. 176.

घच् tddh. इय S. 215.

घञ् kṛit अ III. 3. 16-42, 45-55, 120-125. - Anfügung II. 4. 38. - VI. 1. 47. - VI. 4. 27-29. - VII. 1. 67, 68. - VII. 3. 61. - S. 336. - Einfluss auf ein vorhergehendes Wort im Compositum VI. 3.

122. - S. 257. - Accent VI. 1. 159, 160, 216., im Compositum VI. 2. 144. - Daran wird ज gefügt IV. 2. 58.

घन् tddh. इय IV. 2. 26. - IV. 4. 115. - V. 1. 68. - V. 3. 79, 80. - S. 214. - Anfügung V. 3. 83, 84.

घस् tddh. इय im Veda V. 1. 106.

घि Die auf इ und उ ausgehenden prâtipadika's (die Feminina auf इ und उ heissen auch nadî), सखि und पति ausgenommen. Das letztere Thema kann jedoch in gewissen Fällen auch घि heissen. I. 4. 7-9. - घि steht im dvandva voran II. 2. 32. - Anfügung eines ङित् सुप् an घि VII. 3. 111. - Für ङि (7ter Cas. Sg.) wird औत् (औ) und für टा (3ter Cas. Sg.) ना nach घि substituirt 119, 120.

घित् Adj. घ् zum stummen Buchstaben habend. Vor einem solchen kṛit wird für das finale च् oder ज् einer Wurzel कु substituirt VII. 3. 52.

घिनुण् kṛit इन् (das उ ist bedeutungslos; vgl. jedoch S. 139, 140.) III. 2. 141-145. - Anfügung S. 288.

घु Die Wurzeln डुदाञ् । दाण् । दो । देङ् । डुधाञ् und धेट् I. 1. 20. - VI. 4. 113. - Anfügung von हि 119., von लेट् VII. 3. 70. - Für das न् der vorhergehenden Präposition नि wird ण् substituirt VIII. 4. 17.

घुरच् kṛit उर III. 2. 161.

घोष Masc. Ein बाह्यप्रयत्न I. 1. 9.

घोषवत् Adj. Was mit घोष ausgesprochen wird VIII. 4. 62.

ङ

ङ् Nach ङ् erhält ein Vocal das Augment ङुट् VIII. 3. 32. - ङ् erhält vor शर् das Augment कुक् 28.

ङम् praty. Die Nasale ङ् । ण् und न् VIII. 3. 32.

ङमुट् (ङम् + उ + ट्) âgama ङ् । ण् und न् VIII. 3. 32.

ङस् 6ter Cas. Sg. अस् IV. 1. 2 - Anfügung VI. 1. 110 -112. - VII. 2. 96. - Für ङस् wird स्य substituirt VII. 1. 12., अश् 27. - Accent VI. 1. 211.

ङसि 5ter Cas. Sg. अस् IV. 1. 2. - Anfügung VI. 1. 110 -112. - Dafür wird आत् substituirt VII. 1. 12., स्मात् 15, 16., अत् 32.

ङि 7ter Cas. Sg. इ IV. 1. 2. - Anfügung VI. 3. 110. - VI. 4. 136. - VIII. 2. 8. - S. 340. - Für ङि wird आम् substituirt VII. 3. 116, 117., औत् 118, 119., स्मिन् VII. 1. 15, 16.

ङित् Adj. ङ् zum stummen Buchstaben habend. 1) Die Partikel आ wird in einigen Fällen आङ् geschrieben und heisst demnach ङित् S. 14, 15. - Vgl. u. आङ्. - 2) धातु. Solche Wurzeln haben immer âtm. I. 3. 12. - Das ङ् in चित्रङ् (III. 1. 19.) und क्यङ् hat dieselbe Bedeutung. - 3) âdeça. Ein solches Substitut wird, wenn es auch mehrbuchstabig ist, bloss für den Finalen substituirt I. 1. 53. - 4) Die Tempora und Modi लङ् । लिङ् । लुङ् und लृङ्. Veränderung der Personalendungen in diesen Tempp. III. 4. 99-101. - 5) Wurzel-Affix. Einige Affixe sind ङित्, obgleich sie kein stummes ङ् enthalten I. 2. 1-4. - III. 4. 103. - a) Vor

einem solchen Affix wird kein guṅa und keine vṛiddhi substituirt I. 1. 5., für den Halbvocal wird ein samprasâraṅa substituirt VI. 1. 16., für die penultima न् ein lopa VI. 4. 24. - Fernere Anfügung VI. 4. 15, 19-21, 34, 37, 42, 43, 98-100. - VII. 3. 85. - VII. 4. 22-25. - b) sârvadh. Anfügung VI. 4. 109-116. - VII. 2. 81. - c) ârdha-dh. Anfügung VI. 4. 63, 64, 66. - 6) Casusaffix. Davor heissen die Feminina auf ई und ऊ nadî oder घि I. 4. 6. - Anfügung VII. 3. 111. - Erhält das Augment आट् 112., याट् 113., स्याट् 114, 115.

ङी Die Feminin-Affixe ङीन्, ङीप् und ङीष्, nach Abwerfung des stummen Finalen. Anfügung VI. 4. 148-150. - Daran werden Casusaffixe und tddh. gefügt IV. 1. 1. - Für सु wird nach ङी ein lopa substituirt VI. 1. 68. - Für das ई wird eine Kürze substituirt VI. 3. 43, 63, 64. - Accent vom folgenden नाम् (6ter Cas. Pl.) VI. 1. 178.

ङीन् Feminin-Affix ई IV. 1. 73. - Vgl. u. ङी.

ङीप् Feminin-Affix ई IV. 1. 5-8 (vgl. 11, 12.), 15, 16, 20, 21 (vgl. 22, 23.), 24, 26-39, 60. - Vgl. u. ङी.

ङीष् Feminin-Affix ई IV. 1. 25, 40-55 (vgl. 56-58, 60.), 59, 61-65. - Vgl. u. ङी.

ङुट् âgama ङ् VIII. 3. 32.

ङे 4ter Cas. Sg. ए IV. 1. 2. - Anfügung VII. 2. 95. - Dafür wird य substituirt VII. 1. 13., स्मै 14., अम् 28. - Accent VI. 1. 212.

ङ्वनिप् krit वन् III. 2. 103.

च

च् Für च् wird क् substituirt VII. 3. 52, 53., ष् VIII. 2. 36.

चङ् Wurzel-Affix अ (das च् ist विशेषणार्थः, da der Accent schon durch das च् in च्लि bestimmt wird), ein Substitut fur च्लि III. 1. 48-50 (vgl. 51.). - Davor findet Reduplication der Wurzel Statt VI 1. 11. - Wie diese gebildet wird VII. 4. 93-97. - Euphonische Regeln vor चङ् VIII. 3. 116. - Vor चङ् wird eine andre Wurzel substituirt II. 4. 51. - Anfügung an णि VI. 1. 18, 31, 32. - VII. 4. 1-8. - Accent VI. 1. 218.

चण् Die Partikel च in der Bedeutung „wenn“ VIII. 1. 30.

चणप् taddh. चण V. 2. 26.

चतुर्थ oder वर्गचतुर्थ (sc. वर्ण) Masc. Der 4te Consonant in einem वर्ग (s. d.): die Buchstaben घ् । झ् । ढ् । ध् und भ् S. 22.

चतुर्थी (sc. विभक्ति) Fem. Die Endungen des 4ten Casus bei den östlichen Grammatikern. - Von युष्मद् und अस्मद् VIII. 1. 20-22. - Der 4te Casus bezeichnet das sampradâna II. 3. 13., das karman 12, 17., dasselbe, mit Ergänzung eines Infinitivs 14. - Ein Nomen act. im 4ten Casus für den Infinitif 15. - Wird von einigen Wörtern regiert 16. - II. 3. 73. - Der 3te Casus für den 4ten I. 3. 55., der 6te im Veda II. 3. 62. - Am Anfange eines tatpurusha II. 1. 36. - Im Compositum wird kein लुक् dafur substituirt VI. 3. 7, 8. - Accent am Anfange eines tatpurusha VI. 2. 43, 44.

चय् praty. Die Consonanten च्। ट्। त्। क् und प्. Für diese wird छ्। ठ्। थ्। ख् und फ् substituirt S. 397.

चर् praty. Die vorhergehenden Consonanten nebst den Sibilanten I. 1. 58. - Werden für चर् und खय् in der Reduplicationssilbe substituirt VIII. 4. 54. - Vor खर् müssen und in der Pause können dieselben für झल् substituirt werden 55, 56.

चरट् tddh. चर V. 3. 53, 54. - Anfügung an ein Femin. VI. 3. 35.

चर्करीत (1te Sg. âtm. im लिङ्-Potentialis - von कृ in der Intensiv-Form ohne यङ्) Neutr. Das Thema einer Wurzel in derjenigen Intensiv-Form, in welcher ein लुक् für यङ् substituirt wird. Ein solches Thema heisst nach III. 1. 32. auch noch dhâtu. Das k̓arkarîta wird unter den अदादयः (die 2te Klasse im Dhâtu-P.) aufgeführt; es wird also nach II. 4. 72. ein लुक् für शप् substituirt, d. h. die Personalendungen des Praesens, des Potentialis, des Imperativs und des einfachen Augment-Praeteritums werden unmittelbar an die Wurzel selbst gefügt. Einige Grammatiker lassen beim k̓arkarîta nur das parasm. zu; andre auch das âtm., wenn die primitive Wurzel ein आत्मनेपदिन् war; vgl. Colebr. Gr. S. 194. in den Noten. Siddh. K. Bl. 157. a.

चवर्ग S. u. वर्ग.

चानश् krit आन III. 2. 129. - Anfügung S. 297. - Wird nicht mit dem 6ten Casus construirt II. 3. 69.

चाप् Feminin-Affix आ IV. 1. 74, 75. - S. 164. - Vgl. u. टाप्.

चिण् Wurzel-Affix इ, ein Substitut für च्लि vor der 1ten

Sg. **âtm.** त III. 1. 60-63, 66 (Ausnahmen 64, 65, 89.). - Anfügung VI. 4. 33, 93. - VII. 1. 69. - VII. 3. 33-35, 85. - Welche Affixe wie चिण् angefügt werden VI. 4. 62. - Nach चिण् wird ein लुक् für die Personalendung substituirt VI. 4. 104.

चित् Adj. च् zum stummen Buchstaben habend. Ein solches prâtipadika (wie कुण्डिनच्। चेत्रियच् u. s. w.) oder Affix hat den Acut auf der letzten Silbe VI. 1. 163, 164.

चु Die 5 Palatalen च्। छ्। ज्। झ् und ञ् I. 1. 69. - V. 4. 106. - चु am Anfange eines Affixes heisst इत् I. 3. 7. - Für चु wird कु substituirt VIII. 2. 30. - चु wird für तु substituirt VIII. 4. 40., für कु und ह् in der Reduplicationssilbe VII. 4. 62.

चुञ्चुप् tddh. चुञ्चु V. 2. 26.

चौरादिक Adj. धातु, eine Wurzel, die zum gańa चुरादि - zur 10ten Klasse - gehört.

च्छ् Dafür wird श् substituirt VI. 4. 19., ein lopa 21.

च्फञ् tddh. आयन (vgl. u. फ्) IV. 1. 98. - Daran wird tadr. ञ्य gefügt V. 3. 113.

च्लि Wurzel-Affix ल् vor लुङ् III. 1. 43. - Für ल् wird immer ein andres Affix substituirt. Die Substitute sind folgende: सिच् 44., क्स 45, 46. (vgl. 47.), चङ् 48-50. (vgl. 51.), अङ् 52-59., चिण् 60-63, 66. (vgl. 64, 65, 89.) - Vgl. u. लि.

च्वि tddh. व् (für व् wird auch ein lopa substituirt; vgl. u. वि) V. 4. 50. - Wird immer mit कृ। भू oder अस् verbunden ebend. - Anfügung 51. - VI. 4. 152. - VII. 4. 26, 27, 32. - Heisst gati I. 4. 61. - साति hat dieselbe Bedeutung V. 4. 52, 53. - Einige Wörter haben im Compositum vor कृ und भू dieselbe Geltung, als wenn sie mit dem Affix च्वि versehen wären III. 2. 56, 57. - III. 4. 62-64.

छ

छ् Für छ् am Anfange von tddh. wird ईय् substituirt VII. 1. 2. - Für छ् wird श् substituirt VI. 4. 19., ein lopa 20., ष् VIII. 2. 36. - छ् wird für श् substituirt VIII. 4. 63.

छ tddh. ईय 1) IV. 1. 143, 144, 149. - IV. 2. 6, 28, 29, 32, 48, 84, 90, 91, 114, 137-145. - IV. 3. 1, 62-64, 88, 91, 131. - IV. 4. 14, 117. - V. 1. 1-37 (hier ist es अधिकृत), 40, 69, 70, 91, 92, 111, 112, 135. - V. 2. 17. - V. 3. 105, 106. - V. 4. 9, 10. - S. 162. - Wird an अन gefügt S. 206. - Bildet ein Nomen ordinale (तुरीय) S. 213. - मत्वर्थे V. 2. 59, 60. - Dafür wird ein लुक् substituirt 60. - VI. 4. 153. - Anfügung an अन्य VI. 3. 99. - 2) tadr. V. 3. 116.

छण् tddh. ईय IV. 1. 132, 134. - IV. 2. 80. - IV. 3. 94, 102. - S. 186.

छव् praty. Die Consonanten छ् । ठ् । थ् । च् । ट् und त् VIII. 3. 7.

छस् tddh. ईय IV. 2. 115. - Anfügung S. 273.

छान्दस Adj. von छन्दस्. Dem Veda-Dialekt eigen S. 137. - Hiervon das Nomen abstr. छान्दसत्व VII. 1. 39.

ज

ज् Für ज् wird ग् substituirt VII. 3. 52, 53., ष् VIII. 2 36., ह 67.

जश् praty. Die Consonanten ज् । ब् । ग् । ड् und द् I. 1. 58. - Wird für झल् am Ende eines Wortes substituirt VIII. 2. 39., vor झश् VIII. 4. 53., in der Pause 56., für जश् und झश् in der Reduplicationssilbe 54.

जस् Der 1te Cas. Pl. अस् IV. 1. 2. - Anfügung IV. 1. 31. - VI. 1. 105, 106. - VII. 2. 93. - VII. 3. 109. - Erhält im Veda das Augment असुक् VII. 1. 50. - Für जस् wird शी substituirt 17. (vgl. I. 1. 32-36.), शि 20., औश् 21., ein लुक् 22. - Accent VI. 1. 166.

जसि IV. 1. 31. - VII. 1. 50. = जस्.

जाति Fem. Eine kârikâ in der Calc. Ausg. S. 381. giebt uns von diesem Worte folgende Definition:

आकृतिग्रहणा जातिर्लिङ्गानां च न सर्वभाक् ।
सकृदाख्यातनिर्ग्राह्या गोत्रं च चरणैः सह ॥

„Die जाति wird an bestimmten Kennzeichen erkannt und nimmt nicht an allen Geschlechtern Theil; sie kann nach einmaliger Bestimmung leicht wiedererkannt werden; das Patronymicum und die Vorträger eines Abschnitts aus dem Veda heissen auch so." Man vgl. Bhaṭṭogi's (Siddh. K. Bl. 34. a.) Erklärung: आकृतिग्रहणा जातिः । अनुगतसंस्थानव्यङ्ग्येत्यर्थः । तटी । लिङ्गानां च न सर्वभाक् । सकृदाख्यातनिर्ग्राह्या । असर्वलिङ्गत्वे सत्येकस्यां व्यक्तौ कथनाद्व्यक्त्यन्तरे कथनं विनापि सुग्रहा जातिरिति लक्षणान्तरं । वृषली ।

सत्यन्तं (d. i. असर्वलिङ्गत्वे सतीति) किं । शुक्ला । सकृदित्यादि किं । देवदत्ता । गोत्रं च चरणैः सह । अपत्यप्रत्ययान्तः शाखाध्येतृवाची च शब्दो जातिकार्यं लभत इत्यर्थः । औपगवी । कठी । बह्वृची ॥ Zu den Beispielen sind lauter Feminina gewählt worden, weil die Erklärung bei IV. 1. 63. gegeben wird. - Eine andre kârikâ (a. a. O.) erklärt das Wort auf folgende Weise:

प्रादुर्भावविनाशाभ्यां सत्त्वस्य युगपद्गुणैः ।
असर्वलिङ्गां बह्वर्थां तां जातिं कवयो विदुः ॥
गोत्रं च चरणानि च

Colebrooke's (Gr. S. 118.) Erklärung stimmt mehr mit der 1ten kârikâ überein; sie lautet: „Genus is here explained by grammarians as depending first on peculiar distinguishing signs; secondly, on arbitrary analogy: one apprehended from constant marks; the other not so, but from instruction only, being neither common to all genders, nor restricted to individuals, including also similarity of descent and of studies: thus „kine“ is strictly generick; and „priest“ is so, (though the form be not different from that of other men,) because this term is neither common to all genders nor restricted to one individual; so patronymicks are generick; but adjectives, or nouns denoting quality, are not so.“ In den Scholien zu II. 4. 6. werden auch die Substantiva, die eine Eigenschaft bezeichnen, und die Nomina actionis जाति genannt. - Im Sg. oder im Pl. I. 2. 58. - Als Apposition im Sg. 52. - Bildung des Femin. IV. 1. 63-66. - Im tatpurusha II. 1. 63, 65, 66. - Im dvandva II. 4. 6. - Nach einer जाति erhält जन् nicht das Affix ड III. 2. 98.

जातीय S. u. जातीयर्.

जातीयर् tddh. जातीय V. 3. 69. - Anfügung VI. 3. 35, 42, 46. -

जाहच् tddh. जाह V. 2. 24.

जित् S. S. 32, 33.

जिह्वामूल Neutr. Die Zungenwurzel. Damit wird der ǵihvâmûlîya ausgesprochen I. 1. 9.

जिह्वामूलीय Masc. Der für den visarǵanîya vor क् und ख् substituirte Hauch VIII. 3. 37. - Vgl. u. अर्धविसर्ग.

जुक् âgama ज् am Ende der Wurzel वा vor णि VII. 3. 38.

जुस् Personalendung उस्, ein Substitut für झि im लिङ् III. 4. 108., im लुङ् 109, 110., im लङ् 109, 111, 112. - Anfügung VII. 3. 83. - Vgl. u. उस्.

जौहोत्यादिक Adj. धातु, eine Wurzel, die zum जुहोत्यादि-zur 3ten Klasse-gehört S. 123.

झ

झ् Für झ् am Anfange einer Personalendung wird अन्त् substituirt VII. 1. 3., अत् 4, 5. - Das Substitut अत् erhält das Augment रुट् 6, 7.

झ Personalendung अन्त oder अत (1te Pl. âtm.), ein Substitut für ल् III. 4. 78. - Dafür wird इरेच् im लिट् substituirt III. 4. 81., रन् im लिङ् 105.

झय् praty. Die Consonanten झ् । भ् । घ् । ढ् । ध् । ज् । ब् । ग् । ड् । द् । ख् । फ् । छ् । ठ् । थ् । च् । ट् । त् । क् und प् V. 4. 111. - VIII. 2. 10. - VIII. 4. 62, 63.

झर् praty. Die vorhergehenden Consonanten nebst den

Sibilanten VIII. 4. 65.

झल् praty. Die vorhergehenden Consonanten nebst ह् I. 2. 9. - VI. 1. 58. - VI. 4. 15. - VII. 1. 60. - Dafür wird am Ende eines Wortes und vor झश् जश् substituirt VIII. 2. 39. - VIII. 4. 53., in der Reduplicationssilbe जश् und चर् 54., चर् vor खर् 55., जश् und चर् in der Pause 56.

झश् praty. Die Consonanten झ् । भ् । घ् । ढ् । ध् । ज् । ब् । ग् । ड् und द् VIII. 4. 53, 54.

झष् praty. Die Consonanten झ् । भ् । घ् । ढ् und ध् VIII. 2. 37, 40.

झि Personalendung अन्ति oder अति (1te Pl. parasm.), ein Substitut für ल् III. 4. 78. - Dafür wird उस् im liṭ substituirt III. 4. 82., im laṭ 83, 84., जुस् im लिङ् 108., im लुङ् 109, 110., im लङ् 109, 111, 112.

झित् S. S. 33.

ञ

ञ taddh. अ IV. 2. 58, 106, 107. - IV. 4. 129. (मत्वर्थे im Veda) - V. 3. 50. - S. 167. - Anfügung an ein vorhergehendes Wort im Compositum VI. 3. 71.

ञम् praty. Die Nasale ञ् । म् । ङ् । ण् und न् S. 317.

॥ ४ ॥

ञि Heisst am Anfange von Wurzeln (vgl. u. ओत्) इत् I. 3. 5.

ञिठ taddh. क oder इक (vgl. u. ठ्. Das इ dient bloss zur Erleichterung der Aussprache.) IV. 2. 116-118.

ञित् (ञ् + इत्) Adj. ञ् zum stummen Buchstaben habend.

1) Wurzel. Hat ātm. und parasm. I. 3. 72. - 2) Wurzel-Affix. a) Ein solches Affix bewirkt die Substitution der vṛiddhi für den Finalen इक् oder für die penultima अ eines aṅga VII. 2. 115, 116. - Anfügung an हन् VII. 3. 32, 54. - b) kṛit. Davor erhält ein aṅga auf आ das Augment युक् VII. 3. 33. - Für die penultima अ wird keine vṛiddhi substituirt 34, 35. - 3) tddh. Vor einem solchen Affixe wird vṛiddhi für den ersten Vocal des aṅga substituirt VII. 2. 117. - Unregelmässige vṛiddhi VII. 3. 1-27, 29-31. - Daran wird अञ् gefügt IV. 3. 155. - Für den folgenden yuvapratyaya wird ein लुक् substituirt II. 4. 58. Accent VI. 1. 2

ञीत् (ञि + इत्) Adj. धातु, eine Wurzel, die ञि zur stummen Silbe hat. Das Participium auf क्त von solchen Wurzeln bezeichnet die Gegenwart III. 2. 187.

ञ्य tddh. य. 1) IV. 2. 80. - IV. 3. 58, 59, 84, 92, 129. - IV. 4. 90. - V. 1. 14. - V. 4. 23, 26. - S. 187. - b) tadr. V. 3. 112, 113.

ञ्यङ् tadr. य IV. 1. 171.

ञ्यट् tadr. य V. 3. 114.

ञ्युट् kṛit अन (vgl. u. यु) III. 2. 65, 66.

ट

ट 1) kṛit अ III. 2. 16-22 (vgl. 23.). - 2) tddh. अ. a) S. 186. - b) = टच्. S. d.

टक् kṛit अ III. 2. 8, 52-55.

टच् samâsânta अ V. 4. 91-112. - Anfügung VI. 4. 145.

टवर्ग S. u. वर्ग.

टा 3ter Cas. Sg. आ IV. 1. 2. - Anfügung II. 4. 34. - Für टा wird इन substituirt VII. 1. 12.

टाप् Feminin-Affix आ IV. 1. 4, 9. - Vgl. u. आप्.

टि Der letzte Vocal mit den etwa drauffolgenden Consonanten 1. 1. 64. - VIII. 2. 82. ff. - Dafür wird ein lopa substituirt VI. 4. 143-145, 155. - VII. 1. 88., ए III. 4. 79., अक्टि VI. 3. 92.

टिठन् tddh. इक (vgl. u. ठ. Das इ dient bloss zur Erleichterung der Aussprache.) IV. 4. 67. - V. 1. 25.

टित् (ट् + इत्) Adj. ट् zum stummen Buchstaben habend. 1) Die Tempora und Modi laṭ, liṭ, luṭ, lṛiṭ, leṭ und loṭ. Veränderung der Personalendungen III. 4. 79. ff. - 2) prâtipadika oder Affix. Hat im Femin. ङीप् IV. 1. 15. - Dieselbe Geltung soll der Consonant bei der Wurzel धट् haben III. 2. 29. - S. 131. - 3) âgama. Wird an den Anfang gefügt 1. 1. 46.

टिषच् uṅâdi इष S. 52.

टीटच् tddh. टीट V. 2. 31.

टु 1) Die Silbe ṭu am Anfange von Wurzeln ist इत् I. 3. 5. - Vgl. u. ट्वित्. - 2) Die Consonanten ट् । ठ् । ड् । ढ und ण् 1. 1. 69. - Ist am Anfange eines Affixes इत् I. 3. 7. (vgl. jedoch टीटच्) - Wird für तु substituirt VIII. 4. 41.

टुक् âgama ट् VIII. 3. 28.

टेण्यण् tddh. एण्य V. 3. 115.

ट्यण् tddh. य IV. 2. 30.

ट्यु und ट्युल् tddh. अन (vgl. u यु) IV. 3. 23, 24. - Erhält das Augment tuṭ cheud. - Vgl. u. तन.

ट्वित् (टु + इत्) Adj. धातु, eine Wurzel, die ṭu zur stummen Silbe hat. An solche Wurzeln wird अथुच् gefügt III. 3. 89.

ठ

ठ् Für ठ् am Anfange von tddh. wird इक oder क substituirt VII. 3. 50, 51.

ठ V. 3. 83. - S. u. ठच्.

ठक् tddh. क oder इक IV. 1. 146-149. - IV. 2. 2, 18, 19, 22, 23, 47, 48, 60, 63, 80, 84, 102, 115. - IV. 3. 18, 40, 72, 75, 96, 124. - IV. 4. 1-76 (hier ist es अधिकृत), 81, 102. - V. 1. 19-63 (hier ist es अधिकृत). - V. 2. 67, 76. - V. 3. 108, 109. - V. 4. 13, 34, 35. - Anfügung VI. 4. 174. - S. 273. - Hat im Femin. ङीप् IV. 1. 15. - Es wird ein लुक् dafür substituirt IV. 4. 24.

ठच् tddh. क oder इक IV. 2. 80. - V. 3. 78, 80, 109. - S. 233. - Anfügung V. 3. 83, 84.

ठञ् tddh. क oder इक IV. 2. 35, 41, 116-120. - IV. 3. 6, 7, 11-15 (erhält das Augment tuṭ), 19-21, 50, 60, 61, 67-69, 78, 79, 97. - IV. 4. 6, 11, 38, 52, 58, 64, 103. - V. 1. 18-115 (hier ist es अधिकृत), 44, 108. - V. 2. 76, 118, 119 (मत्वर्थे). - S. 185, 200. - Hat im Femin. ङीप् IV. 1. 15.

ठन् tddh. क oder इक IV. 4. 7, 13, 14, 42, 70. - V. 1. 21, 48, 49, 51, 84. - V. 2. 85, 109, 115-117 (in den 4 letzten sûtra's मत्वर्थे). - S. 207.

ड

ड 1) kṛit अ III. 2. 48-50, 97-101. - VI. 3. 75. - S. 133 (bis), 149. - 2) tddh. अ V. 2. 45, 46. - S. 203, 221.

डच् smsnta अ V. 4. 73.

डट् tddh. अ. Bildet Nomina ordinalia S. 211. - V. 2. 48. - Erhält das Augment मट् 49., थट् 50., तमट् 56., 58. - Das Zahlwort erhält das Augment तिथुक् 52., इथुक् 53.

डण् tddh. अ V. 1. 62.

डतम S. u. डतमच्.

डतमच् tddh. अतम V. 3. 93, 94. - Heisst sarvanâman; s. den gańa सर्वादि. - Declination VII. 1. 25. - Wird verdoppelt S. 354.

डतर S. u. डतरच्.

डतरच् tddh. अतर V. 3. 92, 94. - Heisst sarvanâman; s. den gańa सर्वादि. - Declination VII. 1. 25. - Wird verdoppelt S. 354.

डति tddh. अति V. 2. 41. - Heisst sankhyâ und shash I. 1. 23, 25.

डर kṛit अर S. 149.

डवतुप् uńâdi अवत् (über das उ s. u. उगित्) S. 159.

डस् kṛit अस् VIII. 2. 67. - S. 136.

डा 1) Personalendung आ, ein Substitut für die 1te Sg. im lut́ II. 4. 85. - 2) Casusendung आ, ein Substitut für सुप् im Veda VII. 1. 39.

डाच् tddh. आ (über das च् s. S. 230, 231.) in Verbindung

mit कृ । भू und अस् V. 4. 57-67. - Davor wird das Wort verdoppelt S. 354. - Anfügung VI. 1. 100. - Heisst gati I. 4. 61. - Es kann क्यप् angefügt werden III. 1. 13.

डाप् Feminin-Affix आ IV. 1. 13. - Vgl. u. आप्.

डाम्हच् tddh. आमह् IV. 2. 36. - Ist षित् S. 177.

डित् (ड् + इत्) Adj. प्रत्यय, ein Affix, welches ड् zum stummen Buchstaben hat. - खच् ist, obgleich es kein stummes ड् enthält, डित् S. 134. - Davor fällt der letzte Vocal mit den etwa drauffolgenden Consonanten aus VI. 4. 143., in विंशति die Silbe ति 142.

डिनि tddh. इन् S. 205, 211.

डिमच् tddh. इम S. 186.

डियाच् Casusendung इया (3ter Cas. Sg.) im Veda S. 311.

ड़ु 1) Die Silbe ड़ु am Anfange von Wurzeln ist इत् I. 3. 5. - 2) Die auf न् und ष् ausgehenden Zahlwörter S. 62. - Vgl. u. षष्. - 3) kṛit उ III. 2. 180.

डुपच् tddh. उप V. 3. 89.

डुम्सुन् uṅâdi उम्स् S. 259.

डुलच् tddh. उल IV. 2. 36.

ड्मतुप् tddh. मत् (über das उ s. u. उगित्) IV. 2. 87.

ड्य tddh. य IV. 2. 9. - IV. 4. 113.

ड्यण् tddh. य IV. 4. 111. - S. 173.

ड्यत् tddh. य IV. 2. 9. - IV. 4. 113.

ड्या Casusendung या, ein Substitut für सुप् im Veda VII. 1. 39.

ड्वलच् tddh. वल IV. 2. 88.

ड्वित् (ड्वु + इत्) Adj. धातु, eine Wurzel, die ड्वु zur stummen Silbe hat. An solche Wurzeln wird क्त्रि gefügt III. 3. 88.

ड्वुन् tddh. अक (vgl. u. वु) V. 1. 24. - S. 205.

ढ

ढ् Für ढ् am Anfange von tddh. wird एय् substituirt VII. 1. 2. - Ist ein Substitut für ह् VIII. 2. 31. - Dafür wird क् substituirt 41., ein lopa VIII. 3. 13. - Wenn ढ् ausfällt, wird für ein vorhergehendes अ, इ oder उ eine Länge substituirt VI. 3. 111. (vgl. 112, 113.).

ढ tddh. एय IV. 4. 106. - V. 3. 102. - Anfügung VI. 4. 147. - Hat im Femin. ङीप् IV. 1. 15.

ढक् tddh. एय IV. 1. 119-127, 133, 134, 142. - IV. 2. 8, 33, 97. - IV. 3. 94. - IV. 4. 77. - V. 1. 127. - V. 2. 2. - Anfügung IV. 1. 133, 134. - VI. 4. 174. - VII. 3. 28. - S. 273. (an ein Femin.) - Für ढक् wird ein लुक् im Pl. substituirt II. 4. 65. - Anfügung eines folgenden ञित्, णित् oder कित् VII. 3. 29.

ढकञ् tddh. एयक IV. 1. 140. - IV. 2. 95, 96.

ढञ् tddh. एय IV. 1. 135, 136. - IV. 2. 20, 80. - IV. 3. 42, 56, 57, 94, 159. - IV. 4. 104. - V. 1. 10, 13, 17. - V. 3. 101. - Anfügung VI. 4. 174.

ढिनुक् tddh. एयिन् IV. 3. 109.

ढ्रक् tddh. एर (vgl. S. 29.) IV. 1. 129, 131.

ण

ण् Für ण् am Anfange einer Wurzel wird न् substituirt VI. 1. 65. - ण् wird für न् substituirt VIII. 4. 1-39.

- Erhält das Augment ṭuk vor शर् VIII. 3. 28. - Der folgende Vocal erhält das Augment ṅuṭ 32.

ण 1) kṛit अ III. 1. 140-143. - III. 3. 60. - Accent im Compositum S. 132. - 2) tddh. अ IV. 1. 147, 150. - IV. 2. 57. - IV. 4. 62, 85, 100. - V. 1. 10, 76, 98. - V. 2. 101. - S. 182. - Anfügung VI. 4. 172.

णच् kṛit अ III. 3. 43. - Daran wird अञ् gefügt V. 4. 14.

णमुल् kṛit अम् III. 4. 12 (mit Infinitiv-Bedeutung im Veda), 22 (vgl. 23.), 24, 26-64. - Anfügung VI. 1. 53. - VI. 4. 93. - VII. 1. 69. - Accent VI. 1. 194.

णल् Personalendung अ, ein Substitut für तिप् und मिप् im liṭ III. 4. 82., im laṭ 83, 84. (hier bloss für तिप्) - Die 3te Person ist वा णित् VII. 1. 91. - Anfügung VII. 3. 85. - Für णल् wird औ substituirt VII. 1. 34.

णस् tddh. अ S. 178. - Vgl. u. सण्.

णि Die Affixe णिङ् und णिच्, nach Abwerfung der stummen Finalen. Vor णि wird die Wurzel verändert VII. 3. 41-43. - Für den Wurzelvocal wird आ substituirt VI. 1. 48-52, 54-57. - Eine andre Wurzel wird substituirt II. 4. 46, 51. - Die Wurzel erhält das Augment पुक् VII. 3. 36., युक् 37., जुक् 38., नुक् 39., लुक् 39., षुक् 40. - Fernere Anfügung von णि VI. 4. 90-92. - S. 288, 301 (an prâtipadika's). - VI. 1. 31, 32 (wenn सन् oder चङ् folgt). - VI. 4. 93-97 (wenn चिण् । णमुल् । खच् । घ । इस् । मन् । त्रन् oder क्विप् folgt). - VII. 4. 1-8 (wenn चङ् folgt). - Für इ wird ein lopa substituirt VI. 4. 51-54., अय् 55-57. - Es folgt parasm. I. 3. 86-88. (vgl. 89.), âtm. 67-71, 89. - Nach णि wird चङ् für च्लि substituirt III. 1. 48.

(vgl. 51.). - Daran wird युच् gefügt III. 3. 107., इष्णुच् im Veda III. 2. 137. - Anfügung von सिच् an णि VII. 2. 5., von क्त 26, 27, 30. - Euphonische Regeln VIII. 3. 61. - VIII. 4. 30. - Construction I. 4. 52, 53.

णिङ् Affix इ. Bildet Denominativa III. 1. 20. - Wird an कमु gefügt 30. - Braucht vor ârdhadh. nicht angefügt zu werden 31. - Ein auf णिङ् ausgehendes anga heisst dhâtu 32. - Vgl. u. णि.

णिच् Affix इ. Wird an die Wurzeln der 10ten Klasse gefügt III. 1. 25. - Bildet Denominativa 21, 25., Causalia 26. - Ein auf णिच् ausgehendes anga heisst dhâtu 32. - Es folgt âtm. I. 3. 74 (vgl. 77.). - Bildung der Reduplicationssilbe, wenn चङ् folgt VII. 4. 93-97. - Vgl. u. णि.

णित् (ण् + इत्) Adj. प्रत्यय, ein Affix, das ण् zum stummen Buchstaben hat. Das s'arvanâmasthâna ist णित् VII. 1. 90, 92. - णल् ist वा णित् 91. - Vor einem Affixe (ausgenommen vor einem tddh.), welches णित् ist, wird für den Endvocal oder für die penultima अ eines anga vṛiddhi substituirt VII. 2. 115, 116. - Vor einem णित् kṛit wird keine vṛiddhi substituirt VII. 3. 34, 35., erhält das anga das Augment युक् 33. - Anfügung eines solchen Wurzel-Affixes an हन् 32, 54. - Vor einem णित् tddh. wird vṛiddhi für den 1ten Vocal des anga substituirt VII. 2. 117. - Unregelmässige vṛiddhi vor einem solchen tddh. VII. 3. 1-27, 29-31.

णिन् S. u. णिनि.

णिनि 1) kṛit इन् III. 1. 134. - III. 2. 51, 78-83, 85,

86. - III. 3. 170. - S. 279. - Accent am Ende eines Compositums VI. 2. 79-81. - 2) tddh. इन् IV. 3. 103-106, 110.

णुट् âgama ण् VIII. 3. 32.

ण्य tddh. य. Darnach wird ein लुक् für अण् und इञ् substituirt II. 4. 58. - 1) IV. 1. 85, 151, 152. - IV. 2. 80. - IV. 4. 44, 45, 101. - S. 205. - 2) tadr. IV. 1. 172.

ण्यत् 1) kṛitya य III. 1. 120, 122-131. - Anfügung VII. 1. 65, 66. - VII. 3. 52, 65-69. - Accent VI. 1. 214. - 2) tddh. य V. 1. 83, 84.

ण्युट् kṛit अन (vgl. u. यु) III. 1. 147, 148.

ण्वि kṛit व् (für व् wird auch ein lopa substituirt; vgl. u. वि) III. 2. 62-64.

ण्विन् kṛit व् (für व् wird auch ein lopa substituirt; vgl. u. वि) III. 2. 71, 72.

ण्वुच् kṛit अक (vgl. u. वु) III. 3. 111.

ण्वुल् kṛit अक (vgl. u. वु) III. 1. 133. - III. 3. 10, 108-110. - S. 148.

त

त् Für त् wird ध् substituirt VIII. 2. 40. - Ein Vocal mit einem drauffolgenden त् bezeichnet bloss seine eigene Länge I. 1. 70.

त 1) Personalendung त. a) 1te Sg. âtm., ein Substitut für ल् III. 4. 78. - Davor wird चिण् für च्लि substituirt III. 1. 60., ein लुक् für णिच् II. 4. 79. - Im liṭ wird एश् für त substituirt III. 4. 81. - b) 2te

Pl. parasm., ein Substitut für थ im लङ् । लिङ् । लुङ् । लृङ् und लोट् III. 4. 85, 101. - Für त im loṭ wird im Veda तात् । तप् । तनप् । तन und थन substituirt VII. 1. 44, 45. - Für dasselbe त kann der Sg. हि gesetzt werden III. 4. 2-5. - 2) uṅâdi त (vgl. u. तन्). Erhält kein Augment इट् VII. 2. 9. - 3) tddh. त V. 1, 59. - मत्वर्थे V. 2. 138.

तङ् 1) praty. Die 9 letzten (s. III. 4. 78.) Personalendungen S. 34, 35. - Heisst âtm. I. 4. 100. - Daher = âtm. S. 256. - Im Veda wird eine Länge für den Finalen substituirt VI. 3. 133. - 2) ? Personalendung त, ein Substitut für थ [2te Pl. parasm. - S. u. त 1) b)] VI. 3. 133.

तपर् = संज्ञा und छन्दस् (Veda) S. 103, 133, 165.

तत्पुरुष (dieser Mensch; vgl. u. कृत्) Masc. Welche Composita so heissen II. 1. 22. bis II. 2. 22. - Der karmadhâraya und der dvigu sind ebenfalls tatpurusha's I. 2. 42. - II. 1. 23. - Für den 7ten Casus des 1ten Gliedes wird kein लुक् substituirt VI. 3. 14. - Für कु im 1ten Gliede werden andre Formen substituirt 101-108. - Es wird smsnta अच् angefügt V. 4. 77, 86-90., टच् 91-98, 100, 101, 103-105., इच् 128., kein smsnta 71, 72, 105. - Das Geschlecht richtet sich nach dem letzten Gliede II. 4. 26. - Masc. 29., Neutr. 19-25, 30., Mase. und Neutr. 31. - Accent VI. 2. 2. ff.

तद्धित (was Jemanden gut oder zuträglich ist. Diese Bedeutung hat ein tddh., der an den Namen einer Speise gefügt wird; vgl. IV. 4. 65.) Masc. (sc. प्रत्यय) Das Affix ष्फ (IV. 1. 17.) und alle Affixe von IV. 1. 76.

bis V. 4. 160.; d. h. alle Affixe, die an ein prâtipadika oder an ein Feminin-Affix gefügt werden, die Casusendungen und die Feminin-Affixe ऊङ् । ङीन् । ङीप् । ङीष् । चाप् । टाप् und डाप् ausgenommen. - Anfügung VI. 1. 61, 62. - VI. 4. 130. ff., 168. - VII. 2. 117, 118. - VII. 3. 1-31. - VIII. 3. 101. - Für य् in einem tddh. wird ein lopa substituirt VI. 4. 150, 151. - Ein taddhitânta heisst prâtipadika I. 2. 46., avyaya I. 1. 38. - Bildung des Femin., wenn ein लुक् für den tddh. substituirt worden ist IV. 1. 22-24. - Behandlung des Femin. im letzten Gliede eines Compositums im ebengenannten Falle I. 2. 49, 50. - Ein taddhitânta im Femin. im 1ten Gliede eines Compositums VI. 3. 39. - Accent VI. 1. 164, 165., im Compositum VI. 2. 155, 156.

तद्राज (Siddh. K. Bl. 69. b. तद्राजमाचक्षाणास्तद्राजः) Masc. (sc. प्रत्यय) Die Affixe अञ् । अण् । इञ् । ङ् । ञ्य । ञ्यङ् । ञ्यट् । ढेयण् । ण्य und यञ्, wenn damit Benennungen für den Beherrscher einer Gegend oder für das Oberhaupt einer Familie oder einer Völkerschaft gebildet werden IV. 1. 168-174. - V. 3. 112-119. - Die mit den tadrâǵa's im 4ten Buche abgeleiteten Wörter sind zugleich Patronymica. - Für den tadrâǵa wird ein लुक् substituirt IV. 1. 175-177 (vgl. 178). - II. 4. 62.

तन् uṅâdi त. Erhält kein Augment इट् VII. 2. 9.

तन 1) Personalendung तन, ein Substitut fur त (2te Pl. parasm. im loṫ) im Veda VII. 1. 45. - 2) tddh. तन (die aufgelöste Form der Affixe ट्यु und ट्युल् mit dem Augment तुट्). Anfügung VI. 3. 17.

तनप् 1) Personalendung तन, ein Substitut für त (2te Pl.

parasm. im loṭ) im Veda VII. 1. 45. - 2) tddh. तन S. 228.

तन्त्र Neutr. Nothwendigkeit, Unumgänglichkeit. सिपा निर्देशो न तन्त्रं । Die Aufführung in der 2ten Sg. braucht nicht urgirt zu werden. Siddh. K. Bl. 224. b.

तप् 1) Personalendung त, ein Substitut für त (2te Pl. parasm. im loṭ) im Veda VII. 1. 45. - 2) tddh. त S. 218.

तपरकरण (त + पर + करण) Neutr. Ein त् auf einen Vocal folgen lassen VIII. 4. 7. - Vgl. I. 1. 70.

तम् Personalendung तम्, ein Substitut für थस् (2te Du. parasm.) im लङ् । लिङ् । लुङ् । लृङ् und लोट् III. 4. 85, 101.

तम S. u. तमट्.

तमट् tddh. तम V. 2. 56-58. - Vgl. S. 213.

तमप् tddh. तम V. 3. 55, 56. - तमप् und तरप् heissen घ I. 1. 22. - Anfügung VI. 3. 35 (an ein Femin.). - S. 388.

तय S. u. तयप्.

तयप् tddh. तय V. 2. 42. - Anfügung S. 388. - Hat im Femin. ङीप् IV. 1. 15. - Dafür wird अयच् substituirt V. 2. 43, 44. - Declination I. 1. 33.

तर S. u. तरप्.

तरप् tddh. तर V. 3. 57. - तरप् und तमप् heissen घ I. 1. 22. - Anfügung VI. 3. 35 (an ein Femin.). - S. 388. - Für तर wird am Ende eines Compositums ein lopa substituirt S. 264.

तल् tddh. त IV. 2. 43. - V. 1. 119. ff. - Anfügung S. 273 (an ein Femin.), 388. - Declination S. 340.

तवर्ग S. u. वर्ग.

तवेङ् und तवेन् kṛit तवे mit Infinitiv-Bedeutung im Veda III. 4. 9.

तवै kṛit तवै mit Infinitiv-Bedeutung im Veda III. 4. 9., कृत्यार्थे 14. - Accent VI. 1. 200., im Compositum VI. 2. 51.

तव्य kṛitya तव्य III. 1. 96. - Ein 6ter Casus wird damit nicht componirt II. 2. 11.

तव्यत् kṛitya तव्य III. 1. 96.

तस् 1) Personalendung तस् (1te Du. parasm.), ein Substitut für ल् III. 4. 78. - Dafür wird अतुस् im liṭ substituirt 82., im laṭ 83, 84., ताम् im लङ् । लिङ् । लुङ् । लृङ् und लोट् 85, 101. - 2) tddh. तस् = तसि und तसिल्. Anfügung II. 4. 33 (an एतद्). - S. 300, 388. - Es folgt क्त्वा und णमुल् III. 4. 61. - Accent II. 4. 33.

तसि tddh. तस् IV. 3. 113, 114. - V. 4. 44-49. - Es wird तसिल् dafür substituirt V. 3. 8. - Vgl. u. तस् 2).

तसिल् tddh. und vibh. तस् V. 3. 7-9, 14. - Anfügung an ein Femin. VI. 3. 35. - Vgl. u. तस् 2).

तात् Personalendung तात्, ein Substitut für त (2te Pl. parasm. im loṭ) im Veda VII. 1. 44.

तातङ् Personalendung तात्, ein Substitut für तु und हि (1te und 2te Sg. parasm. im लोट्) VII. 1. 35.

तातिल् tddh. ताति IV. 4. 142- 144. - V. 4. 41.

ताम् Personalendung ताम्, ein Substitut für तस् (1te Du. parasm.) im लङ् । लिङ् । लुङ् । लृङ् und लोट् III. 4. 85, 101.

तालु Neutr. Der Gaumen, ein Organ (स्थान), mit welchem folgende Buchstaben ausgesprochen werden: इ । च् । छ् । ज् । झ् । ञ् । य् und श् I. 1. 9.

तासि Wurzel-Affix तास् vor लुट् III. 1. 33. - Erhält kein Augment इट् VII. 2. 60. - Erhält इट् und wird wie सिण् angefügt VI. 4. 62. - Für स् wird ein lopa substituirt VII. 4. 50, 51., ह् 52. - Accent des darauffolgenden sârvadh. VI. 1. 186.

ति 1) Personalendung ति; s. u. तिप्. - 2) die kṛit-Affixe ति (uṅâdi) क्तिच् und क्तिन्, mit Weglassung der stummen Buchstaben. - Erhält kein Augment इट् VII. 2. 9. - 3) tddh. ति IV. 1. 77 (Feminin-Affix.) - V. 1. 59. - V. 2. 25, 138 (मत्वर्थे).

तिकन् tddh. तिक V. 4. 39.

तिङ् Neutr. praty. Die III. 4. 78. aufgeführten 18 Personalendungen nebst ihren Substituten S. 34. - Die 1te und 4te Trias heisst प्रथम, die 2te und 5te मध्यम, die 3te und 6te उत्तम I. 4. 101. - Die 1te Endung einer Trias heisst एकवचन, die 2te द्विवचन, die 3te बहुवचन 102. - Heisst, mit Ausnahme des लिट् und des लिङ् आशिषि sârvadh. III. 4. 113 (vgl. 117.). - Heisst vibh. I. 4. 104. - Ein auf einen तिङ् ausgehendes Wort heisst pada 14. - Im Veda wird ein तिङ् für einen andern substituirt S. 125, 311. - Für den Finalen wird im Veda eine Länge substituirt VI. 3. 135. - Vor einem sârvadh. तिङ् wird kein guṅa substituirt VII. 3. 88. - Ist pluta VIII. 2. 96., pluta und svarita 104. - Accent VIII. 1. 28-54, 56 - 66, 68, 69. - Daran wird तमप् und तरप् gefügt V. 3. 56, 57.

तित् (त् + इत्) Adj. प्रत्यय, ein Affix, welches त् zum stummen Buchstaben hat. Ist svarita VI. 1. 185.

तिथुक् âgama तिथ् V. 2. 52.

तिप् Personalendung ति (1te Sg. parasm.), ein Substitut für ल् III. 4. 78. - Erhält im Veda das Augment इट् VII. 2. 34. - Anfügung VIII. 2. 73. - Dafür wird ein lopa substituirt VI. 1. 68. - Für तिप् wird im lit́ णल् substituirt III. 4. 82., im lat́ 83, 84.

तिल् tddh. ति V. 4. 41. - Anfügung an ein Femin. VI. 3. 35.

तीय tddh. तीय V. 2. 54, 55. - Daran wird अन् gefügt V. 3. 48., ईकक् S. 174.

तु 1) Die 5 Dentalen त् । थ् । द् । ध् und न् I. 1. 69. - Dafür wird टु substituirt VIII. 4. 41 (vgl. 42, 43.)., चु 40 (vgl. 44.)., ल् 60. - 2) Personalendung तु (1te Sg. parasm. im lot́) III. 4. 86. - Dafür wird तातङ् substituirt VII. 1. 35. - 3) uṅâdi तु, mit Weglassung des finalen stummen न्. Erhält kein Augment इट् VII. 2. 9. - 4) tddh. तु मत्वर्थे V. 2. 138.

तुक् âgama त् III. 1. 132. - VI. 1. 71-76, 86. - VIII. 3. 31.

तुट् âgama त् IV. 3. 15, 23, 24.

तुन् uṅâdi तु VII. 1. 95. - S. 286. - Erhält kein Augment इट् VII. 2. 9.

तुम् S. u. तुमुन्.

तुमुन् kṛit तुम् III. 3. 10, 158, 167. - III. 4. 65, 66. - Am Anfange eines Compositums S. 256, 257. - Im Veda andre Affixe in derselben Bedeutung III. 4. 19 -23. - Affixe mit Infinitiv-Bedeutung stehen im 4ten Casus II. 3. 15.

तृ 1) âdeça तृ (über das ऋ s. u. उगित्) für den Finalen VI. 4. 127, 128. - 2) Die Affixe तृच् und तृन्, mit

Weglassung der stummen Finalen. - Im Veda wird इष्ठन् und ईयसुन् daran gefügt V. 3. 59. - Vor diesen Affixen wird ein lopa für तृ substituirt VI. 4. 154.

तृच् krit तृ III. 1. 133. - III. 3. 169. - Erhält das Augment इट् S. 190. - Unregelmässige Anfügung im Veda VII. 2. 34. - Anfügung des sarvanâmasthâna VI. 4. 11. - Damit wird nicht componirt II. 2. 15, 16. - Vgl. u. तृ 2).

तृतीय oder वर्गतृतीय (sc. वर्ण) Masc. Der 3te Consonant in einem वर्ग (s. d.): die Buchstaben ग् । ज् । ड् । द् und ब् S. 22, 297.

तृतीया (sc. विभक्ति) Fem. Die Endungen des 3ten Casus bei den östlichen Grammatikern. - Wenn der 3te Casus gesetzt wird II. 3. 3, 6, 18-23, 25, 27, 32, 33, 35, 44, 45, 72. - Dafür wird तसि substituirt V. 4. 46, 47. - Anfügung dieser und der folgenden Casusendungen II. 4. 32 (an इदं). - VII. 1. 74, 97. - Accent dieser Casusendungen VI. 1. 168. ff. - Am Anfange eines tatpurusha II. 1. 30-35. - Dafür wird kein लुक् im tatpurusha substituirt VI. 3. 3-6. - Accent im tatpurusha VI. 2. 2, 48, 153.

तृतीयासमास Masc. Ein tatpurusha, dessen 1tes Glied ein 3ter Casus ist I. 1. 30. - S. 249.

तृन् 1) krit तृ III. 2. 135. - Anfügung des sarvanâmasthâna VI. 4. 11. - Wird nicht mit dem 6ten Casus construirt II. 3. 69. - Accent im Compositum VI. 2. 161. - 2) praty. S. S. 98.

तैलच् tddh. तैल S. 211.

तोसुन् krit तोस् mit Infinitiv-Bedeutung im Veda III. 4. 13., in einer andern Bedeutung 16. - Ein auf तोसुन् ausgehendes Wort heisst avyaya I. 1. 40.

तौदादिक Adj. धातु, eine Wurzel, die zum gańa तुदादि- zur 6ten Klasse - gehört S. 319.

त्न tddh. त्न S. 186.

त्नप् tddh. त्न S. 228.

त्यक् tddh. त्य IV. 2. 98. - Bildung des Femin. S. 333.

त्यकन् tddh. त्यक V. 2. 34. - Bildung des Femin. S. 334.

त्यप् tddh. त्य IV. 2. 104, 105. - Anfügung S. 388. - Bildung des Femin. S. 333.

त्र 1) kṛit त्र, mit Weglassung der stummen Buchstaben. - Erhält kein Augment इट् VII. 2. 9. - 2) tddh. त्र IV. 2. 51. - 3) tddh. und vibh. त्र; s. u. त्रल्.

त्रन् uńâdi त्र. Anfügung an पिा VI. 4. 97.

त्रल् tddh. und vibh. त्र V. 3. 10, 14. - Anfügung an एतद् II. 4. 33., an ein Femin. VI. 3. 35. - Accent II. 4. 33.

त्रा tddh. त्रा V. 4. 55, 56.

त्रि S. u. क्त्रि.

त्र्यच् (त्रि + अच्) Adj. Dreisilbig VI. 2. 90.

त्र्यच्क = त्र्यच्.

त्व tddh. त्व V. 1. 119. ff., 136. - Anfügung S. 388., an ein Femin. VI. 3. 64. - S. 273.

त्वन् kṛit त्व im Veda कृत्यार्थे III. 4. 14.

थ

थ् Ein Substitut für ह् VIII. 2. 35., für स् VIII. 4. 61. - Für थ् wird ध् subtituirt VIII. 2. 40.

थ 1) Personalendung थ (2te Pl. parasm.), ein Substitut fur ल् III. 4. 78. - Dafür wird im लट् । लिट् ।

लुङ् । लृङ् und लोट् त substituirt 85, 101., im लिट् und लट् अ 82, 83. - 2) uṅâdi थ, mit Weglassung der stummen Buchstaben; vgl. u. क्थन्.

थकन् kṛit थक III. 1. 146.

थट् tddh. थ V. 2. 50. - Vgl. S. 213.

थन Personalendung थन, ein Substitut für त (2te Pl. parasm. im लोट्) im Veda VII. 1. 45.

थम् S. u. थमु.

थमु tddh. und vibh. थम् V. 3. 24, 25. - Anfügung an ein Femin. VI. 3. 35.

थल् Personalendung थ, ein Subtitut für सिप् (2te Sg. parasm.) im लिट् III. 4. 82., im लट् 83, 84. - Erhält das Augment इट् VII. 2. 66., kein इट् 61-64., वा इट् 65. - Anfügung VI. 4. 121-126. - Accent VI. 1 196.

थस् Personalendung थस् (2te Du. parasm.), ein Substitut für ल् III. 4. 78. - Im लङ् । लिङ् । लुङ् । लृङ् und लोट् wird तम् dafür substituirt 85, 101., im लिट् und लट् अथुस् 82-84.

था tddh. und vibh. था V. 3. 26.

थाल् 1) tddh. था im Veda इवार्थे V. 3. 111. - 2) tddh. und vibh. था V. 3. 23. - Anfügung an ein Femin. VI. 3. 35.

थास् Personalendung थास् (2te Sg. âtm.), ein Substitut für ल् III. 4. 78. - Davor wird ein लुक् für सिच् substituirt II. 4. 79. - In den Tempp., die mit einem stummen ट् versehen sind, wird से dafür substituirt III. 4. 80.

थुक् âgama थ् V. 2. 51. - VII. 4. 17.

थ्यन् tddh. थ्य V. 1. 8. - Anfügung an ein Femin. VI. 3. 35.

द

द् Ein Substitut für स् VIII. 2. 72-74., für ह् 72. - Dafür wird रु substituirt 75.

द्घ्नच् tddh. द्घ्न V. 2. 37, 38. - Hat im Femin. ङीप् IV. 1. 15.

दतृ âdeça दतृ (über das ऋ s. u. उगित्) für दन्त V. 4. 141-145 - S. 280.

दन्त Masc. Pl. दन्ताः Die Zähne. Damit werden folgende Buchstaben ausgesprochen: ऌ । त् । थ् । द् । ध् । न् । ल् und स् I. 1. 9.

दन्त्य Adj. वर्ण, ein Buchstabe, der mit den Zähnen ausgesprochen wird VII. 3. 73.

दन्तोष्ठ Neutr. Die Zähne und die Lippen. Das व् wird mit beiden zugleich ausgesprochen I. 1. 9.

दन्तोष्ठ्य oder दन्तौष्ठ्य Adj. वर्ण, das dentilabiale व् VII. 1. 102. - VII. 3. 73.

दा tddh. und vibh. दा V. 3. 15, 19-21. - Anfügung an ein Femin. VI. 3. 35.

दानीं tddh. und vibh. दानीं V. 3. 18, 19.

दिश् Wurzel. Mit अति (अतिदिशति), mit Etwas (im 2ten Casus) vergleichen oder gleichstellen, auf Etwas verweisen IV. 3. 80, 100, 156. - Hiervon das Nomen act. अतिदेश I 1. 57. - Mit अनु, Etwas später erwähnen oder setzen. Hiervon das Nomen act. अनुदेश I. 3. 10. - Mit निस्, ein Wort aufführen. Die Form, unter welcher ein Wort aufgeführt wird, steht im 3ten Casus. - Hiervon das Partic. pass. निर्दिष्ट (S. 304.) und das Nomen act. निर्देश VII. 1. 21. - Vgl. u. तन्त्र.

दीर्घ Adj. oder Masc. (sc. अच्) Ein von Natur langer Vocal (आ । ई । ऊ । ॠ । ए । ऐ । ओ und औ; vgl .S. 6.), der 2 mâtrâ's hält I. 2. 27. - Wenn in einer Regel die Substitution einer Länge gelehrt wird, und dabei nicht bemerkt wird, wofür dieselbe substituirt werden soll, dann muss अचः (im 6ten Cas. Sg.) im sûtra ergänzt werden 28. - Ein langer Vocal heisst guru I. 4. 12. - Wenn die Länge substituirt wird III. 1. 6. - VI. 1. 101. - VI. 3. 111-139. - VI. 4. 1-18, 58-61, 93. - VII. 2. 37-40. - VII. 3. 74-76, 101, 102. - VII. 4. 25, 26, 69, 70, 83, 94. - VIII. 2. 76-79. - Nach einer Länge findet keine Verdoppelung Statt VIII. 4. 52. - Das Substitut eines Vocals ist स्थानिवत्, wenn eine Länge substituirt werden soll I. 1. 58.

दुक् âgama दु VI. 3. 99, 100.

दूस tddh. दूस S. 177.

देशीयर् tddh. देशीय V. 3. 67, 68. - Anfügung an ein Femin. VI. 3. 35, 42.

देश्य tddh. देश्य V. 3. 67, 68.

दैवादिक Adj. धातु, eine Wurzel, die zum gaṅa दिवादि - zur 4ten Klasse - gehört VIII. 3. 65.

द्य tddh. द्य S. 220.

द्यस् tddh. द्यस् S. 220.

द्युस् tddh. द्युस् S. 220.

द्वन्द्व (sc. समास) Masc. Ein Compositum, dessen Glieder durch und verbunden gedacht werden II. 2. 29. - Anordnung der Glieder 32-34. - Das Geschlecht richtet sich nach dem letzten Gliede II. 4. 26., nach dem 1ten 27, 28. - Masc. 29. - Neutr. und Sg. II. 4.

2-13, 16 (vgl. 14, 15.), 17. - Der Du. für den Pl. I. 2. 63. - Veränderungen des 1ten Gliedes VI. 3. 25-33. - Für den gotrapratyaya wird ein लुक् substituirt II. 4. 68, 69. - Declination der सर्वादीनि I. 1. 31, 32. - Accent VI. 2. 34-37, 141, 142. - In beiden Gliedern wird vṛiddhi substituirt VII. 3. 21 (vgl. 22, 23.). - Es folgt छ IV. 2. 6., वुन् IV. 3. 125., वुञ् V. 1. 133., इनि (मत्वर्थे) V. 2. 128., smsnta अच् V. 4. 77., टच् 106.

द्वयसच् tddh. द्वयस V. 2. 37, 38. - Hat im Femin. ङीप् IV. 1. 15.

द्रव्य Neutr. Stoff, Materie, ein Nomen concretum II. 4. 6.

द्वि S. u. द्वित्व.

द्विगु (wofür man zwei Ochsen bezahlt hat, u. s. w.; vgl. V. 4. 92. und u. कृत्) Masc. (sc. समास) Ein tatpurusha, dessen 1tes Glied ein Zahlwort ist, welches mit dem andern Gliede in gleichem Casusverhältniss steht II. 1. 23, 52. Die Composition findet Statt, wenn die beiden Glieder eine संज्ञा bilden 51.; wenn die Vielheit als Einheit gedacht wird (in diesem Falle steht das Compositum im Sg. II. 4. 1.; ist ein Neutr. 17. oder ein Femin. S. 100.); wenn die beiden Glieder das 1te Glied eines neuen Compositums werden; oder viertens, wenn ein tddh. folgt; sei es, dass das Affix wirklich angefügt, oder dass ein लुक् dafür substituirt wird 50. - Bildung des Femin. IV. 1. 21-24. - Es folgt अण् V. 1. 36., ईकन् 33., ख 32, 54, 55, 86-88., ठन् 84., पयत् 83, 84., यत् 34-36., यप् 82, 83., ष्ठन् 54, 55., smsnta अच् V. 4. 77., टच् 99, 101, 102. - Für den tddh. wird ein लुक् substituirt IV.

1. 88. - V. 1. 28-31, 55, 88, 89. - S. 179, 211. - Accent VI. 2. 29-31, 122., am Ende eines Compositums 12, 97.

द्वितीय oder वर्गद्वितीय (sc. वर्ण) Masc. Der 2te Consonant in einem वर्ग (s. d.): die Buchstaben ख् । छ् । ठ् । थ् und फ् S. 22, 397.

द्वितीया (sc. विभक्ति) Fem. Die Endungen des 2ten Casus bei den östlichen Grammatikern. - Anfügung II. 4. 34. - VII. 2. 87. - VIII. 1. 20, 21, 23. - Wenn der 2te Casus gebraucht wird II. 3. 2-5, 8, 12, 17, 22, 31, 32, 35, 59, 60. - Am Anfange eines tatpurusha II. 1. 24, 26, 28, 29., Accent VI. 2. 2, 47. - Am Ende eines tatpurusha II. 2. 4.

द्वित्व oder द्विर्वचन Neutr. Die Verdoppelung oder Wiederholung eines Consonanten (I. 1. 58. - VIII. 4. 46-52.), einer Silbe in einer Wurzel (I. 1. 59. - VI. 1. 1-12.) oder eines fertigen Wortes (VIII. 1. 1-15.). Vgl. u. अभ्यस्त und u. अभ्यास.

द्विवचन Neutr. Die Casus- und Personalendungen des Duals I. 4. 102, 103. - Wird gebraucht, wenn von Zweien die Rede ist 22. - Steht für den Pl. I. 2. 63. - Anfügung VII. 1. 77. - VII. 2. 92. - Heisst pragṛihya I. 1. 11.

द्व्यच् (द्वि + अच्) Adj. Zweisilbig IV. 1. 170. - IV. 3. 72.

ध

ध् Wird für ह् substituirt VIII. 2. 34., für त् oder थ् 40. - Dafür wird ढ् substituirt VIII. 3. 78, 79.

धमुञ् tddh. धम्, ein Substitut für धा V. 3. 45.

धा 1) Wurzel. Mit वि (विदधाति), Etwas setzen oder aussagen. Das, was gesetzt wird, der eigentliche Kern oder das Subject einer Regel, steht im 2ten Casus. Hiervon das Partic. pass. विहित (IV. 2. 14. u. s. w.) und das Nomen act. विधान (VI. 4. 93.) oder विधि 1. 1. 56-58, 72. - II. 1. 1. u. s. w. - 2) tddh. धा V. 3. 42-46. - V. 4. 20. - Dafür wird ध्यमुञ् substituirt V. 3. 44., धमुञ् 45., एधाच् 46. - Anfügung S. 280. - Auf धा und andre Affixe mit derselben Bedeutung folgt ein auf क्त्वा und णमुल् ausgehendes Wort III. 4. 62.

धातु Masc. Die nackte Wurzel I. 3. 1. - Die Wurzeln werden in Dhâtu-Pâṭha aufgeführt; einige andre kommen nur in einem grammatischen sûtra vor, und heissen daher sautra. Ausserdem heissen die auf सन् । क्यच् । काम्यच् । क्यङ् । क्यष् । णिङ् । णिच् । यङ् (य des Intensivs) । यक् (wird an die कण्ड्वादयः gefügt) । आय । ईयङ् und क्विप् (wenn es Denominativa bildet) ausgehenden Themata auch dhâtu III. 1. 32. - S. 113. - Alle Affixe von III. 1. 91. bis an's Ende des 3ten Buchs kommen einer Wurzel zu. - Für den सुप् einer Wurzel wird ein लुक् substituirt II. 4. 71. - Accent VI. 1. 162.

धि Personalendung धि, ein Substitut für हि V. 4. 101-103.

धुट् âgama ध् VIII. 3. 29, 30.

धुना tddh. und vibh. धुना S. 220.

धेय tddh. धेय S. 228.

ध्यमुञ् tddh. ध्यम्, ein Substitut für धा V. 3. 44.

ध्यै kṛit ध्यै im Veda VI. 3. 113.

ध्व् Anfügung einer mit ध्व् anfangenden Personalendung VIII. 2. 37, 38.

ध्व S. u. ध्वम् und u. ध्वे.

ध्वम् Personalendung ध्वम् (2te Pl. âtm.), ein Substitut für ल् III. 4. 78. - Erhält im Veda das Augment इट् VII. 2. 78. - Für ध्वम् wird im Veda ध्वात् substituirt VII. 1. 42. - Vgl. 43. - Für ध्वम् im लोट् wird स्व substituirt III. 4. 2-5.

ध्वात् Personalendung ध्वात्, ein Substitut für ध्वम् im Veda VII. 1. 42.

ध्वे Personalendung ध्वे; vgl. III. 4. 79. - Erhält im Veda das Augment इट् VII. 2. 78.

न

न् Wird für म् substituirt VIII. 2. 64, 65. - Erhält das Augment तुक् vor श् VIII. 3. 31. - Ein drauffolgendes स् erhält das Augment धुट् 30., ein drauffolgender Vocal das Augment नुट् 32. - Die penultima न् einer Wurzel fällt aus VI. 4. 24-29 (vgl. 30, 31.), 32, 33. - Für न् wird रु substituirt VIII. 2. 68. - VIII. 3. 7-12., र् VIII. 2. 69., der anusvâra VIII. 3. 24., ण् VIII. 4. 1-39.

न 1) uṇâdi न VI. 4. 19. - 2) taddh. न V. 2. 100, 114. - S. 228.

नङ् kṛit न III. 3. 90.

नजिङ् kṛit नज् III. 2. 172.

नञ् 1) Die Negation न. Wird mit einem सुप् componirt II. 2. 6. - Ein क्त ohne नञ् wird mit einem क्त mit नञ्

componirt II. 1. 60. - Behandlung von न am Anfange eines Compositums VI. 3. 73-77. - Unregelmässige vṛiddhi in einem solchen Compositum VII. 3. 30, 31. - Accent im Compositum VI. 2. 116, 155-161, 172-174. - 2) taddh. न IV. 1. 87. - Hat im Femin. ङीप् S. 160, 161.

नदी (nach einem Beispiele ist die ganze Klasse benannt worden; vgl. u. कृत्) Fem. Die Themata auf ई und ऊ (diejenigen ausgenommen, für deren Endvocal vor einem vocalisch anfangenden Affixe इय् oder उव् substituirt wird), wenn das Wort schon an und für sich, ohne Hinzufügung eines andern Wortes, ein Femin. ist. Diejenigen Themata (स्त्री ausgenommen, welches immer nadî heisst), für deren Endvocal इय् oder उव् substituirt wird, können indess vor आम् (6ter Cas. Pl.) und vor den mit einem stummen ङ् bezeichneten Casusendungen auch nadi benannt werden. Vor den zuletzt genannten Casusendungen können die Feminina auf इ und उ ebenfalls nadi heissen. I. 4. 3-6. - Anfügung an शतृ (hier ist nadi = ङीप्) VII. 1. 80, 81. - Für den Endvocal wird eine Kürze substituirt VI. 3. 44, 45. - Accent VI. 1. 173, 174. - VI. 2. 109 (im Compositum). - Anfügung der sambuddhi VII. 3. 107., eines ङित् सुप् 112. - Für ङि (7ter Cas. Sg.) wird आम् substituirt 116, 117. - आम् (6ter Cas. Pl.) erhält das Augment नुट् VII. 1. 54. - Im bahuvrîhi wird कप् angefügt V. 4. 153 (vgl. 156, 159, 160.).

नन् kṛit न III. 3. 91.

नपुंसक Neutr. 1) Ein Neutrum. Der dvigu II. 4. 1., der dvandva 2-16., der avyayîbhâva 18., der tatpurusha 19-25., der ekaçesha I. 1. 43. - Das Neutr. wird als Masc. behandelt VII. 1. 74. - S. 314 (im Veda). - सुट् heisst beim Neutr. nicht sarvanâmasthâna I. 1. 43. - Declination VII. 1. 19 (शी für औङ्), 20 (शि für जस् und शस्), 23 (लुक् für सु und अम्), 24 (अम् für सु und अम्), 25 (अद्ड् für सु und अम्; vgl. 26.), 72, 73 (erhält das Augment नुम्; vgl. 74.), 79 (Anfügung des sarvanâmasthâna an शतृ). - 2) Das sächliche Geschlecht.

नर् Masc. Die grammatische Person. - Verwechselung derselben im Veda S. 125. - Vgl. u. पुरुष.

ना 1) Casusendung ना, ein Substitut für आङ् VII. 3. 120. - 2) tddh. ना. a) V. 2. 27. - b) Dasselbe Affix und tddh. नाञ्, nach Abwerfung des finalen इत्. Es folgt ein auf क्त्वा oder णमुल् ausgehendes Wort III. 4. 62.

नाञ् tddh. ना V. 2. 27.

नाटच् tddh. नाट V. 2. 31.

नाद Masc. Ein बाह्यप्रयत्न I. 1. 9.

नादवत् Adj. वर्ण, ein Buchstabe, der mit नाद ausgesprochen wird VIII. 4. 62. - S. 22.

नाम् Die Endung आम् des 6ten Cas. Pl. mit dem Augment नुट् VII. 1. 54-57. - Anfügung VI. 4, 3-7. - Für न् wird ण् substituirt VIII. 4. 42. - Accent VI. 1. 177, 178.

नामधातु Masc. Ein dhâtu, der von einem Nomen abgeleitet ist; das Thema eines Denominativs VI. 1. 65.

नासिका Fem. Die Nase. Durch die Nase werden folgende Buchstaben ausgesprochen: ञ् । म् । ङ् । ण् । न् ।

der *anusvâra* und die Zwillinge (s. u. यम) I. 1. 9. - Vgl. S. 11.

नि 1) Personalendung नि, ein Substitut für मिप् im लोट् III. 4. 89. - 2) *kṛit* नि S. 147.

निक् *âgama* नि am Ende der Reduplicationssilbe VII. 4. 65.

निघात S. u. हन्.

निङ् *âdeça* नि für den letzten Buchstaben V. 4. 134.

नित् (न् + इत्) Adj. न् zum stummen Buchstaben habend. Ein Thema, welches न् zum stummen Buchstaben hat, oder welches mit einem नित्-Affix gebildet ist, hat den Acut auf der 1ten Silbe VI. 1. 197. - Accent eines नित् *kṛit* am Ende eines Compositums VI. 2. 50.

नित्य S. u. प्रत्यय und u. समास.

निपात Masc. 1) Die Stellung der Wörter. पूर्वनिपात (I. 2. 44.) ist das Voranstehen eines Wortes im Compositum, परनिपात (VIII. 4. 4.) das Hinterherstehen desselben. - Vgl. u. पत्. - 2) Die mit च anfangenden Partikeln (vgl. den *Gańa*-P. u. च), die Präpositionen (vgl. den *Gańa*-P. u. प्र), die *gati*'s und die *karmapravaḱanîya*'s I. 4. 57-98. - Heisst *avyaya* I. 1. 37., *pragṛihya* 14, 15, 17, 18. - Im *Veda* wird eine Länge für den Finalen substituirt VI. 3. 136. - Einfluss auf den Accent eines तिङ् VIII. 1. 30.

निपातन und निपातित S. u. पत्.

नियम Masc. Die Beschränkung VII. 1. 67. - VII. 2. 19. u. s. w. Man sagt von einer speciellen Regel, welche beim ersten Anblick ganz unnutz erscheint, indem der specielle Fall schon in einer allgemeinen Regel enthalten ist, dass sie नियमार्थं gegeben werde, wenn sie in einem bestimmten Falle nur unter gewissen Umständen Geltung hat. Manche Undeutlichkeit einer solchen Regel würde gehoben sein, wenn Pâńini häufiger das Wörtchen एव dem Worte, auf welchem der Nachdruck liegt, beigefügt hätte.

निरनुनासिक (= अननुनासिक) Adj. वर्ण, ein Buchstabe, der nicht nasal ist. - Vgl. u. अनुनासिक.

निरास Masc. Das Ausschliessen (eines Elements aus einer Regel) VI. 2. 80.

निरुक्त Neutr. Die Analyse eines abgeleiteten oder eines zusammengesetzten Wortes (vgl. Wilson u. d. W.) S. 281.

निर्दिष्ट und निर्देश S. u. दिश्.

निर्धारण Neutr. Das Absondern eines Theils von einem Ganzen. Das, wovon etwas abgesondert wird, steht im 6ten oder 7ten Casus II. 3. 41. - Vgl. 42. - II. 2. 10. - V. 3. 92.

निवृत्ति S. u. वृत्.

निषेध S. u. सिध्.

निष्ठा Fem. Die Affixe क्त und क्तवतु I. 1. 26. - In der Vergangenheit III. 2. 102. - Ist nicht कित् I. 2. 19, 20, 22., वा कित् 21. - Erhält das Augment इट् VII. 2. 33, 34, 47, 52-54., वा इट् 17, 27-30, 50, 51., kein इट् 14-16, 18-26, 31, 32, 34. - Anfügung VI. 1. 22-28. - VI. 4. 52, 60, 61, 95. - VII. 2. 31-33. - Für त् wird न् (für dieses wieder ण् S. 394.) substituirt VIII. 2. 42-50, 56, 60. (vgl. 57-59, 61.), क् 51., व् 52., म् 53, 54., ल् 55., ein lopa 55. - Wird nicht mit dem 6ten Casus construirt II. 3. 69. (vgl. 67, 68.) - Accent VI. 1. 205-210. - Stellung im bahuvrîhi II. 2. 36, 37. - Accent im bahuvrîhi VI. 2. 110, 169. - Vgl. u. क्त und u. क्तवतु.

निहत S. u. हन्.

नीक् âgama नी am Ende einer Reduplicationssilbe VII. 4. 65, 84.

नीच Adj. स्वर, der niedrige Accent, der Gravis S. 317. ॥ ९ ॥ Vgl. I. 2. 30.

नुक् âgama न् IV. 1. 32. - VII. 3. 39. - VII. 4. 85-87. - S. 163, 333.

नुट् âgama न् VI. 1. 176. - VI. 3. 74. - VII. 1. 54-57. - VII. 4. 71, 72. - VIII. 2. 16, 17. - VIII. 3. 32.

नुम् âgama न् VII. 1. 58-73, 78-83. - Das Dazwischentreten von नुम् verhindert nicht die Substitution von ष् für स् und von ण् für न् VIII. 3. 58. - VIII. 4. 2. - Für न् wird ण् substituirt 11-13.

प

पक्ष Masc. Der Fall. चत्वारो ऽत्र पक्षाः संभवन्ति „es sind hierbei 4 Fälle möglich“ S. 309. - Gewöhnlich kommt der 7te Cas. Sg. vor. - Vgl. u. पाक्षिक.

पञ्चम oder वर्गपञ्चम (sc. वर्ण) Masc. Der 5te Consonant in einem वर्ग: die Nasale ङ् । ञ् । ण् । न् und म्.

पञ्चमी (sc. विभक्ति). Fem. Die Endungen des 5ten Casus bei den östlichen Grammatikern. Wenn der 5te Casus gebraucht wird II. 3. 7, 10, 11, 24, 25, 28, 29, 32-35, 42. - Dafür wird तसिल् substituirt V. 3. 7., तसि V. 4. 44, 45. - Am Ende eines avyayîbhâva II. 1. 12, 13. - Am Anfange eines tatpurusha

37-39. - Im tatpurusha wird kein लुक् dafür substituirt VI. 3. 2.

पटच् tddh. पट S. 211.

पत् Wurzel. Mit नि (निपतति), stehen, zu stehen kommen, poni, collocari in quo loco S. 89. - Vgl. u. निपात 1). - Causs. निपातयति, eine Form (im 2ten Casus) fertig hinstellen oder geben. Da in einem sûtra immer nur die unregelmässigen Formen fertig gegeben werden, so heisst निपातयति soviel, als: eine unregelmässige Form fertig geben II. 1. 72. - Hiervon das Partic. pass. निपातित S. 131. und das Nomen act. निपातन II. 3. 56.

पद् Neutr. Ein auf einen सुप् (gleichviel, ob dieser wirklich angefügt, oder ob ein lopa oder ein लुक् dafür substituirt wird) oder einen तिङ् ausgehendes Wort I. 4. 14. - Ein Thema heisst vor den mit Consonanten (य् ausgenommen) anfangenden Casusendungen (aber nicht vor dem sarvanâmasthâna) und tddh. auch pada; pada heisst ferner ein Thema vor vocalisch und mit य् anfangenden tddh., wenn sie सित् sind, und ein auf न् ausgehendes Thema vor क्य. Ein auf त् und स् ausgehendes Thema heisst jedoch vor einem tddh., welcher die Bedeutung von मतुप् hat, nicht pada (im Veda kann es auch pada heissen) 15-20. - Vom pada wird VIII. 1. 16. ff. gehandelt. - Ein pada ist anudâtta bis auf eine Silbe VI. 1. 158. - पूर्वपद् (VI. 2. 1. - S. 272.) heisst das 1te Glied in einem zweitheiligen Compositum, उत्तरपद् (V. 4. 7. - VI. 2. 12. - VII. 3. 10. ff. - S. 272.) das letzte, मध्यमपद् (Apparatus cr. ad Urvasiam p. 8.) das verbindende Mittelglied in einem dreitheiligen Compositum, welches häufig ausgelassen wird.

पररूप Neutr. Die letztere Form, das letztere Element. Für 2 neben einander stehende Elemente wird das letztere Element allein substituirt VI. 1. 94-100.

परविप्रतिषेध S. u. विप्र.

परसवर्ण Adj. वर्ण, ein Buchstabe, der mit dem folgenden Buchstaben homogen (सवर्ण) ist VIII. 4. 58.

परस्मैपद (die auf einen Andern wirkende Form; vgl. Lassen. Ind. Bibl. III. S. 79. Bopp. kl. Gr. § 267.) Neutr. (wird im Sg. und im Pl. gebraucht) Die 9 ersten (s. III. 4. 79.) Personalendungen nebst ihren Substituten. Die für Personalendungen substituirten Participial-Affixe, आन ausgenommen, heissen auch parasm. I. 4. 99, 100. - Wenn es gebraucht wird I. 3. 78-88, 90-93.

परस्मैपदिन् Adj. धातु, eine Wurzel, die nur im parasm. gebraucht wird S. 56, 125.

परस्मैभाष Adj. = परस्मैपदिन् S. 270.

परिग्रह Masc. Nomen act. von परि + ग्रह्, mit einschliessen. वचनग्रहणं पर्यायपरिग्रहार्थं (III. 2. 112.) Der Grammatiker gebraucht das Wort वचन, um die Synonyme mit einzuschliessen.

परोक्ष Adj. Abwesend, was in Jemandes Abwesenheit geschieht. भूते ऽनद्यतने परोक्षे wird लिट् gebraucht III. 2. 115., लङ् und लिट् 116, 117., लट् 118.

पर्याय Masc. 1) Die Reihe, die Ordnung. पर्यायेण der Reihe nach VII. 3. 31. - 2) Ein Wort, welches in einem synonymisch geordneten Wörterbuche in derselben Reihe mit andern gleichbedeutenden Wörtern steht; ein Synonym. So पतिपर्याय (II. 2. 16.) ein Synonym von पति, मद्रभद्रौ पर्यायौ (II. 3. 73.) मद्र und भद्र sind Synonyme." Vgl. noch III. 2. 112. (wo der Ausdruck auch von Wurzeln gebraucht wird.) VII. 3. 18. und u. पर्यायवचन.

पर्यायवचन (sc. शब्द) Masc. Ein Synonym S. 32. - Vgl. u. पर्याय.

पर्युदास Masc. Nomen act. Das Verbieten II. 4. 6. - III. 4. 74. - VIII. 3. 6, 73. - S. 37, 386.

पवर्ग S. u. वर्ग.

पाक्षिक (Fem. °की) Adj. Was ein Mal Statt findet, das andre Mal nicht III. 3. 79. - S. 333. - Vgl. u. पक्ष.

पाश S. u. पाशप्.

पाशप् tddh. पाश V. 3. 47. - Anfügung VI. 3. 35. (an ein Femin.) - VIII. 3. 38, 39.

पिज्ञ tddh. पिज्ञ S. 117. - Ist im Veda ङित् ebend.

पिटच् tddh. पिट V. 2. 33.

पित् (प् + इत्) Adj. प्रत्यय, ein Affix, welches प् zum stummen Buchstaben hat. Die 3te Person im लोट् ist पित्, obgleich sie kein stummes प् enthält III. 4. 92. - हि, ein Substitut für सिप् im लोट्, ist nicht पित् 87., im Veda nach Belieben 88. - Ein पित् ist anudâtta III. 1. 4. - a) sârvadh. Ist nicht ङित् I. 2. 4. - Davor wird vṛiddhi substituirt VII. 3. 89, 90., guṅa 91., kein guṅa 87., erhält तृणह् (तृह् + श्नम्) das Augment इम् 92. - Erhält das Augment ईट् 93, 94, 98., अट् 99, 100. - Accent VI. 1. 192. - b) krit. Davor erhält eine Wurzel das Augment तुक् VI. 1. 71. - Vgl. noch S. 32, 33.

पु Die 5 Labialen प्, फ्, ब्, भ् und म् I. 1. 69.

पुंवत् Adv. Wie das Masculinum. Für die Feminin-Form wird die Masculin-Form substituirt I. 2. 66. - VI. 3. 34-42. - Ein Neutr. wird wie ein Masc. declinirt VII. 1. 74.

पुंस् Masc. 1) Ein Masculinum I. 2. 67. - 2) Das männliche Geschlecht II. 4. 29.

पुक् âgama प् am Ende einer Wurzel vor णि VII. 3. 36. - Für den vorhergehenden Vocal इक् wird guṅa substituirt VII. 3. 86.

पुत्रट् Ein Substitut für दुहितृ S. 278. - Ueber das stumme ट् s. u. टित्.

पुम् âgama प् VII. 4. 19.

पुरुष Masc. Die grammatische Person oder vielmehr die Personalendungen. Die Indischen Grammatiker beginnen die Zählung mit unsrer 3ten Person. Die Endungen dieser Person heissen bei ihnen demnach प्रथमपुरुष oder bloss प्रथम, die der 2ten मध्यमपुरुष oder मध्यम und die der 1ten उत्तमपुरुष oder उत्तम. I. 4. 101. - Vgl. u. नर्.

पूरण (Fem. °णी) Adj. Ein Nomen ordinale (der 2te macht die Zahl 2 voll, u. s. w.), प्रथम ausgenommen (vgl. VI. 2. 162.). - पूरणः ist das Masc. eines Nomen ord., पूरणी das Fem. und पूरणं das Neutr. desselben. Wie es gebildet wird V. 2. 48-58. - Ein 6ter Casus wird damit nicht componirt II. 2. 11. - Daran wird कन् gefügt, und für den पूरणप्रत्यय nach Belieben ein लुक् substituirt V. 2. 77. - इनि wird angefügt 130., अन् V. 3. 48-51., ञ 50, 51., कन् 51. - Für अन् oder ञ kann ein लुक् substituirt werden 51. - Am Ende eines Compositums nach einem 3ten Casus VI. 3. 6. - An das Femin. wird am Ende eines Comp. samâsânta

अप् gefügt V. 4. 116. – Für die Feminin-Form am Anfange eines Compositums und vor einigen Affixen wird nicht die Masculin-Form substituirt VI. 3. 38. (Ausnahme 42.) – Wenn das Femin. am Ende eines Compositums steht, wird für das vorhergehende Femin. nicht die Masculin-Form substituirt 34. – Accent am Ende eines bahuvrihi VI. 2. 162.

पूरणप्रत्यय Masc. Ein tddh., mit dem Nomina ordinalia gebildet werden S. 17.

पूर्वपद S. u. पद.

पूर्वरूप Neutr. Die erstere Form, das erstere Element. Für 2 neben einander stehende Elemente wird das erstere Element allein substituirt VI. 1. 107-110.

पूर्वविप्रतिषिद्ध und पूर्वविप्रतिषेध S. u. सिध्.

पूर्वसवर्ण Adj. वर्ण, ein Buchstabe, der mit dem vorhergehenden Buchstaben homogen ist VI. 1. 102. ff. – VII. 1. 39. – VIII. 4. 61.

पृथग्योगकरण Neutr. Das Zusammengehörige trennen VIII. 1. 40. – Vgl. u. योगविभाग.

पेत्र tddh. पेत्र S. 177.

प्रकृति Fem. 1) Die Form, von welcher eine andre Form abgeleitet wird, in Beziehung auf diese abgeleitete Form I. 2. 56. – 2) Der ursprüngliche Zustand eines Dinges. Der 3te Casus प्रकृत्या wird in Verbindung mit भू oder अस् oder mit Ergänzung dieser Wurzeln adverbialisch gebraucht, und bedeutet: in seiner ursprünglichen Gestalt oder Form verharren, unverändert bleiben. VI. 1. 115-128. – VI. 2. 1-63, 137-142. – VI. 3. 75, 83. – VI. 4. 163.

प्रक्रम Masc. S. 393. = क्रमपाठ.

प्रगृह्य Adj. (nach Wilson Masc. Neutr.) Welche Vocale so heissen I. 1. 11-19. - Die pragṛihya's bleiben unverändert vor einem folgenden Vocale VI. 1. 125. - In der Pause darf kein nasaler Vocal für den pragṛihya substituirt werden VIII. 4. 57.

प्रतिपदं Adv. Wort für Wort. प्रतिपदोक्तसमास (VI. 2. 26.) ist ein Compositum, welches nicht nach einer allgemeinen Regel gebildet wird; sondern nach einer solchen, wo die Glieder namhaft aufgeführt werden. Vgl. S. 86.

प्रतिषेध S. u. सिध्.

प्रत्यय (Siddh. K. Bl. 2. a. प्रतीयते विधीयते इति प्रत्ययः) Masc. Ein Affix. - Ein Affix, welches aus einem einzigen Buchstaben besteht, heisst apṛikta I. 2. 41. - Welche Affixe नित्य (nothwendig) sind S. 227. - Ein Affix (अङ्गच् ausgenommen) wird immer hinten angefügt III. 1. 2., hat den Acut auf der ersten Silbe (ein सुप् und ein पित् ist jedoch anudâtta 4.) 3. - Von den Affixen wird von III. 1. 1. bis an's Ende des 5ten Buchs gehandelt. - Ein Affix verschwindet durch die Substitution von लुक् । लुप् oder श्लु I. 1. 61. - Verschwindet das Affix (ganz oder theilweise) durch die Substitution eines lopa, so behält das primitive Affix seine vollständige Kraft; verschwindet aber dasselbe durch die Substitution von लुक् । लुप् oder श्लु, so verliert es jeglichen Einfluss auf das anga. 62, 63. - Affixe, die an eine bestimmte Zeit gebunden sind, können, in Verbindung mit einem Verbum finitum, auch in einer andern Zeit gebraucht werden III. 4. 1. - Anfügung VII. 4. 27, 50-52.

प्रत्याहार Masc. Die Zusammenziehung mehrer Elemente in eine Form. Ueber die Bildung von pratyâhâra's s. S. 33-35.

प्रत्युदाहरण S. u. ह्.

प्रथम (sc. पुरुष) oder प्रथमपुरुष Masc. Die Endungen der 1ten Person; nach unsrer Zählung, der 3ten I. 4. 101. - Wenn sie gebraucht werden 108. - Im लुट् wird für dieselben डा । रौ und रस् substituirt II. 4. 85.

प्रथम oder वर्गप्रथम (sc. वर्ण) Masc. Der 1te Consonant in einem वर्ग (s. d.): die Buchstaben क् । च् । ट् । त् und प्.

प्रथमा (sc. विभक्ति) Fem. Die Endungen des 1ten Casus bei den östlichen Grammatikern VII. 2. 88. - Wenn sie gebraucht werden II. 3. 46, 47. - Der Dual प्रथमे bezeichnet die Endungen des 1ten und 2ten Casus VI. 1. 102. ff. - VII. 1. 28.

प्रधान Neutr. Das Hauptglied in einem Compositum, in Beziehung auf das Nebenglied (उपसर्जन), durch welches das Hauptglied näher bestimmt wird I. 2. 56.

प्रपञ्च Masc. Die Wiederholung einer unbestimmten Regel in einer bestimmtern Form II. 1. 33, 58. - II. 3. 73. - II. 4. 28. - III. 2. 177. - IV. 3. 36. - V. 3. 98. - VI. 3. 15, 31.

प्रमाण Neutr. Die Quantität in der Prosodie I. 1. 50.

प्रयत्न Masc. Die Art und Weise der Aussprache eines Lautes. आभ्यन्तरप्रयत्न heisst die Aussprache beim Beginne, बाह्यप्रयत्न beim Schlusse. Ueber die verschiedenen Arten der beiden प्रयत्नाः s. I. 1. 9. Colebrooke (Gr. S. 8.) übersetzt स्पृष्ट durch „contact of the tongue with the appropriate organ of speech“, ईषत्स्पृष्ट durch „slight contact“, विवृत durch „approach of the tongue towards the organ of speech, but without contact", अल्पप्राण durch „slight aspiration", महाप्राण durch „strong aspiration", विवार u. s. w. durch „expansion of the throat, acute articulation, etc.", संवार u. s. w. durch „contraction of the throat, obtuse articulation, etc." Am Ende eines Wortes ist das य् und व् लघुप्रयत्नतर, d. h. kaum hörbar VIII. 3. 18.

प्रसक्त und प्रसङ्ग S. u. सक्त्.

प्रसारणिन् Adj. धातु, eine Wurzel, für deren Halbvocal vor gewissen Affixen ein samprasàrańa substituirt wird S. 133, 317.

प्रसार्य Adj. Wofür ein samprasàrańa substituirt werden muss S. 240.

प्रातिपदिक Neutr. Ein bedeutsames Wort (mit Ausnahme einer Wurzel), wenn es auf kein andres Affix, als auf einen kṛit oder einen tddh. ausgeht I. 2. 45, 46. - Für den Finalen wird im Neutr. eine Kürze substituirt 47. - Daran werden Casusendungen, Feminin-Affixe und tddh. gefugt IV. 1. 1. - Für das finale न् wird ein lopa substituirt VIII. 2. 7., ण् VIII. 4. 11-13. - Für einen सुप् im prâtipadika wird ein लुक् substituirt II. 4. 71. - प्रातिपदिकार्थे steht der 1te Casus II. 3. 46.

प्राधान्य Neutr. Der Vorrang, die Oberhand. Man sagt vom letzten Gliede eines Compositums, dass es प्राधान्ये stehe, wenn es noch immer seine ursprüngliche volle Geltung hat, wenn es noch immer sich selbst und nicht, wie es im bahuvrîhi zu geschehen pflegt, etwas Andres bezeichnet, das mit ihm in irgend einer Beziehung steht. VII. 1. 21, 55. - Vgl. u. गौण.

प्राप्त S. u. आप् und u. विभाषा.

प्राप्ति Fem. Nomen act. von प्र + आप् VIII. 2. 108. - VIII. 3. 61. - S. u. आप्.

प्लुत Adj. (nach Wilson Masc. Neutr.) oder Masc. (sc. अच्) Ein gedehnter Vocal, ein Vocal mit 3 mâtrâ's (daher schreibt man आ३; अ३ ist vielleicht auch richtig) I. 2. 27. - ऐ und औ halten 4 mâtrâ's, wenn sie pluta sind, indem der letzte Bestandtheil (इ und उ) der Diphthonge schon 3 mâtrâ's hält VIII. 2. 106. - Wenn ein Vocal pluta ist 82 - 105. - Die Diphthonge werden in आ३इ und आ३उ aufgelöst 107. - Ein pluta bleibt unverändert vor einem folgenden Vocale VI. 1. 125. - Für das इ und उ der aufgelösten Formen आ३इ und आ३उ wird य् und व् vor einem Vocale substituirt VIII. 2. 108. - Ein pluta wird so behandelt, als wenn er nicht pluta wäre VI. 1. 129, 130.

प्लुति Fem. Nomen act. Das Gedehntsein eines Vocals VIII. 2. 84. - S. 372, 373.

फ

फ् Für फ् am Anfange von tddh. wird आयन् substituirt VII. 1. 2.

फक् tddh. आयन IV. 1. 99-103. - IV. 2. 80. - Anfügung VI. 4. 174. - Es wird ein लुक् dafür substituirt IV. 1. 91.

फञ् tddh. आयन IV. 1. 110, 111.

फि S. u. फिञ्.

फिञ् tddh. आयनि IV. 1. 150, 154-159. - IV. 2. 80.- Anfügung VI. 4. 174. - Es wird ein लुक् dafür substituirt II. 4. 68. - IV. 1. 91. - इ oder ठक् wird daran gefügt 149.

फिन् tddh. आयनि IV. 1. 160.

व

ब tddh. ब V. 2. 138.

बश् praty. Die Consonanten ब्, ग्, ड् und द्. Dafür wird भष् substituirt VIII. 2. 37, 38.

बहुच् tddh. बहु. Wird vorn angefügt V. 3. 68.

बहुवचन Neutr. Die Casus- und Personalendungen des Plurals I. 4. 102, 103 - Wird gebraucht, wenn von mehr als Zweien die Rede ist 21. - Steht fur den Sg. I. 2. 58, 59., für den Du. 59, 60. - Der Du. für den Pl. 63.

बहुव्रीहि (einer, der viel Korn besitzt, vgl. u. तत्पुरुष) Masc. (sc. समास) Ein Compositum, das zur nähern Bestimmung eines ausserhalb des Compositums gelegenen Wortes dient II. 2. 24 (vgl. 23.). - Vgl noch 25-28. - Anordnung der Glieder 35-37. - Behandlung von सह im 1ten Gliede VI. 3. 82, 83. - Declination der सर्वादीनि I. 1. 28, 29. - Bildung des Femin. IV. 1. 12, 13, 25-29, 52. ff. - Es wird smsnta उच् angefügt V. 4. 73., अच् 77, 118-121., षच् 113, 114., प 115., असिच् 122, 123., अनिच् 124-126., इच् 127, 128., कप् 151-154 (vgl. 155-160.). , kein smsnta 121. - Das letzte Glied wird verändert 129-150. -

Accent VI. 2. 1, 106-120, 138-140, 162-177, 197-199. - Einige Verdoppelungen sind बहुव्रीहिवत् VIII. 1. 9, 10.

बह्वच् (बहु + अच्) Adj. Ueberzweisilbig II. 4. 66. - IV. 1. 56.

भ

भ् Ein Substitut für ह् S. 364.

भ 1) Neutr. Das Thema vor den mit Vocalen oder mit य् anfangenden Casusendungen (das sarvanâmasthâna ausgenommen), Feminin-Affixen und taddh. I. 4. 18. Ferner die auf त् und स् ausgehenden Themata vor einem taddh., der die Bedeutung von मतुप् hat 19., so wie अग्निध् vor रण् S. 190. - Im Veda auch vor andern taddh. 20. - Vom भ wird gehandelt VI. 4. 129-175. - VII. 1. 88. - VIII. 2. 79. - Vor jedem taddh., क ausgenommen, wird die Masculin-Form für das भ substituirt S. 273. - 2) taddh. भ मत्वर्थे V. 2. 138, 139.

भक्तल् taddh. भक्त IV. 2. 54.

भविष्यत् Neutr. oder Adj. in Verbindung mit काल. Die zukünftige Zeit. In der zukünftigen Zeit werden die गम्यादयः gebraucht III. 3. 3., लट् 4-9, 131, 132., लिङ् 9, 134., तुमुन् und ण्वुल् 10., die भाववचनाः 11., अण् 12., लृट् 13, 133., लुङ् 132. (vgl. 133, 134.), लृङ् 139. - Vgl. u. अनद्यतन.

भविष्यन्ती (sc. विभक्ति) Fem. Der लृट् bei den östlichen Grammatikern S. 143.

भष् praty. Die Consonanten भ् । घ् । ढ् und ध्. Wird für बश् substituirt VIII. 2. 37, 38.

भाव Masc. 1) Das Sein, das Werden. प्रकृतेर्विन्भावः (V.

1. 59.) „aus dem primitiven Thema wird त्रिन्“. – 2) Der Zustand. Der Zustand einer Handlung ist die Handlung selbst II. 3. 37. – Bei Verbis intransitivis bezeichnen die Personalendungen III. 4. 69., und zwar die 1te Sg. âtm. den bhâva I. 3. 13. – Der Agens der Handlung steht im 3ten Casus ebend. – Vor त (1te Sg. âtm.), wenn das Affix den bhâva bezeichnet, wird चिण् für च्लि substituirt III. 1. 66. – Vor einem solchen sârvadh. wird यक् an die Wurzel gefügt 67. – Den bhâva bezeichnen mehre kṛit's III. 1. 107, 108. – III. 2. 45. – III. 3. 18. ff. – III. 4. 70–72 (vgl. I. 2. 21. – VII. 2. 17.) – Vgl. noch u. भाववचन. – Den Zustand, den abstracten Begriff eines Nomens bezeichnen folgende taddh. अञ् V. 1. 129., अण् 130, 131., इमनिच् 122, 123., छ 135., ठक् 127., तातिल् IV. 4. 144., तल् und त्व V. 1. 119. ff., य 126., यक् 128., यत् 125., वुञ् 132–134., ष्यञ् 123, 124.

भाववचन Adj. कृत्, ein krit, der den Zustand einer Handlung, die Handlung selbst bezeichnet III. 3. 18. ff. – Drückt die zukünftige Zeit aus 11. – Steht im 4ten Casus II. 3. 15.

भाषा Fem. Die gewöhnliche Sprache im Gegensatz zum Veda-Dialekt III. 2. 108. u. s. w. – Vgl. u. लोक.

भाषितपुंस्क Adj. शब्द, ein Wort, von welchem auch ein Masculinum vorhanden ist, und dessen Bedeutung nur durch den Begriff des Geschlechtes von diesem verschieden ist VI. 3. 34. – VII. 1. 74.

भिस् Casusendung भिस् (3ter Cas. Pl.) IV. 1. 2. – Angung an अत् VII. 4. 48. – Dafür wird ऐस् substituirt VII. 1. 9, 10 (vgl. 11.).

भूत Neutr. oder Adj. in Verbindung mit काल. Die vergangene Zeit. भूते wird लुङ् gesetzt III. 2. 110., लङ् 120, 121. - III. 3. 131., लृङ् 140. ff. - Die vergangene Zeit drücken ferner mehre kṛit's aus III. 2. 84. ff., einige उणादयः III. 3. 2. - Vgl. u. अनद्यतन und u. परोक्ष.

भोगीनन्. tddh. भोगीन S. 200.

भौवादिक Adj. धातु, eine Wurzel, die zum gaṇa भ्वादि - zur 1ten Klasse - gehört III. 1. 75.

भ्यस् Casusendung भ्यस् (4ter und 5ter Cas. Pl.) IV. 1. 2. - Anfügung an अप् VII. 4. 48. - Für die Endung des 4ten Casus wird अभ्यं, für die des 5ten अत् substituirt VII. 1. 30, 31.

भ्याम् Casusendung भ्याम् (3ter, 4ter und 5ter Cas. Du.) IV. 1. 2.

भ्रटच् tddh. भ्रट V. 2. 31.

म

म् Dafür wird न् substituirt VIII. 2. 64, 65., ण् VIII. 3. 5, 6., der anusvâra 23, 24., म् 25., म् oder der anusvâra 26., न् oder der anusvâra 27., य् । व und ल् S. 379.

म 1) Personalendung म, ein Substitut für मस् (3te Pl. parasm.) im लिट् III. 4. 82., im लट् 83. - 2) tddh. म IV. 3. 8. - मत्वर्थे V. 2. 108.

मट् tddh. म V. 2. 49, 50. - Vgl. S. 213.

मण् tddh. म S. 187.

मत् S. u. मतुप्.

मतुप् tddh. मत् (über das उ s. u. उगित्) IV. 2. 85, 86.

- IV. 4. 127. - V. 2. 94 (hier wird die Hauptbedeutung des Affixes angegeben; vgl. noch S. 215.), 95-97, 99-101, 105, 109, 111, 115-117, 121, 136. - Davor wird eine Länge substituirt VI. 3. 119, 120, 131., ein samprasâraṅa S. 242. - Wird an einen 7ten Cas. Pl. (अप्सु) gefügt S. 269. - Für म् wird व् substituirt VIII. 2. 9-16. - Erhält das Augment नुट् 16. - Bildung des Voc. Sg. im Veda VIII. 3. 1. - Accent VI. 1. 176, 219-221. - Es wird ein लुक् dafür substituirt IV. 4. 125-127. - V. 3. 65 (vor इष्ठन् und ईयसुन्). - S. 215. - Es folgt tddh. अञ् IV. 2. 72. - Andre Affixe in derselben Bedeutung IV. 4. 128-132, 136 (im Veda). - V. 2. 59-62, 96-140. - Ein Thema auf त् und स् heisst भ vor einem Affixe मत्वर्थे 1. 4. 19.

मत्वर्थीय (मत्वर्थ + छ; vgl. S. 149.) Adj. तद्धित, ein tddh., welcher die Bedeutung von मतुप् (vgl. V. 2. 94.) hat S. 113.

मध्यम (sc. पुरुष) oder मध्यमपुरुष Masc. Die Endungen der mittlern oder 2ten Person I. 4. 101. - Wird bei युष्मद् gebraucht 105. - Verwechselung der 2ten und 3ten Person 106.

मन् 1) uṅâdi म VI. 4. 29. - 2) uṅâdi oder kṛit मन्, mit Weglassung der stummen Buchstaben. Anfugung VI. 4. 97. - Hat im Fomin. nicht ङीप् IV. 1. 11 (vgl. 13.). - Accent im bahuvrihi VI. 2. 117., im tatpurusha 151.

मनिन् 1) uṅâdi मन् S. 286. - 2) kṛit मन् III. 2. 74, 75. - Vgl. u. मन् 2).

मप् tddh. म IV. 4. 20.

मय् praty. Die Consonanten म् । ङ् । ण् । न् । झ् । भ् । घ् । ढ् । ध् । ज् । ब् । ग् । ड् । द् । ख् । फ् । छ् । ठ् । थ् । च् । ट् । त् । क् und प् VIII. 3. 33. - Werden verdoppelt S. 396.

मय S. u. मयट्.

मयट् tddh. मय IV. 3. 82, 143-146, 148-150 (vgl. 151). - V. 2. 47. - V. 4. 21, 22. - Anfügung VI. 4. 174, 175. - Andre Affixe mit derselben Bedeutung IV. 4. 138-140.

मरीसच् tddh. मरीस S. 177.

मश् Personalendung म् (über das श्र und श् s. u. श्रादेश), ein Substitut für श्रम् (3te Sg. parasm.) im Veda VII. 1. 40.

मस् Personalendung मस् (3te Pl. parasm.), ein Substitut für ल् III. 4. 78. - Lautet im Veda मसि VII. 1. 46. - Im लिट् wird म dafür substituirt III. 4. 82., im लट् 83.

मसि Personalendung मसि (3te Pl. parasm.) im Veda VII. 1. 46.

महाप्राण Masc. Ein वाह्यप्रयत्न I. 1. 9.

महिङ् Personalendung महि (3te Pl. âtm.; über das ङ् s. u. इत्), ein Substitut für ल् III. 4. 78.

माङ् Die prohibitive Partikel मा. Dabei der लुङ् III. 3. 175. - Bei मास्म der लुङ् und der लङ् 176. - Die Wurzel erhält bei माङ् kein Augment VI. 4. 74. - माङ् erhält das Augment तुक् vor छ् VI. 1. 74.

मातच् Ein Substitut für मात् S. 240, 340. - Ueber das stumme च् s. u. चित्.

मात्रच् tddh. मात्र V. 2. 37, 38. - Hat im Femin. ङीप् IV. 1. 15.

मात्रा Fem. Eine Zeitlänge, eine mora in der Prosodie. Ein kurzer Vocal hält eine mâtrâ, ein langer 2 und ein gedehnter 3 oder 4. I. 2. 27. - VIII. 2. 106.

मान kṛit आन mit dem Augment मुक्, welches eigentlich dem aṅga zukommt VII. 2. 82. - Für न् wird ण् substituirt S. 394.

मि S. u. मिप्.

मित् 1) Eine Benennung (संज्ञा; vgl. Siddh. K. Bl. 125. a.) für eine Klasse von Wurzeln; vgl. den Dhâtu-P. Einige Erklärer halten मित् nicht für eine Benennung, sondern für einen bahuvrîhi (म् + इत्): म् zum stummen Buchstaben habend; vgl. Colebr. Gr. S. 317. - Für die penultima solcher Wurzeln wird vor णि eine Kürze substituirt VI. 4. 92. - Folgt चिण् oder णमुल् auf णि, dann ist die Substitution freigestellt 93. - 2) Adj. (म् + इत्) म् zum stummen Buchstaben habend. Ein solches Augment (आगम) wird an den letzten Vocal (es mag ein Consonant folgen oder nicht) gefügt I. 1. 47. - Vgl. S. 19.

मिथुन Neutr. Eine Wurzel, die von einer Präposition begleitet ist S. 346, 347.

मिन् tddh. मिन् मत्वर्थे V. 2. 114.

मिप् Personalendung मि (3te Sg. parasm.), ein Substitut für ल् III. 4. 78. - In den Tempp., die mit einem stummen ङ् bezeichnet sind, wird अम् dafür substituirt 101., im लिट् und लट् णल् 82, 83., im लोट् नि 89.

मीय tddh. मीय S. 187.

मुक् âgama म् VII. 2. 82.

मुम् âgama म् III. 2. 26. - V. 4. 7. - VI. 3. 67, 70-72.

मूर्धन् Masc. Der Kopf. Damit werden folgende Buchstaben ausgesprochen: ऋ । ट् । ठ् । ड् । ढ् । ण् । र् und ष् 1. 1. 9.
मूर्धन्य Adj. वर्ण, ein Buchstabe, der mit dem Kopfe ausgesprochen wird; ein Cerebraler. Ein Cerebraler (ष् und ढ्) wird für einen Dentalen (स् und ध्) substituirt VIII. 3. 55- 119.

य

य् Für य् wird ein lopa substituirt VI. 1. 66. - VI. 4. 49. - VIII. 3. 19-22., ein लघुप्रयत्नतर य् 18. - य् wird für म् substituirt S. 379.
य 1) kṛitya य III. 1. 123, 132. - 2) tddh. य IV. 2. 49, 50, 80, 94. - IV. 4. 105, 109, 133, 137, 138 (मयडर्थे). - V. 1. 66, 126. - V. 3. 103. - S. 111, 229. - Accent im Compositum VI. 2. 156. - 3) Casusendung य, ein Substitut für ङे VII. 1. 13.
यक् 1) Wurzel-Affix य. Wird an die कण्ड्वादयः gefügt III. 1. 27. - Anfügung S. 10. - Ein auf यक् ausgehendes Thema heisst dhâtu III. 1. 32. - 2) य des Passivs. Wird vor लट् । लोट् । लङ् । लिङ् (Potent.) und vor einem mit einem stummen ञ् bezeichneten kṛit an jede Wurzel gefügt, wenn jene Affixe das karman, den bhâva oder den karmakartṛi (vgl. III. 1. 89.) bezeichnen III. 1. 67, 87. - Anfügung VI. 4. 44. - VII. 4. 28, 29. - Accent VI. 1. 195. - 3) uṅâdi य S. 357. - 4) âgama य nach क्त्वा im Veda VII. 1. 47. - 5) tddh. य IV. 3. 94. - V. 1. 128.
यङ् 1) Wurzel-Affix य (य des Intensivs) III. 1. 22-24.

- Vor यङ् findet Reduplication der Wurzel Statt VI. 1. 9. - Bildung der Reduplicationssilbe VII. 4. 63, 64, 82-87, 90. - Anfügung VI. 1. 19-21, 29, 30. - VII. 4. 30, 31, 88. - VIII. 2. 20. - VIII. 3. 112. - S. 10. - Ein auf यङ् ausgehendes Thema heisst dhâtu III. 1. 32. - Anfügung eines पित् sârvadh. VII. 3. 94. - Es folgt kṛit उक III. 2. 166., वरच् 176. - Vgl. u. यङ्लुक्. - 2) praty. S. S. 126. - 3) taddh. य, nach Abwerfung der stummen Initialen. Hat im Femin. चाप् IV. 1. 74. - Vgl. u. ञ्यङ् und u. ष्यङ्.

यङ्लुक् Ein für यङ् (य des Intensivs) substituirter लुक्. Wenn für यङ् ein लुक् substituirt wird II. 4. 74. - Bildung der Reduplicationssilbe VII. 4. 82-87, 90-92. - Anfügung 88. - Vgl. u. चर्करीत und u. यङ् 1).

यञ् 1) praty. Die Consonanten य् । व् । र् । ल् । ञ् । म् । ङ् । ण् । न् । झ् und भ् VII. 3. 101, 102.

2) taddh. य. a) IV. 1. 105-108. - IV. 2. 40, 48. - IV. 3. 10, 168. - S. 167. - Dafür wird ein लुक् substituirt II. 4. 64, 70 (vgl. 67.). - IV. 1. 109.- Hat im Femin. चाप् IV. 1. 75. - Es folgt अण् IV. 3. 127., फक् IV. 1. 101. - b) tadr. V. 3. 118 (Hat im Femin. ङीप् IV. 1. 16., ष्फ 17, 18.)

यण् praty. Die Consonanten य् । व् । र् und ल् VI. 1. 174. - VII. 4. 80. - Wird verdoppelt S. 396. - Wird für die entsprechenden Vocale substituirt VI. 1. 77. - VI. 4. 81-87. - Wenn इ । उ । ऋ oder लृ für die Halbvocale susbstituirt wird, so heisst das Substitut samprasâraṅa I. 1. 45.

यणवत् (यण् + वत्) Adj. धातु, eine Wurzel, die ein य्, ein व्, ein र् oder ein ल् enthält VIII. 2. 43.

यत् 1) kṛitya य III. 1. 97-106, 123. - Anfügung VI. 4. 65. - VII. 1. 65, 66. - 2) tddh. य IV. 1. 137, 140, 161. - IV. 2. 17, 31, 32, 101. - IV. 3. 4-6, 54, 55, 64, 71, 79, 114, 121, 160, 161. - Ist अधिकृत von IV. 4. 75. bis V. 1. 5. - IV. 4. 77, 116, 128-130 (मत्वर्थे im Veda). - V. 1. 2-4, 6, 7, 21, 34-36, 39, 40, 49, 65, 67-70, 81, 98, 100, 102, 107, 125. - V. 2. 3, 4, 16, 17. - V. 3. 104 (इवार्थे). - V. 4. 24, 25. - S. 207, 213 (in तुर्य), 228 (स्वार्थे), 229 (स्वार्थे). - Anfügung VI. 3. 50, 53, 87, 88. - VI. 4. 175. - S. 269 (an अप्सु). - Accent im Compositum VI. 2. 156. Accent VI. 1. 2.

यन् tddh. य IV. 2. 42. - IV. 4. 114.

यप् tddh. य V. 1. 82, 83. - V. 2. 120 (मत्वर्थे).

यम् praty. Die Consonanten य् । व् । र् । ल् । ञ् । म् । ङ् । ण् und न् VIII. 4. 64.

यम Masc. Der Zwilling. Jeder der 4 ersten Consonanten (क् । ख् । ग् । घ् । च् । छ् । ज् । झ् । ट् । ठ् । ड् । ढ् । त् । थ् । द् । ध् । प् । फ् । ब् und भ्) eines वर्ग kann vor dem Nasal seiner Klasse verdoppelt werden. Wenn dieses geschieht, so heisst der mittlere Consonant der yama des vorhergehenden Consonanten I. 1. 9. - Die Zwillinge werden durch die Nase gesprochen ebend.

यय् praty. Die Consonanten य् । व् । र् । ल् । ञ् । म् । ङ् । ण् । न् । झ् । भ् । घ् । ढ् । ध् । ज् । ब् । ग् । ड् । द् । ख् । फ् । छ् । ठ् । थ् । च् । ट् । त् । क् und प् VIII. 4. 58, 59.

यर् praty. Die vorhergehenden Consonanten nebst den Sibilanten. Dafür kann vor einem Nasal ein Nasal substituirt werden VIII. 4. 45. - Kann verdoppelt werden 46, 47 (vgl. 48, 49.).

यल् t d d h. य मत्वर्थे im V e d a IV. 4. 131.

यवर्ग S. u. वर्ग.

यस् t d d h. य V. 2. 138.

या und याच् Casusendung या, ein Substitut für सुप् im V e d a VII. 1. 39.

याट् â g a m a या am Anfange eines ङित् सुप् VII. 3. 113.

यासुट् â g a m a यास् am Anfange des p a r a s m. im लिङ् III. 4. 103. - Ist u d â t t a ebend. - Für das स् wird ein l o p a substituirt VII. 2. 79., für या इय् 80.

यिट् â g a m a यि VI. 4. 159.

यु Für die Silbe यु in einem Affixe (jedoch nicht ohne Ausnahme) wird अन substituirt VII. 1. 1. - Anfügung an die Wurzel वा II. 4. 57.

युक् â g a m a य् am Ende einer Wurzel VII. 3. 33, 37. - VII. 4. 65.

युच् k ṛ i t अन (vgl. u. यु) III. 2. 148-151 (vgl. 152, 153.). - III. 3. 107, 128-130. - S. 150.

युट् 1) k ṛ i t अन = ल्युट्. - 2) â g a m a य् VI. 4. 163. - S. 172.

युवन् Masc. Ist u. गोत्र erklärt worden. - Wie der Name des y u v a n gebildet wird IV. 1. 92. ff. - Der weibliche y u v a n führt den Namen des g o t r a 94. - Im Du. des g o t r a ist das g o t r a und der y u v a n enthalten I. 2. 65, 66. - Vgl. u. युवप्रत्यय.

युवप्रत्यय Masc. Ein t d d h., mit dem der Name des y u v a n abgeleitet wird. Dafür wird ein लुक् sustituirt II. 4. 58-60 (vgl. 61). - IV. 1. 90., वा लुक् 91.

युस् t d d h. यु मत्वर्थे V. 2. 123, 138, 140.

योगविभाग (d. i. योगो विभज्यते; vgl. S. 98.) Masc. Nomen act. Etwas Verbundenes oder Zusammengehöriges trennen VI. 2. 59. u. s. w. - Vgl. u. गुणयोगकरणा.

र्

र् Wird für न् substituirt VIII. 2. 69., für स् 70, 71. - Für र् wird der visarganîya substituirt VIII. 3. 15., ein lopa 14. - Für र् wird ल् substituirt VIII. 2. 18-22. - र् und ल् werden verwechselt S. 362. - Nach र् wird ein Consonant verdoppelt VIII. 4. 46. - Vor र् wird eine Länge substituirt VI. 3. 111. - VIII. 2. 76-78 (vgl. 79.). - Vgl. u. ह्.

र 1) praty. S. S. 7. - 2) kṛit र III. 2. 167. - 3) tddh. र IV. 2. 80. - V. 2. 107 (मत्वर्थे), 114 (मत्वर्थे). - V. 3. 88.

रक् tddh. र S. 170.

रण् tddh. र S. 190.

रदानुक् kṛit रदानु S. 245.

रन् Personalendung रन्, ein Substitut für झ (1te Pl. âtm.) im लिङ् III. 4. 105. - Ist udâtta ebend.

रम् âgama und âdeça र VI. 4. 47.

रल् praty. Alle Consonanten mit Ausnahme von य् und व् I. 2. 26.

रस् Personalendung रस्, ein Substitut für die 1te Pl. im लुट् II. 4. 85.

रिक् âgama रि am Ende einer Reduplicationssilbe VII. 4. 65, 91, 92.

रिङ् âdeça रि für ऋ VII. 4. 28.

रित् (र् + इत्) Adj. र् zum stummen Buchstaben habend. Ein mit einem रित्-Affix gebildetes überzweisilbiges Wort ist ein Paroxytonon VI. 1. 217.

रिल् tddh. रि S. 221.

रिष्टातिल् tddh. रिष्टात् S. 221.

रीक् âgama री am Ende einer Reduplicationssilbe VII. 4. 65, 90, 92.

रीङ् âdeça री für ऋ VII. 4. 27.

रु 1) Ein secundäres र्, für welches in bestimmten Fällen उ und य् substituirt wird. - Ein Substitut für स् VIII. 2. 66, 70, 71, 74., für ष् 66., für ज् । ह् und श् 67., für न् (in अहन्)68., für द् 75., für das न् der Affixe मतु und वसु im Voc. Sg. im Veda VIII. 3. 1., für das म् von सम् und पुम् 5, 6., für das finale न् eines pada 7-12. - Für den vorhergehenden Vocal wird ein nasaler Vocal substituirt oder ein anusvâra daran gefügt 2-4. - Für रु wird der visarganiya substituirt 16., य् 17., उ VI. 1. 113, 114. - Vgl. u. र्. - 2) kṛit रु III. 2. 159.

रुक् âgama रु am Ende einer Reduplicationssilbe VII. 4. 65, 91, 92.

रुट् âgama रु VII. 1. 6-8.

रूढ (opp. यौगिक; vgl. Siddh. K. Bl. 53. a.) Adj. II. 2. 26. - II. 4. 23. - III. 1. 129. - IV. 3. 99. - V. 1. 59. - V. 3. 27. - VI. 2. 8. - S. 272. - Vgl. Wilson u. रूढ 7).

रूढि Fem. Nomen act. von रुह् I. 2. 55. - III. 3. 20. - S. 48, 250. - Vgl. Wilson u. रूढि 4).

रूपप् tddh. रूप V. 3. 66. - Anfügung VI. 3. 35, 43-45.

रूप्य tddh. रूप्य IV. 3. 81. - V. 3. 54.

रे Personalendung रे, ein Substitut für इरे im Veda VI. 4. 76.

रेफ Masc. Der Consonant र् S. 149. - S. 198. ist es ein Affix und zwar nicht र्, sondern र.

रौ Personalendung रौ, ein Substitut für die 1te Du. im लुट् II. 4. 85.

रौधादिक Adj. धातु, eine Wurzel, die zum gaṅa रुधादि - zur 7ten Klasse - gehört VIII. 2. 56.

र्हिल् tddh. und vibh. र्हि V. 3. 16, 20, 21. - Anfügung VI. 3. 35.

ल

ल् Heisst am Anfange eines Affixes (wenn dieses kein tddh. ist) इत् I. 3. 8. - ल् wird für र् substituirt VIII. 2. 18-22., für म् S. 379. - ल् und र् werden verwechselt S. 362. - Vgl. u. ल.

ल 1) Der initiale Consonant der 10 Tempp. und Modi (लट् । लिट् । लुट् । लृट् । लेट् । लोट् । लङ् । लिङ् । लुङ् und लृङ्). Dafür werden die 18 Personalendungen substituirt III. 4. 78. - Vgl. 79. ff. - Heisst, mit Ausnahme von तङ् und आन, parasm. I. 4. 99, 100. - Bezeichnet bei Verbis transitivis (सकर्मक) den kartṛi und das karman; bei intransitivis (अकर्मक) den kartṛi und den bhâva III. 4. 69. - Wird nicht mit dem 6ten Casus construirt II. 3. 69. - Accent eines für ल् substituirten sârvadh. VI. 1. 186, 188-190, 192. - 2) tddh. ल S. 211. - 3) = लुक् S. 179, 211.

लघु Adj. अच् oder अक्षर, ein kurzer Vocal, auf den kein sanyoga folgt I. 4. 10, 11.

लघुप्रयत्नतर Adj. S. u. प्रयत्न.

लङ् Das einfache Augment-Praeteritum oder vielmehr die Personalendungen dieses Tempus, die für ल् [vgl. u. ल und u. ङित् 4)] substituirt werden. - Für झि (1te Pl. parasm.) wird जुस् substituirt III. 4. 109, 111, 112. - Die Wurzel erhält vor लङ् das Augment अट् VI. 4. 71., आट् 72, 73. - Wenn मा (मास्म) vorhergeht, werden die Augmente nicht angefügt 74. - Im Veda fehlt das Augment auch sonst häufig 75. - Vor लङ् wird die Wurzel reduplicirt VI. 1. 36. - Wird भूते ऽनद्यतने gebraucht III. 2. 111, 113, 114. (vgl. 112. - III. 3. 135.), भूते ऽनद्यतने परोक्षे 116, 117., bei मास्म III. 3. 176. - Gebrauch im Veda III. 4. 6.

लच् tddh. ल (über das च् s. S. 216.) मत्वर्थे V. 2. 96-99.

लट् Das Präsens oder vielmehr die Personalendungen dieses Tempus, die für ल् [vgl. u. ल und u. टित् 1)] substituirt werden. - Wird वर्तमाने gebraucht III. 2. 123., भूते III. 2. 120. - III. 3. 131., भूते ऽनद्यतने परोक्षे III. 2. 118., भूते ऽनद्यतने ऽपरोक्षे 119, 122., भविष्यति III. 3. 4-9, 131, 132. - Bezeichnet alle Zeiten zugleich 142, 143. - Für लट् wird शतृ und शानच् substituirt III. 2. 124-126.

लि Die Affixe च्लि und लिट्, nach Abwerfung der stummen Buchstaben. Dafür wird ein लुक् substituirt II. 4. 80, 81.

लिङ् Der Potentialis und der Precativ oder vielmehr die Personalendungen dieser Modi, die für ल् [vgl. u. ल und u. ङित् 4)] substituirt werden. - Das âtm. erhält das Augment सीयुट् III. 4. 102., das parasm. das Augment यासुट् 103. - Für झ (1te Pl. âtm.) wird रन् substituirt 105., für इट् (3te Sg. âtm.) अत् 106., für झि (1te Pl. parasm.) जुस् 108. - Ein in der Personalendung enthaltenes त् oder थ् erhält das Augment sut́ 107. - a) Potentialis. Das parasm. ist ङित् 103. - Für das स् der Augmente yâsut́, siyut́ und sut́ wird ein lopa substituirt VII. 2. 79., für या (das Augment yâsut́ nach dem Abfall des स्) इय् 80. - Wenn er gebraucht wird III. 3. 9, 134, 143-145, 147-150, 152-157, 159-161, 164, 168, 169, 172. - b) Precativ (लिङ् आशिषि oder आशीर्लिङ्). Heisst ârdhadh. III. 4. 116 (vgl. 117.). - Das parasm. ist कित् 104., das âtm. I. 2. 11-13. - Bei मृङ् wird das âtm. gebraucht I. 3. 61. - Kann das Augment it́ erhalten VII. 2. 42, 43 (vgl. 39.). - Vor लिङ् wird वध für हन् substituirt II. 4. 42. - Anfügung VI. 4. 67, 68. - VII. 4. 24, 25, 28, 29. - Im Veda erhält die Wurzel vor लिङ् das Affix अङ् III. 1. 86. - Unregelmässige Form (धिषीय) im Veda VII. 4. 45. - Wenn er gebraucht wird III. 3. 173.

लिङ्ग Neutr. Das Geschlecht II. 3. 46. - II. 4. 26. - Verwechselung im Veda S. 125. - Vgl. u. नपुंसक । पुंस् und स्त्री.

लिट् Das reduplicirte Präteritum oder vielmehr die Personalendungen dieses Tempus, die für ल् [vgl. u. ल und u. ङित् 1)] substituirt werden. Im lit́ werden andere Endungen substituirt III. 4. 81, 82. - Für das ध् der Endung ध्वे wird ढ् substituirt VIII. 3. 78, 79. - Heisst ârdhadh. III 4. 115. - Ist कित् I. 2. 5, 6.

- S. 390. - Vor liṭ wird eine andere Wurzel substituirt II. 4. 40, 41, 49, 55., die Wurzel reduplicirt VI. I. 8. - Bildung der Reduplicationssilbe VI. 1. 17. - VII. 4. 68-74. - Die Reduplicationssilbe fällt ab, und für den Wurzelvocal wird ए substituirt VI. 4. 120-126. - Erhält kein Augment iṭ VII. 2. 13. - Für das Augment wird keine Länge substituirt 37, 38. - Anfügung VI. 1. 29, 30, 38-40, 46. - VI. 4. 88. - VII. 1. 62-64. - VII. 3. 57, 58. - VII. 4. 9-12. - VIII. 3. 118. - Vor liṭ wird आम् an die Wurzel gefügt III. 1. 35-39. - Vgl. u. आम् und u. लि. - Wird भूते ऽनद्यतने परोक्षे gesetzt III. 2. 115 -117., भूते im Veda 105 (vgl. III. 4. 6.) - Für liṭ wird कानच् substituirt 106, 109., क्वसु 107-109.

लित् (ल् + इत्) Adj. प्रत्यय, ein Affix, welches ल् zum stummen Buchstaben hat. Ein Wort, welches mit einem solchen Affix gebildet ist, hat den Acut auf der Silbe, welche unmittelbar dem Affix vorhergeht VI. 1. 193 (vgl. 194, 196.).

लुक् 1) (Gańaratnamahodadhi II. 85. लुच्यते ऽपनीयत इति लुक् ॥ Diese Ableitung ist wohl nicht richtig, da der 7te Cas. Sg. लुकि und nicht लुचि lautet.) Ein Substitut für ein Affix, wodurch dieses verschwindet, ohne dass ein andres an seine Stelle tritt I. 1. 61. - Vgl. u. लुमत् - VII. 3. 89. ist लुक् = शपो लुक्, VII. 4. 82. = यङो लुक्. - Bildung des Fem., wenn ein लुक् für den taddh. substituirt worden ist IV. 1. 22-24. - Behandlung des Fem. im letzten Gliede eines Compositums im ebengenannten Falle I. 2. 48, 50. - 2) âgama ल् am Ende einer Wurzel vor णि VII. 3. 39. - S. 333.

लुङ् Das vielförmige Augment-Präteritum oder vielmehr die Personalendungen dieses Tempus, die für ल् [vgl. u. ल und u. ङित् 4)] substituirt werden. - Für झि (1te Pl. parasm.) wird जुस् substituirt III. 4. 109, 110. - Für das ध् der Endung ध्वम् wird ढ substituirt VIII. 3. 78, 79. - Vor लुङ् wird च्लि (vgl. u. च्लि) an die Wurzel gefügt III. 1. 43. - Die Wurzel erhält das Augment अट् VI. 4. 71., आट् 72, 73. - Vgl. 74, 75. - Wenn das âtm. gebraucht wird I. 3. 61., das parasm. und das âtm. 91. - Vor लुङ् wird eine andre Wurzel substituirt II. 4. 37, 43-45, 50. - Anfügung an भू VI. 4. 88. - Wird भूते gebraucht III. 2. 110, 121., भूते ऽनद्यतने 122., wenn मा oder मास्म vorhergeht III. 3. 175, 176. - Gebrauch im Veda III. 4. 6.

लुट् Das Participial-Futurum oder vielmehr die Personalendungen dieses Tempus, die für ल् [vgl. u. ल und u. टित् 1)] substituirt werden. - Für die 1te Sg. wird डा, für die 1te Du. रौ und für die 1te Pl. रस् substituirt II. 4. 85. - Vor लुट् wird das Affix तासि an die Wurzel gefügt III. 1. 33. - Wenn das parasm. und âtm. gebraucht wird I. 3. 93. - Wird भविष्यत्यनद्यतने gesetzt III. 3. 15. (vgl. 135-138.), भविष्यति 6-9. - Accent VIII. 1. 29.

लुप् (von der Wurzel लुप्) Ein Substitut für einen tddh., wodurch dieser verschwindet, ohne dass ein anderer an seine Stelle tritt I. 1. 61. - Vgl. u. लुमत्. - Wenn ein लुप् substituirt wird IV. 2. 4, 5, 81-83. - IV. 3. 166, 167. - V. 2. 105. - V. 3. 98 - 100. - S. 189. - Wenn ein Affix durch die Substitution von

लुप् verschwindet, bleibt das Genus und der Numerus des Wortes unverändert I. 2. 51 (vgl. 52.) - Ein नक्षत्र, nach welchem ein लुप् für den tddh. substituirt worden ist, steht im 3ten oder 7ten Casus II. 3. 45. - Pâṅini verwirft die ganze Lehre vom लुप्, indem er die Bedeutung des durch die Substitution eines लुप् abgeleiteten, in seiner Gestalt nicht veränderten Wortes, für eben so primitiv hält, als die, welche dem Worte innewohnt, von welchem jenes, nach der Meinung der andern Grammatiker, abgeleitet wird. I. 2. 54, 55.

लुमत् (लु + मत्) Adj. Die Silbe लु enthaltend. So heissen die Substitute लुक्, लुप् und श्लु. Wenn ein Affix durch die Substitution von लुक्, लुप् oder श्लु verschwindet, so verliert es jeglichen Einfluss auf das aṅga I. 1. 63.

लृ Die Affixe लृङ् und लृट्, nach Abwerfung des finalen इत्. Vor लृ wird स्य an die Wurzel gefügt III. 1. 33.

लृङ् Der Conditionalis oder vielmehr die Personalendungen dieses Modus, die für ल् [vgl. u. ल und u. ङित् 4)] substituirt werden. Die Wurzel erhält davor das Augment अट् VI. 4. 71., आट् 72, 73 (vgl. 75.) - Vor लृङ् kann गाङ् für इङ् substituirt werden II. 4. 50. - Wenn er gebraucht wird III. 3. 139-156. - Vgl. u. लृ.

लृट् Das Auxiliar-Futurum oder vielmehr die Personalendungen dieses Tempus, die für ल् [vgl. u. ल und u. टित् 1)] substituirt werden. Wird भविष्यति gesetzt III. 3. 13. (vgl. 4-9.), भविष्यत्यनद्यतने 135-138. - Vgl. 133, 144-146, 151. - भूते ऽनद्यतने III. 2. 112, 114 (vgl. 113.). - Für लृट् kann सत् (शतृ und शानच्) substituirt werden III. 3. 14. - Accent VIII. 1. 46, 51. - Vgl. u. लृ.

लेट् Ein Veda-Modus oder vielmehr die Personalendungen dieses Modus, die für ल् [vgl. u. ल und u. टित् 1)] substituirt werden. Veränderung der Endungen III. 4. 95-98. - Erhält das Augment अट् oder आट् 94. - Davor erhält die Wurzel häufig das Affix सिप् III. 1. 34. - Anfügung an हु VII. 3. 70. - Gebrauch III. 4. 7, 8.

लोक Masc. Die Erde, die Menschen. Der 7te Cas. Sg. लोके „in der gewöhnlichen Sprache" ist gleichbedeutend mit भाषायां III. 1. 42. - IV. 1. 30. u. s. w.

लोट् Der Imperativ oder vielmehr die Personalendungen dieses Modus, die für ल् [vgl. u. ल und u. टित् 1)] substituirt werden. Die Endungen sind die des लङ् III. 4. 85. - Abweichende Endungen 86-93. - Wenn der Imperativ gebraucht wird III. 3. 157, 162-166, 173. - III. 4. 2-5. - Accent VIII. 1. 51-54.

लोप Masc. Nomen act. von लुप्. Das Abschneiden. Der lopa ist ein Substitut für den Finalen eines Elements, wodurch dieser verschwindet, ohne dass ein andrer Buchstabe an seine Stelle tritt I. 1. 52, 60. - Wenn ein Affix (ganz oder theilweise) durch die Substitution eines lopa verschwindet, behält es seine ursprüngliche volle Kraft 62. - Wenn der lopa nicht स्थानिवत् ist S. 27, 28. - Ausnahmsweise wird der lopa nicht für den Finalen, sondern für das ganze, im 6ten Casus stehende Element substituirt VI. 4. 119. - VII. 4. 58.

लौकिक Adj. S. S. 79.

ल्यप् krit य, ein Substitut für क्त्वा VII. 1. 37 (vgl. 38.). - Vor ल्यप् wird जग्ध् für अद् substituirt II. 4. 36. - Anfügung VI. 1. 41-44, 50, 51. - VI. 4. 38, 56-59, 69, 70.

ल्यु krit अन (vgl. u. यु) III. 1. 134.

ल्युट् krit अन (vgl. u. यु) III. 3. 113, 115-117. - Davor wird वी für अज् substituirt II. 4. 57. - Anfügung an ein vorhergehendes Wort (मांस) im Compositum S. 257.

व

व् Dafür wird ऊठ् substituirt VI. 4. 19, 20., ein lopa 21. - VI. 1. 66. - VIII. 3. 19, 21. - Am Ende eines Wortes ist es kaum hörbar 18. - Wird für उ substituirt S. 379. - Vor व् wird eine Länge substituirt VIII. 2. 76-78 (vgl. 79.).

व 1) Personalendung व, ein Substitut für वस् (3te Du. parasm.) im लिट् III. 4. 82., im लट् 83. - 2) krit VI. 2. 52. - VI. 3. 92-95. - Vgl. S. 263. - 3) tddh. व मत्वर्थे V. 2. 109, 110.

वचन Neutr. 1) Die Bedeutung eines Wortes III. 2. 112. - 2) Die Aussprache eines Buchstabens I. 1. 8. - 3) Der Numerus I. 2. 51. - II. 3. 46. - Vgl. u. एकवचन। द्विवचन und बहुवचन.

वति tddh. वत् V. 1. 115-118.

वतु S. u. वतुप्.

वतुप् tddh. वत् (über das उ s. u. उगित्) V. 2. 39-41. - Für व् wird घ् (इय्) substituirt 40. - Anfügung VI.

3. 89-91. - Ein auf वतु ausgehendes Wort heisst s a n k h y â I. 1. 23. - Es folgt कन् mit oder ohne इट् V. 1. 23. - Erhält das Augment इयुक् vor उट् V. 2. 53.

वन् k ṛ i t वन्, nach Abwerfung der stummen Buchstaben. Anfügung VI. 4. 41. - Im Femin. wird र् für न् substituirt und ङीप् angefügt IV. 1. 7. - Für das न् wird im V e d a im Voc. Sg. रु substituirt S. 375.

वनिप् 1) k ṛ i t वन् III. 2. 74, 75. - Vgl. u. वन्. - 2) t d d h. वन् S. 217.

वय t d d h. वय IV. 3. 162.

वर् S. u वरच्.

वरच् k ṛ i t वर् III. 2. 175, 176. - Anfügung I. 1. 58.

वर्ग Masc. Eine Consonantenreihe. Die Benennungen कवर्ग für die Gutturalen, चवर्ग für die Palatalen, टवर्ग für die Cerebralen, तवर्ग für die Dentalen, पवर्ग für die Labialen, यवर्ग für die Halbvocale und शवर्ग für die Sibilanten und ह्, beruhen auf folgender Anordnung der Consonanten:

क । ख । ग । घ । ङ
च । छ । ज । झ । ञ
ट । ठ । ड । ढ । ण
त । थ । द । ध । न
प । फ । ब । भ । म
य । र । ल । व
श । ष । स । ह्

Der 1te Consonant in den 5 ersten Reihen heisst वर्गप्रथम oder schlechtweg प्रथम (sc. वर्ग), der 2te वर्गद्वितीय oder द्वितीय, u. s. w.

वर्ण Masc. Ein Buchstabe I. 1. 9.

वर्तमान Neutr. oder Adj. in Verbindung mit काल. Die Gegenwart. वर्तमाने wird लट् gebraucht III. 2. 123 (vgl. III. 3. 131, 132.)., क्त 187, 188., einige उणादयः III. 3. 1.

वल् praty Alle Consonanten, ausgenommen य् VI. 1. 66. - VII 2. 35.

वल S. u. वलच्.

वलच् tddh. वल IV. 2. 89. - V. 2. 112-114. - Anfügung VI. 3. 118.

वश् praty. Die Consonanten व् । र् । ल् । ञ् । म् । ङ् । ण् । न् । झ् । भ् । घ् । ढ् । ध् । ज् । ब् । ग् । ड् und द् VII. 2. 8.

वस् Personalendung वस् (3te Du. parasm.), ein Substitut für ल् III. 4. 78. - Dafür wird व im लिट् substituirt 82., im लट् 83.

वसु 1) kṛit क्वसु (über das उ s. u. उगित्), ein Substitut für शतृ VII. 1. 36. - 2) Das ebengenannte Affix und das Affix कसु, nach Abwerfung des stummen क्. - Erhält das Augment इट् VII. 2. 67, 69., वा इट् 68. - Für das स् wird द् substituirt VIII. 2. 72., für das व् ein samprasâraṇa VI. 4. 131. - Der Voc. Sg. im Veda VIII. 3. 1.

वहि Personalendung वहि (3te Du. âtm.), ein Substitut für ल् III. 4. 78.

वा Ind. Entweder - oder nicht, nach Belieben. Dieses Wort wird einer Regel beigefügt, die nicht durchaus nothwendig ist. - Vgl. u. विभाषा.

वाह्यप्रयत्न S. u. प्रयत्न.

वि 1) uṇâdi वि. Anfügung VII. 3. 85. - 2) Die Affixe क्विन् । क्विप् । च्वि । ण्वि । ण्विन् । विच् und विट्,

nach Abwerfung der stummen Buchstaben. Das इ ist bedeutungslos; für das व् wird ein lopa substituirt VI. 1. 67.

त्रिक् âgama त्रि am Ende einer Reduplicationssilbe VII. 4. 65.

विकरण Masc. (sc. प्रत्यय) Ein Affix, welches vor einem sârvadh. an die Wurzel gefügt wird. Diese Affixe sind folgende: शप् । शपो लुक् । श्लु । श्यन् । श्नु । श । श्नम् । उ । यक् (य des Passivs), च्लि mit seinen Substituten । तासि । स्य und सिप्. Die ersten 8 Affixe werden vor लट् । लोट् । लङ् । लिङ् (Potent.) und vor einem kṛit, welcher ein stummes श् enthält, angefügt, wenn diese Affixe den kartṛi bezeichnen; bezeichnen sie das karman oder den bhâva, dann wird यक् an die Wurzel gefügt. च्लि wird vor लुङ्, तासि vor लुट्, स्य vor लृङ् und लृट् und सिप् vor लेट् angefügt. III. 1. 85. - III. 2. 142, 145. - VII. 2. 44. - S. 41, 394. - Siddh. K. Bl. 10. b. - Bhaṭṭi-K. VII. 93.

विकल्प Masc. und विकल्पन Neutr. Nomen act. von वि + कृप् (क्लृप्), zögern, Bedenken tragen, nach Belieben Etwas wählen können II. 4. 39. - VI. 1. 91. - VI. 4. 38. - तुक्छ्त्वचलोपानां विकल्पनात् (S. 380.) „weil man die Setzung des Augments तुक्, die Substitution von छ् und die eines lopa für च् nach Belieben bewerkstelligen oder unterlassen kann." - Vgl. u. विभाषा.

विकल्पित Partic. von वि + कृप् (क्लृप्). Was nicht nothwendig ist, was nach Belieben Statt findet VIII. 2. 6.

विग्रह Masc. S. S. 78.

विच् kṛit व् (für व् wird auch ein lopa substituirt; vgl. u. वि) III. 2. 73-75.

विट् kṛit व् (für व् wird auch ein lopa substituirt; vgl. u. वि) III. 2. 67-69. - Anfügung VI. 4. 41.

विडच् tddh. विड V. 2. 32.

विधल् tddh. विध IV. 2. 54.

विन् S. u. विनि.

विनत und विनाम Masc. Die Substitution von ष् und ण् für स् und न् VIII. 3. 61. - S. 361.

विनि tddh. विन् (über das finale इ s. S. 425. Z. 11.) मत्वर्थे V. 2. 102, 114, 121, 122. - Vor इष्ठन् und ईयसुन् wird ein लुक् dafür substituirt V. 3. 65.

विपर्यस्त Adj. Umgestellt, in der Ordnung verwechselt II. 3. 56.

विप्रतिषिद्ध und विप्रतिषेध S. u. सिध्.

विभक्ति Fem. Eine Casus- oder eine Personalendung I. 4. 104. - Die tddh. von V. 3. 1. bis 27., welche die Stelle einer Casusendung vertreten, heissen auch vibhakti. - Ein Wort, welches auf einen solchen tddh. ausgeht, heisst avyaya I. 1. 38. - तु, स् und म् heissen am Ende einer vibhakti nicht इत् I. 3. 4. - Veränderungen des Themas vor einer vibhakti VII. 2. 84-113. - Anfügung an ein Neutr. VII. 1. 73, 74. - Vgl. 75. ff. - Davor wird eine Länge substituirt VI. 3. 132. - Für ein darin enthaltenes न् wird ण् substituirt VIII. 4. 11-13. - Accent VI. 1. 168. ff.

विभाषा Ind. (Häufig wird das Wort auch als Fem. declinirt.) Nach Pâṇini's (I. 1. 44.) Definition: entweder - oder nicht. Dieses Wort wird einer Regel beigefügt, wenn das darin Gelehrte nicht nothwendig bewerkstelligt zu werden braucht. Wird eine Operation freigestellt, die nach einer andern Regel ohne Wahl Statt finden müsste, so wird diese Freistellung प्राप्तविभाषा oder प्राप्ते वि° genannt. I. 3. 50. - VIII. 2. 33. - Wird dagegen eine Operation, welche nach einer andern Regel gar nicht geschehen kann, von Haus aus freigestellt, so heisst die Freistellung अप्राप्तविभाषा oder अप्राप्ते वि°. I. 3. 43. - VIII. 2. 33. - Eine zu allgemein ausgesprochene Freistellung, indem die Operation in einem Falle durchaus bewerkstelligt, in einem andern Falle durchaus unterlassen werden muss, heisst व्यवस्थितविभाषा oder व्यवस्थिता वि°. III. 1. 11. - S. 281. - Vgl. u. विकल्प.

विभाषित Adj. VII. 3. 25. = विकल्पित.

विरीसच् tddh. विरीस V. 2. 32.

विवार Masc. Ein बाह्यप्रयत्न I. 1. 9.

विवृत Neutr. Ein आभ्यन्तरप्रयत्न I. 1. 9.

विशेष Masc. 1) Die Species. Ein Wort, in dem der allgemeinere Begriff eines andern Wortes aufgeht, ist der विशेष von diesem Worte II. 4. 23. - VI. 2. 133. - 2) = विशेषण VIII. 1. 74.

विशेषण Neutr. Was ein andres Wort (विशेष्य) näher bestimmt; das Adjectiv, die Apposition I. 2. 57. - II. 1. 57. - II. 2. 35. - VII. 3. 47. - Vgl. u. क्रियाविशेषण.

विशेष्य Masc. Was von einem andern Worte (विशेषण) näher bestimmt wird; ein Substantiv II. 1. 57.

विसर्ग Masc. 1. 1. 9. - S. 370. = विसर्जनीय. S. d.

विसर्जनीय Masc. (sc. वर्ण) Der visarga. Ist ein Substitut für र् VIII. 3. 15., für रु 16. - Dafür wird स् substituirt 34 (vgl. 35.), 38, 40, 46-48, 50, 51, 53., स् oder der visarǵanîya 36, 42, 49, 52, 54., der ǵinvâmûliya und der upadhmânîya oder der visar-ǵaniya 37., ष् 39, 41, 45, 48., ष् oder der visar-ǵanîya 43, 44., ein lopa S. 381.

वु Fur die Silbe वु in einem kṛit oder tddh. wird अक substituirt VII. 1. 1.

वुक् 1) âgama व् IV. 1. 125. -VI. 4. 88. - VII. 4. 74. - 2) tddh. अक (vgl. u. वु) IV. 2. 103.

वुच् tddh. अक (vgl. u. वु) V. 3. 80. - Anfügung 83, 84.

वुञ् 1) kṛit अक (vgl. u. वु) III. 2. 146, 147. - 2) tddh. अक (vgl. u. वु) IV. 2. 39, 40, 53, 80, 121-130, 134-136. - IV. 3. 27, 45, 46, 49, 50, 77, 99, 118, 126 (vgl. 130.), 128, 157, 158. - V. 1. 132-134. - S. 179.

वुन् 1) kṛit अक (vgl. u. वु) III. 1. 149, 150. - 2) tddh. अक (vgl. u. वु) IV. 2. 61. - IV. 3. 28-30, 48, 98, 125. - V. 2. 62 (मत्वर्थे), 63. - V. 4. 1, 2.

वृत् 1) Wurzel. वर्तते, gelten, fortgelten. स्थान इति वर्तमाने (S. 21.) „da das Wort स्थाने noch aus der vorhergehenden Regel fortgilt.“ Vgl. S. 24. - Das Neutr. des Partic. वृत्त bedeutet: Kreis, Umfang. किंवृत्त (VIII. 1. 48.) und यद्वृत्त (VIII. 1. 66.) ist किं und यत् mit seinen abgeleiteten Formen. Ueber वृत्ति s. S. 78. - Mit अनु (अनुवर्तते), aus dem vorhergehenden sûtra fortgelten. - Hiervon das Nomen act. अनुवृत्ति VIII. 3. 12, 78. - Das Caus. अनुवर्तयति bedeutet: Etwas aus dem vorhergehenden sûtra ergänzen VIII. 3. 12. - Mit नि (निवर्तते), aufhören zu gelten. - Hiervon das Nomen act. निवृत्ति VIII. 3. 65. - 2) Ind. Gleichbedeutend mit वृत्त. Beendigt, zu Ende gegangen. Dieses Wort kommt nur im Dhâtu-P. vor, und bedeutet, dass mit dem Worte, nach welchem es steht, eine Reihe von Wurzeln, die zu einer grammatischen Regel gehören, schliesse. VII. 2. 59.

वृद्ध 1) Masc. Fem. = गोत्र I. 2. 65, 66. - IV. 1. 166. - वृद्धः heisst der männliche, वृद्धा der weibliche Nachkomme. 2) Neutr. Ein Wort, dessen 1ter Vocal eine vṛiddhi ist I. 1. 73. - Ferner die त्यदादयः 74, und ein Wort, dessen erster Vocal ए oder ओ ist, wenn dieses Wort eine Gegend der östlichen Völker (प्राञ्चः) bezeichnet 75. - Daran wird छ gefügt IV. 2. 114, 141, 142., ञ्यङ् IV. 1. 171., ठक् 148., ठञ् IV. 2. 120., फिञ् IV. 1. 157., मयट् IV. 3. 144., वुञ् IV. 2. 121-126. -

वृद्धि Fem. Die Vocale आ, ऐ und औ I. 1. 1. - Wenn in einer Regel die Substitution der vṛiddhi gelehrt wird, und nicht dabei bemerkt wird, für welchen Vocal diese Statt finden soll, muss इकः (6ter Cas. Sg. von इक्) im sûtra ergänzt werden 3. - Wenn die vṛiddhi substituirt wird VI. 1. 88-92. - VII. 2. 1-7. - VII. 2. 114-118. - VII. 3. 1-35, 89, 90., wenn nicht I. 1. 4-6.

वैकल्पिक Adj. von विकल्प. II. 1. 4. - VII. 1. 21. = विकल्पित und विभाषित.

वैषयिक Adj. S. u. आधार्.

व्यक्ति Fem. 1) Ein Vocal? S. 315. - Vgl. व्यञ्जन. - 2) Das Geschlecht I. 2. 51. - Vgl. u. लिङ्ग.

व्यञ्जन Neutr. Ein Consonant S. 238. - Vgl. व्यक्ति.

व्यत् tddh. व्य IV. 1. 144.

व्यत्यय Masc. Nomen act. von वि + अति + इ, unter einander verwechselt werden III. 1. 85.

व्यन् tddh. व्य IV. 1. 145. - IV. 2. 36.

व्यभिचार् Masc. Nomen act. von वि + अभि + चर्, aus Etwas herauszutreten, Etwas verlassen. इजुपधस्य सर्वस्य हल-न्तत्वाव्यभिचारादिह हल्ग्रहणमादिविशेषणं (VIII. 4. 31.) „da jede Wurzel, deren vorletzter Buchstabe इच् ist, nur auf einen Consonanten ausgehen kann (oder wörtlicher: nicht heraustreten kann aus dem Zustande einer auf einen Consonanten ausgehenden Wurzel), so ist hier die Erwähnung von हल् eine nähere Bezeichnung des Initialen der Wurzel." Vgl. noch II. 1. 32. - S. 149.

व्यभिचारिन् Adj. शब्द, ein Wort, welches aus seiner primitiven Bedeutung heraustritt; ein Wort mit mehren Bedeutungen. - Hiervon das Nomen abstr. व्यभिचारित्व VIII. 1. 65.

व्यवधान Neutr. Nomen act. Das Voneinandertrennen. अभ्यासेन व्यवधाने (VI. 1. 36.) „wenn die Reduplicationssilbe sie von einander trennt."

व्यवस्थित Adj. Vgl. u. विभाषा.

व्यवहित Adj. Getrennt, geschieden. स्वरैरव्यवहिता हलः (I. 1. 7.) „Consonanten, die durch keinen Vocal von einander getrennt sind."

व्यवाय Masc. Nomen act. Das Dazwischentreten. अटा व्यवायः ist das Dazwischentreten des Augments अट् VI. 1. 136. - Vgl. VIII. 3. 58.

व्यस्त Adj. Von einander getrennt II. 3. 56.

व्युत्पत्ति Fem. Nomen act. von वि + उद् + पद्, aus einem andern Worte entstehen, von einem andern Worte herkommen VII. 3. 5. - VIII. 3. 6.

व्युत्पन्न Adj. Von einem andern Worte abgeleitet.

व्युदास Masc. Nomen act. Das Ausschliessen (eines Elements aus einer Regel) VII. 2. 74. - VII. 4. 63. - Vgl. u. निरास.

श

श् Heisst am Anfange eines Affixes (wenn dieses kein tddh. ist) इत् I. 3. 8. - Ist ein Substitut für च् oder छ् VI. 4. 19., für स् VIII. 4. 40. - Dafür wird ष् substituirt VIII. 2. 36., कु 62, 63., ह 67., छ् VIII. 4. 63.

श 1) vikarańa अ. Wird vor लट् । लोट् । लङ् । लिङ् (Potent.) und vor einem mit einem stummen श् versehenen kṛit an die Wurzeln der 6ten Klasse gefügt, wenn jene Affixe den kartṛi bezeichnen III. 1. 77. - Anfügung VII. 1. 59. - VII. 4. 28. - 2) kṛit अ III. 1. 137-139. - III. 3. 100, 101. - 3) tddh. श मत्वर्थे V. 2. 100.

शक्ति Fem. II. 3. 7. - S. 163. = कारक. S. d.

शङ्कटच् tddh. शङ्कट V. 2. 28.

शत् tddh. शत् V. 1. 59.

शति tddh. शति V. 1. 59.

शतृ kṛit अत् (über das अ s. u. उगित्). Wird für लट् substituirt III. 2. 124-126. - Vgl. 130-133. - Heisst sat 127. - Erhält das Augment नुम् VII. 1. 81., kein नुम् 78., वा नुम् 79, 80. - Wird nicht mit dem 6ten Casus construirt II. 3. 69. - Accent der drauffolgenden nadî und Casusendung VI. 1. 173. - Dafür wird वसु substituirt VII. 1. 36.

शध्यै und शध्यैन् kṛit अध्यै mit Infinitiv-Bedeutung im Veda III. 4. 9.

शप् vikarańa अ. Wird vor लट् । लोट् । लङ् । लिङ् (Potent.) und vor einem mit einem stummen श् bezeichneten kṛit, wenn diese Affixe den kartṛi bezeichnen, an die Wurzeln der 1ten Klasse und an die auf सन् । क्यच् । काम्यच् । क्यङ् । क्यष् । णिङ् । णिच् । यङ् (य des Intensivs), यक् (य der कण्ड्वादयः) । आय । ईयङ् und क्विप् (wenn es Denominativa bildet) ausgehenden Wurzeln (vgl. u. धातु) gefügt III. 1. 68. - Ferner neben श्यन् an folgende Wurzeln der 4ten Klasse: क्लमु । त्रसी und यसु (aber nur an das Simplex und an संयस्) 70-72. - Anfügung VI. 4. 25, 26. - VII. 1. 63. - Für das अ wird im Veda इ und ई substituirt VII. 2. 34. - Der drauffolgende kṛit शतृ erhält vor शी und vor der nadi das Augment नुम् VII. 1. 81. - Wenn eine Wurzel in einem sûtra mit शप् versehen ist, hat die Regel keine Gültigkeit, wenn यङ्लुक् folgt S. 304. - Nach den Wurzeln der 2ten Klasse wird ein लुक् für शप् substituirt II. 4. 72. (vgl. 73.), nach denen der 3ten श्लु 75 (vgl. 76.).

शब्द Masc. Ein bedeutsames Wort I. 1. 68. - III. 1. 62. nennt der Commentator auch die Personalendung त, शब्द.

शर् praty. Die 3 Sibilanten श् । ष् und स् VII. 4. 61. - VIII. 3. 28. - Wird verdoppelt S. 396., nicht verdoppelt VIII. 4. 49.

शल् praty. Die 3 Sibilanten und ह III. 1. 45.

शवर्ग S. u. वर्ग.

शस् 1) Casusendung अस् (2ter Cas. Pl.) IV. 1. 2. - Anfügung VI. 1. 63, 93. - VI. 4. 80. - Accent VI. 1. 167. - Für स् wird न् substituirt VI. 1. 103. - VII. 1. 29. - Für शस् wird शि substituirt 20., औश् 21., ein लुक् 22. - 2) tddh. शस् V. 4. 42, 43. - Anfügung VI. 3. 55. - S. 273.

शाकट tddh. und çabda शाकट S. 211.

शाकिन tddh. und çabda शाकिन S. 211.

शानच् 1) Wurzel-Affix आन, ein Substitut für श्ना vor हि III. 1. 83. - 2) kṛit आन, ein Substitut für लट् III. 2. 124-126. - Heisst sat 127. - Wird nicht mit dem 6ten Casus construirt II. 3. 69. - Vgl. u. आन.

शानन् kṛit आन III. 2. 128. - Wird nicht mit dem 6ten Casus construirt II. 3. 69. - Vgl. u. आन.

शायच् Wurzel-Affix आय, ein Substitut für श्ना vor हि im Veda III. 1. 84.

शालच् tddh. शाल V. 2. 28.

शि Casusendung इ, ein Substitut für जस् und शस् bei Neutris VII. 1. 20. - Heisst sarvanâmasthâna I. 1. 42. - Anfügung VI. 4. 12. - Im Veda wird häufig ein lopa dafür substituirt VI. 1. 70.

शित् Adj. (श् + इत्) श् zum stummen Buchstaben habend. 1) Wurzel-Affix. Heisst sârvadh. III. 4. 113 (vgl. 117.). - Anfügung VI. 1. 45. - VII. 3. 75-82. - Es folgt âtm. I. 3. 60, 61. - 2) âdeça. Ein solches einbuchstabiges Substitut wird nicht für den Finalen, sondern für das Ganze substituirt I. 1. 55.

शी Casusendung ई, ein Substitut für जस् VII. 1. 17., für औङ् 18, 19. - Anfügung VI. 4. 136. - VII. 1. 80, 81.

शुद्ध Adj. वर्ण, ein reiner Buchstabe; ein Buchstabe, der nicht nasal ist S. 315.

शे Casusendung ए (in युष्मे und अस्मे), ein Substitut für सुप् im Veda VII. 1. 39. - Vgl. Rosen zu Rig-V. IX. 8. - Heisst pragṛihya I. 1. 13.

शैषिक Adj. S. S. 181.

श्च (श् + चु) Das palatale श् und die 5 Palatalen च्। छ्। ज्। झ् und ञ्. Wird für स्तु substituirt VIII. 4. 40.

श्तिप् Das Affix ति, welches zur Bezeichnung einer Wurzel gebraucht wird S. 148, 304. Das stumme श् macht das Affix zu einem sârvadh. (vgl. III. 4. 113.); es wird demnach vor dieser Endung einer der 9 ersten vikaraṅa's an die Wurzel gefügt. पचति, das wie ein Nomen auf इ declinirt wird, ist eine von den Formen, unter welchen die Wurzel पच् in der Grammatik und in Commentaren aufgeführt wird.

श्न S. u. श्नम्.

श्नम् vikaraṅa und âgama न (über das म् s. u. आगम). Wird vor लट्। लोट्। लङ्। लिङ् (Potent.) und vor einem mit einem stummen श् bezeichneten kṛit an die Wurzeln der 7ten Klasse gefügt, wenn jene Affixe den kartṛi bezeichnen III. 1. 78. - Für das न् wird ein lopa substituirt VI. 4. 23., für das अ 111.

श्ना vikaraṅa ना. Wird vor लट्। लोट्। लङ्। लिङ् (Potent.) und vor einem mit einem stummen श् bezeichneten kṛit an die Wurzeln der 9ten Klasse und an 4 sautra-Wurzeln gefügt, wenn jene Affixe den kartṛi bezeichnen III. 1. 81, 82. - Für das आ wird ein lopa substituirt VI. 4. 112., ई 113., für das न् ण् VIII. 4. 15 (vgl. 39.). - Vor हि wird शानच् für श्ना substituirt III. 1. 83., im Veda auch शायच् 84.

श्नु vikaraṅa नु. Wird vor लट्। लोट्। लङ्। लिङ् (Potent.) und vor einem mit einem stummen श् bezeichneten kṛit an die Wurzeln der 5ten Klasse, an श्रु, an अक्षू und तक्षू (neben शप्), an 4 sautra-Wurzeln und an स्कुञ् (neben श्ना) gefügt, wenn jene Affixe den k a r t ṛ i bezeichnen III. 1. 73-76, 82. - Für das उ wird उवङ् substituirt VI. 4. 77., यण् 87., ein l o p a 107., für das न् ण् VIII. 4. 15 (vgl. 39.). - Für das folgende हि (2te Sg. p a r a s m. im लोट्) wird ein लुक् substituirt VI. 4. 106.

श्यन् v i k a r a ṅ a य. Wird vor लट् । लोट् । लङ् । लिङ् (Potent.) und vor einem mit einem stummen श् bezeichneten k r i t an die Wurzeln der 4ten Klasse, an टुभ्राशृ । टुभ्लाशृ । भ्रमु । क्रमु und लष der 1ten Klasse (neben शप्) und an त्रुट der 6ten Klasse (neben श) gefügt, wenn jene Affixe den k a r t ṛ i bezeichnen III. 1. 69, 70. - Ferner wird श्यन् an कुष und रञ्ज gefügt, wenn die ebenerwähnten Affixe den k a r m a k a r t ṛ i bezeichnen 90. - Anfügung VII. 3. 71, 74. - Der auf श्यन् folgende k ṛ i t शतृ erhält das Augment नुम् VII. 1. 81.

श्लु Ein Substitut für शप्, welches durch diese Substitution verschwindet (ohne dass ein anderes Affix an seine Stelle tritt) und seinen Einfluss auf das a ṅ g a verliert. - Vgl. u. लुमत्. - श्लु wird nach den Wurzeln der 3ten Klasse für शप् substituirt II. 4. 75. - Im V e d a auch sonst häufig 76. - Vor श्लु findet Reduplication der Wurzel Statt VI. 1. 10. - Bildung der Reduplicationssilbe VII. 4. 75-78.

श्लुवत् Adv. Wie श्लु III. 1. 39.

श्वस्तनी (sc. विभक्ति) Fem. Die Personalendungen der morgenden Zukunft (vgl. III. 3. 15.); der लुट् S. 143.

श्वास Masc. Ein बाह्यप्रयत्न I. 1. 9.

ष

ष् Heisst am Anfange eines Affixes इत् I. 3. 6. – Ein Substitut für च् । ज् । छ् und श् VIII. 2. 36., für den visarganîya VIII. 3. 39, 41, 43-45, 48., für स् VIII. 4. 41. – Dafür wird क् substituirt VIII. 2. 41., रु 66., स् am Anfange einer Wurzel VI. 1. 64. – Vgl. u. मूर्धन्य.

ष smsnta अ V. 4. 115.

षच् smsnta अ V. 4. 113, 114.

षड्गवच् tddh. षड्गव S. 211.

षण् oder vielmehr षन्. Das Affix सन् des Desiderativs, nach der durch den vorhergehenden Buchstaben veranlassten Substitution von ष् für स् VIII. 3. 61.

षष् (nach einem Beispiele ist die ganze Klasse benannt worden; vgl. u. कृत्) Die auf ष् । न् und उति ausgehenden Zahlwörter I. 1. 24, 25. – Erhält kein Feminin-Affix IV. 1. 10. – Für जस् und शस् wird ein लुक् substituirt VII. 1. 22. – आम् (6ter Cas. Pl.) erhält das Augment नुट् 55. – Accent VI. 1. 179-181. – Vgl. u. डु.

षष्ठी (sc. विभक्ति) Fem. Die Endungen des 6ten Casus bei den östlichen Grammatikern. Bildung des 6ten Casus von युष्मद् und अस्मद् VIII. 1. 20-22. – Dafür wird तसि substituirt V. 4. 48, 49. – Im 6ten Casus steht dasjenige Element im sûtra, für welches ein anderes substituirt werden soll I. 1. 49. – Wenn der 6te Casus gebraucht wird II. 3. 26, 27, 30, 34, 38 -41, 50-59, 61-68, 71-73. (vgl. 60, 69, 70.). –

Wenn er nicht componirt wird II. 2. 10-16. - Am Anfange eines tatpurusha II. 2. 8, 9, 17. - Im tatpurusha wird kein लुक् für die Casusendung substituirt VI. 3. 21-24. - Accent im tatpurusha VI. 2. 60, 134, 135. - Am Ende eines avyayibhâva II. 1. 18.

षष्ठीतत्पुरुष oder षष्ठीसमास Masc. Ein tatpurusha, dessen 1tes Glied ein 6ter Casus ist VI. 2. 25. - S. 200, 348.

षाकन् kṛit आक III. 2. 155.

षिकन् (=ष्ठन्) tddh. इक S. 179.

षित् (ष् + इत्) Adj. ष् zum stummen Buchstaben habend. - 1) Wurzel. Mehre Wurzeln sind षित्, obgleich sie kein stummes ष् enthalten; unter andern die घटादयः; vgl. den Dhâtu-P. - An solche Wurzeln wird kṛit अङ् gefügt III. 3. 104. - 2) Affix. Ein solcher kṛit oder tddh. hat im Femin. ङीष् IV. 1. 41.

षीध्वं Die Personalendung ध्वम् des Precativs mit dem Augment सीयुट्, für dessen स्, eines vorhergehenden Buchstabens wegen, ष् substituirt worden ist. Für das ध् der Endung wird ढ् substituirt VIII. 3. 78., वा 79.

षुक् âgama ष् IV. 1. 161. - IV. 3. 138. - IV. 4. 89. - VII. 3. 40 (am Ende einer Wurzel vor णि). - S. 139.

षेण्यण् tddh. एन्य S. 190.

ष्कन् tddh. क V. 1. 75.

ष्टरच् tddh. तर V. 3. 90, 91.

ष्टु (ष् + टु) Das ष् und die 5 Cerebralen. Wird für स्तु substituirt VIII. 4. 41.

ष्ट्रन्. Vgl. u. त्र. - 1) uṅâdi त्र VI. 2. 7. - S. 104. - 2) kṛit त्र III. 2. 181-183.

ठच् t d d h. इक (vgl. u. ठ्) IV. 4. 31.

ठन् t d d h. क oder इक (vgl. u. ठ्) IV. 3. 70. - IV. 4. 10, 11, 16, 17, 31, 53, 54. - V. 1. 46, 54, 55.

ठल् t d d h. इक (vgl. u. ठ्) IV. 4. 9, 74.

ष्फ t d d h. आयन (vgl. u. फ्) IV. 1. 17-19.

ष्फक् t d d h. आयन (vgl. u. फ्) IV. 2. 99, 100.

ष्यङ् t d d h. य IV. 1. 78-81. - Für das य् wird ein s a m p r a s â r a ṅ a substituirt VI. 1. 13, 14. - Vgl. u. यङ् 3).

ष्यञ् t d d h. य V. 1. 123, 124. - Anfügung VI. 3. 51. - VI. 4. 174.

ष्लञ् t d d h. ल IV. 3. 142.

ष्वुन् k ṛ i t अक (vgl. u. वु) III. 1. 145.

स

स् Ein Substitut für den v i s a r ǵ a n î y a VIII. 3. 34, 36, 38, 40, 42, 46-54. - Erhält das Augment धुट् nach न् 30. - Dafür wird ein l o p a substituirt VIII. 2. 24-29., रु 66., रु oder र् 70, 71., द् 72, 73., रु oder द् 74., ष् VIII. 3. 56-77, 80-119. - VIII. 4. 41. (vgl. 42.), श् 40., थ् 61.

स 1) = समास S. LXXXII. Z. 26. und S. XCII. Z. 1. - 2) u ṅ â d i स VI. 2. 2. - Erhält kein Augment इट् VII. 2. 9. - 3) t d d h. स IV. 2. 80. - V. 4. 40.

संयोग Masc. Zwei oder mehr Consonanten, die unmittelbar auf einander folgen I. 1. 7. - Ein vorhergehender kurzer Vocal heisst g u r u I. 4. 11. - Für den Finalen wird ein l o p a substituirt VIII. 2. 23, 24.

संवार Masc. Ein वाह्यप्रयत्न I. 1. 9.

संवृत Neutr. Ein आभ्यन्तरप्रयत्न I. 1. 9.

संहत S. u. हन्.

संहिता Der innige Zusammenhang der Buchstaben und Wörter im Verlaufe eines und desselben Satzes I. 4. 109. - Accent und euphonische Regeln in der san-hitâ I. 2. 39, 40. - VI. 1. 72-157. - VI. 3. 114 -139. - VIII. 2. 108. bis an's Ende des Werkes.

संहितापाठ Masc. Diejenige Schreibart eines Textes, bei welcher alle in der saṁhitâ geltenden euphonischen Regeln beobachtet werden S. 393. - Vgl. u. क्रमपाठ.

सक् âgama स am Ende einer Wurzel vor सिच् VII. 2. 73.

सकर्मक Adj. धातु, eine Wurzel, die ein karman hat; ein Verbum transitivum I. 3. 53. - III. 2. 4.

सट् praty. S. S. 363.

संख्या Fem. 1) Die Zahlwörter, बहु, गण und die auf वतु und डति ausgehenden Wörter I. 1. 23. - Accent S. 262. - Am Anfange eines avyayibhâva II. 1. 10, 19, 20., eines tatpurusha 50, 51. - Ein solcher tatpurusha heisst dvigu 52. - Ein Zahlwort und ein Indeclinabile wird mit einem Zahlwort componirt, und das Compositum heisst bahuvrîhi II. 2. 25. - Veränderungen des Zahlwortes am Anfange eines Compositums vor einem andern Zahlworte VI. 3. 47-49. - Anfügung eines ञित्, णित् oder कित् an ein Compositum, dessen 1tes Glied ein Zahlwort ist VII. 3. 15-17. - Accent im dvandva VI. 2. 34., im bahuvrîhi 163, 164. - Bildung der Nomina ordinalia V. 2. 48-58. - Erhält das Affix एधाच् V. 3. 46., कन् V. 1. 22 (vgl. 19. ff.),

कृत्वसुच् V. 4. 17, 20., धमुञ् V. 3. 45., धा 42-45. - V. 4. 20., ध्यमुञ् V. 3. 44., मयट् V. 2. 47., शस् V. 4. 43., सुच् 18, 19. - 2) Der Numerus S. 47. - Vgl. u. वचन.

संघात Masc. S. u. हन्.

संज्ञा Fem. Der Name eines als für sich bestehend gedachten Dinges. Jedes primitive Wort (wie z. B. die technischen Ausdrücke घ । घु u. s. w.), welches einen solchen Begriff ausdrückt, heisst संज्ञा; ist aber das Wort ein abgeleitetes oder ein zusammengesetztes, dann heisst es nur in dem Falle संज्ञा, wenn der Begriff desselben durch die Auflösung nicht ganz wiedergegeben werden kann, oder was dasselbe ist, wenn das Wort eine speciellere Bedeutung erhält, als es vermöge seiner Ableitung oder seiner Zusammensetzung zu haben braucht. Vgl. I. 1. 34. - I. 2. 53. - I. 4. 1. - II. 1. 21, 44, 50. - III. 2. 14, 99, 179, 185. - III. 3. 19, 99, 118, 174. - IV. 2. 5. - IV. 3. 117, 147. - IV. 4. 89. - V. 1. 3. - V. 2. 113, 137. - V. 3. 87, 97. - VI. 1. 157, 204. - VI. 2. 77. - VI. 3. 38. - VIII. 3. 99. - VIII. 4. 3. - S. 62.

सण् t d d h. अ S. 178. - Vgl. u. पास्.

सत् (Partic. von अस्; vgl. u. कृत्) Die Affixe शतृ und शानच् III. 2. 127. - Kann für लृट् substituirt werden III. 3. 14. - Ein 6ter Casus wird mit s a t nicht componirt II. 2. 11.

सधीनन् t d d h. सधीन oder अधीन S. 227.

सन् Wurzel-Affix स III. 1. 5, 6. - Bildet Desiderativa 7. - Ein auf सन् ausgehendes Thema heisst d h â t u 32. - Ist कित् I. 2. 8-10., वा कित् 26. - Vor सन् wird die Wurzel reduplicirt VI. 1. 9. - Bildung der Reduplicationssilbe III. 1. 6. - VII. 4. 79-82. - Abfall der Reduplicationssilbe 58. - Davor wird eine andre Wurzel substituirt II. 4. 37, 47, 48, 51 (wenn सन् auf णि folgt). - Erhält das Augment इट् VII. 2. 74, 75., वा इट् 41, 49., kein Augment 12. - Anfügung VI. 1. 31; 32 (wenn णि vorhergeht). - VI. 4. 16, 17, 42. - VII. 3. 57, 58. - VII. 4. 54-57. - VIII. 3. 117. - Es folgt âtm. I. 3. 57 (vgl. 58.), 62., parasm. oder âtm. 92, 93., kṛit उ III. 1. 168.

सनिङ् ? VII. 2. 69.

सनुम् Adj. Mit dem Augment नुम् versehen VIII. 4. 32.

संधि Masc. Die Verbindung der Buchstaben in einem und demselben Satze. संधिं कृ heisst: die Buchstaben mit einander verbinden, die euphonischen Regeln anwenden S. 216.

सन्नतर Adj. = अनुदात्ततर I. 2. 40.

सप् Wurzel-Affix स vor लेट् S. 118.

सप्तमी (sc. विभक्ति) Fem. Die Endungen des 7ten Casus bei den östlichen Grammatikern. - Heisst pragṛihya I. 1. 19. - Dafür wird त्रल् substituirt V. 3. 10. - Wenn der 7te Casus gebraucht wird II. 3. 7, 9, 36-41, 43-45. - Am Anfange eines tatpurusha II. 1. 40-48., Accent VI. 2. 2, 32, 65, 152. - Für die Casusendung wird kein लुक् im Compositum substituirt VI. 3. 9-18 (vgl. 19, 20.). - VIII. 3. 95. - VIII. 4. 4. - Muss im bahuvrîhi voranstehen II. 2. 35.

सप्तमीसमास Masc. Ein tatpurusha, dessen 1tes Glied ein 7ter Casus ist S. 395.

समर्थ Adj. 1) Dieselbe Bedeutung habend I. 3. 42. - II. 3. 57. - VIII. 1. 65. - 2) Dem Sinne nach mit einander verbunden; mit einander in Construction stehend (von Wörtern) II. 1. 1. - IV. 1. 82.

समसण् t d d h. und v i b h. समस् S. 220.

समास Masc. Ein Compositum. Wenn componirt wird II. 1. 3. bis II. 2. 38. - Welche Composita नित्य (fest) sind II. 1. 3. - Heisst p r â t i p a d i k a I. 2. 46. - Veränderungen und Unregelmässigkeiten in den Gliedern VI. 3. 1-139. - Accent VI. 1. 223. bis VI. 2. 199. - Es folgt इच् V. 3. 106. - Vgl. u. समासान्त.

समासान्त (sc. प्रत्यय) Masc. Ein t d d h., der an's Ende eines Compositums gefügt wird, ohne die Bedeutung desselben zu verändern. Eine Menge Formen am Ende eines Compositums, die Herr B o p p (kl. Gr. §. 613.) Stellvertreter nennt, sind bei den Indischen Grammatikern durch Anfugung eines s a m â s â n t a entstanden. V. 4. 68-160. - Ein s a m â s â n t a ist nicht nothwendig (अनित्य) VI. 2. 197. - S. 268.

संप्रदान Neutr. Derjenige, welchem der Agens das Object zukommen lässt I. 4. 32. - Vgl. 33-37, 39-41, 44. - Steht im 4ten Casus II. 3. 13. - Einige k ṛ i t's bezeichnen das s a m p r a d â n a III. 4. 73.

संप्रसारण Neutr. Die Vocale इ । उ । ऋ und ऌ, wenn sie für य् । व् । र् und ल् substituirt werden I. 1. 45. - Wenn ein s a m p r a s â r a ṅ a substituirt wird III. 3. 72-75. - V. 2. 55. - VI. 1. 13-44. - VI. 4. 131, 132. - VII. 4. 67, 68. - Für das s a m p r a s â r a ṅ a und für den darauffolgenden Vocal wird das s a m p r a s â r a ṅ a allein substituirt VI. 1. 108. - Vor einem samprasâraṅa wird kein andres samprasâraṅa substituirt 37. - Dafür wird eine Länge substituirt VI. 3. 139. - VI. 4. 2.

संबुद्धि Fem. Die Endung des 1ten Cas. Sg. beim Rufen; die Vocativ-Endung des Sg. II. 3. 49. - Für सु (1ter Cas. Sg.) wird ein lopa substituirt VI. 1. 69. - Anfügung VII. 1. 99. - VII. 3. 106-108. - VIII. 2. 8. - VIII. 3. 1. - S. 340. - Ein Vocativ auf ओ kann pragṛihya heissen I. 1. 16. - I. 2. 33. ist संबुद्धि (nach der Kâçikâ) der Vocativ in allen 3 Zahlen.

सर् uṅâdi सर्, mit Weglassung der stummen Buchstaben. Erhält kein Augment इट् VII. 2. 9.

सरक् uṅâdi सर् S. 384.

सरन् uṅâdi सर्, mit Weglassung des stummen क् am Anfange VII. 2. 9.

सर्वनामन् [Wörter, die mit allen Nominibus verbunden werden können, was bei den übrigen Adjectivis (vgl. u. गुण) nicht der Fall ist; vielleicht kommt der Name auch daher, dass das erste sarvanâman सर्व ist) Neutr. Welche Wörter so heissen I. 1. 27. - Vgl. 28-36. - Es werden andre Casusendungen substituirt VII. 1. 14-17. - आम् (6ter Cas. Pl.) erhält das Augment सुट् 52. - Ein ङित् सुप् erhält beim Femin. das Augment स्याट् VII. 3. 114, 115. - Für den Finalen wird आ substituirt VI. 3. 91. (vgl. 89.), für den letzten Vocal mit dem etwa darauffolgenden Consonanten अकि 92. - Erhält das Affix अकच् V. 3. 71. - Daran werden tddh. gefügt, die zugleich vibh. heissen 2. ff. - Wird verdoppelt S. 354. - Steht im 6ten oder 3ten Casus in Verbindung mit हेतु II. 3. 27.

सर्वनामस्थान Neutr. Die Casusendungen शि । सु । औ । जस् । अम् (2ter Cas. Sg.) und औट् (die 4 letzten nur beim Masc. und Fem.) I. 1. 42, 43. - Vor diesen Affixen heisst das Thema aṅga I. 4 17. - Ist णित् VII. 1. 90, 92. - Anfügung VI. 4. 8-11. - VII. 1. 70-72, 78, 79, 86, 87, 89, 95, 98. - VII. 3. 110. - Accent VI. 1, 199.

सवर्ण Adj. Homogen. Diejenigen Buchstaben heissen homogen, welche mit demselben Organ (स्थान) und mit demselben आभ्यन्तरप्रयत्न ausgesprochen werden I. 1. 9. - Ein Vocal ist nie mit einem Consonanten homogen 10. - Die kurzen Vocale, die Diphthonge, die Halbvocale य् । व् und ल् und die Consonanten क् । च् । ट् । त् und प् (wenn diese mit einem stummen उ versehen sind) enthalten in der Grammatik, wenn sie nicht Affixe sind, auch ihre homogenen Elemente I. 1. 69. - Ist der kurze Vocal aber mit einem त् am Ende versehen, dann enthält er nur die kurzen homogenen Elemente 70. - Ein homogener Vocal wird allein für 2 Vocale substituirt VI. 1. 101, 102.

सस्ज् oder richtiger सञ्ज्. Wurzel. Mit प्र im Pass., Statt finden S. 268. - Hiervon das Partic. प्रसक्त „was Statt findet oder Statt finden müsste“ I. 1. 60. - S. 22. - Das Nomen act. प्रसङ्ग hat die Bedeutung des Pass. I. 1. 50. - VIII. 2. 106. - S. 62. - Ist eine Regel zu weit, so sagt man, dass in dem Falle, wo sie fälschlich angewendet werden könnte, ein अतिप्रसङ्ग Statt finde. VIII. 2. 37. - S. 253, 373.

साकच् Adj. Mit dem taddh. अकच् versehen VII. 2. 103, 105.

साकाङ्क्ष S. u. आकाङ्क्ष.

साति tddh. सात् V. 4. 52-55. - Für das स् darf nicht ष् substituirt werden VIII. 3. 111.

सादृश्य Neutr. Die Aehnlichkeit. S. S. 20, 21.

साधन Neutr. 1) Der Agens (कर्तृ) und das Instrument (करण) S. 82. - 2) = कारक? Vgl. u. साधनक्रिया. - 3) = विकरण S. 394.

साधनक्रिया Fem. Eine Handlung, die mit einem kâraka verbunden ist; ein Verbum finitum oder ein kṛidanta V. 2. 80. - S. 94.

साम् Die Endung आम् des 6ten Cas. Pl. mit dem Augment सुट् VII. 1. 52. - Dafür wird आकं substituirt VII. 1. 33.

सामर्थ्य Neutr. 1) Die Kraft, die Macht. Der 5te Casus सामर्थ्यात्, am Ende eines Compositums, lässt sich durch vermöge, wegen übersetzen VII. 1. 36. - 2) Nomen abstr. von समर्थ 1). - 3) Nomen abstr. von समर्थ 2). II. 1. 1. - VIII. 3. 44.

सामानाधिकरण्य Neutr. Nomen abstr. vom bahuvrîhi समानाधिकरण II. 1. 9. - S. u. अधिकरण.

सार्वधातुक (was an die ganze Wurzel, an die vollere Form derselben gefügt wird; vgl. u. आर्धधातुक) Neutr. Alle Personalendungen (die des लिट् und des आशिर्लिङ् (Precat.) ausgenommen) und alle Wurzel-Affixe, die ein stummes श् haben III. 4. 113. - Im Veda findet eine Verwechselung zwischen sârvadh. und ârdhadh. Statt 117. - Vor einem jeden sârvadh. wird ein vikaraṅa (s. d.) an die Wurzel gefügt. - Ein sârvadh., das nicht पित् ist, ist ङित् I. 2. 4. - Im Veda ist es häufig पित् S. 124. - Erhält das Augment इट् VII. 2. 76-78., ईट् VII. 3. 93-98., अट्

99, 100. - Anfügung VI. 4. 87, 109-116, 118. - VII. 2. 81. - VII. 3. 84, 86-92, 101. - VII. 4. 21. - Accent VI. 1. 186, 188-190, 192.

सावर्ण्य Neutr. Nomen abstr. von सवर्ण I. 1. 69.

सि 1) Personalendung सि. - S. u. सिप्. - 2) unâdi सि, nach Abwerfung des stummen Buchstabens. - S. u. क्सि.

सिच् Wurzel-Affix स्, ein Substitut für च्लि III. 1. 44. - Ist कित् I. 2. 11, 12, 14, 15, 17., वा कित् 13, 16. - Davor wird vṛiddhi substituirt VII. 2. 1-3., keine vṛiddhi 4, 5., nach Belieben 6, 7. - Wird wie चिण् angefügt und erhält das Augment इट् VI. 4. 62. - Erhält das Augment इट् VII. 2. 71-73., वा इट् 42, 43., kein इट् 57. - Für das Augment wird keine Länge substituirt 40. - Die Wurzel erhält das Augment सक् 73. - Für सिच् wird ein लुक् substituirt II. 4. 77-79., für das स् ein lopa VIII. 2. 25-28. - Nach सिच् wird जुस् für झि (1te Pl. parasm.) substituirt III. 4. 109. - Dieselbe Substitution findet Statt, wenn ein लुक् für सिच् substituirt worden ist 110. - Eine darauffolgende Personalendung erhält das Augment ईट् VII. 3. 96, 97. - Accent VI. 1. 187. - Vgl. S. 120, 121.

सित् (स् + इत्) Adj. स् zum stummen Buchstaben habend. Vor einem solchen Affixe heisst das Thema pada I. 4. 16. - Vgl. S. 33.

सिध् Wurzel. सिध्यति, vollendet werden, durch eine Regel (im 3ten Casus) seine Erklärung finden. Hiervon das Partic. सिद्ध, was erklärt ist, was seine Erklärung gefunden hat I. 3. 61. u. s. w. und das Nomen act. सिद्धि VII. 2. 66. - Eine secundäre (substituirte) Form ist in gewissen Fällen असिद्ध oder असिद्धवत्, d. h. sie wird bei einigen Operationen so behandelt, als wenn sie noch in ihrem primitiven Zustande wäre VI. 1. 86. - VI. 4. 22. - VIII. 2. 1. - Mit नि, eine Regel oder eine Operation verbieten oder aufheben. Hiervon das Nomen act. निषेध I. 3. 58. u. s. w. - Mit प्र, = सिध् S. 130. - Mit प्रति, = निषिध्. Hiervon das Partic. प्रतिषिद्ध (VI. 3. 42.) und das Nomen act. प्रतिषेध VII. 2. 64. - Wenn an einem Elemente nach 2 verschiedenen Regeln zwei verschiedene Operationen vorgenommen werden können, so findet ein विप्रतिषेध Statt. Meistentheils muss in einem solchen Falle die später erwähnte Operation bewerkstelligt werden I. 4. 2. - Wenn dieses geschieht, so sagt man, dass die Operation परविप्रतिषेधेन । परविप्रतिषेधात् oder परविप्रतिषिद्धं bewerkstelligt werde. Hebt dagegen die frühere Regel die nachfolgende auf, so findet die in der frühern Regel gelehrte Operation पूर्वविप्रतिषेधेन (VI. 1. 208.) । पूर्वविप्रतिषेधात् (III. 4. 24.) oder पूर्वविप्रतिषिद्धं (S. 110, 143, 207, 223.) Statt. Bei dieser Ausdrucksweise steht das gültige Element im 1ten Casus, das ungültig gewordene im 5ten.

सिप् 1) Personalendung सि (2te Sg. parasm.), ein Substitut für ल् III. 4. 78. - Wenn es apṛikta (vgl. III. 4. 100.) ist, wird ein lopa dafür substituirt VI. 1. 68. - Anfügung VIII. 2. 74, 75. - Dafür wird थल् im liṭ substituirt III. 4. 82., im laṭ 83, 84., हि im loṭ 87, 88. - 2) vikaraṇa सि. Wird vor leṭ häufig an die Wurzel gefügt III. 1. 34. -

Ist öfters णित् S. 118.

सीयुट् âgama सीय् am Anfange des âtm. im लिङ् III. 4. 102. - Wird wie चित् angefügt und erhält das Augment इट् VI. 4. 62. - Für das स् wird ein lopa substituirt VII. 2. 79.

सु 1) uṅâdi सु, nach Abwerfung des stummen च्. - S. u. सुच्. - 2) Endung स् des 1ten Cas. Sg. IV. 1. 2. - Davor wird das Thema der Pronomina verändert VII. 2. 94, 106-108, 110, 111. - Anfügung VI. 4. 13, 14. - VII. 1. 82-85, 93, 94. - Dafür wird ein lopa substituirt VI. 1. 68, 69, 132-134. - VII. 2. 107., ein लुक् VII. 1. 23., अम् 24., अद्ड् 25 (vgl. 26.). - Wird für सुप् im Veda substituirt 39. - 3) Casusendung सु. - S. u. सुप् 1).

सुक् âgama स् S. 312.

सुच् 1) uṅâdi सु. - Erhält kein Augment इट् VII. 2. 9. - 2) tddh. स् V. 4. 18, 19.

सुञ् Die Partikel सु. Davor wird eine Länge substituirt VI. 3. 134. - Für स् wird ष् substituirt VIII. 3. 107., für ein folgendes न् ण् VIII. 4. 27.

सुट् 1) âgama स्. a) Vor त् und थ्, wenn diese Buchstaben sich in einer Personalendung des लिङ् befinden III. 4. 107. - Dafür wird ein lopa substituirt VII. 2. 79. - b) Vor Wurzeln und Nominibus VI. 1. 135-157. - Dafür wird ष् substituirt VIII. 3. 70, 71. - Für das स् von सम् wird vor सुट् रु substituirt 5. - c) Am Anfange der Endung आम् (6ter Cas. Pl.) VII. 1. 52. - 2) praty. Die 5 ersten Casusendungen S. 34. - Heisst beim Masc. und Fem. sarvanâmasthâna I. 1. 43.

सुप् 1) Endung सु des 7ten Cas. Pl. IV. 1. 2. - Anfügung VIII. 3. 16. - 2) praty. Die IV. 1. 2. aufgeführten 21 Casusendungen nebst ihren Substituten S. 34. - Daher eine Casusendung überhaupt. - Die 1te Trias heisst प्रथमा, die 2te द्वितीया u. s. w. - Das erste Affix einer Trias heisst एकवचन, das 2te द्विवचन und das 3te बहुवचन I. 4. 103. - Die Casusendungen heissen vibhakti 104. - Anfügung VI. 4. 83-86. - VII. 3. 102, 103. - In einer Wurzel, in einem prâtipadika und nach einem avyaya wird ein लुक् für सुप् substituirt II. 4. 71, 83. - Nach einem avyayîbhâva wird अम् für सुप् substituirt 84, 85. - Im Veda werden die Casusendungen unter einander verwechselt S. 125, 310., andre Endungen an die Stelle gesetzt VII. 1. 39. - Die Casusendungen sind anudâtta III. 1. 4. - Vgl. dagegen VI. 1. 166-175, 177-184, 191. - Ein auf einen सुप् ausgehendes Wort heisst pada I. 4. 14. - सुप् ist häufig gleichbedeutend mit सुबन्त III. 1. 106. - Ein सुप् wird mit einem andern सुप् componirt II. 1. 4. ff. - Accent eines सुप् vor einem Vocativ 2.

सुब्धातु Masc. S. 245. = नामधातु.

से 1) Personalendung से, ein Substitut für थास् (2te Sg. âtm.) in den Tempp., die mit einem stummen ट् bezeichnet sind III. 4. 80. - Erhält das Augment iṭ VII. 2. 77, 78. - 2) kṛit से mit Infinitiv-Bedeutung im Veda III. 4. 9.

सेट् (स + इट्) Adj. Mit dem Augment इट् versehen I. 2. 18. ff. - VI. 1. 196. - VI. 4. 121-126. - Ueber die Wurzeln, die सेट् heissen, s. S. 317.

सेट्क Adj. S. 319. = सेट्.

सेन् kṛit से mit Infinitiv-Bedeutung im Veda III. 4. 9.

सोढ tddh. सोढ S. 177.

सोष्मन् Adj. S. S. 22.

सौत्र Adj. von सूत्र. Was in einem sûtra vorkömmt, in einem sûtra erwähnt wird. S. 274. - Vgl. u. धातु.

स्कन्धच् tddh. स्कन्ध S. 179.

स्तु (स् + तु) Der Sibilant स् und die 5 Dentalen. Dafür wird श्चु substituirt VIII. 4. 40., ष्टु 41.

स्त्री Fem. 1) Ein Femininum. Wie das Fomin. gebildet wird IV. 1. 3-81. - Für das Femin. wird das Masc. substituirt I. 2. 66. - VI. 3. 34-42. - 2) Das weibliche Geschlecht IV. 1. 176. - 3) = स्त्रीप्रत्यय S. d.

स्त्रीप्रत्यय Masc. Ein Feminin-Affix; ein Affix, mit welchem das Fem. vom prâtipadika gebildet wird. Diese Affixe sind folgende: ऊङ् । ङीन् । ङीप् । ङीष् । चाप् । टाप् । डाप् und ति. - Dafür wird eine Kürze substituirt I. 2. 48., ein लुक् 49., इत् 50. - Es wird ढक् angefügt IV. 1. 120.

स्थान Neutr. 1) Die Stelle. Der 7te Cas. Sg. स्थाने, mit einem 6ten Casus verbunden, bedeutet: an die Stelle von. VII. 3. 46. - 2) Das Organ, womit ein Buchstabe ausgesprochen wird I. 1. 9.

स्थानिक Adj. Was an eines Andern Stelle getreten ist. आतः स्थानिक अ (VII. 3. 47.) ist ein kurzes अ, welches an die Stelle eines langen आ getreten ist.

स्थानिन् Masc. Das primitive Element, in Beziehung auf sein Substitut I. 1. 56. - VII. 2. 80.

स्थानिवत् Adv. Wie das primitive Element. Ein Substitut ist स्थानिवत्, wenn es allen Regeln, welche für das primitive Element galten, unterworfen ist. Wenn ein Substitut स्थानिवत् ist und wenn nicht I. 1. 56-59.

स्थानिवत्त्व Neutr. Nomen abstr. vom Adv. स्थानिवत् I. 1. 56.

स्न tddh. स्न V. 4. 40.

स्नञ् tddh. स्न IV. 1. 87. - Hat im Femin. ङीप् S. 160, 161.

स्नु krit स्नु S. 139.

स्पृष्ट Neutr. Ein आभ्यन्तरप्रयत्न I. 1. 9.

स्मात् Casusendung स्मात्, ein Substitut für ङसि VII. 1. 15, 16.

स्मिन् Casusendung स्मिन्, ein Substitut für ङि VII. 1. 15, 16.

स्मै Casusendung स्मै, ein Substitut für ङे VII. 1. 14.

स्य 1) vikaraṅa स्य. Wird vor लृङ् und लृट् an jede Wurzel gefügt III. 1. 33. - Erhält das Augment इट् VII. 2. 70. - Wird wie चिण् angefügt und erhält das Augment इट् VI. 4. 62. - Anfügung VIII. 3. 117. - Es folgt parasm. oder âtm. I. 3. 92, 93. - 2) Casusendung स्य, ein Substitut für ङस् VII. 1. 12.

स्याट् âgama स्या am Anfange eines ङित् सुप् VII. 3. 114, 115.

स्व Personalendung स्व (2te Sg. âtm. im लोट्) III. 4. 79, 91. - Erhält das Augment इट् VII. 2. 77, 78. - Unregelmässige Anfügung (धिष्व) im Veda VII. 4. 45. - Wird für die Endung des Pl. gesetzt III. 4. 2-5.

स्वर् Masc. 1) Ein Vocal I. 1. 9. - 2) Ein Accent. Vom Accent wird gehandelt I. 2. 29-40. - VI. 1. 158. bis VI. 2. 199. - VIII. 1. 18-74. - VIII. 2. 4-6. - VIII. 4. 66, 67.

स्वरित 1) Masc. Der Circumflex, ein बाह्यप्रयत्न I. 1. 9. - S. 53. - 2) Adj. अच्, ein Vocal, der mit dem Circumflex (d. h. mit dem Acut und mit dem Gravis zugleich) ausgesprochen wird. - Die erste halbe Zeitlänge eines solchen Vocals ist udâtta, die übrigen Zeitlängen sind anudàtta. I. 2. 31, 32. - Ein Affix mit einem stummen त् ist svarita VI. 1. 185. - Ein svarita wird für einen anudâttà substituirt VIII. 2. 4. - VIII. 4. 66, 67 (वा). - Ein Vocal, der allein an die Stelle eines udâtta und eines anudâtta getreten ist, kann svarita sein VIII. 2. 6. - Für einen svarita wird ein udâtta substituirt I. 2. 37., ein anudâtta 38. - Am svarita erkennt man einen adhikâra 1. 3. 11.

स्वरितेत् (स्वरित + इत्) Adj. धातु, eine Wurzel, deren stummer Vocal im Dhâtu-P. mit dem Circumflex versehen ist. - Solche Wurzeln haben âtm., wenn ein Vortheil der Handlung für den Agens erwächst I. 3. 72.

ह

ह् Dafür wird घ् substituirt VII. 3. 54-56., ढ् VIII. 2. 31., घ् oder ढ् 33., ध् 35., ढु 72., ध् 34., भ् S. 364., रु VIII. 2. 67., ein mit dem vorhergehenden Buchstaben homogener Consonant VIII. 4. 62. - Nach ह् kann ein Consonant verdoppelt werden 46.

ह tddh. und vibh. ह V. 3. 11, 13.

हन् Wurzel. Mit नि Pass. (निहन्यते) niedrig (vgl. I. 2.

SEINER EXCELLENZ

DEM

HERRN MINISTER DES OEFFENTLICHEN UNTERRICHTS

SERGIUS VON UWAROW

KAISERLICH-RUSSISCHEM WIRKLICHEN GEHEIMEN RATHE,
PRAESIDENTEN DER KAISERLICHEN AKADEMIE DER WISSENSCHAFTEN
ZU ST. PETERSBURG, RITTER VIELER HOHER ORDEN, MITGLIED MEHRER
RUSSISCHER UND AUSLAENDISCHER GELEHRTEN GESELLSCHAFTEN
U. S. W. U. S. W. U. S. W.

UNTER DESSEN WEISER UND UMSICHTIGER LEITUNG

DIE WISSENSCHAFTEN,

DIE KUENSTE UND DIE AUFKLAERUNG IM

VATERLANDE

MIT SICHERN UND RASCHEN SCHRITTEN IHREM GEDEIHEN UND

IHRER BLUETHE ENTGEGENGEFUEHRT WORDEN SIND,

dem hochherzigen

Beschützer der Orientalischen Studien

WIDMET

IN TIEFSTER VEREHRUNG

DIESES WERK

DER HERAUSGEBER.

75. Siddh. K. ebend. कूपेष्विति निवृत्तं ॥

77. Vgl. 71, 73, 74, 85.

78. Vgl. zu I. 1. 72.

80. Calc. Ausg. und Siddh. K. °प्रगदिन्वराह°.

81. Vgl. I. 2. 54, 55. - IV. 1. 168. ff.

82. Siddh. K. Bl. 74. b. अजनपदार्थ आरम्भः ॥ Am Ende der Scholien lese man mit der Siddh. K. वरणाः ॥

86. Siddh. K. Bl. 75. a. अनघर्थ आरम्भः ॥

87. Vgl. VIII. 2. 9, 10. - Ein vârtika: महिषाच्चेति वक्तव्यं ॥ महिष्मान् देशः ॥

91. Ein vârtika: कुञ्चाह्रस्वत्वं च ॥ Vgl. den gaṅa नडादि 2.

92. Die Affixe, welche von 93. bis IV. 3. 24., ohne Angabe der Bedeutung, erwähnt werden, gelten nicht in den vorhergehenden Bedeutungen, sondern in denjenigen, welche IV. 3. 25-133. angegeben werden. Diese Bedeutungen umfasst unser Grammatiker mit dem Worte शेष; unser Commentator dagegen und Bhaṫṫogi verstehen unter शेष auch diejenigen Bedeutungen, welche von den vorhergehenden verschieden, von Pâṅini aber übersehen worden sind. Die Affixe, welche शेषे ऽर्थे aufgeführt werden, heissen शैषिकाः. Die IV. 1. 83-89. erwähnten Affixe gelten noch immer fort.

93. Ein vârtika: अवारपाराद्विगृहीतादपीति वक्तव्यं ॥ १ ॥ अवारीणाः । पारीणाः ॥ Ein andres: विपरीताच्च ॥ पारावरीणाः ॥

95. Ein vârtika: ग्रामाच्चेति वक्तव्यं ॥ ग्रामेयकः ॥ Siddh. K. Bl. 75. a. ग्रामादित्यनुवृत्तेः । ग्रामेयकः ॥ Das Wort ग्राम im gaṅa कत्र्यादि scheint demnach später hinzugefügt worden zu sein.

99. Ein vârtika: वाल्हूर्दिपर्दिभ्यश्चेति वक्तव्यं ॥ वाल्ह्ायनी (sic) । और्दायनी । पार्दायनी ॥

100. राङ्कवक ıacı **134.**

103. Siddh. K. Bl. **75.** b. वर्णुनदस्तस्य समीपदेशो वर्णुः ॥

104. Hierzu folgende vârtika's: अमेहक्वतसित्रेभ्यस्त्यब्विधिर्यो ऽव्ययात् स्मृतः ॥ १ ॥ अमात्यः । इहत्यः । क्वत्यः । ततस्त्यः । तत्रत्यः । परिगणनं किं । औपरिष्टः ॥ इतरथा ह्यौत्तराहौपरिष्टपारतानां प्रतिषेधो वक्तव्यः ॥ २ ॥ त्यब्नेर्ध्रुवे ॥ ३ ॥ नित्यः ॥ निसो गते ॥ ४ ॥ निर्गतो वर्णाश्रमेभ्यः । निष्ट्यः (vgl. **VIII. 3. 101.**) चाण्डालादिः ॥ अरण्याण्णः (vgl. **129.**) ॥ ५ ॥ आरण्याः सुमनसः ॥ दूरादेत्य. ॥ ६ ॥ दूरेत्यः पथिकः ॥ उत्तराहादञ् ॥ ७ ॥ औत्तराहः ॥ अव्ययात् त्यप्याविष्ट्यस्योपसंख्यानं छन्दसि ॥ ८ ॥ आविष्ट्यो वर्धते चारुः ॥ अव्ययतीररूप्योत्तरपदोदीच्यग्रामकोपधविधेर्वृद्धाच्छो (vgl. **114.**) विप्रतिषेधेन ॥ ९ ॥ अव्यय । आरातीयः । तीरोत्तरपद (vgl. **106.**) । वायसतीरीयः । रूप्योत्तरपदे तु छापवादो योपधाद्वुञ् (vgl. **121.**) । माणिरूप्यकः । उदीच्यग्राम (vgl. **109.**) बाउवकर्णीयः । कोपध (vgl. **110.**) । औलूकीयः ॥ तेभ्यष्ठञ्ञठौ (vgl. **116. ff.**) ॥ १० ॥ विप्रतिषेधेनेत्येव । त्यबादिभ्य इत्यर्थः ॥ न वा ठञादीनां छापवादत्वात् तद्विषये चाभावादितरेषां ॥ ११ ॥ कोपधादणः (vgl. **132.**) पुनर्वचनमन्यनिवृत्त्यर्थं ॥ १२ ॥ तस्मादन्तोदात्ते (vgl. **109.**) कोपधप्रतिषेधः ॥ १३ ॥ छादोर्देशे कालाट्ठञित्येतद्भवति विप्रतिषेधेन (vgl. **114, 119. – VI. 3. 11.**) ॥ १४ ॥ दाक्षिकर्षुकः । मासिकं ॥ नक्षत्रादण् (vgl. **IV. 3. 16.**) छाद्विप्रतिषेधेन ॥ १५ ॥ सौवातः ॥ अव्ययात् ट्युट्युलौ (vg. **IV. 3. 23.**) छाद्भवतो विप्रतिषेधेन ॥ १६ ॥ प्रातस्तनं ॥ शरीरावयवाद्यत् (vgl. **IV. 3. 55.**) छाद्भवति विप्रतिषेधेन ॥ १७ ॥ पद्यं (von पाद; vgl. **VI. 3. 53.**) ॥ वर्गान्ताच्चाशब्दे यत्खौ (vgl. **IV. 3. 64.**) छाद्भवतो विप्रतिषेधेन ॥ १८ ॥ वासुदेववर्ग्यः । वासुदेववर्गीणः ॥ बह्वचो ऽन्तोदात्ताट्ठञ् (vgl. **IV. 3. 67.**) छाद्भवति विप्रतिषेधेन ॥ १९ ॥ सामस्तिकः ॥ आयस्थानेभ्यष्ठक् (vgl. **IV. 3. 75.**) छाद्भवति विप्रतिषेधेन ॥ २० ॥ आपणिकः ॥ विद्यायोनिसंबन्धेभ्यो वुञ् (vgl. **IV. 3. 77.**) छाद्भवति विप्रतिषेधेन ॥ २१ ॥ आचार्यकं । मातुलकं ॥ ऋतष्ठञ् (vgl. **IV. 3. 78.**) छाद्भवति विप्रतिषेधेन ॥ २२ ॥ शास्तृकं । भ्रातृकं ॥ रूप्यमयटौ (vgl. **IV. 3. 81, 82.**) छाद्भवतो विप्रतिषेधेन ॥

30.), mit dem Gravis ausgesprochen werden; **anudâtta** sein VIII. 1. 35. - Hiervon das Partic. निहत = अनुदात्त S. 318., und das Nomen act. निघात VIII. 1. 37. - S. 355. - Mit सम्, mit einander verbinden. - Hiervon das Partic., संहत mit einander verbunden II. 3. 56., und संघात Masc., das mit einander Verbundene VI. 2. 91.

हल् Masc. Neutr. (I. 1. 10. - VI. 1. 68.) **praty.**, der alle Consonanten in sich schliesst. - Daher ein Consonant überhaupt. - Jeder Endconsonant heisst in der Regel इत् I. 3. 3 (vgl. 4.). - Ein Consonant ist mit einem Vocale niemals homogen I. 1. 10. - Im **Veda** werden die Consonanten unter einander verwechselt S. 125, 126.

हश् **praty.** Die Consonanten ह् । य् । व् । र् । ल् । ञ् । म् । ङ् । ण् । न् । झ् । भ् । घ् । ढ् । ध् । ज् । ब् । ग् । ड् und द् VI. 1. 114. - S. 160.

हि Personalendung हि, ein Substitut für सिप् (2te Sg. **parasm.**) im लोट् III. 4. 87. - Ist nicht पित् ebend. - Im **Veda** kann हि auch पित् sein 88. - Anfügung VI. 4. 35, 36, 117, 119. - Vor हि wird शानच् für श्ना substituirt III. 1. 83., im **Veda** auch शायच् 84. - Wird für die Endung des Pl. gebraucht III. 4. 2-5. - Für हि wird धि substituirt VI. 4. 101-103., ein लुक् 105., तातङ् VII. 1. 35.

हृ Wurzel. Mit उद् + आ, Etwas als Beispiel anführen. Hiervon das Partic. pass. उदाहृत III. 4. 46. - VII. 3. 94., und उदाहरण Neutr., das Beispiel. I. 3. 1. - Mit प्रति + उद् + आ, Etwas als Gegenbeispiel anführen. Hiervon das Partic. pass. प्रत्युदाहृत. - प्रत्युदाहरण Neutr., ein Gegenbeispiel VI. 2. 150. - VIII. 1. 45.

हेतु Masc. Der Agens im Causal, der einen andern Agens zum Handeln antreibt I. 4. 55. - I. 3. 68. - VII. 3. 40.

ह्रस्व Adj. oder Masc. (sc. अच्). Ein kurzer Vocal; ein Vocal, der nur eine **mâtrâ** hält I. 2. 27. - Daher = एकमात्र 32. - Wenn für die Diphthonge eine Kürze substituirt werden soll, so ist इक् (इ und उ) das Substitut 1. 1. 48. - Wenn eine Kürze substituirt wird VI. 1. 127, 128. - VI. 3. 43-45, 61-66. - VI. 4. 92, 94-97. - VII. 3. 80, 81, 107, 114, 115. - VII. 4. 1-3, 12-15, 23, 24, 59.

Alphabetisches Verzeichniss

der

Sûtra's.

अ

आ

इ

ई

उ

ऊ

ऋ

ॠ

ए

ऐ

ओ

औ

क

ख

ग

घ

ङ

च

छ

ज

जङ्गलधेनुवलजान्तस्य° VII. 3. 25.
जनपदतदवध्योश्च IV. 2. 124.
जनपदशब्दात्° IV. 1. 168.
जनपदिनां जनपदवत्° IV. 3. 100.
जनपदे लुप् IV. 2. 81.
जनसनखनक्रम° III. 2. 67.
जनसनखनां सञ्झलोः VI. 4. 42.
जनिकर्तुः प्रकृतिः I. 4. 30.
जनिता मन्त्रे VI. 4. 53.
जनिवध्योश्च VII. 3. 35.
जपजभदह° VII. 4. 86.
जम्ब्वा वा IV. 3. 165.
जम्भा सुहरिततृण° V. 4. 125.
जयः करणं VI. 1. 202.
जराया जरसन्यतरस्यां VII. 2. 101.
जल्पभिक्षकुट्ट° III. 2. 155.
जसः शी VII. 1. 17.
जसि च VII. 3. 109.
जश्शसोः शिः VII. 1. 20.
जहातेश्च VI. 4. 116.
जहातेश्च क्त्वि VII. 4. 43.
जागरूकः III. 2. 165.
जाग्रोऽविचिण्णल्ङित्सु VII. 3. 85.
जातरूपेभ्यः परिमाणे IV. 3. 153.
जातिकालसुखादिभ्यो° VI. 2. 170.
जातिनाम्नः कन् V. 3. 81.
जातिरप्राणिनां II. 4. 6.
जातुयदोर्लिङ् III. 3. 147.
जातेरस्त्रीविषयाद्° IV. 1. 63.
जातेश्च VI. 3. 41.
जात्यन्ताच्छ° V. 4. 9.
जात्याख्यायामेकस्मिन्° I. 2. 58.
जात्वपूर्वं VIII. 1. 47.
जानपदकुण्डगोण° IV. 1. 42.
जान्तनशां विभाषा VI. 4. 32.
जायाया निङ् V. 4. 134.
जालमानायः III. 3. 124.
जासिनिप्रहणनाट° II. 3. 56.
जिघ्रतेर्वा VII. 4. 6.
जिदृक्षिविश्रीण्वमा° III. 2. 157.
जिह्वामूलाङ्गुलेश्छः IV. 3. 62.
जीर्यतेरतृन् III. 2. 104.
जीवति तु वंश्ये युवा IV. 1. 163.
जीविकार्थे चापण्ये V. 3. 99.
जीविकोपनिषदावौपम्ये I. 4. 79.
जुचङ्क्रम्यदन्द्रम्य° III. 2. 150.
जुष्टार्पिते च° VI. 1. 209.
जुसि च VII. 3. 83.
जुहोत्यादिभ्यः श्लुः II. 4. 75.
जॄव्रश्च्योः क्त्वि VII. 2. 55.
जॄस्तम्भुम्रुचु° III. 1. 58.
जे प्रोष्ठपदानां VII. 3. 18.
ज्ञाजनोर्जा VII. 3. 79.
ज्ञाश्रुस्मृदृशां सनः I. 3. 57.
ज्ञोऽविदर्थस्य करणे II. 3. 51.
ज्य च V. 3. 61.
ज्यश्च VI. 1. 42.
ज्यादादीयसः VI. 4. 160.
ज्योतिरायुषः° VIII. 3. 83.

झ

ञ

ट

ठ

ड

ढ

ण

त

थ

द

ध

न

प

फ

ब

भ

म

य

र

ल

व

श

ष

स

ह

Alphabetischer Ganapâtha.

अंशु । जन । राजन्[1] । उष्ट्र । खेटक । अजिर । आर्द्रा । श्रवण । कृत्तिका । आर्धपुरः[2] ॥ अंश्वादिः ॥ **VI. 2. 193.**

[1] **Fehlt.** – [2] आर्धपुर.

अक्षद्यूत । जानुप्रहृत[1] । जङ्घाप्रहृत । जङ्घाप्रहत । पादस्वेदन । कण्टकमर्दन । गतानुगत । गतागत । यातोपयात । अनुगत ॥ अक्षद्यूतादिः ॥ **IV. 4 19.**

[1] **Fehlt.**

अङ्गुली । भरुज[1] । बभ्रु । वल्गु । मण्डर । मण्डल । शष्कुली । हरि । कपि । मुनि । रुह । खल । उदश्वित् । गोणी । उरस् । कुलिश ॥ अङ्गुल्यादिः ॥ **V. 3. 108.**

[1] **Siddh. K. Bl. 102.** a. भरुजा.

अजा । एडका । कोकिला[1] । चटका । अश्वा । मूषिका । बाला । होडा । पाका[2] । वत्सा । मन्दा । विलाता । पूर्वापहाणा[2,3] । अपरापहाणा[2] । संभस्त्राजिनशणपिण्डेभ्यः फलात्[4] । सदच्काण्डप्रान्तशतैकेभ्यः पुष्पात्[4] । शूद्रा चामहत्पूर्वा जातिः[5] । क्रुञ्चा । उष्णिहा । देवविशा । ज्येष्ठा । कनिष्ठा । मध्यमा पुंयोगे ऽपि (vgl. IV. 1. 48.) । मूलान्नञः[4] । दंष्ट्रा[2] ॥ एते ऽजादयः ॥ **IV. 1. 4.**

[1] **Siddh. K. Bl. 29.** b. कोकिलाजातावपि. – [2] **Fehlt** in der **Siddh. K.** – [3] पूर्वापिहाणा. – [4] Vgl. die vârtika's zu IV. 1. 64. – [5] Vgl. die vârtika's zu IV. 1. 4.

अजिर । खदिर । पुलिन । हंस[1] । कारण्डव[2] । चक्रवाक ॥ अजिरादिः ॥ **VI. 3. 119.**

[1] हंसक. – [2] रण्ड.

अण्ड ॥ **S.** zu **VI. 3. 42.** und unter कुक्कुटी.

अद् ॥ **II. 4. 72.**; mit dieser **Wurzel** beginnt die **2te Klasse** im **Dhâtupâtha.**

अनुप्रवचन । उत्थापन । उपस्थापन । संवेशन । प्रवेशन । अनुप्रवेशन । अनुवासन । अनुवचन । अनुवाचन । अन्वारोहण । प्रारम्भण । आरम्भण । आरोहण ॥ अनुप्रवचनादिः[1] ॥ **V. 1. 111.**

[1] Der ganze gaṅa fehlt.

अनुशतिक । अनुहोड । अनुसंवरण[1] । अनुसंवत्सर । अङ्गारवेणु । असिहत्य । अस्यहत्य[2] । अस्यहेति । वध्योग । पुष्करसद् । अनुहरत् । कुरुकत । कुरुपञ्चाल । उदकशुद्ध । इहलोक । परलोक । सर्वलोक । सर्वपुरुष । सर्वभूमि । प्रयोग । परस्त्री । राजपुरुषात् ष्यञि । सूत्रनड ॥ आकृतिगणो ऽयं । तेन । अभिगम । अधिभूत । अधिदेव । चतुर्विद्या । इत्यादयो ऽन्ये[3] ऽपि ज्ञेयाः ॥ **VII. 3. 20.**

[1] अनुसंचरण. – [2] Fehlt. – [3] सुखशयन gehört auch hierher; s. **Siddh. K. Bl. 83. b.**

अपूप । तण्डुल । अभ्यूष[1] । अभ्योष[2] । अवोष[2] । अभ्येष[2] । पृथुक । ओदन । सूप । पूप । किण्व । प्रदीप । मुसल । कटक । कर्णवेष्टक । इर्गल[2] । अर्गल । अन्नविकारेभ्यश्च । यूप । स्थूणा । दीप । अश्व । पत्र ॥ अपूपादिः ॥ **V. 1. 4.**

[1] अभ्युष. – [2] Fehlt.

अयस्मय ॥ **I. 4. 20.** Es wird nur das erste Wort von diesem gaṅa angeführt.

अरीहण[1] । द्रुघण । द्रुहण । भगल[2] । उलन्द । किरण । सांपरायण । क्रौष्ट्रायण[3] । औष्ट्रायण । त्रैगर्तायन । मैत्रायण । भास्त्रायण । वैमतायन[4] । गौमतायन । सौमतायन । सौसायन । धौमतायन । सौमायन । ऐन्द्रायण । कौन्द्रायण[5] । खाडायन । शाण्डिल्यायन । रायस्पोष । विपथ । विपाश । उद्दण्ड । उदञ्चन[6] । खाण्डवीरण । वीरण । काशकृत्स्न[7] । जाम्बवत । शिंशपा । रैवत[8] । बिल्व । सुयज्ञ । शिरीष । बधिर । जम्बु । खदिर । सुशर्मन्[9] । दलतृ । भलन्दन । खण्डु । कनल[10] । यज्ञदत्त ॥ अरीहणादिः ॥ **IV. 2. 80.**

[1] अहीरण. - [2] भलग. - [3] क्रौष्टायन. - [4] वैमत्तायन. - [5] कौद्रायण. - [6] Fehlt; nach खाण्डवीरण folgt उदंवन. - [7] काशकृत्स्न. - [8] रैवत. - [9] सशर्मन्. - [10] कलन.

अर्धर्च । गोमय । कषाय । कार्षापण । कुतप । कुणप[1] । कपाट । शङ्ख । गूथ । यूथ । ध्वज । कबन्ध । पद्म । गृह । सरक । कंस । दिवस । यूष । अन्धकार । दण्ड । कमण्डलु । मण्ड । भूत । द्वीप । द्यूत । चक्र । धर्म । कर्मन् । मोदक । शतमान । यान । नख । नखर । चरण । पुच्छ । दाडिम । हिम । रजत । सक्तु । पिधान । सार । पात्र । घृत । सैन्धव । औषध । आढक । चषक । द्रोण । खलीन । पात्रीव (पात्रीर ?) । षष्टिक । वारवाण[2] । प्रोथ । कपित्थ । शुष्क[3] । शाल । शील । शुल्क[4] । शीधु । कवच । रेणु । ऋण[2] । कपट । शीकर । मुसल । सुवर्ण । वर्ण । पूर्व । चमस । क्षीर । कर्ष । आकाश । अष्टापद । मङ्गल । निधन । निर्यास । जृम्भ । वृत्त । पुस्त । बुस्त । क्ष्वेडित । शृङ्ग । निगड । खल[3] । मधु । मूल । मूलक । स्थूल । शराव । नाल । वप्र । विमान । मुख । प्रग्रीव । शूल । वज्र । कटक । कण्टक । कर्पट[3] । शिखर । कल्क[5] । नाट । मस्तक[6] । वलय । कुसुम । तृण । पङ्क । कुण्डल । किरीट । कुमुद[3] । अर्बुद । अङ्कुश । तिमिर । आश्रम । भूषण । इष्वास[7] । मुकुल । वसन्त । तडाग[8] । पिटक । विटङ्क । विडङ्ग । पिण्याक । माष । कोश । फलक । दिन । दैवत । पिनाक । समर । स्थाणु । अनीक । उपवास । शाक । कर्पास । विशाल[3] । चषाल[9] । खण्ड । दर । विटप । रण[3] । बल[3] । मक[3] । मृणाल । हस्त । आर्द्र । हल । सूत्र[3] । ताण्डव । गाण्डीव । मण्डप । पटह । सौध । योध । पार्श्व । शरीर । फल । छल[3] । पुर[10] । राष्ट्र । बिम्ब । अम्बर । कुट्टिम । कुक्कुट[11] । कुडप । ककुद । खण्डल । तोमर । तोरण । मञ्चक । पञ्चक । पुङ्ख । मध्य । बाल[3] । छाल । वल्मीक । वर्ष । वस्त्र । वसु । देह । उद्यान । उद्योग । स्नेह । स्तेन । स्तन[3] । स्वर[3] । संगम । निष्क । क्षेम । शूक । क्षत्र । पवित्र । यौवन[3] । कलह[3] । पालक[12] । मूषिक । मण्डल[3] । वल्कल[3] । कुञ्ज[13] । विहार । लोहित । विषाण । भवन । अरण्य । पुलिन । दृढ । आसन । ऐरावत । शूर्प । तीर्थ । लोमश[14] । तमाल । लोह । दण्डक । शपथ । प्रतिसर । दारु । धनुस् । मान । वर्चस्क । कूर्च । तण्डक । मठ ।

शल्य । ओदन । प्रवाल । शकट । अपराह्ण । नीड । शकल । तण्डुल ॥ अर्धर्चादिः ॥ II. 4. 31.

[1] कुसप. – [2] वारवारण. – [3] Fehlt. – [4] शुक्ल. – [5] Es folgt nach कल्क noch वल्कल. – [6] नटमक für नाट । मस्तक. – [7] इक्कस. – [8] तटाक. – [9] चखाल; so auch die Calc. Ausg; im Druckfehlerverzeichnisse wird aber चषाल verbessert. – [10] पुर. – [11] मण्डल. – [12] मालक. – [13] कुञ्ज. – [14] लोमन.

अर्शस् । उरस् । तुन्द । चतुर । पलित । जटा । घटा[1] । घाटा । अव[2] । कर्दम[1] । अम्ल । लवण । स्वाङ्गाद्धीनात् । वर्णात् ॥ अर्शआदिराकृतिगणः ॥ V. 2. 127.

[1] Fehlt. – [2] अभ्र.

अवान्तरदीक्षा । तिलव्रत । देवव्रत ॥ अवान्तरदीक्षादिः[1] ॥ V. 1. 94. 3tes vârtika.

[1] Der ganze gaṅa feılt.

अश्मन् । यूथ । ऊष । मीन । नद । दर्भ । वृन्द । गुद । खण्ड । नग । शिखा । कोट । पाम । कन्द । कान्द । कुल । गह्व । गुड । कुण्डल । पीन । गुह ॥ अश्मादिः ॥ IV. 2. 80.

अश्व । अश्मन् । शङ्ख । शूद्रक । विद । पुट । रोहिण । खर्जूर[1] । खञ्जार[2] । वस्त[2] । पिञ्जूल । भडिल । भण्डिल । भडित । भण्डित । प्रकृत[2] । रामोद[2] । क्षान्त । काश[2] । तीक्ष्ण[2] । गोलाङ्क[2] । अर्क[2] । स्वर[2] । स्फुट[2] । चक्र[2] । अविष्ठ[2] । पविन्द । पवित्र । गोमिन् । श्याम । धूम । धूम्र । वाग्मिन् । विश्वानर । कुट । शप आत्रेये । जन । जड । खड । ग्रीष्म । अर्ह । कित । विशंप । विशाल । गिरि । चपल । चुप । दासक । वैल्व[3] । प्राच्य । धर्म्य[2] । आनडुह्य । पुंसिजात । अर्जुन । प्रहृत[2] । सुमनस् । दुर्मनस् । मनस्[4] । प्रान्त[2] । ध्वन । आत्रेय भरद्वाजे । भरद्वाज आत्रेये । उत्स । आतव । कितव । वद[2] । धन्य[2] । पाद[2] । शिव । खदिर ॥ अश्वादिः ॥ IV. 1. 110.

[1] खजूर. – [2] Fehlt. – [3] वैल्य. – [4] मन.

अश्व । अश्मन् । गण । ऊर्णा[1] । उमा । गङ्गा[2] । वर्षा । वसु ॥ अश्वादिः ॥ V. 1. 39.

[1] उर्म. – [2] भङ्गा.

अश्वपति । ज्ञानपति[1] । शतपति । धनपति । गणपति । स्थानपति[1] । यज्ञपति[1] । राष्ट्रपति । कुलपति । गृहपति[2] । धान्यपति । धन्वपति । बन्धुपति[1] । धर्मपति[1] । सभापति । प्राणपति । क्षेत्रपति ॥ अश्वपत्यादिः ॥ IV. 1. 84.

[1] Fehlt. – [2] Es folgt noch पशुपति.

अहर् । गीर् । धूर् ॥ अहरादिः[1] ॥ VIII. 2. 70. 2tes vârtika.

[1] Der ganze gaṅa fehlt.

अहीरण ॥ IV. 2. 80. Wird öfters mit अरीहण verwechselt.

आकर्ष । त्सरु । पिशाच । पिचण्ड । अशनि । अश्मन् । निचय । चय । विजय[1] । जय । आचय । नय । पाद । दीप । ह्रद । ह्राद । ह्लाद । गद्गद[1] । शकुनि ॥ आकर्षादिः ॥ V. 2. 64.

[1] Fehlt.

आकष ॥ Andere Lesart für आकर्ष.

आचित । पर्याचित । आस्थापित । परिगृहीत । निरुक्त । प्रतिपन्न । अपश्लिष्ट । प्रश्लिष्ट । उपहित । उपस्थित । संहितागवि ॥ आचितादिः[1] ॥ VI. 2. 146.

[1] Der ganze gaṅa fehlt.

आदि । मध्य । अन्त । पृष्ट (lies पृष्ठ) । पार्श्व ॥ आद्यादिराकृतिगणः[1] ॥ V. 4. 44. vârtika.

[1] Der ganze gaṅa fehlt.

आप् ॥ S. zu III. 3. 94.

आहिताग्नि । जातपुत्र । जातदन्त । जातश्मश्रु । तैलपीत । घृतपीत । मद्यपीत[1] । ऊढभार्य । गतार्थ ॥ आकृतिगणो ऽयं । तेन । गडुकण्ठ । अस्युद्यत[2] । दण्डपाणिप्रभृतयो ऽपि ॥ II. 2. 37.

[1] Fehlt. – [2] असुद्यत.

इक्षु ॥ S. zu V. 2. 29.

इन्द्रजनन ॥ IV. 3. 88. Wird nicht weiter ausgeführt.

इष्ट । पूर्त । उपासादित । निगदित । परिगदित । परिवादित[1] । निकथित । निषादित । निपठित । संकलित । परिकलित । संरक्षित । परि-

क्षित । अर्चित । गणित । अवकीर्ण । आयुक्त । गृहीत । आम्रात । श्रुत । अधीत । अवधान[1] । आसेवित । अवधारित । अवकल्पित । निराकृत । उपकृत । उपाकृत । अनुयुक्त । अनुगणित । अनुपठित । व्याकुलित ॥ इष्टादिः ॥ V. 2. 88.

[1] Fehlt.

उक्थ । लोकायत । न्याय । न्यास । पुनरुक्त । निरुक्त । निमित्त । द्विपदा । ज्योतिष । अनुपद । अनुकल्प । यज्ञ । धर्म[1] । चर्चा । क्रमेतर । श्लक्ष्ण[2] । संहिता । पदक्रम । संघट्ट[3] । वृत्ति । परिषद् । संग्रह । गण । गुण[1] । आयुर्वेद[4] ॥ उक्थादिः ॥ IV. 2. 60.

[1] Fehlt. – [2] श्लक्ष्ण. – [3] संघट. – [4] आयुर्देव.

उञ्छ । म्लेच्छ । जञ्ज । जल्प[1] । जप । बध । युग । गरो दूष्ये[2] । वेदवेगवेष्टबन्धाः करणे । स्तुयुद्रुवश्छन्दसि । वर्तनि स्तोत्रे । श्वभ्रे दरः । साम्बतापौ भावगर्हायां । उत्तमशश्वत्तमौ सर्वत्र । भक्तमन्थभोगमन्थाः ॥ उञ्छादिः ॥ VI. 1. 160.

[1] नल्प. – [2] गरो दुष्ये.

उत्कर । संफल । शफर । पिप्पल । पिप्पलीमूल । अश्मन् । सुवर्ण । खलाजिन । तिक । कितव । अणक । त्रैवण । पिचुक । अश्वत्थ । काश । क्षुद्र । भस्त्रा । शाल । जन्या । अजिर । चर्मन् । उत्क्रोश । क्षान्त । खदिर । शूर्पणाय । श्यावनाय । नैवाकव । तृण । वृक्ष । शाक । पलाश । विजिगीषा । अनेक । आतप । फल । संपर । अर्क । गर्त । अग्नि । वैराणक । इडा । अरण्य । निशान्त । पर्ण । नीचायक । शंकर । अवरोहित । क्षार । विशाल । वेत्र । अरीहण । खण्ड । वातागर । मन्त्रणार्ह । इन्द्रवृक्ष । नितान्तावृक्ष[1] । आर्द्रवृक्ष ॥ उत्करादिः ॥ IV. 2. 90.

[1] नितान्तवृक्ष.

उत्स । उदपान । विकर । विनद । महानद । महानस । महाप्राण । तरुण । तलुन । बष्कयास[1] । पृथिवी । धेनु[2] । पङ्क्ति । जगती । त्रिष्टुप् । अनुष्टुप् । जनपद । भरत । उशीनर । ग्रीष्म । पीलुकुण । उदस्थान देशे । पृषदंश । भल्लकीय । रथंतर । मध्यंदिन । बृहत् । महत् । सत्वत् । कुरु । पञ्चाल । इन्द्रावसान । उष्णिह् । ककुभ् । सुवर्ण । देव । ग्रीष्मादच्छन्दसि ॥ उत्सादिः ॥ IV. 1. 86.

[1] D. 1. वष्कय असमासे. – [2] Fehlt.

उत्सङ्ग । उडुप[1] । उत्पुत । उत्पपन्न[1] । उत्पुट । पिटक । पिटाक ॥ उत्सङ्गादिः ॥ IV. 4. 15.

[1] Fehlt.

उद्गातृ । उन्नेतृ । प्रतिहर्तृ । प्रशास्तृ । होतृ । पोतृ । हर्तृ । रथगणक । पत्तिगणक । सुष्ठु । दुष्ठु । अध्वर्यु । वधू । सुभग मन्त्रे ॥ उद्गात्रादिः[1] ॥ V. 1. 129.

[1] Der ganze gaṅa fehlt.

उपक । लमक । भ्रष्टक । कपिष्ठल । कृष्णाजिन । कृष्णासुन्दर । चूडारक । आडारक । गडुक । उदङ्क । सुधायुक । अबन्धक । पिङ्गलक । पिष्ट । सुपिष्ट[1] । मयूरकर्ण । खरीजङ्घ । शलाथल । पतञ्जल । पदञ्जल । कठेरणि । कुषीतक । काशकृत्स्न[2] । निदाघ । कलशीकण्ठ । दामकण्ठ । कृष्णपिङ्गल । कर्णक । पर्णक । जटिलक । बधिरक । जन्तुक । अनुलोम । अनुपद । प्रतिलोम । अपजग्ध । प्रतान । अनभिहित । कमक । वटारक । लेखाभ्र । कमन्दक । पिञ्जूलक । वर्णक । मसूरकर्ण । मदाघ । कवन्तक । कमन्तक । कदामत्त । दामकण्ठ ॥ एत उपकादयः ॥ II. 4. 69.

[1] सुपिष्ठ. – [2] कशकृत्स्न.

उपकूल ॥ IV. 3. 58. 2tes vârtika. Der gaṅa wird nicht weiter ausgeführt.

उपवस्तृ ॥ S. zu V. 1. 105.

उरस् । सर्पिस् । उपानह् । पुमान् । अनड्वान् । पयः । नौः । लक्ष्मीः । दधि । मधु । शालिः[1] । अर्थान्नञः ॥ इत्येत उरःप्रभृतयः ॥ V. 4. 151.

[1] शाली.

ऊरी । उररी । तन्थी । ताली । आताली । वेताली । धूली । धूसी । शकला । संशकला । ध्वंसकला । भ्रंसकला । गुलुगुधा । सजूः । फल । फली । विक्ली । आक्ली । आलोष्टी । केवाली । केवासी । पर्याली[1] । शेवाली । वर्षाली । अत्यूमशा । वश्मसा । मस्मसा[2] । मसमसा । औषट्[3] । वौषट् । वषट् । स्वाहा । स्वधा । वन्धा । प्रादुस् । श्रत् । आविस् ॥ एत ऊर्यादयः ॥ I. 4. 61.

[1] सेवासी. – [2] Fehlt. – [3] श्रौषट्.

ऋगयन । पदव्याख्यान । छन्दोमान । छन्दोभाषा । छन्दोविचिति । न्याय । पुनरुक्त । निरुक्त । व्याकरण । निगम । वास्तुविद्या । क्षत्रविद्या । अङ्गविद्या । विद्या । उत्पात । उत्पाद । उद्याव । संवत्सर । मुहूर्त । उपनिषद् । निमित्त । शिक्षा । भिक्षा ॥ ऋगयनादिः[1] ॥ IV. 3. 73.

[1] Der ganze gaṅa fehlt.

ऋश्य[1] । न्यग्रोध । शर । निलीन । निवास[2] । निवात[2] । निधान । निबन्ध[3] । विबद्ध[2] । परिगूढ । उपगूढ[2] । असनि । सित । मत । वेश्मन् । उत्तराश्मन् । अश्मन् । स्थूल । बाहु । खदिर । शर्करा । अनडुह्[4] । अरडु । परिवंश । वेणु । वीरण । खण्ड । दण्ड । परिवृत्त । कर्दम । अंशु ॥ ऋश्यादिः ॥ IV. 2. 80.

[1] ऋष्य. – [2] Fehlt. – [3] निबन्धन. – [4] अनडुह.

ऐषुकारि । सारस्यायन[1] । चान्द्रायण । द्व्याक्षायण । त्र्याक्षायण । औडायन । जौलायन । खाडायन । दासमित्रि । दासमित्रायण । शौद्रायण । दाक्षायण । शायण्डायन[2] । तार्क्ष्यायण । शौभ्रायण । सौवीर । सौवीरायण[3] । शयण्ड[4] । शौण्ड । शयाण्ड[5] । वैश्वमानव । वैश्वधेनव[6] । नड । तुण्डदेव । विश्वदेव । सापिण्डि[3] ॥ ऐषुकार्यादिः ॥ IV. 2. 54.

[1] Unter den Beispielen bei IV. 2. 54. im Pâṅini und in der Siddh. K. सारसायन. – [2] शापण्डायन. – [3] Fehlt. – [4] शपण्ड. – [5] शयापिड. – [6] वैश्वध्येनव.

कच्छ । सिन्धु । वर्णु । गन्धार । मधुमत् । कम्बोज । कश्मीर । साल्व । कुरु । अनुषण्ड । द्वीप । अनूप । अजवाह । विजापक । कलूतर । रङ्कु ॥ कच्छादिः[1] ॥ IV. 2. 133.

[1] Der ganze gaṅa fehlt.

कडार । गडुल । खञ्ज । खोड । काण । कुण्ठ । खलति । गौर । वृद्ध । भिक्षुक । पिङ्ग । पिङ्गल[1] । तनु । जठर[2] । बधिर । मठर । कञ्ज । वर्वर ॥ एते कडारादयः ॥ II. 2. 38.

[1] पिङ्गुल । तड. – [2] Fehlt.

कण् ॥ S. zu VII. 4. 3.

कण्डूञ् (गात्रविघर्षणे[1]) । मन्तु[2] (अपराधे रोष इत्येके) । हृणीङ् (रोषणे लज्जायां च) । वल्गु (पूजामाधुर्ययोः) । अस्[3] (उपतापे) । मनस्[4] । महीङ् (पूजायां[5]) । लाट्[6] । लेट[7] । इरस् इरज्[8] इरञ्[9] (ईर्ष्यायां) । दुवस्[10]

उषस् (प्रभातीभावे) । वेट्[11] । मेधा (आशुग्रहणे) । कुषुभ[12] (क्षेपे) । नमस्[13] । मगध (परिवेष्टने)[14] । तन्तस् पम्पस्[15] (दुःखे)[16] । सुख दुःख (तत्क्रियायां) भिक्ष[17, 18] । चरण[17] (गतौ) । चरम[17, 18] । अवर[17, 18] । सपर[19] (पूजायां) । अरर[20] (आराकर्मणि) । भिषज् (चिकित्सायां)[21] । भिष्णज् (उपसेवायां) । अपर[17, 18] । आर[17, 18] । इषुध (शरधारणे) । वरण (गतौ) । चुरण (चौर्ये) । तुरण[22] (त्वरायां) । भुरण[23] (धारणपोषणयोः) । गद्गद (वाक्स्खलने[24]) । एला[25] । केला[26] । खेला (विलासे) । वेला[17] । शेला[17] । लिट्[27] । लोट्[28] (धौर्त्ये पूर्वभावे स्वप्ने च । दीप्तावित्येके) लेखा[17] (विलासे स्खलने च)[29] । लेख[17, 18, 30] । रेखा (श्लाघसादनयोः) । द्रवस् (परितापपरिचरणयोः)[18] । तिरस् (अन्तर्धौ)[18] । अगद (नीरोगत्वे)[31] । उरस् (बलार्थः) । तरण[32] (गतौ) । पयस् (प्रसृतौ[33]) । संभूयस् (प्रभूतभावे) सम्बर[18, 34] (सम्भरणे)[35] ॥ आकृतिगणोऽयं ॥ III. 1. 27.

[1] Alle in Klammern beigefügten Bedeutungen sind aus der Siddh. K. Bl. 162. b. 163. a. entlehnt; die Wurzeln, bei denen die Bedeutung nicht angegeben ist, fehlen in der Siddh. K. – [2] Siddh. K. bemerkt, dass K'andra मन्तुञ् gelesen habe; vgl. I. 3. 72. – [3] Siddh. K. und G. R. M. führen eine andere Lesart असु und असूञ् an. – [4] Fehlt in der Siddh. K., im G. P. und im G. R. M. – [5] Dh. P. वृद्धिपूजनयोः. – [6] Siddh. K. लाट जीवने; G. R. M. लाट् दीप्तौ पूर्वभावे धौर्त्ये स्वप्ने च. – [7] Siddh. K. लेट् धौर्त्ये पूर्वभावे स्वप्ने च । दीप्तावित्येके; G. P. लेट्; G. R. M. लेट् दीप्तिपूर्वभावस्वप्नधौर्त्येषु. – [8] In der Bedeutung von herrschen kommt die Wurzel Rig-Veda VII. 9. — LV. 5. vor. – [9] Fehlt im G. R. M. – [10] Fehlt auch im G. R. M.; die Wurzel kommt unter andern vor: Rig-Veda LXII. 10. — LXXVIII. 2. — CXII. 15. – [11] Siddh. K. und G. R. M. वेद धौर्त्ये स्वप्ने च. – [12] Fehlt im G. R. M. – [13] Fehlt überall und wohl mit Recht; vgl. III. 1. 19. – [14] Siddh. K fügt hinzu: नीच दास्य इत्यन्ये. – [15] G. P. पपस्. – [16] G. R. M. तन्तस् दुःखक्रियायां । पम्पस् दुःखे. – [17] Fehlt im G. P. – [18] Fehlt im G. R. M. – [19] Davon सपर्यति Rig-Veda XII. 8. – [20] Siddh. K.

und G. R. M. अरर. – [21] G. R. M. वैद्यचिकित्सयोः. – [22] In einer andern Bedeutung kommt das Partic. तुरण्यत् Rig-Veda CXXI. 1. vor. – [23] Davon das Partic. भुरण्यत् Rig-Veda L. 6. – [24] G. R. M. स्वरभङ्गे. – [25] Siddh. K. und G. R. M. इत्यन्ये. – [26] Vgl. die Prâkṛit-Wurzel कोल = क्रीड्. – [27] Siddh. K. लिट अल्पकुत्सनयोः; G. P. लिट; G. R. M. लिट् अल्पीभावे कुत्सायां च. – [28] G. P. लोट. – [29] G. R. M. लेखा श्लाघने. – [30] Siddh. K. führt लख als Variante von लेखा an. – [31] G. R. M. अगद् रोगविच्छेदे. – [32] G. P. तरिण. – [33] G. R. M. आर्द्रीभावे. – [34] Siddh. K., G. P. und G. R. M. führen auch अम्बर in der Bedeutung von सम्बर an. – [35] Siddh. K. hat noch लेला दीप्तौ und मृग अन्वेषणे (Bl. 151. a.); aus dem G. R. M. entlehne ich noch folgende Wurzeln: आश्चर्य औद्भूत्ये (sic) । किरोडाट् धौर्त्ये । कुसुम विकल्पने । गोधा कौटिल्ये । त्वरायत् त्वरणे । द्रवत् आर्द्रीभावे । नन्द आनन्दे । पुराण आख्याने । पुष्प विकसने । भरण संभरणे । लट् प्रमादवचने । लेला दीप्तौ । लोर विलोचने । वट विटीभावे (sic) । रजस् अल्पीभावे । रद दार्ढ्ये । समर संग्रामे ॥

कण्व ॥ IV. 2. 111.; s. unter गर्ग.

कत्त्रि । उम्भि । पुष्कर । पुष्कल । मोदन । कुम्भी । कुण्डिन । नगरी । माहिष्मती । वर्मती । उख्या । ग्राम[1] । कुड्याया यलोपश्च ॥ कत्त्र्यादिः ॥ IV. 2. 95.

[1] Noch गुण nach ग्राम; vgl. zu IV. 2. 95.

कथा । विकथा । विश्वकथा । संकथा । वितण्डा । कुष्ठविद्[1] । जनवाद । जनेवाद । जनोवाद । वृत्ति । संग्रह । गुण । गण । आयुर्वेद ॥ कथादिः ॥ IV. 4. 102.

[1] कुटविद्.

कपिलक । निर्विलीक । लोमानि । पांशुल । कल्म । शुक्ल[1] । कपिलिका । तर्पिलिका । तर्पिलि ॥ आकृतिगणो ऽयं कपिलकादिः[2] ॥ S. zu VIII. 2. 18.

[1] Vgl. Rig-Veda XII. 12. – [2] Der ganze gaṅa fehlt. Bei VI. 2. 42. sagt der Indische Commentator, dass अश्लील aus अश्रील entstanden sei.

कमल । अम्भोज । पद्मिनी । कुमुद । सरोज । पद्म । नलिनी । कैरविणी ॥ कमलादिराकृतिगणः[1] ॥ S. zu IV. 2. 51.

[1] Der ganze gaṅa fehlt.

कम्बोज । चोल । केरल । शक । यवन ॥ कम्बोजादिः[1] ॥ S. zu IV. 1. 175.

[1] Der ganze gaṅa fehlt.

कर्की[1] । मघ्नी । मकरी । कर्कन्धु । शमी । करीर[2] । कन्दुक । कवल[3] । बदरी ॥ कर्क्यादिः ॥ VI. 2. 87.

[1] कर्कि. – [2] करीरि. – [3] कुवल.

कर्ण । वसिष्ठ । अर्क । अर्कलूष । द्रुपद । आनडुह्य । पाञ्चजन्य । स्फिज्[1] । कुम्भी । कुन्ती । जित्वन् । जीवन्त । कुलिश । आण्डीवत[2] । जव । जैत्र । आनक[3] ॥ कर्णादिः ॥ IV. 2. 80.

[1] स्फिग. – [2] आण्डीवत्. – [3] आकन.

कर्ण । अक्षि । नख । मुख । केश । पाद । गुल्फ । भ्रू । शृङ्ग । दन्त । ओष्ठ । पृष्ठ ॥ कर्णादिः ॥ V. 2. 24.

कर्दम ॥ S. den Indischen Commentar zu VI. 2. 12. Den gaṅa finde ich nirgends ausgeführt.

कल्याणी । सुभगा । दुर्भगा । बन्धकी[1] । अनुदृष्टि । अनुसृष्टि[2] । जरती । बलीवर्दी । ज्येष्ठा । कनिष्ठा । मध्यमा । परस्त्री ॥ कल्याण्यादिः ॥ IV. 1. 126.

[1] Siddh. K. Bl. 67. b. बन्धुकी. – [2] अनुसृति.

कस्कः । कौतस्कुतः । भ्रातुष्पुत्रः । शुनस्कर्णः । सद्यस्कालः । सद्यस्क्रीः । साद्यस्क्रः । कांस्कान् । सर्पिष्कुण्डिका । धनुष्कपालं । बर्हिष्पलं[1] । यजुष्पात्रं । अयस्कान्तः । तमस्काण्डः । अयस्काण्डः । मेदस्पिण्डः । भास्करः[2] । अहस्करः[2] ॥ आकृतिगणो ऽयं कस्कादिः ॥ VIII. 3. 48.

[1] बर्हिष्पलं. – [2] Fehlt. — Vgl. zu VI. 1. 156.

काणि ॥ S. zu VII. 4. 3.

कार्तकौजपौ । सावर्णिमाण्डूकेयौ[1] । अवन्त्यश्मकाः । पैलश्यापर्णेयाः । कपिश्यापर्णेयाः । शैतिकाक्षपाञ्चालेयाः । कटुकवाधूलेयाः । शाकलशुनकाः । शाकलशणकाः । शणकबाभ्रवाः । आर्चाभिमौद्गलाः । कुन्तिसुराष्ट्राः । चि-

न्तिसुराद्राः । तण्डवतण्डाः । अविमत्तकामविद्धाः । बाभ्रवशालङ्कायनाः । बाभ्रवदानच्युताः । कठकालापाः । कठकौथुमाः । कौथुमलौकाक्षाः । स्त्रीकुमारं । मौदपैप्पलादाः । वत्सजरन्तः । सौश्रुतपार्थवाः । जरामृत्यू । याज्यानुवाक्ये ॥ कार्तकौजपादिः[2] ॥ VI. 2. 37.

[1] Siddh. K. Bl. 236. a. सावर्णिमाण्डूकयौ. – [2] Der ganze gaṅa fehlt.

काश । पाश । अश्वत्थ । पलाश । पीयूक्षा । चरण । वास । नड । वन । कर्दम । कच्छूल । कङ्कट । गुहा । विस । तृण । कर्पूर । वर्वर । मधुर । ग्रह । कपित्थ । जतु । सीपाल ॥ काशादिः ॥ IV. 2. 80.

काशि । चेदि[1] । सांयाति । संवाह । अच्युत । मोदमान । शकुलाद । हस्तिकर्षू । कुनामन् । हिरण्य । करण । गोवासन । भारङ्गी । अरिंदम । अरित्र । देवदत्त । दशग्राम । शौवावतान । युवराज । उपराज । देवराज । मोदन । सिन्धुमित्र । दासमित्र । सुधामित्र । सोममित्र । छागमित्र । सधमित्र[2] । आपदादिपूर्वपदात् कालान्तात् । आपद् । उध्व[3] (lies ऊर्ध्व) । तत् ॥ काश्यादिः ॥ IV. 2. 116.

[1] Siddh. K. Bl. 76. a. वेदि. – [2] साधमित्र. – [3] Ebenso.

काष्ठ । दारुण । अमातापुत्र । वेश । अनाज्ञात । अनुज्ञात । अपुत्र । अयुत । अद्भुत । अनुक्त[1] । भृश । घोर । सुख । परम । सु । अति ॥ काष्ठादिः[2] ॥ VIII. 1. 67.

[1] Fehlt. – [2] Nach der Siddh. K. Bl. 246. b. gehört auch अज्ञात zu unserm gaṅa.

किंशुलुक । शाल्व । नड[1] । अञ्जन । भञ्जन । लोहित । कुक्कुट ॥ किंशुलुकादिः ॥ VI. 3. 117.

[1] नभ.

किसर । नरद । नलद । स्थागल । तगर । गुग्गुलु । उशीर । हरिद्रा । हरिद्रु । पर्णी[1] ॥ किसरादिः ॥ IV. 4. 53.

[1] पर्णी.

कुक्कुटी । मृगी । काकी । अण्ड । पद । शाव । भ्रुकुंस । भ्रुकुटी ॥ कुक्कुट्यण्डादी[1] ॥ S. zu VI. 3. 42.

[1] Die beiden gaṅa's fehlen.

कुञ्ज । ब्रध्न[1] । शङ्ख । भस्मन् । गण । लोमन् । शठ । शाक । शुण्डा । शुभ । विपाश् । स्कन्द । स्कम्भ ॥ कुञ्जादिः ॥ IV. 1. 98.

[1] Siddh. K. Bl. 66. a. ब्रध्न.

कुट् ॥ I. 2. 1. S. die 6te Klasse im Dhâtupâtha.

कुमुद । शर्करा । न्यग्रोध । इक्कट । संकट । कङ्कट । गर्त । बीज । परिवाप । निर्यास । शकट । कच । मधु । शिरीष । अश्व । अश्वत्थ । बल्वज । यवाप । कूप । विकङ्कट । दशग्राम ॥ कुमुदादिः ॥ 4ter gaṅa bei IV. 2. 80.

कुमुद । गोमथ । रथकार । दशग्राम । अश्वत्थ । शाल्मलि । शिरीष[1] । मुनिस्थल । कुण्डल । कूट । मधुकर्ण । घासकुन्द । शुचिकर्ण ॥ कुमुदादिः ॥ 17ter gaṅa bei IV. 2. 80.

[1] Fehlt.

कुम्भपदी । एकपदी । जालपदी । शूलपदी[1] । मुनिपदी । गुणपदी । शतपदी । सूत्रपदी । गोधापदी । कलशीपदी । त्रिपदी । तृणपदी[1] । द्विपदी । त्रिपदी । षट्पदी । दासीपदी । शितिपदी । विष्णुपदी । सुपदी । निष्पदी । आर्द्रपदी । कुणिपदी । कृष्णपदी । शुचिपदी । द्रोणपदी[2] । द्रुपदी । सूकरपदी । शकृत्पदी । अष्टापदी । स्थूणापदी । अपदी । सूचीपदी ॥ कुम्भपद्यादिः ॥ V. 4. 139.

[1] Fehlt. – [2] द्रोणीपदी.

कुरु । गर्गर । मङ्गुष । अजमार । रथकार । वावदूक । सम्राजः क्षत्रिये । कवि । विमति[1] । कापिञ्जलादि । वाक् । वामरथ । पितृमत् । इन्द्रलाजी । एजि । वातकि । दामोष्णीषि । गणकारि । कैशोरि । कुट । शलाका[2] । मुर । पुर । एरका । शुभ्र । अभ्र । दर्भ । केशिनी । वेनाच्छन्दसि । शूर्पणाय । श्यावनाय । श्यावरथ । श्यावपुत्र । सत्यंकार । वडभीकार । पथिकार । मूढ । शकन्धु । शङ्कु । शाक । शाकिन् । शालीन । कर्तृ । हर्तृ । इन । पिण्डी । वामरथस्य कण्वादिवत् स्वरवर्जं[3] ॥ कुर्वादिः ॥ IV. 1. 151.

[1] मति. – [2] शालाका. – [3] S. zu IV. 1. 51.

कुलाल । वरुड । चण्डाल । निषाद । कर्मार । सेना । सिरिध्र[1] ।

सैरिन्ध्र । देवराज । परिषत्[2] । वधू । मधु । रुरु । रुद्र । अनडुह्[3] । ब्रह्मन् । कुम्भकार । श्वपाक ॥ कुलालादिः ॥ IV. 3. 118.

[1] सिरिन्ध्र. — [2] पर्षत्. — [3] अनडुह.

कृत । मित । मत । भूत । उक्त । युक्त[1] । समाम्नात । समाम्नात । समाख्यात । संभावित । संसेवित[1] । अवधारित । अवकल्पित । निराकृत । उपकृत । उपाकृत । दृष्ट[1] । कलित[1] । दलित[1] । उदाहृत[1] । विश्रुत[1] । उदित[1] ॥ अयं कृतादिराकृतिगणः ॥ II. 1. 59.

[1] Fehlt.

कृशाश्व । अरिष्ट । अरिश्म । वेश्मन् । विशाल । लोमश । रोमश । रोमक । लोमक । शबल । कूट । वर्चल । सुवर्चल । सुकर । सूकर । प्रतर[1] । सदृश । पुरग । पुराग । सुख । धूम । अजिन । विनत । अवनत । विकुट्यास[2] । पराशर । अरुस् । अयस् । मौद्गल्य[3] । सूकर[3] ॥ कृशाश्वादिः ॥ IV. 2. 80.

[1] प्रातर. — [2] कुविधास. — [3] Für beide: मौद्गल्याकर.

कोटर । मिश्रक । सिध्रक । पुरग । शारिक[1] ॥ कोटरादिः ॥ VI. 3. 117.

[1] VIII. 4. 4. सारिक.

क्रतु । दृशीक । प्रतीक । प्रतूर्ति । हव्य । भग ॥ क्रत्वादिः ॥ VI. 2. 118.

क्रम । पद । शिक्षा । मीमांसा । सामन्[1] ॥ क्रमादिः ॥ IV. 2. 61.

[1] Fehlt in der Siddh. K. Bl. 73. a.

क्री ॥ III. 1. 81. Mit dieser Wurzel beginnt im Dhâtupâṫha die 9te Klasse.

क्रोड । नख । खुर । गोखा । उखा । शिखा । वाल । शफ । गुद ॥ क्रोडादिराकृतिगणः[1] । तेन । भग । गल । घोणा ॥ IV. 1. 56.

[1] Der ganze gaṅa fehlt.

क्रौडि । लाडि । व्याडि । आपिशलि । आपक्षिति । चौपयत । चैटयत[1] । सैकयत । बैल्वयत । गौधातकि । सूत युवत्यां । भोज क्षत्रिये । यौतकि । कौटि । भौरिकि । भौलिकि । शाल्मलि[2] । शालास्थलि । कापिष्ठलि । गौकक्ष्य ॥ क्रौड्यादिः ॥ IV. 1. 80.

[1] वैटयत. - [2] Fehlt.

क्षिपका । धुवका । चरका । सेवका । करका । चटका । अवका । लहका । अलका । कन्यका । धुवका । एडका ॥ आकृतिगणो ऽयं क्षिपकादिः[1] ॥ VII. 3. 45. vârtika.

[1] Der ganze gaṅa fehlt.

क्षुभ्ना । नृनमन ॥ नन्दिन् । नन्दन । नगर । एतान्युत्तरपदानि संज्ञायां प्रयोजयन्ति । हरिनन्दी । हरिनन्दनः । गिरिनगरं ॥ नृतिर्यङि प्रयोजयति । नरीनृत्यते ॥ नर्तन । गहन । नन्दन । निवेश । निवास । अग्नि । अनूप । एतान्युत्तरपदानि प्रयोजयन्ति । परिनर्तनं । परिगहनं । परिनन्दनं । शरनिवेशः । शरनिवासः । शराग्निः । दर्भानूपः ॥ आचार्यादणत्वं च[1] । आचार्यभोगीनः ॥ आकृतिगणो ऽयं क्षुभ्नादिः ॥ VIII. 4. 39.

[1] Vgl. zu IV. 1. 49. und zu V. 1. 9.

क्षुभ्ना । तृपु । नृमन । नरनगर । नन्दन । यङ् नृती । गिरिनदी[1] । गृहनमन । निवेश । निवास । अग्नि । अनूप । आचार्यभोगीन[2] । चतुर्हायन[3] । इरिकादीनि वनोत्तरपदानि संज्ञायां । इरिका । तिमिर । समीर । कुवेर । हरि । कर्मार ॥ क्षुभ्नादिः[4] ॥ Eine andere Recension des vorhergehenden gaṅa.

[1] Vgl. den gaṅa गिरिनदी. - [2] S. zu IV. 1. 27. - [3] S. zu V. 1. 9. - [4] Der ganze gaṅa fehlt.

खण्डिक । वडवा । क्षुद्रकमालवात्[1] सेनासंज्ञायां । भिक्षुक । शुक । उलूक । श्वन् । अहन् । युगवरत्र[2] । हलबन्ध[3] ॥ खण्डिकादिः ॥ IV. 2. 45.

[1] क्षुद्रकडालवात्. — Vgl. das vârtika zu IV. 2. 45. - [2] युगवरत्रा. - [3] हलबन्धा.

खलिनी । डाकिनी[1] । कुटुम्बिनी[2] । द्रुमिणी । अङ्किनी । गविनी । रथिनी । कुण्डलिनी ॥ खलादिः ॥ S. zu IV. 2. 51.

[1] डूकिनी. - [2] कुदुम्बिनी.

गमी । आगमी[1] । भावी । प्रस्थायी । प्रतिरोधी । प्रतियोधी । प्रतिबोधी । प्रतियायी । प्रतियोगी ॥ एते गम्यादयः ॥ III. 3. 3.

[1] Nach den Beispielen bei III. 3. 95. könnte man आगामी vermuthen.

गर्ग । वत्स । वाजासे[1] । संकृति । अज । व्याघ्रपात् । विदभृत् । प्राचीनयोग । अगस्ति[2] । पुलस्ति । चमस । रेभ । अग्निवेश । शङ्ख । शट । शक । एक । धूम । अवट । मनस् । धनंजय । वृक्ष । विश्वावसु । जरमाण । लोहित । संशित । बभ्रु । वल्गु । मण्डु । गण्डु । शङ्कु । लिगु । गुहलु । मन्तु । मङ्क्षु । अलिगु । जिगीषु । मनु । तन्तु । मनायी । सूनु । कथक । कन्थक । ऋक्ष । वृक्ष[3] । तनु[2] । तरुक्ष । तलुक्ष । तण्ड । वतण्ड । कपि । कत[4] । कुरुकत । अनडुह । कण्व । शकल । गोकक्ष । अगस्त्य । कुण्डिनी । यज्ञवल्क । पर्णवल्क । अभयजात । विरोहित । वृषगण । रहूगण । शण्डिल । चणक[5] । चुलुक । मुद्गल । मुसल । जमदग्नि । पराशर । जातूकर्ण[6] । महित । मन्त्रित । अश्मरथ । शर्कराक्ष । पूतिमाष । स्थूरा । अररक[7] । एलाक । पिङ्गल । कृष्ण । गोलन्द । उलूक । तितिक्ष । भिषज्[8] । भिष्णज[2] । भडित । भण्डित । दल्भ । चेकित । चिकित्सित । देवहू । इन्द्रहू । एकलू । पिप्पलू । बृहदग्नि । सुलोहिन्[2] । सुलाभिन् । उक्थ । कुटीगु ॥ गर्गादिः ॥ **IV. 1. 105.**

[1] D. h. वाज असमासे. – [2] Fehlt. – [3] तृक्ष. – [4] कपिकत für कपि । कत. – [5] वर्णक. – [6] जतूकर्ण. – [7] अदरक. – [8] भिषज.

गवाश्वं । गवाविकं । गवैडकं । अजाविकं । अजैडकं[1] । कुब्जवामनं । कुब्जकिरातं । पुत्रपौत्रं । श्वचण्डालं । स्त्रीकुमारं । दासीमाणवकं । शाटीपटीरं । शाटीप्रच्छदं । शाटीपट्टिकं । उष्ट्रखरं । उष्ट्रशशं । मूत्रशकृत् । मूत्रपुरीषं । यकृन्मेदः । मांसशोणितं । दर्भशरं । दर्भपूतीकं । अर्जुनशिरीषं । अर्जुनपुरुषं । तृणोलपं[2] । दासीदासं । कुटीकुटं । भागवतीभागवतं ॥ एतानि गवाश्वप्रभृतीनि ॥ **II. 4. 11.**

[1] Fehlt. – [2] तृणोपलं.

गह । अन्तस्थ । सम । विषम । मध्य मध्यमं चाण् चरणे[1] । उत्तम । अङ्ग । वङ्ग । मगध । पूर्वपक्ष । अपरपक्ष । अधमशाख । उत्तमशाख । एकशाख । समानशाख । समानग्राम । एकग्राम । एकवृक्ष । एकपलाश । इष्वग्र । इष्वनीक । अवस्यन्दन । कामप्रस्थ । खाडायन[2] । काठेरणि । लावेरणि । सौमित्रि । शैशिरि । आगुत् । दैवशर्मि । श्रौति । आहिंसि । आमित्रि । व्याडि । वैजि । आध्यश्वि । आनृशंसि[3] । शौङ्गि । आग्निशर्मि । भौजि । वाराटकि । वाल्मीकि[4] । क्षैमवृद्धि । आश्वत्थि । औद्गाहमानि ।

ऐक । विन्दवि । दन्ताग्र । हंस । तन्वग्र[5] । उत्तर । अनन्तर[6] । मुखपार्श्वतसोर्लोपः[7] । जनपरयोः कुक् च । देवस्य च । वेणुकादिभ्यश्छण् ॥ गहादिराकृतिगणः[8] ॥ IV. 2. 138.

[1] Vgl. die vârtika's zu IV. 2. 138. - [2] शाडिकाडायनि. - [3] आनृशसि. - [4] वाल्मिकि. - [5] तत्वग्र. - [6] Es folgt noch अन्तर. - [7] Von मुखतस् und पार्श्वतस् bildet man demnach मुखतीयं und पार्श्वतीयं. - [8] Zu diesem gaṅa gehört auch अन्ध; s. Siddh. K. Bl. 62. b.

गिरिनदी । गिरिनख । गिरिनढ । गिरिनितम्ब । चक्रनदी । चक्रनितम्ब । तूर्यमान । माषोन । आर्गयन ॥ आकृतिगणो ऽयं गिरिनद्यादिः[1] ॥ VIII. 4. 10. vârtika.

[1] Der ganze gaṅa fehlt.

गुड । कुल्माष । सक्तु । अपूप । मांसौदन । इक्षु । वेणु । संग्राम । संघात । संक्राम[1] । संवाह[1] । प्रवास । निवास । उपवास ॥ गुडादिः ॥ IV. 4. 103.

[1] Fehlt.

गुण । अक्षर । अध्याय । सूक्त । छन्दोमान ॥ गुणादिराकृतिगणः[1] ॥ VI. 2. 176.

[1] Der ganze gaṅa fehlt.

गृष्टि । हृष्टि । बलि । हलि । विश्रि । कुद्रि । अजवस्ति । मित्रयु ॥ गृष्ट्यादिः ॥ IV. 1. 136.

गो । हविस् । अक्षर । विष । बर्हिस् । अष्टका । स्वदा । युग । मेधा । स्रुच् । नाभि नभं च । शुनः संप्रसारणं वा च दीर्घत्वं तत्संनियोगेन चान्तोदात्तत्वं । ऊधसो ऽनङ् च । कूप । खद । दर । खर । असुर । अध्वन[1] । क्षर । वेद । बीज । दीप्त[2] ॥ गवादिः ॥ V. 1. 2.

[1] अध्वन्. - [2] दीस.

गोत्र । ब्रुव । प्रवचन । प्रहसन । प्रकथन । प्रत्ययन । प्रपञ्च । प्राय । न्याय । प्रचक्षण । विचक्षण । अवचक्षण । स्वाध्याय । भूयिष्ठ[1] । वानाम[2] ॥ गोत्रादिः ॥ VIII. 1. 27.

[1] भूयिष्ठ. – [2] Man füge noch प्रत्यापन hinzu; s. Siddh. K. Bl. 244. b.

गोपवन । शिग्रु[1] । बिन्दु । भाजन । अश्वावतान । श्यामाक[2] । श्यामक । श्यापर्ण ॥ बिदाद्यन्तर्गणोऽयं गोपवनादिः ॥ II. 4. 67.

[1] श्रेयु. – [2] श्योमाक.

गोपालिका ॥ S. zu IV. 1. 48.

गोषद[1] । इषेत्वा । मातरिश्वन् । देवस्यत्वा । देवीरापः । कृष्णोस्याखरेष्ठः । देवींधिय[2] । रक्षोहण । युञ्जान । अञ्जन । प्रभूत । प्रतूर्त । कृशानु[3] ॥ गोषदादिः ॥ V. 2. 62.

[1] गोषद. – [2] देवीधिया. – [3] कृशाकु.

गौर । मत्स्य[1] । मनुष्य[1] । शृङ्ग । पिङ्गल । हय[1] । गवय[1] । मुकय[1] । ऋष्य । पुट[2] । तूण[2] । द्रुण । द्रोण । हरिण । काकण[3] । पटर । उणक । आमलक[4] । कुवल । बिम्ब । बदर । कर्कर[5] । तर्कार । शर्कार । पुष्कर । शिखण्ड । सलद । शष्कण्ड । सनन्द । सुषम । सुषव । अलिन्द । गडुल । पाण्डश । आढक । आनन्द । आश्वत्य । सृपाट । आपच्चिक[6] । शष्कुल । सूर्म[7] । शूर्प । सूच । यूप[8] । यूथ । सूप । मेथ । वल्लक । धातक । सल्लक । मालक । मालत । साल्वक । वेतस । वृस[9] । अतस । उभय[2] । भृङ्ग । मह । मठ । छेद । पेश । मेद । श्वन् । तक्षन् । अनडुही । अनड्वाही । एषणः करणे । देह । देहल । काकादन । गवादन । तेजन । रजन । लवण । औद्गाहमानि[10] । गोतम[11] । पारक[2] । अयःस्थूण[12] । भौरिकि । भौलिकि । भौलिङ्गि । यान । मेध । आलम्बि । आलजि । आलब्धि । आलक्षि । केवाल । आपक । आरट । नट । टोट । नोट । मूलाट । शातन । पोतन[2] । पातन । पानठ[13] । आस्तरण । अधिकरण । अधिकार । आग्रहायणी[14] । प्रत्यवरोहिणी । सेचन[2] । सुमङ्गलात् संज्ञायां । अण्डर । सुन्दर । मण्डल । मन्थर । मङ्गल । पट । पिण्ड । षण्ड[2] । ऊर्द । गुर्द । शम । सूद । आर्द[15] । हृद[16] । पाण्ड । भाण्ड[17] । लोहाण्ड[2] । कदर । कन्दर । कदल । तरुण । तलुन । कल्माष । बृहत् । महत् । सोम[2] । सौधर्म । रोहिणी नक्षत्रे । रेवती नक्षत्रे । विकल । निष्कल । पुष्कल । कटाच्छ्रोणिवचने । पिप्पल्यादयश्च । पिप्पली । हरीतकी[18] । कोशातकी । शमी । वरी ।

शरी । पृथिवी । क्रोष्टु । मातामह । पितामह ॥ गौरादिः[19] ॥ IV. 1. 41.

[1] S. zu IV. 1. 63. - [2] Fehlt. - [3] कोकण. - [4] आमल । आमलक. - [5] फर्करक. - [6] आखक. - [7] सूर्य. - [8] पूष. - [9] वृक्ष. - [10] आड्राह्मानि. - [11] गौतम. - [12] अयस्थूण. - [13] पाठन. - [14] अग्रहायणी. - [15] ओड. - [16] हृद. - [17] भाण्डल । भाण्ड. - [18] हरितकी. - [19] कुटी gehört auch hierher; s. das Scholion zu VI. 2. 8.

गौर । तैष । तैल । लेट`। लोट । जिह्वा । कृष्णा । कन्या । गुध । कल्प । पाद ॥ गौरादिः ॥ VI. 2. 194.

ग्रह् ॥ S. den folgenden gańa.

ग्राही । उत्साही । उद्दासी । उद्भासी । स्थायी । मन्त्री । संमर्दी । रक्षश्रुवपशां नौ । निरक्षी । निश्रावी । निवापी । निशायी । (याचृव्याहृव्रजवदवसां प्रतिषिद्धानां । अयाची । अव्याहारी । असंव्याहारी)[1] । अव्राजी । अवादी । अवासी । अचामचित्तकर्तृकाणां । अकारी । अहारी । अविनायी । विशायी[1] । विषायी[1] । विशयी विषयी देशे । विशयी । विषयी देशः । अभिभावी भूते । अपराधी । उपरोधी । परिभवी । परिभावी ॥ इति ग्रहादिः ॥ III. 1. 134.

[1] Fehlt.

घट् ॥ Scholion zu VI. 4. 92. — S. die 1te Klasse im Dhâtupâṫha.

घृत ॥ Scholion zu VI. 2. 42. — Der gańa wird in der Siddh. K. nicht weiter ausgeführt; er wird daselbst ein आकृतिगण genannt.

घोष । कट[1] । वल्लभ । ह्रद । बदरी । पिङ्गल[2] । पिशङ्ग । माला । रक्षा । शाला[3] । कूट[4] । शाल्मली । अश्वत्थ । तृण । शिल्पी[5] । मुनि । प्रेक्षा[6] ॥ घोषादिः ॥ VI. 2. 85.

[1] घट. - [2] पिंगली. - [3] वृट्. - [4] कट्. - [5] Fehlt. - [6] प्रेक्षाकृ.

च । वा । ह । अह[1] । एव । एवं । नूनं । शश्वत् । युगपत्[2] । भूयस्[1] । सूपत् । कूपत् । कुवित् । नेत् । चेत् । चण् । कच्चित् । यत्र । तत्र । नह । हन्त । माकिं । माकीं[1] । माकिर् । नकिं । नकीं[1] । नकिर् । आकीं[1] । माङ् । नञ् । तावत् । यावत् । त्वा । त्वे । त्वै ।

है[1] । ह्रै[1] । रे । औषट् । वौषट् । वषट् । स्वाहा । स्वधा । ओं । तथाहि[3] । खलु । किल । अथ । सु । सुष्ठु[1] । स्म । अ । इ । उ । ऋ । लृ । ए । ऐ । ओ । औ । दह । उञ् । उकञ् । वेलायां । मात्रायां । यथा । यत् । तत् । किं । पुरा । वध्वा[4] । धिक् । हाहा । हहे[5] । पाट् । प्याट् । आहो । उताहो । हो । अहो । नौ[6] । अथो । ननु । मन्ये । मिथ्या । असि । ब्रूहि । तु । नु । इति । इव । वत् । वात् । वन । वत । सं[1] । वशं[1] । शिकं[1] । दिकं[1] । सनुकं । छंवट[7] । शङ्के । शुकं । खं । सनात् । सनुतर् । नहिकं । सत्यं । ऋतं । इद्धा । अद्धा । नोचेत् । नचेत् । नहि । जातु । कथं । कुतः । कुत्र । अव । अनु । हा । हे । है[1] । आहोस्वित् । शं । कं । खं । दिष्ट्या । पशु । वट् । सह । अनुषट्[1] । आनुषक् । अङ्ग । फट् । भाजक्[8] । अये । अरे । चाटु[9] । कुं । खुं । घुं । अं । ईं । सीं । सिं । सि । वै । उपसर्गविभक्तिस्वरप्रतिरूपकाश्च निपाताः[10] ॥ आकृतिगणोऽयं ॥ **I. 4. 57.**

[1] **Fehlt.** – [2] युपत्. – [3] तथा. – [4] वधा. – [5] हेहै. – [6] नो. – [7] छं-वट्. – [8] ताजक्. – [9] वाट्. – [10] **Der Indische Commentator giebt in der Calc. Ausgabe folgende Beispiele:** उपसर्गप्रतिरूपकः । अवदत्तं ॥ विभक्तिप्रतिरूपकः । अस्ति क्षीरा ॥ स्वरप्रतिरूपकाः । अ । इ । उ ॥

चतुर्वर्ण । चतुराश्रम । सर्वविद्य । त्रिलोक । त्रिस्वर । षड्गुण । सेना । अनन्तर । संनिधि । समीप । उपमा । सुख । तदर्थ । इतिह । मणिक ॥ चतुर्वर्णादिः[1] ॥ **S. zu V. 1. 124.**

[1] **Der ganze gańa fehlt.**

चारु । साधु । यौधकि[1] । अनङ्गमेजय । वदान्य । अकस्मात् । वर्तमानवर्धमानत्वरमाणध्रियमाणक्रीयमाणरोचमानशोभमानाः संज्ञायां । विकारसदृशे व्यस्तसमस्ते । गृहपति । गृहपतिक । राजाह्नोश्छन्दसि ॥ चार्वादिः ॥ **VI. 2. 160.**

[1] यौधिक.

चिहण । मडर[1] । मद्गुमर । वैतुल । पटत्क । वैडालिकर्णक । वैडालिकर्णि । कुक्कुट । चिक्कण । चित्कण ॥ चिहणादिः[2] ॥ **VI. 2. 125.**

[1] **Siddh. K. Bl. 240. a.** मन्दर. – [2] **Der ganze gańa fehlt.**

चुर् ॥ III. 1. 25. Mit dieser Wurzel beginnt die 10te Klasse im Dhâtupâťha.

चूर्ण । करिव । करिप । शाकिन । शाकट । द्राक्षा । तूस्त । कुन्दुम । दलप । चसमी । चक्कन । चौल ॥ चूर्णादिः[1] ॥ VI. 2. 134.

[1] Der ganze gańa fehlt.

छत्र । शिक्षा । प्ररोह । स्था । बुभुक्षा । चुरा । तितिक्षा । उपस्थान । कृषि । कर्मन् । विश्वधा । तपस् । सत्य । अनृत । विशिखा । विशिका । भक्षा । उदस्थान । पुरोडा । विक्षा । चुक्षा । मन्द्र ॥ छत्रादिः[1] ॥ IV. 4. 62.

[1] Der ganze gańa fehlt.

छात्रि । पेलि । भाण्डि । व्याडि । आखण्डि । आटि । गोमि ॥ छात्र्यादिः[1] ॥ VI. 2. 86.

[1] Der ganze gańa fehlt.

छेद । भेद । द्रोह । दोह । नर्त[1] । कर्ष । तीर्थ[2] । संप्रयोग । विप्रयोग । प्रयोग । विप्रकर्ष[2] । प्रेषण । संप्रश्न । विप्रश्न । विकर्ष । प्रकर्ष । विराग विरङ्गं च ॥ छेदादिः ॥ V. 1. 64.

[1] नर्ति· — [2] Fehlt.

जुहोति ॥ II. 4. 75. Hiermit beginnt die 3te Klasse im Dhâtupâťha.

ज्योत्स्ना । तमिस्र । कुण्डल । कुतप । विसर्प । विपादिका ॥ ज्योत्स्नादिः[1] ॥ S. zu V. 2. 103.

[1] Der ganze gańa fehlt.

डतर् ॥ VII. 1. 25. S. unter सर्व.

तक्षशिला । वत्सोद्धरण । कौर्मेदुर । ग्रामणी । छगल । क्रोष्टुकर्ण । सिंहकर्ण । संकुचित । किंनर । काण्डधार । पर्वत । अवसान । वर्वर । कंस ॥ तक्षशिलादिः ॥ IV. 3. 93.

तन् ॥ II. 4. 79. — III. 1. 79. Es beginnt mit dieser Wurzel die 8te Klasse im Dhâtupâťha.

तनोति ॥ VI. 4. 37. तनोति = तन्.

तसिल् ॥ VI. 3. 35., wo das Indische Scholion nachzusehen ist.

तारका । पुष्प । कर्णक । मञ्जरी । ऋजीष । क्षण[1] । सूच[1] । मूत्र । निष्क्रमण । पुरीष । उच्चार । प्रचार । विचार[1] । कुड्मल । कण्टक । मुसल । मुकुल[1] । कुसुम । कुतूहल । स्तवक[2] । किसलय । पल्लव । खण्ड[1] । वेग । निद्रा । मुद्रा । बुभुक्षा । धेनुष्या[1] । पिपासा । श्रद्धा । अभ्र । पुलक । अङ्गारक । वर्णक । द्रोह । दोह । सुख । दुःख । उत्कण्ठा । भर । व्याधि । वर्मन् । व्रण । गौरव । शास्त्र । तरंग । तिलक । चन्द्रक । अन्धकार । गर्व । मुकुर[3] । हर्ष । उत्कर्ष । रण[1] । कुवलय । गर्ध । क्षुध् । सीमन्त । ज्वर । गर । रोग । रोमाञ्च । पण्डा । कज्जल । तृष् । कोरक । कल्लोल । स्थपुट । फल । कञ्चुक । शृङ्गार । अङ्कुर । शैवल । बकुल । श्वभ्र । आराल । कलङ्क । कर्दम । कन्दल[1] । मूर्छा । अङ्गार । हस्तक । प्रतिबिम्ब । विघ्नतन्त्र । प्रत्यय । दीक्षा । गर्ज । गर्भादप्राणिनि ॥ तारकादिराकृतिगणः ॥ V. 2. 36.

[1] Fehlt. – [2] स्तम्बक. – [3] कुमुर.

तालाद्धनुषि । बार्हिण । इन्द्रालिश[1] । इन्द्रादृश । इन्द्रायुध । चय । श्यामाक । पीयूक्षा ॥ तालादिः ॥ IV. 3. 152.

[1] इन्द्रासिश. इन्द्रालिश verhält sich zu इन्द्रादृश wie केलिश und ईलिश im **Ardhamâgadhika** zu कीदृश und ईदृश im **Saṁskṛit**; vgl. **Lassen's Institutt.** S. 412.

तिक । कितव[1] । (संज्ञा । बाला । शिखा)[2] । उरस्[3] । शाट्य । सैन्धव । यमुन्द । रूप्य । ग्राम्य । नील । अमित्र । गौकक्ष्य[4] । कुरु । देवरथ । तैतल । औरस[5] । कौरव्य । भौरिकि । भौलिकि । चौपयत । चैटयत । शीकयत । क्षैतयत । वाजवत । चन्द्रमस् । शुभ । गङ्गा । वरेण्य । सुपामन् । आरड[6] । वह्यका । खल्यका[7] । वृष । लोमक । उदन्य । यज्ञ ॥ तिकादिः ॥ IV. 1. 154.

[1] कितक. – [2] संज्ञाबालशिख. – [3] उरश. – [4] गौकुक्ष्य. – [5] औरश. – [6] आरट्व. – [7] खल्या.

तिककितवाः । वङ्खरभण्डीरथाः । उपकलमकाः । पफकनरकाः । बकनखगुदपरिणाहाः । उब्जककुभाः । लङ्कशान्तमुखाः । उत्तरशलङ्कटाः । कृष्णा-

त्रिनकृष्णासुन्दराः । भ्रष्टककपिष्ठलाः । अग्निवेशदशेरुकाः ॥ एते तिककितवादयः ॥ II. 4. 68.

तिष्ठद्गु । वहद्गु । आयतीगवं[1] । खलेयवं । खलेबुसं । लूनयवं । लूयमानयवं । पूतयवं । पूयमानयवं । संहृतयवं । संह्रियमाणयवं । संहृतबुसं । संह्रियमाणबुसं । समभूमि । समपदाति । सुषमं । विषमं । दुःषमं । निःषमं । अपसमं । आयतीसमं । प्रोढं[2] । पापसमं । पुण्यसमं । प्राह्णं । प्ररथं । प्रमृगं । प्रदक्षिणं । अपरदक्षिणं[2] । संप्रति । असंप्रति । इच्प्रत्ययः समासान्तः[3] ॥ एते तिष्ठद्गुप्रभृतयः ॥ II. 1. 17.

[1] Vgl. das Scholion zu Bhaṭṭi-K. IV. 14. – [2] Fehlt. – [3] Bloss इच्. — Vgl. V. 4. 127, 128.

तुन् ॥ VI. 1. 7. Der gaṅa wird nicht weiter ausgeführt.

तुद् ॥ III. 1. 77. Die erste Wurzel der 6ten Klasse im Dhâtupâṭha.

तुन्द । उदर । पिचण्ड । यव । व्रीहि । स्वाङ्गाद्विवृद्धौ ॥ तुन्दादिः ॥ V. 2. 117.

तृण । नड । मूल । वन । पर्ण । वर्ण । वराण । बिल । पुल । फल । अर्जुन । अर्ण । सुवर्ण । बल । चरण । बुस ॥ तृणादिः ॥ IV. 2. 80.

तृम्फ । तुम्प । तुम्फ । दृम्फ । ऋम्फ । गुम्फ । उम्भ । शुम्भ ॥ तृम्फादिः[1] ॥ S. zu VII. 1. 59.

[1] Der ganze gaṅa fehlt.

तौल्वलि । धारणि । पारणि । रावणि । दैलीपि । दैवति । वार्कलि । नैवकि[1] । दैवमति[2] । दैवयज्ञि । चाफट्टकि । वैल्वकि । वैङ्कि[3] । आनुराहति[4] । पौष्करसादि । आनुरोहति । आनुति । प्रादोहनि । नैमिश्रि । प्राडाहति । बान्धकि । वैशीति । आसिनासि । आहिंसि । आसुरि । नैमिषि । आसिबन्धकि । पौष्पि । कारेणुपालि । वैकर्णि । वैरकि । वैहति ॥ तौल्वल्यादिः ॥ II. 4. 61.

[1] नैवति. – [2] दैवमित्रि. – [3] वैकि. – [4] आनुहारति.

त्यद् ॥ I. 1. 74. — I. 2. 72. — III. 2. 60. — VII. 2.

102. S. unter सर्व; der gaṅa erstreckt sich von त्यद् bis ans Ende.

दण्ड । मुसल । मधुपर्क । कशा । अर्घ । मेघ । मेधा । सुवर्ण । उदक । बध । युग । गुहा । भाग । इभ । भङ्ग ॥ दण्डादिः ॥ V. 1. 66.

दधिपयसी । सर्पिर्मधुनी । मधुसर्पिषी । ब्रह्मप्रजापती । शिववैश्रवणौ । स्कन्दविशाखौ । परिव्राट्कौशिकौ[1] । प्रवर्ग्योपसदौ । शुक्लकृष्णौ । इध्माबर्हिषी । दीक्षातपसी । श्रद्धातपसी[2] । मेधातपसी[2] । अध्ययनतपसी । उलूखलमुसले । आद्यवसाने । श्रद्धामेधे । ऋक्सामे । वाङ्मनसे ॥ एतानि दधिपयआदीनि ॥ II. 4. 14.

[1] परिव्राजककौशिकौ. – [2] Fehlt.

दामनि । औलपि । वैजवापि । औदकि । औदङ्कि । आच्युतन्ति[1] । आच्युतदन्ति[2] । शाकुन्तकि । आकिदन्ति । औडवि । काकदन्तकि । शात्रुंतपि । सार्वसेनि । बिन्दु । बैन्दवि । तुलभ । मौञ्जायन । काकन्दि । सावित्रीपुत्र ॥ दामन्यादिः ॥ V. 3. 116.

[1] अच्युतन्ति. – [2] अच्युतदन्ति.

दासीभारः । देवहूतिः । देवभीतिः । देवलातिः । वसुनीतिः[1] । औषधिः । चन्द्रमाः ॥ दासीभारादिराकृतिगणः[2] ॥ VI. 2. 42.

[1] वसूनितिः. – [2] Vgl. zu VI. 2. 42.

दिव् ॥ III. 1. 69. — Mit dieser Wurzel beginnt die 4te Klasse im Dhâtupâṭha.

दिश् । वर्ग । पूग । गण । पक्ष । धाय्य । मित्र । मेधा । अन्तर् । पथिन् । रहस् । अलीक । उखा । साक्षिन् । देश । आदि । अन्त । मुख । जघन । मेघ । यूथ । उदकात् संज्ञायां । न्याय[1] । वंश । वेश । काल । आकाश ॥ दिगादिः ॥ IV. 3. 54.

[1] ज्ञाय.

दूर्वा ॥ S. zu IV. 2. 51.

दृढ । वृढ । परिवृढ । भृश । कृश । वक्र[1] । शुक्र । चुक्र । आम्र । कृष्ट[1] । लवण । ताम्र । शीत । उष्ण । जड । बधिर । पण्डित । मधुर । मूर्ख । मूक । वेर्यातलातमतिमनःशारदानां । समो मतिमनसोः । जवन ॥ दृढादिः ॥ V. 1. 123.

[1] Feilt.

देवपथ । हंसपथ[1] । वारिपथ[1] । रथपथ[1] । स्थलपथ । करिपथ । अजपथ । राजपथ । शतपथ । शङ्कुपथ । सिन्धुपथ । सिद्धगति । उष्ट्रग्रीव । वामरज्जु । हस्त । इन्द्र । दण्ड । पुष्प । मत्स्य ॥ देवपथादिराकृतिगणः ॥ **V. 3. 100.**

[1] Feilt.

द्युत् ॥ **III. 1. 55. — S. die 1te Klasse im Dhâtupâṭha.**

द्वार । स्वर् । स्वाध्याय[1,2] । व्यल्कश[1] । स्वस्ति । स्वर् । सफ्यकृत[3] । स्वादुमृदु[4] । श्वस् । श्वन् । स्व ॥ द्वारादिः ॥ **VII. 3. 4.**

[1] Feilt. - [2] **Kâçikâ:** स्वाध्याय इति केचित् पठन्ति । तदनर्थकं । शोभनो ऽध्यायः स्वाध्याय इति व्युत्पत्तौ पूर्वेणैव (durch **VII. 3. 3.**) सिद्धं । अथाप्येवं व्युत्पत्तिः क्रियते । स्वो ऽध्यायः स्वाध्याय इत्येवमप्यत्रैव (in unserm gaṅa) स्वशब्दस्य पाठात् सिद्धं. - [3] **Siddh. K. Bl. 78. a.** स्फ्यकृत्. - [4] स्वादु । मृदु । सौवादुमृद्व.

द्वि ॥ **V. 3. 2. — S.** unter सर्व.

द्विदण्डि । द्विमुसलि । उभाञ्जलि । उभयाञ्जलि । उभादन्ति । उभयादन्ति । उभाहस्ति । उभयाहस्ति । उभाकर्णि । उभयाकर्णि । उभापाणि । उभयापाणि । उभाबाहु । उभयाबाहु । एकपदि । प्रोह्यपदि । आढ्यपदि[1] । सपदि । निकुच्यकर्णि । संहतपुच्छि । अन्तेवासि ॥ द्विदण्ड्यादिः ॥ **V. 4. 128.**

[1] आच्यपदि.

धूम । षण्ड । शशादन । अर्जुनाव । माहकस्थली । आनकस्थली । माहिषस्थली । मानस्थली । अट्टस्थली । मद्रुकस्थली । समुद्रस्थली । दाण्डायनस्थली । राजस्थली । विदेह । राजगृह । सात्रासाह । शष्प । मित्रवर्ध[1] । भक्षाली । मद्रकूल । आञ्जीकूल । द्व्याहाव[2] । त्र्याहाव[3] । संस्फीय । बर्बर । वर्ज्य । गर्त । आनर्त । माठर । पाथेय । घोष । पल्ली । आराज्ञी । धार्तराज्ञी । आवय । तीर्थ । कूलात् सौवीरेषु । समुद्रान्नावि मनुष्ये च । कुक्षि । अन्तरीय । द्वीप । अरुण । उज्जयनी । पट्टार । दक्षिणापथ । साकेत ॥ धूमादिः ॥ **IV. 2. 127.**

[1] मित्रवर्ध्र. - [2] द्व्यहव. - [3] त्र्यहव.

नड । चर[1] । वक । मुञ्ज । इतिक । इतिश । उपक । एक[2] । लमक । शलङ्कु शलङ्कं च । सप्तल । वाजप्य । तिक । अग्निशर्मन् वृषगणे । प्राण ।

नर । सायक । दास । मित्र । द्वीप । पिङ्गर । पिङ्गल । किङ्कर । किङ्कल । कातर[2] । कातल । काश्यप[3] । काश्य । काव्य[4] । अज । अमुष्य[5] । कृष्णारपौ ब्राह्मणवाशिष्ठे । अमित्र । लिगु । चित्र । कुमार । क्रोष्टु क्रोष्टं च । लोह । दुर्ग । स्तम्भ । शिंशपा । अग्र । तृण । शकट । सुमनस् । सुमत । मिमत । ऋच् । जलंधर । अध्वर । युगंधर । हंसक । दण्डिन् । हस्तिन् । पिण्ड[2] । पञ्चाल । चमसिन् । सुकृत्य । स्थिरक । ब्राह्मण । चटक । बदर । अश्वल । खरप । लङ्क । इन्ध । अस्त्र । कामुक । ब्रह्मदत्त । उदुम्बर । शोण । अलोह । दण्डप ॥ नडादिः ॥ IV. 1. 99.

[1] वर. – [2] Fehlt. – [3] कुश्यप. – [4] काल्य. – [5] अमुष्म. अमुष्य ist richtig; es ist der 6te Casus von अनु; s. zu VI. 3. 21.

नड । प्लक्ष । बिल्व । वेणु । वेत्र । वेतस । इक्षु । काष्ठ । कपोत । तृण । क्रुञ्चा ह्रस्वत्वं च । तक्षन् नलोपश्च ॥ नडादिः ॥ IV. 2. 91.

नदी । मही । वाराणसी । श्रावस्ती । कौशाम्बी । वनकौशाम्बी[1] । काशपरी । काशफरी[2] । खादिरी । पूर्वनगरी । पाठा । माया । शाल्वा । दार्वा । सेतकी । बडवाया वृषे ॥ नद्यादिः ॥ IV. 2. 97.

[1] वनकौशाम्ब्री. – [2] काशकारी.

नन्दिवाशिमदिदूषिसाधिवर्धिशोभिरोचिभ्यो ण्यन्तेभ्यः संज्ञायां । नन्दनः । वाशनः । मदनः । दूषणः । साधनः । वर्धनः । शोभनः । रोचनः । सहितपिदमः संज्ञायां । सहनः । तपनः । दमनः । जल्पनः । रमणः । दर्पनः । संक्रन्दनः । संकर्षणः । संहर्षणः । जनार्दनः । यवनः । मधुसूदनः । विभीषणः । लवणः । चित्तविनाशनः । कुलदमनः । शत्रुदमनः[1] ॥ इति नन्द्यादिः ॥ III. 1. 134.

[1] Fehlt.

निरुदक । निरुपल । निर्मक्षिक । निर्मशक । निष्कालक । निष्कालिक । निष्पेष । दुस्तरीप । निस्तरीप । निस्तरीक । निरजिन । उदजिन[1] । उपाजिन । परेर्हस्तपादकेशकर्षाः ॥ निरुदकादिराकृतिगणः ॥ VI. 2. 184.

[1] Fehlt.

निष्क । पण । पाद । माष । वाह । द्रोण । षष्टि ॥ निष्कादिः ॥ V. 1. 20.

नौ । काक । अन्न । शुक । शृगाल ॥ एते नावादयः[1] ॥ II. 3. 17. **vârtika.**

[1] **Der ganze gańa fehlt.**

न्यङ्कु । मद्गु । भृगु । दूरेपाक । फलेपाक । क्षणेपाक । दूरेपाका । फलेपाका । दूरेपाकु । फलेपाकु । तक्र[1] । वक्र[2] । व्यतिषङ्ग । अनुषङ्ग[3] । अवसर्ग । उपसर्ग[3] । श्वपाक । मांसपाक[4] । मूलपाक । कपोतपाक । उलूकपाक । संज्ञायां मेघनिदाघावदाघार्घाः । न्यग्रोध । वीरुत् ॥ न्यङ्क्वादिः ॥ **VII. 3. 53.**

[1] तत्र. – [2] चक्र. – [3] **Fehlt.** – [4] मासपाक.

पत्त्र । तुन्त्र । तुष । कुण्ड । अण्ड । कम्बलिका । वलिक । चित्र । अस्ति । पथिन् पन्थ च । कुम्भ । सीरक । सरक । सकल । सरस । समल । अतिश्वन् । रोमन् । लोमन् । हस्तिन् । मकर । लोमक । शीर्ष । निवात । पाक । सिंहक[1] । अङ्कुश । सुवर्णक । हंसक । हिंसक । कुत्स । बिल । खिल । यमल । हस्त । कला । सकर्णक ॥ पत्त्रादिः ॥ **IV. 2. 80.**

[1] सहक.

पच । वच । वप । वद । चल । पत । नदट्[1] । भषट् । प्लवट् । चरट् । गरट् । तरट् । चोरट् । गाहट् । सूरट् । देवट् । दोषट्[2] । रज[3] । मद[4] । क्षप[5] । सेव । मेष । कोष[6] । मेध । नर्त । व्रण । दर्श । सर्प । दम्भ[2] । दर्प[2] । जारभर । श्वपच ॥ पचादिराकृतिगणः[7] ॥ **III. 1. 134.**

[1] **Die Wörter mit stummem** ट् **fügen im Femininum** ङीप् **an; s. IV. 1. 15.** – [2] **Fehlt.** – [3] जर. – [4] मर. – [5] क्षम. – [6] कोप. – [7] **Es gehören zu unserm gańa unter andern noch folgende Wörter:** अट **(s. d. Scholion zu Bhat́t́i-K. II. 30.)** । अन्ध **(s. Siddh. K. Bl. 58. b.)** । कुह **(s. d. Ind. Comm. zu VI. 1. 216.)** । घट **(s. Siddh. K. Bl. 94. a.)** । परिस्कन्द **(s. d. Ind. Comm. zu VIII. 3. 75.)** । प्रतिष्कश **(s. Siddh. K. Bl. 64. a.)** । प्रफुल्ल **(s. d. Ind. Comm. zu VIII. 2. 55.)** । ब्रुव **(s. Siddh. K. Bl. 60. b.)** । लेह **(s. d. Scholion zu Bhat́t́i-K. II. 7.)** । वह **(s. d. Scholion zu Bhat́t́i-K. II.**

10.) । शोभ (s. d. Scholien zu Bhatti-K. II. 14.) । स्तेन (s. Siddh. K. Bl. 92. a.) ॥ Ein vârtika zu III. 1. 134. erlaubt bei allen Wurzeln die Ableitung mit अच्.

पटु ॥ VI. 1. 171. — S. VI. 1. 63.

परदार । गुरुतल्प ॥ परदारादिः[1] ॥ S. zu IV. 4. 1.

[1] Der ganze gańa fehlt.

परिमुख । परिहनु । पर्योष्ठ । पर्युलूखल । परिसीर । उपसीर । उपस्थूण । उपकलाप । अनुपथ । अनुपद । अनुगङ्ग । अनुतिल । अनुसीत । अनुसाय । अनुसीर । अनुमाष । अनुयव । अनुयूप । अनुवंश । प्रतिशाख ॥ परिमुखादिः[1] ॥ IV. 3. 58. vârtika.

[1] Der ganze gańa fehlt.

पर्प । अश्व । अश्वत्थ । रथ । जाल । न्यास । व्याल । पादः पञ्च ॥ पर्पादिः ॥ IV. 4. 10.

पर्शु । असुर । रक्षस् । वाह्लीक । वयस् । वसु । मरुत् । सत्वत् । दशार्ह । पिशाच । अशनि । कार्षापण ॥ पर्श्वादिः ॥ V. 3. 117.

पलाश । खदिर । शिंशपा । स्पन्दन । पूलाक । करीर । शिरीष । यवास । विकङ्कत ॥ पलाशादिः[1] ॥ IV. 3. 141.

[1] Der ganze gańa fehlt.

पात्रसमिताः । पात्रबहुलाः । उदुम्बरमशकः[1] । उदुम्बरकृमिः । कूपकच्छपः । अवटकच्छपः । कूपमण्डूकः । कुम्भमण्डूकः । उदपानमण्डूकः । नगरकाकः । नगरवायसः । मातरिपुरुषः । पिण्डीशूरः । पितरिशूरः । गेहेशूरः । गेहेनर्दी । गेहेक्ष्वेडी । गेहेविजिती । गेहेव्याडः । गेहेमेही । गेहेदाही[2] । गेहेदृप्तः । गेहेधृष्टः । गर्भेतृप्तः । आखनिकबकः । गोष्ठशूरः । गोष्ठविजिती । गोष्ठक्ष्वेडी । गोष्ठपटुः । गोष्ठपण्डितः । गोष्ठप्रगल्भः । कर्णेटिरिटिरा । कर्णेचुरचुरा ॥ आकृतिगणो ऽयं ॥ II. 1. 48.

[1] उदुम्बरमशकाः. – [2] Fehlt.

पामन् । वामन् । वेमन् । हेमन् । श्लेष्मन् । कद्रू[1] । बलि । सामन् । ऊष्मन् (sic)। कृमि । अङ्गात् कल्याणे । शाकीपलालीदद्रूणां ह्रस्वत्वं च[2] । विष्वगित्युत्तरपदलोपश्चाकृतसंधेः[3] । लक्ष्म्या अच्च ॥ पामादिः ॥ V. 2. 100.

[1] कद्रु. – [2] Vgl. zu V. 2. 100. – [3] Von विष्वच् kommt विषुणः.

पारस्करो देशः । कारस्करो वृक्षः । रथस्या नदी । किष्कुः प्रमाणं । किष्किन्धा गुहा । तद्बृहतोः करपत्योश्चोरदेवतयोः सुट् तलोपश्च[1] । प्रात् तुम्पतौ गवि कर्तरि ॥ पारस्करादिः ॥ VI. 1. 157.

[1] Also तस्कर und बृहस्पति. Bei तद् ist ein lopa von द्; desshalb liest die Siddh. K. Bl. 64. b. त्तलोपश्च, wo das erste त् für द् substituirt worden ist.

पार्श्व । उदर । पृष्ट (lies पृष्ठ) । उत्तान । अवमूर्धन् ॥ इति पार्श्वादिः[1] ॥ S. zu III. 2. 15.

[1] Der ganze gaṅa fehlt.

पावक ॥ S. zu VII. 3. 45.

पाश । तृण । धूम । वात । अङ्गार । पाटल[1] । पोत । गल । पिटक । पिटाक । शकट । हल । नट[1] । वन ॥ पाशादिः ॥ IV. 2. 49.

[1] Fehlt.

पिच्छा । उरस् । धुवक । ध्रुवक । जटाघटाकालाः[1] क्षेपे । वर्णा । उदक । पङ्क । प्रज्ञा ॥ पिच्छादिः ॥ V. 2. 100.

[1] जटाधाटा°.

पीलु । कर्कन्धु[1] । शमी । करीर । कुवल[2] । बदर । अश्वत्थ । खदिर ॥ पील्वादिः ॥ V. 2. 24.

[1] कर्कन्धू. – [2] बल.

पीलु ॥ VI. 3. 121. vârtika. Der gaṅa wird nicht weiter ausgeführt.

पुण्याहवाचन । स्वस्तिवाचन । शान्तिवाचन ॥ पुण्याहवाचनादिः[1] ॥ S. zu V. 1. 111.

[1] Der ganze gaṅa fehlt.

पुरोहित । राजासे[1] । ग्रामिक । पिण्डिक । सुहित । बाल । मन्द[2] । खण्डिक । दण्डिक । वर्मिक । कर्मिक । धर्मिक । शिलिक । सूतिक[3] । मूलिक[3] । तिलक[3] । अञ्जलिक । अञ्जनिक[4] । ऋषिक[3] । पुत्रिक । अविक । छत्रिक । पर्षिक । पथिक । चर्मिक । प्रतिक[3] । सारथि ।

आस्तिक । सूचिक । संरक्त । सूचक[5] । नास्तिक । अज्ञानिक[3] । प्राकुर[3] । नागर[3] । चूडिक[3] ॥ पुरोहितादिः ॥ V. 1. 128.

[1]D. n. राजा असमासे. – [2]बालमन्द für बाल । मन्द. – [3]Fehlt. – [4]अन्तनिक । ढूषिक. – [5]संरक्तसूचक für संरक्त । सूचक.

पुष् ॥ III. 1. 55. — S. die 4te Klasse im Dhâtupâṭha.

पुष्कर । पद्म । उत्पल । तमाल । कुमुद । नड । कपित्थ । बिस । मृणाल । कर्दम । शालूक । विगर्ह । करीष । शिरीष । यवास । प्रवाह[1] । हिरण्य । कैरव । कल्लोल । तट । तरङ्ग । पङ्कज । सरोज । राजीव । नालीक । सरोरुह । पुटक । अरविन्द । अम्भोज । अब्ज । कमल[2] । पयस् ॥ पुष्करादिः ॥ V. 2. 135.

[1]Fehlt. – [2]Es folgt noch कल्लोल.

पू ॥ VII. 3. 80. — S. die 9te Klasse im Dhâtupâṭha.

पृथु । मृदु । महत् । पटु । तनु । लघु । बहु । साधु । आशु । उरु । गुरु । बहुल । खण्ड । दण्ड । चण्ड । अकिंचन । बाल । होड । पाक । वत्स । मन्द । स्वादु । ह्रस्व । दीर्घ । प्रिय । वृष । ऋजु । क्षिप्र । क्षुद्र । अणु ॥ पृथ्वादिः[1] ॥ V. 1. 122.

[1]Der ganze gaṅa fehlt. — Bei VI. 4. 157. lässt der Ind. Comm. auch स्थिर und स्फिर in unserm gaṅa enthalten sein.

पृषोदर । पृषोत्थान । बलाहक । जीमूत । श्मशान । उलूखल । पिशाच । बृसी[1] । मयूर ॥ पृषोदरादिराकृतिगणः[2] ॥ VI. 3. 109.

[1]Siddh. K. Bl. 63. a. बृषी. – [2]Der ganze gaṅa fehlt. – Durch unsern gaṅa finde ich noch folgende Wörter erklärt: अश्वत्थामन् (S. zu IV. 1. 85.) । मुहूर्त (s. d. Ind. Comm. zu VI. 2. 2.) । त्रिहीनर (s. zu VII. 3. 1.) ॥

पैल । शालङ्कि । सात्यकि । सात्यंकामि । राहवि । रावणि । औदञ्चि । औदव्रजि । औदमेघि । औदगाहि[1] । औदभृज्जि । दैवस्थानि । पैङ्गलोदायनि । राहक्षति[2] । भौलिङ्गि । राणि । औदन्यि । औदाहमानि । औज्जिहानि । औदशुद्धि । तद्राजाचाणः[3] ॥ आकृतिगणो ऽयं ॥ II. 4. 59.

[1]औदव्यज्जि. – [2]राह । क्षति. – [3]S. d. erkl. Ind. u. d. W. तद्राज.

प । परा । अप । सं । अनु । अव । निस् । निर् । दुस् । दुर् । वि ।
आङ् । नि । अधि । अपि । अति । सु । उद् । अभि । प्रति । परि ।
उप ॥ एते प्रादयः ॥ **I. 4. 58.**

प्रकृति । प्राय । गोत्र । सम । विषम । द्विद्रोण । पञ्चक । साहस्र ॥
एते प्रकृत्यादयः[1] ॥ **S. zu II. 3. 18.**

[1] **Der ganze gaṅa fehlt. — Siddh. K. Bl. 37. a. zählt auch सुख und दुःख hierher.**

प्रगदिन् । मगदिन् । मददिन् । कविल । खण्डित । गदित । चूडार ।
मडार । मन्दार । कोविदार ॥ प्रगद्यादिः ॥ **IV. 2. 80.**

प्रज्ञ । वणिज् । उशिज् । उष्णिज् । प्रत्यक्ष । विद्वस्[1] । विदन् । षोडन् ।
विद्या । मनस् । श्रोत्र शरीरे । जुह्वत् । कृष्ण मृगे । चिकीर्षत् । चोर ।
शत्रु । योध । चक्षुस् । वसु । एनस्[1] । मरुत् । क्रुञ्च । सत्वन्तु । दशार्ह ।
वयस् । व्याकृत[1] । असुर । रक्षस् । पिशाच । अशनि । कर्षापण । दे-
वता । बन्धु ॥ प्रज्ञादिः ॥ **V. 4. 38.**

[1] **Fehlt.**

प्रतिजन । इदंयुग । संयुग । समयुग । परयुग । परकुल । परस्यकुल ।
अमुष्यकुल । सर्वजन । विश्वजन । महाजन । पञ्चजन ॥ प्रतिजनादिः[1] ॥
IV. 4. 99.

[1] **Der ganze gaṅa fehlt.**

प्रतिवेश ॥ **S. zu VI. 3. 122.**

प्रभूत । पर्याप्त ॥ प्रभूतादिः[1] ॥ **S. zu IV. 4. 1.**

[1] **Der ganze gaṅa fehlt.**

प्रवृद्धं यानं । प्रवृद्धो वृषलः । प्रयुतासूष्णवः । आकर्षे अवहितः । अवहितो
भोगेषु । खट्वारूढः । कविशस्तः ॥ आकृतिगणो ऽयं । प्रवृद्धं यानं । अप्रवृद्धो
वृषकृतो रथ इत्यादि ॥ प्रवृद्धादिः[1] ॥ **VI. 2. 147.**

[1] **Der ganze gaṅa fehlt.**

प्रिया । मनोज्ञा । कल्याणी । सुभगा । दुर्भगा । भक्तिः । सचिवा । स्वा[1] ।
कान्ता । क्षान्ता[2] । समा । चपला । दुहिता । वामना । तनया[2] ॥ प्रि-
यादिः ॥ **VI. 3. 34.**

[1] स्वसा. — [2] **Fehlt.**

प्रेक्षा । हलका[1] । बन्धुका । ध्रुवका । क्षिपका । न्यग्रोध । इक्कट । कङ्कट । संकट[2] । कट । कूप । बुक । पुक । पुट । मह । परिवाप । यवाष । धुवका । गर्त । कूपक । हिरण्य ॥ प्रेक्षादिः ॥ IV. 2. 80.

[1] फलका. — [2] Fehlt.

प्लक्ष । न्यग्रोध । अश्वत्थ । इङ्गुदी । शिग्रु । रुरु[1] । कक्षतु । बृहती ॥ प्लक्षादिः ॥ IV. 3. 164.

[1] Fehlt.

बल । चुल । नल । दल । वट । लकुल । उरल । पुल[1] । मूल । उल । डुल[2] । वन । कुल ॥ बलादिः ॥ IV. 2. 80.

[1] पुब. — [2] उलडुल für उल । डुल.

बल । उत्साह । उद्भास[1] । उद्वास[1] । उद्दास । शिखा । कुल । चूडा । सुल । कूल । आयाम । व्यायाम । उपयाम । आरोह । अवरोह । परिणाह । युद्ध[1] । बलादिः ॥ V. 2. 136.

[1] Fehlt.

बहु । पद्धति । अञ्चति । अङ्कति । अंहति । शकटि[1] । शक्तिः शास्त्रे । शारि । वारि । राति । राधि । शाधि[2] । अहि । कपि । यष्टि । मुनि । इतः प्राण्यङ्गात् । कृदिकारादक्तिनः । सर्वतो ऽक्तिन्नर्थादित्येके । चण्ड । अराल । कृपण । कमल । विकट । विशाल । विशङ्कट । भरुज । ध्वज । चन्द्रभागा नद्यां[3] । कल्याण । उदार । पुराण । अहन् । क्रोड । नख । खुर । शिखा । बाल । शफ । गुद ॥ आकृतिगणो ऽयं । तेन । भग । गल । राग ॥ IV. 1. 45.

[1] शकति. — [2] Fehlt. — [3] चन्द्रभागान्नद्यां.

बाहु । उपबाहु । उपचाकु । निवाकु । शिवाकु । वटाकु । उपविन्दु[1] । वृषली । वृकला । चूडा । बलाका । मूषिका । कुशला । छगला[2] । ध्रुवका । धुवका[3] । सुमित्रा । दुर्मित्रा । पुष्करसद् । अनुहरत् । देवशर्मन् । अग्निशर्मन् । भद्रशर्मन्[3] । सुशर्मन्[3] । कुनामन् । सुनामन्[3] । पञ्चन् । सप्तन् । अष्टन् । अमितौजसः सलोपश्च । सुधावत्[4] । उदञ्चु । शिरस् । माष । शराविन् । मरीची । क्षेमवृद्धिन् । शृङ्खलतोदिन् । खरनादिन् । नगरमर्दिन् । प्राकारमर्दिन् । लोमन् । अजीगर्त । कृष्ण । युधिष्ठिर । अर्जुन । साम्ब । गद । प्रद्युम्न । राम । उदङ्क[3] । उदकः संज्ञायां ।

संभूयोम्भसोः सलोपश्च ॥ आकृतिगणो ऽयं । तेन । सात्वकिः । जाङ्गिः । ऐन्द्रशर्मिः । आजधेनविः [5] ॥ IV. 1. 96.

[1] उपनिन्दु. – [2] भगला. – [3] Fehlt. – [4] सुधावत. – [5] Auch औदुलोमिः gehört hierher; s. Siddh. K. Bl. 66. a.

ब्राह्मण । बाडव । माणव । अर्हतो नुम् च । चोर । धूर्त । आराधय । विराधय । अपराधय । उपराधय । एकभाव । द्विभाव । त्रिभाव । अन्यभाव । अक्षेत्रज्ञ । संवादिन् । संवेशिन् । संभाषिन् । बहुभाषिन् । शीर्षघातिन् । विघातिन् । समस्थ । विषमस्थ । परमस्थ । मध्यमस्थ । अनीश्वर । कुशल । चपल । निपुण । पिशुन । कुतूहल । क्षेत्रज्ञ । निघ्न । बालिश । अलस । दुःपुरुष । कापुरुष । राजन् [1] । गणपति । अधिपति । गडुल । दायाद । विशस्ति । विषम । विपात । निपात । सर्ववेदादिभ्यः स्वार्थे । चतुर्वेदस्योभयपदवृद्धिश्च [1] । शौटीर ॥ ब्राह्मणादिराकृतिगणः [2] ॥ V. 1. 124.

[1] राजन् fügt ष्यञ् an, wenn es am Ende von Compositis steht; s. Siddh. K. Bl. 92. a. Das Simplex hat यक् nach V. 1. 128. – [2] Der ganze gaṅa fehlt. — Zu unserm gaṅa gehören noch: ययातथ । ययापुर (s. VII. 3. 31.) । राजपुरुष (s. u. d. gaṅa अनुशतिक) । सुहृद् (s. VI. 3. 51.) ॥

भर्ग । करूश । केकय । कश्मीर । साल्व । सुस्थाल । उरस् [1] । कौरव्य ॥ भर्गादिः ॥ IV. 1. 178.

[1] उरश.

भवान् । दीर्घायुः । देवानांप्रियः [1] । आयुष्मान् ॥ भवदादिः [2] ॥ V. 3. 14. vârtika.

[1] S. zu VI. 3. 21. – [2] Der ganze gaṅa fehlt.

भस्त्रा । भरट । भरण । शीर्षभार । शीर्षेभार । अंसभार । अंसेभार ॥ भस्त्रादिः [1] ॥ IV. 4. 16.

[1] Der ganze gaṅa fehlt.

भिक्षा । गर्भिणी । क्षेत्र । करीष । अङ्गार [1] । चर्मन् [2] । सहस्र । युवति । पदाति । पद्धति । अथर्वन् । दक्षिणा । भूत [3] । विषय [3] । श्रोत्र [3] ॥ भिक्षादिः ॥ IV. 2. 38.

[1] अङ्कार. – [2] चर्मिन् । धर्मिन्. – [3] Fehlt.

भिदा[1] । छिदा[2] । विदा । त्तिपा । गुहा[3] । श्रद्धा । मेधा । गोधा । श्रारा[4] । हारा । कारा बन्धने । त्तिया । तारा ज्योतिषि । धारा[5] । रेखा । चूडा । पीडा । वपा । वसा । मृजा । कृपा[6] ॥ इति भिदादिः ॥ III. 3. 104.

[1] भिदा विदारणे (alle im Gaṅapâṭha beigefügten Bedeutungen sind aus den vârtika's zu III. 3. 104. entlehnt.) – [2] छिदा द्वैधीकरणे. – [3] गुहा गिर्योषध्योः. – [4] श्रारा शास्त्र्यां (im vârtika शस्त्र्यां, was allein richtig ist). – [5] धारा प्रपातने (das vârtika besser: प्रपाते). – [6] क्रपः संप्रसारणं च । कृपा.

भीम । भीष्म । भयानक । वह । चरु[1] । प्रस्कन्दन । प्रपतन[2] । समुद्र । स्रुव । स्रुक् । दृष्टि[3] । रक्षः । शङ्कु । सुक[4] । मूर्ख । खलति ॥ आकृतिगणो ऽयं[5] ॥ III. 4. 74.

[1] वहचर für वह । चरु. – [2] प्रतपन. – [3] वृष्टि. – [4] संकसुक für शङ्कु । सुक. – [5] Aus der Siddh. K. Bl. 206. a. entlehne ich noch प्ररक्षः.

भू ॥ S. zu I. 3. 1.

भृश । शीघ्र । चपल । मन्द । पण्डित । उत्सुक । सुमनस् । दुर्मनस् । अभिमनस् । उन्मनस् । रहस् । रोहत् । रेहत् । संश्चत् । तृपत् । शश्वत् । भ्रमत् । वेहत् । शुचिस् । शुचिवर्चस् । अण्डर । वर्चस् । ओजस् । सुरजस् । अरजस् ॥ एते भृशादयः ॥ III. 1. 12.

भौरिकि । भौलिकि । चौपयत । चैटयत[1] । काणेय । वाणिजक । वालिकाज्य[2] । सैकयत । वैकयत ॥ भौरिक्यादिः ॥ IV. 2. 54.

[1] चौटयत. – [2] वाणिकाज्य.

मतल्लिका ॥ S. d. Ind. Comm. zu II. 1. 66.

मधु । बिस । स्थाणु । वेणु । कर्कन्धु । शमी । करीर । हिम । किशरा । शर्याण । मरुत् । वार्दाली । शर । इष्टका । आसुति । शक्ति । आसन्दी । शकल । शलाका । आमिषी । इक्षु । रोमन् । रुष्टि । रुप्य । तक्षशिला । खड । वट । वेट ॥ मध्वादिः[1] ॥ IV. 2. 86.

[1] Der ganze gaṅa fehlt.

मनोज्ञ । प्रियरूप । अभिरूप । कल्याण । मेधाविन् । आढ्य । कुलपुत्र ।

छान्दस । छात्र । श्रोत्रिय । चोर । धूर्त । विश्वदेव । युवन् । कुपुत्र । ग्रामपुत्र । ग्रामकुलाल । ग्रामषण्ड[1] । ग्रामकुमार । सुकुमार । बहुल । अवश्यपुत्र[2] । अमुष्यपुत्र[3] । अमुष्यकुल[3] । सारपत्र । शतपुत्र[2] ॥ मनोज्ञादिः[4] ॥ V. 1. 133.

[1] ग्रामण्ड. – [2] Fehlt. – [3] S. zu VI. 3. 21. – [4] Es gehört zu unserm gaṇa noch अहोपुरुष; s. das Scholion zu Bhaṭṭi-K. V. 27.

मयूरव्यंसक । छात्रव्यंसक । कम्बोजमुण्ड । यवनमुण्ड । छन्दसि हस्तगृह्य[1] । पादगृह्य[2] । लाङ्गूलगृह्य[3] । पुनर्दाय । एहीडादयो ऽन्यपदार्थे । एहीडं वर्तते[4] । एहियवं वर्तते[5] । एहिवाणिजा क्रिया । अपेहिवाणिजा । प्रेहिवाणिजा । एहिस्वागता । अपेहिस्वागता । एहिद्वितीया । अपेहिद्वितीया । प्रेहिद्वितीया । एहिकटा । अपेहिकटा । प्रेहिकटा । आहरकरटा । प्रेहिकर्दमा । प्रोहकर्दमा । विधमचूडा । उद्धरचूडा[6] । आहरचेला । आहरवसना । आहरसेना[7] । आहरवितना[8] । कृन्तविचक्षणा । उद्धरोत्सृजा । उद्धरावसृजा । उद्धमविधमा । उत्पचनिपचा । उत्पतनिपता । उच्चावचं[9] । उच्चनीचं । आचोपचं । आचपराचं । नखप्रचं । निश्चप्रचं । अकिंचन । स्नात्वाकालक । पीत्वास्थिरक । भुक्त्वासुहित । प्रोष्यपापीयान् । उत्पत्यपाकला । निपत्यरोहिणी । निषण्णश्यामा । अपेहिप्रघसा । एहिविघसा । इहपञ्चमी । इहद्वितीया । जहि कर्मणा बहुलमाभीक्ष्ण्ये कर्तारं चाभिदधाति । जहिजोडं[10] । जहिस्तम्बं[11] । उज्जहिस्तम्बं[7] । आख्यातमाख्यातेन क्रियासातत्ये । अश्नीतपिबता । पचतभृज्जता । खादतमोदता । खादताचमता[12] । आहरनिवपा । आवपनिष्किरा[13] । उत्पचविपचा । भिन्द्धिलवणा । कृन्द्धिविचक्षणा । पचलवणा । पचप्रकूटा ॥ आकृतिगणो ऽयं । तेन । अकुतोभयः । कान्दिशीकः[14] । आहोपुरुषिका । अहमहमिका । यदृच्छा । एहिरेयाहिरा । उन्मृजावमृजा । द्रव्यान्तरं । अवश्यकार्यमित्यादि[15] ॥ II. 1. 72.

[1] हस्तेगृह्य. – [2] पादेगृह्य. – [3] लाङ्गुलेगृह्य. – [4] एहीड allein. – [5] Das ganze Beispiel fehlt. – [6] उद्धमचूडा. – [7] Fehlt. – [8] आहरवनिता. – [9] Dieses und die 5 folgenden Composita werden im Thema angeführt. – [10] Siddh. K. Bl. 47. b. जहिजोडः – [11] G. P. und Siddh. K. जहिस्तम्बः. – [12] खादतवमता. – [13] आहरनिष्किरा. – [14] कान्देशीकः. – [15] Aus dem Ind.

Comm. zu V. 4. 80. füge man noch श्वोवसीयसं und श्वःश्रेयसं hinzu.

महानाम्नी । आदित्यव्रत । गोदान ॥ महानाम्न्यादिः[1] ॥ S. zu V. 1. 94.

[1] Der ganze gańa fehlt.

महिषी । प्रजापति । प्रजावती । प्रलेपिका । विलेपिका । अनुलेपिका । पुरोहित । मणिपाली । अनुचारक[1] । होतृ । यजमान ॥ महिष्यादिः ॥ IV. 4. 48.

[1] अनुवारक.

माथितिक ॥ S. zu VII. 3. 50.

माला । शाला । शोणा[1] । द्राक्षा । स्नाक्षा । क्षामा । काञ्ची । एक । काम ॥ मालादिः ॥ VI. 2. 88.

[1] शोणा.

माशब्दः । नित्यः शब्दः । कार्यः शब्दः ॥ माशब्दादिः[1] ॥ S. zu IV. 4. 1.

[1] Der ganze gańa fehlt.

मुच् ॥ VII. 1. 59. — S. die 6te Klasse im Dhâtupâťha.

मूलविभुज । नखमुच । काकगुह । कुमुद । महीध्र । कुध्र । गिध्र ॥ आकृतिगणो ऽयं[1] ॥ S. zu III. 2. 5.

[1] Der ganze gańa fehlt. — Siddh. K. Bl. 61. b. wird auch लोकंपृण hierher gezählt.

यज् ॥ VI. 1. 15. — S. die 1te Klasse im Dhâtupâťha.

यव । दल्मि । ऊर्मि[1] । भूमि । कृमि । क्रुञ्चा । वशा । द्राक्षा । ध्राक्षा । ध्रजि[2] । ध्वजि । निजि । सिजि । सञ्जि । हरित् । ककुत् । मरुत् । गरुत् । इक्षु । द्रु । मधु ॥ आकृतिगणो ऽयं यवादिः ॥ VIII. 2. 9.

[1] उर्मि. – [2] वृजि.

यस्क । लह्य । द्रुह्य । अयःस्थूणा[1] । तृणकर्ण । सदामत्त । कम्बलहार । वहिर्योग । कर्णाढक । पर्णाढक । पिण्डीजङ्घ । वकसक्थ[2] । विस्रि । कुद्रि । अजवस्ति । मित्रयु । रक्षोमुख । जङ्घारथ । उत्कास । कटुक । मन्थक[3] । पुष्करमद्[4] । विषपुट । उपरिमेखल । क्रोष्टुमान[5] । क्रोष्टुपाद । क्रोष्टुमाय । शीर्षमाय । खरप । पदक । वर्षुक । भलन्दन । भडिल । भण्डिल । भडित । भण्डित ॥ एते यस्कादयः ॥ II. 4. 63.

[1] अयःस्थूण. – [2] वकसस्य. – [3] मयक. – [4] पुष्करद्ध. – [5] क्रोष्टुकमान.

याजक । पूजक । परिचारक । परिषेचक[1] । स्नापक । अध्यापक । उत्साहक । उद्वर्तक । होतृ । भर्तृ । रथगणक । पत्तिगणक ॥ एते याजकादयः ॥ II. 2. 9. — VI. 2. 151.

[1] परिवेषक.

यात्र । मणि । अस्थि । तालु[1] । जानु । लान्द्र । पीत । स्तम्ब । ऋतावुष्णाशीते । पशौ लूनविपाते । अणु निपुणे । पुत्र कृत्रिमे । स्नात वेदसमाप्तौ । शून्य रिक्ते । दान कुत्सिते । तनु सूत्रे । ईयसश्च । ज्ञात । अज्ञात । कुमारीक्रीडनकानि[2] च ॥ यावादिः ॥ V. 4. 29.

[1] Fehlt. – [2] कुमारक्रीडकानि.

युक्तारोही । आगतरोही । आगतयोधी । आगतवञ्ची । आगतनन्दी । आगतप्रहारी । आगतमत्स्यः । क्षीरहोता । भगिनीभर्ता । ग्रामगोधुक् । अश्वत्रिरात्रः । गर्गत्रिरात्रः । व्युष्टित्रिरात्रः । गणपादः । एकशितिपाद् । पात्रेसमितादयश्च ॥ युक्तारोह्यादिः[1] ॥ VI. 2. 81.

[1] Der ganze gaṇa fehlt.

युवन् । स्थविर । होतृ । यजमान । पुरुषासे[1] । भ्रातृ । कुतुक । श्रमण[2] । कटुक । कमण्डलु । कुस्त्री । सुस्त्री । दुःस्त्री । सुहृदय । दुर्हृदय । सुहृद् । दुर्हृद् । सुभ्रातृ । दुर्भ्रातृ । वृषल । परिव्राजक । सब्रह्मचारिन् । अनृशंस । हृदयासे[3] । कुशल । चपल । निपुण । पिशुन । कुतूहल । क्षेत्रज्ञ । श्रोत्रियस्य यलोपश्च[4] ॥ युवादिः ॥ V. 1. 130.

[1] D. I. पुरुष असमासे. – [2] अमण. – [3] D. I. हृदय असमासे. – [4] Vgl. das *vârtika* zu V. 1. 130.

आर्ययूना । क्षत्रिययूना । प्रपक्वानि । परिपक्वानि । दीर्घाह्नी ॥ आकृतिगणोऽयं युवादिः[1] ॥ S. zu VIII. 4. 11.

[1] Der ganze gaṇa fehlt.

यौधेय । शौक्रेय । शौभ्रेय । ज्यावाणेय । धौर्तेय[1] । धार्तेय । त्रिगर्त । भरत । उशीनर ॥ यौधेयादिः ॥ IV. 1. 178.

[1] वार्तेय.

यौधेय । कौशेय[1] । शौक्रेय । शौभ्रेय । वार्तेय । धार्तेय । ज्यावाणेय । त्रिगर्त । भरत । उशीनर ॥ यौधेयादिः ॥ V. 3. 117.

[1] Fehlt; dadurch werden die beiden gaṅa's gleich, wenn man noch oben घार्तेय für धार्तेय liest.

रजत । सीस । लोह । उदुम्बर । नीप । दारु । रोहीतक । विभीतक । पीतदारु । तीव्रदारु । त्रिकण्टक । कण्टकार ॥ रजतादिः[1] ॥ IV. 3. 154.

[1] Der ganze gaṅa fehlt.

रध् ॥ VII. 2. 45. — S. die 4te Klasse im Dhâtupâṭha.

रस । रूप । वर्ण । गन्ध । स्पर्श । शब्द । स्नेह । भाव[1] । गुणात्[2] । एकाचः[3] ॥ रसादिः[4] ॥ V. 2. 95.

[1] Fehlt in der Siddh. K. Bl. 95. b. – [2] Siddh. K. गुणग्रहणं रसादीनां विशेषणं. – [3] Vgl. zu V. 2. 115. – [4] Der ganze gaṅa fehlt.

राजदन्तः । अग्रेवणं । लिप्तवासितं । नग्नमुषितं । सिक्तसंमृष्टं । मृष्टलुञ्चितं । अवक्लिन्नपक्वं । अर्पितोप्तं[1] । उप्तगाढं । उलूखलमुसलं । तण्डुलकिण्वं । दृषदुपलं । आरग्वायनबन्धकी[2] । चित्ररथबाह्लीकं । अवन्त्यश्मकं । शूद्रार्यं । स्नातकराजानौ । विष्वक्सेनार्जुनौ । अक्षिभ्रुवं । दारगवं । शब्दार्थौ । धर्मार्थौ । कामार्थौ । अर्थशब्दौ । अर्थधर्मौ । अर्थकामौ । वैकारिमतं । गोजवाजं[3] । गोपालधानीपूलासं[4] । पूलासककुरण्डं[5] । स्थूलपूलासं[6] । उशीरबीजं । जिज्ञास्थि[7] । सिञ्जाश्वत्थं[8] । चित्रास्वाती[9] । भार्यापती । दंपती । जंपती । जायापती । पुत्रपती । पुत्रपशू । केशश्मश्रु । शिरोबीजं (sic)[10] । शिरोजानु । सर्पिर्मधुनी । मधुसर्पिषी । आद्यन्तौ[7] । अन्तादी । गुणवृद्धी । वृद्धिगुणौ ॥ इति राजदन्तादिः ॥ II. 2. 31.

[1] अर्पितोतं. – [2] आरड्वायनि. – [3] गाजवाजं. – [4] गोपालिधानपूलासं. – [5] पूलासकारण्डं. – [6] स्थूलासं. – [7] Fehlt. – [8] सिञ्जास्थं. – [9] चित्रस्वाती. – [10] शिरोबिजु.

राजन्य । आनृत । बाभ्रव्य । शालङ्कायन । देवयात[1] । अव्रीड[2] । वरत्रा[2] । जालंधरायण । राजायन[2] । तेलु । आत्मकामेय । अम्बरीषपुत्र । वसाति । बैल्वन । शैलूष । उदुम्बर । तीव्र । बैल्वज । आर्जुनायन । संप्रिय । दाक्षि । ऊर्णनाभ ॥ राजन्यादिराकृतिगणः ॥ IV. 2. 53.

[1] दैवयातव. – [2] Fehlt.

रुद् ॥ VII. 2. 76. — VII. 3. 98.

रुध् ॥ III. 1. 78. — Mit dieser Wurzel beginnt die 7te Klasse im Dhâtupâṭha.

रेवती । अश्वपाली । मणिपाली । द्वारपाली । वृकवञ्चिन् । वृकबन्धु । वृकग्राह । कर्णग्राह । दण्डग्राह । ककुदाक्ष[1] । चामरग्राह[2] ॥ रेवत्यादिः ॥ IV. 1. 146.

[1] ककुदाक्ष. - [2] Fehlt.

रैवतिक । स्वापिशि । क्षैमवृद्धि । गौरग्रीवि[1] । औदमेघि । औदवापि । वैजवापि ॥ रैवतिकादिः ॥ IV. 3. 131.

[1] गौरग्रीव.

लू ॥ VIII. 2. 44. — S. die 9te Klasse im Dhâtupâṭha.

लोमन् । रोमन् । बभ्रु । हरि । गिरि । कर्क । कपि । मुनि । तरु ॥ लोमादिः ॥ V. 2. 100.

लोहित । चरित । नील । फेन । मद्र । हरित । दास । मन्द ॥ लोहितादिराकृतिगणः ॥ III. 1. 13.

लोहित ॥ IV. 1. 18. — S. unter गर्गादि.

वंश । कुटज । बल्वज । मूल । स्थूणा[1] । अक्ष । अश्मन् । अश्व । श्लक्ष्ण । इक्षु । खट्वा ॥ वंशादिः ॥ V. 1. 50.

[1] स्थूणा.

वनस्पतिः । बृहस्पतिः । शचीपतिः । तनूनपात् । नराशंसः । शुनःशेपः[1] । शण्डामर्कौ । तृष्णावरूत्री । लम्बाविश्ववयसौ । मर्मृत्यु ॥ वनस्पत्यादिः[2] ॥ VI. 2. 140.

[1] Siddh. K. Bl. 241. a. शुनःशेफं; vgl. jedoch zu VI. 3. 21. - [2] Der ganze gaṇa fehlt.

वरणा । शृङ्गी । शाल्मलि । शुण्डी । शयाण्डी । पर्णी । ताम्रपर्णी । गोद । आलिङ्ग्यायन । जानपदी[1] । जम्बू । पुष्कर । चम्पा । पम्पा । वल्गु । उज्जयनी । गया । मथुरा । तक्षशिला । उरसा । गोमती । वलभी ॥ वरणादिः ॥ IV. 2. 82.

[1] जालपदी.

वराह । पलाश[1] । शिरीष[2] । पिनद्ध । निबद्ध । बलाह । स्थूल । विदग्ध । विजग्ध[3] । विभग्न । निमग्न[3] । बाहु । खदिर । शर्करा ॥ वराहादिः ॥ IV. 2. 80.

[1] पलाशा. - [2] शरीष. - [3] Fehlt.

वर्ग्य ॥ S. der Ind. Comm. zu VI. 2. 131.

वसन्त । ग्रीष्म[1] । वर्षा । शरत्[2] । हेमन्त । शिशिर । प्रथम । गुण । चरम । अनुगुण । अथर्वन् । आथर्वण ॥ वसन्तादिः ॥ IV. 2. 63.

[1] Fehlt. - [2] शरद.

वाकिन । गौधेर । कार्कष । काक । लङ्का । चर्मिवर्मिणोर्नलोपश्च ॥ वाकिनादिः ॥ IV. 1. 158.

विद । उर्व । कश्यप । कुशिक । भरद्वाज । उपमन्यु । किलात । किंदर्भ[1] । विश्वानर । ऋष्टिषेण[2] । ऋतभाग । हर्यश्व । प्रियक । आपस्तम्ब । कूचवार । शरद्वत् । शुनक[3] । धेनु । गोपवन । शिग्रु । बिन्दु । भोगक[4] । भाजन । शमिक[4] । अश्वावतान । श्यामाक । श्यामक । श्यावलि[4] । श्यापर्णा । हरित । किंदास । वह्यस्क । अर्कलूष[5] । वध्योग । विष्णु । वृद्ध । प्रतिबोध । रथीतर[6] । रथंतर । गविष्ठिर । निषाद । शबर[4] । अलस[4] । मठर । मृडाकु[4] । सृपाकु । मृदु । पुनर्भू । पुत्र । दुहितृ । ननान्दृ । परस्त्री परशुं च ॥ विदादिः ॥ IV. 1. 104.

[1] कन्दर्प. - [2] ऋषिषेण. - [3] शुनक्. - [4] Fehlt. - [5] अर्कतूष. - [6] रथित.

विनय । समय । उपायो ह्रस्वत्वं च । संप्रति । संगति । कथंचित् । अकस्मात् । समाचार । उपचार । समयाचार[1] । व्यवहार । संप्रदान । समुत्कर्ष । समूह । विशेष । अत्यय ॥ विनयादिः ॥ V. 4. 34.

[1] समाय.

विमुक्त । देवासुर । रक्षोसुर । उपसद् । सुवर्ण । परिसारक । सदसत्[1] । वसु । मरुत् । पत्नीवत् । वसुमत् । महीयत्व । सत्वत् । बर्हवत् । दशार्ण । दशार्ह । वयस् । हविर्धान । पतत्रिन् । महित्री । अस्यहत्य । सोमापूषन्[2] । इडा । अग्नाविष्णु । उर्वशी । वृत्रहन् ॥ विमुक्तादिः ॥ V. 2. 61.

[1] Fehlt. - [2] सोमापुषन्:

बिल्व । व्रीहि । काण्ड । मुद्ग । मसूर । गोधूम । इक्षु । वेणु । गवेधुका । कर्पासी । पाटली । कर्कन्धू । कुटीर ॥ बिल्वादिः[1] ॥ IV. 3. 136.

[1] Der ganze gańa fehlt.

बिल्वक ॥ VI. 4. 153. — S. unter नडादि (IV. 2. 91.) von बिल्व bis an's Ende des gańa.

विस्पष्ट । विचित्र । विचित्त । व्यक्त । संपन्न । पटु । पण्डित । कुशल । चपल । निपुण ॥ विस्पष्टादिः[1] ॥ VI. 2. 24.

[1] Der ganze gaṅa fehlt.

वृषः । जनः । ज्वरः । ग्रहः । हयः । गयः । नयः । तायः । तयः । चयः । अमः । वेदः । सूदः । अंशः । गुहा । शमरणौ संज्ञायां संमतौ भावकर्मणोः । मन्त्रः । शान्तिः । कामः । यामः । आरा । धारा । कारा । वहः । कल्पः । पादः ॥ 'वृषादिराकृतिगणः[1] ॥ अविहितलक्षणमाद्युदात्तत्वं वृषादिषु ज्ञेयं ॥ VI. 1. 203.

[1] Der ganze gaṅa fehlt.

वृषल ॥ S. zu V. 3. 66.

वेतन । वाहन । अर्धवाहन । धनुर्दण्ड[1] । जाल । वेश । उपवेश । प्रेषण । उपवस्ति । सुख । शय्या । शक्ति । उपनिषद् । उपदेश । स्फिज्[2] । शक्न् । उपस्य[3] । उपस्थान । उपहस्त ॥ वेतनादिः ॥ IV. 4. 12.

[1] Wie man aus den Beispielen bei IV. 4. 12. ersieht, ist धनुर्दण्ड auch getrennt zu fassen. – [2] स्फिज्. – [3] Fehlt.

व्याघ्र । सिंह । ऋक्ष । ऋषभ । चन्दन । वृक । वृष । वराह । हस्तिन् । तरु । कुञ्जर । रुरु । पृषत् । पुण्डरीक । पलाश । कितव ॥ इत्येते व्याघ्रादयः । आकृतिगणो ऽयं[1] । तेन । मुखपद्मं । मुखकमलं । करकिसलयं । पार्थिवचन्द्रः । इत्यादि ॥ II. 1. 56.

[1] Vgl. die Beispiele bei VI. 2. 126.

व्युष्ट । नित्य । निष्क्रमण । प्रवेशन । उपसंक्रमण[1] । तीर्थ । अस्तरण[1] । संग्राम । संघात । अग्निपद । पीलुमूल[2] । प्रवास । उपवास ॥ व्युष्टादिः ॥ V. 1. 97.

[1] Fehlt. – [2] पीलु । मूल.

व्रीहि । माया । शाला[1] । शिखा । माला । मेखला । केका । अष्टका । पताका । चर्मन् । कर्मन् । वर्मन् । दंष्ट्रा । संज्ञा । बडवा । कुमारी । नौ । वीणा । बलाका । यवखद । नौ । कुमारी । शीर्षान्नञः ॥ व्रीह्यादिः ॥ V. 2. 116.

[1] Fehlt.

शकन्धुः । कर्कन्धुः । कुलटा । सीमन्तः केशवेशेषु । हलीषा । मनीषा ।

लाङ्गलीषा । पतञ्जलिः । साङ्गः पशुक्षिणोः (lies पशुपक्षिणोः) ॥ इति शकन्ध्वादिः[1] ॥ S. zu VI. 1. 94.

[1] Der ganze gańa fehlt.

शण्डिक । सर्वसेन । सर्वकेश । शक । शट । रक । शङ्ख । बोध ॥ शण्डिकादिः[1] ॥ IV. 3. 92.

[1] Der ganze gańa fehlt.

शर । दर्भ । मृत्[1] । कुटी । तृण । सोम । बल्वज ॥ शरादिः ॥ IV. 3. 144.

[1] मृद्.

शर । वंश । धूम । अहि । कपि । मणि । मुनि । शुचि । हनु ॥ शरादिः[1] ॥ VI. 3. 120.

[1] Der ganze gańa fehlt.

शरद् । विपाश् । अनस् । मनस् । उपानह् । अनडुह् । दिव् । हिमवत् । हिरुक् । विद् । सद् । दिश् । दृश् । विश् । चतुर् । त्यद् । तद् । यद् । कियत् । जराया जरस् च । प्रतिपरसमनुभ्यो ऽक्ष्णः । पथिन् ॥ शरदादिः[1] ॥ V. 4. 107.

[1] Siddh. K. Bl. 43. a. wird auch चेतस् unter diesem gańa angeführt.

शर्करा । कपालिका । कपाटिका । कनिष्ठिका[1] । पुण्डरीक । शतपत्र । गोलोमन् । लोमन् । गोपुच्छ । नराची । नकुल । सिकता ॥ शर्करादिः ॥ V. 3. 107.

[1] कपिष्ठिका.

शाकपार्थिव । कुतपसौश्रुत । अजातौल्वलि ॥ आकृतिगणो ऽयं । कृतापकृत । भुक्तविभुक्त । पीतविपीत । गतप्रत्यागत । यातानुयात । क्रयाक्रयिका । पुटापुटिका । फलाफलिका । मानोन्मानिका[1] ॥ II. 1. 69. vârtika.

[1] Der ganze gańa fehlt.

शाखा । मुख । जघन । शृङ्ग । मेघ । अभ्र । चरण । स्कन्ध । स्कन्द[1] । उरस् । शिरस् । अग्र । शरण ॥ शाखादिः ॥ V. 3. 103.

[1] स्कद्.

शार्ङ्गरव । कापटव । गौग्गुलव । ब्राह्मण । वैद । गौतम । कामण्डलेय ।

ब्राह्मणाकृतेय । आनिचेय[1] । आनिधेय । आशोकेय । वात्स्यायन । मौञ्जायन । कैकस । काव्य[2] । शैव्य । एहि । पर्येहि । आश्मरथ्य । औदपान । अराल । चण्डाल । वतण्ड । भोगवद्गौरिमतोः संज्ञायां घादिषु[3] नित्यं ह्रस्वार्थं । नृनरयोर्वृद्धिश्च ॥ **IV. 1. 73.**

[1] Fehlt.. – [2] काव्य. – [3] S. VI. 3. 43.

शिखा ॥ **S. zu V. 2. 116.**

शिव । प्रोष्ठ । प्रोष्ठिक । चण्ड । जम्भ । भूरि । दण्ड । कुठार । ककुभ्[1] । अनभिम्लान । कोहित । सुख । संधि । मुनि । ककुत्स्थ । कहोड । कोहड । कहूय । कह्य । रोध । कुपिञ्जल[2] । खञ्जन । वतण्ड । तृणकर्ण । क्षीरह्रद । जलह्रद । परिल । पथिक[3] । पिष्ट । हैहय । पार्षिका[3] । गोपिका । कपिलिका । जटिलिका । बधिरिका । मञ्जीरक । मजिरक[3] । वृष्णिक । खञ्जार । खञ्जाल । कर्मार[3] । रेख । लेख । आलेखन । विश्रवण । रवण । वर्तनाक्ष । ग्रीवाक्ष । विटप[3] । पिटक[3] । पिटाक । तृक्षाक । नभाक । ऊर्णनाभ । जरत्कारु । पृथा[3] । उत्क्षेप[3] । पुरोहितिका । सुरोहितिका । सुरोहिका । अर्यश्वेत[4] । सुपिष्ट । मसुरकर्ण । मयूरकर्ण । खर्जुरकर्ण[3] । खडूरक । तक्षन् । ऋष्टिषेण । गङ्गा । विपाश् । यस्क । लह्य । द्रुह्य । अयस्थूण । तृण । कर्ण[5] । पर्ण । भलन्दन । विरूपाक्ष । भूमि । इला । सपत्नी । द्व्यचो नद्याः । त्रिवेणी त्रिवणं च ॥ शिवादिराकृतिगणः ॥ **IV. 1. 112.**

[1] ककुभा. – [2] कपिञ्जल. – [3] Fehlt. – [4] आर्यश्वेत. – [5] तृणकर्ण für तृण । कर्ण.

शुण्डिक । कृकण । स्थण्डिल । उदपान । उपल । तीर्थ । भूमि । तृण । पर्ण ॥ शुण्डिकादिः[1] ॥ **IV. 3. 76.**

[1] Der ganze gaṅa fehlt.

शुभ्र । विष्टपुर[1] । ब्रह्मकृत । शतद्वार । शलायल । शलाकाभ्रू । लेखाभ्र[2] । विकास[3] । रोहिणी । रुक्मिणी । धर्मिणी । दिश् । शालूक । अजवस्ति । शकंधि । विमातृ । विधवा । शुक । विश । देवतर । शकुनि । शुक्र । उग्र । शतल[4] । बन्धकी । सृकण्डु । विस्त्रि । अतिथि । गोदन्त । कुशाम्ब । मकष्टु । शाताहर । पवष्टुरिक । सुनामन् । लक्ष्मणश्यामयोर्वासिष्ठे । गोधा । कृकलास । अणीव । प्रवाहण[5] । भारत[6] ।

भरम । मृकण्डु । कर्पूर । इतर । अन्यतर । आलीढ । सुदन्त । सुदक्ष । सुवक्षस् । सुदामन् । कद्रु । तुद । अकशाय । कुमारिका । कुठारिका । किशोरिका । अम्बिका । जिह्माशिन् । परिधि । वायुदत्त । शकल । शलाका । खडूर । कुबेरिका । अशोका । गन्धपिङ्गला । खडोन्मत्ता । अनुदृष्टि[7] । जरतिन् । बलीवर्दिन् । विग्र । बीज । जीव । श्वन् । अश्मन् । अश्व । अजिर ॥ शुभ्रादिराकृतिगणः[8] ॥ IV. 1. 123.

[1] विष्ट । पुर. – [2] लेखाभ्रू. – [3] विकंसा. – [4] शातल. – [5] Vgl. VII. 3. 28. – [6] भरत. – [7] अनुदृष्टिन्. – [8] मृदि gehört unter andern noch hierher; s. Siddh. K. Bl. 239. a.

शौण्ड । धूर्त । कितव । व्याड । प्रवीण । संवीत । अन्तर् । अधि । पटु । पण्डित । कुशल । चपल । निपुण ॥ इत्येते शौण्डादयः ॥ II. 1. 40.

शौनक । वाजसनेय । शार्ङ्गरव । शापेय । शाष्पेय । खाडायन । स्तम्भ । स्कन्ध । देवदर्शन । रज्जुभार । रज्जुकण्ठ । कठशाठ । कषाय । तल । दण्ड । पुरुषांसक । अश्वपेज[1] ॥ शौनकादिः ॥ IV. 3. 106.

[1] Fehlt.

श्रमणा । प्रव्रजिता । कुलटा । गर्भिणी । तापसी । दासी । बन्धकी । अध्यापक । अभिरूपक । पटु । मृदु । पण्डित । कुशल । चपल । निपुण ॥ एते श्रमणादयः ॥ II. 1. 70.

श्रेणि[1] । पूग । मुकुन्द[2] । राशि[3] । निचय । विशेष[3] । विधान[4] । पर[3] । इन्द्र । देव । मुण्ड । भूत । श्रमण । वदान्य । अध्यापक । अभिरूपक । ब्राह्मण । क्षत्रिय । विशिष्ट[3] । पटु । पण्डित । कुशल । चपल । निपुण । कृपण ॥ इत्येते श्रेण्यादयः ॥ II. 1. 59.

[1] Es folgt noch ऊक. – [2] कुन्दुम. – [3] Fehlt. – [4] निधन.

सखि । अग्निदत्त । वायुदत्त । सखिदत्त । गोपिल[1] । भल्ल । पाल[2] । चक्र । चक्रवाक । छगल । अशोक । करवीर । वासव । वीर । पूर । वज्र । कुशीरक । सीहर[3] । सरक । सरस । समर । समल । सुरस । रोह । तमाल । कदल । सपूल ॥ सख्यादिः ॥ IV. 2. 80.

[1] Fehlt. – [2] भल्लपाल für भल्ल । पाल. – [3] शीहर.

संकल । पुष्कल । उत्तम । उडुप । उद्वेप । उत्पुट । कुम्भ । निधान । सुदक्ष । सुदत्त । सुभूत । सुपूत । सुनेत्र । सुमङ्गल । सुपिङ्गल । सूत ।

सिकत । पूतिक[1] । पूलास । कूलास । पलाश । निवेश । गवेष[2] । गम्भीर । इतर । आन् । अहन् । लोमन् । वेमन् । वरुण[3] । बहुल । सद्योज । अभिषिक्त । गोभृत् । राजभृत् । भल्ल । मल्ल । माल ॥ संकलादिः ॥ IV. 2. 75.

[1] पूतिका. — [2] गवेश. — [3] चरण.

संकाश । कपिल । कश्मीर । समीर[1] । सूरसेन । सरक । सूर । सुपन्थिन् पन्थ च । यूथ[2] । अंश[1] । अङ्ग । नासा । पलित । अनुनाश । अश्मन् । कूट । मलिन । दश । कुम्भ । शीर्ष । विरत[3] । समल । सीर । पञ्जर । मन्थ । नल । रोमन् । लोमन् । पुलिन । सुपरि । कटिप । सकर्णक । वृष्टि । तीर्थ । अगस्ति । विकर । नासिका ॥ संकाशादिः ॥ IV. 2. 80.

[1] Fehlt. — [2] यूप. — [3] चिरन्त.

संताप । संनाह । संग्राम । संयोग । संपराय । संवेशन[1] । संपेष । निष्पेष । सर्ग[1] । निसर्ग । विसर्ग । उपसर्ग । प्रवास । उपवास । संघात । संवेष । संवास । संमोदन । सक्तु[1] । मांसौदनाद्विगृहीतादपि ॥ संतापादिः ॥ V. 1. 101.

[1] Fehlt.

संधिवेला । संध्या । अमावास्या । त्रयोदशी । चतुर्दशी । पञ्चदशी । पौर्णमासी । प्रतिपत् । संवत्सरात् फलपर्वणोः[1] ॥ IV. 3. 16.

[1] Der ganze gaṇa fehlt.

सपत्नी ॥ S. zu IV. 1. 35.

समान । एक । वीर । पिण्ड । श्व (sic)[1] । भ्रातृ । भद्र । पुत्र । दासाच्छन्दसि ॥ इति समानादिः ॥ S. zu IV. 1. 35.

[1] शिरी.

संपद् । विपद् । आपद् । प्रतिपद् ॥ एते संपदादयः[1] ॥ S. zu III. 3. 108.

[1] Der ganze gaṇa fehlt. — Hierher gehört noch नश् (s. den Ind. Comm. zu VIII. 2. 63.) und युध् (s. das Scholion zu Bhaṭṭi-K. II. 36.).

सर्व । विश्व । उभ । उभय[1] । उतर[2] । उतम[2] । इतर । अन्य । अन्य-

तर । त्वत् । त्व । त्वेति[3] कंचित् । नेम । सम[4] । सिम । पूर्वपरावरदक्षिणोत्तरापराधराणि व्यवस्थायामसंज्ञायां[5] । स्वमज्ञातिधनाख्यायां[6] । अन्तरं वहिर्योगोपसंव्यानयोः[7] । त्यद् । तद् । यद् । एतद् । अदस् । इदं । एक । द्वि । युष्मद् । अस्मद् । भवतु । किं ॥ इति सर्वादिः ॥ **I. 1. 27.**

[1]Kaiyyat́a behauptet, dass उभय keinen Dual habe; Haradatta ist der entgegengesetzten Meinung; s. Siddh. K. Bl. 11. a. – [2]उतर und उतम sind Affixe, und bezeichnen in unserm gańa Wörter, die damit gebildet sind. – [3]Kâçikâ: त्व । त्व इति । त्वशब्दो ऽयमन्यवाची । स्वरभेदाद्द्विः पठितः । एको ऽत्रोदात्तः । द्वितीयो ऽनुदात्तः । केचित् तु तकारान्तमेकं पठन्ति । त्वदिति । द्वावपि चानुदात्ताविति स्मरन्ति ॥ Vgl. zu I. 2. 30. – [4]Es ist hier सम in der Bedeutung von सर्व gemeint; s. Siddh. K. Bl. 11. b. – [5]S. I. 1. 34. – [6]S. I. 1. 35. – [7]S. I. 1. 36.

सवने सवने । सूते सूते । सोमे सोमे । सवनमुखे सवनमुखे । किसः (sic) किंसः । अनुसवनमनुसवनं । गोसनिं गोसनिं । अश्वसनिमश्वसनिं ॥ पाठान्तरं ॥ सवने सवने । सवनमुखे सवनमुखे । अनुसवनमनुसवनं । संज्ञायां वृहस्पतिसवः । शकुनिसवनं । सोमे सोमे । सुते सुते । संवत्सरे संवत्सरे । विसं विसं । किसं किसं[1] । मुसलं मुसलं । गोसनिं । अश्वसनिं ॥ सवनादिः ॥ **VIII. 3. 110.**

[1] किंसं किंसं.

साक्षात् । मिथ्या । चिन्ता । भद्रा । रोचना । आस्था । अमा । अद्धा । प्राजर्या । प्राजरुहा । वीजर्या । वीजरुहा । संसर्या । अर्थे । लवणं । उष्णं । शीतं । उदकं । आर्द्रं । अग्नौ । वशे । विकसने । प्रसहने । प्रतपने । प्रादुस् । नमस् ॥ आकृतिगणो ऽयं ॥ **I. 4. 74.**

सिध्म । गडु । मणि । नाभि । वीज । वीणा[1] । कृष्ण । निष्पाव । पांसु । पार्श्व । पर्शू । हनु । सक्तु । मांस[2] । पार्ष्णिधमन्योर्दीर्घश्च । वातदन्तबललताटानामूङ् च । (जटाघटाकटाकालाः क्षेपे । पर्ण । उदक । प्रज्ञा । सक्थि । कर्ण । स्नेह । शीत । श्याम । पिङ्ग । पित्त । पुष्क । पृथु)[1] । मृदु । मञ्जु । मण्ड[1] । पत्र । चटु । कपि । गण्डु । ग्रन्थि । श्री । कुश । धारा । वर्ष्मन् । पक्ष्मन् । श्लेष्मन् । पेश । निष्पाद् । कुण्ड । क्षुद्र जन्तूपतापयोश्च ॥ सिध्मादिः ॥ **V. 2. 97.**

[1] Fehlt. - [2] मास.

सिन्धु । वर्णु । मधुमत् । कम्बोज । साल्व । कश्मीर । गन्धार । किष्किन्धा । उरसा । दरद्[1] । गन्दिका ॥ सिन्ध्वादिः ॥ IV. 3. 93.

[1] दरद.

सु ॥ S. zu I. 4. 17.

सृ ॥ III. 1. 73. — Mit dieser Wurzel beginnt die 5te Klasse im Dhâtupâṫha.

सुख । दुःख । तृप्त । कृच्छ्र । अस्र । आस्र । अलीक । प्रतीप । करुण । कृपण । सोढ ॥ इत्येतानि सुखादीनि ॥ III. 1. 18. — VI. 2. 170.

सुख । दुःख । तृप्त । कृच्छ्र । आस्र[1] । अस्र[2] । अलीक । करुण । सोढ । प्रतीप । शील । हल । माला क्षेपे । कृपण[3] । प्रणाय[4] । दल । कक्ष ॥ सुखादिः ॥ V. 2. 131.

[1] अस्र. - [2] आस्र. - [3] Fehlt. - [4] प्रणाय.

सुतंगम । मुनिचित । विप्रचित । महाचित्त । महापुत्र । स्वन । श्वेत । खडिक[1] । शुक्र । विग्र । बीजवापिन्[2] । अर्जुन । श्वन् । अजिर । जीव । खण्डिन । कर्ण । विग्रह ॥ सुतंगमादिः ॥ IV. 2. 80.

[1] गडिक. - [2] बीज । वापिन्.

सुवास्तु[1] । वर्णु । भण्डु । खण्डु । सेवालिन् । कर्पूरिन् । शिखण्डिन् । गर्त । कर्कश । शकटीकर्ण । कृष्णकर्ण । कर्क[2] । कर्कन्धुमती । गोह । अहिसक्थ ॥ सुवास्त्वादिः ॥ IV. 2. 77.

[1] स्वस्तु. - [2] Fehlt.

सुषामा । निःषामा । दुःषामा । सुषेधः । निषेधः[1] । दुःषेधः । सुषंधिः । निःषंधिः । दुःषंधिः । सुष्टु (sic) । दुष्टु (sic) । गौरिषक्थः संज्ञायां[2] । प्रतिष्णिका । जलाषाहं[3] । नौषेचनं । दुन्दुभिषेवणं[4] । एते संज्ञायामगात्[5] । हरिषेणः । नक्षत्राद्वा[6] । रोहिणीषेणः ॥ आकृतिगणो ऽयं सुषामादिः ॥ VIII. 3. 98.

[1] निःषेधः. - [2] गौरिषक्थः संज्ञायां. - [3] जलाषाडं. - [4] दुन्दुभिषेचणं. - [5] S. VIII. 3. 99. - [6] S. VIII. 3. 100.

सुस्नात । सुखरात्रि । सुखशयन ॥ सुस्नातादिः[1] ॥ S. zu IV. 4. 1.

[1] Der ganze gaṅa fehlt.

स्थूल । अणु । माष । इषु[1] । कृष्ण तिलेषु । यव व्रीहिषु । इक्षु । तिल । पाद्यकालावदातसुरायां । गोमूत्र आच्छादने । सुरा अहौ । जीर्ण शालिषु । पत्रमूल समस्तो व्यस्तश्च । कुमारीपुत्र । कुमारीश्वशुर । मणि ॥ स्थूलादिः ॥ V. 4. 3.

[1] माषेषु für माष । इषु.

स्नात्वी ॥ S. den Ind. Comm. zu VII. 1. 49.

स्वप् ॥ VI. 1. 188. — S. die 2te Klasse im Dhâtupâṭha.

स्वर् । अन्तर् । प्रातर् । एते ऽन्तोदात्ताः । (पुनर् । सनुतर् । उच्चैस् । नीचैस् । शनैस् । ऋधक् । आरात् । अन्तिकात् । ऋते । युगपत् । पृथक् । एत आद्युदात्ताः)[1] । ह्यस् । श्वस् । दिवा । रात्रौ । सायं । चिरं । मनाक् । ईषत् । शश्वत्[2] । जोषं । तूष्णीं । बहिस् । अवस्[3] । समया । निकषा । स्वयं । नक्तं । नञ् । मृषा । हेतौ । हे[2] । है[2] । अद्धा । इद्धा । सामि । एते ऽन्तोदात्ताः । वत्[4] । वत । सनत् । सनात् । तिरस् । एत आद्युदात्ताः । अन्तरा । अयमन्तोदात्तः । अन्तरेण[2] । मक् । ज्योक् । योक् । नक् । कं । शं । सना । सहसा । अद्धा । अलं । स्वधा । वषट् । विना । नाना । स्वस्ति । अन्यत् । अस्ति । उपांशु । क्षमा । विहायसा । दोषा । मुधा । दिष्ट्या । वृथा । मिथ्या । क्त्वातोसुन्कसुनः[5] । कृन्मकारसंध्यक्षरान्तो[6] ऽव्ययीभावश्च[7] । पुरा । मिथो । मिथस् । प्रायस्[2] । मुहुस्[2] । प्रबाहुकं । प्रवाहिका[2] । आर्यहलं । अभीक्ष्णं । साकं । सार्धं । सत्रं । समं । नमस् । हिरुक् । तसिलादयस्तद्धिता एधाच्पर्यन्ताः[8] । शस्तसी[9] । कृत्वसुच्[9] । सुच्[9] । आस्थालौ । च्व्यर्थाश्च । अय[2] । अं । आं । प्रतां । प्रशान् । प्रतान्[2] ॥ आकृतिगणो ऽयं । तेनान्ये ऽपि । तथाहि । माङ् । श्रं । कामं । प्रकामं[2] । भूयस् । परं । साक्षात् । साचि[10] । सत्यं । मङ्क्षु । संवत् । अवश्यं । सपदि । प्रादुस् । आविस् । अनिशं । नित्यं । नित्यदा । सदा । अजस्रं । संततं । उषा । ओं । भूर् । भुवर् । झटिति । तरसा । सुष्ठु । कु । अञ्जसा । अ । मिथु[11] । विथक् । भाजक् । अन्वक् । चिराय । चिरं । चिररात्राय । चिरस्य । चिरेण । चिरात् । अस्तं । आनुषक् । अनुषक् । अनुषट् । अम्नस्[12] । अम्नर्[13] । स्थाने । वरं । दुष्ठु । बलात् । शु । अर्वाक् । शुदि । वदि । इत्यादि[14] ॥ I. 1. 37.

[1] Das Eingeklammerte fehlt; die **Kâçikâ** lässt bloss पुनर् **âdyudâtta** sein, alle übrigen aber **antôdâtta.** [2] Fehlt. – [3] अधस्. – [4] वत् ist hier ein Affix; vgl. V. 1. 115. – [5] Vgl. I. 1. 40. – [6] Vgl. I. 1. 39. – [7] Vgl. I. 1. 41. – [8] Vgl. V. 3. 7—46. – [9] Es werden unter den Affixen hierauf endigende Wörter verstanden. – [10] सावि. – [11] अमियु für अ । मियु. – [12] अम्भस्. – [13] अम्भर्. – [14] Dafür Folgendes: तसिलादयः प्राक् पाशपः । शस्प्रभृतयः प्राक् समासान्तेभ्यः । मान्तः कृत्वोर्थः । तसिवती । नानाञाविति ॥ Vgl. zu I. 1. 38.

स्वर्ग । यशस् । आयुस् । काम । धन ॥ स्वर्गादिः[1] ॥ S. zu V. 1. 111.

[1] Der ganze **gaṅa** fehlt.

स्वसृ । दुहितृ । ननान्दा । यातृ । मातृ । तिसृ । चतसृ ॥ इति स्वस्रादिः ॥ IV. 1. 10.

स्वागत । स्वध्वर । स्वङ्ग । व्यङ्ग । व्यड । व्यवहार । स्वपति[1] ॥ स्वागतादिः ॥ VII. 3. 7.

[1] स्वपिति.

हरित ॥ IV. 1. 100. — S. unter विद्.

हरीतकी । कोशातकी । नखरजनी । शष्कण्डी । दाडी । दोडी । श्वेतपाकी । अर्जुनपाकी । द्राक्षा । काला । ध्वाक्षा । गभीका । कण्टकारिका । पिप्पली । चिञ्चा[1] । शेफालिका ॥ हरीतक्यादिः ॥ IV. 3. 167.

[1] चिम्पा.

हस्तिन् । कुद्दाल[1] । अश्व[1] । कशिक[1] । कुरुत[1] । कटोल । कटोलक । गण्डोल । गण्डोलक । कण्डोल । कण्डोलक । अज । कपोत । जाल । गण्ड । महेला । दासी । गणिका । कुसूल ॥ हस्त्यादिः ॥ V. 4. 138.

[1] Fehlt.

Verbesserungen und Zusätze.

S. 11. Z. 5. L. sârvadhâtuka und ârdha-dhâtuka statt: vikaraṅa, तिङ् und kṛit. - S. 15. s. 17. Das ञ् in उञ् dient zur Unterscheidung von andern gleichlautenden Elementen. - S. 20. Z. 29. L. in der Bedeutung und in der Form der Worte. - S. 21. Z. 6. L. Zum statt: Zur. - S. 22. Z. 3. L. द्वितीयाः । - S. 27. Z. 6. L. welches. - S. 35. s. 72. Eine paribhâshâ, die in der Calc. Ausg. bei VI. 3. 50. angeführt wird, giebt folgende Ausnahme: उत्तरपदाधिकारे प्रत्ययग्रहणे तदन्तग्रहणं नास्ति । - S. 36. Z. 13. L. Buchstabens. - Z. 46. s. 49. Man vgl. d. erkl. Ind. u. उपसर्जन zur Berichtigung dessen, was über diesen Kunstausdruck bemerkt worden ist. - S. 52. Z. 23. L. षडंगुलिदत्तः । - S. 57. s. 55. Siddh. K. Bl. 37. a. अशिष्टव्यवहारे दाणः प्रयोगे चतुर्थ्यर्थे तृतीया ॥ दास्या संयच्छते कामुकः । धर्मे तु भार्यायै संयच्छति । - S. 62. Z. 7. L. स्यात् statt स्मात् । Z. 9. L. °सर्वलिङ्गा । Z. 13. L. V. 2. 94. - S. 70. Z. 8. L. शब्दक्रिया° । - S. 81. s. 11. Ich habe den Commentatoren Unrecht gethan: die doppelten Bildungen in der Folge werden durch das वा in IV. 1. 82. erklärt. - S. 89. Z. 27, 28. L. ऋतुनक्षत्राणामानुपूर्व्येण समानाक्षराणां । - S. 92. Z. 1. L. कृष्णाभक्तं । - S. 97. s. 69. Vielleicht muss im sûtra तृणां gelesen werden. - S. 101. s. 32. Siddh. K. Bl. 233. a. zu VI. 1. 171. इदं । एभिर् (Oxytonon) नृभिर्नृतमः । अन्वादेशे न अन्तोदात्तादित्यनुवृत्तेः (aus VI. 1. 169.) । न च तत्रान्तोदात्ततापयस्तीति वाच्यं । इदमो ऽन्वादेशेऽशानुदात्त-स्तृतीयादाविति (lies: °देशे ऽशानु°) सूत्रेणानुदात्तस्य अशो विधानात् ।

प्र तं वभ्रू। माभ्यां गा अनु। - S. 103. Z. 28. L. यत्वस्यासिद्धत्वात्। - S. 108. Z. 3. L. Yâska. - S. 115. s. 21. In den Scholien fehlt das Beispiel zu वस्त्र। Siddh. K. Bl. 161. b. वस्त्रात् समाच्छादने। संवस्त्रयति। - S. 118. Z. 25. L.(स). - S. 121. Z. 16. L. VII. 3. 72. statt VI. 1. 97. und vgl. zu VII. 3. 72. - S. 123. s. 51. Vgl. zu VI. 4. 75. - S. 125. Z. 9. L. Wurzel, wenn diese auf einen Consonanten ausgeht, न्. nennt. - S. 126. Z. 12. L. लिडाशिषि। - S. 128. Z. 30. L. Uṅâdi. - S. 141. Z. 20. L. क्तिन्। - S. 151. s. 9. Das Beispiel क्रत्वे दक्षाय जीवसे ist aus dem weissen Yaǵur-V.; vgl. Rosen zu Rig-V. XXIII. 21. - S. 153. s. 76. Siddh. K. Bl. 186. a. ध्रौव्यं स्थैर्यं। मुकुन्दस्यासितमिदं यातं रमापतेः। भुक्तमेतदनन्तस्येत्यू चुर्गोप्यो दिदृक्षवः। . . । कथं भुक्ता ब्राह्मणा इति भुक्तमस्ति एषामिति मत्वर्थीयो ऽच् (vgl. V. 2. 127.) - S. 154. Z. 8. L. एधा (ए) st. ए। - S. 165. Z. 13. Kâçikâ: अदूवं। Z. 14. Kâçikâ: चेत् st. च। Z. 21. L. b. st. a. - S. 198. Z. 22. Zu बहुभिर्वसव्यैः vgl. zu V. 4. 30. - S. 203. s. 57. प्रस्थ ist Masc. und Neutr.; vgl. Siddh. K. Bl. 251. a. ult. Amara-K. III. 4. 90. - S. 205. Z. 1. L. Regel 94. - S. 217. Z. 3. Zu मघवानं vgl. zu VI. 4. 128. - S. 227. s. 10. सस्थानेन ist richtig; vgl. VI. 3. 85. - S. 233. Z. 22. Zu कल्याणपञ्चमीकः vgl. zu VI. 3. 34. - S. 237. Z. 12, 13. L. ह् st. ह्। Z. 14. Aus ऋ + णल् wird nach VII. 4. 11. अर्, wenn das Affix nicht णित् ist (vgl. VII. 1. 91.). Ist das Affix णित्, so wird aus ऋ + णल् nach VII. 2. 115. आर्; vgl. zu VII. 4. 11. - S. 239. s. 11. Die Kâçikâ scheint चङि च zu lesen; vgl. S. 358. ult. - S. 240. Z. 7. Vgl. zu VII. 4. 58 - Z. 12. Vgl. die Einleitung S. XLIX. Note 1. - S. 244. Z. 29. Das sûtra wird nicht richtig citirt; man lese: अपो भोत्यत्र। - S. 245. Z. 1. L. Regel 68. - Z. 21. L. 68. st. 67. - S. 248. Z. 11. L. und einem auf आप् oder ङी। - Z. 21. L. रस्थानं। - S. 259, 260. s. 186, 195. Die Personalendung ते ist nicht nach III. 1. 4. anudâtta, da ते nicht aus तिप्, sondern aus त enstanden ist; vgl. III.

4. 79. - S. 275. vârtika 3. Vgl. VII. 3. 23. - S. 294. s. 95. प्रह्लत्तिः scheint richtig zu sein; vârtika 1. zu VIII. 2. 44. betrifft nicht die Wurzel ह्लादू । - S. 296. kârikâ. Vgl. zu VII. 2. 49. - S. 304. s. 6. In der Calc. Ausg. wird die kârikâ, ihres Inhalts wegen, paribhâshâ genannt; vgl. die Einleitung, S. LI. - S. 305. Z. 10. L. तद्विघातस्य । - S. 307. Z. 24. L. अस्म st. अस्मा । - Zu den abweichenden Formen aus dem Rig-V. füge man noch युवभ्यां (CIX. 2.) für युवाभ्यां (CIX 4.) hinzu. - S. 341. Z. 13. L. भ्राजभासो° । - Z. 351. Z. 3. L. रीगृत्वतः । - S. 362. Z. 15. Man streiche die 2te Klammer. - Z. 363. s. 27. Für अश्च्योष्ट ist in den Scholien wohl अच्योष्ट zu lesen. - Z. 389. Z. 27. L. ति सह° । - S. 391. Z. 5. L. VIII. 3. 99. - S. 394. Z. 27. L. सिढं st. सिध्दू । - S. 418. Man füge vor आत्वत् hinzu: आत्मनेभाष Adj. = आत्मनेपदिन् । - S. 433. Man füge hinzu: उभयतोभाष Adj. धातु, eine Wurzel, die im parasm. und im âtm. gebraucht wird, Dhâtup. - Z. 6. Die Sibilanten und ह् heissen auch उष्माण; vgl. Burnouf, Comm. sur le Yaçna, Additions, S. CLXXV. - S. 454. ग्रह् mit dem 2ten Cas. bedeutet auch: fassen, in sich begreiffen; vgl. S. 399. - S. 457. ult. Vgl. u. वन् । - S. 466. उवङ् । Vgl. u. यङ् 3). - S. 475. Z. 15. L. dieser Mann. - Z. 27-29. L. Diese Bedeutung haben mehre tddh.; vgl. V. 1. 5. ff.). - S. 504. Z. 17. L. Reis st. Korn. - S. 509. Auf मात्र folgt bisweilen auch das Partic.; s. S. 138. - S. 527. विकरण । Das vor लिट् an die Wurzel gefügte अम् ist auch ein vikaraṅa. - S. 529. Z. 9. L. indem die Operation nur in einigen Fällen facultativ ist, in andern durchaus bewerkstelligt und wieder in andern durchaus unterlassen werden muss, heisst u. s. w. - S. XLIII. Füge hinzu: मिश्रावत् द्रव्यसनात् VI. 1. 205. - S. LXXI. Streiche: स्तम्बुसिवुसहां चङि VIII. 3. 116. und füge hinzu: स्तम्भसिवुसहां चङि VIII. 3. 116. - S. LXXX. Zum gaṅa अर्शआदि gehört noch अङ्ग (s. zu II. 3. 20.) und भुक्त (s. Siddh. K. Bl. 186. a.). - Z. 24. Siddh. K. Bl. 67. a. पुंसि ज्ञाते ॥ पुंसीति तु प्रकृतिविशे-

षणां । ज्ञातस्य गोत्रं । ज्ञातायनः । पुंसीति किं । ज्ञाताया अपत्यं । ज्ञातेयः ॥ - S. LXXXII. Z. 6. Siddh. K. Bl. 73. a. लौकायत । - S. LXXXVIII. Z. 28. भ्रुकुंस । भ्रुकुटी ॥ Vgl. zu VI. 3. 61. - S. LXXXIX. Z. 28. L. IV. 1. 151. - S. XCI. Zum gaṅa क्षिपकादि gehört auch मेनका; vgl. zu VI. 4. 120. - Z. 18. L. V. 1. 9. st. IV. 1. 27. - Z. 19. L. IV. 1. 27. st. V. 1. 9. - Z. 28. आगामी ist richtig; vgl. Siddh. K. Bl. 200. a. - S. XCII. Z. 1. L. व्याघ्रपाद् । Calc. Ausg. wie wir. - Z. 7. Ueber शकल s. zu IV. 1. 18. - S. XCIV. Z. 7. कृष्णो° । Vgl. die Scholien zu VI. 3. 20. - Z. 27. तरुण । तलुन । Vgl. das Bhâshya zu IV. 1. 15. - Z. 28. रोहिणी नक्षत्रे । रेवती नक्षत्रे । Vgl. vârtika 1. zu IV. 3. 34. - S. XCVI. Z. 17. L. अस्तिक्षीरा । - S. C. Füge hinzu: दिवोदास ॥ S. zu VI. 2. 91. - Zum gaṅa दिगादि gehört noch कक्ष; s. Rosen zu Rig-V. X. 3. - S. CII. Z. 10. L. अदस् st. अमु । - S. CVII. Zum gaṅa प्रज्ञादि gehört auch कर । Vgl. zu VI. 4. 84. - S. CIX. Z. 12. Streiche die Zahl 1 nach °वृहिश्र und vgl. zu V. 1. 124. - S. CXVIII. Auch अर्हि scheint zum gaṅa शरादि zu gehören; vgl. die Scholien zu VIII. 2. 11. - S. CXIX. Zum gaṅa शार्ङ्गरवादि gehört auch सपत्न । Vgl. zu VI. 3. 35. - S. CXXIII. Z. 6. L. सु st. सू ।

Lightning Source UK Ltd.
Milton Keynes UK
UKHW011223061118
331795UK00010B/1422/P

9 780483 866737